언론법

한국의 현실과 이론

언론법
한국의 현실과 이론

지은이 / 문재완
펴낸이 / 조유현
펴낸곳 / 늘봄
편   집 / 이부섭
디자인 / 박준철

등록번호 / 제1-2070 1996년 8월8일
주 소 / 서울시 종로구 충신동 189-11 동국빌딩 3층
전 화 / (02)743-7784
팩 스 / (02)743-7078

초판 1쇄 펴냄 2008년 6월 15일
ISBN 978-89-88151-87-7   93360

언론법

한국의 현실과 이론

문재완 지음

늘봄

머리말

다시 분주하다.

신문법 폐지 소식, 언론중재법 개정 소식, 신문과 방송의 겸영 허용 소식 등.

한나라당과 정부 관계자들은 언론 관계법 개정의 필요성을 이야기한다.

언론사가 떠들고, 시민단체가 끼어들고, 학회가 의견수렴에 나선다.

나도 덩달아 분주하다.

때로는 발제자로, 때로는 토론자로 참여하여 내 주장을 펴고, 다른 학자와 견해를 나눈다. 또 때로는 이러한 세미나를 기획하고, 개최하기도 한다.

그러면서 정권이 바뀐 것을 실감한다.

4년 전이었다. 그때도 분주했다.

정부는 신문법을 만든다, 언론피해구제법을 만든다 하고 떠들었다.

탄핵 후폭풍으로 국회를 장악한 열린우리당은 무소불위, 세상 아래 못 만들 법은 없었다.

여기에 시민단체가 끼어들고, 언론사가 끼어들고, 학회가 끼어들면서 어수선했다.

나도 덩달아 이곳저곳 불려 다녔다.

발제자를 포함하여, 나를 제외한 모든 참석자들이 한 편에 서고, 나 혼자 다른 편에 서서 논쟁을 벌인 적도 여러 번 있었다. 토론이 끝나고 나면, 아쉬움 허탈감 미진함 등 복잡한 감정에 휩싸였고 여기서 벗어나기 위해 생각하고, 자료를 찾고, 글을 쓰면서 나의 언론법을 완성해갔다.

당시만 해도 외국 사례가 제대로 소개되지 않고, 필요에 따라 외국 사례를 아전인수격으로 해석하고, 인용하는 일이 자주 벌어졌다.

2004년 8월 내가 쓰고, 한국신문협회가 출간한 보고서 「언론의 다양성 확보를 위한 정책수단에 대한 연구—외국의 사례를 중심으로」는 그 당시 팩트(fact)에 입각하여 외국 상황을 정리한 것으로 호평을 받았다. 야당의원들이 국정감사장에서 "신문협회가 발간한 보고서에 의하면……"이라고 질의하고, 피감기관은 그 보고서에 있는 내용이 맞는 것인지 확인하느라 분주하기도 하였다. 2004년 12월 KBS 시사토론에서 언론개혁입법을 놓고 토론하기 위하여 대기하고 있던 중 반대편 패널로 나온 분이 내가 쓴 보고서를 보면서 준비하던 모습이 지금도 생생하다.

이 책은 최근 몇 년간 내가 고민하고 연구하고 발표한 내용을 토대로 만들어졌다. 언론법 책을 저술하려고 처음 마음먹었을 때는 이 책과 다른 내용을 구상하였다. 미국의 Mass Media Law처럼 명예훼손을 중심으로 책을 쓸 생각이었다. 미국 인디애나 대학 로스쿨에서 『Mass Media Law』(University Casebook Series, 6th ed.)의 공저자 Fred H. Cate에게 언론법을 배우면서 나도 이런 책을 써야겠다는 포부를 갖게 되었고, 자연스럽게 내가 쓰게 될 언론법 책의 목차는 미국 Mass Media Law를 따르게 되었다.

하지만 시간이 지나면서 우리나라의 언론법은 미국 Mass Media Law 또는 Communication Law 체계와 달라야 한다는 것을 알게 되었다. 정보통신기술이 급속히 발전하고 있는데, 과거 Mass Media를 중심으로 전개된 언론법적 사고에 머물러 있을 수는 없는 일이다. 또 우리나라에서는 언론개혁이라는 큰 화두가 던져져 있는데, 이를 외면하고 고전적인 언론법 내용만 소개하는 것은 너무 한가롭다는 생각도 들었다.

모든 법이 그렇듯이, 언론법 역시 현실에서 떨어져 존재할 수 없다. 외국의 이론과 판례를 아무리 알고 있어도 우리나라 법제와 판례를 모르면 아무런 의미가 없다. 우리나라 현실을 모르고 외국 법제의 소개하는 것 역시 마찬가지로 아무런 의미 없는 작업이다. 다행히 나는 신문사 기자로 현장을 뛰어 보기도 했고, 또 그 신문사가 보도방송을 시작하면서 짧은 기간이지만 방송 프로그램을 진행해 보기도 했고, 미국 로스쿨에서 언론법을 공부하기도 하였고, 헌법교수로 대학에서 강의하면서 국가권력의 행사와 국민권리의 보호를 놓고 고민하고 있으며, 한국신문협회 정책자문위원으로 신문사의 현실적인 문제에 대한 전문 의견을 제출하기도 하면서 현실과 괴리되지 않은 언론법을 공부할 수 있었다.

한국언론법학회에서 만난 선후배 언론법 학자들과 한국신문협회 정책자문위원회 위원들에게서 듣고 배운 것이 이 책의 뿌리가 되었다. 학회에서 발표한 논문과 토론한 내용으로 이 책의 한 기둥을 세웠다. 이 자리를 빌려 한국언론법학회 역대 회장님들, 원우현 고려대 언론학부 명예교수님, 김진홍 한국외대 언론정보학부 교수님, 유일상 건국대 언론홍보대학원장님, 권영설 중앙대 법학과 교수님께 감사드린다. 한국언론법학회가 있었기에 언론법의 최고 권위자이신 박용상 변호사님, 서울대 법학과 성낙인 교수님, 제18대 국회의원이 되신 박선영 동국대 법학과 교수님, 법원의 언론법연구회 회장을 역임한 한위수 변호사님 등 우리나라 언론법의 대가들과 만나 교류할 수 있었다.

한국신문협회 정책자문위원들은 저널리즘과 우리나라 언론의 현실을 내가 깨닫고 생각할 수 있게 도와주었다. 그들과의 대화가 이 책의 또 다른 기둥이 되었다. 특히 5년 이상 나와 함께 정책자문위원으로 활동하고 계시는 정진석 한국외대 언론정보학부 명예교수님, 김택환 중앙일보 멀티미디어랩 소장님, 김영욱 한국언론재단 미디어연구실장님께 감사드린다.

책을 내기까지 많은 분들의 도움이 있었다. 죽마고우 늘봄출판사의 조유현 사장, 책의 모양새를 만들어준 이부섭 편집장, 꼼꼼하게 교정을 봐준 강선정 조교에게 고마움을 전한다.

가족은 나의 존재이유이자, 내 삶의 원동력이다. 자식 걱정과 사랑으로 평생 살아오신 어머니, 그때나 지금이나 애인 같은 아내, 게으른 천재 소정, 모범생을 거부하는 인석에게 큰 빚을 지고 있다.

기자의 길을 접고, 늦은 나이에 학자의 길을 가겠다고 말씀드렸을 때 걱정스럽게 지켜보셨던 선친께 이 책을 바친다.

2008. 5. 19.

이문동 연구실에서 저자 씀

차례

정보화 시대의 언론법,
무엇을 다룰 것인가?

1. 표현에서 발생하는 법적 분쟁

언론법은 전통적으로 언론 보도에서 발생하는 법적 분쟁의 해결을 목적으로 한다. 그 중심에는 언론의 자유가 있다. 어떤 언론 보도는 언론의 자유의 보호를 받기 때문에 괜찮고, 어떤 보도는 언론의 자유의 보호를 받지 못하기 때문에 법적으로 문제가 된다. 그 경계선을 찾는 것이 언론법의 주된 관심사다. 따라서 언론법을 이해한다는 것은 언론의 자유가 무엇이고 그 한계가 어디인지를 이해한다는 것과 마찬가지 의미다.

전통적으로 언론의 자유는 표현의 자유(freedom of expression)를 의미한다. 하고 싶은 말을 하는 것이 언론의 자유다. 무엇인가 이야기하고 싶은 데 그렇게 하지 못하도록 사전에 금지하거나, 사전에 허가 받은 내용만 이야기하도록 강제하는 것은 언론의 자유와 양립할 수 없다. 표현의 형식은 말일 수도 있고, 행동일 수도 있다. 말은 산문으로 표현될 수 있고, 시로 표현될 수 있고, 영화로 표현될 수도 있다.

조금 복잡한 사고를 요하는 것은 행위다. 행위도 자신의 의사를 표현하는 방식임에는 틀림없다. 하지만, 행위는 다른 표현방식과 달리 다른 사람에게 피해를 줄 수 있다. 상대방 주장에 반대한다는 의사를 전달하기 위해서 주먹을 날릴 수는 없는 것이다. 행위가 다른 사람의 법익을 직접 침해하지 않더라도 문제가 될 수 있다. 예컨대 정부가 이라크 파병을 결정한 데 반발하여 대한민국 국민임이 수치스럽다며 태극기를 불태울 경우 형법 제105조(국기의 모욕) 위반으로 처벌받을 수 있다. 물론 미국처럼 이러한 상징적 표현을 허용하는 국가도 있다.[1]

민주주의 사회에서 언론의 자유를 중요시하는 이유는, 표현의 방식보다 표현하고자 하는 내용에 있다. 그 내용은 표현하고자 하는 사람의 생각, 사상이 담겨져 있기 때문이다. 표현의 자유는 사상의 자유(freedom of ideas)의 또 다른 이름이다. 사상이 머릿속에 남아 있을 때는 사상의 자유로, 그것이 밖으로 표출되었을 때는 언론의 자유로 불린다. 사상은 지식을 바탕으로 형성된다. 내가 무엇을 표현한다는 것은 무엇을 생각하였다는 것이고, 그것은 입력된 무엇에 대한 내 나름대로의 반응이기도 하다. 그 무엇을 우리는 정보라고 한다.

2. 정보취득에서 발생하는 법적 분쟁

정보화 사회에서 언론의 자유는 전통적인 의미의 표현의 자유, 즉 마음대로 이야기할 수 있는 자유에 그치는 것으로 부족하다. 우리가 정보화 사회를 논하는 것은 마음대로 표현할 수 있다는 것을 전제로

---

1. Texas v. Johnson, 491 U.S. 397(1989). 미 대법원 성조기를 태우는 행위를 상징적 표현으로 보아, 이를 처벌하는 법률이 헌법에 위반된다고 판시하였다.

하고 있다. 무슨 이야기를 하였다고 처벌받는 단계를 넘어, 무슨 이야기를 할 수 있도록 정보를 마음대로 얻을 수 있는 자유를 논하는 것이 중요한 시대다. 이 점이 정보화 시대 언론법과 종전의 언론법이 다른 첫 번째다.

문제는 정보를 누구로부터 어떻게 얻을 것이냐에 있다. 정부로부터 정보를 얻는 것은 법리적으로 어려움이 없다. 국민은 국가의 주인이고, 정부는 국민을 대신하여 국정을 담당하고 있기 때문에 국민은 국정 운영에 관한 정보를 정부에 요구할 수 있다. 이것이 소위 알 권리다. 이러한 논리는 사인 또는 사기업에게 주장하기 힘들다. 내가 필요하니까 너의 정보에 접근하는 것을 허락하라는 주장은, 헌법상 사생활의 비밀과 자유 또는 재산권 등을 굳이 거론하지 않더라도, 개인을 중심으로 구성된 우리 사회의 생활 방식에 반한다. 이러한 주장이 타당하려면 정보 취득에 대한 사회적 이익 또는 공익이 존재하며, 그 이익이 개인의 이익보다 크다는 점을 논리적으로 설명할 수 있어야 한다.

과거에는 공과 사를 엄격히 구별하여 국민이 정보를 요구할 수 있는 것은 공적 영역 즉 국가에 대해서만 가능하며, 다른 사인에 대해서는 불가능하다고 설명하여도 이견이 없었다. 공적 영역이 국민 생활에서 차지하는 비중이 절대적으로 커서 국민에게 필요한 정보는 공적 영역에서 얻는 것으로 충분하였기 때문이다. 언론법 역시 전통적으로 공적 영역과 사적 영역을 엄밀하게 구분한 후, 공적 영역에서 언론의 자유와 관련된 법적 분쟁을 다루어왔다. 이제는 이것으로 충분하지 않다. 사기업이나 사인이 국민 생활에 미치는 영향력은 정부 못지않게 커졌다. 사인간 또는 사인과 사기업간에 정보가 오고 가는 과정을 외면한 채 공적 영역을 중심으로 언론의 자유, 정보의 자유를 논하는 것은 정보화 시대에 적절하지 않다.

그렇지만 사적 영역이 국민 생활에 미치는 영향이 아무리 크다고 해도, 사적 영역을 공적 영역과 동일하게 취급할 수는 없다. 국가의 존립과 성장의 기반이 되는 사적 자치를 무너뜨릴 수 있기 때문이다. 그래서 이 문제가 어렵다. 정보화 시대의 언론법은 사적 영역에서 언론의 자유를 어떻게 이해할 것인지 하는 난제를 풀어야 한다. 언론의 자유를 사적 영역에도 적용할 수 있는지, 적용할 수 있다면 어느 범위까지 가능한지 검토하는 것이 반드시 필요하다.

3. 네트워크에서 발생하는 법적 분쟁

언론법은 전통적으로 매스 미디어(mass media)의 법(law)이었다. 20세기 매스 미디어의 발달로 사람들은 매스 미디어에서 정보를 얻어, 자기 의사를 결정하고, 표현할 수 있었다. 매스 미디어는 소수의 정보 전달자와 다수의 정보 수용자라는 구조적 한계로 인하여 많은 문제를 낳았다. 신문과 방송으로 대표되는 매스 미디어가 전달하지 않는 정보는 사람들이 알지 못하는 채 사장되며, 매스 미디어가 전달하는 정보는 아무리 사소한 것이라도 사람들의 머릿속에 오래 남게 된다.

전통적인 언론법은 매스 미디어의 보도에서 발생하는 법적 분쟁에 주로 관심을 기울였다. 특히 일방적으로 보도하는 매스 미디어와 그로 인하여 명예를 훼손당한 피해자 사이에서 발생하는 분쟁이 주된 관심사였다. 언론법은 사회적 강자인 매스 미디어가 보도를 무기로 행사하는 횡포를 어떻게 억제할 것인지를 놓고 고심하였고, 그 해결 방안을 모색하였다. 그 결과 명예훼손법리가 상당히 발전하게 되었

고, 지금은 여기서 발생하는 거의 모든 법적 쟁점을 해결하는 논리체
계가 구축되었다.

그러나 매스 미디어를 중심으로 하는 일방향 정보전달체계는 정보
화 수단, 즉 정보통신기기의 급속한 발전으로 무너지고 있다. 통신,
인터넷 등 새로운 미디어가 나타나면서 매체간 경쟁이 치열해지고,
기자가 아닌 누구라도 정보를 전달하고 수용하는 쌍방향의 네트워크
가 펼쳐지면서 누구라도 가해자가 될 수 있고, 누구라도 피해자가 될
수 있는 구조로 바뀌었다. 누구나 미디어가 될 수 있는 새로운 환경에
서는 정보를 어떻게 보도할 것인지의 문제뿐 아니라 정보를 어떻게
취득하였는지의 문제가 중요해진다. 그 결과 언론법의 관심은 보도
에서 발생하는 명예훼손의 문제뿐 아니라 정보 취득과정에서 발생하
는 사생활의 비밀과 자유의 침해 및 저작권 침해의 문제 등으로 확대
되었다.

4. 우리 법과 사회문화에 기초한 분쟁의 해결

언론법은 실정법의 해석과 실정법의 개정방향을 다룬다. 우리 언
론법은 우리 헌법과 법률에 근거하여 해석하여야 하며, 우리 현실에
바탕을 두고 입법론을 논하여야 한다. 안타깝게도 우리나라 언론법
은 외국, 특히 미국과 독일에서 발전한 이론의 수입 전시장이다. 외
국에서 발전한 언론법 이론을 수용하는 것도 중요하지만, 이보다 더
중요한 것은 그 이론이 우리 법제와 어울릴 수 있는지 검토하는 일이
다. 나라마다 법제와 문화가 다르기 때문에 특정 국가에서 발전한 이
론이 우리나라에 그대로 적용될 수 있는지 비판적으로 검토하여야
한다. 법의 특수성을 감안하여야 한다.

전통적인 언론법은 매스 미디어를 중심으로 전개되었기 때문에 매스 미디어가 먼저 발달한 나라, 특히 미국의 이론을 수용하는 것은 타당한 측면이 있다. 정보화 시대의 언론법은 다르다. 네트워크를 기반으로 한 커뮤니케이션의 활용에 있어서는 우리나라가 미국보다 앞선 측면이 있다. 커뮤니케이션의 이용 행태가 달라지면, 여기서 발생하는 분쟁의 해결방법도 달라져야 한다. 대표적인 예가 인터넷포털이다. 우리나라 인터넷포털은 뉴스 등 정보를 제공하고, 네티즌들은 인터넷포털을 통하여 정보에 접하고 있지만, 미국에서는 그렇지 않다. 미국에서 인터넷포털은 검색 포털이지, 정보를 직접 제공하는 포털이 아니다. 네이버와 구글의 차이를 생각하면 된다. 인터넷포털에게 어떠한 법적 책임을 부과할 것인가의 문제에서 이러한 현상의 차이, 문화의 차이를 이해하지 않고 미국의 책임이론을 그대로 수용하는 것은 적절하지 못하다.

물론 법의 특수성 못지않게 중요한 것이 법의 일반성이다. 만약 어떠한 법제가 거의 모든 선진 국가에서 보편적으로 채택되고 있다면, 우리의 특수한 사정만 강조할 수는 없다. 그러한 법제를 만들 수밖에 없었던 이유를 검토하고, 우리도 그 채택을 긍정적으로 받아들일 필요가 있다. 언론법의 특수성과 일반성의 문제는 신문법, 방송법, 언론피해구제법 등의 입법론에서 주로 다루어질 과제다.

종합하면, 정보화 시대의 언론법은 전통적으로 중시되어온 명예훼손 등 표현의 자유와 그 한계를 찾는 작업을 중시하면서도, 그러한 논의가 정보화의 진전에 따라 어떻게 변화되는지 성찰하여야 한다. 그 결과 사생활의 비밀과 자유, 저작권, 정보의 자유 등의 비중이 과거보다 커지게 된다. 언론법은 또한 언론환경에 영향을 미치는 정책으로서 신문법, 방송법, 언론피해구제법 등의 주요 내용도 비판적으로 검토되어야 한다. 표현의 자유의 법리는 주로 신문 등 인쇄매체를 중심으로 발전하여 온 것이므로 이 법리가 방송, 인터넷 등 다른 매체에 그대로 적용될 수 있는지 검토하는 일도 필요하다.

언론의 자유와 정부 규제

제 2 장

Ⅰ. 언론의 자유의 헌법적 가치

1. 헌법적 보호의 정당성

언론법의 주된 관심사는 표현의 자유와 그 한계다. 표현의 자유는 자기 생각을 자유롭게 표현할 수 있는 자유를 말한다. 우리 헌법 제21조 제1항은 "모든 국민은 언론·출판의 자유와 집회·결사의 자유를 가진다"고 규정하고 있다. 여기서 말하는 '언론·출판의 자유와 집회·결사의 자유'가 바로 표현의 자유다. 헌법학자들은 언론·출판을 개인적 표현으로, 집회·결사를 집단적 표현으로 설명하면서, 이 조항이 표현의 자유를 보장하는 조항이라고 한다.

표현의 자유가 아무런 제한 없이 마음대로 표현할 수 있는 자유를 의미하는 것은 아니다. 원칙적으로 자유롭게 표현할 수 있다는 것이지, 언제 어디서나 어떤 방식이던 상관없이 표현할 수 있다는 것은 아니다. 나의 자유의 끝에는 다른 사람의 자유가 있기 때문에 나의 자유와 다른 사람의 자유의 경계를 설정할 필요가 있다. 또 이 세상은 나 혼자 사는 것이 아니기 때문에 내가 소속된 공동체의 이익을 위해서 나의 자유가 제한될 수도 있다.

문제는 나의 자유와 남의 자유, 나의 자유와 공동체의 이익 사이 어디에 선을 그을 것인가에 있다. 어떤 사람은 표현의 자유가 다른 어떤 자유보다 소중하다고 생각한다. 이러한 사고에 의하면, 표현의 자유의 보호 범위는 상당히 넓어지게 된다. 예컨대 나는 표현의 자유를 주장하고, 상대방은 사생활의 자유를 주장하는 경우라고 하자. 위 주장대로라면, 표현의 자유가 사생활의 자유보다 우월하기 때문에 표현의 자유를 위하여 사생활의 자유는 희생될 수 있다.

그러나 표현의 자유가 다른 어떤 자유보다 더 우월한 가치를 갖기 때문에 내 마음대로 떠들 수 있다고 하는 주장은 합리적 근거를 찾기 어렵다. 특수한 경우에만 이러한 접근이 타당할 수 있을 뿐이다. 예컨대 대통령의 사생활에 관한 보도는 일반인의 사생활에 관한 보도와 달리 취급할 수 있을 것이고, 그 한도 내에서도 표현의 자유가 사생활의 자유보다 더 우월하다고 볼 수 있다.

나의 자유와 공동체의 이익 사이에 허용되는 범위를 결정하는 것 역시 어려운 일이다. 어떤 사람은 공동체의 이익을 더 중시하고, 또 어떤 사람은 개인의 자유를 더 중시하기 때문에 공감대를 찾는 일 역시 쉽지 않다. 공동체의 이익이 무엇인지도 확실하지 않다. 어떤 사람은 국가의 안전보장이 개인 또는 집단의 표현의 자유보다, 또 어떤 사람은 사회의 질서유지가 표현의 자유보다, 또 어떤 사람은 공공복리가 개인의 자유보다 더 소중하다고 생각할 수 있다. 그 반대로 생각하는 사람도 물론 있다.

표현의 자유와 그 한계를 정하는 작업은 헌법의 틀에서 벗어날 수 없다. 그 작업의 첫째는 헌법상 보호받는 표현이 무엇이고, 그렇지 않은 표현이 무엇인지 그 범위를 설정하는 일이다. 헌법의 보호범위 밖에 있는 것으로 알려진 대표적인 표현으로는 명예훼손적 표현, 음란한 표현, 저작권 침해적 표현이다. 헌법의 보호를 받는 표현이라고 하더라도 그 보호는 상대적인 것이기 때문에 두 번째 작업은, 표현의 자유의 가치와 헌법상 다른 가치 중 어느 쪽이 더 소중한지 비교형량하는 일이다.

헌법의 보호범위 안에 있는 표현과 그렇지 않은 표현을 확정하려면, 또 표현의 자유의 가치와 다른 가치를 비교형량하려면, 헌법이 표현의 자유를 보호하는 이유를 먼저 살펴보아야 한다. 학자들은 표현의 자유의 헌법적 정당성의 근거(rationale)를 여러 가지로 설명한다. 흔히 거론되는 것으로 사상의 자유시장(free marketplace of ideas) 이론, 국민의 자기지배(self-governance) 이론, 시민의 자기만족(self-fulfillment) 이론이 있다.[1]

사상의 자유시장 이론이란, 진실은 저절로 그 모습을 드러낸다는 것이다. 따라서 어떤 사상의 표현이 잘못되었다는 이유로 국가가 이를 억압할 수 없으며, 허위는 오히려 자유롭게 이야기하도록 허용함으로써, 그 허위성을 지적하는 다른 표현에 의하여 시정되는 것이 바람직하다는 것이다. 국민의 자기지배 이론은 동일성 민주주의 이론, 즉 지배하는 자(ruler)와 지배당하는 자(the ruled)가 동일하다는 전제 아래 모든 국민이 주인으로 생활하는데 필요한 정보는 자유롭게 유통되고, 그 정보에 기초하여 자기 견해를 자유롭게 피력할 수 있어

---

1. 학자에 따라 정당성 근거(rationale)를 달리 설명한다. 이를 가장 잘 정리한 학자는 Thomas I. Emerson으로 그는 개인의 자기만족(self-fulfillment), 진리발견(attainment of truth), 민주적 의사결정에서 참여(participating in decision making), 안정과 변화의 균형(balancing between stability and change) 등 넷으로 구분했다. 네 번째 근거는 소위 사회통제이론(theory of social control)으로 표현을 억압하면 사회가 직면한 문제가 일시적으로 숨겨지는 데 반해 자유로운 토론을 허용하면 사회가 보다 더 적응력이 강해지고 안정화되기 때문에 표현의 자유를 보장해야 한다는 것이다. *See* Thomas I. Emerson, *Toward a General Theory of the First Amendment*, 72 Yale. L.J. 877, 878~86(1963).

야 한다는 내용이다. 자기만족 이론에서는 표현이 다른 사람에게 직접적인 피해(direct harm)를 주지 않는 한, 그리고 표현자가 만족하는 한, 국가가 이를 억압할 수 없다고 주장한다.

세 가지 이론 중 어디에 근거하여 표현의 자유의 헌법적 정당성을 주장하느냐에 따라 헌법상 보호되는 표현의 범위가 달라진다. 대표적인 예가 음란물이다.[2] 음란물은 표현의 자유에 속하지 않는다는 것이 우리나라를 비롯하여 여러 나라에서 확립된 판례다. 국민의 자기지배 이론에 비추어 보면, 음란물은 국민이 주인으로서 국정에 참여하는데 전혀 관계없는 표현이다. 따라서 헌법상 보호받아야 할 이유가 없다. 여기서 음란물에 관한 법원의 판례 태도가 정당하다는 평가가 나온다. 하지만 자기만족 이론에 의하면, 음란물이 다른 사람에게 직접 해악을 끼친다는 것을 입증하지 못하는 한, 음란물이라고 하여 헌법적 보호 밖에 있다고 말할 수 없다.

또 다른 예로 공인에 대한 명예훼손이론이 있다.[3] 공인, 특히 그 중에서 선출직 공무원이 언론보도로 명예를 훼손당하는 경우와 일반 사인이 명예를 훼손당한 경우를 달리 취급하자는 이론이다. 선출직 공무원의 비리 또는 부적격성을 지적하다보면 그 진실성을 입증하지 못하는 경우가 발생할 수 있는데, 그 때마다 언론사에게 엄격하게 책임을 물리면 언론사는 그와 같은 보도를 자제하는 일이 발생하여 국가적으로 더 큰 손해가 발생한다는 논리다. 언론의 공직 감시기능이 위축되기 때문이다. 그렇다고 무책임한 언론보도를 무제한 허용할 수도 없다. 보도로 인하여 피해를 입는 개인에게 희생을 요구하는 것

---

2. 이에 대해서는 제5장 성표현의 자유와 그 한계에서 상세히 기술한다.
3. 이에 대해서는 제4장 정치적 표현의 자유와 그 한계에서 상세히 기술한다.

은 너무 가혹하기 때문이다. 이 난제를 해결하는 방법으로 제기된 것이 공인에 대한 명예훼손이론이다. 국민의 자기지배 이론에 입각하여, 국민이 주인으로서 국가를 운영하는데 관련되는 표현과 그렇지 않은 표현을 구분하여 전자의 경우 비록 진실이 입증되지 못한 경우라도 허용하는 것이 국가적으로 더 이익이라는 사고다.

우리나라에서는 표현의 자유를 보장하는 정당성의 근거가 많으면 많을수록 좋다고 생각해서 그런지, 어느 한 이론에 입각하여 자기주장을 펴기보다는 세 이론들을 모두 수용하고 있다. 그러다 보니, 표현의 자유에 포섭되지 않는 표현과 그렇지 않은 표현을 분명하게 설명하지 못하고, 사안에 따라 상충되는 주장을 펴는 경우도 생긴다. 개인적으로는, 표현의 자유에 포섭되는지 여부는 사상의 자유시장 이론에 입각하여 판단하고, 표현의 자유와 다른 헌법상 가치와 충돌하여 비교형량하는 경우에는 국민의 자기지배 이론에 입각하여 정치적 자유의 가치를 중시하는 것이 타당하다고 본다.

2. 언론의 자유와 언론사의 자유

언론의 자유의 주체는 원칙적으로 시민이다. 따라서 우리나라 국민이 아니더라도 언론의 자유를 갖는다. 외국인이라도 하고 싶은 말을 할 수 있다. 다만, 외국인은 국민에 비하여 그 권리의 행사가 제약되는 경우가 있다. 예컨대 외국인은 국민이 아니기 때문에 정치적 활동을 할 수 없다. 출입국관리법은 대한민국에 체류하는 외국인의 정치활동을 금지하고 있으며(제17조 제2항), 법무부장관은 그 외국인에 대하여 서면으로 그 활동의 중지 기타 필요한 명령을 할 수 있고(동조 제3항), 대한민국 밖으로 강제 퇴거시킬 수 있다(제46조 제1

항). 따라서 정치적 표현의 자유는 언론의 자유의 핵심임에도 불구하고 외국인은 정치적 영역에서 언론의 자유를 누리지 못하는 한계가 있다.

언론의 자유는 자연인이 아닌 법인, 또는 법인이 아닌 단체도 누릴 수 있다. 따라서 정치 현안에 대해서 개인 뿐 아니라 단체도 자기 명의로 성명서를 낼 수 있다. 언론사 역시 법인이기 때문에 언론의 자유의 주체가 될 수 있다.

최근 유력하게 제기되는 주장 중에 우리 헌법이 보장하는 것은 언론의 자유이지, 언론사의 자유가 아니라는 주장이 있다. 노무현 정부 당시 이런 주장이 상당히 널리 퍼졌다. 소위 개혁론자들이 신문법 제정에 반대하는 언론사에게 퍼부었던 비판의 근거 중 하나가 언론의 자유와 언론사의 자유의 구별론이다.[4] 신문법은 언론의 자유를 보호하는 법이지, 언론사의 자유를 보호하는 법이 아니라는 것이다. 따라서 언론사의 자유를 침해한다는 이유로 신문법이 위헌이라고 이야기하는 것은 독자를 호도하는 것이라고 본다.

언론의 자유와 언론사의 자유를 구별하는 것은 일응 타당하다. 예컨대 언론사도 기업인 이상 다른 기업과 마찬가지로 경쟁법의 적용을 받아야 한다. 이익이 생겼으면 세금을 내야하고, 근로계약과 관련하여 근로기준법의 적용을 받는다. 언론의 자유를 주장할 여지가 없다. 만약 언론사가 기업으로서 활동하는데 따르는 부담을 언론의 자유라는 미명 아래 거부하려고 한다면 이는 비난받아야 한다. 이러한 의미에서 언론의 자유와 언론사의 자유를 구분하는 것은 정당한 접근이다.

---

4. 언론개혁입법의 주요쟁점에 대해서는 제9장에서 상세히 기술한다.

그러나 언론사가 언론의 자유의 주체로 활동하고 있을 때는 자연인과 마찬가지로 언론의 자유를 보장받아야 한다. 노무현 정부 때 소위 신문개혁론자들은 언론의 자유와 언론사의 자유를 구별하여야 한다는 논리로 신문사의 언론의 자유를 제한하는 것이 정당하다는 논리를 편 적이 있다. 하지만 조금만 깊이 생각해도, 신문사를 자연인과 달리 취급하여 그가 누리는 언론의 자유를 제한하는 것이 부당함을 쉽게 알 수 있다. 언론의 자유는 자연인뿐 아니라 법인, 단체 등도 누릴 수 있는데, 유독 언론사만 누릴 수 없다고 하는 것은 평등원칙에 반하기 때문이다.

오히려 언론의 자유와 언론사의 자유를 구별하지 않는 것이 논리적이다. 언론의 자유는 누구나 누리는 자유이기 때문이다. 언론의 자유를 행사하는 방법 역시 자유롭다. 나 혼자서 떠들 수도 있고, 친구들과 모여서 떠들 수도 있다. 뜻이 맞는 동료와의 모임은 일시적일 수도 있고, 상설화할 수도 있다. 일시적인 것은 집회의 자유이고, 상설화된 것은 결사의 자유다. 우리 헌법 제21조 제1항은 언론 · 출판의 자유와 집회 · 결사의 자유를 동시에 규정하고 있는 것도 이 때문이다. 앞의 것을 개인적 표현의 자유, 뒤의 것을 집단적 표현의 자유라고 구분하기도 한다. 신문사는 자기 생각을 세상에 보다 효율적으로 전달하기 위하여 설립한 상설 조직이라고 보면 간단한 문제다. 국민은 자기 마음에 드는, 다시 말해 자기 생각과 비슷한 신문을 선택함으로써 신문사가 누리는 언론의 자유에 소극적으로 동참한다.

정보화 사회에서는 언론의 자유와 언론사의 자유를 구분하는 것이 더욱 의미 없다. 매스 미디어 사회는 언론사의 수가 적기 때문에 독과점 언론사로 하여금 원하지 않는 글이라도 보도하도록 강제할 명분이라도 있었다. 지금은 그렇지 않다. 신문사 설립은 고가의 인쇄장비로 인하여 아직도 힘든 일이지만, 인터넷에 블로그를 만들거나 인터넷포털의 게시판에 의견을 올리기는 어렵지 않은 일이다. 누구나 정보의 수용자이면서 동시에 정보의 생산자이기도 한 인터넷환경에서 언론사이기 때문에 언론의 자유를 제한받아야 한다는 논리는 설 자리를 잃었다.

3. 언론사에 대한 접근권

40년도 더 지난 일이다. 1967년 Jerome A. Barron 교수는 「하버드 로 리뷰」(Harvard Law Review)에서 '언론사에 대한 접근권'이라는 새로운 기본권을 주장하였다.[5] 당시 이 논문은 주목을 크게 받았다. Barron 교수는 미국에서 보편적으로 받아들여지고 있는 사상의 자유시장(marketplace of ideas) 이론을 낭만적이라고 폄하하고, 새로운 미디어 환경의 변화에 주목하였다. 그는 미디어시장이 소수의 언론사에 의하여 지배되고 있음을 직시하고, 일반인이 언론사에 접근할 수 있는 권리(right of access)의 필요성을 역설하였다.

Barron 교수의 주장은 아직도 언론법 교과서에 비중 있게 실려 있다. 그만큼 영향력이 큰 주장이었다. 특히 방송에서는 접근권 주장이 상당히 설득력이 있었다. 하지만 한계도 있었다. 신문의 경우 일반인의 접근권이 신문사의 편집의 자유와 충돌하기 때문에 받아들여 지지 않았다. 전통적으로 신문은 누구나 설립할 수 있지만, 방송은 주파수의 제한으로 누구나 설립할 수 있는 것이 아니므로 신문사에 대

---

5. Jerome A. Barron, *Access to the Press: A New First Amendment Right*, 80 Harv. L. Rev. 1641 (1967).

한 접근권은 인정되기 어려웠고, 방송사에 대한 접근권은 인정될 여지가 있었다.

Barron 교수의 접근권은 우리나라에도 적지 않은 영향을 미쳤다. 특히 언론개혁이 화두가 될 때면 언론사에 대한 접근권 주장은 빠지지 않는다. 우리나라의 언론시장은 조선·중앙·동아의 3개 신문사가 과점하고 있기 때문에 국민의 다양한 의견이 전달되지 않는다. 따라서 조·중·동에 대한 일반인의 접근권이 인정되어야 한다는 식의 논리다. 2004년 신문법 제정 논란 중에도 유사한 주장이 많았다.

Barron 교수의 주장은 20세기 중반 매스 미디어의 전성기에 미디어 시장의 변화를 정확하게 집어낸 탁월한 것임에는 틀림없다. 사상의 자유시장이 바람직하기는 하지만, 매스 미디어에 의하여 지배되는 현실을 고려하면 "그냥 두자"는 식의 접근은 곤란하다는 것이다. 그렇다면 정보화 시대에도 Barron 교수의 현실 진단은 타당한 것일까? 40년 전 미디어시장을 염두에 두고 주장된 이론이 오늘날에도 그대로 통용될 수 있을까? 독자와 출판인의 경계가 무너지고, 누구나 자기주장을 펼 수 있는 공간이 열린 인터넷 세상에서 매스 미디어 환경에서 탄생한 접근권을 그대로 수용할 수는 없다.

언론사에 대한 접근권이란 결국 언론사로 하여금 마음에 들지 않은 글이라도 배포하도록 하는 나의 권리를 의미한다. 이런 권리는 언론의 자유와 양립하기 힘든 면이 있다. 언론의 자유는 누구나 하고 싶은 말을 마음껏 하도록 하자는 데 의의가 있기 때문이다. 하기 싫은 이야기까지 억지로 하도록 하는 것은 언론의 자유가 아니다. 내가 하기 싫어도 하여야 하는 것을 언론의 자유라고 하려면, 매스 미디어가 극성을 부리는 아주 예외적인 상황이 존재하여야 한다.

Ⅱ. 언론의 자유의 제한

1. 제한 방법 – 비례의 원칙

(1) 헌법 제37조 제2항

언론의 자유에 대한 제한은 신중하여야 한다. 제한은 헌법에서 허용하는 것도 있고, 그렇지 않은 것도 있다. 그 기준은 헌법 제37조 제2항이다. 여기서 "국민의 모든 자유와 권리를 국가안전보장, 질서유지 또는 공공복리를 위하여 필요한 경우에 한하여 법률로써 제한할 수 있다"고 규정한다. 또 제한하는 경우에도 "자유와 권리의 본질적 내용은 침해할 수 없다"고 규정하고 있다. 언론의 자유 역시 마찬가지다. 국가는 국가안전보장, 질서유지, 공공복리에 필요한 경우 언론의 자유를 제한할 수 있다. 다만, 그러한 제한은 법률로써 하여야 하며, 제한하더라도 언론의 자유의 본질적인 내용을 침해할 수 없는 한계가 있을 뿐이다.

중요한 단어는 '필요한 경우'와 '법률로써'이다. 먼저 '필요한 경우'를 보자. 필요할 때만 제한할 수 있다는 것은 필요하지 않을 때는 제한할 수 없다는 뜻이다. 결국 필요성의 판단이 중요하다. 판단기준으로 보통 사용되는 것이 공익과 사익의 비교형량이다. 만약 추구하는 공익이 제한받는 사익보다 크다면 필요한 경우이고, 추구하는 공익이 제한받는 사익보다 크지 않으면 필요한 경우가 아니라는 말이다. 이를 비례의 원칙이라고 한다. 과잉금지의 원칙이라고 말할 때도 있다. 필요한 경우가 아닌데도 국민의 기본권을 제한하는 것은 과잉이며, 이는 허용되지 않는다는 뜻이다.

과잉제한인지 여부는 일반적으로 목적의 정당성, 수단의 적합성, 침해의 최소성, 법익의 균형성 등 네 가지 기준을 적용하여 판단한다. 헌법재판소의 표현을 빌리면, "과잉금지의 원칙이라는 것은 국가가 국민의 기본권을 제한하는 내용의 입법 활동을 함에 있어서, 준수하여야 할 기본원칙 내지 입법 활동의 한계를 의미하는 것으로서 국민의 기본권을 제한하려는 입법의 목적이 헌법 및 법률의 체제상 그 정당성이 인정되어야 하고(목적의 정당성), 그 목적의 달성을 위하여 그 방법(조세의 소급우선)이 효과적이고 적절하여야 하며(방법의 적절성), 입법권자가 선택한 기본권 제한의 조치가 입법목적 달성을 위하여 설사 적절하다 할지라도 보다 완화된 형태나 방법을 모색함으로써 기본권의 제한은 필요한 최소한도에 그치도록 하여야 하며(피해의 최소성), 그 입법에 의하여 보호하려는 공익과 침해되는 사익을 비교형량할 때 보호되는 공익이 더 커야 한다(법익의 균형성)는 헌법상의 원칙"이다.[6]

(2) 피해의 최소성

네 기준 중 가장 논란이 되는 것이 피해의 최소성 기준이다. 미국에서는 피해의 최소성이란 국가는 목적을 달성할 수 있는 여러 가지 수단 중 국민에게 가장 피해를 적게 주는 수단(Least Restrictive Alternative, LRA)을 선택하여야 할 의무를 가진다는 식으로 해석한다. 가장 피해를 적게 주는 수단이라는 점은 국가가 입증하여야 한다. 따라서 LRA가 적용되는 사안의 경우 공권력 행사가 위헌이라는 결론이 나오기 쉽다. 공권력의 행사로 기본권이 제한받게 되는 피해자가 "정부가 이러저러한 수단을 사용했으면 기본권을 크게 침해하지 않으면서도 동일한 목적을 달성할 수 있었다"는 식으로 항변하면, LRA 원칙에 따라 공권력 행사가 위헌으로 판정된다. 표현의 자유를 제한하는 규제 중 그 내용을 문제 삼는 사안에는 LRA 원칙이 적용된다. 이러한 정부 규제는 거의 모두 위헌으로 판정된다. 그래서 이를 엄격심사기준(strict scrutiny standards)이라고 부르기도 한다. 그러나 표현의 자유를 제한하는 규제라도 그것이 내용에 근거한 것(content-based regulation)이 아니고, 내용중립적일 경우(content-neutral regulation) 이 기준은 적용되지 않고 합리성 기준에 따른다.

불행히도 우리나라에서는 LRA 원칙이 분명하게 적용되지 않는다. 헌법재판소는 피해의 최소성을 마치 미국식 LRA를 의미하는 것처럼 설명하지만, 실제로 이 기준을 미국처럼 이해해서 적용하고 있는 것 같지 않다. 헌법재판소 판례 중 일부는 미국과 설명이 거의 똑같다. 즉 "입법자는 공익실현을 위하여 기본권을 제한하는 경우에도 입법목적을 실현하기에 적합한 여러 수단 중에서 되도록 국민의 기본권을 가장 존중하고 기본권을 최소로 침해하는 수단을 선택해야 한다. 기본권을 제한하는 규정은 기본권행사의 '방법'에 관한 규정과

---

6. 헌재 1990. 9. 3. 선고 89헌가95 결정, 1994. 12. 29. 선고 94헌마201 결정, 1998. 5. 28. 선고, 95헌바18 결정, 2000. 2. 24. 선고 98헌바38등 결정, 2000. 6. 1. 선고 99헌가11등 결정, 2000. 6. 1. 선고 99헌마553 결정 등.

기본권행사의 '여부' 에 관한 규정으로 구분할 수 있다. 침해의 최소성의 관점에서, 입법자는 그가 의도하는 공익을 달성하기 위하여 우선 기본권을 보다 적게 제한하는 단계인 기본권행사의 '방법' 에 관한 규제로써 공익을 실현할 수 있는가를 시도하고 이러한 방법으로는 공익달성이 어렵다고 판단되는 경우에 비로소 그 다음 단계인 기본권행사의 '여부' 에 관한 규제를 선택해야 한다."[7] 이를 다시 간단히 말하면, "침해의 최소성의 요건을 충족시키기 위하여는 입법목적의 달성을 위하여 똑같이 효과적인 방법 중에서 기본권을 보다 적게 침해하는 다른 방법이 있는지 여부가 검토되어야 한다"[8]는 식이다.

　그러나 피해의 최소성 기준을 실제 적용할 때는 미국과 다르다. 근거 없이 기준을 완화한 판례도 있다. 헌법재판소는 청소년이용음란물의 제작 등을 처벌하는 법조항이 표현의 자유를 침해하는지 여부를 비례의 원칙에 따라 검토하면서 침해의 최소성 기준을 아무런 근거도 제시하지 않은 채 완화하여 적용하였다. 즉 "이 사건 법률의 위 각 규정이 도모하는 입법취지와 보호법익의 중요성, '청소년이용음란물' 의 성격 및 그 제작행위 등 범죄의 죄질과 이에 대한 위법성 및 비난가능성, 일반예방적 목적을 달성하기 위한 형사정책적 측면, 특히 비디오물이나 컴퓨터 등 통신매체를 이용한 영상물과 같은 '청소년이용음란물' 은 그 제작·유통에 따른 파급효과가 막대할 것이라는 점, 그리고 "5년 이상의 유기징역"이라는 법정형에 대하여는 1회의 법률상 감경 또는 작량감경에 의하더라도 집행유예의 선고가 가능한 점 등에 비추어 보면, 이 사건 법률의 위 각 규정에 의한 처벌은

---

7. 헌재 1998. 5. 28. 선고 96헌가5 결정.
8. 헌재 2002. 10. 31. 선고 2000헌가12 결정.

최소한의 합리적 제한일 뿐 아니라 이로 인하여 제한되는 표현의 자유보다 청소년의 성보호라는 공익의 중요성이 중하지 않다고는 결코 말할 수 없는 것"이라고 판시하였다.[9]

상업광고는 그 가치가 정치적 표현보다 낮다는 이유로 침해의 최소성이 완화된 경우다. 헌법재판소는 "상업광고에 대한 규제에 의한 표현의 자유 내지 직업수행의 자유의 제한은 헌법 제37조 제2항에서 도출되는 비례의 원칙(과잉금지원칙)을 준수하여야 하지만, 상업광고는 사상이나 지식에 관한 정치적, 시민적 표현행위와는 차이가 있고, 인격발현과 개성신장에 미치는 효과가 중대한 것은 아니므로, 비례의 원칙 심사에 있어서 '피해의 최소성' 원칙은 '입법목적을 달성하기 위하여 필요한 범위 내의 것인지'를 심사하는 정도로 완화되는 것이 상당하다"고 한다.[10] 이 판례에 의하면, 표현의 자유 중 사회적 가치를 갖는 정치적 의사표현이나 개인적 가치를 갖는 인격의 발현 등은 두텁게 보호받아야 하므로 침해의 최소성을 엄격하게 해석해야 하지만, 광고처럼 그렇지 않은 종류의 표현은 침해의 최소성을 충족하지 않아도 된다.

최소의 피해를 가져오는 방법이나 수단을 판단하기 쉽지 않기 때문에 위반여부가 명백하지 않은 이상, 국회가 최소의 피해를 가져오는 방안을 선택할 수 있도록 형성의 자유를 인정하여야 한다는 주장도 있다.[11] 이러한 주장은 침해의 최소성 요건을 형해화하는 것으로 비례의 원칙에 관한 일반적인 설명으로는 타당하지 않다.

오히려 헌법재판소의 상업광고 판례와 같이 최소성 요건을 완화하

---

9. 헌재 2002. 4. 25, 선고 2001헌가27 결정.(밑줄은 강조위해 필자가 추가)
10. 헌재 2005. 10. 27. 선고 2003헌가3 결정.
11. 정종섭, 『헌법학원론』 제2판, 박영사, 2007년, p322.

는 사안과 최소성 요건을 엄격히 요구하는 사안을 구분하여 접근하
는 것이 타당하다. 언론의 자유와 관련하여 두 종류로 구분한다면,
표현 내용을 문제 삼아 규제하는 것이라면 원칙적으로 엄격한 요건
을 적용하는 것이 타당하다. 왜냐하면 언론의 자유는 국가의 사상적
중립을 요구하기 때문이다. 국가가 특정한 내용의 표현을 더 우대하
거나 더 홀대하는 것은 특정 이념이나 사상을 국민에게 권장하거나
박해하는 것과 마찬가지로 보아야 할 것이다.

2. 제한 방법 – 법치주의

국민의 기본권은 법률로 제한할 수 있다. 이 나라의 주인은 국민이
기 때문에 국민의 기본권을 제한하기 위해서는 국민의 동의가 있어
야 한다는 의미다. 국민의 대표기관인 국회의 의사는 국민의 뜻으로
간주된다. 따라서 국회가 제정한 법률로 국민의 기본권을 제한하는
것은 가능하다. 이렇게 제정된 법률은 국민이 그 의미를 이해할 수 있
어야 한다. 기본권을 왜 제한하는지, 어떠한 경우에 제한하는지, 제
한되는 범위는 어느 정도인지, 이를 위반하면 어떻게 되는지 등을 국
민이 분명하게 알아야 한다. 여기서 파생되는 원칙이 명확성의 원칙
이다. 법률의 내용은 명확하여야 한다는 것이다.

명확성의 정도는 모든 법률에서 동일한 정도로 요구되는 것은 아니
다. 개개의 법률이나 법조항의 성격에 따라 요구되는 정도에 차이가
있을 수 있다. 신체의 자유를 제한하는 형사법의 경우 명확성의 원칙
은 엄격하게 요구된다. 언론의 자유를 제한하는 법률 역시 마찬가지

---

12. 헌재 1998. 12. 24. 선고 96헌가23 결정.

다. 언론의 자유는 민주주의의 핵심 요소인데, 위축효과(chilling effect)가 우려되기 때문이다. 위축효과란 표현을 자제하는 현상을 말한다. 언론의 자유는 민주주의의 정착과 발전을 위하여 필수적이기 때문에 가능하면 많은 사람이 자유롭게 이야기하도록 권장하는 것이 바람직한데, 언론의 자유를 제한하는 법률의 내용이 불명확하면 이야기하고 싶어도 이야기하지 않는 사람들이 나타나게 된다. 이것이 위축효과이고, 이를 방지하기 위해서는 언론의 자유를 제한하는 법률은 명확하여야 한다. 만약 그렇지 않고 막연하다면 그 법률은 위헌으로 무효가 된다. 이를 미국에서는 막연하면 무효(void for vagueness)라는 말로 설명한다.

법치주의에서 파생된 또 다른 원칙은 포괄적 위임입법 금지의 원칙이다. 앞서 본 바와 같이 국민의 자유와 권리를 제한하려면 국회가 제정한 형식적 의미의 법률에 의하여야 하는데, 그 법률에 모든 내용을 담지 않고 하위규범인 시행령에 넘기려면 구체적으로 범위를 정해서 하여야 한다. 그렇지 않고 포괄적으로 위임한다면 법률로 정하여야 할 것을 시행령으로 정하는 셈이 된다. 이는 국민의 자유와 권리를 제한할 경우 국민의 대표인 의회가 법률로 하여야 한다는 의회입법의 원칙에 위반된다.

3. 허가 및 검열의 금지

언론의 자유는 법률로도 제한할 수 없는 경우가 있다. 허가제와 검열제가 그것이다. 헌법 제21조 제2항은 언론·출판에 대한 허가나 검열은 인정되지 아니한다고 명시하고 있다. 헌법재판소는 검열을 수단으로 한 제한만은 법률로써도 허용되지 아니한다고 강조한다.[12]

허가란 일반적 금지를 특정한 경우에 해제하는 행정처분을 의미하므로, 언론의 자유를 일반적으로 금지하고 예외적으로 허용하는 허가제는 언론의 자유와 양립할 수 없다. 검열이란 다른 사람의 표현물이 공표되기 전에 미리 그 내용을 심사하여 허가하고, 허가받지 않은 표현물은 금지하는 것을 뜻한다. 언론의 자유는 자기 하고 싶은 말을 하고 싶은 자유인데, 그것을 원천적으로 금지하고 허가자의 뜻과 일치하는 말만 하도록 허용한다는 점에서, 허가제와 검열제는 언론의 자유를 본질적으로 침해한다. 여기서 허가자란 결국 권력자 또는 권력자의 뜻을 집행하는 자가 될 것이므로 허가제와 검열제는 민주주의 원리에도 반하게 된다.

헌법재판소 결정 중에는 검열과 관련된 것이 상당수 있다. 과거 군사독재시절과 같은 일반적인 형태의 검열은 사라졌지만, 영화 음반 비디오 등에 대한 사전심의제도가 검열에 해당하는지 여부가 문제되었다. 여기서 중요한 것이 검열의 요건이다. 남의 것을 미리 본다고 항상 검열이 되는 것은 아니다. 헌법재판소에 의하면, 검열은 "행정권이 주체가 되어 사상이나 의견 등이 발표되기 이전에 예방적 조치로서 그 내용을 심사, 선별하여 발표를 사전에 억제하는, 즉 허가받지 아니한 것의 발표를 금지하는 제도"를 뜻한다.[13] 이를 분석하여 보면, 일반적으로 허가를 받기 위한 표현물의 제출의무, 행정권이 주체가 된 사전심사 절차, 허가를 받지 아니한 의사표현의 금지 및 심사 절차를 관철할 수 있는 강제수단 등 네 가지 요건을 갖춘 경우에만 헌법이 금지하는 검열에 해당된다.[14]

그동안 주로 문제가 되었던 것은 '행정권이 주체가 된 사전심사' 절차다. 과거에 있었던 공연윤리위원회나 공연예술진흥협의회, 지금 있는 영상물등급위원회가 하는 일이 행정권이 주체가 된 사전심사인지 여부를 놓고 의견이 분분하였다. 헌법재판소는 이 기구들을 모두 검열기관에 해당한다고 판시하였다. 검열기관인지 여부는 기관의 형식이 아닌, 그 실질에 따라 "행정권이 주체가 되어 검열절차를 형성하고 검열기관의 구성에 지속적인 영향을 미칠 수 있는 경우"인지에 달려 있기 때문이다.

과거 공연윤리위원회가 하던 심의는 검열이지만, 현재 영상물등급위원회가 하는 등급제 그 자체는 검열이 아니다. 검열의 세 번째, 네 번째 요건을 충족하고 있지 않기 때문이다. 그렇지만 영상물등급위원회가 등급분류를 보류한 후 상연등급을 받지 못한 영화를 상영하지 못하게 하고, 상영할 경우 과태료를 부과하는 방식으로 운영한다면 이것은 우리 헌법이 금지하는 검열에 해당된다.[15]

법원이 방영금지가처분결정을 내리는 것은 검열에 해당하지 않는다.[16] 네 가지 요건 중 두 번째, 즉 행정권이 주체가 된 사전심사 절차가 아니기 때문이다. 법원의 가처분제도는 분쟁의 당사자가 문제를 제기하여, 전문적인 분쟁해결기관인 사법부가, 공정한 절차를 거쳐 심리한 후 내리는 것이기 때문에 헌법이 금지하고 있는 검열제와는 본질이 다르다고 보아야 할 것이다.

4. 명백하고 현존하는 위험의 기준

민주주의 국가에서 언론의 자유는 필수불가결하기 때문에 언론의

---

13. 헌재 1996. 10. 4. 선고 93헌가13 결정.
14. 헌재 1996. 10. 4. 선고 93헌가13 결정.
15. 헌재 2001. 8. 30. 선고 2000헌가9 결정.
16. 헌재 2001. 8. 30. 선고 2000헌바36 결정.

자유를 제한하는 법률을 함부로 허용할 수 없다는 취지에서, 명백하고 현존하는 위험이 있는 경우에만 언론의 자유를 제한할 수 있다는 주장이 있다. 이 주장은 1919년 미국의 홈즈 대법관이 주창한 이래 미국뿐 아니라 세계 여러 나라에 영향을 미쳤다.[17] 요즘은 미국보다 오히려 우리나라에 더 널리 알려진 이론이다. 명백하고 현존하는 위험의 기준은 우리나라에서 언론의 자유를 두텁게 보호하는 이론으로 알려져 있지만, 미국에서는 오히려 악용 가능성이 크기 때문에 더 이상 사용하지 않는 이론으로 알려져 있다. 우리나라 판례 중에 이 이론을 적용한 경우는 없다.

---

17. 이 이론에 대해서는 제4장에서 정치적 표현의 자유와 그 한계에서 상세히 기술한다.

Ⅲ. 언론의 자유를 형성하는 법률

1. 권리제한법률과 권리형성법률

언론에 관한 내용이 법률에 담겨 있다고 하여, 항상 그 법률이 언론의 자유를 제한하는 것은 아니다. 물론 언론의 자유는 헌법에 의하여 보호되기 때문에 이를 제한하기 위해서는 법률을 제정하거나 개정하여야 한다. 이러한 이유로 언론에 관한 법률은 의례 언론의 자유를 제한하는 법률이라고 생각하는 것도 무리는 아니다.

하지만 법률 중에는 국민의 자유와 권리를 구체화하거나 새로 만드는 경우도 있다. 권리나 자유는 헌법상 보장되더라도 그 권리나 자유를 구체화하려면 법률이 제정되어야 하는 것이다. 예컨대 헌법 제27조 제1항은 "법률에 의한 재판을 받을 권리"를 규정하고 있다. 국회가 이 헌법조항에 의거하여 재판절차를 정하는 법률을 만들면, 그 법률은 국민의 재판청구권을 구체화하는 것이다. 국민의 구체적인 권리, 예컨대 어떠한 경우에 누가 행정소송을 제기할 수 있느냐는 국회가 제정한 법률에 의하여 비로소 형성된다고도 할 수 있다.

권리를 형성하는 법률의 위헌성 심사기준은 권리제한법률의 위헌성 심사기준과 다르다.[18] 권리제한법률의 위헌성심사는 앞서 본 바와 같이 헌법 제37조 제2항에 의하여 법치주의, 과잉금지의 원칙 등이 적용된다. 하지만 국민이 본래 누리던 자유와 권리에 대한 제한이 아니라, 새로운 권리를 만드는 경우에는 만드는 사람에게 폭 넓은 재량권이 주어진다. 따라서 국회가 입법자에게 부여된 입법재량권을 남용하였거나, 입법형성권의 한계를 일탈하여 명백히 불공정 또는 불합리하게 자의적으로 행사되어 헌법상의 평등권을 침해하는 등의 특별한 사정이 없는 한 헌법위반의 문제는 야기되지 아니한다는 것이 헌법재판소의 태도다.

언론의 자유에서도 이러한 논리가 통용될 것인가? 예컨대 국회가 경영난을 겪고 있는 신문사에 대하여 국고로 지원하는 법률을 제정하였다고 하자. 신문사가 정부에 경영자금을 신청할 수 있는 권리는 그 법률에 의하여 비로소 형성된다고 볼 수 있다. 하지만 다른 한편으로 생각하면, 이 법률은 다른 신문의 언론의 자유를 제한한다. 독자가 한정된 시장에서 A신문사에 대한 자금지원은 그 신문사가 좋은 신문을 만드는 데 그치지 않고, 자금지원을 받지 못한 B신문사의 언론의 자유에 대한 제한으로 이어질 수 있기 때문이다. 만약 신문사 지원기준에 신문보도의 내용과 관련된 사항이 포함된다면, 국가가 특정 내용을 지지하는 결과가 되기 때문에 언론의 자유에 대한 제한은 더욱 심각해진다. 논란의 여지가 큰 영역이다.

더욱 문제를 어렵게 만드는 것은 언론의 자유를 제도적으로 이해하는 견해가 있기 때문이다. 언론의 자유를 단순히 개인의 자유로 이해하면, 법률의 위헌성은 개인의 자유에 대한 침해가 있는지 여부만 살

---

18. 헌재 2003. 12. 18. 선고 2002헌바49 결정.

피면 된다. 하지만, 언론의 자유를 국가의 존립과 발전을 위하여 필요한 것이라고 이해하면, 국가는 언론의 자유를 보장하고 제고하는 데 도움이 되는 제도를 만들어야 한다. 구체적인 제도의 모습은 입법자가 만들게 되고, 입법자에게는 재량권이 주어진다. 새로 만들어진 제도로 인하여 대부분의 국민은 언론의 자유를 더 많이 행사할 수 있게 되지만, 일부 국민은 새로운 부담을 안게 될 수도 있다. 그 일부 국민은 자신의 자유가 침해되었다고 주장할 것이다. 이 때 적용되는 위헌성 심사기준으로 어떤 것이 적정할 것인가? 이 법률을 권리제한법률이라고 보아 과잉금지의 원칙이 적용되어야 하는가? 아니면 입법자에게 형성의 자유가 있다고 보아 현저하고 명백하게 재량권을 남용한 경우에만 위헌이라고 할 것인가? 과잉금지의 원칙이 적용된다면 재량권 남용기준을 적용할 때보다 위헌 판정이 많이 나올 것이다. 이 문제는 궁극적으로 침해되는 자유와 권리의 성격을 어떻게 이해할 것인지에 달려있다.

2. 방송의 자유

방송의 자유는 방송을 할 수 있는 자유를 의미한다. 하지만 방송은 누구나 할 수 없다. 주파수가 제한되었기 때문이다. 주파수의 한정된 상황에서 누구나 방송을 하겠다고 전파를 쏠 경우 혼선이 발생하고, 누구도 들을 수 없는 일이 발생한다. 모든 국가들이 방송은 허가받은 자만 할 수 있도록 하고 있다. 그렇다고 보면, 방송의 자유는 법률이 제정되기 전부터 누구나 누릴 수 있는 자유라고 보기 어렵다. 방송법이 제정되고, 그 법이 정하는 일정한 기준과 절차에 따라 방송을 할 수 있는 자가 결정되면, 그 때 비로소 방송사업자는 방송을 할 수 있는 자유를 가지게 된다.

　만약 법률이 방송사업자에게 이러저러한 방식으로 방송하라고 규정하거나, 이러 저러한 내용은 방송할 수 없다고 규정하고 있다면, 이 제한과 금지의 위헌성 심사기준은 무엇이 되어야 하는가? 방송사업자의 언론의 자유를 침해하기 때문에 권리제한법률에 해당하고, 따라서 과잉금지의 원칙을 적용하여 위헌성을 심사하여야 하는가? 아니면 방송사업자의 방송의 자유는 입법자가 만들어준 자유이므로, 이 자유에 제한을 가하는 것은 현저하고 명백하게 불공정하거나 불합리한 경우에만 위헌이라고 판단하여야 하는가?

　헌법재판소는 후자로 설명한다. 헌법재판소가 이해하는 방송의 자유는 다음과 같다.[19] 첫째, 방송의 자유는 주관적인 자유권으로서의 특성을 가질 뿐 아니라 다양한 정보와 견해의 교환을 가능하게 함으로써 민주주의의 존립·발전을 위한 기초가 되는 언론의 자유의 실질적 보장에 기여한다는 특성을 가지고 있다. 따라서 방송의 자유는 주관적 권리로서의 성격과 함께 자유로운 의견형성이나 여론형성을 위해 필수적인 기능을 행하는 객관적 규범질서로서 제도적 보장의 성격을 함께 가진다.

　둘째, 방송의 자유의 보호영역에는, 단지 국가의 간섭을 배제함으로써 성취될 수 있는 방송프로그램에 의한 의견 및 정보를 표현, 전파하는 주관적인 자유권 영역 외에 그 자체만으로 실현될 수 없고 그 실

---

19. 헌재 2003. 12. 18. 선고 2002헌바49 결정.("형성법률에 대한 위헌성 판단은 기본권 제한의 한계 규정인 헌법 제37조 제2항에 따른 과잉금지 내지 비례의 원칙의 적용을 받는 것이 아니라, 그러한 형성법률이 그 재량의 한계인 자유민수주의 등 헌법상의 기본원리를 지키면서 방송의 자유를 실질적 보장에 기여하는지 여부에 따라 판단된다.")

현과 행사를 위해 실체적, 조직적, 절차적 형성 및 구체화를 필요로 하는 객관적 규범질서의 영역이 존재한다. 그러므로 입법자는 자유민주주의를 기본원리로 하는 헌법의 요청에 따라 국민의 다양한 의견을 반영하고 국가권력이나 사회세력으로부터 독립된 방송을 실현할 수 있도록 광범위한 입법형성재량을 갖고 방송체제의 선택을 비롯하여, 방송의 설립 및 운영에 관한 조직적, 절차적 규율과 방송운영주체의 지위에 관하여 실체적인 규율을 행할 수 있다.

셋째, 만약 입법자가 방송법제의 형성을 통하여 민영방송을 허용하는 경우 민영방송사업자는 그 방송법제에서 기대되는 방송의 기능을 보장받으며 형성된 법률에 의해 주어진 범위 내에서 주관적 권리를 가지고 헌법적 보호를 받는다.

방송은 누구나 할 수 없는 태생적 한계를 갖기 때문에 방송허가를 받아 방송을 하는 국민과 그 방송을 어쩔 수 없이 시청해야 하는 국민의 이익을 조정할 필요가 있다. 이러한 의미에서 헌법재판소의 설명은 타당하다. 신문의 자유도 이런 식의 논리가 가능할까? 헌법재판소는 방송의 자유를 설명하면서 "신문의 자유와 마찬가지로"라는 표현을 상용하여, 신문의 자유도 주관적 권리로서의 성격과 함께 제도적 보장의 성격을 가지는 것처럼 언급하였다. 과연 신문의 자유와 방송의 자유는 그 본질이 같은 것인가?

3. 신문의 자유와 신문의 기능 보장

신문의 자유는 방송의 자유와 같을 수 없다. 신문의 자유는 누구나 신문을 발행할 수 있는 자유인데 반하여, 방송의 자유는 누구나 할 수 없기 때문에 국가의 개입을 전제로 한 자유다. 물론 신문을 발행하려

면 많은 돈이 필요하기 때문에 누구나 이 자유를 누릴 수 있는 것은
아니다. 하지만 신문의 발행 그 자체는 누구에게나 보장되어 있다.
누구에게나 영업의 자유가 보장되지만, 호텔업을 실제로 할 수 있는
사람은 사실상 재력이나 경력 있는 사람으로 제한되는 것과 마찬가
지다.

헌법재판소는 이와 다른 해석을 한다. 신문의 자유 역시 방송의 자
유처럼 공적 기능을 하여야 한다는 점을 중시한다. 헌법재판소의 설
명에 따르면, "신문은 본질적으로 자유로워야 하지만, 공정하고 객관
적인 보도를 통하여 민주적 여론형성에 기여하고 국민의 알 권리를
충족시켜야 한다는 점에서 자유에 상응하는 공적 기능을 아울러 수
행하게 된다."[20] 마침 우리나라 헌법 제21조 제3항이 "통신·방송의
시설기준과 신문의 기능을 보장하기 위하여 필요한 사항은 법률로
정한다"고 규정하고 있어, 이러한 해석이 설득력 있게 들린다. 헌법
재판소는 이 조항에 의거하여, "우리 헌법이 방송뿐만 아니라 신문에
대하여도 그 공적 기능의 보장을 위한 입법형성, 즉 입법적 규율의 가
능성을 예정하고 있음을 의미한다"고 해석하고 있다.[21] 따라서 신문
이나 방송이나 모두 필요한 사항은 법률로 정하고, 그러한 법률은 공
적 기능을 수행하는데 필요한 사항을 규정하는 권리형성법률이며,
권리형성법률의 위헌성 심사는 헌법 제37조 제2항에 규정한 비례의
원칙 또는 과잉금지의 원칙이 적용되는 것이 아니라 재량성 심사에
그친다는 논리로 이어진다.

그러나 신문의 자유는 방송의 자유와 그 본질에 있어서 다르기 때

---

20. 헌재 2002. 7. 18. 선고 2001헌마605 결정.
21. 헌재 2006. 6. 29. 선고 2005헌마165 등 결정.

문에 헌법재판소 설명은 잘못이라고 본다. 헌법재판소가 두 자유를 동일하게 보는 것은, 헌법 제21조 제3항 때문이다. 여기에 근거하여 신문의 자유 일반에 대하여 공적 기능과 책임을 강조하고 그에 필요한 입법적 규율은 허용된다는 설명이다. 그러나 헌법 제21조 제3항에서 말하는 신문의 기능은 언론의 다양성 보장에 있다. 이는 헌법재판소도 적절하게 지적하고 있다. 언론의 다양성이 보장될 때, 다원주의를 본질로 하는 민주주의 사회에서 민주적 의사형성이 가능해진다. 그렇지 않고 만약 우리 사회에 한 가지 의견만 존재한다면, 사상의 자유시장은 고장난 것이며, 이를 해결하기 위하여 필요한 사항을 국가가 법률로 정할 수 있다는 것이 헌법 제21조 제3항의 의미다.

여기서 더 나아가, 신문에 "공적 기능과 책임"이라는 일반적 의무까지 부과할 경우 신문이 누려야 할 언론의 자유를 침해하게 된다. 신문은, 헌법재판소 결정내용과 달리, 표현의 자유의 수단이기 때문에 그 본질에 있어서 주관적이다. 신문이 스스로 자기 일을 하다 보니, 국민의 알 권리를 충족시키는 결과를 낳는 것이지, 헌법재판소가 이해하듯이 알 권리를 충족시켜야 하는 것은 아니다. 국민의 알 권리를 충족시키는 의무는 국가가 갖는 것이지, 신문이 갖는 것이 아니다. 만약 헌법재판소의 논리를 수용한다면, 신문은 다른 매체와 달리 공적 기능을 수행하기 때문에 더 많은 구속을 당하게 된다. 또 그 반대급부로 국가에 더 많은 혜택을 요구할 수도 있게 된다. 이러한 해석은 언론의 자유가 국가에 의존하는 형태로 전개되어 언론의 자유의 본질에 반하게 된다.

Ⅳ. 언론의 자율규제와 타율규제[22)]

1. 언론규제의 틀

언론 보도를 놓고 분쟁이 발생하였을 경우 가장 바람직한 것은 해당 언론사가 스스로 해결하는 것이다. 보도에 불만을 품은 쪽에서 보면, 해당 언론사가 잘못을 스스로 인정하고 시정한다면 가장 적은 비용으로 원하는 결과를 얻는 셈이다. 하지만 언론사는 명백한 오보가 아닌 한 좀처럼 잘못을 인정하려고 하지 않는다. 언론 보도는 정확성이 생명인데, 스스로 정확성을 부정하고 싶지 않기 때문이다. 공정하지 못한 보도 또는 신문윤리에 위반한 보도의 경우, 관점에 따라 결론이 달라질 수 있기 때문에 언론사는 언론 보도에 대한 이의를 그대로 수용하지 않으려는 경향을 보인다.

언론 보도에서 발생하는 모든 분쟁은 결국 제3의 기관이 담당하여야 한다. 세계 많은 국가들은 제3의 기관으로 언론사의 자율적 모임인 신문윤리위원회(press council) 또는 사법기관인 법원을 활용한다. 전자가 자율규제 기관이라면, 후자는 타율규제 기관이라는 것이

---

22. 이 글은 「언론과 법」과 법 제5권 세2호(2006)에 게재된 논문을 수정·보완한 것이다.

가장 큰 차이다. 이러한 차이는 두 기관의 장단점으로 나타난다. 신문윤리위원회는 자율규제 기관이기 때문에 언론사의 자발적인 협조가 있을 때 효율적인 규제기구로 작동하지만, 언론사가 신문윤리위원회를 무시한다면 아무런 기능을 할 수 없다. 법원은 언론사를 상대로 한 민·형사소송의 심판자 역할을 한다. 언론사 입장에서는 원하지 않더라도 그 결과에 승복하여야 한다는 점에서 타율규제의 대표적인 예다. 법원의 결정은 강제력을 동원하고 종국적이기 때문에 언론 보도에 이의를 제기하는 쪽에서 보면 가장 강력한 해결수단이다. 하지만 시간과 비용이 많이 드는 것이 가장 큰 단점이다.

우리나라는 이 밖에 언론중재위원회를 두고 있다. 언론중재위원회는 법률에 의하여 만들어진 타율규제기관이자, 법원의 기능을 대신하는 대안적 분쟁해결(Alternative Dispute Resolution)기구라고 할 수 있다.[23] 세계 대부분의 국가가 자율적인 규제기구와 타율적인 분쟁해결기구로 2원화되어 있지만, 우리나라는 그 중간 단계의 분쟁해결기구가 있어 3원화된 것이 특징이다.[24] 언론사의 자율규제기관이 제대로 작동하였더라면 탄생하지 않았을 조직이다.

자율규제와 타율규제가 병존하는 상황에서 자율규제가 뿌리내리기린 쉬운 일이 아니다. 득히 우리나라저럼 자율규제의 역사가 순수하게 자발적인 동기에서 시작된 것이 아니라, 타율규제를 모면하고자 나온 이해타산의 소산이라면 더욱 그렇다.[25] 최근 우리나라의 상

---

23. 조수정, "언론보도 분쟁의 재판 외 해결절차로서의 언론중재", 「언론중재」, 2006년 여름호.
24. 성병욱, "신문자율규제 기구의 현황과 과제", 한국신문윤리위원회 세미나, 2005. 9. 28.
25. 자율적인 윤리기구를 가진 나라도 스웨덴, 노르웨이처럼 순수하게 자발적으로 설치한 경우도 있고, 영국 독일 그리고 우리나라처럼 언론규제를 위한 입법의 위협을 회피하기 위하여 설치한 경우도 있다. 후자의 국가들은 대체로 유명무실한 것이 특징이다. 성병욱, 앞의 논문.

황은 언론 보도의 피해자 또는 불만족자가 자율규제 기구보다 신속하고 강력한 처방을 내리는 타율규제 기구에 매력을 느끼고, 자율규제기구는 이 난국을 타개할 묘책을 찾지 못하고 있다.

2. 한국신문윤리위원회

한국신문윤리위원회는 언론의 자유의 수호와 책임 있는 신문의 제작을 목적으로 신문발행인과 편집인, 그리고 기자가 함께 설립한 언론의 자율감시기구다. 활동한 지도 40년이 훨씬 넘는다. 신문윤리위원회는 독자가 제기하는 불만을 처리하는 수동적인 역할에 그치지 않고, 매일 매체를 심의하여 신문윤리강령을 위반한 기사, 소설 및 만화, 광고에 대하여 제재조치를 내린다.

그러나 신문윤리위원회는 짧지 않은 역사와 자율적인 활동에도 불구하고, 한국에서 언론의 자율규제가 자리 잡았다고 평가하기 어렵다. 오히려 우리나라에서는 언론의 자율규제보다 타율규제가 더 보편적이며, 그러한 현상은 날로 심화되고 있다는 것이 정확한 평가일 것이다. 한국의 언론사를 보면, 역대 정부는 언론의 책임을 법으로 강제하고자 하는 욕심을 버리지 않았다. 자율규제는 이러한 법적 규제를 피하고자 마지못해 나선 경우가 대부분이었다. 멀리 살펴보면 한국신문윤리위원회의 탄생이 그렇고, 노무현 정부 말기 종합일간지를 청소년유해매체물로 지정하려고 한 청소년보호법 개정 논란이 그렇다.[26]

---

26. 성청래 의원 등 97명은 2007년 12월 13일 일반일간신문을 청소년 유해매체물 심의대상에 포함하는 청소년보호법 개정안을 발의하였다.

(1) 설립 및 기능 확대

우리나라에 신문윤리강령이 채택된 것은 1957년이고, 한국신문윤리위원회가 설립된 것은 1961년 9월 12일이다. 우리나라 언론계도 1950년대 후반부터 언론의 인권침해에 대하여 비로소 눈을 뜨기 시작하여 1957년 4월 1일 제1회 신문의 날을 제정하면서 신문윤리강령을 채택하였다. 하지만 언론의 자유와 언론의 책임이 조화를 이루는 구체적인 노력이 결실을 맺기 전에 5 · 16 군사 쿠데타가 발생하면서 상황이 달라졌다.[27] 박정희 장군은 쿠데타로 정권을 잡자마자 신문의 일제 정비를 단행하였고 언론을 통제하기 위하여 언론의 윤리와 사회적 책임을 강조하였다. 그 해 7월 28일 '신문 등 등록법안'이 발표되었다. 이 법안에 의하면, 1년에 3회 이상 타인의 명예를 훼손하는 기사를 게재하는 경우 신문의 등록이 취소된다. 정부의 강경한 입장에 깜짝 놀란 언론계는 스스로 자율규제의 체계를 구축하게 되었다. 3년 전 채택하였던 신문윤리강령을 개정하여 자율규제를 강화하고, 신문윤리위원회를 구성하였다.[28]

신문윤리위원회의 설립 목적은 언론의 자유를 수호하고 언론에 의

---

27. 정진석, "신문윤리 40년- 평가와 향후 과제", 신문윤리위원회 창립 40주년 기념세미나, 2001. 9. 27.
28. 신문윤리위원회의 설립 기원을 5 · 16 쿠데타 이전으로 찾을 수도 있다. 1957년 4월 7일 신문과 통신의 편집간부들이 신문편집인 협회를 결정하면서 신문윤리강력을 제정하였다. 이러한 움직임은 당시 자유당 정권의 신문규제입법 움직임에 대항하기 위한 것으로 외부로부터의 언론 통제에 대응하는 자구책을 높은 윤리의식에서 찾았다는 점에서 긍정적인 평가를 받을 만하다. 1961년 4월 신문편집인협회 총회는 신문윤리강령의 실천요강도 제정하고 이를 실천하는 기구로서 신문윤리위원회를 구성한다는 계획을 세웠다. 성병욱, 앞의 논문. 1957년 신문윤리강령의 채택은 이승만 정권이 저지른 언론 탄압에 대한 항거이자 배수진 성격이 강했다고 한다. 김영욱, "신문윤리강령의 채택과 신문윤리위원회 활성화 방안", 한국신문윤리위원회 세미나, 2004.11.25.

하여 피해를 입은 사람을 구제한다는 것이다. 신문윤리위원회는 세계 여러 나라 윤리위원회를 모델로 하여 가장 이상적이고 모범적인 신문의 자율규제기구로 구상되었다.[29] 하지만 신문윤리위원회의 설립 과정은 이 위원회가 자발적으로, 자율적으로 구성된 것이 아니고 강압을 피하기 위하여 어쩔 수 없이 구성된 성격이 강하였다. 초기 신문윤리위원회는 언론계 대표 4인, 공중 대표 4인, 대법관 출신 변호사로 구성되었으며, 대법관 출신 변호사가 위원장을 맡았다.

설립 당시 신문윤리위원회의 업무는 독자가 불만을 제기한 제소사건을 처리하는 기능을 수행하는 데 국한되었다. 하지만 3년 뒤에는 심의실을 설치하여 전국의 신문을 매일 심의하게 되었다. 이 역시 순수하게 자발적으로 시작한 것은 아니었다. 1964년 박정희 정부가 신문윤리위원회법을 제정하여 신문윤리의 법적 강제를 시도하자 자율정화의 기능을 더욱 강화할 필요가 있었기 때문에 시작한 것이다.

이처럼 우리나라의 신문윤리위원회는 언론의 사회적 책임에 대한 언론인의 자각보다는, 언론에 대한 권력자의 불신을 해소하고자 하는 언론인의 자구책으로 탄생하고 발전하였다. 현재 신문윤리위원회가 제 자리를 잡지 못하고 있는 가장 큰 이유도 여기에 있다고 하겠다. 신문윤리위원회의 활동에도 불구하고 언론의 자율규제가 이루어지지 않았기 때문에 언론의 폐해가 적지 않았고, 정치권은 이를 빌미로 점점 더 강력한 타율규제 수단을 마련하게 된 것이다.

(2) 활동

신문윤리위원회의 초기 활동은 미미하였다. 1961년 9월부터 1963년 3월까지 신문윤리위원회가 접수한 사건은 20건이었으며, 언론시에 대한 경고 5건, 주의환기 2건, 정정 5건, 해명 4건, 해당기사의 취소 및 사과 1건, 중재취하 1건, 기각 2건의 결정이 내려졌다. 처리건수는 미미하지만 자율규제의 첫 걸음이라는 점을 감안하면, 신문윤리위원회는 자율규제기구로 자리 잡을 수 있었다는 평가도 있다.[30]

그러나 박정희 정부는 언론을 신뢰하지 않았다. 언론이 국민을 선동하여 국정을 혼란스럽게 만든다고 보았다. 결국 1964년 8월 5일 언론윤리위원회법(법률 제1652호)을 제정하고, 언론윤리위원회의 설치를 강제화하였다. 언론윤리위원회는 공보부에 등록된 정기간행물의 발행인과 방송법에 의한 방송사의 장을 당연직 회원으로 구성된다(제2조). 언론윤리위원회에는 상설기구로 심의회를 두도록 하였으며(제5조), 심의회는 언론윤리요강에 따라 심의한다(제12, 13조). 모든 언론사는 언론윤리를 준수할 의무가 있으며(제3조제3항), 심의회 판정내용을 반드시 보도하여야 하는 내용도 담고 있었다(제14조). 언론계는 이 법의 철폐를 위하여 강력히 저항하였다. 한국기자협회가 결성되게 된 것도 이 때다. 결국 박 대통령은 그 해 9월 9일 언론윤리위원회법의 시행을 보류하기에 이른다.

타율규제의 시행을 저지한 언론계는 자율규제를 강화할 수밖에 없게 되었다. 한국기자협회도 신문윤리위원회에 대표를 파견하였다. 신문윤리위원회는 발행인협회 · 편집인협회 · 기자협회 대표 각 2명과 국제언론인협회(IPI) 한국대표, 신문연구소 대표 등 8명으로 운영협의회를 구성하였다. 또 심의실도 신설하여 언론보도의 윤리강령 및 실천요강의 위반 여부도 적극적으로 심의하기 시작하였다. 신문

---

29. 정진석, 앞의 논문.
30. 성병국, 앞의 논문.

윤리위원회가 그 기능을 강화한 다음해인 1965년에는 36건의 제소가 있었으나, 제소 건수가 점차 줄어 1978년 이후에는 단 한 건의 제소도 없었다.[31]

윤리위원회에 제소된 건수를 연도별로 보면, 1961년 9건, 1962년 10건, 1963년 7건, 1964년 9건, 1965년 36건, 1966년 28건, 1967년 13건, 1968년 32건, 1969년 15건, 1970년 17건, 1971년 5건, 1972년 5건, 1973년 3건, 1974년 9건, 1975년 1건, 1976년 4건, 1977년 3건, 1978년 0건, 1979년 0건, 1980년 0건 등이다.

박정희 정부는 언론윤리위원회법을 폐지하지는 않았다. 시행령을 제정하지 않아 시행하지 않는 방식으로 유명무실화하였다. 언론윤리위원회법이 정식으로 폐지된 것은 전두환 정부가 정권을 장악한 1980년 12월 31일이다. 그렇다고 언론에 대한 통제를 포기한 것은 아니었다. 언론윤리위원회법의 정신은 언론기본법(법률 제3347호)으로 계승되었으며, 언론윤리위원회의 기능은 언론중재위원회가 맡게 된 것이다. 언론기본법은 언론침해에 대한 구제를 별도의 장(제6장)으로 편성하고, 정정보도청구권[32](제49조)을 신설하고 이를 담당할 기관으로 언론중재위원회를 설치하였다(제50조).

언론중재위원회 설립 후 신문윤리위원회 기능은 급속히 약화되었다. 언론중재위원회는 강력한 무기를 가지고 있지만, 신문윤리위원회는 주의·경고 등 제재조치가 미약하기 때문에 언론 피해자의 관심을 끌지 못했다.

21세기 들어 신문윤리위원회는 과거 그 어느 때보다 활발하게 활

---

31. 정진석, 앞의 논문.
32. 실제 내용은 반론보도청구권이었음. 이에 대하여는 후술.

〈표 1〉 최근 심의 후 제재한 실적

	기사				광고			
	공개경고	비공개경고	주의	합계	공개경고	비공개경고	주의	합계
2006년	4	153	448	605	0	281	174	455
2005년	3	109	277	389	0	117	112	229
2004년	2	101	269	372	1	79	286	366
2003년	16	154	129	299	0	20	220	240
2002년	23	140	339	339	1	45	139	185

〈표 2〉 최근 독자불민처리 실적

	기사						광고					
	공개경고	비공개경고	주의	기각	기타	합계	공개경고	비공개경고	주의	기각	기타	합계
2006년	0	1	4	3	4	12	0	0	4	1	0	8
2005년	1	2	7	2	0	12	0	0	5	5	0	10
2004년	0	5	13	10	0	28	0	0	5	9	0	14

동하고 있다. 신문윤리위원회가 위반사례를 제재한 건수는 매년 증가하여 2006년 처음으로 1,000건을 넘었다. 기사 심의가 605건, 광고 심의가 455건이다. 그러나 제재건수의 증가는 신문윤리위원회의 한계를 보여주는 대표적인 예이다. 같은 사안에 대하여 반복적으로 제재하고 있지만, 전혀 시정되고 있지 않기 때문이다.

대표적인 사례로 문화일보의 소설 '강안남자'를 들 수 있다. 이 소설은 이렇다 할 줄거리도 없이, 한 남자가 여러 여성을 만나 성행위를 하는 모습을 상세하게 묘사하고 있다. 신문윤리위원회가 여러 차례 제재조치를 내렸지만 시정되지 않고 있다. 이 소설이 제재 받은 것은 2006년 말까지 공개경고 4회, 비공개경고 25회, 주의 2회 등 31차례에 이른다. 신문윤리위원회는 이 소설의 연재가 신문의 품위를 훼손할 우려가 있으며, 상업성에 매몰되어 언론의 사회적 책임을 망각한 처사라고 지적하였다. 하지만 해당 신문사는 이에 귀 기울이지 않았다.

자율규제의 실패로 타율규제가 정당성을 얻게 되었다. 열린우리당 정청래 국회의원은 2006년 가을 국정감사 즈음부터 이 문제를 집중적으로 지적하고, 청소년보호법 개정안을 제출하기에 이르렀다. 개정안에 따르면, 국가기관인 청소년보호위원회가 신문 소설을 심의하여 청소년유해매체물로 지정하고, 일단 청소년유해매체물로 지정되면 청소년유해표시의 의무화, 광고 선전의 제한, 의무 위반 시 과징금 부과 등 각종 규제를 받는다. 한 나라 민주주의의 보루라는 평가를 받는 신문이 청소년유해매체물이라는 낙인이 찍힌 채 발간되는 우려스러운 일이다. 신문업계의 자율규제 실패와 이를 빌미로 신문을 통제하려는 권위주의적 사고가 복합적으로 어울러져 만들어진 대형 사고인 셈이다. 신문윤리위원회는 뒤늦게 사태의 심각성을 인식하고 자율규제의 실효성을 높이겠다는 계획을 발표하였다. 새로 개정된 운영규정에 따르면, 1년 동안 3회 이상 경고를 받고도 시정하지 않는 경우 경고 횟수에 따라 최고 1,000만 원의 과징금이 부과된다. 그동안 경고 주의 등 실효성 없는 제재수단으로는 신문윤리위원회가 제대로 활동할 수 없는 것을 깨닫게 된 것이다.

(3) 한계

신문윤리위원회의 자율규제가 실효성을 확보하지 못한 원인은 여러 가지 관점에서 설명할 수 있다. 가장 큰 원인은 회원사 자신이 자율규제의 중요성을 인식하지 못하는데 있다. 언론사는 제4부로 우리 사회의 건전한 발전을 도모하여야 할 막중한 사회적 책임이 있으며,

자율규제가 확고하여야 타율규제가 초래하는 언론 자유의 침해를 방지할 수 있다는 인식을 확고하게 갖고 있지 않은 것이 문제다.

한국 언론은 일제 강점기와 이승만 박정희 전두환으로 이어지는 권위주의 정부에 맞서 저항하고 국민을 계도하였다는 점에서 높은 평가를 받아야 한다. 하지만 언론 보도가 개인의 인권을 침해할 수 있다는 점은 심각하게 받아들이지 않았다. 언론에 대한 평가 기준은 얼마나 저항적이냐 또는 얼마나 민주화에 기여하였느냐에 있었지, 얼마나 공정한지 또는 정확한지에 있지 않았다.

그러나 1987년 민주화 운동이 성공하면서 권위주의 정부는 사라졌다. 이제 언론사는 과거 투사적 이념에서 벗어나야 했지만, 그러지 못하였다. 권위주의 정부가 사라지면서 언론사가 그 자리를 대신 차지하였다. 언론의 무책임한 보도로 피해를 입는 국민이 속출하면서 언론에 대한 불만은 점차 고조되었다. 이러한 변화에 언론사는 무관심하였다. 그 결과는 언론사를 상대로 한 소송의 폭발로 나타났다.

권위주의 정부의 소멸로 신문사의 설립이 자유화되고, 이념적 스펙트럼이 다양한 신문사가 등장하였다. 1990년대 후반부터는 인터넷의 확산으로 온라인 매체도 나타났다. 다양한 언론사의 등장은 언론사산 매체 비평이라는 영역을 만들었다. 언론 보도가 성역이 아닌 이상, 한 언론사의 보도를 다른 언론사가 비평하는 것은 한국 사회의 건전한 발전에 도움을 주는 바람직한 현상이다. 하지만 매체비평이 이념갈등과 맞물려 감정적인 대립 양상으로 전개되기도 하였다.

새로운 환경에서 신문윤리위원회는 아무런 역할을 하지 못하고 있다. 언론사간 분쟁조차도 법원에서 해결되는 것이 대부분이다. 신문윤리위원회는 회원사간 분쟁을 자율적으로 처리할 능력도 없으며, 회원사 역시 신문윤리위원회가 그러한 역할을 하리라고 기대하지도 않는 것이 현실이다. 신문윤리위원회는 실질적인 기능을 하지 못하여 언론 피해자의 관심을 끌지 못하고, 형식적인 기구로 역할이 축소되었다.[33]

둘째 원인은 국민의 권리의식 향상에 있다.[34] 언론의 자율규제가 자리 잡지 못하고 있는 사이, 민주화의 영향으로 자기 것을 지키고자 하는 국민의 권리의식이 크게 향상되었다. 그 결과 재판이 사회갈등의 주요한 해결수단으로 자리 잡게 되었다. 한국언론사에서 1990년대는 언론을 상대로 한 손해배상청구소송이 폭발한 시기로 기록된다. 한 연구에 의하면, 1990년대 10년간 판결건수는 139건이며 이를 연 평균으로 보면 13.9건이다.[35] 1980년대까지 언론사를 상대로 한 소송이 거의 전무하였던 점을 감안하면 큰 변화가 아닐 수 없다. 특히 1996년부터 증가추세가 완연하여, 1996년부터 1999년까지 평균 판결건수는 24.8에 이르렀다.

더욱 놀라운 것은 언론매체를 피고로 한 손해배상청구소송에서 원고의 평균승소비율이 1990년대 72.7%에 이른다는 사실이다. 인용액수를 보면, 고액화 현상이 두드러진다. 손해배상 인용액은 1990년의 경우 520만원에 불과하였다. 1990년대 평균 인용액은 3,702만

---

33. 성병욱, 앞의 논문.

34. 정진석 교수는 80년대 이후 언론윤리에 대한 인식의 변화를 다음과 같이 설명한다. 첫째, 언론침해에 대한 구제제도가 필요하다는 당위성에 대한 인식이 상당히 오랜 기간에 걸쳐 축적되었다는 역사적인 배경이다. 둘째, 80년대에는 한국 사회가 전반적인 민주화의 진행에 따라 인권과 명예를 중요시하게 되는 언론환경의 변화라는 시대적 추세에 놓여 있었다는 점이다. 셋째, 언론침해를 당한 개인과 단체 또는 기관 등의 권리의식이 크게 높아진 점을 들 수 있다. 넷째, 피해자의 인권을 보호하려는 법조계의 변화가 눈에 띤다. 정진석, 앞의 논문.

35. 조준원, "1990년대 언론관련 손해배상 판결의 사회과학적 분석", 「언론중재」, 2000년 가을호. 이하 1990년대 언론관련 판결의 분석 자료는 이 논문에 의거함.

원이다. 손해배상액이 3,000만 원을 넘는 사안은 1990년부터 1995년까지 인용판결 30건 중 8건(26.7%)에 불과하였지만, 1996년부터 1999년까지 사이에서는 71건 중 34건(47.9%)으로 늘어나 손해배상액이 크게 증가하고 있음을 보여준다.

법원 소송이 쉬우면 쉬울수록 자율규제는 설 자리를 잃게 된다. 게다가 언론보도로 피해를 받은 사람의 소송을 지원하는 시민단체도 늘어났다.[36] 이들 시민단체는 1987년 대통령을 정점으로 하는 정치권의 권위주의가 붕괴되자 언론사가 그 자리를 차지하였다고 믿고 있다. 이들에게 한국의 언론사는 책임지지 않으면서 무소불위의 권력을 행사하는 존재로 인식된다. 따라서 이들에게 언론피해구제 사업은 민주화 운동의 하나이며, 중요한 인권운동의 하나다. 이들은 언론보도의 피해자에게 언론사를 상대로 법원에서 승소하는 방법을 조언한다.

셋째 원인은 신문윤리위원회의 제재수단이 주의·경고에 불과하고, 그나마 강제성도 없어 신문사와 언론인이 두려워하지 않는 데서 찾을 수 있다. 신문은 신문사의 치부를 보도하지 않는다. 제재를 받은 당해 신문사뿐 아니라 다른 신문사도 이를 보도하고 있지 않아 주의·경고는 제재수단으로 기능을 하지 못하고 있다.

넷째 원인은 언론중재위원회의 활동에 있다. 자율규제가 소송보다

---

36. 대표적인 기구로 언론인권센터를 들 수 있다. 언론인권센터는 언론의 취재 또는 보도에 의한 인권침해 구제 활동과 시민의 알권리 보장을 위한 정보공개청구운동, 언론수용자 권익 확보를 위한 언론관계법 개정운동, 시청자 참여 확대를 위한 영상미디어활동, 신문시장 정상화와 독자주권확립운동, 언론의 사회적 책임 준수를 위한 언론개혁에 기여함을 목적으로 하는 단체로 2003년 7월 30일 문화관광부 산하 비영리단체로 등록되었다. 언론인권센터는 특히 한국언론피해상담소를 운영하며 피해구제방법에 대하여 무료 법률상담을 실시하고 있다.

좋은 점은 보통 시간과 비용이 적게 들고, 절차가 단순하고, 시정효과가 확실하다는 것이다. 그런데, 우리나라에는 법원의 기능을 대신하여 피해자의 억울함을 쉽게 해소하여 주는 별도의 법정기구가 존재한다. 1980년 설립된 언론중재위원회가 그것이다. 언론중재위원회가 언론보도의 피해자를 찾아다니며 해결책을 제시하고 있기 때문에 자율규제가 설 자리가 좁아지고 있다.

3. 언론중재위원회

(1) 설립

1980년 군을 동원하여 정권을 잡은 전두환 정부는 언론을 장악하기 위하여 여러 가지 조치를 단행하였다. 그 해 언론의 사회적 책임을 법으로 강제하는 언론기본법을 제정하고, 그 다음해인 1981년 3월 31일 언론피해 구제를 위한 법정기구로 언론중재위원회를 설립하였다. 언론중재위원회는 세계에서 그 유례를 찾아볼 수 없는 조직이다. 서울 외에 전국 9개 지역에 사무소를 둔 전국적인 조직이기도 하다. 법 제정 초기 언론중재위원회의 관할권은 반론보도청구권에 있었다. 당시는 명칭을 정정보도청구권이라고 하여 그 성격을 놓고 논란이 있었지만, 이 제도는 그러한 명칭에도 불구하고 성격상 반론보도제도였다. 미국의 경우 신문에 대한 반론권을 인정하지 않지만, 프랑스와 독일 등 유럽에서는 반론권 제도가 소송을 대신할 수 있는 유용한 제도로 인정되고 있다. 그러나 언론중재위원회와 같이 이를 전담하는 기구를 설립한 나라는 우리나라가 유일하다. 또한 당시 반론보도제도는 법원에 청구하기에 앞서 언론중재위원회를 반드시 거쳐야 하는 형태로 운영되었기 때문에 그 효과가 강력하였다.

그 후 몇 차례 법률이 개정되면서 언론중재위원회의 기능은 더욱 확대되었다. 1987년 민주화 운동의 소산으로 그해 11월 28일 언론기본법이 폐지되었지만, 언론중재위원회는 같은 날 제정된 정기간행물의등록등에관한법률(법률 제3979호)을 통하여 살아남게 되었다. 그 후 1995년 12월 30일 동법 개정(법률 제5145호)을 통하여 명칭의 혼란을 가져오던 정정보도청구권은 반론보도청구권으로 바뀌었다.

그 후 2005년 1월 27일 언론중재및피해구제등에관한법률(이하 언론피해구제법)이 제정되면서 또 한 차례 큰 변화가 나타났다.[37] 그 주요 내용은 다음과 같다. 첫째, 이 법의 적용을 받는 언론사에 인터넷사업자를 포함하여, 인터넷언론의 피해에 대해서도 전통적인 언론의 피해와 동일한 절차에 의하여 구제받을 수 있도록 하였다. 둘째, 방송사, 일반일간신문사는 사내에 고충처리인을 두어 언론피해의 자율적 예방 및 구제를 담당하도록 하였다. 셋째, 언론중재위원회의 기능이 확대되어, 기존의 반론보도 및 정정보도와 관련한 조정 외에 언론에 의한 피해 배상에 대하여도 조정 결정을 내릴 수 있게 되었다. 넷째, 언론중재위원회는 언론의 보도내용에 의한 국가적 법익이나 사회적 법익 등의 침해여부를 심의하여 필요한 경우 해당 언론사에 서면으로 시정을 권고할 수 있는 제도가 마련되었다.

상당수 언론법학자들이 이 법률의 문제점을 지적하였으나, 2006년 6월 29일 헌법재판소는 대부분 조항에 대하여 헌법소원심판의 적법요건을 결여하였다는 이유로 각하 결정을 내렸다.[38] 정정보도청구의 소를 민사집행법상 가처분절차에 의하여 재판하도록 규정한 언론

---

37. 주요 내용은 제9장 중 "언론피해구제법의 위헌성 및 개정 방향"에서 상세히 설명한다.

피해구제법 제26조 제6항 본문 전단과 법 시행 전에 행하여진 언론
보도에 대하여 동법을 적용하도록 규정한 언론피해구제법 부칙 제2
조 본문은 언론의 자유를 지나치게 제한한다는 이유와 진정소급입법
에 해당한다는 이유로 위헌 결정을 받았을 뿐, 정작 위헌논쟁을 촉발

---

38. 2005헌마165 등 참조. 첫째, 고충처리인의 권한과 직무에 관한 규정인 언론피해구제법
제6조 제2항은 권한규범 내지 직무규범으로서 그 자체로 국민의 기본권을 제한하는
것이 아니라 고충처리인의 구체적인 활동을 통하여 비로소 신문사업자인 청구인들의
기본권침해 여부가 결정되는 점을 고려할 때, 이 조항은 기본권침해의 직접성이 없다
고 하였으며, 언론중재위원회의 구성방법에 관한 규정인 동법 제7조 제3항 역시 마찬
가지 이유로 각하되었다. 둘째, 동법 제6조 제3항은 언론사는 고충처리인의 자율적
활동을 보장하여야 하고 정당한 사유가 없는 한 고충처리인의 권고를 수용하도록 노
력하여야 한다고 규정하고 있는바, 이는 법적 구속력이 없는 선언적·권고적 규정에
불과하므로 기본권침해의 가능성이 인정되지 않는다고 판시하였다. 셋째, 구체적인
소송사건에서 법원에 의하여 해석·적용되는 재판규범은, 법원의 재판을 매개로 하여
비로소 기본권에 영향을 미치게 되므로 기본권침해의 직접성이 인정되지 않기 때문에
동법 제5조 제2항 내지 제5항, 제15조 제4항, 제30조 제1항·제2항은 언론의 인격권
침해에 대한 위법성조각사유, 정정보도청구의 거부사유, 언론의 인격권 침해에 대한
손해배상 등을 규정한 재판규범으로 보아 기본권침해의 가능성 내지 직접성이 없다는
이유로 각하되었다. 넷째, 언론피해 조정신청에 관한 동법 제18조 제2항·제6항은 언
론중재위원회에서의 절차규정에 불과하고, 손해배상청구권의 침해 여부는 동 위원회
의 조정결정, 그 중에서도 직권조정결정이라는 집행행위가 있은 후에야 현실화되고
직권조정결정은 구속력이 없으므로, 기본권침해의 가능성 내지 직접성이 없다고 판시
했다. 다섯째, 중재결정의 효력에 관한 동법 제25조는, 중재가 당사자 쌍방의 합의에
의하여만 개시되고 어느 일방의 의사에 반하여 그 절차에 강제로 회부되는 것이 아니
라는 점에서 기본권침해의 가능성 내지 직접성이 없다는 이유로 각하되었다. 여섯째,
언론중재위원회의 시정권고제도에 관한 동법 제32조는 시정권고가 권고적 효력을 가
지는데 그치며, 시정권고라는 집행행위를 매개로 한다는 점에서 기본권침해의 가능성
내지 직접성이 없다고 하여 각하되었다. 일곱째, 신문법 또는 언론중재법 위반행위에
대한 벌칙 또는 과태료에 관한 규정인 신문법 제39조 제1호, 제40조 제3호, 제42조,
제43조 제1항 제4호, 언론중재법 제34조 제1항 제1호는, 청구인들이 이들 조항의 법
정형의 고유한 위헌성을 다투는 것이 아니라 전제되는 조항들이 위헌이어서 그 제재
조항도 당연히 위헌이라고 주장하는 것이므로, 직접성이 인정되지 않는다고 하였다.
여덟째, 동법 부칙 제2조 중 정정보도청구권조항(제14조 제2항, 제31조 후문) 및 가처
분조항(제26조 제6항 본문 전단)에 관한 부분을 제외한 언론중재위원회조항, 시정권
고조항, 손해배상조항 등 나머지에 관한 부분은 이들 조항이 앞에서 본 바와 같이 모두
기본권침해의 가능성 내지 직섭성 요건을 결여하고 있으므로, 이들 조항의 소급적용을
규정하고 있는 부칙 제2조의 해당 부분도 역시 직접성이 인정되지 않는다고 하였다.

시킨 고의·과실 없는 언론보도에 대하여 정정보도청구권을 인정하
는 부분은 합헌으로 결정되었다.

(2) 언론중재위원회의 업무

언론중재위원회가 홈페이지에서 스스로 소개하는 주요 업무는 다
음과 같다.[39]

1) 언론보도로 인한 분쟁의 조정 및 중재

언론중재위원회는 언론(방송, 정기간행물, 뉴스통신, 인터넷신문)
의 보도에 의해 피해를 입은 개인, 단체 등으로부터 조정신청 또는 중
재신청을 접수하여 정정보도, 반론보도, 추후보도, 손해배상 등의 방
법으로 피해를 구제받을 수 있도록 지원한다.

2) 민간언론피해상담센터 운영

언론중재위원회는 민간언론피해상담센터를 설치하여 언론보도로
인해 피해를 입은 국민들의 피해회복을 위한 상담을 무료로 하고 있
다. 상담센터는 언론피해와 관련된 법률문제 전반에 걸친 종합적인
상담서비스를 제공한다. 상담객 방문 시 상근 변호사가 직접 상담하
며, 전화상담, 인터넷 실시간 상담도 가능하다. 또한 언론보도로 인
한 피해의 사전예방을 위해 언론사, 대학, 기업, 각종 단체의 요청을
받아 '언론피해 구제 및 예방에 관한 교육'을 연중 실시하고 있다.

---

39. 언론중재위원회 홈페이지 참조(http://www.pac.or.kr/html/about/ab_intro.asp)

3) 시정권고

언론중재위원회는 시정권고 소위원회를 통해 언론의 보도를 심의하여 해당 기사의 내용이 국가적 법익이나 사회적 법익 또는 타인의 법익을 침해한다고 판단되면 해당 언론사에게 시정을 권고할 수 있다. 피해자가 아닌 일반 국민들도 시정권고를 신청할 수 있다.

4) 불공정 선거기사 심의

언론중재위원회는 공직선거법에 따라 선거일 전 120일(대통령의 궐위로 인한 선거 또는 재선거에 있어서는 그 선거의 실시사유가 확정된 때부터 20일)까지 위원회 내에 선거기사심의위원회를 설치하여 선거일 후 30일까지 운영한다. 선거기사심의위원회는 신문, 잡지 등 정기간행물의 공정치 못한 선거보도에 대해 사과문, 정정보도문, 경고문 게재 또는 권고 주의 경고 등의 결정을 내린다.

(3) 활동 실적

언론중재위원회가 중요한 언론분쟁기관으로 자리 잡은 것은 신청 실적에서 나타난다. 한나라당 정병국 국회의원실에서 분석한 바에 따르면, 노태우 정부 때 전체 신청건수는 936건에 불과하였지만, 김영삼 정부 때는 2,541건, 김대중 정부 때는 3,047건으로 증가하다가 노무현 정부 들어서는 4년간 실적이 이미 역대 최고인 3,524건을 기록하고 있다.[40] 1980년대 언론중재위원회에 정정보도를 청구한 중재신청 건수가 모두 550건에 불과하였던 것을 감안하면 괄목상대한 수치다.

특히 주목하여야 할 것은 국가기관의 신청건수가 급증하고 있다는 점이다. 노태우 정부 때 8건, 김영삼 정부 때 27건에 불과하던 것이 김대중 정부 때 118건으로 증가하더니 노무현 정부 들어서는 660건으로 전체 신청건수에서 국가기관이 차지하는 비중은 18.7%에 이르고 있다. 언론중재위원회의 주요 고객으로 정부가 등장한 것이다. 노무현 정부는 2003년 2월 25일 출범하여 2007년 2월 28일까지 모두 660건의 중재조정을 신청해 4년 동안 평균 2.2일에 한번 꼴로 정부가 언론을 상대로 중재조정 신청을 하고 있다. 대통령 명의로 된 중재 신청도 17건에 이른다.

(4) 평가

언론중재위원회가 앞에서 본 바와 같이 여러 가지 권한을 가지게 됨에 따라 이익충돌(conflict of interests)의 문제가 필연적으로 발생한다. 언론중재위원회는 분쟁해결기구로서 출범하였고, 언론피해구제법 아래서도 분쟁해결기구임에 틀림없다. 분쟁해결기구는 중립적이고 독립적이어야 그 업무를 수행할 수 있다. 분쟁해결기구가 당사자로부터 독립되지 못하고 중립성을 잃게 되면 그 결정은 다른 당사자에게 수용될 수 없다. 특히 언론중재위원회와 같이 강제력이 없는 분쟁해결기구가 중립성과 독립성을 확보하지 못하면, 그 존립근거를 상실한다.[41]

언론중재위원회의 독립성과 중립성을 구성과 기능의 측면에서 살펴보면 몇 가지 문제점이 발견된다. 중재위원은 법률과 양심에 따라 독립하여 직무를 행하며, 직무상 어떠한 지시나 간섭도 받지 않도록

---

40. 동아일보 2007년 4월 7일자 참조.

보장하고 있다(제8조 제1항). 하지만 중재위원은 전원 문화관광부 장관이 임명하며, 그 중 일부만 다른 기관의 장이 추천한 자를 위촉하도록 제한하고 있을 뿐이어서 정부로부터 독립되었다고 할 수 없다.[42] 참여정부 출범이후 언론중재위원회의 주된 이용자가 정부인 상황에서[43] 정부로부터 독립성을 확보하지 못한 기관이 중립적인 역할을 어떻게 감당할 수 있을지 의문이다.[44]

언론중재위원회의 독립성을 훼손하는 더욱 큰 문제는 기능에 있다. 분쟁해결기능 뿐 아니라 내용심사기능, 피해구제기능 등도 함께 담당하고 있기 때문이다. 언론피해구제법은 "언론중재위원회가 국가적 법익이나 사회적 법익 또는 타인의 법익 침해사항을 심의하여 필요한 경우 해당 언론사에 서면으로 그 시정을 권고할 수 있"도록 허용하고 있다. 이러한 시정권고 기능은 과거 정기간행물의등록등에

---

41. 언론중재위원회는 직권으로 조정에 갈음하는 결정을 내릴 수 있으나, 그 결정에 불복이 있는 자가 이의신청을 하면 그 결정은 효력을 상실한다(언론피해구제법 제22조 제3항). 중재결정은 법원의 확정판결과 동일한 효력이 있지만(법 제25조), 당사자 쌍방이 중재부의 종국적 결정에 따르기로 합의하여 신청할 경우에만 언론중재위원회가 중재할 수 있으므로(법 제24조 제1항), 언론중재위원회는 강제력이 없는 분쟁해결기구라고 하겠다.

42. 언론피해구제법 제7조 제3항은 법원행정처장과 대한변호사협회장이 추천한 자를 각각 중재위원 정수의 5분의 1이상이 되도록 정하고 있다.

43. 언론중재위원회의 중재신청 현황을 신청인 별로 보면, 1981년부터 2002년까지 국가기관·공공단체 등의 신청한 것은 496건으로 총 신청건수 6,868건의 7.2%에 불과하였으나, 2003년에는 224건으로 총 724건의 30.9%, 2004년 1/4분기부터 3/4분기까지는 210건으로 총 608건의 34.5%로 급격히 늘어났다.

44. 문화관광부장관의 위촉권 행사에 의한 정치적 영향력을 경감하기 위하여 제척·기피·회피 제도의 도입을 통한 보완이 필요하다는 견해가 있다. 주동황 등 4인, 『언론피해구제제도 연구』, 한국언론재단, 2004년. 언론피해구제법도 중재위원의 제척·기피·회피 등을 규정하고 있다(제10조). 하지만 문화관광부장관이 친정부적 인사를 선임하는 소위 '코드인사'를 하였다는 사유는 제척이나 기피의 사유가 되지 않기 때문에 적절한 보완책이 될 수 없다.

관한법률에서도 인정하고 있는 내용이다.[45] 하지만 언론피해구제법
이 예정하고 있는 시정권고는 국가에 의한 상설적인 언론감시기능으
로 현재의 기능과 비교할 수 없을 정도로 강력하다. 언론중재위원회
는 국가적 법익이나 사회적 법익에 대한 침해 여부를 항시 점검하게
되며, 위반 내용을 공개함으로써 언론사에 대한 사회적 신뢰를 저하
시키는 강력한 수단도 보유하게 되었다.

더구나 언론중재위원회는 법적 근거도 없이 언론피해상담센터를
운영하면서 언론보도의 피해자에게 종합적인 법률상담을 시행하고
있다.[46] 심판기관이 상담기관의 기능까지 함께 담당할 경우 이익의
충돌은 피할 수 없다. 언론피해의 상담기관은 업무의 성격상 피해자
입장에서 법적 조언을 해주게 되지만, 중재기관은 피해자로부터 독
립되어야 하기 때문이다. 언론피해구제법 역시 현재 언론중재위원회
가 실시 중인 피해구제센터의 법적 근거를 제시하고 있지 않다.

결론적으로 언론중재위원회는 권한 강화로 한국의 언론중재위원
회는 법원이 하는 일과 신문윤리위원회가 하는 일을 모두 담당하게
되었다. 한국에서 언론중재위의 탄생과 발전은 언론보도의 피해자를
구제하는 방법이 다양하여졌다는 점에서 긍정적인 평가를 받아야 한
다. 하지만 그러한 구제방법이 성부의 지원 아래 법으로 강제되고 있
다는 점에서 언론의 자유를 제한하는 부정적인 측면도 있다. 언론중
재위의 활동이 활발할수록, 또 그렇게 정부가 유도할수록 언론의 자

---

45. 정간법 제18조 제8항: 중재위원회는 정기간행물에 의한 침해사항을 심의하며 필요한
경우 당해 발행인에게 시정을 권고할 수 있다.
46. 언론중재위원회 민간언론피해상담센터 홈페이지 참고http://www.pac.or.kr/press/
customer/customer.asp.

율규제기구가 설 자리는 좁아진다.[47]

4. 법원

최근 한국에서 법원은 모든 분쟁의 최후 해결기관이다. 수도 이전의 문제 등 정치권이 해결하여야 할 사건까지 사법부의 심사 대상이 되고 있다. 소송 건수가 급증하면서 한국인은 소송보다 화해를 좋아한다는 전통적인 인식은 이제 더 이상 유효하지 않게 되었다. 언론소송도 마찬가지다. 한국에서 법원은 언론피해의 구제기관으로 확실하게 자리 잡고 있다. 앞서 살펴 본 언론중재위원회의 기능 강화도 그 원인은 법원의 역할 변화에서 찾을 수 있다.

언론에 대한 법원의 태도는 시대에 따라 조금씩 변해왔다. 언론소송이 본격화되던 1990년대 법원은 언론의 사회적 책임을 강조하는 판결을 많이 내렸다. 원고 승소비율이 높아지고, 배상액수가 많아진 것은 그 결과라고 할 수 있다. 한 법관의 설명에 의하면, 1990년대 초반까지 명예훼손 소송 등에서 법원이 인정하는 위자료의 액수는 보통 1,000만 원 이하였지만 언론의 횡포에 대한 실질적인 구제수단으로 미흡하다는 비판이 있자 위자료 액수가 점차 늘었다고 한다.[48]

언론사의 패소가 늘어나면서 언론사 스스로 보도에 신중을 기하는 자율규제가 시작되었다. 동시에 위축효과도 발생하였다. 언론사를

---

47. 언론중재위원회는 언론의 자유를 규정한 헌법 정신에 부합하지 않으며 그 결정과 침해내용 심의 및 심의권고도 언론의 자율규제와 거리가 먼 언론의 간섭이자 통제라는 혹독한 비판이 제기된다. 성병욱, 앞의 논문.
48. 안영률, "1999-2000 언론판례 개관", 「2000년 법조출입기자 심포지엄 결과보고서」, 법원행정처, 2001년 6월.

상대로 소송을 제기하는 원고 중에는 대통령, 국회의원, 검사와 같은 한국 사회의 권력자가 많이 있었다. 이들은 거액의 손해배상을 요구하였고, 법원은 명예훼손이 있었다고 인정할 경우 그 위자료로 1억 원 이상 지급을 명하는 판결이 속출하였다.

일부 정치가는 자신에게 불리한 기사가 보도되면 해당 언론사를 상대로 거액의 손해배상청구소송을 제기하는 소위 전략적 봉쇄소송(Strategic Lawsuit Against Public Participants, SLAP)이 발생하기도 하였다. 언론보도의 위축효과가 우려되었다. 이러한 문제를 해결한 것 역시 법원이었다. 대법원은 2002년 1월 22일 획기적인 판례를 내놓았다.[49] 미국 대법원의 공인 이론(public figure doctrine)을 일부 수용하여, 공인에 대한 공적 비판을 자유로이 허용하는 기준을 제시한 것이다. 이후 법원의 판례는 언론의 보도에 관대한 방향으로 전환되어 "특히 공직자의 도덕성, 청렴성에 대하여는 국민과 정당의 감시기능이 필요함에 비추어 볼 때, 그 점에 관한 의혹의 제기는 악의적이거나 현저히 상당성을 잃은 공격이 아닌 한 쉽게 책임을 추궁하여서는 안 된다"고 판시하기에 이른다.[50]

5. 종합 평가

언론의 자율규제와 타율규제 중 어느 쪽이 더 바람직한지 한 마디로 설명하기 어렵다. 언론환경을 함께 살펴보아야 하기 때문이다. 우리나라의 경우 언론인이 스스로 자각하고 정화하기 전에, 언론을 길

---

49. 대법원 2002.1.22. 선고 2000다37524, 37531 판결.
50. 대법원 2003.7.8. 선고 2002다64384 판결 등.

들이려는 정치권력이 타율규제를 제도화하면서 자율규제는 자리 잡지 못하고 있다.[51] 늦었지만 언론인의 자성이 필요하다. 하지만 우리나라에서 자율규제가 자리 잡기는 쉽지 않는 상황이다. 국민들은 언론사 이외의 기관에서 자신의 불만을 해소하는데 익숙해졌으며, 그 방법이 더 효과적이라는 것을 이미 알고 있다. 정부가 자금을 지원하면서 언론피해구제제도를 구축하고 있는 상황에서 자율규제로 돌아가자고 주장하는 사람도 많지 않다. 변호사의 수가 급증하면서 언론피해자를 찾아다니면 소송을 부추기는 변호사도 생겨났다.

우리나라의 상황은 타율규제가 정착된 단계라고 보아야 할 것 같다. 고충처리인과 같이 순수하게 자율적 규제수단도 법으로 의무화하면서 본래의 취지가 왜곡되고 있다. 언론피해구제법이 시행되기 전에도 일부 신문사는 기사를 스스로 점검하고 독자 의견을 반영하는 기구를 자율적으로 운영하고 있었다. 법이 제정되고 모든 언론사에 고충처리인 제도를 두도록 의무화하면서 자발성은 오히려 약화되었다. 국가가 지나치게 언론사에게 간섭하면서 스스로 사회적 책임성을 강화하려는 동력은 사라지고 있다.

새로운 언론 환경에서 가장 중요한 기관은 법원이다. 모든 언론분쟁의 종국적인 해결기구가 법원인 이상, 법원이 어떠한 신호를 보내느냐에 따라 언론환경은 크게 바뀔 수 있다. 그동안 법원은 언론의 자유와 사회적 책임을 조화시키는 방안을 모색하기 위하여 많은 노력

---

51. 영국 독일 미국 등 외국에서 신문평의회의 결정에 대한 언론들의 보도 기피와 해당 언론사의 불성실한 대응이 신문평의회의 위기 내지 종말을 가져왔기 때문에 우리나라도 자율규제를 이루지 못하면 타율규제를 조래할 수 있나는 지적이 있다. 성병욱, 앞의 논문, 하지만, 우리나라에서는 이미 사율규제의 실패가 타율규제를 초래하였다고 보아야 할 것이다.

을 하여 왔고, 그러한 노력은 찬사를 받을 만하다. 특히 언론보도의 내용이 공적인 사항인지, 사적인 사항인지, 보도의 대상이 공인인지, 사인인지를 구분하여 서로 다른 기준으로 언론의 사회적 책임을 부여하는 태도는 올바른 접근이었다.

다만, 법원이 그동안 개별 사건의 공평한 해결에 초점을 맞추다 보니, 언론의 책임에 대한 가이드라인을 명확하게 제시하지 못한 점이 아쉽다. 이 한계는 판례가 축적되면 해소될 것으로 기대한다. 언론의 사회적 책임과 언론의 자유 사이의 법적 한계가 명확하게 그려지면 질수록 언론사가 자율적으로 활동할 수 있는 영역은 넓어진다. 언론사는 법적으로 허용된 범위 안에서만 사회적 책임을 이행하려고 하지 않고, 그 이상의 자율규제에 힘써야 할 것이다.

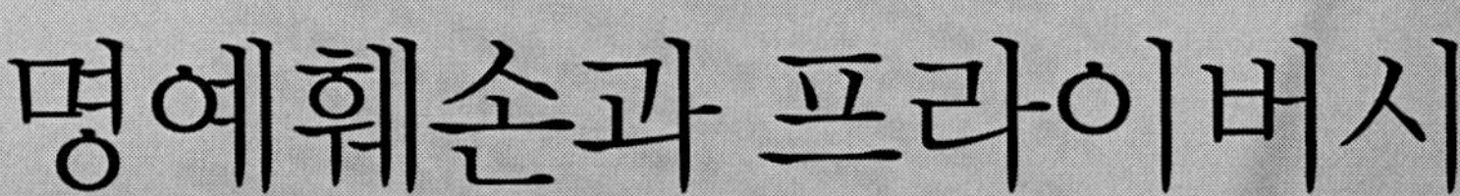

명예훼손과 프라이버시

| 제 3 장 |

Ⅰ. 명예훼손법의 이해

1. 정보화 사회의 명예훼손법

명예훼손은 전통적으로 언론법이 가장 중시하는 영역이다. 마음대로 떠들 수 있는 자유가 언론의 자유이지만, 다른 사람과 함께 살아가는 사회에서 개인의 자유는 한계가 있을 수밖에 없다. 언론의 자유의 본질적 가치를 훼손하지 않으면서도, 다른 사람에게 피해를 적게 주는 방안을 찾고자 하는 것이 명예훼손법의 핵심이다. 지금까지 제시된 방안 중 가장 묘안이라고 생각되는 것이 공인(公人)과 사인(私人)을 구별하는 방법이다. 하지만 이 법리 역시 누가 공인인지, 공인에게는 사생활이 없는 것인지를 놓고 의견이 분분하기 때문에 언론의 자유와 개인의 인격권을 조화하는 완벽한 방안이라고 할 수는 없다.

정보화 사회에서는 정보의 유통속도가 빠르기 때문에 공인이 되기도 쉽고, 공인의 사생활이 노출되는 일도 잦아진다. 인쇄매체의 보도를 중심으로 발전하여온 공인이론이 정보화 사회에서도 여전히 타당한지 의문이다. 정보화 사회에서 발생하는 또 다른 문제는 정보 중개자의 책임 여부다. 신문과 방송 등 매스 미디어를 통하여 정보가 전달될 때에는 매스 미디어에게 명예훼손의 책임을 묻는 것이 당연하였다. 하지만, 네트워크를 통하여 누구나 모든 사람에게 정보를 전파할 수 있는, 즉 누구나 매스 미디어가 될 수 있는 상황에서 평범한 개인에게 과거 매스 미디어가 지던 책임을 부담하라고 강요하는 것이 타당한지 생각해보아야 한다. 만약 평범한 개인에게 책임을 부과하는 것이 잘못이라면, 그의 말을 전하면서 수익을 얻고 있는 기업에게 책임을 부과하는 것은 어떨까? 여기서 인터넷포털의 책임론이 나온다.

2. 명예훼손법의 기본구조

정보화 사회에서 발생하는 명예훼손의 문제를 해결하는 첫 걸음은 전통적인 명예훼손법리의 이해에 있다. 헌법, 민법, 형법 등 관련규정을 먼저 보자. 헌법은 제21조 제4항 제2문에서 "언론·출판이 타인의 명예나 권리를 침해한 때에는 피해자는 그에 대한 배상을 청구할 수 있다"라고 규정하고 있다. 민법은 불법행위에 관한 일반규정인 제750조에 더하여, 제751조에서 "타인의 신체, 자유 또는 명예를 해하거나 기타 정신상 고통을 가한 자는 재산 이외의 손해에 대해서도 배상할 책임이 있다"고 규정하고 있다. 형법은 제307조에서 제312조까지 명예에 관한 죄를 규정하고 있다.

(1) 명예훼손의 성립

명예훼손의 인정여부에 대한 민법과 형법의 법리는 거의 동일하다. 판례로 형성된 내용을 정리하면 아래와 같다. ①공연히 ②사실을 적시하여 ③타인의 ④명예를 훼손한 자는 ⑤그에 대한 책임이 있다. 그러나, ⑥공공의 이익을 위한 경우로 ⑦그 내용이 진실이거나 또는

⑧진실이라고 믿을 상당한 이유가 있는 때에는 그러하지 아니한다. 뒤의 세 가지 요건을 흔히 위법성 조각사유라고 한다.

1) 공연성

공연성은 불특정 또는 다수인이 인식할 수 있는 상태를 말한다. 한 사람에게 말한 경우에는 그로부터 불특정 또는 다수인에게 전파될 가능성이 있으면 공연성의 요건이 충족된다. 예컨대 특정인에게 그의 명예를 훼손하는 내용의 편지를 보냈다면 공연성이 없기 때문에 명예훼손이 성립하지 않는다. 하지만, 특정인의 명예를 훼손하는 내용의 편지를 기자에게 보냈다면 기자가 그 내용을 타인에게 유포할 가능성이 있다고 보아야 하므로 명예훼손이 성립한다.

2) 사실의 적시

사실의 적시란 반드시 사실을 직접적으로 표현한 경우에 한정하지 않는다. 간접적이고 우회적인 표현을 사용하였더라도, 전체 취지에 비추어 보았을 때 어떠한 사실의 존재를 암시하고, 또 이로써 특정인의 사회적 가치 내지 평가가 침해될 가능성이 있을 정도의 구체성이 있으면 충분하다.

하지만 단순히 의견을 개진한 것만으로는 상대방의 사회적 평가가 저해된다고 할 수 없으므로 순수한 의견 또는 논평일 경우에는 명예훼손으로 인한 손해배상책임은 성립하지 아니한다. 이에 반하여 의견 또는 논평의 형식을 빌렸지만, 그 의견이나 논평 안에 사실을 적시하고 있다면 그 사실의 적시로 인하여 명예훼손이 성립할 수 있다. 예를 들어 "A기업이 깡패를 동원하여 농성 중인 노조원을 강제해산시킨 것은 헌법이 보장하는 근로3권을 침해하는 치졸한 행태다"라는 성명서를 보자. 외형은 논평이지만, 그 안에 사실이 숨어 있다. "A사가 깡패를 동원하였다", "노조원이 농성 중이었다", "강제해산시켰다"는 모두 사실 여부가 확인되어야 할 사안이다.

사실은 반드시 숨겨진 사실을 적발하는 경우에 한정되는 것은 아니다. 이미 사회의 일부에 잘 알려진 사실이라도 이를 적시하여 사람의 사회적 평가를 저하시킬 만한 행위를 한 때에는 명예훼손죄를 구성한다.

명예훼손과 유사하게 인격권을 침해하는 불법행위 유형으로 모욕이 있다. 모욕은 사실의 적시보다 표현의 형식 때문에 발생한다. 사실 자체는 비판받을 만 할지라고, 모멸적인 표현을 사용하는 것까지 용납될 수 없다는 취지다. 형법 제311조는 모욕죄를 규정하고 있다.

3) 타인(피해자)

명예훼손죄는 어떤 특정한 사람 또는 인격을 보유하는 단체에 대하여 그 명예를 훼손함으로써 성립하는 것이므로 그 피해자는 특정되어야 한다. 서울사람과 같은 집단표시에 의한 명예훼손은 특정인에 대한 것이라고 해석되기 힘들고, 개별구성원에 이르러서는 비난의 징도가 희식되어 구성원의 사회석 평가에 영향을 미칠 정도에 이르지 않으므로 구성원 개개인에 대한 명예훼손은 성립되지 않는 것이 원칙이다. 다만 집합적 명사를 쓴 경우라도 그것에 의하여 그 범위에 속하는 특정인을 가리키는 것이 명백하면, 이는 각자의 명예를 훼손하는 행위라고 볼 수 있다. 예컨대 "대전지방 특수부 검사들이 권력을 남용하여…"라는 보도가 있다고 하자. 이 경우 특수부 검사가 몇 명되지 않는다면 비록 특정 검사의 이름을 거론하지 않았더라도 특정인을 가리킨 것으로 볼 수 있게 된다.

죽은 사람에 대한 명예훼손도 가능하다. 명예란 일신전속적인 것이기 때문에 죽은 사람에 대한 명예훼손은 인정할 수 없다는 것이 미국의 태도이나, 우리나라는 형법에서 사자의 명예훼손죄를 규정하고 있으며, 언론중재및피해구제등에관한법률 제5조 제3항은 "사망한 자에 대한 인격권의 침해가 있거나 침해할 우려가 있는 경우에 이에 따른 구제절차는 유족이 대행한다. 다만 법률에서 특별히 정함이 없으면 사망 후 30년이 경과한 때에는 그러하지 아니하다"고 규정하여 사자에 대한 명예훼손의 성립을 인정하고 있다.

4) 명예훼손

명예 훼손이란 품성, 덕행, 명성, 신용 등 인격적 가치에 대하여 사회로부터 받는 객관적 평가를 침해하는 것이다. 명예훼손의 여부는 일반 독자가 기사를 접하는 통상의 방법을 전제로, 그 기사의 전체적인 취지와의 연관 하에서 기사의 객관적 내용, 사용된 어휘의 통상적인 의미, 문구의 연결방법 등을 종합적으로 고려하여 그 기사가 독자에게 주는 전체적인 인상을 기준으로 판단한다.

5) 책임

책임이란 형법상 명예훼손죄와 민법상 불법행위책임을 말한다. 형법 제307조 제1항은 "공연히 사실을 적시하여 사람의 명예를 훼손한 자는 2년 이하의 징역이나 금고 또는 500만 원 이하의 벌금에 처한다"라고 규정하고, 동조 제2항은 "공연히 허위의 사실을 적시하여 사람의 명예를 훼손한 자는 5년 이하의 징역이나 10년 이하의 자격정지 또는 1천만 원 이하의 벌금에 처한다"라고 규정하고 있다.

민사상 불법행위책임은 민법 제750조와 제751조에 규정되어 있다. 제750조는 "고의 또는 과실로 인한 위법행위로 타인에게 손해를 가한 자는 그 손해를 배상할 책임이 있다"는 내용이고, 제751조는 "타인의 신체, 자유 또는 명예를 해하거나 기타 정신상 고통을 가한 자는 재산 이외의 손해에 대하여도 배상할 책임이 있다"는 내용이다.

법원은 민사상 명예훼손이 성립하여 손배배상책임이 발생하는 요건을 형사상 명예훼손죄의 경우와 동일시하는 경향을 보인다. 즉 형사상 명예훼손죄에 해당되면 민사상 명예훼손에 따른 손해배상책임도 지게 되며, 거꾸로 형사상 명예훼손죄에 해당하지 않는 사유라면 민사상 손해배상책임도 지지 않게 된다. 일반적으로 형법의 해석을 더 엄격하게 하여 형사처벌을 받게 되면 동일한 사유로 손해배상책임을 지는 것이 대부분이나, 형사처벌을 받지 않는다고 하여 손해배상책임까지 면제되는 것은 아니다. 그러나 명예훼손의 경우 형사처벌이나 민사 배상이나 언론의 자유를 위축한다는 면에서는 동일하기 때문에 형사책임과 민사책임의 요건을 동일시하는 것이 타당하다고 본다.

명예훼손이 성립되었다고 항상 책임을 지는 것은 아니다. 위법성이 없으면 처벌하지 않고, 손해배상책임도 물리지 않는다. 형법은 제310조에서 "제307조 세1항의 행위가 진실한 사실로서 오로지 공공의 이익에 관한 때에는 처벌하지 아니한다"라고 규정하고 있다. 이를 위법성 조각사유라고 한다. 민법은 이러한 규정이 없지만, 해석상 명예훼손에 따른 손해배상의 책임을 면하게 하는 사유로 형법조항을 유추적용하고 있다.

대법원은 "형사상이나 민사상으로 타인의 명예를 훼손하는 행위를 한 경우에도 그것이 공공의 이해에 관한 사항으로서 그 목적이 오로지 공공의 이익을 위한 것인 때에는 진실한 사실이라는 증명이 있으

면 위 행위에 위법성이 없으며, 또한 그 증명이 없더라도 행위자가 그
것을 진실이라고 믿음에 상당한 이유가 있는 경우에는 위법성이 없
다"는 입장이다.[1]

6) 공익성

공익의 개념에 대해서도 여러 의견이 있을 수 있다. 대법원은 명예
훼손의 위법성 조각사유로 공익의 개념을 폭넓게 인정하고 있다. 그
결과 국가·사회 기타 일반 다수인의 이익에 관한 것뿐만 아니라, 특
정한 사회집단이나 그 구성원 전체의 관심과 이익에 관한 것도 포함
하는 것으로 본다. 또 행위자의 주요한 동기 내지 목적이 공공의 이익
을 위한 것이라면 부수적으로 다른 사익적 목적이나 동기가 내포되
어 있더라도 형법 제310조(위법성 조각사유)의 적용을 배제할 수 없
다고 한다.

공익성의 판정은 적시된 사실의 내용과 성질, 당해 사실의 공표가
이루어진 상대방의 범위, 그 표현의 방법 등 그 표현 자체에 관한 제
반 사정을 감안함과 동시에 그 표현에 의하여 훼손되거나 훼손될 수
있는 명예의 침해 정도 등을 비교·고려하여 결정한다.

7) 진실성

진실한 사실이란 그 내용 전체의 취지를 살펴볼 때 중요한 부분이
객관적 사실과 합치되는 사실이라는 의미다. 따라서 구체적인 내용
에 있어 진실과 약간 차이가 나거나 다소 과장된 표현이 있더라도 무
방하다.

---

1. 대법원 1988. 10. 11. 신고 85다카29 판결.

제3자가 말을 전하는 경우 진실성 여부는 그런 말을 했는지 여부가 아니라 전한 내용이 진실한 것인지 여부에 달려 있다. 예컨대 A가 B장관을 비난하며 B장관이 뇌물을 받고 C기업에 특혜를 주었다는 발언을 하였다고 하자. 이 말을 들은 기자가 "A에 의하면, B장관이 뇌물을 받고 C기업에 특혜를 주었다"라고 말했다면, 여기서 진실성의 쟁점은 B장관이 정말로 뇌물을 받고 업무를 처리하였는지 여부에 있는 것이다. A가 그런 말을 했는지 여부는 쟁점이 아니다. 기자의 입장에서는 자기가 들을 말을 그대로 전달하여 조금도 거짓이 없는 발언을 하였다고 생각할 수 있다. 하지만, B장관의 입장에서 보면 기자가 진실 여부도 확인하지 않고 A의 발언을 그대로 전달함으로써 자신의 명예가 훼손된 것이다.

다만, A가 누군지에 따라서 기자가 그 말을 믿게 된 신뢰성의 정도가 다를 수 있다. 예컨대 A가 B장관의 정적이라면 신뢰성이 떨어질 터이고, A가 수사기관이라면 상당히 믿을만하다고 하겠다. 여기서 쟁점은 진실성이 아니라, A의 말이 진실이라고 믿을만한 상당한 이유가 있었는지 여부가 된다.

8) 상당성

언론보도 중에는 진실인지 여부가 불확실한 경우가 많다. 뇌물을 현금으로 주고받아 흔적이 남지 않은 사건에서 한 쪽은 주었다고 하고, 다른 한 쪽은 받은 적이 없다고 하는 상황도 있을 수 있다. 검찰이 오랫동안 수사한 후 누가 어떠한 범죄행위를 하였다고 판단하여 기소한 사건도 법원이 무죄로 판결하는 일이 비일비재한데, 언론사로 하여금 진실만을 보도하라고 강요하는 것은 우리 사회의 거대한 비리를 보도하지 말라는 것과 같은 결과를 가져올 수 있다. 이러한 이유에서 법원은 진실이라고 믿었을 만한 상당한 이유가 있는 경우 위법성을 조각하여 허위보도를 한 자에게 책임을 물리지 않는다.

진실이라고 믿을 만한 상당한 이유가 있는지 여부는 적시된 사실의 내용, 진실이라고 믿게 된 근거나 자료의 확실성과 신빙성, 시실 확인의 용이성, 보도로 인한 피해자의 피해 정도 등 여러 사정을 종합하여 행위자가 보도 내용의 진위 여부를 확인하기 위하여 적절하고도 충분한 조사를 다하였는지, 그 진실성이 객관적이고도 합리적인 자료나 근거에 의하여 뒷받침되는지 하는 점에 비추어 판단한다.

9) 입증책임

소송에서 누가 입증책임을 지느냐는 중요한 문제다. A가 뇌물을 받았다는 내용을 B에게서 듣고 언론사가 이를 보도했다고 하자. A는 그런 적이 없다고 부정하고 있는 상황이다. 이 경우 보도한 사람에게 진실을 입증하라고 하면 언론사로서는 입증할 방법이 없다. 거꾸로 A에게 입증하라고 하면 그 역시 쉽지는 않다. 입증책임이 누구에게 있느냐는 소송에서 승패를 좌우하는 문제라고 하겠다. 피해자의 인격권을 존중하면 입증책임을 언론사에게 물리는 것이 타당하고, 언론의 자유를 존중하면 피해자에게 물리는 것이 타당하다.

법원은 행위자가 그것을 진실이라고 믿었고 또 그렇게 믿을 상당한 이유가 있으면 위법성이 없다고 보아야 할 것이나, 그에 대한 입증책임은 어디까지나 명예훼손 행위를 한 방송 등 언론매체에 있다고 한다. 또 피해자가 공적 인물이라고 하여 방송 등 언론매체의 명예훼손 행위가 현실적인 악의에 기한 것임을 그 피해자 측에서 입증하여야 하는 것은 아니다고 한다.

Ⅱ. 공인에 대한 명예훼손의 법리[2]

1. 명예훼손의 난무와 해결방안

최근 공인에 관한 명예훼손의 법리는 한마디로 혼돈이다. 법리를 이야기하기에 앞서 현실을 먼저 살펴보자. 대통령이 솔선수범해서 의혹 보도를 한 언론사를 상대로 명예훼손을 이유로 한 손해배상청 구소송을 제기하고,[3] 만인은 법 앞에 평등한데 대통령이라고 소송을 못할 이유가 없다고 역설한다.[4] 정치인들은 비리 의혹이 터질 때마 다 보도한 언론사를 상대로 명예훼손소송을 제기한다. 기사 내용이

---

2. 이 글은 「언론중재」 2004년 봄호에 실린 논문을 수정 · 보완한 것이다.

3. 노무현 대통령은 2003년 8월 12일 동아일보사, 조선일보사, 한국일보사, 김문수 한나라 당 의원을 상대로 서울중앙지법에 손해배상소송을 제기했다(사건번호 2003가합 59599). 그러나 2004년 7월 10일 위 소송은 원고 노무현의 요청으로 취하되어 종결되었 다. "민사소송 5건, 언론중재위 제소 16건! '대통령의 訟事' 실상", 「신동아」 통권560호 (2006. 5. 1.) 참조 http://www.donga.com/docs/magazine/shin/2006/05/15/ 200605150500023/200605150500023_2.html.

4. 청와대 브리핑 제116호, "법 앞에 무엇이 두려운가", 2003. 8. 14 〈http://www.presi-dent.go.kr/warp/app/cwd_cb/view?group_id=&meta_id=cwd_briefing&id=6ac910d3135f 093f7767dbc&view_type=archive&list_op=YTo3OntpOjA7czo1OiJsc3RvcCI7aToxO3M6M TI6ImFyY2hpdmVfbGlzdCI7aToyO2E6Mjp7czo3OiJzcmNoNoY2F0IjtzOjA6IiI7czo3OiJzcm-NoY29uIjtzOjA6IiI7fWk6MztzOjEzOiJyZWdpc3Rlcl9kYXRlIjtpOjQ7aTo3NDA7aTo1O2k6M jA7aTo2O2k6MTA7fQ%3D%3D〉 참조.

조금이라도 자기에게 불리하면 오보라고 주장하고, 명예훼손소송을 이야기한다. 그렇지만 언론에는 명예훼손의 소지가 큰 기사가 빠지지 않고 등장한다. 이러한 이유에서 언론이 개혁되어야 한다고 주장하는 목소리도 높다.

이러한 현실의 혼란은 명예훼손 법리의 혼란에서 비롯된 것이라고 생각한다. 명예훼손 법리가 정착되어 있지 않기 때문에 누구나 소송을 하고 있는 것이다. 확실한 법리가 정착되어 있으면 소송을 줄이는 예방적 기능을 할 터인데 그렇지 못한 것이 현실이다. 우리나라의 명예훼손 법리는 기본적으로 공연히 사실을 적시하여 다른 사람의 명예를 훼손할 경우 민형사상 책임을 지우지만, 그러한 보도가 진실하고 오로지 공공의 이익을 위한 것일 때 위법성을 조각하여 명예훼손의 책임을 면해주는 형식을 취하고 있다.[5]

이러한 법리구조에 첫 번째 변화를 가져온 것은 진실이라고 믿을 상당한 이유, 즉 상당성을 고려하기 시작한 때부터다. 대법원은 1988년 10월 11일 선고한 85다카29사건에서 명예훼손의 위법성 조각사

---

5. 형법 제307조 제1항은 "공연히 사실을 적시하여 사람의 명예를 훼손한 자는 2년 이하의 징역이나 금고 또는 500만 원 이하의 벌금에 처한다"고, 제310조는 "제302조 제1항의 행위가 진실한 사실로서 오로지 공공의 이익에 관한 때에는 처벌하지 아니한다"고 규정한다. 또 민법은 제750조에서 "고의 또는 과실로 인한 위법행위로 타인에게 손해를 가한 자는 그 손해를 배상할 책임이 있다"고, 제751조 제1항에서 "타인의 신체, 자유 또는 명예를 해하거나 기타 정신상 고통을 가한 자는 재산 이외의 손해에 대하여도 배상할 책임이 있다"고 규정하고 있다. 법조문상 형사상 위법성 조각사유는 진실성과 공익성이 분명한데, 민사상으로는 명확하지 않다. 학설로는 언론보도에 진실성과 공공성을 모두 갖추었을 경우 불법행위책임이 발생하지 않는다고 보아 형사상 위법성 조각사유와 같게 보고 있다.
6. 이처럼 상당성을 위법성 조각사유로 보는 것이 일반적이나, 상당성을 고의·과실을 조각하는 책임조각사유로 보는 견해도 있다. 박선영, 『언론징보법연구I』, 법문사, 2002, p238 각주109. 이는 일본의 최고재판소의 견해이기도 하다. 最判 昭和 41(1966년 6월 23일) 판결.

유로 공공성(또는 공익성), 진실성 외에 상당성을 새로이 제시하고,[6] 형법상 명예훼손죄의 위법성 조각사유가 민법상 불법행위에도 적용된다는 점을 명확히 했다.[7] 이 사건 이후 명예훼손소송에서 법원은 모두 공공성, 진실성, 상당성이라는 세 가지 기준을 중심으로 그 위법성 여부를 판단한다.[8]

명예훼손적인 보도를 한 행위자에게 보도 내용의 진실성을 입증하라고 요구하는 것에 비하여 진실이라고 믿을만한 상당한 이유가 있었는지 입증하라고 요구하는 것은 표현의 자유를 크게 제고하는 결과를 낳았다.[9] 하지만 어떠한 경우에 행위자가 진실이라고 믿을만한 상당한 이유가 있는가를 결정하는 것은 언론매체의 성격, 기사의 성격, 정보원의 신뢰성, 진실확인의 용이성 및 노력 등을 종합적으로 고려하여 사안별로 해결할 수밖에 없는 한계를 갖는다.[10] 결국 상당성이라는 기준이 존재하는 한 명예훼손 법리는 잠재적인 소송 당사자에게 예측가능성을 주지 못하며, 명예훼손의 시비는 법정으로 이어지게 되는 구조를 갖게 된다. 1990년대 들어 명예훼손소송이 크게 증가한 이유 중 하나도 상당성 기준에 있다고 생각한다.

상당성 기준이 도입된 지 10년 정도 지난 1990년대 후반 명예훼손

---

7. 한위수, "명예의 훼손과 민사상의 제문제", 「사법논집」 제24집(93. 12), 대법원 법원행정처, 1993, pp419~420.
8. 전원열, "언론보도와 민사책임", 「한국언론과 명예훼손소송」, 나남출판, 2002, p134.
9. 공익성, 진실성 및 상당성의 입증책임은 피고가 부담한다는 것이 일반적인 해석이다. 박영선, 앞의 책, p242; 한위수, 앞의 논문, p423, p431.
10. 대법원 1997. 9. 30. 선고 97다24207 판결; 대법원 1998. 2. 27. 선고 97다19038 판결; 대법원 1998. 5. 8. 선고 96다36395 판결; 대법원 1998. 10. 27. 선고 98다24624 판결; 대법원 2001. 1. 19. 선고 2000다10208 판결 등 참조. 상당한 이유가 있는가의 여부를 살펴보는 사정으로 '피해자의 피해정도'를 드는 판례(96다36395; 98다24624; 2000다10208 등)가 많다. 하지만 상당성 기준은 피고가 진실성을 입증 못할 때 보충적으로 적용되는 기준이기 때문에 피해자(원고)의 사정은 고려대상이 아니라고 보아야 할 것이다.

법리는 또 한 번의 변화를 맞게 된다. 소위 말하는 공인(公人)이론 논쟁이다. 이 이론은 설사 보도 내용이 진실이 아니더라도 그 보도의 피해자는 공인이기 때문에 참아야 한다는 논리다. 공인이론은 상당성 논리와 괘를 달리하는 이론이다. 상당성 기준은 피고에게 있었던 사정을 기준으로 접근하는데 반해 공인이론은 원고의 신분을 기준으로 공인이 명예훼손소송을 제기하는 것은 사인의 소제기와 다르다는 접근방법을 취한다. 하지만 상당성 기준이나 공인이론은 모두 보도된 내용이 진실이 아니더라도 일정한 경우 피고에게 손해배상책임을 물리지 말자는 생각에서 같다. 즉, 일정한 허위 보도의 경우 명예훼손을 인정하지 않음으로써 인격권의 보호와 표현의 자유의 보장 사이에 조화를 꾀하자는 것이다.

법원은 공인이론을 수용하는데 적극적이지 않았으나 차츰 태도의 변화를 보인다. 대법원은 1997년 9월 30일 선고한 97다24207 사건에서 처음 대법원에 제기된 공인이론을 받아들이지 않았다. 이어 1998년 5월 8일 선고한 97다34563판결에서도 대법원은 "피해자가 공적(公的)인 인물이라 하여 방송 등 언론매체의 명예훼손 행위가 현실적인 악의에 기한 것임을 그 피해자에게 입증하여야 하는 것은 아니다"라고 판단하여 공인이론을 배척했다.

하지만 명예훼손소송에서 공인과 사인을 달리 취급하여야 할 필요성 그 자체를 부인한 것은 아니었다. 대법원은 1998년 7월 14일 선고한 96다17257 사건에서 범죄사건의 보도에 있어서 범인이나 범죄혐의자가 공적인 인물이 아니면 그 신원을 명시하는 것이 공공성을 가질 수 없다고 판결함으로써 공인을 사인과 다르게 취급하기 시작했다. 소위 '범죄사건의 익명보도의 원칙'을 확립한 판례이다. 그러나 이 사건에서 공인 여부는 상당성의 고려대상이 아니라 공공성의 고려 대상이었다는 점에서 공인에 대한 허위보도를 어느 정도 인정할 것인가의 문제를 다루는 공인이론은 이 사건에서 다루어지지 않았다고 보아야 할 것이다.

대법원의 이러한 소극적인 태도와 달리 헌법재판소는 공인이론을 일부 수용하는 모습을 보였다. 헌법재판소는 1999년 6월 24일 선고된 97헌마265 사건에서 "신문보도의 명예훼손적 표현의 피해자가 공적 인물인지 아니면 사인인지, 그 표현이 공적인 관심 사안에 관한 것인지 순수한 사적인 영역에 속하는 사안인지의 여부에 따라 헌법적 심사기준에는 차이가 있어야 한다"고 판시했다.

헌재의 결정에도 불구하고 법원은 여전히 피해자가 공인인지 여부는 익명보도의 원칙에 대한 예외로서밖에 고려하지 않았다. 오히려 공인이기 때문에 훼손되는 명예가 더 크다고 보는 경향이 있다. 그 결과 명예훼손소송에서 공직자의 승소율이 사인보다 월등히 높고, 인용되는 손해배상액도 사인보다 훨씬 많아지게 되었다.[11] 이러한 현상이 지속되는 한 공직자는 자기에게 불리한 보도가 나오면 명예훼손소송에 의존하게 되고, 해당 언론사는 보도의 진실성 혹은 상당성을 입증하기 위하여 다툴 수밖에 없다. 민주주의 국가에서 공인에 관한 공적인 문제 제기가 공적인 공간에서 다루어지지 않고, 법정이라는 작은 공간으로 밀려가는 일이 빈번하게 벌어지는 것은 정상적인 상황이 아니다.

---

11. 1990년부터 1999년까지 10년 동안의 손해배상청구소송을 분석한 자료에 따르면, 공직자의 승소율은 91.6%(12건 중 11건 승소)로 사인 75%, 유명인 67.6%, 기업체 66.6%, 일반단체 45.5%보다 높았다. 또 원고 1인당 손해배상액에 있어서도 공직자는 평균 약 5,400만 원으로 일반 사인의 평균 1,613만 원의 3배가 넘었다. 조준원, "1990년대 언론 관련 손해배상판결의 사회과학적 분석", 「언론중재」, 2000년 가을, p47.

대법원도 뒤늦게나마 이러한 문제점을 인식하고 2002년 1월 22일 이후 공인이론을 수용하는 듯한 판결을 계속 내놓고 있다.[12] 대법원은 "특히 공직자의 도덕성, 청렴성에 대하여는 국민과 정당의 감시기능이 필요함에 비추어 볼 때, 그 점에 관한 의혹의 제기는 악의적이거나 현저히 상당성을 잃은 공격이 아닌 한 쉽게 책임을 추궁하여서는 안 된다"고 판시하기에 이르렀다.[13]

이러한 판결로 공인, 특히 그 중에서도 공직자에 대한 언론의 감시기능은 상당히 보호받게 되었다. 이것으로 혼돈의 시대는 마감하는 것일까? 이 논문은 미국에서 발달한 공인이론을 중심으로 왜 이러한 이론이 탄생하게 되었으며, 같은 영미법계 국가인 영국 캐나다 호주 등은 공인이론을 어떻게 수용하고 있으며, 대륙법계 국가인 독일과 일본은 공인의 인격권 보호와 표현의 자유를 어떻게 조화시키고 있는지 비교 고찰함으로써 명예훼손 법리의 정착을 시도하고 있다.

2. 공인이론 발전 : 미국

(1) 뉴욕타임스 사건과 허위 보도의 보호

미국 언론법의 두드러진 특징은 잘못된 내용의 표현, 즉 허위 보도도 보호한다는 데 있다. 비록 표현된 내용에 잘못이 있다고 하더라도

---

12. 대법원 2002. 1. 22. 선고 2000다37524, 37531 판결; 대법원 2002. 12. 24. 선고 2000다14613 판결; 대법원 2003. 1. 24. 선고 2000다37647 판결; 대법원 2003. 7. 8. 선고 2002다64384 판결; 대법원 2003. 7. 22. 선고 2002다62494 판결; 대법원 2003. 9. 2. 선고 2002다63558 판결 등 참조.

13. 대법원 2003. 7. 8. 선고 2002다64384 판결; 대법원 2003. 9. 2. 선고 2002다6355 판결 참조.

이를 보호해야 할 사회적 이익이 그로 인한 개인의 명예 침해보다 더 크다고 보고 있는 것이다. 따라서 허위보도는 일종의 필요악이라고 간주되고 있다. 그 시발점이 된 판결이 1964년에 선고된 뉴욕타임스 사건[14] 이다.

뉴욕타임스 사건은 진실하지 않은 내용도 보호 받는다고 판시한 최초의 판례라는 데 의미가 있다. 이 사건에서 미 대법원은 언론의 자유를 규정한 수정헌법 제 1조를 명예훼손 사건에 처음으로 적용했다. 미 대법원은 "자유롭게 토론하다 보면 잘못된 표현은 불가피하며, 표현의 자유가 생존하는 데 필요한 숨 고르는 공간(breathing space)을 확보하기 위해서는 잘못된 내용의 표현도 보호되어야 한다"고 설명했다.[15]

미 대법원의 주된 관심은 사람들에게 발언 내용의 진실을 입증하라고 강요하면 거짓말하는 사람에게만 부담을 주는 것이 아니라, 진실이라고 믿고 있지만 처벌이 두려워 발언을 스스로 자제(self-control)하는 사람들도 나타나는 위축효과(chilling effect)에 있었다. 사람들이 말을 아끼게 되면 사회적으로 의미 있는 공적인 관심사에 대한 비판 기능은 약화될 수밖에 없다. 미 대법원의 시각에서 보면, 잘못된 내용의 표현은 위축효과를 방지하기 위해서 우리 사회가 불가피하게 참아야 할 대상인 것이다.

미 대법원은 "공직자가 자기 직무 행위와 관련된 명예훼손적인 허위보도에 대해서 손해배상을 받기 위해서는 그 보도가 현실적 악의에 기한 것임을 입증해야 하는 것은 헌법의 요구"라고 판시했다.[16] 여

---

14. New York Times Co. v. Sullivan, 376 U.S. 254(1964).
15. *Id.* at 271, 272.
16. *Id.* at 279, 280.

기서 현실적 악의란 잘못된 표현임을 알았거나, 잘못인지 아닌지 알 수 있었는데도 무분별하게 이를 무시한 것을 의미한다.

여기에 덧붙여 미 대법원은 원고에게 현실적 악의를 설득력 있게 명백히(with convincing clarity) 증명하라고 요구하기 때문에 원고가 승소하기란 사실상 불가능하다. 뉴욕타임스 사건에서 일부 대법관들은 공무원에 대한 비판에 대해 절대적 면책을 주장하는 동조의견(concurring opinion)을 냈다.[17] 하지만 현실적 악의 기준에서도 오보는 거의 절대적인 보호를 받는다. 그 후 미 대법원은 자기 보도 내용이 거짓일 수 있다는 것을 확연히 알 수 있는 정도(with the high degree of awareness of their probable falsity)라야 형사책임을 물을 수 있다고 판결했으며,[18] 무분별하게 무시한 경우란 공표되는 내용의 진실성을 심각하게 의심할 때(serious doubts as to the truth of his publication)라고 판시했다.[19]

(2) 유형별 접근방법과 공인이론의 도입

1) 유형별 접근 방법과 이익의 비교형량 방법

공인이론을 본격적으로 검토하기에 앞서 먼저 유념해야 할 것은 공인이론과 그 모태인 현실적 악의 기준은 유형별 접근방법(categorical approach)에서 시작됐다는 점이다. 사실 미국에서 표현의 자유

---

17. 블랙 대법관(Justice Black)과 더글러스 대법관(Justice Douglas)은 절대적인 언론의 자유 옹호론자로서 이번 사건에서도 절대석인 면책을 주장했다.

18. Garrison v. Lousiana, 379 U.S. 64 (1964).

19. St. Amant v. Thompson, 390 U.S. 727 (1968).

를 제한하는 사안을 분석할 때 가장 많이 사용되는 방법은 이익의 비교형량(balancing) 분석이다.[20] 이 분석 방법은 표현의 자유를 보장해서 얻는 사회적 이익과 그로 인해 개인이 입게 되는 피해를 비교해서 판단하는 방식이다. 명예훼손 소송에서도 사안별로 비교형량(ad hoc balancing)하는 방법이 가장 흔히 사용돼 왔다. 하지만 이렇게 할 경우 어떤 종류의 표현이 법원에서 받아들여질지, 거부될지 미리 알 수 없다는 점이 문제로 지적된다.

반면 유형별 접근방법은 예측 가능성이 높다는 것이 큰 장점이다. 미 대법원은 이 방법도 자주 활용한다. 일정한 종류의 표현은 언론의 자유의 보호 범위 밖에 있다는 채플린스키 판결은 그 대표적인 예이다.[21] 미 대법원은 "아주 한정적이지만 어떤 종류의 표현은 이를 억제하고 처벌하더라도 전혀 헌법적인 문제를 일으키지 않는다. 음란(the lewd and obscene), 신성모독(the profane), 명예훼손(the libelous), 모욕적 또는 도발적 언어(the insulting or 'fighting' words), 즉 말을 하기만 하면 바로 상해를 초래하거나 평화를 깨뜨리는 경향이 있는 표현 등이 여기에 해당한다. 이러한 종류의 표현은 사상을 전혀 전달하고 있지 않으며, 사회적 가치도 질서와 도덕을 지키려는 사회적 이익과 비교하면 아주 미미하다."고 판시했다.

뉴욕타임스 판결도 유형적 접근방법에 기초하고 있다. 명예훼손 사건은 원래 헌법의 보호 대상이 아니었다. 그러나 뉴욕타임스 판결로 공무원의 공무와 관련된 보도에서 헌법의 보호를 받지 못하는 오보의 유형이 '모든 명예훼손사건' 에서 '허위임을 알았거나 무모할

---

20. Marc A. Franklin et al., MASS MEDIA LAW CASES AND MATERIALS 57(1987).
21. Chaplinsky v. New Hampshire, 315 U.S. 568.(1942)

정도로 경시해서 발생한 명예훼손사건'으로 대폭 축소됐다.[22) 이 판결은 유형별 접근방법을 통해 헌법의 보호 범위를 넓힌 것이다. 언론의 자유를 보장해서 얻는 사회적 이익과 그로 인한 개인의 피해를 사안별로 비교형량(ad hoc balancing)하는 방법은 뉴욕타임스 사건에서 전혀 사용되지 않았다.[23) 뉴욕타임스 판결의 성과는 정부를 자유롭게 비판하도록 허용함으로써 비교형량 분석이나 명백하고 현존하는 위험원칙 등의 중요성을 경감 또는 폐기시킨 데 있다는 평가가 나온 것도 이 때문이다.[24)

하지만 뉴욕타임스 판결도 언론의 자유와 명예의 보호라는 두 가지 이익을 전혀 고려하지 않은 것은 아니라는 의미에서 정의적 비교형량(definitional balancing)을 한 경우라고 평가한 학자도 있다.[25) 헌법의 보호를 받지 못하는 유형이란 것도 사실은 사안별 비교형량을 할 경우 항상 같은 결과가 나오는 것을 한데 묶어 놓은 것에 불과하다는 설명이다. 유형별 접근 방법이라 부르던, 정의적 비교형량 방법이라 부르던 간에 이런 방법은 사안별 비교형량 방법보다 예측가능성이 높다.

2) 공인이론의 태동

뉴욕타임스 판결 이후 미 대법원은 그 적용범위를 놓고 한 동안 논

---

22. Kathleen M. Sullivan & Gerald Gunther, CONSTITUTIONAL LAW 1032.(2001)
23. Id.
24. Harry Kalven, *The New York Times Case: A Note on 'The Central Meaning of the First Amendment,'* 1964 Sup. Ct. Rev. 191.
25. Melville Nimmer, *The Right to Speak from Times to Time: First Amendment Theory Applied to Libel and Misapplied to Privacy,* 56 Calif. L.Rev.935 (1968).

쟁을 벌였다. 논쟁은 그 표현된 내용이 공공 이익(public interest) 또는 공적인 관심사(public concern)인지 여부로 정하자는 내용기준 접근방식(content-based approach)[26]과 원고의 신분을 기준으로 나누자는 신분기준 접근방식(status-based approach)으로 나타났다. 이 논의의 이면에는 비교형량 방법과 유형별 접근방법의 장단점 비교가 자리 잡고 있었다. 공공 이익 또는 공적인 관심사를 기준으로 할 경우 사안별로 이익을 비교형량하게 되는 반면 신분을 기준으로 하면 유형화가 쉬워지기 때문이다.

뉴욕타임스 사건에서 미 대법원은 수정 헌법 제1조의 보호를 받는 범위를 '공무원이 자기의 공무에 대한 비판에 대항해서 낸 소송'(an action brought by a public official against critics of his official conduct)의 피고라고 분명히 밝혔다.[27] 하지만 판결문에 공무원이라는 신분이 자주 언급되면서 잘못된 내용의 표현이 헌법적 보호를 받아야 하는 이유가 '공무에 대한 비판' 이라는 내용보다는 '공무원' 이라는 신분에 있는 것처럼 해석될 여지가 많았다.

뉴욕타임스 판결 후 8개월이 지났을 때쯤 선고된 게리슨 사건에서 미 대법원은 '공무에 대한 비판' 이라는 요건을 사실상 제거했다. 미 대법원은 비판 내용이 공무원의 업무 적합성(fitness for office)에 관련된 것이면 아무 내용이나 괜찮다고 본 것이다.[28] 따라서 미 대법원은 공무원의 공적인 일에 대한 비판뿐만 아니라 사적인 문제에 대

---

26. 명예훼손소송에서 미 대법원은 '공공 이익' (public interest)과 '공적인 관심사' (public concern)를 의미 구별 없이 함께 사용하는 경우가 많다. 대표적인 예가 로젠블룸 사건에서 복수 의견을 집필한 브레넌 대법관이 같은 면에서 두 단어를 번갈아 쓴 것이다. Rosenbloom v. Metromedia, Inc., 403 U.S. 29, 44 n. 12 (1971).
27. 376 U.S. at 256.
28. 379 U.S. at 77.

한 비판에도 현실적 악의 기준을 적용할 수 있다고 판단했다. 이 판결
은 일반인에게는 사적인 문제로 간주될 만한 사안도 공무원이 명예
훼손소송을 제기했을 경우에는 그렇게 취급되어서는 안 된다는 의미
를 담고 있다. 이 판결 이후 공무원에 관한 보도는 어떤 내용을 담고
있든 간에 그의 업무 적합성을 검증한다는 명분 아래 보호받을 수 있
게 됐다.

3) 공적인 관심사 기준과 공적인 인물 기준

가. 로젠블룸 사건[29]

로젠블룸 사건에서 미 대법원은 또 한 번 의견이 크게 갈리면서 공
인이론은 일시적으로 후퇴하는 모습을 보인다. 원고 로젠블룸 씨는
공무원도, 공인도 아닌 평범한 일반인이었다. 피고인 지역 라디오 방
송국은 로젠블룸 씨가 음란서적을 판매하다 체포됐다고 보도했으나,
사실 로젠블룸 씨가 판매한 책은 음란물이 아니었다. 브레넌 대법관
은 보도된 내용이 공적인 관심사이기만 하면 원고가 저명한 사람이
던 무명이던 상관없이 뉴욕타임스의 현실적 악의 기준을 적용해야
한다고 주장했다. 결국 미 대법원은 로젠블룸 사건에서 잘못된 표현
의 보호대상을 판별하는 기준을 '원고의 신분'에서 '표현된 내용'으
로 전환한 셈이다.

이에 대해 하랜과 마샬 두 대법관은 반대의견을 냈다. 마샬 대법관
은 크게 두 가지를 지적했다. 하나는 사람의 일은 모두 잠재적으로 공
적인 관심사이기 때문에 이 기준을 사용하면 사인의 명예를 보호하

---

29. Rosenbloom v. Metromedia, Inc., 403 U.S. 29 (1971).

지 못하는 문제가 있다는 것이다. 다른 하나는 공적인 관심사를 기준으로 할 경우 법원은 어떤 표현이 여기에 해당하는지 사건별로 결정해야 하는데, 이처럼 불명확한 기준은 위축효과를 초래해 궁극적으로 언론의 자유를 침해할 것이라는 지적이다.

브레넌 대법관과 마샬 대법관 모두 언론의 자유를 주창했지만 서로 강조하는 내용이 달랐다. 브레넌 대법관은 공적인 관심사라는 포괄적인 기준을 통해서 지금 발생한 오보로 인한 언론사의 책임을 경감시키는데 주력했다. 반면 마샬 대법관은 현재의 판결이 앞으로 언론의 자유에 어떠한 영향을 미칠 것인지에 관심을 더 기울였던 것이다.

나. 거츠 사건[30]

로젠블룸 사건 3년 뒤, 마샬 대법관의 견해는 소수의견에서 다수의견으로 바뀌게 됐다. 거츠라는 변호사가 자기를 공산주의자라고 보도한 언론사를 상대로 낸 소송이었다. 이 사건에서 대법원은 그동안의 논쟁을 일단락 짓고, 언론의 자유와 개인의 명예훼손 사이의 새로운 조화점을 찾았다.

미 대법원은 오보가 모두 보호될 수 없다는 의미에서 잘못된 사상(false ideas)과 잘못된 표현(false statements)을 구별해야 한다는 점을 먼저 강조했다. 대법원은 "미국 수정헌법 제1조에는 잘못된 사상이란 없다. 의견(opinion)은 아무리 해롭더라도 다른 사상에 의해서 수정돼야지 법관이나 배심원의 양심에 의존해서는 안 된다. 그러나 사실을 잘못 기술한 표현(false statements of fact)에는 헌법적 가치가 없다. 의도적인 거짓말이나 부주의한 실수는 공적인 문제

---

30. Gertz v. Robert Welch, Inc., 418 U.S. 323 (1974).

(public issue)를 제지 받지 않고, 건전하고, 광범위하게 토론하는 데 있어서의 사회적 이익을 크게 높이지 않는다”고 판시했다.[31]

그러나 미 대법원이 잘못된 표현을 모두 보호하지 않은 것은 아니다. 불가피한 잘못은 헌법의 보호 아래 둔 것이다. 그 기준으로 미 대법원은 로젠블룸 사건에서와 달리 공적인 관심사를 제시하지 않았다. 공적인 관심사라는 이름 아래 잘못된 표현이 지나치게 보호될 수 있다고 본 것이다. 미 대법원은 그 대신 공무원이나 공적인 인물에 관련된 잘못된 표현만을 헌법의 보호 대상에 넣었다. 파웰 대법관이 쓴 다수의견은 로젠블룸 판결에서 마샬 대법관이 소수 의견으로 지적한 문제를 또 다시 언급했다. 공표된 내용이 공공 이익(public interest)[32]에 관련된 문제인지 아닌지를 사안에 따라(ad hoc basis) 결정하면 예측 가능성이 없기 때문에 사상의 자유로운 교환을 저해한다고 본 것이다.

파웰 대법관은 공인과 사인을 구별하는 것이 정당하다는 근거로 두 가지를 제시했다. 첫째는 자력구제(self-help)의 유무다. 공무원이나 공인은 보통 효과적인 커뮤니케이션 수단에 접근하기 쉽기 때문에 사인보다 잘못된 보도에 대응하기 쉽다고 본 것이다. 둘째는 위험의 수용(assumption of risk)이다. 공인은 사인보다 공적인 관심사에 영향을 미치려는 욕구가 더 크고 또 그럴 능력도 더 있기 때문에 공적인 비판을 더 받을 수밖에 없고 명예훼손에도 그 만큼 더 많이 노출돼 있다는 것이 이 두 번째 정당성의 근거다. 공인은 자발적으로 공적인 관심사에 자기를 내놓은 만큼 그로 인해 파생적으로 발생하는

---

31. *Id.* at 339.

32. 미국 명예훼손 판례에서 공익(public interest)과 공적인 관심사(public concern)는 구별 없이 혼용되고 있다.

위험 역시 자기가 부담해야 하지만, 사인은 전혀 그렇지 않기 때문에 명예훼손으로부터 보호해야 할 필요성이 공인보다 더 크다고 본 것이다.

거츠 판결의 의미는 다음과 같다.

첫째는 원고의 신분을 기준으로 현실적 악의 기준을 적용하라는 것이다.

둘째, 거츠 판결로서 미 대법원은 현실적 악의 기준이 무한정 확장되는데 제동을 걸었다. 앞서 본 것처럼 로젠블룸 사건에서는 공인이 아닌 일반인이 낸 명예훼손 소송에서 보도 내용이 공적인 관심사라는 이유로 현실적 악의 기준을 적용, 원고 청구를 기각했다. 하지만 거츠 사건에서는 일반인이라는 이유로 현실적 악의 기준을 적용할 수 없다고 판시했다.

셋째, 미 대법원은 추정적 손해 또는 징벌적 손해(presumed damages or punitive damages)가 배심원에 의해서 남용되는 데 대해서도 제동을 걸었다. 그 전까지 배심원들은 구체적인 손해액수에 대한 입증이 없어도 거액의 배상을 결정하는 일이 잦았다. 미 대법원은 거츠 사건에서 원고가 현실적 악의를 입증하지 못할 경우 배상받을 수 있는 금액은 실제 피해액(actual injury)에 한정된다고 판결했다.

다. 던앤브라스트리트 사건[33]

거츠 판결에서 폐기된 로젠블룸 판결은 11년 뒤 던앤브라스트리트 사건에서 그 의미가 다시 살아났다. 이 사건은 신용평가회사인 던앤브라스트리트가 한 건설회사가 파산을 신청했다는 잘못된 정보를 고객들에게 알려줘서 발생한 사건이다. 미 대법원은 여기에서 거츠 판결을 재해석하고 공적인 관심사(public concern) 기준을 다시 도입했다.

파웰 대법관은 거츠 사건이 공적인 관심사가 아닌 내용을 다룬 것은 아니라며, 공적인 관심사는 수정헌법 제1조의 보호를 받아야 하는 핵심이라고 강조했다. 왜냐하면 수정헌법 제1조는 정치나 사회가 바람직한 방향으로 변화할 수 있도록 사상의 자유로운 교환을 무제한 보장하기 위해 만들어 진 것이라고 보았기 때문이다. 파웰 대법관은 하지만 순수하게 사적인 문제를 언급한 보도는 수정헌법 제1조가 그처럼 보호하고 있지 않다고 판단했다. 따라서 이런 경우에는 비록 원고가 현실적 악의를 증명하지 못하더라도 추정적 손해와 징벌적 손해를 배상 받을 수 있다는 것이 던앤브라스트리트 판결의 요지다.

던앤브라스트리트 판결로 뉴욕타임스 판결 이후 발전해오던 공인 이론은 다음과 같이 정리됐다.

첫째, 원고가 공무원 또는 공인이면 상대방의 현실적 악의(actual malice)를 설득력 있게 명쾌하게(convincing clarity) 입증할 때 배상을 받을 수 있다(뉴욕타임스 및 거츠 판결). 공무원일 경우 업무 적합성과 관련된 내용이면 사적인 문제도 현실적 악의 기준이 적용된다(게리슨 판결). 결국 공무원에 관한 한 거의 모든 오보가 헌법적 보호를 받는 셈이다. 공인일 경우에는 후술하는 바와 같이 유형에 따라 다르다.

둘째, 원고가 사인이고 보도된 내용이 공적인 관심사일 경우, 대부분의 주에서 원고는 상대방의 과실(negligence)을 입증하면 실제 피해액(actual injury)을 배상 받을 수 있다(거츠 판결 및 헵스 판결[34].

---

33. Dun & Bradstreet, Inc. v. Greenmoss Builder, Inc., 472 U.S. 749 (1985).

하지만 원고가 추정적 손해 또는 징벌적 손해를 배상 받으려면 현실적 악의를 증명해야 한다(거츠 판결).

셋째, 원고가 사인이고 보도된 내용도 사적인 것에 불과할 경우, 원고는 상대방의 현실적 악의를 증명하지 않더라도 보상적 손해와 징벌적 손해(compensatory and punitive damages)를 모두 배상 받을 수 있다(던앤브라스트리트 판결). 따라서 보통법(common law)상의 엄격책임주의(strict liability) 원칙이 적용된다.

3. 공인에 대한 명예훼손과 그 해결방안 : 영미법계 국가

(1) 영국

1) 명예훼손 법리

영국은 미국과 같은 영미법계 국가로 분류되지만, 명예훼손에 있어서 미국과 완전히 다른 태도를 취하고 있다. 영국의 명예훼손 법리는 뉴욕타임스 판결 이전에 미국이 수용하고 있었던 보통법(com-mon law) 상 엄격책임주의(strict liability rule)에 기초하고 있다. 즉, 원고는 피고가 자기에 대한(concerning the plaintiff) 명예훼손적인 표현(defamatory statement)을 공표하였다(publish)는 점만 입증하면 되고, 피고의 과실(negligence)을 입증할 필요가 없다. 원

---

34. Philadelphia Newspapers, Inc. v. Hepps, 475 U.S. 767 (1986). 이 판결에서 미 대법원은 사인이 공적인 문제에 대한 신문 보도에 대해서 손해배상을 받으려면 그 보도가 잘못이라는 점을 입증해야 한다고 판결했다. 그렇지 않으면 언론사가 위축돼 공적인 문제에 대해서 보도하기를 꺼려할 수 있다고 본 것이다.

고는 또 표현이 거짓임을 입증할 필요도 없으며, 심지어 문서에 의한 명예훼손 사건에서는 자기가 손해를 입었음을 입증할 필요도 없다. 손해의 발생은 추정된다. 피고가 손해배상책임을 지지 않기 위해서는 그 내용이 진실하다거가, 자기의 발언이 면책특권(privilege)에 해당한다는 것을 입증하여야 한다. 결국 영국의 명예훼손 법리는 표현의 자유보다는 명예의 보호를 더 중시하고 있다. 이러한 이유 때문에 세계 각 국의 변호사들은 런던에서 명예훼손 소송을 제기하기를 선호하여 런던은 '세계 명예훼손 소송의 수도(libel capital of the world)' 라고 불리기도 한다.[35]

피고 측의 항변(defence)으로 진실(truth)의 입증이 있다. 여기서 진실이란 상당부분 진실(substantial truth)을 의미하며, 지적된 모든 사실이 각각 진실하지 않더라도 주된 내용이 진실하면 충분하다고 한다.[36] 그러나 진실을 입증하기란 쉽지 않다. 이보다 더 많이 사용되는 피고 측 항변은 '공공의 이익에 관련된 정직한 논평(honest comment on a matter of public interest)' 이다. 이는 흔히 '공정한 논평(fair comment)' 이라고도 불린다. 논평은 공평하여야 한다는 것인데, 실제로 공평성(fairness)은 어떤 사람이 문제의 의견을 정직하게 발표했느냐의 객관적 기준에 의해서 판단되어야 하기 때문에 그 의미를 상실했다고 한다.[37] 만약 원고가 피고에게 악의(malice)가 있었음을 입증하면, 정직한 논평의 항변은 배척된다. 한편 정직한 논

---

35. Sarah Lyall, *A Libel Law That Usually Favors Plaintiffs Sends a Chill Through the British Press*, New York Times, July 7, 1997, at D7.
36. 홍임석, "영국에서의 언론에 의한 명예훼손의 법적 문제", 「재판자료 제93집 외국사법연수논집[21]」, 법원노서관, 2001, pp216~217.
37. Reynolds v. Times Newspapers Limited and Others [1999] 3 W.L.R. 1010 (H. L.).

평의 항변은 의견(comment)을 보호하려는 것이기 때문에 사실에 관한 주장을 보호하려는 것이 아니다.

공표된 내용이 진실이 아닐 경우에도 그 표현의 자유를 보장하는 것이 당사자의 명예를 지켜주는 것보다 공공의 이익(public interest)에 더 부합하는 경우가 있다. 영국에서는 그러한 예외로 크게 두 가지를 두고 있다. 하나는 절대적 면책특권(absolute privilege)이고 또 하나는 제한적 면책특권(qualified privilege)이다. 전자에 해당되는 경우 원고는 명예훼손 소송을 제기할 수 없으며, 후자에 해당되는 경우에는 원고는 피고의 발언이 악의(malice)에 의해 이루어졌다고 입증하면 항변이 실패한다. 영국에서는 오랫동안 판례가 축적되면서 면책특권이 인정되는 유형(category)이 형성되었다. 또한 보통법상의 많은 면책특권은 성문화되기도 하였다.

전통적으로 영국에서 절대적 면책특권의 항변으로 인정되는 것은 ⑴의회의 절차 내에서 이루어진 주장이나 진술 ⑵사법절차 내에서 이루어진 법관, 배심원, 변호인, 증인의 진술과 발언 ⑶사법절차에 관한 공정하고 정확한 동시 보도 ⑷정부관리 상호간에 의무수행의 하나로 이루어진 진술이나 의사표현 등이고, 제한적 면책특권의 항변으로 인정되는 것은 ⑴사법절차의 보도에 관한 보통법상의 면책특권 ⑵의회 절차의 보도에 관한 보통법상의 면책특권 ⑶공공의 관심사 보도에 관한 성문법상의 면책특권 ⑷공격에 대한 반박의 권리 등이다.[38]

2) 정치적 발언에 관한 면책특권의 인정 논쟁

미국의 뉴욕타임스 사건은 영국 명예훼손 법리에 적지 않은 영향을

---

38. 홍임석, 앞의 논문, pp225~234.

미치고 있다. 공직자가 자기 직무행위와 관련된 명예훼손적인 허위 보도에 대해서 손해배상을 받기 위해서는 피고가 잘못된 보도인 줄 알았거나, 알 수 있었는데도 무모하게 이를 무시하여 보도했다는 것을 설득력 있게 명백히(with convincing clarity) 입증해야 한다는 뉴욕타임스 판결의 취지를 수용하여, 제한적 면책특권을 영국에 도입하여야 한다는 의견이 줄곧 제기되었다. 1980년대 중반 이후 원고에게 거액의 손해배상 판결이 보편화되자 영국의 명예훼손 법리가 명예 보호에 지나치게 치우쳐 정당한 탐사보도와 공공정책 및 공직자에 관한 자유로운 토론을 저해한다는 비판의 목소리가 높아지면서 미국의 뉴욕타임스 판결은 더욱 주목받게 되었다.[39] 하지만 1991년 닐(Neil L.J.)이 위원장인 대법원절차위원회(Supreme Court Procedure Committee)는 '명예훼손의 실무와 절차에 관한 보고서 (Report on Practice and Procedure in Defamation)' 에서 이러한 내용의 제한적 면책특권을 도입하는데 반대했다.[40] 또한 1952년 이후 42년 만에 개정된 1996년 명예훼손법(Defamation Act 1996)은 제한적 면책특권의 유형을 열거하였지만, 공인이론은 이 리스트에 포함되지 않았다.

그럼에도 불구하고 뉴욕타임스 판결 및 공인이론을 도입하여 제한적 면책특권의 항변으로 인정하자는 주장은 계속 이어진다. 1993년 Derbyshire v. Times Newpapers Ltd. 사건[41]은 명예훼손 법리의 최근 변화를 보여주고 있다. 이 사건은 Derbyshire라는 영국 지방에

---

39. Douglas W. Vick & Linda Macpherson, *An Opportunity Lost: The United Kingdom' Failed Reform of Defamation Law*, 49 Fed. Comm. L.J. 621, 622 (1997).
40. Reynolds v. Times Newspapers Ltd.
41. [1993] A.C. 534.

서 시의회(municipal council)가 신문사를 상대로 명예훼손 소송을
제기한 사건이다. 영국의 최고법원인 귀족원(House of Lords)은 미
국의 현실적 악의(actual malice) 기준을 영국법에 도입하지 않았다.
하지만 도입하지 않은 이유는 이 사건에서 현실적 악의 기준을 이용
할 필요가 없었기 때문이라고 보아야 할 것이다.[42] 귀족원의 결론은
정부 및 행정기능에 비판적인 기사에 대하여 지방기관(local
authority)이 명예훼손 소송을 제기하는 것은 공공의 이익(public
interest)에 반한다는 것이었다. 따라서 명예를 중시하던 영국 법원
이 정부에 대한 비판의 중요성을 인식하고, 위축효과를 우려하는 판
결을 내린 것은 뉴욕타임스 판결의 영향이라고 보아야 할 것이다.[43]
다만 공인이론과 같이 제한적 면책특권이 인정되는 새로운 유형을
만들어내지는 못했다.

귀족원(House of Lords)이 1999년 내린 Reynolds v. Times
Newspapers 판결은 영국 명예훼손 법리의 최근 동요를 더욱 분명
하게 보여주고 있다. 1998년 인권법(Human Rights Act)이 제정되
면서 법원은 표현의 자유를 보장하는데 특별한 주의를 기울여야 했
기 때문에 영국의 명예훼손 법리는 종전의 엄격책임주의에서 벗어나
지 않을 수 없게 되었다.[44] 이는 명예훼손 법리에 표현의 자유라는 헌
법적 고찰이 필요함을 인식한 것이라고 하겠다.[45] 레이놀즈 판결은

---

42. Marie-France Major, *Comparative Analogies: Sullivan Visits the Commonwelth*, 10
    Ind. Int'l & Comp. L. Rev. 17, 26 (1999).
43. *Id.* at 27.
44. Susanna Frederick Fischer, *Rethinking Sullivan: New Approaches in Australia, New
    Zealand, and England*, 34 Geo. Wash. Int'l L. Rev. 101, 142 (2002).
45. 영국은 불문헌법국가이기 때문에 단일의 헌법전은 없지만, 실질적 의미의 헌법에 속하
    는 헌법률로써 마그나 카르타(1215), 권리장전(1689) 등을 갖고 있다. 인권법도 헌법률
    에 속한다.

표현의 자유의 보장과 개인의 명예 보호를 적절히 조화하는 방안을 찾기 위하여 영국 법원이 고심한 흔적이 역력히 나타난다.

레이놀즈 사건의 쟁점은 정치적 표현(political speech)이라는 제한적 면책특권이 인정되는 새로운 유형을 만들 것이냐에 있었다. 아일랜드 수상이었던 레이놀즈(Albert Reynolds)는 1994년 11월 17일 사임을 발표한 후 "잘 가시오, 고리대금업자여(Goodbye gombeen man)"라는 제목으로 그의 사임을 둘러싼 이야기를 보도한 선데이 타임스(Sunday Times)를 상대로 명예훼손소송을 제기했다. 피고인 선데이타임스는 정부나 정치적 문제에 관한 보도는 국민에게 미치는 영향이 크기 때문에 일반적인 제한적 면책특권(generic qualified privilege)이 인정되어야 한다고 주장했다. 정치적 발언이라는 새로운 유형을 만들어 표현의 자유를 보호하자는 것이다. 그러나 영국 귀족원은 새로운 형태의 제한적 면책특권을 인정하지 않았다. 오히려 사안에 따라 비교형량 하는 접근방법(case-by-case balancing approach)을 지지하였다.

레이놀즈 판결이 정치적 발언에 대하여 제한적 면책특권을 전혀 부여할 수 없다는 뜻은 아니다. 이 판결은 정치적 발언이라는 유형에 해당되면 제한적 면책특권이 인정되는 유형적 접근방법을 명시적으로 거부하였을 뿐이다. 보통법상 제한적 면책특권을 인정하는 근거가 공공의 이익(public interest)을 보호하려는 데 있기 때문에 공공의 이익을 위한 보도라면 그 내용을 굳이 정치적 발언에 한정할 필요가 없다는 것이 영국 법원의 판단이다.[46] 따라서 어떠한 발언이 공중에게 이익이 되기 때문에 제한적 면책특권의 대상이 되는가는 법원이

---

46. Fischer, *supra* note 44, at 167.

모든 상황을 고려하여 판단하면 된다는 것이 레이놀즈 판결의 내용
이다.

결론적으로 영국의 명예훼손 법리는 (1)보통법상 엄격책임의 법리
를 그대로 유지하고 있으며, (2)뉴욕타임스의 현실적 악의(actual
malice) 기준은 도입되어 있지 않으며, (3)미국의 공인이론과 같은
유형적 접근도 채택되어 있지 않다. 다만, 1990년대 이후 정치적 발
언 등 공공의 이익이 되는 표현에도 제한적 면책특권을 부여하여야
한다는 인식이 확산되고 있다.

(2) 호주, 뉴질랜드

호주와 뉴질랜드는 영국과 비슷한 명예훼손 법리를 갖고 있었다.
즉, 보통법상 엄격책임주의를 쫓아 개인의 명예를 중시하되, 표현의
자유를 보호하는 것이 공공의 이익(public interest)에 부합하는 경우
에는 절대적 면책특권과 제한적 면책특권을 부여하는 것이다. 또한 정
치적 발언(political speech)은 제한적 면책특권의 대상이 아니었다.
법원은 상황을 모두 고려하여 그 표현을 보호하는 것이 공공의 이익에
부합하는지 판단하고 있었다. 다시 말해 정치적 표현에 대하여 포괄적
보호(blanket protection)를 하고 있지 않았다. 뉴질랜드의 경우
1977년 명예훼손법 개정에 관한 맥키 위원회(McKay Committee on
Defamation)가 언론사에 대한 제한적 면책특권을 허용하는 내용을
권고했으나 1992년 뉴질랜드 명예훼손법은 이 권고안을 수용하지 않
았다.[47] 이 법안에서 인정된 제한적 면책특권의 내용은 1996년 영국

---

47. *Id.* at 125.

의 명예훼손법(Defamation Act 1996)의 내용이 유사하다.

그러나 1990년대 들어 명예훼손 법리에 헌법적 고찰, 즉 표현의 자유의 보장이 필요하다는 인식이 확산되면서 두 나라의 법원 판례는 변화하기 시작한다. 호주의 경우 1994년 Theophanous v. Herald & Weekly Times Ltd. 사건[48]에서 변화가 나타났다. 이 사건에서 피고는 미국 뉴욕타임스의 현실적 악의(acutal malice) 기준을 적용할 것을 주장하였으나, 호주 대법원(High Court)는 이를 수용하지 않았다. 그 대신 호주 대법원은 다수의견을 통해 새로운 기준을 제시하였다. 피고에게 자기 행위의 합리성(reasonable)을 입증하라고 요구한 것이다. 따라서 피고는 보도내용이 사실이 아닌 것을 몰랐고, 보도내용이 진실인지 아닌지 상관하지 않은 채 무모하게 보도한 것이 아니며, 보도는 합리적이었다는 것을 입증하여야 한다.[49] 이어 1997년 호주 대법원은 Lange v. Australian Broadcasting Corporation[50] 사건에서 만장일치로 정부나 정치적 문제에 관한 정보, 의견, 논쟁의 확산은 제한적 면책특권의 대상이라고 판결하기에 이른다. 이 경우 피고는 자기 행동의 합리성을 입증하여야 한다.

뉴질랜드도 1990년대 들어 새로운 환경변화를 맞게 된다. 1990년 권리장전(New Zealand Bill of Rights Act 1990)이 제정되면서 표현의 자유의 권리가 성문화되고,[51] 법원은 이 권리에 따라 명예훼손

---

48. 182 C.L.R. 104.

49. *Id.* at 137.

50. 189 C.L.R. 520.

51. 권리장전 14조는 "모든 사람은 표현의 권리를 갖는다. 여기에는 어떠한 종류의, 어떠한 형태의 정보 및 의견을 구하고, 수용하고, 전달하는 자유를 포함한다(Everyone has the right to freedom of expression, including the freedom to seek, receive, and impart information and opinions of any kind in any form)"라고 규정하고 있다.

법리를 어떻게 수정하여야 하는지 고민하게 된다. 뉴질랜드 항소법원(Court of Appeal)[52]은 1998년 Lange v. Atkinson 사건[53]에서 대표성과 책임성을 지닌 정부의 기능과 직접 관련이 있는 발언(statements that directly concern the functioning of representative and responsible government)이 널리 퍼졌을 경우 제한적 면책특권의 항변을 인정했다. 이러한 면책특권의 항변은 남용될 경우에만 배척된다. 즉, 보통법상 원고가 피고의 악의(malice)를 입증하면 제한적 면책특권이 실패하는 것과 마찬가지다.

호주와 뉴질랜드는 정치적 발언에 대하여 제한적 면책특권을 인정하여 유형적 접근방식(categorical approach)을 채택하고 있는 점에서는 같다. 하지만 뉴질랜드는 보호 유형의 범위를 호주보다 좁게 인정하고 있으며, 호주와 달리 피고 행위의 합리성(reasonable conduct)을 요구하고 있지 않다.[54] 두 나라 모두 뉴욕타임스의 현실적 악의 기준을 채택하고 있지 않다.

(3) 캐나다, 인도

캐나다 대법원은 1995년 Hill v. Church of Scientology of Toronto 사건[55]에서 현실적 악의 기준을 명시적으로 부정하였다. 피고는 명예훼손에 관한 보통법이 표현의 자유를 지나치게 제약하고

---

52. 뉴질랜드의 최고법원은 형식상 추밀원(Privy Council)이다. 하지만 추밀원은 엄격하게 말하면 법원이 아니고, 여왕에 대한 자문기구이다. 항소법원의 판례는 하급법원을 기속한다.
53. 3 N.Z.L.R. 424.
54. Fischer, *supra* note 44, at 106.
55. 126 D.L.R. (4th) 129.

있으므로 현실적 악의 기준을 도입함으로써 개인의 명예 보호와 표현의 자유의 보장 사이에 적절한 균형을 이루자고 주장하였으나 대법원은 이를 받아들이지 않았다. 캐나다 대법원은 오히려 뉴욕타임스 사건이후 미국의 명예훼손법이 학계와 법조계로부터 많은 비판을 받고 있다는 점을 지적했다.

반면 인도 대법원은 1994년 Rajagopal v. State of Tamil Nadu 사건[56]에서 공직 활동에 관한 명예훼손적인 발언에 대하여 공무원이 손해배상을 받기 위해서는 피고가 개인적 적대감(personal animosity)으로 또는 무모할 정도로 진실을 경시(reckless disregard of the truth)하여 그러한 발언을 했다는 것을 증명하여야 한다고 판시했다. 미국 뉴욕타임스 판결과 같은 내용이다.

4. 공인에 대한 명예훼손과 그 해결방안 : 대륙법계 국가

(1) 일본

1) 명예훼손 법리

일본의 명예훼손 법리는 우리나라와 비슷하다. 개인의 명예와 표현의 자유가 충돌할 경우 이를 조정하는 방법으로 일본 형법 제230조의2 제1항은 "공공의 이해에 관한 사실에 관계되고, 그 목적이 오로지 공익을 도모하는 것이라고 인정되는 경우에는 사실의 진부를 판단하여 진실한 것으로 증명되는 때에는 벌하지 아니한다"고 규정하고 있다. 즉, 우리 형법이 제310조에서 명예훼손죄의 위법성 조각

---

56. 6 S.C.C. 632. Reynolds v. Times Newspapers Ltd.에서 재인용.

사유로 공공성과 진실성을 들고 있는 것과 마찬가지다. 그러나 진실성만을 강조하면 명예권을 지나치게 보호하고 언론의 자유가 위축될 수 있기 때문에 일본 최고재판소는 1969년 "진실한 것으로 증명되지 않은 경우에도 행위자가 진실이라고 잘못 믿고, 그렇게 잘못 믿은 것이 확실한 자료, 근거에 비추어 상당한 이유가 있는 경우에는 범죄의 고위가 없어 명예훼손죄가 성립하지 않는다"고 판시하였다.[57] 우리나라 대법원이 진실성 대신 상당성을 위법성 조각사유로 인정하는 것과 마찬가지다.

우리나라와 마찬가지로 일본에서도 형사상 명예훼손죄의 법리는 민사상 명예훼손 책임에 관한 법리에 그대로 적용된다. 일본 최고재판소는 "민사상 불법행위인 명예훼손에 있어서 그 행위가 공공의 이해에 관한 사실이고 오로지 공익을 위하는 목적으로 이루어진 경우 적시된 사실이 진실임이 증명되면 그 행위는 위법성이 없어 불법행위는 성립하지 않는다"라고 설명한 후 "사실이 진실이라는 증명이 없더라도 그 행위자가 그 사실을 진실이라고 믿은데 상당한 이유가 있는 경우에는 그 행위는 고의 또는 과실이 없어 결국 그 불법행위가 성립하지 않는다고 해석하는 것이 상당하다"고 판시했다.[58]

결국 일본에서 명예훼손적 표현이 문제가 될 경우 피고가 민형사상 책임을 지지 않으려면 공익성, 진실성 내지 상당성을 입증하여야 한다.

2) 현실적 악의의 법리 도입 논쟁

최근 일본에서는 언론보도와 관련한 명예훼손소송에서 고액의 위

---

57. 最大判 昭和44(1969)년 6월 25일 판결.
58. 最判 昭和41(1966)년 6월 23일 판결.

자료를 배상하라는 판결이 늘고 있다. 1995년까지 100만 엔 정도, 1998년까지 150만 엔 정도 배상하라고 판결하는 경향이 있었으나,[59] 최근에는 수백만 엔에서 1,000만 엔에 이르는 손해배상을 명하는 판결이 많아지고 있다.[60] 정보기술의 발달로 인격권이 침해될 가능성이 높아진다는 우려와 함께 일부 언론사의 무책임한 보도에 대한 비판 등이 손해배상 고액화의 원인으로 지적된다.[61] 하지만 고액의 위자료를 받는 원고가 정치가, 프로 야구선수, 여배우, 기타 사회적으로 상당한 지위에 있는 유명인사인 경우가 대부분이어서 고액의 위자료가 공적인 관심 사안에 대한 자유로운 논의를 저해한다는 비판이 제기되고 있다.

미국 뉴욕타임스 사건의 현실적 악의 기준은 이러한 손해배상 고액화의 문제를 해결할 수 있는 방안으로 거론된다. 원고가 공인일 경우에는 표현이 허위라고 하더라도 원고가 피고의 현실적 악의를 입증하지 못하는 한 법원이 손해배상을 명하는 것은 헌법 위반이라는 주장이 있다.[62] 그러나 이러한 견해는 소수설에 불과하다. 진실이라고 믿은 데 상당한 이유가 있을 경우 면책되는 기존의 명예훼손법리와 상충된다는 견해가 우세하다. 법원 역시 이러한 입장을 택하고 있다. 일본 오사카 고등법원은 1988년 현실적 악의이론을 도입하자는 피고의 주장에 대하여 "개인의 명예의 보호를 소홀히 하고 표현의 자유를 지나치게 보호하는 결과를 낳게 되어 개인의 명예 보호와 표현의

---

59. 이재진, "언론관련명예훼손소송 추이 비교", 「언론중재」, 2002년 여름, p45.
60. 右崎正博, "名譽毀損訴訟における損害賠償高額化と表現の自由", 法律時報 74券9号, 107.
61. 같은 논문.
62. 松井茂記, "變貌する名譽毀損法と表現の自由", ジュリスト 1222호 (2002.5.), p92.

자유 보장간의 균형을 잃게 되기 때문에 채용할 수 없다"고 판시했다.[63] 도쿄 지방법원도 1996년 "보도내용의 진실성 또는 보도내용이 진실하다고 믿었던 것에 대한 상당성은 위법성 내지 책임의 조각사유이며, 진실성 또는 상당성의 입증책임은 이를 주장하는 사람에게 있다는 것이 최고재판소의 확립된 판례"라는 이유로 현실적 악의 기준을 받아들이지 않았다.[64]

공인에게 고액의 위자료가 지급되면서 표현의 자유가 위축되는 문제점을 해결하기 위하여 공적인 존재 또는 공적인 관심 사안에 관한 표현이거나 보도의 경우에는 진실성 또는 상당성의 입증책임을 완화하여야 한다는 주장도 있다.[65] 판례상으로도 형법 제230조의2 제1항의 '공공의 이해에 관한 사실'을 매개로 하여 공인에 대한 명예훼손은 사인에 대한 명예훼손보다 면책되는 범위가 확대되어 있다.[66] 하지만 이러한 법리는 기본적으로 사안별 접근방법이기 때문에 공인을 하나의 유형으로 보아 사인과 달리 취급하는 법리로는 발전하지 못하였다.

(2) 독일

1) 명예훼손 법리

전통적으로 독일은 인격의 보호를 공법, 그 중에서도 형법의 문제

---

63. 大阪高裁 平成1(1988)년 5월 26일 판결.
64. 東京地裁 平成8(1996)년 1월 31일 판결.
65. 右崎正博, 앞의 논문, p112.
66. 한위수, "공인에 대한 명예훼손의 비교법적 일고찰-현실적 악의 원칙을 중심으로", 「언론과 법」 창간호(한국언론법학회, 2002), p172.

로 보았다.[67] 독일 형법 제186조는 사실의 적시에 의한 명예훼손을, 제187조는 허위사실의 적시에 의한 명예훼손을 규정하고 있으며, 제187a조는 정치인에 대한 명예훼손이 그의 공적 생활상의 지위와 관련된 동기에서 행해지고 그의 공적 활동을 현저히 저해하기에 충분한 경우 가중 처벌하는 규정을 두고 있다. 행위자가 표현이 진실임을 입증하면 명예훼손이 성립하지 않으며,[68] 이 밖에 형법 제193조는 '정당한 이익의 옹호'[69]를 위법성 조각사유로 인정하고 있다. '정당한 이익의 옹호'는 옹호하려는 정당한 이익이 그로 인하여 침해되는 개인의 명예에 관한 이익보다 커야 한다는 것을 의미하므로 결국 법익 내지 이익형량의 문제가 된다.[70] 한편, 독일 민법의 불법행위 중심 조항인 제823조 제1항은 인격적 보호법익으로 생명, 신체, 건강, 자유만 언급하고 명예는 명시하고 있지 않다. 명예훼손의 피해자는 형벌구성요건을 갖춘 경우에만 손해배상청구권을 행사할 수 있으며, 과실로 인한 경우에는 손해배상청구권이 없다.[71] 형법상 정당한 이익옹호의 원칙은 민사상 불법행위의 구성요건에도 적용될 수 있다는 것이 지배적인 견해다.[72]

---

67. 독일의 명예훼손 법리에 대하여는 주로 손원선, "한국 독일 민법에 있어서 표현의 자유와 명예보호", 「한독법학」 14권(한독법률학회, 2003), p433 이하를 참조하였다.
68. 형법 제186조는 공포한 사실이 진실임을 입증할 수 없을 때 처벌하는 형식을 취하고 있다.
69. 그 내용은 다음과 같다: "학문적 예술적 영업적 업적에 대한 비판, 권리의 행사나 방위 또는 정당한 이익의 옹호 등을 목적으로 하는 비판적 의견의 발표, 상관의 부하에 대한 징계 및 견책, 공무원의 업무상 고발 또는 비평 및 기타 이에 준하는 경우에는 의견발표의 형식이나 의견발표가 행하여진 정황에 비추어 모욕이 인정되는 때에 한하여 처벌할 수 있다."
70. 윤철홍, "명예훼손의 위법성조각사유에 대한 연구 - 독일과 일본, 우리나라를 중심으로", 「언론중재」 2002년 여름호, p54.
71. 손원선, 앞의 논문, p449.
72. 윤철홍, 앞의 논문, p54.

한편 1949년 제정된 독일 기본법은 제5조 제1항에서 자유로운 의견발표의 권리를 인정하면서도, 제2항에서 이러한 권리가 일반법률의 조항, 청소년보호를 위한 법률의 규정, 개인적 명예권에 의하여 제한된다고 규정하고 있다. 따라서 표현의 자유와 명예권이 충돌할 때 이를 어떻게 조정할 것인가가 문제된다. 독일 법원은 명예권을 헌법질서의 최고 가치규정인 제1조(인간의 존엄성 보호)에서 도출하기 때문에 표현의 자유와 인격권의 충돌은 헌법이 보호하는 두 개의 법익이 충돌하는 것이 된다.

2) 이익형량과 공인의 문제

독일 법원은 표현의 자유와 인격권이 충돌할 때 이를 해결하기 위하여 일련의 원칙을 발전시켰으나, 그 방식은 미국 법원과 확연히 다르다.[73] 독일 법원은 이익형량을 하며, 이 때 표현의 내용을 평가한다. 문제의 표현이 공적이고, 공적 대화(public discourse)에 기여할 만큼 중요한 것이면 그 만큼 표현의 자유를 두텁게 보장받는다. 독일 법원은 또 표현의 가치를 판단하기 위하여 행위자의 동기를 따진다. 문제의 표현이 객관적으로 대중이 크게 관심을 갖는 문제에 기여하려는 목적에서 이루어졌는지 여부가 이익형량에 관건이 된다.[74]

반면 미국 법원은 이익형량의 방법이 위축효과를 초래할 우려가 있

---

73. 독일 법원과 미국 법원의 차이에 대하여는 Edward J. Eberle, *Public Discourse in Contemporary Germany*, 47 Case W. Res. 797 (1997) 참조.
74. BVerfGE 12, 113, 129 (v. 25. 01. 1961) (손원선, 앞의 논문, p458에서 재인용).

기 때문에 순수한 이익형량은 포기한 상태다.[75] 그 대신 공인이론과 같은 유형적 접근방법을 택하고 있다. 미국 법원은 또 표현 내용이나, 행위자의 표현 동기에 따라 보호범위를 달리하지 않는다.

독일 법원이 이익형량을 할 때 고려하는 원칙으로 미국의 공인이론과 비교할 수 있는 것은 '반격의 원칙(Gegenschlag)'이 있다. 이는 Schmid/Spiegel 판결[76]에서 형성된 것으로, 가치를 저하하는 평가에 대하여 스스로 원인을 제공하는 자는 그것에 대한 신랄한 반격이 그의 명예를 저하시킨 경우에도 그 신랄한 반격을 원칙적으로 인용하여야만 한다는 내용이다.[77] 미국에서 공인은 스스로 공적 논쟁의 장으로 뛰어 들었으며 스스로를 방어할 수단이 있기 때문에 어느 정도 명예훼손을 감수해야 한다는 것과 마찬가지로 반격의 원칙은 공인을 사인과 달리 취급할 수 있는 근거가 된다. 독일에서도 정치적 논쟁에 참여하고 이로써 일반의 주의를 끈 사람은 자기의 명예가 훼손되는 비판을 감수하여야 하며, 이는 정치적으로 자신을 방어할 충분한 기회를 갖고 있기 때문이라고 보고 있다.[78]

그러나 독일에서 공인을 달리 취급하는 것은 이익형량의 한 고려요소로 보는데 불과하기 때문에 미국에서 발달한 공인이론과는 완전히 의미가 다르다. 독일과 미국, 두 나라 모두 공적 논쟁이 민주주의 사회에서 중요하기 때문에 개인의 명예권이 희생되는 경우가 있다는 점을 인식하는데 있어서는 같으나, 독일은 사안별로 이익형량을 하는 방법을 고수하는데 반해 미국은 이익형량이 위축효과를

---

75. Eberle, *supra* note 73, at 825.
76. BVerfGE 12, 113.
77. BVerfGE, 12, 113, 129f. (v. 25. 01. 1961). (손원선, 앞의 논문, p459에서 재인용).
78. 손원선, 앞의 논문, p460.

초래할 위험성 때문에 공인이론이라는 유형적 접근방식을 택하고 있다.

5. 판결의 예측가능성 제고

미국에서 발전한 공인이론은 분명 세계 각국의 명예훼손 법리에 지대한 영향을 미쳤다. 순수한 사법의 영역으로 여겨지던 명예훼손법이 헌법의 틀 안에서 새롭게 해석되기 시작한 것은 1964년 뉴욕타임스 판례와 그 후 전개된 공인 이론의 영향이라고 하겠다. 또 공인(public figure)에 대하여, 또는 그를 중심으로 벌어지는 공적 관심사(public concern)로 인하여 발생하는 명예훼손은 그렇지 않은 경우와 달리 취급할 필요가 있다는 인식을 널리 확산시킨 것도 공인이론의 공이라고 하겠다.

하지만 공인이론은 문제가 많은 이론이다. 영국을 비롯하여 많은 나라들이 현실적 악의 기준과 공인이론을 도입하려고 검토하였다가 포기한 것은 이 이론이 적지 않은 문제를 갖고 있기 때문이다. 미국에서 명예훼손법 개정을 논의할 때면 그 핵심으로 등장하는 것이 바로 공인이론이다. 실패작이라는 혹평도 나온다.[79] 공인을 기준으로 현실적 악의를 적용하는 것을 재검토해야 한다는 견해도 있다.[80]

그동안 지적된 문제점을 살펴보면, 첫째 공인에 대한 오보가 지나치게 보호되면서 개인의 명예가 지나치게 침해되는 부작용이 심각하

---

79. Edward T. Fenno, *Public Figure Libel: The Premium on Ignorance and the Race to the Bottom*, 4 S. Cal. Interdis. L.J. 253 (1995).
80. David A. Anderson, *Is Libel Law Worth Reforming?*, 140 U. Pa. L. Rev. 487 (1991).

다는 것이다. 심지어 "미국 언론법은 명예가 훼손된 사람보다 훼손한 사람의 권리를 더 보호한다"는 비난도 나오고 있다.[81] 둘째로는 거짓 정보가 판치면서 무엇이 옳고 그른 것인지 판단하기 어렵게 만들어 일반인에게도 손해라는 지적이다. 이와 더불어 공인의 범위를 정하는 것도 공적인 관심사를 정하는 것만큼 어려운 일이라는 지적도 나온다. 미국의 한 판사는 "공인의 범위를 정하는 것은 해파리를 벽에 못 박는 것과 같다"고 평가할 정도로 공인은 정형이 없다는 비난을 받고 있다.[82]

하지만 공인이론이 누구나 알기 쉽게 유형별로 오보의 보호 범위를 정하려고 한 본래 취지 자체는 존중되어야 한다고 생각한다. 영국 호주 뉴질랜드 등 영미법계 국가들이 뉴욕타임스 판례의 도입을 놓고 고심했던 근본 이유는 면책특권이 인정되는 새로운 유형을 만들 것인가에 있었다. 영국은 도입하지 않기로 했지만, 호주와 뉴질랜드는 정치적 발언에 대하여 제한적 면책특권을 인정하기에 이르렀다. 신분을 중심으로 면책특권을 인정하지 않았지만 새로운 유형을 만들었다는 점에서 공인이론과 괘를 같이 한다고 하겠다.

반면 일본과 독일의 명예훼손 법리는 아직도 판사들의 이익형량에 의존하고 있다. 문제가 생길 때마다 개인의 명예와 표현의 자유를 저울질할 경우 개별적인 재판 결과는 정의에 부합할지 모른다. 하지만 내가 하는 말이 보호받지 못할지도 모른다는 우려가 사회에 확산된다면 하고 싶은 말이 있어도 하지 못하는 사람들이 반드시 존재하고,

---

81. Oscar S. Gray, *Constitutional Protection of Freedom of Expression in the United States As It Affects Defamation Law*, 38 Am. J. Comp. L. 463, 463 (1990).

82. Rosanova v. Playboy Enterprise, Inc., 411 F. Supp. 440, 443 (S.D. Ga. 1976), aff'd, 580 F.2d 859 (5th Cir. 1978).

이런 위축현상은 사회적으로 의미 있는 공적인 문제에 대한 비판 기
능을 약화시켜 사회가 건전하게 발전하는데 장애가 된다. 개인의 명
예권 보호와 표현의 자유 보장 사이의 균형은 구체적 타당성 있는 판
결을 통해서보다는 예측가능성 있는 명예훼손 법리의 확립을 통해서
달성하여야 한다고 생각한다.

Ⅲ. 인터넷포털의 책임론

1. 제3자의 명예훼손책임

명예훼손은 원칙적으로 명예훼손적 발언을 한 사람과 그로 인하여 명예를 훼손당한 사람 사이의 문제다. 그 중간에 제3자인 매개자가 있으면 조금 복잡한 사고를 필요로 한다. 매개자의 성격에 따라 그 매개자에게 책임을 물리기도 하고, 그렇지 않기도 한다. 매개자가 그 명예훼손적 발언을 알고도 또는 알 수 있었는데도 무심코 지나쳐서 매개한 경우와 그 내용을 알 수도 없었고 또 실제 알지 못한 경우는 구분하여 처리하는 것이 타당하다.

앞의 경우는 출판사에 해당하고, 뒤의 경우는 서점에 해당한다. A가 B를 비난하는 책을 썼다고 하자. 그 책을 발간한 출판사는 책의 내용을 살펴보고, 인세를 어떻게 정할지 등 출판조건 등에 관하여 저자와 계약을 맺었고, 내용을 편집하면서 제목을 정하고 내용을 일부 수정하기도 하였을 것이다. 이 경우 A가 명예훼손책임을 져야 한다면 그 출판사 역시 그 책임을 면하기 어렵다. 그러나 서점은 책 내용을 읽어 보고 마음에 드는 책만 판매하는 것이 아니다. 처음 나온 책은 그 내용에 관계없이 신간 코너에 놓아두었다가, 어느 정도 시간이 지나면 자신들의 분류 체계에 따라 법학서적, 문학작품 코너 등에 꽂아 둔다. 즉 원칙적으로 출판사는 책 내용을 알고 판매한 경우고, 서점은 책 내용을 모르고 판매한 경우다. 물론 서점이 화제의 책 같은 코너를 만들어 놓고 판촉하는 경우는 다른 접근이 필요할 수 있다.

출판사(publisher)와 배포자(distributor)을 구별하는 법리는 미국에서 발전하였다. 우리나라에서도 이러한 논의는 타당하다. 출판사에 해당하는 것은 신문사, 잡지사, 방송사, 출판사 등이고, 배포자에 해당하는 것은 서점, 가판대, 도서관 등이다. 요즘 문제가 되는 것은 인터넷포털이다.

도서관에서 도난당한 책을 학교 앞 헌책방에서 발견한 가슴 아픈 경험이 있는가. 주인에게 "왜 훔친 책을 파느냐"고 따져 보지만 "몰랐다"는 한 마디에 기운이 쑥 빠진다. 주인의 항변도 일리는 있다. 헌책을 팔려고 오는 사람이 진짜 주인인지 확인할 수 있는 권한도 방법도 그에게는 없다.

인터넷포털 사이트에 사회적 책임을 묻는 목소리가 크지만 이를 대하는 포털의 태도는 헌책방 주인과 크게 다르지 않다. 포털에 게재된 기사나 댓글을 통해 개인의 명예를 훼손하거나 사생활의 비밀을 침해하는 사안이 나타나도 "몰랐다"는 한 마디로 모든 책임에서 벗어나려 한다.

법적으로 보면 훌륭한 전략이다. 명예훼손의 글이 전달되는 데 기여했더라도 내용을 알 수 없는 상태라면 책임을 물릴 수 없다. 책방 주인에게 판매한 책의 내용에 대해서 책임지라고 요구하지 않는 것은 그 때문이다.

하지만 포털의 태도는 법리적으로나 사회적 책임의 관점에서 모두 잘못이다. 국내 포털은 동네 책방이라고 볼 수 없다. 모든 정보가 포털로 몰리고, 누리꾼의 힘으로 확대 재생산된다.

한국처럼 언론사가 자신이 생산한 기사를 모두 포털에 파는 나라도, 포털이 기사마다 댓글을 달도록 허용하는 나라도, 누리꾼이 자신의 지식과 감정을 여과 없이 분출하는 나라도 그 예를 찾기 힘들다. 그 결과 포털은 '지식의 보고'가 되기도 하고, 절제되지 않은 '욕망의 해우소(解憂所)'가 되기도 한다. 요즘 식자들이 우려하는 이유는 전자보다 후자의 특성이 두드러지기 때문이다.

최근 서울중앙지법이 누리꾼의 댓글을 방치했다는 이유로 포털 사이트 운영 회사 4곳에 명예훼손 책임을 인정한 판결은 우리 특유의 포털 문화를 직시했다는 점에서 주목할 만하다. 포털은 언론사에서 받은 기사를 그대로 게재했고, 누리꾼은 기사에 익명으로 등장한 인물의 신원을 밝히고 그를 비난하는 댓글을 달면서 발생한 사안이다.

전통적인 사고에서 보면 피해자는 있는데 책임을 부담시킬 사람을 찾기 힘들다. 신문사는 익명으로 기사를 작성했기 때문에, 신원을 밝힌 누리꾼은 허위의 정보를 제공한 것이 아니기 때문에, 포털은 정보가 확산되는 역할을 했을 뿐이기 때문에 책임이 없다고 항변한다.

법원은 포털이 책방과 다르다는 점을 인식함으로써 해결의 실마리를 찾았다. 재판부가 적절히 지적한 대로 "포털은 독자의 흥미를 위해 기사 제목을 바꾸기도 하고 기사 아래 댓글을 달 수 있는 공간을 만들어 여론 형성을 유도"하면서 보통의 책방 주인과 달리 행동한다.

이번 판결로 모든 댓글에 대해서 포털에 책임을 물릴 수 있는 것은 아니다. 오히려 책임을 물리면 문제가 더 커진다. 포털은 책임을 모면하기 위해서 조금이라도 이상한 글은 모두 삭제할 것이다. 즉 사적 검열이 발생한다. 하지만 이번 사안처럼 조회 수가 많고 검색어 순위 상위에 오른 경우에는 포털이 문제를 알 수 있었다고 보는 것이 옳고, 책임을 물리는 것이 타당하다.

바로 그 때문에 판결에 대한 아쉬움이 크다. 이번 판결로 4개 포털이 부담해야 할 손해배상액은 총 1,600만 원에 불과하다. 이 정도 금액으로 포털의 자세가 크게 바뀔 것 같진 않다. 책임을 물어야 할 분명한 사안에서는 엄중하게 책임을 물었어야 했다. 포털은 마인드를 바꾸어야 한다. 지식의 보고로 포장해 사세를 키웠으면 우리 사회를 지식사회로 발전시킬 책임 역시 부담하는 것이 옳다. 그 과정에서 나타나는 부작용을 최소화하는 역할 역시 포털의 몫이다. 해우소에 파리가 몰려든다면 해우소를 없애든가, 구조를 바꾸든가, 그도 저도 아니라면 청소라도 자주 해야 한다.(동아일보 2007. 5. 22)

2. 온라인서비스제공자의 책임론과 면책론

인터넷포털은 온라인서비스제공자(Online Service Provider, OSP)의 일종이다. OSP는 단순히 인터넷에 접속을 제공하는 통신 사업자와 인터넷을 이용하여 이메일, 검색 등 부가가치를 제공하는 인터넷서비스 사업자로 구분할 수 있다. 문제가 되는 것은 후자다. 우리나라 인터넷포털은 다른 나라 인터넷서비스제공자(Internet Service Provider, ISP)와 달리 디지털 정보의 포털(portal), 관문을 지향하면서 뉴스콘텐츠 등 모든 콘텐츠를 제공하고 있어 불법행위를 초래하는 정보를 제공할 가능성이 외국의 ISP보다 더 크다.

OSP 책임 문제는 정답을 찾기 어려운 난제 중 난제다. 인터넷의 영향력이 커지면서 OSP가 제공하는 정보로 피해를 보는 사람이 늘고 있지만, 전통적인 법이론에 의하면 OSP에 책임을 부과하기가 쉽지 않기 때문이다. 책임 부과로 예상하지 못했던 부작용이 발생할 우려도 있다. OSP 책임론은 명예훼손법에서만 문제되는 것은 아니다. OSP를 통하여 유통되는 불법복제물의 문제도 심각하다.

전통적인 법이론에 의하면, OSP는 실제로 출판사처럼 행동하였는지 아니면 서점처럼 행동하였는지에 따라 OSP를 통하여 확산된 불법행위에 대하여 책임을 지기도 하고 지지 않기도 한다. 이렇게 보면, 이 문제는 현실 이해의 문제라고 하겠다. 하지만, 이 이론을 고수할 경우 바람직하지 않은 결론에 이를 수 있다. OSP로서는 책임을 지지 않으려면, 자신이 제공하는 서비스를 통하여 유통되는 정보의 내용을 몰라야 하고, 그 결과 명예훼손적 표현은 더욱 늘어나게 되는 것이다. 만약 OSP가 자신의 관리 하에 있는 인터넷사이트에 유통되는 명예훼손적 표현을 걸러내게 되면, 그 순간 OSP는 서점이 아니라 출판사의 역할을 담당하는 셈이며, 그 결과 미처 자신이 걸러내지 못한 명예훼손적 표현 때문에 OSP는 법적 책임을 부담하게 된다. OSP로서는 유해한 정보를 걸러내는 역할을 담당하기로 작성한 이상, 즉 관리자로서 활동하는 이상 책임을 면하기 위해서는 조금이라도 문제가 있어 보이는 정보는 모두 삭제할 수밖에 없다. 인터넷을 통한 정보유통이 보편화된 정보화 사회에서는 이와 같은 사적 검열(private censorship)이 정부 검열보다 그 폐해가 더 커질 수 있다.

미국에서는 이 난제를 해결하기 위하여 법률을 제정하였다. 1996년 CDA(Communication Decency Act of 1996) 제230조 (c)(1)은 "상호작용적 컴퓨터 서비스(interactive computer service) 제공자나 이용자는 다른 정보콘텐츠 제공자가 제공한 정보의 발행인(publisher)이나 표현자(speaker)로 취급되어서는 아니된다"는 명문의 규정을 두었다. 이 후 미국에서 OSP는 온라인 명예훼손에 대하여 책임을 지지 않으며, 원래 발언자만 책임을 지는 것으로 해석되고 있다.[83] 1997년 Zeran 사건에서 법원은 위 CDA 제230조를 OSP가 명예훼손적 내용을 인식하고 배포한 경우에도 책임을 면제하는 것이라고 해석하였다.[84] 이 사건에서 원고 Zeran은 건물 폭파범을 칭송하는 내용의 티셔츠를 판매하는 광고와 함께 자신의 집 전화번호가 인터넷서비스회사인 AOL에 게재되자, AOL에 위 광고를 삭제해줄 것을 요구하였으나 받아들여지지 않자 AOL을 상대로 손해배상청구소송을 제기하였다. 법원은 AOL이 비록 신고에 의하여 위 광고가 악의적이고 기만적이라는 점을 알았다고 하더라도 이를 제거하지 아니한 AOL에게 책임을 물릴 수 없다고 판단하였다.

미국과 달리 특별규정이 없는 경우에는 일반적인 불법행위론에 의거하여 해결하고 있다. 영국, 호주, 뉴질랜드는 미국과 마찬가지로 보통법(common law) 국가이지만, OSP의 면책을 규정하는 법률을 가지고 있지 않다. 이들 국가에서는 정보의 유통자는 정보의 발행인과 마찬가지로 취급되기 때문에, 유통자는 공포된 내용이 명예훼손적인 것인지 알지 못했으며, 그것을 모르는데 과실이 없었음을 입증하여야 한다. 따라서 유통자가 알거나 알 수 있었던 경우에는 불법행위 책임을 진다.

우리나라에서는 가수 박지윤의 팬클럽 회원이 PC통신사 전자게시판에 올라온 박지윤에 대한 비방의 글을 삭제해달라고 요청한 사건이 있었다. 이 사건에서 피고 PC통신사는 원고 의 글을 삭제하지 않은 채 비방의 글을 방치해두었다. 서울지방법원은 "전자게시판을 설치, 운영하는 전기통신사업자는 그 이용자에 의하여 타인의 명예를

---

83. 박용상, 『명예훼손법』, 현암사, 2008, p1381.
84. Zeran v. American Online, Inc., 129 F.3d 327 (4th Cir. 1997).

훼손하는 글이 전자게시판에 올려진 것을 알았거나 알 수 있었던 경우에 이를 삭제하는 등의 적절한 조치를 취하여야 할 의무가 있다"면서 "피고 회사로서는 원고와 정보통신윤리위원회의 시정조치 요구에 따라 그러한 글들이 플라자에 게재된 것을 알았거나 충분히 알 수 있었다고 할 것인데, 그럼에도 불구하고 무려 5~6개월가량이나 이를 삭제하는 등의 적절한 조치를 취하지 아니한 채 그대로 방치하여 둠으로써 원고로 하여금 상당한 정신적 고통을 겪게 하였을 것임은 경험칙상 명백하므로, 피고는 특별한 사정이 없는 한 원고에게 위와 같은 전자게시판 관리의무 위반행위로 인한 손해배상책임을 진다"고 판시하였다.[85] 이 사건은 대법원에서 원심대로 확정되었다.

그 후 대법원은 "알거나 알 수 있었다"는 일반적인 불법행위 요건에서 한 걸음 물러나 "특별한 사정이 없다면 단지 홈페이지 운영자가 제공하는 게시판에 다른 사람에 의하여 제3자의 명예를 훼손하는 글이 게시되고 그 운영자가 이를 알았거나 알 수 있었다는 사정만으로 항상 운영자가 그 글을 즉시 삭제할 의무를 지게 된다고 할 수는 없다"고 판시하였다.[86] 그 대신 대법원이 제시한 기준은 종합 판단이다.

대법원은 "온라인서비스제공자인 인터넷상의 홈페이지 운영자가 자신이 관리하는 전자게시판에 타인의 명예를 훼손하는 내용이 게재된 것을 방치하였을 때 명예훼손으로 인한 손해배상책임을 지게하기 위하여는 그 운영자에게 그 게시물을 삭제할 의무가 있음에도 정당한 사유 없이 이를 이행하지 아니한 경우여야 하고, 그의 삭제의무가

---

85. 서울지법 2001. 4. 27. 선고 99나74113 판결.
86. 대법원 2003. 6. 27. 선고 2002다72194 판결.

있는지는 게시의 목적, 내용, 게시기간과 방법, 그로 인한 피해의 정도, 게시자와 피해자의 관계, 반론 또는 삭제 요구의 유무 등 게시에 관련한 쌍방의 대응태도, 당해 사이트의 성격 및 규모·영리 목적의 유무, 개방정도, 운영자가 게시물의 내용을 알았거나 알 수 있었던 시점, 삭제의 기술적·경제적 난이도 등을 종합하여 판단하여야 할 것"이라고 판시하였다.[87]

사실 종합 판단기준은 기준이라고 할 수도 없다. 법원이 알아서 판단하겠다는 것이다. 미국이 비판을 받으면서 OSP에게 면책을 선언한 것은 OSP를 통하여 정보가 자유로이 돌아다니는 것이 사회적으로 유용하며, 그 과정에서 나타나는 유해한 정보의 유통은 OSP가 걸러내는 것이 인격권의 침해를 최소화하면서도 언론의 자유를 보장하는 방법이라고 판단하였기 때문이다. 우리 대법원은 그 판단을 내리지 않고, 나중에 문제가 되면 법원이 알아서 잘 처리해주겠다는 태도인 셈이다. 그러다 보니 법원 판결에서 일반인의 행동지침이 될 만한 일관된 경향을 찾기 힘들다. 우리나라 현실에 맞는 책임 기준이 제시되어야 할 때다.

3. 인터넷포털의 면책론 검토

미국처럼 OSP의 책임을 경감해줌으로써 OSP의 자율규제를 통한 언론의 자유와 인격권 보호의 조화적 해결방안이 우리나라에도 유용할 것인지는 의문이다. 인터넷 문화가 다르기 때문이다. 문화가 다르면 해결방안도 다를 수밖에 없다.

---

87. 대법원 2003. 6. 27. 선고 2002다72194 판결.

먼저 댓글 문화가 다르다. 우리나라의 경우 인터넷 게시판에 올라온 댓글 중 상당수가 이성의 산물이라기보다 감성의 표출인 경우가 많다. 그 결과 인터넷 게시판은 공론의 장이라기보다 욕망의 해우소 역할을 하고 있다. 더 큰 문제는 인터넷포털이 이를 즐기고 있다는 점이다. 댓글이 필요 없는 영역에도 댓글을 달 수 있는 기능을 추가하여 댓글 장난을 부추기고 있는 것이다.

2005년 7월 22일 발생한 한 사건을 예로 보자. 그 날 밤 9시 21분 한 신문사가 운영하는 인터넷신문에 〈'통일의 꽃' 임수경 씨 9살 아들 필리핀서 익사〉란 제목의 연합통신 발 기사가 게제되었다. 단신성 기사에 댓글이 이어졌다. "솔직히 쌤통" "천벌을 받는구나" "솔직히 고소하다는 생각밖에 없었다"는 등 이성을 잃은 댓글이 많았다. 검찰은 2006년 1월 26일 악의적 댓글을 단 네티즌 14명을 각각 벌금 100만 원에 약식기소하였다. 더욱 충격적인 사실은 악플을 단 네티즌 중에 금융기관 임원, 대기업 직원, 대학 교수 등 고학력 40~50대 남성이 가장 많았다는 것이다.[88]

이 사건에서 가장 비난받아야 할 사람은 숭고한 어린 생명의 죽음 앞에 이성을 잃고 펜부림을 한 네티즌임에는 틀림없다. 하지만 그러한 무대를 만들어 놓은 OSP는 책임이 없을까? 구태여 댓글을 달아야 하는 기사였을까? 우리나라 OSP는 방문자 수를 늘리기 위해서 그 안에서 무슨 일이 일어나도 좋은 해방구를 만들어 놓은 것은 아닐까? 예컨대 인터넷포털이 "김태희, 깜찍 댄스로 원더걸스에 도전장"이라는 제목의 기사를 제공하면서 댓글을 달도록 만들어 놓은 경우

---

88. "검찰 '악의적 인터넷 댓글' 네티즌 14명 약식기소", 이데일리 2006.01. 26 입력 〈http://www.edaily.co.kr/news/econo/newsRead.asp?sub_cd=DA34&newsid=0196472 6579721656&clkcode=00203&DirCode=0020406&curtype=read〉

인터넷포털 측은 어떤 글이 댓글로 올라올 것으로 기대했을까? 김태희 팬이 쓰는 찬사 아니면 안티 팬이 쓰는 험담밖에 더 있겠는가?

인터넷이 언론의 자유를 확대한다는 긍정적인 평가를 받는 것은 정치적 표현의 자유를 확대하기 때문이다. 인터넷 댓글 역시 그러한 역할에 기여할 때 보호할 가치가 있다. 그렇지 않고 정제되지 않은 감정의 해우소에 불과하다면 언론의 자유라는 이름으로 특별한 보호를 받아야 할 정당성은 없다. 게시판이 공론의 장 역할을 하지 못하는 것을 알면서도 상업적 이익에 눈이 멀어 댓글 달기 코너를 만들어 놓았다면, 그 안에서 벌어지는 모욕과 명예훼손에 대해서 게시판 운영자는 책임져야 한다.

이러한 접근은 불법복제물의 유통에 대한 OSP 책임론 논의에서도 유용하다. 인터넷포털이 직접 저작권을 침해하지 않았다고 하더라도, 인터넷포털에서 발생하는 이용자의 무단복제에 대하여 인터넷포털에게 법적 책임을 물을 수 있다고 보아야 할 것이다.[89]

---

89. 이에 대해서는 제7장 표현의 자유와 저작권 중 신문사의 뉴스콘텐츠 보호방안에서 자세히 기술한다.

Ⅳ. 프라이버시

1. 프라이버시의 개념

헌법 제17조는 사생활의 비밀과 자유를 보장하고 있다. 사생활의 비밀과 자유는 일반적으로 미국에서 발전한 프라이버시(privacy)권과 유사한 것으로 이해된다. 미국에서 프라이버시권은, 매스 미디어가 개인에 대한 이야기를 보도함으로써 발생하는 인격권 침해에 대한 구제방안으로 개발된 이론이다. 진실한 보도의 경우 명예훼손의 절대적 면책사유가 되는 명예훼손법의 한계를 극복하고, 진실한 사실이라도 본인의 의사에 반하여 공개될 경우 개인에게 정신적 고통을 주어 불법행위가 될 수 있다는 이론이 프라이버시 이론이다.

프라이버시라는 개념은 1890년 루이스 브랜다이스와 사무엘 워렌이 「하버드 로 리뷰」에 프라이버시권(Right to Privacy)이라는 논문을 발표하면서 처음 등장하였다. 그 후 프라이버시는 혼자 있을 권리(right to be let alone), 자기정보권(information privacy)으로 발전하고 있는 중이다.

1960년 미국 프로서(Prosser) 교수는 프라이버시로 인한 불법행위를 네 가지 유형으로 나누었다. 즉 (1)사적인 공간 또는 사항의 침입(intrusion upon seclusion or solitude, or into private affairs), (2) 난처한 사생활의 공개(public disclosure of embrassing private facts), (3)잘못된 인상을 심어주는 행위(publicity which places a person in a false light in the public eye), (4)성명 또는 초상 등의 도용(appropriation of name or likeness) 등 네 가지다. 이 분류는 지금도 표준적인 분류로 사용되고 있다.

최근 사생활의 비밀과 자유의 보호, 또는 프라이버시권은 정보통신기술의 급속한 발전으로 나타나는 개인정보의 오·남용의 문제를 해결하는 방향으로 확대되고 있다. 이를 자기정보권(information privacy), 또는 개인정보의 자기결정권이라고 한다. 개인정보의 자기결정권의 헌법상 근거는 헌법 제17조의 사생활의 비밀과 자유, 헌법 제10조 제1문의 인간의 존엄과 가치 및 행복추구권에 근거를 둔 일반적 인격권, 우리 헌법의 자유민주적 기본질서 규정, 국민주권의 원리, 민주주의 원리 등 여러 곳에서 찾을 수 있으나, 헌법재판소는 헌법에 명시되지 아니한 독자적 기본권이라고 보고 있다. 미국에서는 프라이버시권의 한 내용으로 이해한다.

헌법재판소에 따르면,[90] 개인정보란 개인의 동일성을 식별할 수 있는 일체의 정보를 말한다. 반드시 개인의 내밀한 영역이나 사사(私事)의 영역에 속하는 정보에 국한되지 않고, 공적 생활에서 형성되었거나 이미 공개된 개인정보까지 포함한다. 개인정보의 자기결정권이란 자신에 관한 정보가 언제 누구에게 어느 범위에서 알려지고 또 이용되도록 할 것인지를 그 정보주체가 스스로 결정할 수 있는 권리, 즉 정보주체가 개인정보의 공개와 이용에 관하여 스스로 결정할 권리를

---

90. 헌재 2005.05.26. 선고 99헌마 513 결정.

말한다. 따라서 이러한 개인정보를 대상으로 한 조사·수집·보관·처리·이용 등의 행위는 모두 개인정보 자기결정권에 대한 제한에 해당한다.

2. 사회생활과 프라이버시

인간은 사회적 동물이다. 혼자 살 수는 없다. 이 간단한 명제가 프라이버시권 침해와 관련된 문제를 해결하는 열쇠다. 프라이버시권은 기본적으로 개인적인 권리다. 혼자 있을 권리, 혼자 결정할 수 있는 권리, 나의 정체성을 훼손당하지 않을 권리 등이 프라이버시권이다. 결국 프라이버시권은 사회적 동물인 인간에게도 사적 공간, 사적 결정권, 사적 정체성 등이 필요하며, 이를 존중하겠다는 사고에서 나온 것이라고 보아야 할 것이다. 그렇기 때문에 프라이버시권은 다른 사람과의 관계에서 발생하는 어떤 영역은 나만의 것이라는 사고와 그 반대, 즉 다른 사람과의 관계에서 발생하는 어떤 영역은 나의 것이라고 주장할 수 없다는 사고를 모두 전제하는 것이다. 나만의 공간이 있듯이 다른 사람과 함께 공유하는 공간도 있다는 사고가 프라이버시권을 헌법상 권리로 인정하는 전제다. 내 집에서 내가 옷을 벗고 살던, 입고 살던 내 맘이라는 사고, 즉 나의 프라이버시권의 행사라는 사고와 길거리를 나체로 활보하면서 내 동의 없이 사진 찍으면 나의 프라이버시권을 침해한다는 사고는 양립할 수 없다.

최근 프라이버시권이 새로운 권리로 부각되면서 그 본래 의미보다 과대 포장되는 경향이 있다. 자기와 관계되는 것이면 무엇이든 자기 것이고, 자기가 손해를 보는 것 같으면 프라이버시권 침해라고 하는 식이다. 짧은 치마를 입고 외출할 때는 어떤 생각을 하고 있을까? 누군가 나의 다리를 볼 것이라는 생각은 하면서, 누군가 나의 다리를 기억할 것이라는 생각은 하지 못했을까? 더 나아가 누군가 나의 다리를 사진 찍을 수 있다는 생각은 하지 못했을까? 다리를 훔쳐보는 것과 다리를 훔쳐 사진 찍는 것의 차이는 무엇일까? 만약 길거리 지나가는 여자의 다리를 동의 없이 사진 찍는 것이 프라이버시권 침해라면, 길거리 지나가는 사람의 얼굴을 찍는 것도 프라이버시권 침해고, 행인의 뒷모습을 찍는 것도 프라이버시권 침해다. 즉 다른 사람의 모습을 동의 없이 사진 찍는 것은 언제 어디서나 프라이버시권 침해가 된다. 타당한 결론인가? 만약 이것이 타당하다고 생각하면 우리는 지하철이나 아파트 입구에 CCTV를 설치하여 사람의 모습을 찍는 것이 모두 프라이버시권 침해라는데 동의하여야 한다. 축구 중계용 카메라는 관중의 모습을 절대 찍어서는 안 된다. 프라이버시권 침해이기 때문이다. 복잡한 졸업식장에서 사진 찍을 때는 꼭 자기 가족하고만 찍어야 한다. 뒤에 지나가는 사람이 프라이버시권 침해를 이유로 손해배상을 청구할지도 모른다. 인간이 사회적 동물이라는 명제는 참일까? 거짓일까?

프라이버시는 원래 자기 공간을 지키는 개념이다. 내 공간에 함부로 들어오지 말라는 것이다. 주거침입하면 안되고, 도청하면 안 되는 것이다. 프로서 교수에 따르면, 사적 공간 또는 사항에 대한 침입에 해당한다. 그렇지만 길거리에 나갔을 때는 누군가 나를 볼 수도 있고, 누군가 나의 모습을 항구적인 형태로 기록할 수도 있겠구나 하고 기대하는 것이 합리적이다. 그러한 기대는 우리 사회를 사는 평균인이면 누구나 하는 것이다. 이러한 기대수준의 범위 내에서 이루어지는 나의 것에 대한 다른 사람의 기록은 사회적 동물인 인간은 수인할 수밖에 없다. 사회통념상 수인한도를 넘어갈 때 비로소 프라이버시권 침해라고 말할 수 있다. 예컨대 골목길을 걷다가 방범용 CCTV에 찍힌 것은 사회생활을 하는 평균인이 일반적으로 기대할 수 있는 수준이므로 수인하여야 한다. 물론 CCTV를 찍고 있다는 사실을 알리는 표지판을 세워 놓거나, 국민에게 미리 알리는 절차를 밟는 것이 바람직하다. 하지만 그렇지 않았다고 해서 내 프라이버시권을 침해했다고 말하는 것은 지나치다. 프로서 교수가 분류한 기준에 따라 분석하면, 난처한 사생활의 공개는 프라이버시권 침해가 되지만, 난처하지 않거나 사생활이 아닐 경우 프라이버시에 해당되지 않는다.

하지만 누군가 나의 하루 일과를 몰래 카메라로 찍고, 하품하는 모습이나 코를 파는 모습과 같이 내가 숨기고 싶은 모습만 골라 공개하는 것은 사안이 다르다. 이는 일반인의 수인가능성의 범위 안에 있다고 보기 어렵다. 이 경우 프라이버시권 침해를 이야기할 수 있다. 프로서 교수는 이러한 유형을 잘못된 인상을 심어주는 행위로 구분하였다. 또 내 사진을 전단지에 사용하는 등 상업적으로 이용하는 경우 경제적 이익과 관계되기 때문에 달리 볼 여지가 있다. 이는 초상권 침해가 될 수 있다. 프로서 교수의 분류법에서 성명 또는 초상 등의 도용에 해당한다.

3. 반복적 보도와 인격권 보호

진실은 진실인데, 그 진실이 여러 차례 반복해서 보도될 경우 당사자는 계속되는 보도가 싫을 수 있다. 만약 보도의 내용이 자기가 숨기고 싶은 것이라면 더욱 그럴 것이다. 예컨대 공무원이 업무를 잘 처리하지 못하여 사회적 물의를 빚고 그로 인하여 직위해제되었다고 하자. 그가 업무를 잘 처리 못한 것도 진실이고, 그러한 이유로 직위해제된 것도 사실이다. 당사자는 이에 대하여 전혀 다투지 않는다. 다만 유사한 사례가 발생할 때마다 자기 관련 기사가 반복되어 인용되는 것이 싫을 뿐이다. 인터넷이 보편화되면서 오래된 기사도 손쉽게 검색되어 이런 일은 항상 발생할 수 있다. 당사자가 원하는 것은 사건 발생 후 어느 정도 시간이 지나면 관련기사를 삭제하거나 실명을 익명화하는 제도다. 이런 제도를 우리 법제에서 허용할 수 있을까? 여기서 쟁점은 언론사의 표현의 자유와 개인의 인격권 보호 간 충돌을 어떻게 규범조화적으로 해결할 것인지에 있다.

(1) 현행 인격권 보호법제에 의한 분석

1) 명예훼손의 성립 여부

공연히 사실을 적시하여 명예를 훼손할 경우 민·형사상 책임을 지게 된다. 다만 그러한 공개가 공익을 위한 것이고, 적시된 사실이 진실이거나 진실이라고 믿은 데 상당한 이유가 있는 경우 위법성이 조각되어 명예훼손적 발언자에게 민·형사상 책임을 물릴 수 없게 된다. 위 사안은 언론기사가 진실에 반하지 않는 경우이며, 이에 대하여는 당사자도 다투지 않고 있으므로 명예훼손에 해당하지 않는다. 비록 해당 기사가 온라인을 통하여 지속적으로 공개되더라도 명예훼손의 문제는 발생하지 않는다.

2) 사생활의 비밀의 침해 여부

위 사안은 프로서 교수가 분류한 네 가지 유형 어디에도 해당하지 않는다. 첫째 유형은 주로 남의 주거공간에 무단으로 침입하거나, 도청하는 경우를 의미하기 때문에 위 사안과 전혀 관계없고, 둘째 유형

은 난처한 사생활의 공개에 적용되는 것이나 위 사안은 공적 활동이
었다. 만약 유명 탤런트가 구치소에서 수의를 입고 있는 모습이 인터
넷에 유포되었다면 공적 활동이 아닌 사생활의 공개에 해당하기 때
문에 사생활의 비밀의 침해에 해당할 수 있을 것이다. 셋째 유형은 잘
못된 인상을 심어주는 행위를 의미하나 위 사안에서 보도의 공정성
은 피해자도 인정하고 있으며, 넷째 유형은 초상권을 도용하여 상업
적 이익을 얻는 경우를 의미하나 위 사안은 상업적 이익과 관계없는
보도에서 발생하는 문제이기 때문이다. 따라서 이번 사안은 전통적
인 프라이버시권의 침해에 해당하지 않는다.

그러나 최근 사생활의 비밀과 자유의 보호, 또는 프라이버시권은
정보통신기술의 급속한 발전에서 나타나는 개인정보의 오·남용의
문제를 해결하는 방향으로 확대되고 있어 이에 대한 검토가 필요하
다.

3) 개인정보 자기결정권의 침해 여부

이번 사안의 경우 개인정보인 신청인의 이름이 실명으로 언론에 보
도되었으며, 그러한 내용이 언론사DB에 지속적으로 보관됨으로써
향후 언제라도 신청인의 개인정보가 신청인의 동의 없이 이용될 수
있기 때문에 개인정보 자기결정권의 제한에 해당한다. 반면, 신청인
의 기사를 DB로 보유하고 있는 언론사는 언론의 자유에 근거하여 자
신의 권리를 주장할 수 있다. 언론사가 신청인의 주장을 수용하여야
한다면, 이는 언론사가 향유하는 언론의 자유를 제한한다. 언론의 자
유는 기본적으로 하고 싶은 말을 하는 자유이므로, 언론사는 진실한
내용의 기사를 일반인에게 전달하고 싶으면 독자가 관심을 가지는
한 몇 차례건 할 수 있는 자유가 있기 때문이다.

또한 최근 언론의 자유는 단순히 표현의 자유뿐 아니라 정보원에 접근하여 정보를 수집하고 처리하는 과정까지 포함한다. 여기서 알 권리가 도출된다. 알 권리란 일반적 정보에의 접근·수집·처리의 자유를 말하는 것으로, 여기서 일반적이란 불특정의 다수인에게 개방될 수 있는 것을 의미한다. 따라서 알 권리의 대상은 정부가 보유하고 있는 정보 뿐 아니라 언론에 보도된 정보도 포함된다. 헌법재판소는 "개인은 일반적으로 접근가능한 정보원, 특히 신문, 방송 등 매스미디어로부터 방해받음이 없이 알 권리를 보장받아야 할 것"이라며, 미결수용자가 자비로 신문을 구독하는 것을 알 권리의 행사로 보았다.[91]

따라서 신청인의 주장대로 자신의 실명이 포함된 온라인 언론기사를 일정기간 이후 삭제하거나 실명을 익명화할 경우 그 언론기사에 방해받지 않고 접근하여 수집·처리할 수 있는 일반인의 알 권리를 제한하는 결과가 된다. 결국 위 사안은 언론의 자유와 개인정보 자기결정권이라는 두 기본권의 충돌이 발생한 사안이며, 이 문제는 두 기본권의 가치를 비교형량함으로써 해결할 수 있다.

(2) 관련기사의 삭제 및 익명화 방안 검토

1) 역사적 사실의 기록

일정기간 이후 관련기사를 삭제할 경우 인격권 보호에는 만전을 기할 수 있으나, 언론의 자유에 대한 중대한 침해가 될 수 있다. 여기서 주목하여야 할 것은 관련기사의 성격이다. 위 사안은 민주주의 국가

---

91. 헌재 1998. 10. 29. 선고 98헌마4 결정.

에서 가장 중요한 국가적 행사이자, 주권자인 국민의 정치적 참여행위인 투표와 관련하여 발생한 것으로, 모든 국민이 알아야 할 공적 사안이다. 관련기사가 삭제될 경우 국민은 해당 정보에 접근·수집·처리하는 데 중대한 장애를 받게 되며, 이는 국민의 알 권리에 중대한 침해가 된다.

또한 위 사안에서 관련기사는 개인의 사적 활동에 대한 단순한 기록이 아니라, 공무원의 공적 활동에 대한 기록에 해당하기 때문에 역사적으로 중요한 의미를 갖는 역사적 사실에 해당한다. 만약 관련기사를 삭제할 경우 이는 역사적 사실의 말소에 해당하기 때문에 언론의 자유 및 학문의 자유에 대한 중대한 침해가 발생한다. 대법원은 백범 김구 선생의 일대기를 그린 드라마와 관련하여 발생한 사안에서 "적시된 사실이 역사적 사실인 경우 시간이 경과함에 따라 점차 망인이나 그 유족의 명예보다는 역사적 사실에 대한 탐구 또는 표현의 자유가 보호되어야 한다"고 판시하였다.[92]

위 사안의 경우 비교형량하면, 해당 기사가 역사적 사실에 대한 기록이기 때문에 이를 삭제할 경우 발생하는 학문 및 언론의 자유에 대한 침해가 이를 삭제하지 않을 경우 발생하는 신청인의 인격권 침해보다 월등히 크다고 할 것이므로 삭제는 허용될 수 없다고 하겠다.

2) 익명보도의 기준

관련기사에서 신청인의 실명만 삭제하는 익명화 제도는 관련기사를 삭제하는 방안보다 언론의 자유에 대한 침해가 적고, 신청인의 인격권을 보호할 수 있는 방안임에 틀림없다. 그러나 신청인의 신분이

---

92. 대법원 1998. 2. 27. 선고 97다19038 판결.

공인이며, 관련 사안이 공적 사안이라는 점을 감안하고, 법원에서 확립된 익명보도의 기준을 적용하면 위 사안과 같은 경우 익명화를 제도화하는 것은 언론의 자유에 대한 과도한 침해라고 하겠다.

대법원은 그동안 범죄보도와 관련 익명보도가 원칙이라고 하면서도 공적 인물에 대해서는 실명보도를 허용하였다. 익명보도의 이유는 범죄혐의자에 관한 보도가 반드시 범죄 자체의 보도와 같은 공공성을 가진다고 볼 수 없기 때문이다.[93] 그러나 관계자의 신원을 공공에게 알릴 필요가 있는 경우가 있다. 법원은 실명보도의 기준을 "신원 명시의 허부를 결정함에 있어서는 범인이 공적 인물인지의 여부, 범죄사건의 중요성, 배경 또는 비범성 등을 고려하여 개인의 익명성에 대한 이익과 공공의 정보의 이익을 비교형량하여야 할 것"이라고 제시한다.[94]

법원의 기준은 비록 범죄보도에서 발전한 것이나, 위 사안과 같이 공직자의 공직 활동에 관한 보도에도 적용된다고 보아야 할 것이다. 이 기준을 위 사안에 적용할 경우 신청자가 하남시 선관위 사무국장으로 공적 인물이라는 점, 관련 사안은 첫 주민소환 투표가 차질을 빚게 돼 그 직무를 담당하였던 공무원이 직무수행능력부족을 이유로 직위해제된 사안이라는 점 등에 비추어 보면 언론의 자유가 개인의 인격권 보호보다 중대한 가치를 가지기 때문에 실명보도가 허용되는 사안이라고 하겠다.

위 사안에서 신청인의 주장과 같이 일정기간 경과 후 실명을 익명화하면 누가 무엇을 하였는지에 관한 역사적 기록이 훼손되어 일반

---

93. 대법원 1998. 7. 14. 선고 96다17257 판결.
94. 서울고법 1996. 2. 27. 선고 95나24946 판결

인의 알 권리도 침해하게 된다. 실명을 익명화하는 제도를 만들 경우 진실한 보도임에도 불구하고 자신의 인격권이 훼손되었다는 이유로 익명화를 요구하고 언론사DB에 기록된 기사의 수정을 요구하는 사례가 속출하게 돼 언론사DB는 역사적 기록에 관한 DB로서 가치를 잃어버리고 일반인은 알 권리의 중요한 대상을 상실하게 된다.

3) 반복 보도와 인격권 침해

비록 진실한 보도라도 온라인 미디어에서 반복하여 소개될 경우 당사자에게는 형벌과 같이 느껴질 수 있다. 그러나 역사적 사실의 기록이라는 학문 및 언론의 자유라는 공익적 요청이 크기 때문에 부작용에도 불구하고 신청인의 인격권 내지 사생활의 비밀을 침해하는 것이라고 할 수 없으며, 공적 기록으로써 그에 관한 기사는 보존되어야 한다.

이와 관련, 헌법재판소는 성범죄자의 신상공개사건에서 이미 확정된 형사판결을 온라인으로 다시 공개하여 일반인이 알게 된다고 하더라도 그들의 인격권 내지 사생활의 비밀을 침해하는 것이 아니라고 보았다.[95] 왜냐하면 성범죄자의 인격권의 보장 정도는 일반인과 다를 수밖에 없기 때문이다.

위 사안에서도 신청인은 일반인과 다르기 때문에 그에 관한 기사가 반복적으로 보도됨으로써 그의 인격권을 훼손한다고 하더라도 이를 두고 인격권 내지 사생활의 비밀을 침해하는 것이라고 할 수 없다.

결론적으로, 민주주의 국가에서 가장 중요한 국가적 행사인 투표와 관련하여 발생하였으며, 이러한 사건의 기록은 역사적 사실의 기

---

95. 헌재 2003. 6. 26. 2002헌가14 결정.

록으로 훗날 일반인의 알 권리와 언론의 자유의 중요한 소재가 되기 때문에 비록 반복적으로 보도 또는 검색됨으로써 신청인의 인격권을 어느 정도 훼손한다고 하더라도 이는 공인인 신청인이 수용하여야 할 범위에 있다고 하겠다.

V. 신상공개제도[96]

1. 신상공개과 인격권 침해

신상공개제도는 2000년 2월 도입되었다. 그 즈음 성인이 청소년의 성을 돈으로 사는 일이 자주 발생하여 사회 문제가 되었다. 정부는 '청소년의 성보호에 관한 법률(이하 청소년성보호법)'을 제정하여, 청소년의 성을 산 사람의 신상을 공개하는 제도를 시행하였다. 신상공개제도는 도입 초기부터 위헌성 논란을 빚었다. 신상공개가 개인의 인격권을 침해하는지 여부가 쟁점이었다. 헌법재판소는 2003년 6월 26일 신상공개가 합헌이라고 결정했지만,[97] 위헌성 논란과 제도 개선 요구는 끊이지 않았다. 헌법재판소 재판관 9인 중 과반수인 5인이 위헌이라고 주장한 것은 신상공개제도에 많은 제도적 결함이 있

---

96. 이 글은 「헌법학연구」 제9집 제2호(2003. 8)에 실린 논문을 수정 · 보완한 것이다.
97. 헌재 2003. 6. 26. 2002헌가14 결정.
98. 헌법재판소는 재판관 6인 이상의 동의가 있어야 위헌을 결정할 수 있다.
99. 국가청소년위원회와 그 전신인 청소년보호위원회는 2001년 8월부터 2007년 11월까지 모두 13차례에 걸쳐 청소년대상 성범죄자의 신상을 공개하였다. 청소년보호위원회는 2005년 3월 청소년위원회로, 그 해 12월 국가청소년위원회로 개명되었다. 2008년 2월 정부조직개편이 단행됨에 따라 국가청소년위원회는 폐지되고, 신상공개와 관련된 업무는 보건복지가족부장관에게 이관되었다.

었음을 의미한다.[98]

그동안 청소년대상 성범죄자의 신상은 13차례 공개되었다.[99] 하지만 당초 예상했던 만큼 큰 성과가 있었다고 보기 어렵다. 청소년을 대상으로 하는 성범죄는 오히려 더 극성을 부리고 있다. 어린 아이를 상대로 한 성폭력과 살해가 잇따르자, 정부는 성폭력범죄의 처벌을 강화하고 있는 중이다.[100] 법은 강화되는데 범죄는 줄지 않는 현상은 신상공개제도가 전시입법이자 전시행정임을 입증하고 있다. 청소년의 성을 돈으로 사는 일이 사회문제가 되자 성매수범의 신상을 공개하며 파렴치범으로 몰고 가는데 급급했다.

똑같은 청소년대상 성범죄자라고 하더라도, 성폭력범이 매수범보다 사회적 해악이 훨씬 크지만 초기 신상공개제도는 성폭력범에 오히려 관대하였다. 신상공개제도가 도입된 목적은 청소년 상대 성매수의 근절에 있었으며, 청소년 성폭력범의 근절에 있지 않았기 때문이다. 2000년 제정된 청소년성보호법 제20조 제1항은 "청소년보호위원회는 청소년의 성을 사는 행위 등의 범죄방지를 위한 계도문을 년 2회 이상 작성하여 관보게재를 포함한 대통령령이 정하는 방법으로 전국에 걸쳐 게시 또는 배포하여야 한다"고 규정함으로써 신상공개제도의 주된 대상이 성매수범임을 분명히 하고 있다.

이 글은 초기 신상공개제도의 위헌성 논란을 먼저 살펴보고, 최근 시행되고 있는 신상공개제도를 검토한다. 이중처벌금지, 평등권, 적

---

100. 2008년 3월 안양초등생이 성폭력범에 의하여 살해되는 사건이 발생하자, 법무부는 2008년 4월 1일 국무회의 보고를 통하여 '아동성폭력사범 엄단 및 재범방지대책' 을 발표하였다. 이에 따르면, 13세 미만의 아동을 대상으로 유사성행위 등 성폭력을 가한 뒤 살해한 경우 해당 범죄자를 사형 또는 무기징역에 처하는 등 법률을 재정비된다. "아동성폭력·살해범 중형 … '혜진·예슬법' 추진", 연합뉴스, 2008.4.1. http://www.hani.co.kr/arti/society/society_general/279282.html.

법절차, 법관에 의한 재판받을 권리, 포괄위임입법금지 등 여러 가지 법적 쟁점들이 검토되지만, 가장 핵심은 신상공개가 대상자의 인격권을 침해하는지 여부다. 따라서 언론의 자유와 인격권의 비교형량이 중요한 문제가 된다. 청소년성보호법 및 그에 관한 헌법재판소 결정의 문제점은 우리나라 신상공개제도의 원형인 미국의 메간법(Megan's Law)과 그에 관한 미국 연방대법원의 합헌판결과 비교분석함으로써 분명하게 드러난다.

2. 헌법재판소 결정[101]의 비판적 검토

(1) 당시 청소년성보호법의 주요 내용

청소년 대상 성범죄자의 신상공개제도는 청소년성보호법에 근거를 두고 있다. 청소년보호위원회는 이 법에서 정하는 종류의 범죄행위를 범하고 형이 확정된 사람의 자료를 법무부로부터 제출받아 일련의 절차를 거쳐 공개대상자의 성명, 연령, 생년월일, 직업, 주소 및 범죄사실의 요지를 포함한 신상을 계도문과 함께 전국에 걸쳐 연 2회 게시 배포하고 있다. 청소년성보호법 제20조 제1항은 신상 공개의 방법으로 관보게재 외에 대통령령으로 정하는 방법을 활용할 수 있도록 허용하고 있으며, 청소년성보호법 시행령 제5조는 청소년보호위원회의 인터넷 홈페이지에 6월간 게재하는 방법과 정부중앙청사 및 특별시 광역시도의 본청의 게시판에 1월간 게시하는 방법을 마련해 놓고 있다.

계도문에 게재될 신상정보에 대해서는 청소년성보호법 제20조 제

---

101. 헌재 2003. 6. 26. 선고 2002헌가14 결정.

2항에서 "성명, 연령, 직업 등의 신상과 범죄사실의 요지"로 규정하고 있으며, 시행령 제3조은 좀 더 구체적으로 "1. 성명(한글 및 한자로 표기하되, 외국인의 경우 한글과 알파벳 또는 한자로 표기한다) 2. 연령 및 생년월일 3. 직업(확정판결문에 기재된 것을 기준으로 한다) 4. 주소(확정판결문에 기재된 것을 기준으로 시군구까지만 포함한다) 5. 범죄사실의 요지"를 계도문에 포함하도록 규정하고 있다.

한편 서울행정법원은 청소년대상 성매수죄로 벌금 500만원을 선고받고 신상공개 대상이 된 A씨가 청소년보호위원회를 상대로 위 신상 등 공개처분의 취소를 구하는 소를 제기한 후 위 법률 제20조에 대한 위헌여부심판제청의 신청을 내자 이를 받아들여 2002년 7월 26일 헌법재판소에 위헌여부심판을 제청하였다. 이에 헌법재판소는 제20조 제3항과 제4항에 대해서는 재판의 전제성이 없다는 이유로 각하하였으며, 제2항 제1호와 제5항을 놓고 재판관들의 의견이 갈렸다.

(2) 4인 재판관의 합헌의견[102]

1) 이중처벌금지의 원칙 위배 여부

법 제20조 제1항은 "청소년의 성을 사는 행위 등의 범죄방지를 위한 계도"가 신상공개제도의 주된 목적임을 명시하고 있는바, 이 제도가 당사자에게 일종의 수치심과 불명예를 줄 수 있다고 하여도, 이는 어디까지나 신상공개제도가 추구하는 입법목적에 부수적인 것이지 주된 것은 아니다. 또한, 공개되는 신상과 범죄 사실은 이미 공개재판에서 확정된 유죄판결의 일부로서, 개인의 신상 내지 사생활에 관

---

102. 재판관 윤영철, 재판관 하경철, 재판관 김효종, 재판관 김경일의 의견임.

한 새로운 내용이 아니고, 공익목적을 위하여 이를 공개하는 과정에
서 부수적으로 수치심 등이 발생된다고 하여 이것을 기존의 형벌 외
에 또 다른 형벌로서 수치형이나 명예형에 해당한다고 볼 수는 없다.
그렇다면, 신상공개제도는 헌법 제13조의 이중처벌금지 원칙에 위
배되지 않는다.

2) 과잉금지의 원칙 위배 여부

신상공개제도의 입법목적은 해당 범죄인의 신상과 범죄행위를 공
개함으로써 일반 국민에게 경각심을 주어 유사한 범죄를 예방하고,
이를 통하여 청소년을 보호하기 위한 것으로서, 그 정당성이 인정된
다. 또한, 신상공개제도는 일반 성인들에게 청소년 성매수자가 되지
않도록 하는 위하적 내지 예방적 효과가 있으므로 수단의 적합성도
인정된다.

그리고 법 제20조 제3항은 신상공개 결정에 있어서 공개대상자 및
그 가족 등에 대한 부당한 인권침해가 없도록 할 것을 규정하고 있고,
신상공개 대상자로 선정된 자에 대하여 의견진술기회가 부여되는 등
신상공개제도로 인한 당사자의 불이익을 최소화하기 위한 장치를 마
련하고 있다. 그러므로 신상공개제도는 피해의 최소성 원칙에 어긋
나지 아니한다.

법 제20조 제2항은 "성명, 연령, 직업 등의 신상과 범죄사실의 요
지"를 공개하도록 규정하고 있는바, 이는 이미 공개된 형사재판에서
유죄가 확정된 형사판결이라는 공적 기록의 내용 중 일부를 국가가
공익 목적으로 공개하는 것으로 공개된 형사재판에서 밝혀진 범죄인
들의 신상과 전과를 일반인이 알게 된다고 하여 그들의 인격권 내지
사생활의 비밀을 침해하는 것이라고 단정하기는 어렵다. 그렇다면

청소년 성매수자의 일반적 인격권과 사생활의 비밀의 자유가 제한되는 정도가 청소년 성보호라는 공익적 요청에 비해 크다고 할 수 없으므로 법익의 균형성 원칙에 어긋나지 않는다.

3) 평등원칙의 위배 여부

청소년 대상 성범죄와 그 밖의 일반 범죄는 서로 비교집단을 이루는 '본질적으로 동일한 것'이라고 단언하기는 어려우며, 나아가 그러한 구분기준이 특별히 자의적이라고 볼 만한 사정이 없다. 또한 청소년 대상 성범죄자 가운데 공개대상에서 제외되는 경우는 그 행위의 대상이나 형태에 있어서 청소년 성매수 행위의 공범적 성격의 것들로서 행위불법성의 차이 등을 고려한 것으로 보이므로, 청소년 대상 성범죄자 중 일부 범죄자의 신상이 공개되지 않는다 하더라도 그러한 차별입법이 자의적인 것이라거나 합리성이 없는 것이라고 단정하기 어렵다.

4) 법관에 의한 재판을 받을 권리의 침해 여부

제청법원은 신상공개제도가 청소년보호위원회에 의하여 이루어진다는 점에서 법관에 의한 재판을 받을 권리를 침해한 것이라고 하나, 앞서 보았듯이 신상공개제도는 '처벌'에 해당한다고 할 수 없으므로 이 제도가 법관에 의한 재판을 받을 권리를 침해한 것이라 할 수 없다.

5) 적법절차 위배 여부

법 제20조 제3항은 청소년보호위원회가 신상 등의 공개를 결정함에는 범행동기, 범행 후의 정황 등을 고려하도록 하고 있고, 제5항은 구체적인 절차 등에 관하여 필요한 사항을 대통령령으로 정하도록 하

고 있으며, 하위 법규에서는 이러한 법의 취지에 따라 신상공개 대상
자로 선정된 자에 대하여 10일 이상의 기간을 정하여 서면에 의한 의
견진술기회를 주도록 하고, 지정된 기일까지 의견진술을 하지 않은
자에 대하여는 의견이 없는 것으로 간주하며, 의견진술을 한 자에 대
하여는 재심의를 하여 신상공개 여부를 결정한다고 규정하고 있다.

한편 청소년보호위원회는 최소한의 독립성과 중립성을 갖춘 기관
이고, 신상공개결정에 대해서는 행정소송을 통해 그 적법 여부를 다
툴 기회가 보장되고 있으며, 이미 법관에 의한 재판을 거쳐 형이 확정
된 이후에 신상공개가 결정된다. 그렇다면 법 제20조 제2항 제1호의
신상공개제도는 법률이 정한 형식적 절차에 따라 이루어지며 그 절
차의 내용도 합리성과 정당성을 갖춘 것이라고 볼 것이므로 절차적
적법절차원칙에 위반되는 것이라 할 수 없다.

6) 포괄위임입법금지 위배 여부

법 제20조 제5항에서 위임되는 "구체적인 시기 · 기간 · 절차 등"
은 신상공개에 있어서 본질적 부분은 아니며 어디까지나 부수적인
부분이라고 볼 것이다. 그리고 대통령령에 규정될 내용의 대강이 예
측가능하다. 따라서 법 제20조 제5항은 헌법상의 포괄위임입법금지
원칙에 위배된다고 할 수 없다.

(3) 5인 재판관의 위헌의견[103]

1) 인격권의 침해

사회활동을 통한 개인의 자유로운 인격발현을 위해서는, 타인의
눈에 비치는 자신의 모습을 형성하는 데 있어 결정적인 인자가 될

수 있는 각종 정보자료에 관하여 스스로 결정할 수 있는 권리, 다시 말하여 사회적 인격상에 관한 자기결정권이 보장되어야 한다. 그런데 이 사건 신상공개제도는 이러한 사회적 인격상에 관한 자기결정권을 현저하게 제한함으로써 범죄인의 인격권에 중대한 훼손을 초래한다.

신상공개제도는 소위 '현대판 주홍글씨'에 비견할 정도로 수치형과 매우 흡사한 특성을 지닌다. 즉, 신상공개제도는 대상자를 독자적 인격의 주체로서 존중하기보다는 대중에 대한 전시(展示)에 이용함으로써 단순히 범죄퇴치수단으로 취급하는 인상이 짙다. 그러나 이는 비록 범죄인일망정 그가 지니는 인간으로서의 기본적인 존엄과 가치를 보장하는 것이 국가적 의무임을 천명한 우리 헌법의 이념에 정면으로 배치되는 것이라 아니할 수 없다.

청소년 성매매의 폐습을 치유함에 있어서는, 형벌이나 신상공개와 같은 처벌 일변도가 아니라, 성범죄자의 치료나 효율적 감시, 청소년에 대한 선도, 기타 청소년 유해환경을 개선하기 위한 정책 추진과 같은 다양한 수단들을 종합적으로 활용하는 것이 얼마든지 가능하고, 오히려 전체 청소년 성매수 사건 중 적발되는 사건의 비율이 극히 미미한 현실에 비추어 볼 때 이와 같은 근본적인 예방책에 치중하는 것이 더 바람직한 것으로 보인다. 그러함에도 국가가 이러한 노력을 다하기도 전에 개인의 인격권에 중대한 침해를 가져올 수 있는 신상공개라는 비정상적인 방법을 동원하는 것은 최소 침해성의 관점에서도 문제가 있다.

결국 청소년 성매수자에 대한 신상공개는 대상자의 인격권을 과도

---

103. 재판관 한대현, 재판관 김영일, 재판관 권성, 재판관 송인준, 재판관 주선회의 의견임.

하게 침해하고 있다.

2) 평등원칙 위반

일반 범죄자 및 일부 청소년 대상 성범죄자에 대해서는 신상공개를
통한 인격권의 제한을 허용하고 있지 않다. 이 사건의 경우 과연 차별
의 합리적 이유가 존재하는지부터 의문스러운 면이 있다. 청소년 성
매수자가 신상공개되는 것은 일반범죄자 등보다 죄질이나 법정형이
더 무겁거나 재범의 위험성이 보다 더 높아서가 아니다. 다만 성인 남
성들에게 청소년 성매수행위를 하지 말라는 강력한 경고의 메시지를
전하려는 입법의도만 유일한 차별근거가 아닌가 생각된다. 따라서
일반범죄자 등과는 달리 청소년 성매수자만 차별하여 신상공개를 하
는 것은 그 차별의 이유와 차별의 내용 사이의 적절한 균형관계를 인
정할 수 없으므로 평등원칙에 위배된다.

3) 포괄위임입법금지 위반

신상공개의 시기 · 기간 · 절차 등은 신상공개제도의 전반적 성격
및 운용방향을 결정짓는 본질적 내용에 해당할 뿐만 아니라, 대상자
의 기본권에 직접적인 영향을 주는 중요한 사항이다. 그럼에도 법 제
20조 제5항은 이러한 시기 · 기간 · 절차 등에 관하여 그 기본내용이

---

104. 등록제도를 운영하는 주는 1986년 5개 주에 불과했으나 1993년에는 미국 주의 절반
　　이상으로 늘어났다. Michele L. Earl-Hubbard, *The Child Sex Offender Registra-
　　tion Laws: The Punishment, Liberty, Deprivation and Unintended Results Associ-
　　ated with the Scarlet Letter Laws of the 1990s*, 90 Nw. U. L. Rev. 788, 790 n.7 (1996).
105. Elizabeth Garfinkle, *Comment, Coming of Age in America: The Application of Sex-
　　Offender Registration and Community-Notification Laws to Juveniles*, 91 Calif. L. Rev.
　　163, 165 (2003).
106. La. Rev. Stat. Ann. 15.542 (2001).

나 범위를 구체적으로 정함이 없이 일체를 대통령령에서 정하도록 위임하고 있는 포괄위임입법규정으로써, 헌법상 위임입법의 정당한 한계를 벗어났다고 할 것이다.

3. 비교법적 검토 : 미국의 신상공개제도

(1) 메간법(Megan's Law)의 주요 내용

1) 입법경과

상습적인 성범죄자로부터 사회를 보호하려는 시도는 미국에서 오래전부터 있었다. 그중 하나가 성범죄자로 하여금 소재지 관할 관청에 거주지를 등록하도록 의무화함으로써 그의 동태를 관리하는 방법이다. 캘리포니아 주는 등록제를 운영한지 50년을 넘었으며, 1993년 미국 주의 절반정도가 등록제를 운영하고 있었다.[104] 1990년 워싱턴 주는 어린 아이를 납치해서 성희롱한 후 살해하거나 유기하는 사건이 잇따르자 미국에서 처음으로 성범죄자에 대한 등록뿐만 그 신상을 지역사회에 공개하는 제도를 마련했다.[105]

워싱턴 주의 시도는 신선하게 받아들여져 여러 주가 등록 및 신상공개의 방식을 쫓았다. 루이시애나 주의 경우 새로 이사 온 성범죄자는 공개된 자리에 직접 나가 주민들에게 자기를 알리는 절차를 밟는 동시에 지역신문에 자기 이름, 주소, 범죄경력 등을 공개해야 하도록 하는 법안을 1992년 마련했다.[106]

1994년 7월 뉴저지 주에서 메간 캉카(Megan Kanka)라는 7살짜리 여자 아이가 새로 이사 온 성폭력전과자에 의해 강간당한 후 살해된 사건이 발생하면서 신상공개제도는 전국적인 관심을 끌게 된다.

메간의 어머니는 이웃에 성범죄의 전과자가 살고 있었다는 사실을 알았더라면 자기 딸은 희생되지 않았을 것이라고 주장했고, 이 의견은 주민들의 광범위한 지지를 받았다. 뉴저지 주의회는 '성범죄자 등록법(Sex Offender Registration Act)'을 통과시켰고, 1994년 10월 31일 주지사가 서명했다.[107] 이것이 피해자의 이름을 따서 흔히 메간법(Megan's Law)이라고 불리는 법률이다.

한편 미 연방의회는 1994년 1억 달러 규모의 범죄예방기금을 마련한 후 성범죄자의 등록제도를 마련한 주에 대해서 보조금을 지급하는 내용의 '성폭력범죄자등록법(Jacob Wetterling Crimes Against Children and Sexually Violent Offender Registration Program)'을 제정했다.[108] 처음에는 성범죄자의 신상공개를 등록관청의 재량에 맡겼다. 하지만 등록관청이 신상공개를 주저하자 미 의회는 1996년 신상공개를 해야 보조금을 받을 수 있도록 법을 개정했다.[109] 이 법도 흔히 메간법이라고 불리운다. 하지만 신상공개의 대상범죄의 종류, 공개되는 정보의 범위, 공개절차 등은 각 주에 일임했다. 이로써 1996년 말까지 미국은 연방과 워싱턴 D.C.는 물론 50개 주 모두가 상습적인 성범죄자로부터 사회를 보호하기 위해 등록 및 신상공개를 의무화하는 법안을 마련하게 됐다.[110]

---

107. N.J. Stat. Ann. 2C:7-1~2C:7-17 (West 2001).

108. Pub. L. No. 103-222, 108 Stat. 2038 (codified at 42 U.S.C. 14071 (1994)).

109. Pub. L. No. 104-145, 2(d), 110 Stat. 1345 (codified at 42 U.S.C. 14071(e)(2)(1995 & Supp. 1999)).

110. 미 의회는 또 1996년 등록된 정보를 데이터베이스화할 수 있는 근거법률(Pam Lyncher Sexual Offender Tracking and Identification Act of 1996)도 마련했다. 42 U.S.C. 14072(2000) 참조. 2000년 법 개정 때는 교육기관에 등록하거나 고용될 경우 그 사실을 통보하도록 의무화하는 요건이 추가됐다. 42 U.S.C. 14071(2000) 참조.

111. Id. 14071 (a)(1)(A).

2) 연방 메간법의 주요 내용

미 연방 메간법은 등록해야 할 범죄자의 유형과 수집해야 할 정보
와 관련, 각 주가 입법해야 할 최소한의 내용을 담고 있다.

가. 등록대상 범죄자

연방 메간법은 등록대상자를 두 가지로 구분했다. 첫째, 성폭력으
로 유죄판결을 받은 사람뿐만 아니라 미성년자에 대한 형사범죄로
유죄판결을 받은 사람은 일정 기간 현 주소지를 등록하도록 했다.[111]
둘째, 공격적 성폭력자(sexually violent predator)로 판정받은 사
람은 사정변경이 없는 한 평생 현 주소지를 등록해야 한다.[112] 이처럼
연방 메간법은 성폭력범 뿐만 아니라, 미성년자가 피해자일 경우 일
반 형사범까지도 자기 주소지를 등록하도록 해 미성년자에 대한 범
죄를 예방하려는 목적을 갖고 있는 것이 큰 특징이다.

공격적 성폭력자란 성폭력으로 유죄판결을 받은 사람 중 낯선 사람
에 대해서 성폭력을 행사하는 정신이상(mental abnormality) 또는
인격장애(personality disorder)의 증상이 있는 사람을 말한다.[113]
공격적 성폭력자의 판단은 법원이 전문가로 구성된 위원회의 자문을
받아 결정하고 있다.[114] 연방 메간법은 미성년자를 희생자로 하는 형
사범죄의 종류에 대해서도 최소한의 기준을 마련했다.[115]

---

112. *Id.* 14071 (a)(1)(B).

113. *Id.* 14071 (a)(3)(C).

114. *Id.* 14071 (a)(2)(A).

115. (1)미성년자 납치(부모는 제외), (2)미성년자 감금(부모는 제외), (3)미성년자에 대한
형사처벌 대상이 되는 성행위, (4)미성년자로 하여금 성행위를 하도록 유인하는 행
위, (5)미성년자를 동원한 성 공연(sexual performance), (6)미성년자로 하여금 매춘하
도록 유인하는 행위, (7)본질적으로 미성년자에 대한 성폭력이 되는 모든 행위, *Id.*
14071 (a)(3)(A).

나. 등록절차

등록대상 범죄자가 복역 후 출소하거나, 가석방(parole) 집행유예
(probation) 보호관찰(supervised release) 등의 결정을 받게 되면
교도관 법원 등 법집행 책임자는 등록대상자에게 등록의무 등을 설
명해야 한다.[116) 연방 메간법은 공격적 성폭력자에 대해서는 추가정
보를 확보해놓도록 규정하고 있다. 즉 공격적 성폭력자가 출소 시 그
책임자는 당사자의 이름, 인상의 특징, 장래 거주예정지, 범죄경력,
정신이상 또는 인격장애의 치료를 받은 기록 등을 확보해야 한다.[117)

등록된 정보는 성범죄자가 거주할 지역의 관할 법집행기관이 곧바
로 이용할 수 있도록 허용되며, 범죄 자료와 지문은 연방수사국(FBI)
에 즉시 통보된다.[118) 주 정부는 보통의 성범죄자에 대해서 최소 1년
에 한 번 현재 거주지를 확인하는 절차를 마련해야 하며, 공격적 성폭
력자에 대해서는 출소 후 90일 마다 이를 확인해야 한다.[119) 등록 대
상자가 주소를 변경했을 때는 해당 주법에 따라 등록할 의무가 있으
며, 해당 기록은 주의 적절한 기록 시스템에 의해 보관되며 등록 대상

---

116. 법집행기관의 의무사항은 다음과 같다. (1)등록 대상자에게 등록을 해야 할 의무와
그러한 등록에 필요한 정보를 얻어야 할 의무가 있음을 고지시킨다. (2)등록 대상자
에게 주소지를 변경할 경우 주 법에 따라 주소변경을 신고할 의무가 있음을 고지시킨
다. (3)등록 대상자에게 다른 주로 이사할 경우 종전 주에 주소변경을 신고하고, 새로
거주하게 된 주에서도 그 주의 법이 요구하는 절차에 따라 등록해야 함을 고지시킨
다. 또 등록 대상자가 고용되었거나 직업을 갖게 되었거나 학교에 학생으로 등록 한
경우에도 그 직장 또는 학교가 소재한 주에 등록해야 함을 고지시킨다. (4)등록을 해
야 하는 사유를 제공한 범죄와 관련, 등록 대상자의 지문과 사진을 보유하고 있지 않
을 경우에는 그 지문과 사진을 확보해야 한다. (5)등록 대상자로 하여금 등록 책임자
가 앞에서 기술한 내용을 설명했다는 내용의 서류를 읽고 서명하도록 한다. *Id.*
14071 (b)(1)(A).

117. *Id.* 14071 (b)(1)(B).

118. *Id.* 14071 (b)(2)(A).

119. *Id.* 14071 (b)(3)(A)~(B).

자가 향후 거주하게 될 다른 주의 법집행기관도 이를 이용할 수 있도록 허용된다.[120]

등록기간은 원칙적으로 보통의 성범죄자의 경우 10년이며, 공격적 성폭력자는 종신이다.[121] 보통의 성범죄자도 누범이거나 가중처벌대상자일 경우에는 등록기간이 종신으로 확장되게 된다.[122] 등록 대상자가 다른 지역에서 직업을 갖게 되거나 학생이 되었을 경우 그 해당 지역의 주에도 주소지를 등록해야 한다.[123]

다. 정보공개

등록 프로그램에 의해서 수집된 정보는 주법이 허용할 경우 어떠한 목적으로도 공개될 수 있다.[124] 등록 대상자인 특정 개인의 정보와 관련, 각 주는 지역 사회를 보호하기 위하여 필요할 경우 관련정보를 공개하여야 한다.[125] 다만 성범죄자 등록 시 기재하도록 되어있는 범죄 피해자의 신상을 공개해서는 안 된다.[126]

3) 각 주의 입법

미국의 각 주는 연방 메간법을 수용해서 성범죄자의 등록 및 신상 공개에 관한 법률을 만들었지만, 그 내용은 조금씩 서로 다르다. 정보를 공개하려는 범죄의 유형, 등록 및 공개 정보의 범위, 관련절차

---

120. *Id.* 14071 (b)(4)~(5).
121. *Id.* 14071 (b)(6)(A)~(B).
122. *Id.* 14071 (b)(6)(B).
123. *Id.* 14071 (c).
124. *Id.* 14071 (e)(1).
125. *Id.* 14071 (e)(2).
126. *Id.*

등에서 차이를 나타낸다.[127] 이를 유형별로 보면, 첫 번째 유형은 위험의 정도에 따라 정보의 공개 수준을 달리하는 경우다.[128] 뉴욕 주, 뉴저지 주, 메사추세츠 주가 여기에 해당된다. 이들 주에서는 법원이나 특별위원회 등에서 청문회를 개최해 성범죄자에게 진술기회를 부여하는 등 적법절차를 보장하는 동시에 재범의 위험성을 평가한다. 이 평가 결과에 따라 정보공개의 정도, 방법, 기간 등이 정해진다. 예를 들어 저위험 성향의 성범죄자는 경찰 등 법집행기관에만, 중위험 성향의 성범죄자는 학교, 유치원, 유아원 등 성폭력으로부터 희생당하기 쉬운 기관에만 통보되는데 반해 고위험 성향의 성범죄자는 지역 사회 전체에 통보되는 식이다.[129]

일정한 법적 기준에 해당하는 성범죄자의 경우 청문회 등 별도의 절차를 거치지 않고 그에 관한 정보를 공개하도록 하는 주도 있다.[130] 19개 주가 이런 방식을 채택하고 있다.[131] 또 다른 유형으로는 지방

---

127. Wayne A. Logan, *Liberty Interests in the Preventive State: Procedural Due Process and Sex Offender Community Notification Laws*, 89 J. Crim. L. & Criminology 1167, 1174 (1999).

128. *Id.* at 1175.

129. 뉴욕 주의 경우 3단계 통보제도를 갖고 있다. 1단계로 특정한 성범죄를 저지른 전과자에 대해서는 전과자로서의 지위(status as a convicted sex offender), 범죄의 성격(nature of their crime), 위험정도의 분류(their specific risk level classification) 등에 관한 정보를 지역 주민 누구나 수신자부담전화를 통해 접근할 수 있도록 공개하고 있다. 2단계로 분류된 성범죄자에 대해서는 1단계 수준의 신상정보 공개와 더불어 사진, 대략적인 집 주소 등 배후정보(background information)까지 공개된다. 하지만 이러한 정보는 이들로부터 피해를 당하기 쉬운 집단(any entity with vulnerable populations)만 접근할 수 있다. 3단계의 성범죄 전과자에 대해서는 앞의 2단계 정보에 정확한 주소까지 곁들인 신상정보가 지역 사회전체에 널리 확산되어도 무방하도록 하고 있다. 성범죄의 피해를 당하기 쉬운 집단은 2단계와 3단계의 성범죄자에 대한 정보를 자기 마음대로(at their discretion) 유포할 수 있다. Logan, *supra* note 127, at 1175 n.40.

130. *Id.*

의 법집행기관에 재량권을 부여해 이들로 하여금 성범죄자 중에서 신상을 공개하는 대상을 선정하도록 하는 방식이다.[132] 7개 주가 이 방식을 사용한다.[133] 마지막으로 가장 많은 주에서 하는 방식은 공격적 성폭력자처럼 미리 법으로 정해놓은 일정한 유형의 성범죄자에 한정해서 청문회 등 적법절차를 부여하는 것이다.[134] 적법절차와 관련, 대부분의 주는 신상정보 공개의 결정을 내리기에 앞서 당사자 의견진술권 등을 부여하지 않아 당사자로부터 적법절차의 권리를 침해당했다는 비난이 제기되고 있다.[135]

(2) 미 연방대법원의 합헌 결정

메간법은 상습적인 성폭력범으로부터 미성년자를 보호해야 한다

131. Ala. Code 15-20-21 (1999); Alaska Stat. 18.65.087, 12.63.010 (Michie 1999); Cal. Penal Code 290 (West 1999); Conn. Gen. Stat. Ann. 54-250 to -261(West Supp. 1999); Del. Code Ann. tit. 11, 4121 (1999); 730 Ill. Comp. Stat. 150/2 to -/12, 152/105 to -/130(West 1993 & Supp. 1999); Ind. Code Ann. 5-2-12-4 (West Supp. 1999); Kan. Stat. Ann. 22-4902 to -4909 (1999); Mich. Comp. Laws Ann. 28.722 to .730(West 1999); Miss. Code Ann. 45-33-1 to -19 (Supp. 1999); Mo. Ann. Stat. 589.400 to .425 (West Supp. 1999); N.H. Rev. Stat. Ann. 651-B:1to -B:9 (Supp. 1999); N.M. Stat. Ann. 29-11A-2 to -/ (Michie 1997 & Supp. 1999); Okla. Stat. Ann. tit. 57, 581-589 (West 1991 & Supp. 2000); S.C. Code Ann. 23-3-400 to -520 (Law Co-op. 1999); S.D. Codified Laws 22-22-31 to -41 (Michie 1999); Tenn. Code Ann. 40-39-101 to -110 (1997 & Supp. 1999); Utah Code Ann. 77-27-21.5 (1999); Va. Code Ann. 19.2-298.1 to -298.4 (Michie 1995 & Supp. 1999).

132. Logan, *supra* note 127, at 1176.

133. Ariz. Rev. Stat. Ann. 13-3825 (West Supp. 1999); Haw. Rev. Stat. 846E-1 to -9 (Michie 1998); Me. Rev. Stat. Ann tit. 34A 11121 to -11144 (West Supp. 1999); Neb. Rev. Stat. Ann. 29-4005, 29-4013 (Michie Supp. 1999); N.D. Cent. Code 12.1-32-15 (1999); Wash. Rev. Code Ann. 4.24.550(3) (West Supp. 1999); Wis. Stat. Ann. 301.45 to -.46 (1999).

134. Logan, *supra* note 127, at 1176.

135. *Id.*

는 사회 여론에 눌려 미 의회에서 만장일치로 만들어진 법이지만, 법 제정 초기부터 위헌 시비가 끊이지 않았다. 미 대법원은 2003년 3월 5일 두 개 주의 메간법을 합헌이라고 선언했다. 한 사건은 코네티커 트(Connecticut) 주의 메간법에 관한 것으로 적법절차 위반이 쟁점이었으며,[136] 다른 한 사건은 알래스카 주의 메간법인 성범죄자등록법(Alaska Sex Offender Registration Act)에 관한 것으로 소급입법에 의한 기본권침해가 주요 쟁점이었다.[137]

1) 메간법과 소급입법(Ex Post Facto) 금지의 원칙

1994년 제정된 알래스카 주의 성범죄자등록법[138]은 다른 주의 메간법과 마찬가지로 성범죄자에 대한 등록과 정보공개를 주요 내용으로 담고 있었다. 두 가지 내용은 모두 소급적인 효력을 갖고 있다. 앞으로 성범죄로 유죄판결을 받게 되는 자뿐만 아니라 이미 성범죄로 복역한 후 사회로 복귀한 사람이나 현재 형무소에 복역 중인 사람까지 등록 및 정보공개 대상에 포함하고 있기 때문이다. 원심인 미 연방 제9항소법원은 메간법에 형벌을 부과하는 효과가 있으므로 헌법상 소급입법금지 조항에 위배된다고 결정했었다.[139]

가. 다수의견

다수의견은 먼저 메간법의 입법목적(legislative objective)을 문리해석을 통해서 고찰했다. 알래스카 주의 메간법은 재범의 위험성

---

136. Doe v. Lee, No. 01-1231, 2003 U.S. LEXIS 1951 (Sup. Ct. Mar. 5, 2003).
137. Smith v. Doe, No. 01-729, 2003 U.S. LEXIS 1949 (Sup. Ct. Mar. 5, 2003).
138. 1994 Alaska Sess. Laws ch. 41.
139. 259 F. 3d 979 (9th Cir. 2001).

이 높은 성범죄자로부터 사회를 보호하는 것이 정부의 주된 법률이
익(primary governmental interest of the law)이라고 천명하고,
성범죄자에 관한 신상정보를 공개하는 것이 주민의 안전을 보호하는
데 기여할 것이라고 명시하고 있다.[140] 이 부분은 이미 원심인 연방
제9항소법원도 인정한 내용으로, 메간법의 입법목적이 성범죄자로
부터 사회를 보호하는데 있고, 범죄자를 처벌하려는 데 있지 않다는
것에 대해서 판사들은 이견이 없었다.

하지만 입법의도와 달리 어떤 법이 효과 면에서 형벌과 같다면 여전
히 소급입법금지의 원칙과 충돌할 수 있다. 다수의견은 형벌적 효과
를 분석하기 위해서 멘도자-마르티네즈 사건[141]에서 제시된 7가지
기준 중 메간법의 분석에서 큰 의미가 없는 둘을 제외한 5가지 기준을
사용해서 검토한 후 메간법에 형벌적 효과가 없다고 결론지었다.

그 주요 내용을 보면, 첫 번째로 성범죄자의 신상공개가 과거 영국
식민지 시절의 치욕형(shaming punishments)과 유사한지 여부가 쟁
점이 됐다. 다수의견에 따르면 과거 치욕형은 자신의 범죄사실을 적은
표지를 들고 일반인 앞에 서있게 함으로써 공개적으로 망신을 주려는
의도를 갖고 있다. 때로는 대상자가 평생 수치심을 느끼고 살게 하기
위해서 몸에 글자를 세기기도 했다. 이는 당사자를 그 지역사회에서 사
실상 몰아내는 데 효과를 가져왔다. 다수의견은 대면에 의한 창피
(face-to-face shaming)나 추방을 치욕형의 핵심이라고 보았다.[142]

하지만 알래스카 주의 메간법이 수반하는 오명(stigma)은 우스꽝

---

140. 1994 Alaska Sess. Laws ch. 41. 1.

141. Kennedy v. Mendoza-Martinez, 372 U.S. 144 (1963).

142. 2003 U.S. LEXIS 1949, at *27.

스럽고 창피한 내용을 공개적으로 드러냄으로써 나타난 것이 아니라, 이미 공개된 형사기록을 토대로 정확한 정보를 확산함으로써 나타난 것이라고 다수의견은 강조했다.[143] 형사제도는 피의자의 권리를 보호하기 위해서 공개적으로 운영해야 하기 때문에 그 과정에서 피의자가 창피하게 느끼더라도 이는 불가피한 부산물에 불과하게 된다. 다수의견은 이러한 인식 아래 신상정보가 인터넷을 통해서 공개된다고 하더라도 결론이 달라지지 않는다고 강조했다.[144] 다수의견은 인터넷을 통해 단순히 신상정보를 공개하는 방법은 성범죄자로 하여금 전과기록을 들고 대중 앞에 서 있도록 하는 제도라기보다는 지역주민에게 범죄기록보관소를 공개하는 제도에 가깝다고 판단했다.[145]

등록 및 신상정보공개 제도가 형벌의 전통적인 목적, 다시 말해 인과응보와 범죄예방에 얼마나 기여하는지 여부도 논의됐다. 원고는 범죄억제 효과가 있다는 것을 토대로 메간법이 형벌이라고 주장했으나, 다수의견은 꼭 그런 것은 아니라고 결론지었다.[146] 범죄억제의 효과가 있는 정부 규제는 많지만, 그 모두를 형벌이라고 할 수 없다는 것이다. 결국 다수의견에 따르면 메간법은 입법목적이나 효과 면에서 형벌을 부과하는 것이 아니며, 따라서 메간법이 소급입법이라고 하는 주장은 그 근거를 상실한다.

나. 반대의견

스티븐슨 대법관(Stevens, J.)과 긴스버그 대법관(Ginsburg, J.)

---

143. *Id.*
144. *Id.* at *28.
145. *Id.* at *29.
146. *Id.* at *33~*34.

은 합헌판결이 난 알래스카 주의 성범죄자등록법에 대해서는 반대의
견을 냈고, 다음에 기술할 코네티컷 주의 메건법에 대해서는 다수의
견인 합헌판결에 동조의견을 냈다. 알래스카 주의 메건법은 소급입
법이 쟁점이었으나, 코넷티컷 주의 메건법은 적법절차 위반이 쟁점
이었다.

반대의견이 중시한 부분은 메간법이 등록대상자의 헌법상 보장된
자유(liberty)를 박탈하였는지 여부였다. 스티븐스와 긴스버그 대법
관은 메간법이 등록대상자의 헌법상 보장된 자유를 의심할 여지없이
침해하고 있다고 주장했다.[147] 알래스카 주의 메간법에 따르면 성범
죄를 한번이라도 저지른 사람은 15년 동안 최소 1년에 한 번씩 현재
주소, 직장 및 고용주의 주소, 사용하는 자동차의 등록번호 및 종류,
최근 촬영 사진, 특징, 진료기록 등을 등록해야 한다. 성범죄자는 보
고하지 않으면 수염을 기를 수도 없고, 직장을 변경할 수도 없으며 자
동차를 빌리지도 못하는 등 제약이 많다. 더구나 신체적 특징, 주소
지, 고용인 주소지, 전과기록 등 개인 정보가 인터넷을 통해서 공중
에게 공개되기 때문에 당사자에게 치명적인 오명(severe stigma)을
남기게 된다. 스티븐스와 긴스버그 대법관은 성범죄에서 야기되는
이러한 독특한 결과는 형벌과 같다고 보았다. 따라서 메간법이 제정
되기 전에 기소되거나 판결을 선고받은 사람에게 이러한 형벌을 부
과하는 것은 소급입법금지의 원칙에 위배되게 된다. 두 대법관은 메
간법이 향후 적용될 경우 합헌이지만, 알래스카 메간법은 소급해서
적용되고 있기 때문에 위헌이라고 판단했다.[148]

---

147. *Id.* at *50.
148. *Id.* at *54.

긴스버그 대법관은 또 브라이어(Breyer, J.) 대법관과 함께 알래스카 메간법이 효과 면에 있어서도 형벌과 같다고 주장해 다수의견과 견해를 달리했다. 두 대법관은 다수의견과 마찬가지로 멘도자-마르티네즈 기준에 의해서 메간법의 효과를 분석했지만 전혀 다른 결론을 도출했다.[149]

2) 메간법과 적법절차조항(Due Process Clause)

메간법이 수정헌법 제14조에 규정된 적법절차조항에 위반되는지 여부에 대해서 미 연방대법원은 이견 없이 그렇지 않다는 결론을 내렸다. 연방 제2항소법원은 코네티컷 주의 메간법이 성범죄자의 자유권(liberty interest)를 박탈했으며, 성범죄자에게 현재의 위험 정도에 대한 의견진술기회를 제공하지 않았다는 점에서 적법절차조항도 위반했다고 결론 내렸으나 연방 대법원은 이를 파기했다.[150]

미 연방대법원도 적법절차조항에 따라 원고에게 특정한 사실을 증명할 기회를 주어야 한다는 원칙에는 동의했다. 하지만 이런 경우는 쟁점이 된 사실에 의문이 있는 경우라는 것이 연방 대법원의 설명이

---

149. 그 논리는 다음과 같다. 첫째, 메간법은 성범죄자에게 부담스럽고 침해적인 의무를 부과하고 있으며, 이들에게 심한 모멸감과 함께 지역사회로부터 추방되는 상황을 맞게 한다. 둘째, 역사적인 관점에서 보아도 인터넷에 사진을 공개하는 것은 치욕형과 다름이 없으며, 등록 및 보고제도는 가석방이나 보안관찰처분의 조건과 유사하다. 셋째, 현재의 위험성이 아닌 과거의 범죄 사실만으로 의무가 부과된다. 넷째, 공중의 안전보장이라는 비형벌적인 목적과 이를 달성하는 수단과의 관계에 있어서 비례의 원칙이 지켜지지 않고 있다. 적용대상이 지나치게 넓고, 재범 가능성보다는 과거 범죄의 경중에 따라 보고기간이 정해지고 있다. 가중처벌성범죄자는 개인정보의 변동이 없어도 매 분기마다 보고해야 한다. 마지막으로 가장 결정적인 것은 개선 가능성에 대한 고려가 없다는 점이다. 등록대상사는 어떠한 사정변경이 있어도 등록 및 보고기간을 줄일 방법이 없다. *Id.* at *56~*59.

150. Doe v. Lee, 271 F.3d 38 (2d Cir. 2001), rev'd, 2003 U.S. LEXIS 1951 (2003).

었다. 코네티컷 메간법 아래서는 등록대상자가 현재 위험한 사람인
지 그렇지 않은지는 중요하지 않다는 것이다. 이 법이 요구하는 것은
성범죄자의 유죄판결뿐이며, 원고는 그 재판과정에서 충분히 적법절
차의 보호를 받아왔으므로 더 이상 문제될 것이 없다는 인식이다.[151]

　　연방 대법원은 설사 이 사건의 원고가 현재 자신이 위험하지 않은
사람이라고 증명한다고 하더라도 코네티컷 주가 모든 성범죄자로부
터 등록을 받아 모두 공개하기로 결정한 이상 그에 관한 정보도 공개
되어야 한다고 설명했다.[152] 따라서 현재의 위험성에 관해 의견을 진
술할 기회를 준다는 것 자체는 메간법의 위헌논쟁에서 아무런 의미
가 없게 된다.

(3) 한국과 미국의 비교법적 고찰

　　신상공개제도와 관련한 헌법재판소의 결정과 미국 연방대법원의
판결을 비교하기에 앞서 우선 검토되어야 하는 것은 위헌법률심판의
대상 법률조항의 비교검토다. 청소년성보호법은 미국의 메간법과 외
견상 유사한 모습을 하고 있다. 먼저 신상정보제도의 도입 목적이 성
범죄자의 처벌에 있지 않다는 것을 강조함으로써 위헌론의 핵심논거
인 이중처벌금지의 원칙 또는 형벌불소급의 원칙 위반 시비를 사전
에 제거하려는 노력을 보여주고 있다. 법 제1조는 청소년을 성범죄로
부터 보호 구제하여 이들을 건전한 사회구성원으로 성장할 수 있도
록 하는 데 목적이 있다고 명시했다. 이 밖에 인터넷을 통한 성범죄자

---

151. 2003 U.S. LEXIS 1951, at *10.
152. *Id.* at *10~*11.

의 신상공개 방법을 허용하는 점, 신상공개로 대상 청소년 또는 피해 청소년의 신상이 노출되지 않도록 배려하는 점 등은 청소년성보호법과 미국의 메간법이 유사한 점이다. 신상공개 대상자 및 그 가족에게 부당한 인권침해가 없도록 주의해야 할 의무를 청소년보호위원회에 부여(법 제20조 제3항)하고, 대상자에게 의견진술의 기회를 제공(신상공개사전심의위원회운영규정 제9조 제3항)하는 등 절차적인 측면에서는 우리 제도가 미국보다 우수하다.

그러나 청소년성보호법은 메간법과 달리 청소년대상 성범죄자로부터 사회를 보호하는 방안으로 신상공개만을 제시하고 있을 뿐, 성범죄자를 관리하는 수단을 전혀 제시하고 있지 않다는 점에 문제가 있다. 미국의 메간법은 성범죄자의 등록과 신상공개라는 두 개의 기둥으로 이루어져 있다. 이 중 위헌시비에 휩싸였던 것은 신상공개여서 이 부분이 주목을 받았지만, 사실 성범죄자로부터 청소년을 보호하는 목적을 달성하는데 중요한 기능을 하는 것은 등록제도다. 재발의 위험성이 높은 성범죄자가 출소하면 그 순간부터 일정기간 동안 현재 거주지와 직장 등을 정기적으로 보고하도록 성범죄자에게 의무화함으로써 정부가 이들을 관리할 수 있는 시스템이 바로 등록제도이다. 신상공개는 이처럼 정부가 관리하고 있는 성범죄자에 대한 정보를 지역 주민들도 알고 있어야 청소년 보호에 더욱 충실할 수 있다는 생각에서 도입됐다. 미 연방대법원이 신상공개제도에 대해서 처벌의 효과가 없다는 결론에 이른 것도 등록제도를 기초로 하는 성범죄자 관리시스템이 갖춰졌기 때문에 가능했던 것이다.

반면 우리나라의 청소년성보호법은 성범죄자의 관리제도를 전혀 예정하고 있지 않다. 법 제20조 제2항에 따르면 신상공개 내용은 성명, 연령, 직업에 그치고 있다. 성범죄자의 관리를 위해서 가장 중요한 현 주소지를 공개할 수 있는 법적 근거는 없다. 주소 공개는 시행령 제3조 제2항에 근거해서 이뤄지고 있다. 따라서 신상공개제도를 처벌의 하나라고 본다면 죄형법정주의에 위반되는 결과가 된다. 한편 시행령에 따라 공개되는 주소는 성범죄자의 현재 소재지가 아니라 판결문에 기재된 주소, 그 중에서도 시군구에 그치고 있어 이 정도의 신상공개로 재발의 우려가 있는 성범죄자로부터 청소년을 보호하는 역할을 기대하기도 힘들다.

4. 신상공개제도 재검토

(1) 신상공개와 수치형

신상공개제도가 헌법 제13조의 이중처벌금지의 원칙에 위배되는지 여부는 신상공개제도가 처벌, 그 중에서도 수치형에 해당되는가에 달려있다. 헌법재판소의 합헌의견과 미국 연방대법원의 합헌의견은 모두 수치형 또는 치욕형에 해당되지 않는다고 판단했다. 두 기관의 논리는 거의 유사하다. 신상공개제도의 목적은 범죄 방지에 있으며, 이러한 공익을 달성하기 위한 과정에서 당사자가 수치심을 느끼더라도 이는 부산물에 불과하지 처벌이라고 할 수 없다는 것이다. 헌법재판소는 또 헌법 제13조 제1항에서 말하는 '처벌'은 원칙적으로 범죄에 대한 국가의 형벌권 실행으로서의 과벌을 의미하는 것이고, 국가가 행하는 제재나 불이익처분을 모두 그 '처벌'에 포함시킬 수 없다고 한다.[153] 따라서 이중처벌 금지나 소급입법 금지의 원칙에 위

---

153. 헌재결 1994. 6. 30. 92헌바38.

배된다고 할 수 없고, 법관에 의한 재판을 받을 권리나 죄형법정주의를 침해했다고 할 수도 없게 된다. 반면 헌법재판소의 위헌의견과 미국 연방대법원의 소수의견은 신상공개제도가 수치형의 특징을 갖고 있다고 보고 있다.

먼저 살펴보아야 할 점은 무엇을 수치형 또는 치욕형으로 볼 것인가 하는 것이다. 일반적으로 수치형이라고 함은 당사자로 하여금 심한 수치심, 모멸감을 느끼도록 하는 처벌의 한 종류라고 하겠다. 본인 스스로 자괴지심을 느끼는 죄의식(guilty)과 달리 수치심(shame)은 다른 사람의 평가를 동반한다.[154] 따라서 지역사회 구성원의 이전이 드물었던 과거 공동체 사회에서는 동서고금을 막론하고 수치형은 효과적인 처벌 수단이었으나, 주민의 이동이 잦아지면서 처벌로서 기능하지 못하게 되었다. 우리나라의 경우만 해도 조선시대에는 대명률에 따라 태(笞) 장(杖) 도(徒) 류(流) 사(死)의 오형(五刑)제도와 함께 부가형으로 몸에 도(盜) 등의 글자를 세기는 자자(刺字)형이 있었으나, 현행 형법 제41조는 형의 종류로 사형 징역 금고 자격상실 자격정지 벌금 구류 과료 몰수 등 아홉 가지만 규정하고 있다. 과거 유럽 각국에서도 19세기 초까지 범죄인을 일반대중에게 선보여 범죄인의 수치심을 유발하는 수치형이 많았으나, 그 이후에는 주로 명예상실 공직박탈 직업금지 등의 자격형이 많이 이용되고 있다.[155] 미국도

---

154. Dan Markel, *Are Shaming Punishments Beautifully Restrictive? Restrictivism and the Implications for the Alternative Sanctions Debate*, 54 Vand. L. Rev. 2157, 2178 (2001). Dan Markel 교수는 수치심은 두 가지 특성을 갖는다고 설명하고 있다. 첫째는 당사자에게 굴욕감을 느끼게 하는 시도(attempt to debase, degrade, or humiliate the offender)이며, 둘째는 그러한 굴욕감이 공중의 목히(bcfore the public eye)에서 발생한다는 점이다.
155. 김일수 서보학, 『형법총론』(제9판), 박영사, 2002, p741.

영국의 식민지 시절에는 수치형을 포함해서 다양한 처벌수단을 가지고 있었으나 서부개척과 함께 주민이동이 증가하면서 수치형은 점차 사라졌다.[156]

이처럼 한동안 사라졌던 수치형이 최근 주목을 받게 된 것은 징역형 중심의 현행 형벌제도의 비효율성 때문이다. 교도소가 교화기관이라기보다는 오히려 범죄사관학교 역할을 하는 현실에서 일정한 종류의 범죄는 징역형보다는 수치형이 범죄자의 사회복귀 및 범죄 예방에 더 효과가 있다는 주장이 나오기 시작한 것이다. 미국의 경우 1970년 중반부터 지방법원 판사를 중심으로 피고인에게 징역형과 수치형의 선택을 허용하기 시작했다. 수치형의 종류로는 집 앞에 '범죄인이 살고 있으니 주의하시오(Warning! A Violent Felon Lives Here.)' 라는 표지판을 부착하도록 하는 것[157]에서부터 음주운전 번호판 부착,[158] 범죄사실의 광고[159] 등 다양하다. 이런 흐름에서 보면 신상공개제도는 최근 부각되고 있는 여러 가지 종류의 수치형과 크게 다를 바 없다.

하지만 미 연방대법원은 신상공개제도에는 수치형의 핵심적인 요

---

156. Aaron S. Book, Note, *Shame on You: An Analysis of Modern Shame Punishment as an Alternative to Incarceration*, 40 Wm and Mary L. Rev. 653, 660 (1999).

157. 1997년 People v. Meyer 사건에서 일리노이 주 지방법원은 피고인에게 집행유예를 선고하면서 그 조건으로 집 앞에 이와 같은 내용을 적은 표지판을 부착하도록 했다. 680 N.E.2d 315 (Ill. 1997).

158. 1995년 미국 뉴욕 주의 지방법원은 음주운전으로 기소된 피고인에게 5년의 집행유예를 선고하면서 집행유예기간 중 운전면허를 다시 취득할 경우 자동차 번호판에 기소된 자임을 나타내는 "CONVICTED DWI."를 부착하도록 선고했다. 655 N.E.2d 146 (N.Y. 1995).

159. 1992년 플로리다주 지방법원은 음주운전으로 기소된 피고인에게 집행유예 조건으로 지방신문에 자기의 범죄사실을 게재한 광고문을 싣도록 명령했다. 606 So. 2d 652 (Fla. Dist. Ct. App. 1992)

소인 '대면접촉에 의한 수치심(face-to-face shaming)' 유발이 없다고 판단했다. 신상공개제도는 당사자에게 수치심을 일으키게 하는 것이 아니고, 사회보호를 위해 정확한 정보를 제공하는데 불과하다고 본 것이다. 반면 우리의 신상공개제도는 성범죄자로부터 청소년의 보호라는 대의명분에도 불구하고 실제 효과는 당사자를 창피주려는 성격이 강하다. 그 이유는 앞서 살펴본 것처럼 미국의 메간법과 달리 재범의 우려가 있는 성범죄자를 관리하는 틀을 전혀 갖추고 있지 않기 때문이다. 이는 우리의 신상공개제도가 재범의 우려가 있는 성범죄자의 현 거주지를 파악하는 등록제도를 갖추고 있지 않은 데서 야기된 문제다.

청소년 성보호법에 따라 제공되는 신상정보는 재발의 우려가 큰 성범죄자의 옆집에 사는 이웃에게는 정보가치가 전혀 없다. 법 제20조 제2항에 따라 공개되는 정보는 성명, 연령, 직업 등의 신상과 범죄사실의 요지에 한하며, 이웃 주민에게 가장 필요한 '어디에 사는 누가 잠재적 성범죄자인지'에 관한 정보는 제공되지 않는다. 시행령 제3조는 법적 근거도 없이 주소까지 공개할 수 있도록 허용하고 있어 문제일 뿐만 아니라, 공개되는 정보도 확정판결문에 기재된 옛 주소에 불과하며 그나마 시군구까지만 공개된다. 신상공개제도가 본래 의도했던 정보가치, 즉 재범의 우려가 있는 성범죄자의 신상을 잠재적 피해 그룹에게 알려 그들을 조심시키는데 기여하는 가치는 전혀 찾아볼 수 없다.

한정된 내용만 공개되는 신상공개제도는 공개 당사자를 이미 알고 있는 사람에게만 정보로서 가치가 있다. 이때의 가치는 잠재적 피해 그룹의 의사결정에 도움이 되는 정보가치가 아니다. 이미 공개 당사자를 알고 있던 사람이 그에 대해서 갖고 있던 평가를 수정하는 가치에 불과하다. 공개 당사자 입장에선 이를 창피하게 생각할 수밖에 없다. 우리의 신상공개제도가 미국의 그것과 달리 수치형으로 분류되어야 하는 이유가 여기에 있다. 헌법재판소의 합헌의견처럼 공익 목적에서 신상정보를 공개하다 보니 그 과정에서 부수적으로 수치심이 발생하는 것이 아니다. 잠재적 피해 그룹에게 정보를 제공함으로써 범죄예방이라는 공익을 달성하기 보다는 신상공개 당사자에 대한 주변 사람들의 조소를 유발하는 효과, 다시 말해 당사자에게 수치심을 느끼게 만드는 것이 신상공개제도이다. 이는 과거의 수치형 또는 치욕형이 범죄인으로 하여금 지역 사회에서 창피해서 얼굴을 들지 못하게 만드는 것과 다름이 없다. 그 결과 신상공개제도는 과거의 잘못에 대한 응보적 성격과 함께 대상자의 장래 범죄를 방지하는 특별예방효과 및 이를 지켜본 일반인에게 범죄를 저지르지 못하도록 하는 일반예방효과의 성격을 모두 갖추게 된다.

이처럼 신상공개제도를 형벌의 하나인 수치형으로 본다면 헌법 제13조 제1항의 이중처벌금지 원칙에 위배되며, 또 형벌이 청소년보호위원회에서 이루어짐으로써 헌법 제27조 제1항의 법관에 의한 재판을 받을 관리를 침해하는 결과가 된다.

(2) 얼굴사진 공개에 따른 위헌성 검토

청소년 대상 성범죄자 중에서 재범의 우려가 높은 고위험 범죄자의 경우 지금보다 더 많은 신상정보를 제공하게 되면 위헌성 문제는 완전히 새로운 차원에서 전개되어야 한다. 얼굴사진과 현재 거주하는 주소 등 잠재적인 피해그룹에게 실제적으로 유용한 정보가 제공된다면 청소년 성보호라는 공익 목적을 달성하기 위해서 관련정보를 제공한다는 성격이 강해지기 때문이다. 신상공개로 당사자가 느끼는 창피함은 헌법재판소의 합헌의견이 강조한 것처럼 부산물에 불과해진다. 따라서 처벌성이 없어져 이중처벌금지의 원칙, 법관에 의한 재판을 받을 권리 등을 침해한다는 논리는 더 이상 지속되기 힘들다. 신상공개에 관한 헌법재판소의 합헌의견은 오히려 정보가 더 많이 제공될 때 논리적으로 타당하다.

그렇다고 얼굴사진 및 현주소지 정보의 제공에 위헌적인 요소가 없다는 것은 아니다. 다만 앞서 본 것과 다른 문제가 발생할 뿐이다. 여기서는 정보 제공으로 개인의 일반적 인격권과 사생활의 비밀의 자유를 과도하게 침해하지는 않았는지, 즉 과잉금지 원칙의 위배여부가 새로운 쟁점으로 등장하게 된다.

신상공개제도에 관한 헌법재판소의 합헌의견은 정보 내용이 달라진다고 해도 그대로 유지될 가능성이 크다. 청소년의 성을 보호한다는 목적은 여전히 정당하고, 정보량이 많아지면 일반 성인에게 주는 예방적 효과는 더욱 커질 것이므로 수단의 적합성도 유지된다. 합헌의견이 피해의 최소성을 여러 수단 중에서 당사자의 피해를 최소화하는 수단을 찾지 않고, 선택한 수단을 시행하는 과정에서 당사자의 불이익을 최소화하기 위한 장치를 마련했는지 여부만 고찰하고 있는 이상 얼굴 사진 등 공개되는 정보의 양과 질이 달라지더라도 결론은 달라지기 힘들다. 법익 균형성 역시 청소년의 성보호라는 공익의 중요성이 유지되고, 범죄인의 인격권과 사생활의 비밀의 자유는 일반인의 그것보다 제한될 수 있는 사익이라고 보는 한 합치된다. 결국 신상공개제도에 관한 합헌의견은 얼굴사진, 주소지 등으로 공개되는 정보가 확대되더라도 그대로 유지될 수밖에 없는 구조를 갖고 있다.

그러나 이러한 논리선개는 최소 침해성의 관점에서 커다란 문제가 있다. 공개되는 정보가 양적으로 많아지고, 질적으로 달라졌는데도 침해가 동일하다고 보는 것은 잘못이다. 이는 헌법재판소가 최소 침해성의 원칙을 여러 수단 가운데 기본권의 침해를 최소화할 수 있는 수단(Less Restrictive Alternative)으로 이해하지 않고, 선택한 수단을 실행하는데 침해를 최소화하려는 노력을 기울였는지만 고려하기 때문이다. 후자의 방법은 동일한 목적을 실현하든 데 적합한 수단이 유일할 때 적용되어야지, 적합한 수단이 복수로 존재할 경우 적용하면 최소 침해성의 원칙은 형해화되고 말 것이다.[160] 이러한 관점에서 보면 신상공개제도에 대한 헌법재판소의 위헌의견은 신상공개의 정보를 얼굴사진, 현 주소지 등으로 확대했을 때의 문제점을 정확하게 지적하고 있다고 생각한다. 즉 성범죄자의 치료나 효율적 감시, 청소년에 대한 선도, 기타 청소년 유해환경을 개선하기 위한 정책 추진과 같은 다양한 수단들을 종합적으로 활용하는 것이 얼마든지 가능하고 또 이와 같은 근본적인 예방책에 치중하는 것이 더 바람직한 것이다.

특히 성범죄자의 의무등록제를 통한 관리제도는 신상공개제도보다 대상자의 인격권을 덜 침해하면서도 청소년의 성보호라는 공익의 달성에 디 유용한 제도라고 생각한다. 이때 성범죄자의 등록제도는 보호관찰처분과 비슷한 성격을 갖게 된다. 헌법재판소는 보호관찰처분대상자가 출소 후 신고하도록 의무화한 보안관찰법 제6조 제1항 후단 및 그 위반 시 벌칙 조항인 법 제27조 제2항 부분이 과잉금지의

---

160. 헌법재판소는 '기본권 최대보장의 원칙'과 '최소제한의 원칙'은 기본권보장의 2대 원칙이며, 이 원칙은 헌법이 기본권제한의 방법으로 규정하고 있는 일반적 법률유보에 의한 제한방법(헌법 제37조 제2항)이나 헌법의 직접규정에 의한 제한방법의 해석에 있어서도 존중되어야 한다고 한다. 헌재 1991. 7. 22. 선고 89헌가106 결정.

원칙에 위반되지 않는다며 합헌결정을 내렸다.[161] 또 보안관찰처분은 그 본질, 추구하는 목적 및 기능에 있어 형벌과는 다른 독자적 의의를 가진 사회보호적인 처분이므로 형벌과 보안처분을 서로 병화해서 선고해도 헌법 제13조 제1항 후단 소정의 이중처벌금지의 원칙에 해당되지 않으며, 법관이 아닌 법무부 산하의 보안관찰처분심의위원회에서 결정한다고 하더라도 헌법 제12조 제1항 후문의 적법절차의 원칙에 위배되지 않는다고 보고 있다.[162] 다만, 보호관찰처분은 법률에 근거하여 시행되어야 하므로 청소년 대상 성범죄자의 등록제도 역시 법률에 명시적인 근거조항이 마련되어야 한다.

(3) 현행 신상공개제도 평가

청소년의 성보호라는 목적을 달성하기 위해서는 재발 우려가 큰 성범죄자를 선별해서 이들의 현 거주지를 파악하고, 필요하다면 이들에 관한 정보를 지역 주민과 공유하는 것이 관련되는 국민의 기본권을 최소로 침해하는 방법이다. 미국의 메간법은 이러한 구조로 시행되고 있기 때문에 위헌시비를 비교적 쉽게 벗어날 수 있었다.

반면 우리의 초기 신상공개제도는 성범죄자를 관리함으로써 청소년을 잠재적인 성범죄자로부터 보호하는 방안을 전혀 고려하지 않고, 청소년대상 성범죄자를 일반 국민에게 공개하는 방안만을 채택함으로써 (1)공개되는 정보가 한정돼 공개 대상자를 이미 알고 있던 사람들에게만 유용한 정보가 될 때는 수치형의 성격을 강하게 갖게

---

161. 헌재 2001. 7. 19. 선고 2000헌바22 결정.
162. 헌재 1997. 11. 27. 선고 92헌바28 결정.

되고, (2)공개되는 정보가 얼굴 사진, 현 거주지 등으로 확대될 때는 법적 근거도 없을 뿐만 아니라 과잉금지의 원칙에도 위배되는 문제를 낳았다. 이러한 문제를 해결하고 위헌 논쟁을 종식시키는 방안은 청소년 성보호법의 개정을 통해서 등록과 공개의 균형을 잡는 일이다.

다행히 정부는 여러 차례 개정을 통하여 청소년성보호법을 미국의 메간법과 유사한 형태로 바꾸어 놓았다. 그 사이 법이 보호하고자 하는 주된 대상도 성매수범에서 성폭력범으로 바뀌었다. 2005년 12월 29일 개정된 청소년성보호법은 제22조(청소년에 대한 성범죄자의 정보등록 결정), 제23조(신상정보의 등록), 제24조(등록정보의 열람), 제25조(등록정보의 통보 및 관리 등)을 규정함으로써 미국의 메간법처럼 성범죄자로 하여금 현 직장 및 실제 거주지의 주소, 사진 등을 등록하도록 하고 그 등록정보를 제한된 사람이 열람할 수 있도록 하여 청소년대상 성범죄자의 관리체제를 갖추었다. 여기서 그 대상이 되는 성범죄자는 청소년에 대한 성폭력범으로서 최종 형의 전부 또는 일부의 집행을 받거나 면제를 받은 자 중에서 재범의 위험이 있다고 인정되는 자이다. 즉 성매수범이 아닌 성폭력범을 관리하는 방향으로 법이 개성된 것이다.

이어 2007년 8월 3일에는 법을 전면 개정하여 관리시스템을 완전히 개편하였다. 즉 청소년대상 성범죄자로 유죄판결이 확정된 자를 중심으로 신상정보 등록대상자를 규정하고(제32조), 등록대상자는 자신의 주소지를 관할하는 경찰관서의 장에게 성명, 주민등록번호, 주소 및 실제거주지, 직업 및 직장 등 소재지, 사진, 소유차량의 등록번호 등 신상정보를 제출하도록 하는 한편 변경사유가 발생할 때마다 20일 이내에 그 사항을 제출하도록 하는 제도를 도입하였다(제33

조). 등록대상자는 주로 성폭력범이며, 성매수범은 2회 이상 성매수로 유죄판결을 받거나 13세 미만의 청소년을 대상으로 성매수를 한 경우에 한한다(제32조 제1항). 또한 법원이 판결로 등록정보를 5년간 열람에 제공하도록 명령하는 제도도 신설하였다(제37조). 결국 신상공개제도는 여러 차례 법 개정을 통하여 미국의 메간법과 거의 비슷하게 바뀌었다. 위헌성 문제는 과거와 달리 대부분 치유되었다.

정치적 표현의 자유와 그 한계

제 4 장

Ⅰ. 정치적 표현과 언론의 자유

언론의 자유의 핵심은 정치적 표현의 자유다. 나라의 주인인 국민은 그 나라가 어떻게 운영되고 있는지, 어디로 가야 하는지를 놓고 자유롭게 떠들 수 있어야 한다. 특히 국민을 대신하여 권력을 행사하고 있는 공무원에 맞서서 그의 잘잘못을 따질 수 있는 자유가 모든 국민에게 보장되어야 한다.

그러나 자유롭게 떠들다 보면 상처받는 사람이 나타난다. 정치적 표현에서도 마찬가지다. 내가 던지는 말 때문에 공직에서 물러나야 하는 사람도 나오고, 가족과 주변 친지에게 얼굴 들고 다니지 못하는 사람도 나온다. 정치적 표현의 자유에서도 다른 표현의 영역에서와 마찬가지로 나의 표현의 자유와 다른 사람의 인격권의 보호를 어떻게 조화시킬 것인지가 중요하다.

일반적으로 법원은 표현의 자유와 인격권을 비교형량하여(balancing) 표현의 자유가 더 중요할 경우 자유롭게 떠들도록 허용하고, 인격권이 더 중요할 경우 표현의 자유를 제한하는 방식으로 조화를 꾀하고 있다. 민주주의 국가에서 정치적 표현은 다른 영역의 표현보다 중요하므로 비교형량 시 표현의 자유 쪽으로 저울추가 기우는 일이 많을 것이다. 이 방법의 가장 큰 약점은 표현의 자유가 어느 정도 보호받을지 사전에 알기 힘들다는 데 있다. 이러한 불확실성은 표현의 자유와 양립되기 어렵다. 그래서 나온 것이 공인이론과 같이 특정한 유형을 보호영역 안에 넣는 유형론(catergorical approach)이다.

정치적 표현도 다른 모든 국민의 자유와 권리와 마찬가지로 공익을 위하여 제한될 수 있다. 앞의 명예훼손의 사안은 사익과 사익간의 조화라면, 이번 사안은 공익과 사익간의 조화라고 하겠다. 국가는 헌법 제37조 제2항에 따라 국가의 안전보장, 질서유지, 공공복리에 필요한 경우 그 필요한 만큼만 정치적 표현을 제한하는 것이 허용된다. 여기서도 균형성이 요구된다. 제한하여야 할 공익과 제한받는 사익 간에 비례가 맞아야 한다. 제한받는 사익이 정치적 표현이기 때문에 그 가치가 크고, 따라서 이를 제한하기 위해서는 공익적 필요성이 상당히 커야 한다.

Ⅱ. 정치 패러디(parody)[1]

1. 정치 패러디의 일상화

패러디는 재밌다. 대상이 된 사람을 놀리기 때문에 재밌다. 패러디는 그 사람의 말을, 표정을, 행위를 과장한다. 그 이유는 비꼬기 위해서다. 비판의 목적이 분명히 들어간 것이 패러디다. 패러디를 통하여 무엇인가 이야기하고자 하는 의도가 없다면 패러디할 이유가 없다. 정치 패러디는 더욱 그렇다. 정치 패러디란 원작품을 변형시키거나 왜곡시킴으로써 정치 현실을 풍자하거나 비평하는 창작방법을 말한다.[2] 이는 정치 풍자의 한 방법이다. 풍자(satire)는 사회의 악덕·모순·부조리·허세 등을 비판적 또는 조소적으로 빈정대는 표현기법을 의미하는데, 패러디는 그러한 풍자의 여러 기법 중 하나다. 정치 패러디는 정치적 의견표명과 다르지 않다. 고전을 인용하면서 품격 있게 하는 정치 연설도 언론의 자유로 보호되어야 하지만, 음담패설을 섞어가며 정치를 풍자하는 광대들의 놀음도 보호되어야 한다.

---

1. 이 글은 「언론과 법」 제3권 제1호(2004년 6월)에 실린 논문을 수정·보완한 것이다.
2. 정상조, 『지적재산권법』, 홍문사, 2004, p378.

그러나 놀림감이 된 사람의 입장에서 보면, 언론의 자유만 주장할 수는 없다. 그 사람의 명예도 보호되어야 한다. 결국 패러디 문제의 해결은 명예훼손법의 기본에서 시작된다. 먼저 패러디는 사실을 전달하기 위한 수단인지, 아니면 의견을 표명하기 위한 수단인지 생각해 보아야 한다. 사실의 전달은 명예훼손이 되지만, 의견의 표명은 명예훼손이 안 된다는 것이 명예훼손법의 기초다. 또 패러디의 대상이 누구인지 생각해 보아야 한다. 패러디는 누구나 알 수 있는 사람을 대상으로 한다. 정치인이나 연예인이 주요 대상이다. 그렇다면 소위 공인이론이 적용될 여지가 생긴다. 일반인과 공인을 구분하여 공인에 대해서는 좀 더 자유로운 보도를 허용하자는 것이 공인이론의 골격이다.

정보화 시대의 패러디를 과거의 것과 달리 보아야 할 것인지도 중요한 쟁점이다. 패러디는 일종의 놀이문화다. 가학적인 놀이문화다. 과거 몇 사람이 모여 놀던 시절에는 비록 가학적이더라도 제작의 어려움과 전파성의 한계로 인하여 그 피해는 감내할 수 있는 수준이었다. 하지만 인터넷이 등장하면서 패러디의 지원수단이 다양해지고 관객이 늘어나면서 놀이무대가 너무 커져 버렸다. 기존 권력에 대항적인 문화를 지닌 사이버공간에서 네티즌의 관심을 불러일으키기에 가장 적합한 수단이 패러디라는 긍정적인 평가도 있다.[3] 하지만 갑작스러운 패러디의 확산은 기존 질서에 익숙한 사람들을 당황스럽게 만든다.

패러디 논쟁은 법정으로 이어졌다. 2004년 3월 12일 한국헌정사

---

3. 금희조, "사이버 패러디신문 정치인 관련 기사의 담론-딴지일보 서사분석과 담론분석을 중심으로", 「사이버커뮤니케이션학보」, 통권 제4호, 1999, p46.

상 처음으로 국회가 대통령에 대한 탄핵소추안을 가결하자, 이에 흥분한 젊은 층이 기존 정치인의 행태를 패러디한 것이 가상공간에서 급속히 확산되었고, 급기야 경찰이 그 유포자를 적발하여 공직선거 및선거부정방지법 제250조(허위사실공표죄) 위반혐의로 불구속입건하는 일까지 벌어졌다.

이 글은 패러디의 시대를 맞아 정치 패러디가 기존의 법률 질서와 어떻게 충돌하는가를 살펴본 후 이를 해결하기 위한 방법을 제시하고 있다. 특히 표현의 자유를 보장하고 있는 헌법 제21조의 관점에서 정치 패러디의 자유와 그 한계를 고찰하고 있다.

2. 정치 패러디의 법적 쟁점

(1) 정치 패러디와 저작권법 위반

패더디와 관련된 법률문제에서 빼놓을 수 없는 쟁점이 저작권 위반이다. 패러디는 원작품의 특징을 모방하는 것이기 때문에 본질적으로 원작품을 전제로 하기 때문이다. 패러디는 원작품의 저작자의 이용허락을 받지 않고 창작되는 것이 대부분이다.[4] 물론 허락을 받지 않았다고 모두 저작권법 위반이 되는 것은 아니다. 이는 정치 패러디를 2차적 저작물에 해당한다고 볼 것인지 아니면 비평을 위한 인용에 불과하다고 볼 것인지에 달린 문제이다.

---

4. 2004년 3월 12일 국회의 대통령 탄핵소추 결정 이후 급증했던 정치 패러디 중 상당 부분은 영화 포스터를 무단으로 이용한 것이었다. 영화 포스터를 패러디한 작품으로는 '실미도' 를 '설마또' 로, '살인의 추억' 을 '탄핵의 추억' 으로, '태극기 휘날리며' 를 '망국기 휘날리며' 등이 있다.

2차적 저작물이란 현행 저작권법 제5조에 따르면 "원저작물을 번역·편곡·변형·각색·영상제작 그 밖의 방법을 작성한 창작물"을 의미하며, 2차적 저작물은 독자적인 저작물로서 보호된다. 2차적 저작물로 보호받기 위해서는 원래의 저작물을 기초로 하되 정신적인 노작으로서의 가치를 보호받을 만한 정도의 창작성을 구비하여야 한다.[5] 원저작물에 의거하여 저작물을 창작하였더라도 사회통념상 전혀 별개의 독립적인 새로운 저작물이라고 인정될 정도의 것을 창출하였다면 이는 2차적 저작물이 아니라 독립의 새로운 저작물이라고 한다.[6] 원저작물의 저작자는 저작권법 제21조에 따라 자기의 저작물을 원저작물로 하는 2차적 저작물을 작성하여 이용할 권리를 갖는다. 2차적 저작물을 창작하고자 하는 자는 원저작물의 저작자로부터 그에 관한 허락을 받아야 하고, 만약 그러한 허락 없이 2차적 저작물을 창작하여 이용할 경우 원저작자의 2차적 저작물작성권이라고 하는 저작권을 침해하는 것이 된다.[7] 따라서 정치 패러디를 2차적 저작물에 해당한다고 볼 경우 패러디 작가가 원저작자의 허락을 받지 않았다면 저작권 침해가 된다고 해석할 여지가 있다.

하지만 정치 패러디는 정치적 분쟁의 소지 때문에 원저작자가 쉽사리 동의하지 않을 수 있다는 점, 상업적 패러디와 달리 저작자에게 재산적 손해를 끼치지 않는다는 점, 정치적 표현의 자유는 민주적인 통

---

5. 대법원 1997. 5. 28. 선고 96다2460 판결.
6. 정상조, 앞의 책, p258. 서울민사지방법원 1990. 9. 20. 선고 89가합62247 판결 참조. 이 판결에서 법원은 "원저작물에 대한 2차적 저작물이 되기 위하여는 단순히 사상(idea), 주제(theme) 또는 소재가 동일하거나 비슷한 것만으로는 부족하고 두 저작물 사이에 실질적 유사성(substantial similarity) 즉 사건의 구성(plot) 및 전개과정과 등장인물의 교차 등에 있어 공통점이 있어야 할 것"이라고 판시했다.
7. 정상조, 앞의 책, p259.

치 질서가 성립하기 위한 필수적인 전제조건이므로 국가는 이를 적극적으로 실현할 수 있는 여건을 마련하여야 할 의무가 있다는 점 등을 감안하면 2차적 저작물에 포함시켜 원저작자의 허락을 받도록 하는 것은 정치 패러디를 극도로 위축시킬 수 있어 부당하다.[8]

정치 패러디는 오히려 저작권법 제28조의 '비평을 위한 인용'에 해당한다고 보아야 할 것이다. 즉, 공표된 저작물은 보도·비평·교육·연구 등을 위하여 정당한 범위 안에서 공정한 관행에 합치되게 이를 인용할 수 있으므로 정치적인 비평의 목적으로 원작물을 인용하더라도 저작권의 침해에 해당하지 않는다고 보아야 한다.

(2) 정치 패러디와 선거법 위반

최근 정치 패러디의 선거법 위반 여부가 중요 쟁점으로 떠올랐다. 공직선거및선거부정방지법은 허위사실공표죄와 후보자비방죄를 규정하고 있다. 즉, 당선되거나 되게 할 목적으로(제250조 제1항) 또는 당선되지 못하게 할 목적으로(동조 제2항) 후보자에게 유리 또는 불리하도록 허위의 사실을 공표할 경우 허위사실공표죄로 처벌받으며, 공연히 사실을 적시하여 비방한 경우에는 후보자비방죄로 처벌받게 된다.

하지만 허위사실공표죄나 후보자비방죄 모두 구체적인 사실의 적시를 구성요건으로 하기 때문에 순수한 정치 패러디를 선거법 위반으로 처벌하는 것은 무리라고 생각된다. 허위사실공표죄에서 허위의 사실은 진실에 부합하지 않은 사항으로서 선거인으로 하여금 후보자에 대한 정확한 판단을 그르치게 할 수 있을 정도로 구체성을 가져야

---

8. 정상조, 앞의 책, p378.

하며, 단순한 가치판단이나 평가를 내용으로 하는 의견표현에 불과
한 경우에는 이에 해당하지 않는다는 것이 대법원의 판례태도다.[9]
따라서 어떠한 정치적 사태에 대한 자신의 견해를 풍자와 해학의 방
법으로 피력하는 정치 패러디는 일반적으로 의견표현에 불과하기 때
문에 허위사실공표죄의 적용대상이 아니라고 보아야 할 것이다. 다
만 패러디라는 외형을 채택하고 있으면서 그 이면에 구체적인 허위
의 사실을 전제하고 있을 경우 이를 의견표현으로 보아야 할지 사실
의 피력으로 보아야 할지 애매하다. 이 문제는 의견에 의한 명예훼손
에서 후술한다.

후보자비방죄도 역시 사실의 적시를 구성요건으로 한다. 여기서
사실의 적시란 가치판단이나 평가를 내용으로 하는 의견표현에 대치
되는 개념으로서 시간과 공간적으로 구체적인 과거 또는 현재의 사
실관계에 관한 보고 내지 진술을 의미하는 것으로, 그 표현내용이 증
거에 의한 입증이 가능한 것을 말한다.[10] 그런데 후보자비방죄는 적
시된 사실이 진실이고, 공공의 이익을 위하여 적시한 것으로 인정되
면 위법성이 조작된다. 후보자비방죄는 명예훼손죄와 구성요건이 거
의 동일하다.[11]

2006년 5·31 지방선거를 앞두고 당시 한나라당 박근혜 대표가

---

9. 대법원 2002. 11. 13. 선고 2001도6292 판결.
10. 대법원 2002. 6. 14. 선고 2000도4595 판결.
11. 후보자비방죄의 구성요건으로서 비방은 후보자에 대한 사회적 평가를 해하는 것을 뜻
    하므로 명예훼손죄에서 사람의 인격적 가치에 대한 사회적 평가를 저하시키는 명예의
    훼손과 유사한 개념이라고 하겠다. 또 사실의 적시는 명예훼손죄에 있어서와 마찬가
    지로 모든 사실을 의미하는 것이 아니고 상대후보의 사회적 평가를 저하시킬 우려가
    있는 것만을 가리킨다. 진실한 사실로서 공공의 이익에 관한 때는 처벌하지 않는 것도
    명예훼손죄나 후보자비방죄가 동일하다. 이태종, "공직선거상 후보자비방죄의 성립
    과 위법성조각사유", 「대법원판례해설」, 제41호, 법원도서관, 2002 참조..

지원유세에 나섰다가 습격당한 사건의 사진을 배경으로, "테러의 배후는? 칼풍"이라는 제목 아래 "테러는 상대방을 주범으로 몰아 곤경에 빠뜨리고 동정심을 자극하여 자기세력을 확대하고 공천비리, 성추행, 서민공방 등 불리한 조건을 한 번에 무마시킬 수 있는 강력한 신종정치공작"이라는 글을 게재한 패러디 사건에서 공직선거법 제250조 제2항 위반 여부가 문제가 된 적이 있다.

원심인 서울고등법원은 위 패러디가 후보자에 관한 허위의 사실을 공표한 것에 해당한다고 하여 유죄로 인정하였다. 하지만, 대법원은 2007년 3월 15일 원심을 파기하였다.[12] 허위사실공표죄는 그 행위가 공직선거법 제250조 제2항에서 정하고 있는 구성요건을 충족하는지를 객관적으로 판단하여 그 성립 여부를 인정하여야 할 것이고, 단지 주관적으로 후보자의 당선을 방해하려는 목적이 있었다는 점만으로는 허위사실공표죄가 성립된다고 볼 수 없다는 것이다. 즉 패러디의 내용이 오세훈 후보자가 소속된 한나라당 및 박근혜 대표에 관한 내용이기는 하지만, 그 내용 중에는 오세훈 후보자와 직접적으로 관련됨으로써 그의 선거에 관한 신용을 실추시키거나 이에 영향을 미칠 수 있는 내용이 포함되지 아니하므로, 이를 오세훈 후보자에 관한 사실을 공표한 것이라 보기 어렵다는 것이다.

위 대법원 판례는 인터넷 정치 패러디에 관한 첫 번째 대법원 판결로 주목받았다. 하지만 이 판결을 확대해석하는 것은 잘못이라고 본다. 패러디의 주 내용이 후보자에 관한 것이 아니었다는 점에서 후보자에 관한 허위사실의 공표라고 볼 수 없다는 의미일 뿐이다. 만약 패러디의 내용이 후보자에 관한 것이었다면 결론은 충분히 달라질 수

---

12. 대법원 2007. 3. 15. 선고 2006도8368 판결.

있다. 이 경우 핵심 쟁점은 패러디가 의견의 표명인지, 의견 표명을 빙자하여 허위 사실을 공포하는 것인지가 될 것이다.

(3) 정치 패러디와 명예훼손

명예란 "사람의 품성, 덕행, 명성, 신용 등 세상으로부터 받는 객관적인 평가를 말하는 것"[13]으로, 이러한 명예에 대한 사회적 가치판단을 저하케 하는 행위를 명예훼손이라고 한다.[14] 형법은 공연히 사실을 적시하여 사람의 명예를 훼손할 경우 명예훼손죄(제307조 제1항)로 처벌하며, 적시된 사실이 허위일 경우 가중처벌(제307조 제2항)하고 있다. 민사적으로도 명예훼손은 불법행위로 인한 손해배상책임을 지게 된다. 민법 제751조 제1항은 "타인의 신체, 자유 또는 명예를 훼손하거나 기타 정신상 고통을 가한 자는 재산 이외의 손해에 대하여도 배상할 책임이 있다"고 규정하고 있고, 동법 제764조는 "타인의 명예를 훼손한 자에 대하여는 법원은 피해자의 청구에 의하여 손해배상에 갈음하거나 손해배상과 함께 명예회복에 적당한 처분을 명할 수 있다"고 규정하고 있다.

또한 형법은 명예훼손죄와 별도로 모욕죄(제311조)도 규정하여 공연히 사람을 모욕한 자를 처벌하고 있다. 여기서 명예훼손죄와 모욕죄는 구체적 사실의 적시가 있는가 여부로 구분된다. 대법원은 "명예훼손죄와 모욕죄의 보호법익은 다 같이 사람의 가치에 대한 사회적 평가인 이른바 외부적 명예인 점에서는 차이가 없으나 다만 명예훼

---

13. 대법원 1988. 6. 14. 선고 87다카1450 판결.
14. 대법원 1970. 5. 26. 선고 70도704 판결.

손은 사람의 사회적 평가를 저하시킬 만한 구체적 사실의 적시를 하여 명예를 침해함을 요하는 것으로서 구체적 사실이 아닌 단순한 추상적 판단이나 경멸적 감정의 표현으로서 사회적 평가를 저하시키는 모욕죄와 다르다"고 판시했다.[15] 따라서 '빨갱이 계집년' '무당' '첩년' 과 같은 경멸적 언어를 사용한 것은 구체적인 사실을 적시한 것이 아니므로 모욕은 될 수 있어도, 명예훼손은 되지 않는다.[16] 또한 '애꾸눈, 병신' 이라는 발언도 피해자를 모욕하기 위하여 욕설을 한 것에 지나지 아니하여 명예훼손죄를 구성하지 않게 된다.[17] 모욕죄의 법정형은 명예훼손죄보다 낮다.

그러나 이러한 명예훼손과 모욕의 구분은 민사적으로는 의미가 크지 않다. 모욕에 의해서도 불법행위가 될 수 있기 때문이다. 명예훼손과 모욕은 모두 외부적 명예를 침해하는 행위유형이라는 점에서 같기 때문에 민사상 불법행위의 성립요건에서 구별할 필요가 없다.[18] 따라서 명예훼손이라는 개념에 모욕을 포섭하여 민사상 불법행위에 따른 손해배상 여부를 검토하여도 무방하다고 생각한다.

정치 패러디의 경우 패러디를 당한 정치인의 입장에서 보면 자기에 대한 사회적 가치판단이 저하되었기 때문에 명예훼손의 문제를 제기

---

15. 대법원 1987. 5. 12. 선고 87도739 판결.

16. 대법원 1981. 11. 24. 선고 81도2280 판결.

17. 대법원 1994. 10. 25. 선고 94도1770 판결.

18. 이광범, "불법행위로서의 명예훼손과 그 구제방법: 대법원 판례의 성과와 과제를 중심으로", 「재판자료 제 77집: 헌법문제와 재판(하)」, 법원도서관, 1997, p131.

19. 이광점, 앞의 논문, 132. 대법원은 단순히 주관적으로 명예감정이 침해되었다고 주장하는 것만으로는 민법 제764조에서 말하는 명예훼손이 되지 않는다는 취지로 판결을 내린 적이 있다. 대법원 1994. 10. 24. 선고 89다카12824 판결 참조. 그러나 명예감정의 침해를 반드시 명예훼손으로 다루지 않더라도 가해자에게 불법행위책임을 인정하는 것이 가능하다고 하겠다.

20. 485 U.S. 46 (1988).

할 가능성이 크다. 이때 패러디의 내용이 구체적인 사실의 적시이면 명예훼손이 문제되고, 사실의 적시 없이 경멸적 의사전달이 이루어졌으면 모욕에 해당하게 된다. 어느 경우나 패러디한 사람은 형사적으로는 처벌의 위험, 민사적으로는 손해배상의 위험에 빠지게 된다. 이와 더불어 민법 제751조 제1항은 '기타 정신상 고통을 가한' 경우에도 불법행위를 인정하고 있기 때문에 명예훼손이나 모욕 등 외부적 명예를 침해하는데 이르지 않더라도 주관적인 명예감정의 침해로 손해배상을 해야 할 경우가 발생할 수 있다.[19)]

이처럼 정치 패러디에 엄격한 법적 책임을 물리는 것이 과연 타당한가. 정치 패러디로 피해를 보게 되는 사람의 명예를 존중하는 것은 바람직한 일이지만, 그로 인해 정치 패러디가 위축된다면 언론의 자유 측면에서 이 역시 결코 바람직하지 않다. 결국 이 문제는 정치 패러디가 민주주의 사회에서 하는 기능에 대한 올바른 이해를 전제로 언론의 자유와 개인의 명예보호를 조화롭게 해결하여야 할 것이다.

3. 정치 패러디 법리의 비교법적 검토

(1) 미국

1) Hustler Magazine, Inc. v. Falwell[20)] 사건

가. 사건의 개요

미 연방대법원은 정치 패러디를 보호받는 표현의 영역으로 인정하고 있다. 그 효시가 Falwell 판례다. 원고 Jerry Falwell은 텔레비전에 자주 등장하여 정치 문제나 사회적 이슈에 대하여 자기 견해를 적극적으로 밝히는 목사였고, 피고 Hustler사는 성인잡지를 발간하는 회사였다. 사건은 Huslter지가 1983년 11월호에 Campari라는 술 광고를 패러디하여 Falwell을 조롱하면서 시작되었다.(첨부1 참조) Campari가 사회 저명인사와의 인터뷰하여 그들이 Campari를 언제 처음 경험(first time)했는지 묻고 그 내용을 광고화하자, Hustler지는 이를 흉내 내어 "Falwell, 자기의 첫 경험을 이야기하다(Jerry Falwell talks about his first time)"라는 제목으로 광고 패러디를 실었다. 그 내용은 Falwell이 첫 번째 성경험의 상대방은 자기 어머니였으며, 자신과 어머니는 당시 술에 취해 있었다는 것이다. 이 패러디는 Falwell이 술에 취한 상태에서만 설교하는 위선자라는 점을 시사하고 있었다. 이러한 광고 밑에는 "광고 패러디임. 심각하게 받아들이지 말 것"이라는 문구를 명시해 놓았다. 또 잡지의 목차에도 이 페이지를 "허구(Fiction); 광고 및 개인 패러디"라고 분류했다.

잡지가 발간되자, Falwell은 명예훼손, 프라이버시 침해, 정신적 고통의 고의적 가해(intentional infliction of emotional distress) 등을 이유로 Hustler사와 그 소유주 Larry Flynt를 상대로 소송을 제기했다. 1심에서 명예훼손과 프라이버시 침해를 이유로 한 손해배상은 기각되었으나, 모욕적 행위(outrageous conduct)로 인한 '정신적 고통의 고의적 가해' 부분이 인정되어 20만 달러의 배상판결이 내려졌다. Hustler사는 연방 제4항소법원에 항소했으나 기각되자 다시 연방대법원에 상고했다.

나. 핵심 쟁점

핵심 쟁점은 두 가지였다. 첫째는 뉴욕타임스 판례[21] 이후 확립된 공인이론(public figure doctrine)을 명예훼손 사선이 아닌 '정신적 고통의 고의적 가해' 로 인한 불법행위 사건에도 그대로 적용할지 여부였다. 공인이론이란 공인의 경우 자기와 관련된 보도내용이 사실이 아니라고 할지라도 그러한 허위보도로 인한 손해를 배상받기 위해서는 그 보도가 현실적 악의(actual malice)에 기한 것임을 입증하여야 한다는 것이다. 여기서 현실적 악의란 잘못된 표현임을 알았거나, 잘못인지 아닌지 알 수 있었는데도 무분별하게 이를 무시한 경우를 의미한다. 이 이론은 당초 뉴욕타임스 판결에서는 공직자에 한하여 현실적 악의를 요구하였으나, 거츠 판결[22] 등을 통하여 공인에게로 확대되기에 이르렀다.[23] 미 대법원은 원고에게 현실적 악의를 설득력 있게 명백히(with convincing clarity) 증명하라고 요구하기 때문에 명예훼손 소송에서 공인인 원고가 승소하기란 사실상 불가능하다.

피고 Hustler사는 뉴욕타임스 판례에서의 현실적 악의 기준을 '정신적 고통의 고의적 가해' 의 경우에도 적용하여 명예훼손 소송에서와 같은 정도의 헌법적 보호를 해주어야 한다고 주장했다. 그러나 제4항소법원은 현실적 악의 기준을 적용할 수 없다고 판시했다. 왜냐하면 배심원들이 확정한 사실관계에 의하면 이 패러디는 구체적인 사실을 적시하고 있지 않아 의견에 불과하기 때문이다.

두 번째 쟁점은 그렇다면 의견표명은 배상책임이 없는가의 문제였다. Hustler사는 의견표명은 표현의 자유를 규정한 수정헌법 제1조에 의하여 보호된다고 주장했다. 그러나 항소법원은 명예훼손의 경우와 달리 '정신적 고통의 고의적 가해' 의 경우에는 의견표명과 사실

---

21. New York Times, Inc. v. Sullivan, 376 U.S. 254 (1964).
22. Gertz V. Robert Welch, Inc., 418 U.S. 323 (1974).
23. 공인이론에 관하여는 졸고, "공인에 관한 최근 명예훼손 법리의 비교 연구", 「언론중재」, 2004년 봄호; 졸고, "공인에 대한 명예훼손", 「법조」, 2002년 8월호 참조.

에 대한 진술의 구분은 중요하지 않다고 보았다. 공표된 광고가 '정신적 고통의 고의적 가해'라는 불법행위 책임을 지울 만큼 충분히 모욕적(outrageous)인지 여부만 살펴보면 족하다는 것이다.

다. 미 연방 대법원의 논리

미 연방대법원은 공표된 내용이 사실의 적시 없이 의도적으로 상대방에게 정신적 고통을 가했을 경우 그 표현이 공인에 대한 것이라면 그 공인은 자신의 손해를 배상받을 수 없다고 결론 내렸다. 다시 말해 공인은 자신에 관하여 공표된 내용이 허위일 경우 현실적 악의를 설득력 있게 명백히 입증하지 못하는 한 명예훼손에 기한 손해배상을 받을 수 없고, 공표된 내용이 패러디인 경우 자신이 입은 정신적 고통에 대한 배상을 받을 수 없게 된다.

미 연방대법원이 이러한 결론을 도출하기 위하여 2단계로 논리를 전개했다. 첫째는 공인이론이고, 둘째는 패러디의 특수성이다. 공인은 왜 모든 피해를 감수해야 하는가. 미 연방대법원은 사상의 자유시장이론에서 그 근거를 찾는다. 수정헌법 제1조의 핵심은 공적인 관심사안(matters of public interest and concern)에 대하여 사상과 의견을 자유롭게 개진하는 중요성을 인식하는 데 있다는 것이다.[24] 미 대법원은 수정헌법 제1조 아래서 잘못된 사상(idea)이란 존재하지 않으며,[25] 홈즈 대법관의 명언처럼 우리가 바라는 궁극적인 선은 사상의 자유교환에 의해서 더 잘 달성할 수 있고, 사상의 자유시장에서

---

24. 485 U.S. at 50 ("At the heart of the First Amendment is the recognition of the fundamental importance of the free flow of ideas and opinions on matters of public interest and concern.").
25. Gertz, at 340.

경쟁을 통해 얻어지는 사고의 힘이 바로 진리를 발견하는 최선의 척도라고 보고 있다.[26]

헌법상 표현의 자유가 공적인 관심사에 대한 자유로운 의견개진을 권장한다는 것은 결국 공직에서 일하는 사람들, 즉 공무원과 중요한 공적인 문제의 해결에 직접적으로 깊숙이 관여하거나 또는 자기의 명성으로 인하여 사회적 관심영역에서 사건을 만드는 사람들, 즉 공인에 대하여 비판적으로 표현하는 것을 허용한다는 의미다. 이러한 이유에서 미 대법원은 공무원과 공인은 맹렬하고, 신랄하고, 때로는 불쾌할 정도로 날카로운 공격을 수용하여야만 한다고 판단한다. Falwell 사건에서 미 대법원은 공무원에 대한 비판은 비록 그 내용이 진실하지 않더라도 보호받는다고 판시한 뉴욕타임스 사건을 재인용했다. 자유롭게 토론을 하다 보면 잘못된 표현은 불가피하며, 표현의 자유가 생존하는 데 필요한 숨 고르는 공간(breathing space)을 확보하기 위해서는 잘못된 내용의 표현도 보호되어야 한다는 것이다.[27] 뉴욕타임스 사건에서나 Falwell 사건에서 미 대법원의 주된 관심은 사람들에게 발언 내용의 진실을 입증하라고 강요하면 거짓말하는 사람에게만 부담을 주는 것이 아니라, 진실이라고 믿고 있지만 처벌이 두려워 발언을 스스로 자제(self-control)하는 사람들도 나타나는 위축효과(chilling effect)에 있었다. 사람들이 말을 아끼게 되면 사회적으로 의미 있는 공적인 관심사에 대한 비판 기능이 약화될 수밖에 없기 때문이다.

그런데 문제는 Falwell 사건은 사실이 아닌 내용의 표현으로 공인

---

26. Abrams v. U.S., 250 U.S. 616 (1919).
27. New York Times, 376 U.S. at 271, 272.

의 명예가 손상된 경우 즉, 공인에 대한 명예훼손 사건이 아니라는 것이다. 원고인 Falwell은 공표된 내용이 사실에 관한 것인지 의견에 불과한지, 또는 그 내용이 진실한지 거짓인지는 이 사건에서 중요하지 않다고 주장했다. 법원은 피고가 고의로 원고에게 정신적 고통을 주었는지 여부만 살펴 보아야 한다는 것이 원고 측 주장이었다. 이에 대해 미 대법원은 다른 불법행위 사건에서는 원고에게 증오(hatred)가 있었는지 여부가 중요하지만, 공인에 대한 공적인 논쟁(public debate about public figure)의 자리에서는 그렇지 않다고 판시했다. 이미 미 대법원은 공인과 관련된 사건에서 어떠한 표현이 증오 또는 나쁜 마음(ill-will)에서 이루어졌더라도 수정헌법 제1조의 보호를 받는다고 판시한 적이 있다.[28]

만약 이렇게 해석하지 않는다면 정치 만화가 또는 정치 풍자가가 손해배상책임의 부담을 안게 되는데 이는 적절치 못하다는 것이 미 대법원의 판단이다. 다시 말해 정치 만화나 정치 풍자는 특성상 그 소재가 되는 사람의 감정을 의도적으로 건드리게 되는데 이럴 때마다 손해배상책임을 부과한다면 표현의 자유가 크게 위축될 것이라고 본 것이다. 미 대법원은 만화의 특징을 이성적이고 공평한 데 있는 것이 아니라, 날카롭고(slashing) 일방적(one-sided)인 데 있다고 보고, 다음과 같은 구절을 인용했다.

"정치 만화는 공격의 무기, 멸시와 조소의 무기이자 해학이라고 할 수 있다. 정치 만화가 정치인의 어깨 두드려주려고 노력할 때 효과가 가장 적다. 정치 만화는 때로는 벌침과 같은 존재이고, 어떤 영역에서는 항상 논쟁을 일으킨다."[29]

미 대법원은 이어 미국 역사상 가장 위대한 만화가로 일컫는 Thomas Nast의 예를 들면서, 그의 성공은 감정적 충격(emotional impact)에 있다고 설명했다. 즉, 그의 만화는 좋은 면(good taste)과 전통적 방식(conventional manner)을 끊임없이 뛰어넘고자 했기 때문에 성공했다는 것이다.[30] 미 대법원은 링컨 대통령의 호리호리한 모습 등 만화로 인해 기억되는 역대 대통령들의 이미지는 사진만으로는 만들어지지 않았을 것이라며, 역사적 관점에서 볼 때 만화가 없었다면 정치 담론(political discourse)은 훨씬 보잘 것 없어졌을 것이라고 강조했다.

하지만 Falwell 사건에서 문제가 된 것은 전통적인 스타일의 만화가 아니었다. Hustler지가 Falwell과 그의 어머니를 모욕적인(out-rageous) 방식으로 그렸다는 것이 원고 측 주장이었다. 이에 대한 미 연방대법원의 대답은 정치적 사회적 담론의 장에서 모욕적이라는 말은 그 본질상 주관적이어서 배심원이 자기의 취향(taste)과 견해(views), 심지어 특정한 표현에 대한 혐오감에 따라 피고에게 배상책임을 지울 위험이 있어 이를 기준으로 삼을 수 없다는 것이다. 이어 미 대법원은 청취자에게 나쁜 정서적 충격(adverse emotional impact)을 주었다는 이유로 그러한 표현에 대하여 배상책임을 물릴 수는 없다는 판결들을 인용했다.[31]

---

28. Garrison v. Louisiana, 379 U.S. 64 (1964).

29. Long, *The Political Cartoon: Journalism's Strongest Weapon*, The Quill, 56, 57 (Nov. 1962) (Hustler v. Falwell 판례에서 재인용).

30. C. Press, THE POLITICAL CARTOON 251 (1981) (Hustler v. Falwell 판례에서 재인용).

31. NAACP v. Claiborne Hardware Co., 458 U.S. 886, 910 (1982) ("어떠한 표현이 다른 사람들을 창피하게(embarrass) 하거나 행동에 이르게 강요한다고 하더라도 그 표현이 보호받지 못하는 것은 아니다."); FCC v. Pacifica Foundation, 438 U.S. 726 (1978) ("사회가 어떠한 표현을 불쾌하다(offensive)고 느낀다고 해서 그 표현을 규제할 만한 충분한 이유가 있는 것은 아니다."); Street v. New York, 394 U.S. 576, 592 (1969) ("의견 그 자체가 듣는 사람을 불쾌하게(offensive) 한다고 해서 그러한 이유만으로 그 의견을 공개적으로 표현할 수 없도록 금지할 수 없다는 것은 확립된 판례이다.").

그렇다고 듣는 사람을 불쾌하게 하는 표현이 언제나 헌법적으로 보
호받는다고 해석하는 것도 곤란하다는 점을 미 대법원은 분명히 했
다. 확립된 판례에 의하면, 모든 표현이 똑같은 정도로 헌법의 보호를
받는 것은 아니기 때문이다.[32] 따라서 저속하거나(vulgar), 불쾌하거
나(offensive), 충격적인(shocking) 표현은 언제나 절대적인 헌법의
보호를 받는 것은 아니다.[33] 그렇지만 정치 만화, 정치 패러디의 경우
에는 그러한 표현을 사용했더라도 헌법의 보호 아래 놓이게 된다.

결론적으로 미 대법원은 공무원과 공인의 경우 자신에 관한 허위
사실의 진술이 현실적 악의에 의하여 이루어진 것임을 입증하지 못
하는 한 '정신적 고통의 고의적 가해'라는 불법행위에 기하여 손해배
상을 받을 수 없다고 판시했다. 이 사건의 경우 Falwell이 공인이라
는 점에 대해서는 다툼이 없고, 합리적인 독자라면 패러디 광고가 구
체적인 사실을 이야기하고 있다고 믿지 않을 것이기 때문에 명예훼
손에는 해당되지 않는다는 점도 명확했다. 유일한 쟁점은 패러디 광
고가 '정신적 고통의 고의적 가해'에 해당되는지 여부였는데, 하급
심에서는 모욕적이라는 이유로 이를 받아 들였지만, 미 대법원은 모
욕적이라는 것이 지나치게 주관적이어서 표현의 자유를 침해할 우려
가 있다는 이유로 수용하지 않았다.[34]

---

32. Dun & Bradstreet, Inc. v. Greenmoss Builders, Inc., 472 U.S. 749 (1985).
33. FCC v. Pacifica Foundation.
34. 그렇다고 해서 미국 법원이 '정신적 고통의 고의적 가해'를 언제나 인용하지 않은 것
    은 아니다. 원고가 공인이 아닌 사인일 경우에는 인정한 사례가 있다. 라디오 디스크
    자키가 평범한 신부를 "너무 못 생겨 평가를 할 수 도 없다"며 '이 달의 개'상을 수여
    한다고 한 사례에서 명예훼손과 정신적 고통의 고의적 가해에 기한 손해배상책임을
    인정했다. Murray v. Schlosser, 41 Conn.Supp. 362, 17 Med. L. Rptr. 2069 (Conn.
    Super. Ct. 1990).

이러한 다수의견에 대하여 화이트 대법관은 패러디 광고에 사실의 적시가 없기 때문에 뉴욕타임스 사건과는 아무런 관련이 없으며, 다만 패러디 광고에 제재를 가하는 것이 수정헌법 제1조와 합치하지 않는다는 결론에 있어서는 동의한다는 이유로 동조의견을 제시했다.

2) New Times, Inc. v. Isaacks 사건[35]

가. 사건의 개요

1999년 10월 미국 텍사스 주 달라스에서 Darlene Whitten 판사는 13세의 Christopher Beamon에 대해서 5일간의 구류형을 선고했다. 그가 학교 숙제로 쓴 에세이에 선생과 친구들을 총으로 살해하는 내용이 담겨져 있었기 때문이다. 이 사건의 기소검사는 Bruse Isaacks이었다. 그러자 이 지역의 '대안' 주간지인 Dallas Observer는 "미친 짓 그만(Stop the Madness)"이라는 제목으로 허구의 기사를 게재했다. 그 내용은 검사 Isaacks이 6세의 여아를 기소하였고, 그 아이는 수갑과 족쇄가 채워진 채로 재판을 받았으며, 판사 Whitten이 그 아이에게 10일의 구류를 선고했다는 것이다. 기사에 따르면, 그 아이의 혐의는 유명한 그림동화책인 "난폭한 것들은 어디에 있나(Where the Wild Things Are)"에 관한 리포트를 썼다는 것이고, Whitten 판사는 "학교에서 폭력과 관련된 것은 공포와 과잉반응을 야기하기에 충분하다"고 언급했다는 것이다. 하지만 이 모든 기사 내용은 허구였다. 앞서 13세의 아이가 5일간의 구류형을 선고받

---

35. 146 S.W.3d 144 (Tex. 2004).

은 사건의 패러디 기사였다. Whitten 판사와 Isaacks 검사는 Dal-las Observer지를 발간하는 New Times사를 상대로 명예훼손 소송을 제기했다. 피고는 이 기사가 패러디이며, 현실적 악의가 없다는 이유로 약식재판(summary judgement)을 신청했으나, 1심 법원과 2심 법원은 모두 이를 기각했다. 이 사건은 미국에서 정치 패러디에 대하여 공인이 명예훼손소송을 제기하여 승소한 최초의 판례다.[36] 그러나 텍사스 대법원은 2004년 9월 3일 "아무리 악의에 찬 의견이라도, 그것의 시정은 판사나 배심원의 양심에 의해서가 아니라 다른 생각과의 경쟁을 통해서 이루어져야 한다는 것을 지지한다"며 원심을 파기하고, 손해배상책임을 인정하지 않았다.

나. 하급심 판결[37]

항소심에서의 쟁점은 공무원 또는 공인에 대한 패러디가 의견 또는 수사적 과장에 불과한지 여부였다. 미국 연방대법원은 1974년 Gertz 판결에서 "수정헌법 제1조 아래에는 틀린 의견이란 있을 수 없다"고 판시[38]한 후 모든 의견은 명예훼손의 제소로부터 면책된다는 새로운 특권을 인정했다. 그 후 미 대법원은 1990년 Milkovich v. Lorain Journal Co.[39]에서 의견이라는 포장을 하였다고 해서 모두 면책되는 것이 아니라고 판시하기에 이르렀다. "내 생각에 존은 거짓말쟁이야"라고 말하는 것은 "존은 거짓말쟁이야"라고 말하는 것과

---

36. 피고 측이 제출한 상고이유서의 내용. http://www.supreme.courts.state.tx.us/ebriefs/03/03001901.pdf 참조.

37. 91 S.W.3d. 844, 2002 Tex. App. Lexis 3086 (Tex. App. May 2, 2002).

38. Gertz, 418 U.S. at 340.

39. 497 U.S. 1 (1990).

다르지 않다는 생각이다. 이에 따라 Milkovich 판결에서 미 연방대법원은 잘못된 사실을 언급하거나 시사하는 의견진술은 명예훼손으로 제소할 수 있다고 판시했다. 이 사건 이후 미국 법원은 의견이라도 진실인지 거짓인지 입증하기에 충분할 정도의 사실적이면 명예훼손 책임을 인정한다. 하지만 합리적으로 판단할 때 개인에 관한 구체적인 사실을 기술하고 있다고 볼 수 없는 표현은 보호된다. 따라서 이 사건에서도 핵심적인 쟁점은 공무원인 판사와 검사의 행동을 패러디한 Obsever지의 기사가 허위의 사실을 전달하고 있다고 볼 수 있는지 여부였다.

항소법원은 패러디나 풍자(satire)도 실질적으로(substantially) 허위의 사실을 포함하고 있는 인상을 줄 경우 명예훼손으로 제소될 수 있다고 보았다. 항소법원은 다른 법원의 패러디 판례와 이번 사건의 차이점을 설명했다. 만우절에 편집자에게 보내는 풍자 편지를 게재한 San Francisco Bay Guardian v. Superior Court 사건[40]은 그 편지가 신문의 뒷면에 '특별 패러디 섹션'이라는 제목 아래 거꾸로 인쇄되었기 때문에 독자들이 사실의 전달이라고 생각할 여지가 없으며, 미스 와이오밍이 놀랄만한 성행위 능력이 있다고 묘사한 Pring v. Penthouse Int'l 사건[41] 역시 인간의 육체를 가지고 그 기사 내용대로 할 수 없기 때문에 사람들이 이를 글자 그대로 받아 들였을 리 없으며, 포르노 반대 운동가를 소재로 야한 만화를 그려 게재했던 Dworki n v. Hustler Magazine, Inc. 사건[42]은 만화의 형식을

---

40. 17 Cal. App. 4th 655, 21 Cal. Rptr. 2d 464 (Cal. Ct. App. 1993).
41. 695 F.2d 438 (10th Cir. 1982).
42. 867 F.2d 1188 (9th Cir. 1988).

취하고 있었고, 앞서 본 Hustler v. Falwell 사건은 "광고 패러디임. 심각하게 받아들이지 말 것"이라는 면책문구를 넣었다는 점에서 New Times v. Isaacks 사건과 다르다는 것이다. New Times 사건에서는 신문기사의 형태를 취하고, 실존 인물의 말을 직접 인용하고 있다. 예를 들어, 당시 텍사스 주지사인 조지 W. 부시 대통령이 "인내 제로(zero tolerance)란 우리는 절대로 참지 않겠다는 의미"라고 말했다는 내용도 기사에 있었다. 실제로 상당수의 독자들이 그 기사를 사실로 믿었다고 한다.

이처럼 패러디가 허위의 사실을 전달하고 있다고 보면, 공인이론에 따라 원고는 현실적 악의(actual malice)를 입증하면 명예훼손에 따른 손해배상을 받을 수 있게 된다. 그런데, 문제는 패러디는 그 본질상 현실적 악의를 갖고 있다는 점이다. 패러디가 담고 있는 사실이 진실이 아님을 알고 상대방을 비판하기 위해 또는 상대방을 조롱거리로 만들기 위해 하는 표현의 형태가 패러디이기 때문에 다른 일반적인 명예훼손소송과 달리 현실적 악의를 입증하기란 어렵지 않다. 이에 피고 측은 현실적 악의 기준을 변형하여야 하다고 주장했다. 즉, 패러디의 전제되는 사실이 허위임을 알았거나 알 수 있었을 때 현실적 악의를 인정할 것이 아니고, 독자로 하여금 전제된 허위 사실을 믿도록 만들려는 고의가 있었는지를 살펴보아야 한다는 것이다. 이 법리에 따르면, 공인을 대상으로 한 패러디가 사실상 허위의 사실을 전달하고 있는 경우 원고는 피고가 그 패러디를 접하는 사람들로 하여금 그 전제된 허위의 사실을 믿도록 하려는 의도가 있었다는 점을 입증하여야만 손해배상을 받을 수 있게 된다. 그러나 항소법원은 이를 받아들이지 않았다.

다. 텍사스 대법원 판결

항소법원 판결에 대하여 전미출판가협회(AAP), 미국신문협회(NAA) 등 16개 단체는 항소심 판결의 부당성을 지적하는 의견서(Amici Curiae)를 텍사스 주대법원에 제출했다.[43] 그 주장은 첫째, "미친 짓 그만(Stop the Madness)"이란 패러디 기사는 정치적 표현(political speech)에 해당한다는 것이고, 둘째, 풍자를 통해 상대방을 조롱할 의도는 현실적 악의(actual malice)를 구성하지 않는다는 것이다. 이들은 항소법원의 판결이 정치 패러디를 위축시킬 우려가 있다고 주장했다.

텍사스 대법원은 원심판결을 파기하고, 문제가 된 패러디로 인한 손해배상책임은 인정할 수 없다고 결정하였다. 패러디의 경우 합리적인 독자(reasonable reader)가 문제가 된 보도에 실제 사실(actual facts)이 포함되어 있다고 생각하는지 여부에 따라 책임 여부를 결정할 수 있는데, 이 사안의 경우 그렇지 않다는 것이다. 패러디에 손해배상책임을 부여하는 기준에 있어서는 텍사스 대법원이나 항소법원이나 의견이 일치하였으나, "미친 짓 그만(Stop the Madness)"이란 패러디 기사를 일반 독자가 어떻게 이해할지에 대한 판단에 있어서 대법원은 항소법원과 의견을 달리 하였다. 또 텍사스 대법원은 풍자의 경우 현실적 악의의 기준을 완화하여야 한다는 주장을 수용하지 않으면서도, 문제가 된 패러디 기사에 현실적 악의가 없다고 판단하였다.

---

43. Brief of Amici Curiae, In the Supreme Court of Texas, No. 03-0019, *available at* http://www.ncta.com/pdf_files/IsaacksAmicusBrief.pdf.

(2) 독일과 한국의 풍자만화 사건[44]

1) 쉬트라우스(Strauß) 풍자만화 사건[45]

가. 사건의 개요

konkret라는 잡지에 바이에른 주의 수상 Franz Josef Strauß 돼지로 묘사한 풍자만화가 여러 차례 게재되었다. 첫 번째 만화에서 이 돼지는 법복을 입은 돼지와 교미하는 것으로 그려졌다. 또 다른 만화에는 세 마리의 돼지가 한 마리의 돼지를 올라타는 모습이 그려졌는데, 그중 두 마리 돼지가 Strauß 수상의 얼굴을 하고 있었고, 다른 두 마리는 법복과 법모를 쓰고 있었다. 만화에는 바이에른 주 수상이 계속 피곤하게 만들기 때문에 교미하는 돼지의 만화를 그릴 수밖에 없다고 호소하는 만화 기고인의 편지가 게재되었다. Strauß 수상은 만화를 기고한 사람을 고소하였고, 지방법원은 수상을 모욕하였다는 이유로 피고인에게 100일 일당 상당의 벌금액에 처하였다. 항소심에서 무죄가 선고되었으나, 주최고법원은 그 판결을 취소하고, 유죄를 선고하였다. 이에 피고인은 헌법재판소에 헌법소원을 제기하였다.

나. 헌법재판소 판결내용

헌법재판소는 청구인(피고인)의 표현이 독일기본법 제5조 제3항 제1문이 보장하는 예술에 해당된다고 보았다. 풍자만화가 청구인의

---

44. 풍자만화도 패러디와 마찬가지로 풍자(satire)의 한 방법이라는 점에서 이에 관한 법원 판결을 분석하는 것이 패러디의 법리 구성에 도움이 되리라고 생각한다.
45. 독일연방헌법재판소 1987. 6. 3. 결정 StraußKarikartur, BVerfGE 75, 369. 판결의 내용을 박용상, 『표현의 자유』, 현암사, 2002, pp488~490 에서 재인용하였음.

인상 내지 경험을 간접적 관조로 표현한 자유로운 창조행위의 구체적인 결과라는 것이다. 하지만 예술의 자유라고 해서 인간의 존엄에 대한 침해를 정당화할 수는 없다는 것이 독일헌법재판소의 판단이었다. 비록 풍자만화가 과장, 왜곡, 이색화를 수단으로 하는 특징을 갖지만, 그에 대한 법적 평가를 하려면 진술의 핵심과 그 포장을 구분하여 심사하여야 한다고 하였다. 문제가 된 만화에서 청구인이 의도한 것은, Strauß 수상이 상스러운 방법으로 사법부를 자기 목적을 위하여 이용한다는 인상을 주고, 그가 자기에게 순종하는 사법부에 대하여 동물적인 만족을 느낀다고 하는 생각을 암시하는 것이다. 그런데 이를 교미하는 돼지로 포장함으로써 Strauß 수상의 개인적 존엄에 대한 공격이 의도된 것이라고 헌법재판소는 판단했다. 이어 헌법재판소는 인간에 있어서 보호받아야 할 그의 내밀영역의 핵심에 속하는 성적 형태의 표현은 피해자의 인간으로서의 존엄을 박탈하는 것이고 그를 폄훼하는 것이라고 하였다. 이러한 인간의 존엄에 대한 침해는 예술의 자유로서 정당화되지 않는다고 판단했다.

2) 김상택 만평 사건[46)]

가. 사건 개요

1997년 말 경제상황이 극도로 악화되면서 우리나라는 그해 12월 3일 국제통화기금(IMF)으로부터 구제금융을 받기로 하는 등 경제위기에 빠지게 되었다. 원고 김인호는 그해 말까지 대통령 경제수석비서관으로 근무하고 있었다. 피고 경향신문은 1997년 12월 20일자와

---

46. 대법원 2000. 7. 28. 선고 99다6203 판결.

1998년 1월 21일자 제1면 '경향만평란'에 피고 김상택이 기고한 만평을 게재하여 신문을 발간하였다. 그 내용은 12월 20일자 만평의 경우 출입문에 '미국여행사'라고 표시된 여행사 사무실 안에 '前 경제수석' '姜경식' '前 한은총재'로 표시된 세 사람이 여행용 가방을 들고 서서 그중 '前 경제수석'으로 표시된 사람이 오른 손가락 세 개를 들어 보이며 항공권을 주문하고 있고, '李사철' '鄭형근' '載'라고 표시된 세 사람이 여행사 문 밖에서 "우리도 가자"라고 말하는 장면과 여행사 사무실 벽에 설치된 텔레비전 화면에 한 사람이 오른 손을 들고 "경제 망친 @사그리…"라고 말하고 있으며, 여행사 직원들이 항공권을 주문하는 세 사람을 쳐다보거나 손가락으로 가리키며 웃는 장면 및 컴퓨터 단말기 모니터에 'LA 3장'이라는 자막이 나와 있는 장면을 담고 있었다.

두 번째 만평은 공항의 출국장 한 쪽 구석에 '尹' '李×식' '金인×' '姜경×' '姜'으로 표시된 다섯 사람이 모여 서서 "'어른'은 살릴 거야. 퍼뜩 튀자"고 말하고 있고, 출국심사대에 앉아 있는 경찰관과 그 앞에 줄 서 있는 사람들이 그 다섯 사람이 있는 쪽을 쳐다보고 있으며, 출국심사대가 놓인 벽면에 '출국금지 朴지만 마약복용'이라고 표시된 출국금지 포스터가 부착되어 있고, 출국심사대 옆으로 보이는 공항 활주로에 미국 항공기가 착륙해 있는 장면이 담겨 있었다.

원고 김인호는 자신은 해외로 도피하려는 의도를 가지거나 해외 도피를 계획 또는 모의한 적이 전혀 없음에도, 피고들이 만평을 통하여 자신이 외환위기에 대한 처벌을 면하기 위하여 해외로 도피하려 하고 있거나 도피를 모의하고 있다는 내용의 허위사실을 적시함으로써 명예를 훼손하였다고 주장하였다.

나. 쟁점

명예훼손이 되려면 특정인의 사회적 평가를 저하시킬만한 구체적인 사실의 적시가 있어야 한다. 그런데, 신문 만평은 보통 한 두 컷(cut)의 그림에 압축된 설명 문구만 담고 있기 때문에 이런 경우에도 사실의 적시가 있다고 보아야 할지가 쟁점이었다. 이 사건의 경우 구체적인 사실의 적시란 원고가 공항에서 해외도피를 계획 또는 모의했는지 여부라고 하겠다. 원심은 서울고법은 원고가 절박하고 기장된 상황에 처하여 해외 도피라고 하였으면 하는 심정이 생길 수 있고, 이에 따라 원고에 대한 출국금지조치가 필요할 수도 있다는 화백의 견해를 우회적으로 표현한 것이라고 판단했다.

다. 대법원의 판단

대법원도 역시 이 사건의 만평이 원고가 해외로 도피할 의사를 가지고 있다거나 해외도피를 계획 또는 모의하고 있다는 사실을 암시하려는 데 있지 않았고, 독자들 또한 그러한 판단을 하였거나 그러한 인상을 받았을 것이라고 보기 어렵다고 판단했다. 그렇다면 이 만평이 의도한 것이나 독자들이 인상 받았을 것이라고 판단되는 내용은 무엇인가. 대법원은 (1)원고가 경제위기와 관련된 책임추궁이나 처벌을 면하기 어려운 절박한 상황에 처해 있음을 희화적으로 묘사한 것이거나 (2)그런 만큼 원고가 해외로 도피할 가능성이 없지 않음을 암시하고 (3)이들에 대한 출국금지 조치가 필요하다는 견해를 우회적으로 표현한 것이라고 보았다.

대법원은 이러한 결론을 도출하기에 앞서 만평 또는 풍자만화로 인하여 손해배상책임이 성립되는 경우를 설명했다.

"언론보도에 의한 명예훼손이 성립하기 위하여는 특정인의 사회적 평가를 저하시킬 만한 구체적인 사실의 적시가 있어야 하고, 구체적인 사실의 적시에는 사실을 직접 표현하는 경우뿐만 아니라 간접적이고 우회적인 표현을 사용하여 그와 같은 사실의 존재를 암시함으로써 독자들로 하여금 그 사실의 존재를 인식할 수 있게 하는 경우도 포함된다. 그러한 구체적인 사실의 적시 없이 단지 특정 인물이나 사건에 관하여 비평하거나 견해를 표명한 것에 불과할 때에는 명예훼손이 되지 않고, 나아가 이 사건과 같이 한두 컷(Cut)의 그림과 이에 관한 압축된 설명 문구를 통해 인물 또는 사건을 희화적(戲畵的)으로 묘사하거나 풍자(諷刺)하는 만평(漫評) 또는 풍자만화(Cartoon)의 경우에는 인물 또는 사건 풍자의 소재가 되는 구체적인 사실관계를 직접 적시하지 아니하고 이에 풍자적 외피(外皮)를 씌우거나 다른 사실관계에 빗대어 은유적(隱喩的)으로 표현하는 기법을 사용하는 만큼, 그 만평을 통하여 어떠한 사상(事象)이 적시 또는 표현되었는가를 판단하는 데에는 이와 같은 풍자적 외피 또는 은유를 제거한 다음, 작가가 그 만평을 게재한 동기, 그 만평에 사용된 풍자나 은유의 기법, 그 만평을 읽는 독자들의 지식 정도와 정보 수준, 그리고 그 만평의 소재가 된 객관적 상황이나 사실관계를 종합하여 그 만평이 독자들에게 어떠한 인상을 부여하는가를 기준으로 삼아야 한다.”

라. 대법원 판례 분석

이 판례는 사실을 적시하는 표현행위와 의견 또는 논평을 표명하는 표현행위를 구분한 대법원판결 1999. 2. 9. 선고 98다31356을 만평 분야에 그대로 적용한 것이다. 따라서 (1)의견 또는 논평이 피해자의 사회적 평가를 침해할만한 구체적인 사실의 적시가 없으면 명예훼손으로 인한 불법행위는 성립하지 않지만, (2)의견 또는 논평이 전제되는 사실을 적시하고 있거나, 사실의 존재를 암시할 경우 명예훼손이 성립할 수 있으며, (3)만평의 경우 풍자적 외피 또는 은유를 제거한 후 독자들에게 부여하는 인상을 기준으로 사실의 암시 여부를 판단하여야 하고, (4)독자들에게 주는 인상은 작가가 그 만평을 게재한 동기, 그 만평에 사용된 풍자와 은유의 기법, 그 만평을 읽는 독자들의 지식정도와 정보수준, 그리고 그 만평의 소재가 된 객관적 상황이나 사실관계를 종합하여 판단하여야 한다.

이와 같은 대법원의 태도는 만평에 의해서 명예훼손이 성립할 수 있는 경우를 구체적으로 제시하였다는 점에서 긍정적인 평가를 받을 만하지만, 독자들에게 부여하는 인상이라는 주관적인 기준을 사용함으로써 판사의 재량을 넓게 허용했다는 점에서 언론의 자유를 침해할 소지를 안고 있다. 오히려 만평의 대상이 전직 공무원이라는 점에 착안하여 공인에 대한 폭 넓은 비평의 자유를 허용하는 방법으로 접근하는 것이 낫지 않았나 생각한다.

4. 언론의 자유의 시각에서 본 정치 패러디

(1) 표현의 자유와 명예권의 조화로운 해석

우리 헌법은 제21조 제1항에서 "모든 국민은 언론·출판의 자유를 가진다"고 규정하고, 이어 동조 제4항 "언론·출판은 타인의 명예나 권리 또는 공중도덕이나 사회윤리를 침해하여서는 아니 된다. 언론·출판이 타인의 명예나 권리를 침해한 때에는 피해자는 이에 대한 피해의 배상을 청구할 수 있다"고 규정함으로써 표현의 자유의 한계 역시 규정하고 있다. 정치 패러디의 경우 표현의 자유와 타인의 명예, 즉 그의 인격권과의 충돌이 주로 문제된다.[47] 헌법재판소는 표현의 자유와 인격권은 모두 인간으로서의 존엄과 가치, 행복추구권에 그 뿌리를 두고 있으므로 두 권리의 우열을 쉽사리 단정할 수 없다고 한다.[48]

이 문제를 해결하는 방식은 크게 두 가지가 있다. 하나는 이익형량의 방법(ad hoc balancing)이고, 다른 하나는 유형화의 방법(categorical approach)이다.[49] 국내에서는 학계[50]에서나 실무에서 이익형량의 방법이 주를 이루고 있지만,[51] 미국에서는 두 가지 방법이 모두 유용하다.[52] 이익형량의 방법이란 구체적인 사안에서 표현의 자유를 보장해서 얻는 사회적 이익과 그로 인해 개인이 입게 되는 피해를 비교해서 판단하는 방식이다. 우리 대법원은 "민주주의 국가에서는 여론의 자유로운 형성과 전달에 의하여 다수의견을 집약시켜 민주적 정치질서를 생성 · 유지시켜 나가는 것이므로 표현의 자유, 특히 공익사항에 대한 표현의 자유는 중요한 헌법상 권리로서 최대한 보장을 받아야 하지만, 그에 못지않게 개인의 명예나 사생활의 자유

---

47. 표현의 자유와 타인의 저작권과의 충돌은 앞서 살펴 본 것과 같이 공정이용(fair use)의 법리 또는 저작권법 제25조의 '비평을 위한 인용'으로 해결하여야 할 것이다.
48. 헌법재판소 1999. 6. 24. 선고 97헌마265 결정.
49. 이 밖에도 언어(speech)와 행위(conduct)를 구분하여 언어는 절대적으로 보호받아야 한다는 문리적 접근방법(Literal Approach)이 있다. 이를 주장한 사람으로는 미국의 블랙(Hugo L. Black) 대법관과 더글러스(William O. Douglas) 대법관을 들 수 있다. 하지만 이 접근방식은 위증과 같은 사안도 절대적인 보호를 받아야 한다는 결론에 도달하는 문제가 있다. 또 미국의 수정헌법 제1조와 달리 우리나라 헌법은 표현의 자유의 한계를 명시하고 있기 때문에 절대적인 언론의 자유는 인정될 수 없다.
50. 허영, 『한국헌법론』, 박영사, 2003, p537.
51. 독일에서도 이익형량의 방법이 주로 이용되고 있다. 명예훼손에서 독일과 미국의 차이에 대해서는 졸고, "공인에 관한 최근 명예훼손 법리의 비교 연구", 「언론중재」, 2004년 봄호 참조.
52. Marc A. Franklin et al., MASS MEDIA LAW 57-80 (2000); Kathleen M. Sullivan & Gerald Gunther, CONSTITUTIONAL LAW 966-68 (2001).

와 비밀 등 사적 법익도 보호되어야 할 것이므로, 인격권으로서의 개인의 명예의 보호와 표현의 자유의 보장이라는 두 법익이 충돌하였을 때 그 조정을 어떻게 할 것인지는 구체적인 경우에 사회적인 여러 가지 이익을 비교하여 표현의 자유로 얻어지는 이익, 가치와 인격권의 보호에 의하여 달성되는 가치를 형량하여 그 규제의 폭과 방법을 정하여야 한다"고 판시하고 있다.[53] 헌법재판소 역시 기본적으로는 비교형량의 방법을 지지하고 있다.[54]

이러한 이익형량 또는 법익형량의 방법은 명예훼손 소송에서 위법성 조각사유로 공공성(또는 공익성), 진실성 외에 상당성을 인정하면서부터 두드러진다. 명예훼손적인 보도를 한 행위자에게 보도 내용의 진실성을 입증하라고 요구하는 것에 비하여 진실이라고 믿을 만한 상당한 이유가 있었는지 입증하라고 요구하는 것은 명예권 보호에서 표현의 자유 쪽으로 한걸음 나아간 것임에는 틀림없다. 하지만 어떠한 경우에 그 행위가 진실이라고 믿을 만한 상당한 이유가 있는가를 결정하는 것은 언론매체의 성격, 기사의 성격, 정보원의 신뢰성, 진실확인의 용이성 및 노력 등을 종합적으로 고려하여 사안별로 해결할 수밖에 없는 한계를 갖는다.[55]

---

53. 대법원 1998. 7. 14. 선고 96다17257 판결.
54. 헌법재판소 1999. 6. 24. 선고 97헌마265 결정 ("국민의 알권리와 다양한 사상·의견의 교환을 보장하는 언론의 자유는 민주제의 근간이 되는 핵심적인 기본권이고, 명예보호는 인간의 존엄과 가치, 행복을 추구하는 기초가 되는 권리이므로. 이 두 권리를 비교형량하여 어느 쪽이 우위에 서는지를 가리는 것은 헌법적인 평가문제에 속하는 것이다.")
55. 대법원 1997. 9. 30. 선고 97다24207 판결; 대법원 1998. 2. 27. 선고 97다19038 판결; 대법원 1998. 5. 8. 선고 96다36395 판결; 대법원 1998. 10. 27. 선고 98다24624 판결; 대법원 2001. 1. 19. 선고 2000다10208 판결 등 참조. 상당한 이유가 있는가의 여부를 살펴보는 사정으로 '피해자의 피해정도'를 드는 판례(96다36395; 98다24624; 2000다10208 등)가 많다. 하지만 상당성 기준은 피고가 진실성을 입증 못할 때 보충적으로 적용되는 기준이기 때문에 피해자(원고)의 사정은 고려대상이 아니라고 보아야 할 것이다.

　그러나 사안별 비교형량의 방법은 발언자가 자기의 표현이 법원에서 보호받을 수 있을지 여부를 사전에 알 수 없는 근본적인 약점을 가지고 있다. 그렇게 되면 말하려고 하던 사람이 입을 닫게 되는 소위 위축효과(chilling effect)가 발생한다. 미국 연방대법원이 뉴욕타임스 사건에서 처음으로 헌법적 차원에서 명예훼손의 법리를 재정립했던 이유는 바로 이 위축효과를 막기 위한 것이었다. 사람들이 말을 아끼게 되면 사회적으로 의미 있는 공적인 관심사에 대한 비판기능이 약화될 수밖에 없다. 미 연방대법원이 현실적 악의(actual malice)라는 새로운 개념을 도입하여 잘못된 표현을 보호한 것은 브레넌(Brennan) 대법관의 표현대로 사람들이 '불법 지역에서 멀리 떨어져 항해(steer far wider of the unlawful zone)' 하는 현상을 막고자 하는데 있었다. 뉴욕타임스 판결은 유형적 접근방법에 기초하고 있다고 보아야 한다.[56]

　미국에서 공인이론이 발전하여온 과정을 살펴보면, 표현의 자유의 보호범위가 불명확한 데서 나타나는 위축효과를 막고자하는 의도를 쉽사리 파악할 수 있다.[57] 뉴욕타임스 판결 이후 미 대법원은 현실적 악의의 적용범위를 놓고 한동안 논쟁을 벌였다. 논쟁은 그 표현된 내용이 공공 이익(public interest) 또는 공적인 관심사(public concern)인지 여부로 정하자는 내용기준 접근방식(content-based approach)과 원고의 신분을 기준으로 나누자는 신분기준 접근방식

---

56. 언론의 자유를 보장해서 얻는 사회적 이익과 그로 인한 개인의 피해를 사안별로 비교형량(ad hoc balancing)하는 방법은 뉴욕타임스 사건에서 전혀 사용되지 않았다. Sullivan & Gunther, *supra* note 52, at 1032.
57. 미국에서의 공인이론의 발전과 유형적 접근방식에 관하여는 졸고, "공인에 대한 명예훼손", 「법조」, 2002년 8월호 참조.

(status-based approach)으로 나타났다. 이 논의의 이면에는 비교형량 방법과 유형별 접근방법의 장·단점 비교가 자리 잡고 있다. 공공 이익 또는 공적인 관심사를 기준으로 할 경우 사안별로 이익을 비교형량하여야 하는 반면 신분을 기준으로 하면 유형화가 쉬워지기 때문이다. 결국 미 대법원은 공인이라는 신분을 기준으로 하되, 사인일 경우 공적인 관심사 기준을 보충적으로 적용하는 방식으로 현실적 악의를 적용하고 있다.

하지만 우리나라에서는 이러한 논쟁 없이 공인이론이 도입되고 있다. 표현의 자유가 명예권보다 중시되는 영역을 찾는데 있어 공적인 관심사 기준과 공인 기준이 함께 사용되고 있는 것이다. 헌법재판소는 1999년 6월 24일 선고 97헌마265 사건에서 "신문보도의 명예훼손적 표현의 피해자가 공적 인물인지 아니면 사인인지, 그 표현이 공적인 관심 사안에 관한 것인지 순수한 사적인 영역에 속하는 사안인지 여부에 따라 헌법적 심사기준에는 차이가 있어야 한다"고 판시했다. 대법원도 2002년 1월 22일 선고 2000다37524 사건에서 "당해 표현으로 인한 <u>(1)피해자가 공적인 존재인지 사적인 존재인지, (2) 표현이 공적인 관심 사안에 관한 것인지 순수한 사적인 영역에 속하는 사안에 관한 것인지</u>, 그 표현이 객관적으로 국민이 알아야 할 공공성, 사회성을 갖춘 사안에 관한 것으로 여론형성이나 공개토론에 기여하는 것인지 아닌지 등을 따져보아 공적 존재에 대한 공적 관심 사안과 사적인 영역에 속하는 사안 간에는 심사기준에 차이를 두어야 하며, 당해 표현이 사적인 영역에 속하는 사안에 관한 것인 경우에는 언론의 자유보다 명예의 보호라는 인격권이 우선할 수 있으나, 공공적·사회적인 의미를 가진 사안에 관한 것인 경우에는 그 평가를 달리하여야 하고 언론의 자유에 대한 제한이 완화되어야 하며, <u>(3)피해</u>

자가 당해 명예훼손적 표현의 위험을 자초한 것인지의 여부도 또한 고려되어야 한다"[58]라고 하여 비교형량의 틀에서 벗어나지 못하고 있다.

그럼에도 불구하고 최근 대법원이 피해자의 공인 여부와 표현의 공적인 관심사 여부를 중시하여 정치적 언론에 대하여 과거와 달리 명예훼손의 책임을 엄격하게 부과하지 않으려는 경향[59]은 바람직하다고 하겠다. 이러한 판례 태도에 비추어 보면 앞으로 공적인 존재의 공적인 관심 사안에 관한 표현에 대하여는 표현의 자유의 보호 영역은 크게 확대되고, 특히 정치적 표현으로 인하여 명예훼손 책임을 지게 되는 일은 많지 않을 것으로 전망된다.[60]

(2) 유형으로서의 정치 패러디

패러디가 자기 의사를 전달하는 하나의 수단인 이상, 정치 패러디가 정치적 표현이라는 점에는 의문이 없다. 또한 표현의 자유가 국민의 의사를 바탕으로 한 민주주의가 실현되는데 있어서 필수불가결한

---

58. 번호와 밑줄은 필자가 편의상 추가한 것이다.
59. 대표적인 판례로는 전라북도 도지사가 금품을 도난당한 사건이 발생하자 한나라당 대변인이 미화 12만 달러를 보관하다가 도난당했음에도 이를 축소 신고했다는 내용의 성명서를 발표한 사건에서 "공직자의 도덕성, 청렴성에 대하여는 국민과 정당의 감시 기능이 필요함에 비추어 볼 때, 그 점에 관한 의혹의 제기는 악의적이거나 현저히 상당성을 잃은 공격이 아닌 한 쉽게 책임을 추궁하여서는 안 된다"는 대법원 2003. 7. 8. 선고 2002다64384 사건 및 대전 지역의 법조비리 사건을 보도하였다가 그 지역 검사들이 소송을 제기한 사건에서 원심을 깨고 "공직자의 업무처리의 공정성 여부에 관한 국민과 언론의 감시 비판기능의 중요성에 비추어 볼 때 그 정도의 암시나 의혹의 제기는 허용될 수 있는 범위 내에 속한다"고 판시한 대법원 2003. 9. 2. 선고 2002다63558 판결 등이 있다.
60. 한위수, "공인의 명예훼손소송 관련 국내판결의 경향", 「언론중재」, 2004년 봄호, p39.

핵심적인 권리라고 보면, 여러 종류의 표현 중 정치적 표현이 가장 두껍게 보호되어야 한다는 점에 대해서도 공감대가 형성되었다고 하겠다. 앞서 살펴본 바와 같이 헌법재판소와 대법원 모두 공적인 존재의 공적인 관심 사안에 대하여 심사기준을 엄격히 하려는 것도 결국 정치적 표현을 두껍게 보호하겠다는 의지의 표명이다.

하지만 정치적 표현이 무엇인지, 어떠한 표현이 정치적 표현에 해당하여 보다 두터운 보호를 받을 수 있을지 사전에 명확하게 확정하는 것은 쉬운 일은 아니다. 미국에서 정치적 표현이 명예훼손 책임에서 면제되는 표현의 영역이라고 처음 주장했던 학자는 마이클존(A. Meiklejohn)이었다. 그는 모든 유권자가 자기가 투표하는 사안에 대하여 최대한 이해하여야 한다는 생각에서 정치적 표현의 자유를 절대적으로 보호하여야 한다고 주장했다.[61] 따라서 정부나 공무원에 대한 비판은 정치적 표현의 중심 과제로 다른 어떤 내용의 표현보다 더 두껍게 보호되어야 할 표현이다. 뉴욕타임스 판례가 현실적 악의 이론을 채택한 것도 이러한 사고에 바탕을 둔 것이었다. 하지만 마이클존은 훗날 정치적 표현의 범위를 지나치게 확장하면서 비판 받게 된다. 그는 교육, 철학 및 과학, 문학 및 예술, 공적인 사항에 관한 공적인 토론 등도 유권자의 자기 지배(self-governance)를 위하여 필요하다고 주장[62]함으로써 거의 모든 종류의 표현을 절대적 보호의 대상에 포함시키는 우를 범한다.

정치적 표현은 국민의 자기 지배에 직접적인 영향을 미치는 표현으

---

61. A. Meiklejohn, FREE SPEECH AND ITS RELATION TO SELF-GOVERNMENT (1948).
62. A. Meiklejohn, *The First Amendment Is an Absolute*, 1961 Sup. Ct. Rev. p245, pp256~57.

로 그 대상을 좁게 설정하고, 그러한 영역에 속하는 표현에 대하여는
명예훼손 등 모든 민·형사상 책임에서 사실상 벗어나게 해주는 방
안이 표현의 자유와 인격권과의 충돌을 조화롭게 해결하는 방법이라
고 생각한다. 즉 국민으로부터 권한을 위임받은 국가기관 및 그 기관
의 의사결정권을 가진 자의 공적 활동에 관한 의사표현이 정치적 표
현이라고 하겠다. 이러한 정의는 앞서 살펴 본 대법원의 공적 존재에
대한 공적인 관심 사안에 관한 표현보다는 그 범위가 좁다고 보아야
할 것이다.[63]

정치 패러디는 정치적 표현에 풍자적 또는 만화적 형태의 치장을
한 것이라고 정의내릴 수 있겠다. 정치 패러디는 그 함유하고 있는 내
용이 정치적 표현이라는 점에서 명예훼손의 위험으로부터 해방되어
야 할 뿐 아니라, 그 외형적인 치장도 진실의 전달보다는 감정의 전달
에 적합한 수단이라는 점에서 명예훼손 뿐 아니라 다른 정신적 고통
에 기한 불법행위 책임에서 면제되어야 한다고 생각한다.

정치 패러디의 경우 구체적인 사실의 적시가 없는 경우가 대부분이
다.(첨부2 참조)[64] 그렇다고 일반적인 의견 내지 견해의 제시와 동일
하게 취급할 수 없는 측면이 있다. 감정이 함께 전달되기 때문이다.

---

63. 예컨대 사기업인 현대자동차의 노동조합이 호화생활을 한다는 내용의 비판적 기사는
    정치적 표현이라고 할 수 없다고 하겠다. 하지만 이 노조가 불법집회를 함으로써 교통
    이 마비되는 등 시민생활에 지장을 초래하였다면 이에 적절히 대처하지 못하는 정부
    에 대한 비판은 정치적 표현이며, 이러한 표현에 부수적으로 노조에 대한 비판이 수반
    되었다면 이 역시 정치적 표현에 속한다고 하겠다.
64. 첨부2 사진 패러디는 배경이 되는 사건을 알아야만 이해할 수 있다. 2004년 3월 12일
    국회의 대통령 탄핵소추안 가결 이후 KBS 등 방송국에서 탄핵의 부당성을 지적하는
    보도가 이어지자, 한나라당의 박근혜 대표 등은 KBS를 항의 방문했다. 당시 대표의 한
    측근은 KBS의 홀대를 빗대어 "온 지 12분이 지났는데 물 한잔도 없다"라고 말했다고
    전해지자 대통령 지지 세력에서는 "물은 셀프"라는 말이 유행했다.

정치 패러디는 과장, 강조, 극단화를 통하여 그 소재가 된 사람을 우스꽝스럽게 만든다.(첨부3 참조) 패러디의 특징으로는 다음과 같은 세 가지를 들 수 있다.[65] 첫째, 가능한 한 분명한 방법으로 사회적 관심사가 된 상황을 비참하거나 우스꽝스럽게 묘사한다. 둘째, 냉담, 조잡, 음란, 또는 금기의 단어를 사용하여 독자에게 충격을 주고 혼란스럽게 만든다. 셋째, 독자의 감성을 자극하여 복합적인 감정, 즉 즐거움과 모욕, 증오와 웃음을 함께 제공한다.

이처럼 감성을 자극하면서도 분명한 견해를 제시하는 패러디는 정치적 논쟁에 적합한 수단이다.[66] 의식(ceremony)과 허영(pomp)에서 오는 제한을 벗어나 불손한 것 같아도 허울과 가식의 가면을 벗어던져 신선하다는 평가를 받기도 한다. 그러한 이유에서 Smolla 같은 학자는 공인과 공적 관심사에 관한 풍자(satire)는 수정헌법 제1조가 보호하려는 핵심에 해당한다고 말한다.[67] 패러디는 풍자의 한 방법이기 때문에 마찬가지로 가장 두텁게 보호를 받아야 할 표현의 종류하고 하겠다.

패러디를 유형적 접근방식을 통하여 표현의 자유가 두텁게 보호되는 영역이라고 분류하지 않고 사안별로 이익형량을 할 경우 패러디가 가지는 감성적 충격으로 인하여 인격권 침해가 두드러져 보인다. 또한 패러디의 방식이 아니고도 자신의 의견을 전달할 수 있는 대체

---

65. Gilbert Highet, THE ANATOMY OF SATIRE 16~18 (1962) (Rodney A. Smolla, *Emotional Distress and the First Amendment: An Analysis of Hustler v. Falwell*, 20 Ariz. St. L.J. 423 (1988)에서 재인용). 원문에서는 풍자의 특징으로 제시되었으나 패러디에도 마찬가지로 적용된다고 본다.

66. Hustler v. Falwell 사건의 항소법원 판사 J. Harve Wikinson의 견해이기도 하다. Falwell v. Flint, 805 F. 2d 484, 487 (4th Cir. 1986).

67. Smolla, *supra* note 65, at 455.

적인 수단은 무궁무진하기 때문에 표현의 자유보다는 개인의 인격권 침해가 더 중시될 가능성이 높다. 독일 연방헌법재판소가 쉬트라우스 풍자만화 사건에서 비교형량 끝에 인격권 침해를 인정한 것이 그 대표적인 예라고 하겠다. 이러한 결론은 인격권 보호에 충실한 것 같아도 사실은 그렇지 못하다. 인격권 침해라는 결론은 위축효과를 초래하여 패러디라는 정치적 표현수단이 사라지는 결과를 초래할 수 있다. 이는 모든 인간에게 자기의 의견과 감정을 표출함으로써 하나의 인격체로서 존재하고 있음을 자각하는 자기만족(self-fulfill-ment)과 다양한 의견을 바탕으로 여론을 형성하여 국정에 반영하는 민주주의 정치가 실현되는데 참여하는 자기통치(self-govern-ment)의 기회를 빼앗아 감으로써 결과적으로 인간의 존엄성의 실현에도 도움이 되지 못한다.

5. 정치 패러디의 유형화

정치 패러디라는 하나의 유형(category)을 만들어 이 영역에서는 다른 어떤 가치보다 표현의 자유가 더 중시되도록 하게 한다는 것은 우리의 법체계상 다음과 같은 의미를 가진다.

첫 번째로 정치 패러디에 구체적인 사실의 적시가 없는 경우다. 의견 표명의 형식을 취하면서 묵시적으로 그 전제되는 사실을 적시한 경우에는 사실의 적시가 있다고 보아야 할 것이다. 사실의 적시가 없는 경우는 결국 단순히 자신의 의견을 표명한 것에 불과하기 때문에 명예훼손죄가 성립하지 않으며, 민사상 명예훼손 책임도 부과할 수 없다. 이는 우리나라 대법원도 인정하는 바이다.

그런데, 문제는 구체적인 사실을 적시하지 않더라도 형사상 저벌

될 수 있다는 데 있다. 우리 형법은 명예훼손죄 외에 모욕죄(제311조)를 규정하고 있다. 모욕죄는 사실을 적시하지 않고 공연히 경멸 등의 부정적 가치판단으로 타인의 명예를 손상하는 경우에 성립한다.[68] 모욕의 수단·방법에는 제한이 없다. 동네사람 4명과 구청직원 2명이 있는 자리에서 피해자가 듣는 가운데 구청직원에게 피해자를 가리키면서 "저 망할 년 저기 오네"라고 피해자를 경멸하는 욕설 섞인 표현을 한 경우 모욕죄가 성립한다고 한 대법원 판례[69]에 비추어 보면, 사실의 적시 없는 패러디를 모욕죄로 처벌할 가능성이 없지 않다.

하지만 정치 패러디는 단순한 욕설과 달리 의견의 표명이라고 보아야 할 것이므로 모욕죄에 해당하지 않는다고 해석하여야 한다. 그렇지 않을 경우 의견과 사실의 구분을 통하여 일정한 표현을 헌법적으로 보호하려는 의미가 손상되기 때문이다. 마찬가지 이유에서 구체적인 사실의 적시 없는 정치 패러디는 인격권의 침해를 바탕으로 하는 민사상 다른 불법행위 책임도 야기하지 않는다고 보아야 할 것이다.[70]

두 번째, 정치 패러디가 구체적인 사실을 적시하고 있거나 이를 전제하고 있을 경우가 있다. 이때는 공인이론이 중요한 역할을 하게 된

---

68. 배종대, 『형법각론』(제4판), 홍문사, 2001, p269.
69. 대법원 1990. 9. 25. 선고 90도873 판례
70. 신평, 새로운 명예훼손법 체계의 구축에 관한 시도, 공법연구 제31집 제3호, 209 참조. 일반적으로 명예감정 침해의 경우 명예훼손과는 별개의 불법행위로서 그 성립여부를 따져보아야 한다는 견해(한위수, "명예의 훼손과 민사상의 제문제", 「사법논집」 제24집, 법원행정처, 1993, 410)와 민법 제751조 제1항에서 말하는 '기타 정신상 고통을 가한' 경우에 해당한다고 하여 불법행위의 성립을 인정하는 견해(이광범, "명예훼손, 프라이버시 침해와 그 구제방법", 「헌법문제와 재판(하)」, 법원행정처, 1997, p132) 등이 있다.

다. 패러디로 명예가 손상된 대상자가 공인이고 그의 공적 활동에 관한 내용을 풍자했다면 헌법상 표현의 자유가 명예권보다 우선하여야 한다. 따라서 민·형사상 책임은 면제된다고 보아야 할 것이다. 외형상 패러디임이 분명한 경우 뿐 아니라, 미국 New York Times 사건과 같이 패러디임을 분명히 밝히지 않았다고 하더라도 공인이론을 적용하면 정치 패러디는 사실상 모두 면책의 대상이 될 것이다.[71]

마지막으로 선거법 위반의 경우다. 정치 패러디가 구체적인 사실을 적시하거나 이를 암시하고 있지 않은 경우에는 선거법 위반 문제는 발생하지 않는다. 공직선거및선거부정방지법에서 처벌하는 것은 허위의 사실 적시한 경우뿐이다. 단순한 의견의 표명은 허위사실공표죄(제250조)나 후보자비방죄(제251조)에 해당되지 않는다. 문제는 구체적인 사실을 적시하거나 함유하고 있는 경우이다. 이때는 일반적인 명예훼손 사건과 달리 공인이론을 무제한 적용하는데 한계가 있다. 공직선거에 출마한 후보자는 모두 공인이라고 볼 수 있는데, 이들에 대하여 무제한적인 비판을 허용하기에는 사상의 자유시장(marketplace of ideas)이 교정할 시간이 없기 때문이다. 선거일이 다가올수록 잘못된 정보는 시장에서 치유될 가능성이 적어진다. 따라서 적어도 선거기간 동안 패러디를 통한 허위사실의 공표나 후보

---

71. 미국에서는 공인일 경우 현실적 악의 기준을 적용하여 허위임을 알거나 알 수 있었는데도 무모하게 경시했는지 여부가 쟁점이 된다. 그런데 패러디의 경우 허위임을 알고도 패러디했기 때문에 현실적 악의기준을 적용해도 피고가 명예훼손 책임을 면치 못하는 결과를 낳을 수 있다. 그 때문에 패러디의 경우에는 허위임을 알았는지 여부가 아니라 독자들이 허위라고 믿을 것이라고 생각하고도 그렇게 했는지가 중요하다는 설이 제기되고 있다. 그래야만 현실적 악의기준을 적용하여 정치적 표현을 보호하려는 목적을 달성할 수 있기 때문이다.

〈첨부1〉

〈첨부2〉

〈첨부3〉

자비방에 대하여 처벌하는 것은 불가피하다고 본다. 이를 인정하지 않을 경우 패러디를 악용한 불법선거운동이 기승을 부려 유권자의 올바른 선택을 방해하기 때문이다.

Ⅲ. 선거에 있어서 표현의 자유와
명백하고 현존하는 위험

1. 선거와 규제

2007년 4월, 제18대 대통령선거를 8개월 앞 둔 시점에 한나라당은 선거법을 개정하겠다고 발표하였다. 안상수 정치관계법 제·개정 특별위원회 위원장은 4월 16일 공직선거법 제103조 제3항의 "누구든지 선거기간 중 선거에 영향을 미치게 하기 위하여 단합대회 또는 야유회 기타의 집회를 개최할 수 없다"는 규정을 "선거기간 중 선거에 영향을 미칠 수 있는 단합대회 야유회 또는 촛불집회 기타의 집회를 개최할 수 없다"는 규정으로 바꾸겠다고 기자회견에서 밝혔다. 이틀 뒤에는 제·개정 특위의 방송 및 인터넷 미디어 중립소위(위원장 장윤석)가 선거일 120일 전부터 인터넷포털 등이 선거와 관계있는 낱말을 인기 검색어로 올릴 수 없도록 하겠다는 내용의 공직선거법 개정안을 발표하였다.

한나라당의 개정안은 여론의 호된 비판을 받았다.[72] 열린우리당과

---

72. 김보협, "정치 뭐 이런 법이 다 있어?: 위헌소지 다분한 정치관계법 제·개정안 들고 나와 '오버' 하는 한나라당", 인터넷 한겨레21, 2007. 4. 26.

민주노동당은 "한나라당이 집권을 위해 민주주의와 언론의 자유를 침해하는 정치 악법을 만들려고 하고 있다"고 성토하고[73] 시민단체는 헌법이 보장하는 정치적 표현을 침해한다고 비판하였다. 한나라당 내부에서도 비판의 목소리가 나왔다. 결국 한나라당은 촛불집회 금지를 공직선거법에 명기하지 않기로 하고, 선거관련 인터넷 검색어 금지도 개정안에서 삭제하기로 결정하였다.[74]

대의제 민주주의에 바탕을 두고 있는 우리 헌법에서 선거는 국민주권주의를 실현하는 핵심적인 수단이다. 선거는 주권자인 국민의 의사가 구체화되고 현실화되어 국가기관을 구성하고, 이렇게 구성된 국가기관이 국가권력을 행사할 수 있는 정당성을 부여받는 과정이다.[75] 따라서 선거에 입후보한 사람은 자신의 사상과 의견을 주권자인 국민에게 충분히 전달할 수 있어야 하며, 국민은 선택에 필요한 정보에 충분히 접하고 자신의 의사를 형성할 수 있어야 한다. 후보자와 유권자 사이, 또한 유권자 사이의 의사소통은 자유로워야 한다. 이러한 이유에서 기본권 중에서 상대적으로 우월적 지위에 있는 언론의 자유, 특히 그 중에서 정치적 표현의 자유는 가능한 한 두텁게 보호받아야 한다.

현실은 그렇지 않다. 한나라당이 제18대 대통령선거를 앞두고 자기 당에 유리한 선거제도를 만들기 위하여 선거기간 중 촛불집회와 같은 집단적 정치적 의사표현을 금지하고, 사상의 자유시장을 가장

---

73. 성연철, "한나라, '인터넷 재갈' 법안 추진: 선거관련 단어들 인기검색어 금지", 인터넷 한겨레, 2007. 4. 18.
74. 나경원 한나라당 대변인의 최고중진연석회의 비공개 부분의 주요내용 브리핑, 2007. 4. 25.
75. 허영, 『한국헌법론』, 박영사, 2007, p736.

완벽하게 구현한다는 인터넷에서 네티즌의 검색행위를 제한하는 규정을 만드는 데 주저함이 없는 것을 일탈적 행동이라고 보기 어렵다. 현행 공직선거법에서 선거기간뿐 아니라, 그 전부터 정치적 표현을 금지 또는 제한하는 규정을 찾아보는 것은 어려운 일이 아니다. 공직선거법은 "누구든지 자유롭게 선거운동을 할 수 있다"고 규정(제58조제2항 제1문)하여 선거운동의 자유를 천명한 것 같지만, 복잡다기한 규제로 인하여 선거운동의 자유는 오히려 예외가 되어 버렸다. 선거운동기간을 설정하고(공직선거법 제59조) 그 전에 선거운동 할 경우 처벌하는 것(제254조제2항 및 제3항)이 그렇고, 선거운동기간 중에도 선거운동을 위한 호별방문·서명 및 날인운동이 금지되고(제106조, 제107조), 현수막·어깨띠·신문광고·방송광고·후보자 등의 방송연설·공공장소에서의 연설·대담 등 선거운동 방법에 다양한 제한이 가해진다(제67~제71조, 제79조). 언론사에 가해지는 제한도 다양하다. 공직선거법은 방송·신문·통신·잡지·인터넷 언론 등 언론사가 "정당의 정강·정책이나 후보자의 정견 기타 사항에 관하여 보도·논평을 하는 경우" 공정하게 할 것을 요구하고(제8조), 이를 실현하는 방법으로 방송에 대해서는 선거방송심의위원회(제8조의2), 신문 잡지 등 정기간행물에 대해서는 선거기사심의위원회(제8조의3), 인터넷언론에 대해서는 인터넷선거보도심의위원회(제8조의5)를 설치하여 선거보도의 공정 여부를 조사하고, 공정하지 않은 선거보도에 대하여 제재할 수 있는 체계가 마련되었다. 여론조사의 결과발표도 선거일 전 6일부터 선거일의 투표마감시각까지 금지된다(제108조). 선거법 위반에 대한 벌칙도 다양하여(제230조~261조) 일일이 열거하기 힘들 정도이며, 이러한 벌칙의 대부분은 언론의 자유와 관련된 것이다.

여기서는 이러한 선거운동의 규제가 언론의 자유와 어떻게 양립할 수 있는지 검토하고자 한다. 이를 위하여 선거에 있어서 언론의 자유를 제한하는 입법의 위헌성 심사기준으로 명백하고 현존하는 위험의 기준[76]을 제시하고 있다. 구체적인 검토사항은 1)미국에서 명백·현존 위험의 기준이 어떻게 발전하였고 현재 어떻게 적용되고 있는지, 2)이에 근거하여 국내에서도 언론의 자유를 제한하는 입법의 한계 설정이론으로 명백·현존 위험의 기준을 활용할 여지가 있는지, 3)언론의 자유와 관련된 공직선거법 해당 조항의 위헌성 심사에 이 기준을 적용할 경우 그 결과는 어떠한지 등이다.

2. 명백·현존 위험의 기준[77]

(1) 개론적 설명

명백·현존 위험의 기준은 미국 연방대법원의 홈즈 대법관이 처음 사용한 것으로, 언론의 자유를 제한하기 위해서는 명백하고 현존하는 위험이 있어야 한다는 것이다. 즉 표현과 위험 사이의 인과관계가 명백하고(clear), 위험 발생이 시간적으로 근접해서 그 위험이 현존할 때(present) 비로소 언론의 자유를 제한하는 법률이 정당성을 가

---

76. 국내에서는 언론의 자유를 제한하는 법률의 일반적 한계라는 의미에서 명백·현존 위험의 원칙(clear and present danger doctrine)이라는 용어가 자주 사용되고 있으나, 미국에서는 표현의 자유를 제한하는 법률의 위헌성 심사 기준이라는 의미에서 명백·현존 위험의 기준(clear and present danger test)이 더 보편적으로 사용되는 것 같다. 본고는 두 표현을 상황에 따라 모두 사용한다.
77. 이 장은 졸고, "명백·현존위험의 원칙의 현대적 해석과 적용에 관한 연구", 「헌법학연구」 제9권 제1호(2003), pp379~421을 수정·보완한 것임. 기본적 문제 인식은 동일하나, 본고는 그 후 정리된 사고의 소산임.

진다는 것이 이 기준의 내용이다.

명백·현존 위험의 기준은 '명백''현존'이라는 단어가 주는 강렬함 때문에 언론의 자유를 두텁게 보호하는 것처럼 보이지만, 실제로 그러한 역할을 하였는지에 대해서는 회의적이다. 한 학자는 정치적 발언에 대한 보호가 절실히 필요했을 때, 즉 제1차 세계대전 직후와 공산주의와의 이데올로기 대립이 심각하던 1950년대 초반에는 정부 정책에 반대하는 발언에 대해 보호의 손길을 주지 않다가 정치적 대립이 없이 평안한 시기, 다시 말해 표현의 자유에 대한 보호가 상대적으로 절실하지 않을 때 보호막을 완벽하게 쳐주고 있는 것이 바로 명백·현존 위험의 기준이라고 혹평하기도 하였다.[78]

명백·현존 위험의 기준은 탄생부터 지금까지 다양한 모습으로 변신하였다. 현재 미국에서 명백·현존 위험의 기준은 실무적으로 표현의 자유를 제한하는 법률의 위헌성을 심사할 때 거의 사용되지 않는다.[79] 미국에서 명백·현존 위험의 기준이 적용되는 사례는 불법행위를 야기하는 표현(speech that "cuses" unlawful conduct)을 형사처벌하는 문제에 국한하여 설명한다. 그 밖에 표현의 내용이 문

---

78. John Ely, 전원열 옮김, 『민주주의와 법원의 위헌심사(Democracy and Distrust)』, 나남신서, 2006년, pp254~255.

79. Marc A. Franklin et al., MASS MEDIA LAW 83 (2000) ("Although the clear and present danger test was once the focal point for debate over the meaning of freedom of expression, its importance and utility must not be overstated. The test itself is rarely used today, though variants of it continue to be employed in several contexts."); 박용상, 『표현의 자유』, 현암사, 2002, p109.("1960년대 이후에 연방대법원이 명백하고 현존하는 법리를 적용한 사례는 법정모욕 사건 등 극소수의 분야를 제외하고는 없었다."); 전원열 옮김, 앞의 책, 역주 4("따라서 '명백하고 현존하는 위험' 기준은 20세기 전반에 언론자유의 심사기준으로 이야기되기는 하였으나, 언론관련 법률을 위헌으로 판정하는 기준으로서 그다지 본격적으로 적용되지 못하였으며, … 1969년에 Brandenburg 판결에서 보다 완화된 새로운 기준이 등장함으로써 사라지게 되었다.").

제되는 영역, 예컨대 명예훼손적 표현, 사생활의 비밀과 자유를 침해하는 표현, 성에 관한 노골적 표현, 상업적 표현 등과 시간·장소·방법 등 표현의 내용과 상관없는 내용 중립적 제한(content-neutral regulation)에 있어서는 명백·현존 위험의 기준이 적용되지 않는다.[80] 혹자는 명백·현존 위험의 기준을 사실상 사망하였다는 평가를 내리기도 하였다.[81]

흥미롭게도 명백·현존 위험의 기준은 혹독한 비판에도 불구하고 끈질기게 생명력을 유지하고 있다. 아직도 미국 법제사에서 가장 중요한 원칙 중 하나로 보는 견해도 있다.[82] 최근에는 시청자나 독자가 보도 내용을 그대로 따라 하는 모방행위(copycat act)를 하였을 때 언론사나 출판사에게 손해배상책임을 부과할 수 있는지에 관한 기준으로 사용되기도 한다. 2001년 9월 11일 뉴욕의 월드 트레이드 센터 빌딩이 테러집단에 의하여 붕괴된 후에는 인종차별주의자와 같은 증오집단(hate group)이 인터넷을 통해서 증오대상에 대한 폭력을 조

---

80. 미국 판례에 의하면 명백·현존 위험의 기준은 전쟁에 반대하는 형사 기소사건, 무력 또는 폭력에 의한 정부 전복을 옹호할 경우 처벌하는 법규, 법원 및 판사에 대한 공격적 발언, 피켓팅(picketing), 재소자의 신문, 잡지 등에 대한 접근권 제한, 범죄의 교사, 평온 파괴 또는 부질서한 행동 등에 적용되었지만 경쟁법, 명예훼손 사건, 노동조합 행사에서 행동을 규제하는 법규, 법원 앞과 같은 부적절한 장소에서의 시위 등에는 적용되지 않았다. Donald T. Kramer, *"Clear and present danger" doctrine; generally-Application in specific factual situations*, 16A Am. Jur. 2d Constitutional Law § 495 (updated May 2007).
81. 1960년대 후반에는 명백 현존위험의 원칙이 사실상 사망하였다는 평가를 받았지만, 지금은 사망하였다기보다는 변형된 형태로 존재를 유지하고 있다는 해석이 유력하다. Martin H. Redish, *Advocacy of Unlawful Conduct and the First Amendment: In Defense of Clear and Present Danger*, 70 Calif. L. Rev. 1159, 1160 (1982).
82. David G. Barnum, *The Clear and Present Danger Test in Anglo-American and EuropeanLaw*, 7 San Diego Int'l L.J. 263 (2006). 명백·현존 위험의 원칙이 미국 법제사에서 갖는 의의는 표현의 자유를 제한하는 입법의 한계를 처음으로 신중하게 검토하였다는 데 있다. 현재도 이 원칙이 갖는 강렬한 인상은 여기에 기인한다고 본다.

장할 경우 어느 범위까지 표현의 자유로 보호할 것인지 해결하는 기준으로 명백·현존 위험의 기준이 주목받기도 하였다. 반민주세력(antidemocratic groups)의 파괴적인 행위에 대하여 민주정부가 어디까지 인내하여야 하는지에 관한 일반이론으로 명백·현존 위험의 기준을 소개하기도 한다.[83]

여기서는 먼저 명백·현존 위험의 기준이 미국에서 어떻게 발전되어 왔는지 간략하게 살펴본 후 이 기준을 선거운동의 자유를 제한하는 입법의 한계를 설정하는 기준으로 활용할 수 있는지 고찰하도록 하겠다.

(2) 명백·현존 위험의 기준의 전개

1) 탄생의 아이러니(irony)

미 연방대법원에서 명백하고 현존하는 위험이 처음 등장한 것은 1919년 Schenck 사건[84]이다. 이 사건은 제1차 세계대전 중에 발생하였다. 미국 의회는 1917년 방첩법(Espionage Act)을 제정하고 징병업무를 의도적으로 방해하는 행위를 처벌하였다. 피고인 Schenck는 사회당 간부로 징병에 반대하는 내용의 유인물을 징집대상자들에게 돌린 혐의로 기소됐다. 미 대법원은 만장일치로 피고인들에게 유죄를 확정하였다. 이때 규제 논리로 등장한 것이 홈즈 대법관의 명백하고 현존하는 위험의 원칙이다.

홈즈 대법관은 불법행위를 조장하지 않았더라도 처벌받을 수 있다

---

83. Samuel Issacharoff, *Fragile Democracies*, 120 Harv. L. Rev. 1405 (2007).

는 결론을 도출하기 위해 상황 논리를 설명하였다. 이것이 그 유명한 극장에서 "불이야"라고 거짓 소리칠 경우다. 똑같이 "불이야"라는 말이라도 그것이 몇 사람 없는 장소인지, 극장 같이 사람이 밀집한 장소인지에 따라 평가가 다르다는 것이다. 홈즈 대법관은 Schenck 사건에서 "표현이 실체적 해악을 초래할 명백하고 현존하는 위험을 발생시키는 그런 상황에서 사용되었는지와 그런 성질의 것인지"에 따라 가벌성이 달라진다고 설명하면서 명백·현존의 위험을 처음 사용하였다.[85]

하지만 이 원칙은 Schenck 사건으로부터 일주일 뒤 선고된 Frohwerk[86]와 Debs[87] 사건에서 언급되지 않았다.[88] 두 사건은 앞서 Schenck 사건과 유사한 점이 많았다. 세 사건은 방첩법 위반 사건으로 유죄판결이 확정된 경우다. 판결문은 홈즈 대법관이 작성하였다. 특히 Debs 판결은 표현의 자유를 가장 두텁게 보호받아야 할 정치적 발언(political speech)이었다. Debs 사건의 피고인이었던 유진 뎁스(Eugene V. Debs)는 사회주의자로 미 대통령 후보로도 나섰던 정치인이었다. 그는 일반 청중을 대상으로 제1차 세계대전에 반대하는 연설을 하였다가 징병제도를 방해한 혐의로 기소되었다.[89] 홈즈 대법관은 그의 유죄를 지지하였다. 불법행위를 주창하지도 않았고, 불법행위를 야기하지도 아니한 비교적 온순한 내용의 표현행위가 처벌

---

84. Schenck v. U.S., 249 U.S. 47 (1919).

85. 249 U.S. at 52.

86. Frohwerk v. U.S., 249 U.S. 204 (1919).

87. Debs v. U.S., 249 U.S. 211 (1919).

88. Redish, *supra* note 81, at 1167.

89. Debs의 연설 내용은 미 정부와 정책에 대한 통렬한 비판이었다. 이러한 내용은 그 후 1964년 New York Times 판결에 의하면 수정헌법 제1조의 핵심 내용에 해당돼 보호받아야 할 것이었다. *See* New York Times v. Sullivan, 376 U.S. 254 (1964).

받는데 그 논거로 명백하고 현존하는 위험이 처음 사용된 것은 오늘날 명백·현존 위험의 기준이 받고 있는 찬사를 생각하면 아이러니 (irony)라고 아니 할 수 없다.

2) 발전적 진화

가. Abrams 사건[90]

홈즈 대법관은 Schenck 판결 8개월 후 입장의 변화를 보인다.[91] Abrams 사건의 사실관계는 Schenck 사건이나 Debs 사건과 크게 차이가 없었다. 피고인들은 사회주의자들로 근로자에게 탄약 등 무기를 생산하지 말도록 촉구하는 유인물을 배포한 혐의로 기소되었다.

홈즈 대법관은 종전과 달리 다수의견과 의견을 달리 하며, 표현의 자유를 옹호하는 소수의견을 내놓았다. 그의 주장은 "타인의 권리를 침해하지 않는 사건에서 정부가 의견의 표명을 제한할 수 있는 것은 임박한 해악의 위험이 현존해있거나 이를 야기할 의도가 있는 경우에 한한다"는 것이었다.[92]

이 판결은 특히 표현의 자유가 헌법적 가치를 가지는 정당성 근거로 사상의 자유시장(marketplace of ideas)을 역설하였다는 점에서

---

90. Abrams v. U.S., 250 U.S. 616 (1919).
91. 홈즈 판사에 비판적인 학자들은 이러한 변화의 원인으로 달라진 정치 환경과 Schenck 판결에서 보여준 홈즈 판사의 역할에 대한 주변 친구들의 조소를 들고 있다. Edward J. Bloustein, *Criminal Attempts and the "Clear and Present Danger" Theory of the First Amendment,* 74 Cornell L. Rev. 1118, 1119 (1989). 그러나 홈즈 판사 자신은 Schenck 판결과 Abrams 판결 사이의 변화를 인정하지 않고 있다.
92. 250 U.S. 616, 628 (1919) (Holmes, J., dissenting).

주목받는다. 홈즈 대법관은 "궁극적으로 바람직한 선(善)은 사상의 자유교환에 의해서 이루어진다. 즉 진리를 발견하는 가장 좋은 방법은 사상이 스스로의 힘으로 시장의 경쟁에서 살아남아 받아들여지는 것이고, 이런 진리는 사람들의 희망을 안전하게 전달할 수 있는 유일한 기반이 된다. 이것이 바로 우리 헌법의 이론"이라고 역설하였다.[93] 여기서 홈즈 대법관은 표현의 자유를 절대적으로 보호하여야 한다고 주장하지 않았다. 그는 표현의 자유의 상대성을 이해하고 있었으며, 그 한계를 설정하는 기준으로 명백·현존의 위험을 제시하였다. 명백하고 현존하는 위험이 있을 경우에는 사상의 자유시장에 의하여 선(善) 혹은 진리의 발견을 기대할 수 없기 때문에 표현을 제한할 수 있다는 이론이다. 역으로 말하면, 사상의 자유시장이 제대로 작동하는 환경에서는 표현의 자유를 제한할 수 없다.

명백·현존 위험의 기준은 당시 하급심에서 흔히 사용되던 '해로운 경향(bad tendency)의 원칙'[94]과 비교되면서 언론의 자유를 두텁게 보호한다는 평가를 받게 되었다. 그러나 당시 핸드(Learned Hand) 판사가 Masses 사건[95]에서 제시한 선동기준(incitement test)과 비교하면, 명백·현존 위험의 기준은 표현의 자유를 두텁게 보호한다고 말하기 어렵다.

선동기준에서는 불법행위를 촉구하는 것은 금지되지만 그 외에 다

---

93. Abrams v. U.S., 250 U.S. 616, 630 (1919).

94. 이 원칙에 따르면 어떤 표현이 나쁜 행동을 일으키는 경향을 나타낼 경우 그 표현을 규제하는 법률은 유효하다는 것이다. 여기서 표현과 나쁜 행동과의 관계는 아무리 소원하더라도 상관없다. 좀 더 구체적으로 설명하면, (1)표현의 자연적이고 합리적인 경향이 어떤 행동을 초래하고, (2)발언자가 그런 결과를 의도했을 경우 그 표현은 합헌적으로 금지된다. 여기서 발언자의 의도(intent)는 표현 그 자체의 경향에서 추정된다.

95. Masses Publishing Co. v. Patten, 244 F. 535 (S.D.N.Y. 1917).

른 모든 표현은 보호된다.[96] 따라서 전쟁에 대한 반대 또는 공산주의 이론에 대한 지지 등은 보호되어야 할 표현에 해당된다. 선동기준은 Masses 판결이 항소심에서 파기되면서 그 당시에는 더 이상 주목받지 못하다가, 50년 후인 1969년 Brandenburg 사건[97]에서 부활하여 지금까지 영향력을 발휘하고 있다.

나. Whitney 사건[98]

명백·현존 위험의 기준이 표현의 자유를 보호하는 논리로 확실하게 자리 잡은 것은 1925년 Gitlow 사건[99]과 1927년 Whitney 사건에서다.[100] 제1차 세계대전이 발발하고, 러시아에서 공산당 혁명이 발생하자 미국의 대부분 주는 1917년에서 1921년 사이에 무정부주의(anarchy)와 과격단체행동주의(syndicalism)를 금지하는 법률을 제정하였다. 이 법률에 의거하여 실제 기소되는 사건이 발생하자, 대법원에서는 입법부가 법률로 설정하여 놓은 표현의 한계의 적절성을 사법부가 심사할 수 있는지 여부를 놓고 논란이 벌어졌다.

Gitlow 사건에서 다수의견을 집필한 샌포드(Edward Sanford) 대

---

96. Gerald Gunther, *Learned Hand and the Origins of Modern First Amendment Doctrine: Some Fragments of History*, 27 Stan. L. Rev. 719 (1975).

97. Brandenburg v. Ohio, 395 U.S. 444 (1969).

98. Whitney v. California, 274 U.S. 357 (1927).

99. Gitlow v. New York, 268 U.S. 652 (1925).

100. 하지만 명백·현존 위험의 기준이 다수의견으로 확립되었음을 의미하는 것은 아니다. 오히려 Whitney 사건은 미 연방대법원이 명백·현존 위험의 기준을 연속해서 무시한 6번째 사건이다. 홈즈 대법관과 브랜다이스 대법관은 1919년 Schenck 사건에서 인정한 참된 기준을 적용해야 한다고 주장한데 반해 다수의견은 예전이나 지금이나 명백 현존위험의 원칙은 미 연방대법원이 채택한 적이 없다고 주장하였다고 한다. Harry Kalven, Jr., A WORTHY TRADITION: FREEDOM OF SPEECH IN AMERICA 158 (1988), Geoffrey R. Stone et al., CONSTITUTIONAL LAW 1113 (2005)에서 재인용.

법관은 주(州) 의회의 재량적 판단을 존중하여야 한다고 주장하였다. 하지만 홈즈 대법관과 브랜다이스(Louis Brandeis) 대법관은 이에 반대하였다.[101] 개별 사건에서 어떤 표현이 명백하고 현존하는 위험을 초래하는지 여부는 사법부가 판단할 몫이라는 것이다. 따라서 이 사건에도 명백·현존위험의 기준이 적용되어야 한다는 것이다. 두 대법관은 문제가 된 '좌파 선언(Left Wing Manifesto)'이 현재 정부 전복을 야기할 가능성이 없기 때문에 금지되는 표현이라고 보지 않았다. 하지만 일정한 형태의 발언을 금지시킨 법률의 위헌성을 심사할 때 명백·현존 위험의 기준이 일반적으로 적용되는지에 대해서는 명확하게 언급하지 않았다.

1927년 Whitney 사건에서도 홈즈 대법관과 브랜다이스 대법관은 다른 대법관들과 의견을 달리하였다. 피고인 Whitney는 공산노동당 당원으로 캘리포니아 주의 신디컬리즘법(California Criminal Syndicalism Act) 위반 혐의로 기소되었다. 이 법은 정치적 변혁을 꾀하기 위해서 무력을 사용하는 것을 옹호(advocate)하는 단체에 가입하는 것을 금지하고 있었다. 다수설은 주 의회가 제정한 법률을 존중하여야 한다는 입장이었다. 브랜다이스(Brandeis) 대법관과 홈즈 대법관은 피고인에게 유죄를 선고하는 결론에 있어서는 다수설과 의견을 같이 하였지만 그 근거를 달리하였다.[102]

Whitney 사건이 주목받는 것은 브랜다이스 대법관이 작성한 동조

---

101. 홈즈 대법관은 수정헌법 제14조의 실체적 적법절차(substantive due process)를 경제 관련 법률에 적용하는 데 있어서는 입법부의 판단을 존중해야 한다고 주장하였다. Lochner v. New York, 198 U.S. 45 (1905) (Holmes, J., dissenting).
102. 두 대법관이 동조의견을 낸 것은 미 연방대법원이 사실심에서 제기되지 않는 사실관계를 다시 검토할 권한이 없었기 때문이다.

의견에서 제시된 표현의 자유의 제한 및 그 한계에 관한 이론 때문이
다. 브랜다이스 대법관은 홈즈 대법관이 Schenck 판결에서 역설했
던 것처럼 표현의 자유에도 한계가 있음을 지적하였다. 만약 어떠한
표현이 국가를 파괴하거나 정치적·경제적·도덕적으로 막대한 피
해를 주지 못하도록 하기 위해서라면 그러한 표현은 제한될 필요성
이 있다고 보았다.[103] 하지만 그러한 필요성은 그 표현이 실체적 해악
이라는 위험을 명백하고 즉각적으로 초래하거나 또는 초래할 의도가
있는 경우에만 존재한다고 강조하였다.[104] 브랜다이스 대법관은 '현
존(present)' 대신 '즉각(imminent)'이라는 단어를 사용하였을 뿐,
홈즈 대법관이 주장하였던 명백·현존 위험의 기준을 그대로 수용하
였다.

브랜다이스 대법관은 홈즈 대법관이 주장하였던 사상의 자유시장
(marketplace of ideas) 이론도 받아 들였다.[105] 그는 "[미국 독립을
얻은 선조]들은 마음대로 생각하고, 생각나는 대로 말하는 자유가 정
치적 진실을 발견하고 전파하는 데 필수적이라고 생각하였다"며 "해
로운 충고에 적합한 치료제는 좋은 충고"라고 역설하였다.[106] 브랜다
이스 대법관은 사상의 자유시장으로 해결할 수 없는 위기상황
(emergency)에서는, 다시 말해 충분히 토론할 시간적 여유가 없을

---

103. 274 U.S. 357, 373 (1927).

104. *Id.* at 373.

105. 그러나, 브랜다이스 대법관과 홈즈 대법관은 표현의 자유의 헌법적 보호 근거를 설명
하는데 있어서 약간의 차이를 보인다. 홈즈 대법관은 사상의 자유시장(marketplace
of ideas)을 강조하는 데 반해 브랜다이스 대법관은 "정치적 진실의 발견과 확산",
"공공의 토론은 정치적 의무", "자유의 가장 큰 장애물은 어리석은 국민"이라는 표현
을 사용해 자기지배(self-governance) 이론에 가까운 경향을 나타냈다. 274 U.S. at
375.

106. *Id.*

때는 표현의 자유를 제한하는 것이 불가피하다는 입장이어서 홈즈 대법관과 같은 의견이었다. 명백·현존 위험의 기준은 불가피한 위기상황을 판단하는 기준이었다.

3) 기형적 진화

Whitney 사건 후 Dennis 판결[107]이 나올 때까지 24년 동안 명백 현존위험의 기준은 표현의 자유와 관련된 사건에서 광범위하게 사용되었다. 대법원은 적용할 기준이 마땅치 않으면 명백·현존 위험의 기준을 사용해서 표현을 보호하려고 하였다.[108] Dennis 사건은 이러한 흐름을 뒤집어 놓았다.

미 연방대법원은 Dennis 사건에서 중국의 공산화, 한국전쟁의 발발 등 공산주의의 확산에 맞서 국가 안보가 중시되는 분위기에서 명백·현존 위험의 기준을 당초 홈즈와 브랜다이스 대법관이 제시했던 내용과 달리 이해하였다. 피고인들은 미국 공산당원들로, 1940년 제정된 스미스법(Smith Act) 위반혐의로 기소되었다. 스미스법은 무력이나 폭력으로 미국 정부를 전복 또는 파괴하는 것을 지도·옹호·장려하는 단체를 결성하는 것을 범죄로 규정하고 있었다.

복수의견(plurality opinion)을 대표 집필한 빈슨(Fred Vinson) 대법원장은 항소심에서 제시된 새로운 명백·현존 위험의 기준을 수용하였다. 원심은 "해악이 실현될 가능성이 없더라도 이를 감안한 뒤 해악이 표현의 자유의 제한을 정당화할 만큼 중대한 것인지 여부를

---

107. Dennis v. U.S., 341 U.S. 494 (1951).
108. William B. Lockhart et al., CONSTITUTIONAL LAW 667 (1991).

고려할 것"을 새로운 기준으로 제시하였다.[109] 표현이 초래하는 해악이 사소하더라도 시간적으로 급박하면 표현의 자유를 제한하는 것이 정당하다면, 해악이 중대할 경우에는 시간적으로 급박하지 않더라도 제한하는 것이 정당화될 수 있다는 설명이다.

Dennis 판결이 제시한 기준은 당초 명백·현존 위험의 기준과 중요한 차이가 있다. 종전에는 표현이 실체적 해악을 초래하는지 여부와 그 해악이 언제 나타나는지만 고려한다. 새로운 기준은 해악의 중대성(gravity of the evil)과 그 실현 가능성(probability)을 함께 고려할 것을 제시하였다. 다시 말해 해악이 중대하면 할수록 실현 가능성이 낮더라도 표현의 자유를 제한할 수 있게 된 것이다. 미 연방대법원은 이 사건에서 피고인과 외국 공산당과의 연계를 입증하거나 언급할 필요성, 즉 해악의 실현가능성을 고려하지 않고, 단지 공산당이 활개 치는 세계정세와 공산당이 봉기한 여러 나라의 예에서 바로 제한의 정당성 근거를 찾았다. 따라서 인과관계나 시간적 급박성과 관계없이 해악의 중대성만으로 표현을 규제할 수 있게 된다. 이러한 이유 때문에 Dennis 사건은 명백·현존 위험의 기준과 관련이 없다고 주장하는 학자도 있다.[110]

4) 기준의 재구성

가. Brandenburg 사건

미 연방대법원은 1957년 Yates 사건[111]에서 Dennis 판결과 결별하고 새로운 기준을 모색한다. 그 완결판이 1969년 브란덴버그 사건이다. 이 사건은 홈즈 대법관이 제안했던 명백·현존 위험의 기준이 핸드 판사가 주장했던 선동기준(incitement test)과 결합하여 표현의 자유를 두텁게 보호한 것으로 유명하다. 쟁점이 된 법률은 오하이오 주의 신디컬리즘법(Criminal Syndicalism Statue)으로, 산업 또는 정치 개혁을 이루기 위한 수단으로 폭력이나 불법적인 테러를 주창하지 못하도록 규정하고 있었다. 미 연방대법원은 이 법을 위헌으로 선언하였다. 하지만 명백하고 현존하는 위험이라는 말은 다수의견 어디에도 등장하지 않았다.[112] 그 대신 등장한 기준은 단순 주창(advocacy)과 선동(incitement)과의 구별이었다. 미 연방대법원은 "자유로운 언론과 출판에 대한 헌법 규정은 무력 사용이나 불법행위에 대한 주창(advocacy)이 즉각적인 불법행위를 선동(inciting)하거나 야기(producing)하려는데 초점이 맞춰져 있고(directed) 또 그런 행동을 선동 내지 조장할 가능성이 있는(is likely to) 경우 이외에는 국가가 금지하지 못하도록 보장하고 있다"고 설명하였다.[113]

새로운 기준은 명백·현존 위험의 기준(clear and present danger test)과 선동기준(incitement test)을 모두 수용하여 표현의 자유를 이중보호하고 있다는 평가를 듣는다.[114] '가능성이 있는(is likely to)'이라는 부분과 '즉각적인(imminent)'이라는 부분은 명

---

109. 341 U.S. at 510 (quoting 183 F.2 at 212). 선동기준을 주장했던 핸드 판사가 명백 현존위험의 원칙을 새롭게 해석하는데 앞장 선 이유는 그가 하급심 판사로 대법원의 선례기속의 원칙을 충실히 준수하였기 때문이라고 한다. Sullivan & Gunther, CONSTITUTIONAL LAW 1001 (2001).

110. Redish, *supra* note 81, at 1173.

111. Yates v. U.S., 354 U.S. 298 (1957).

112. 다만 더글러스(Douglas) 대법관과 블랙(Black) 대법관은 동조의견(concurring opinion)을 통해서 명백하고 현존하는 위험의 원칙이 더 이상 유효하지 않음을 강조하고 있다.

113. 395 U.S. at 447.

114. Gunther, *supra* note 96, at 754; Geoffrey R. Stone et. al., CONSTITUTIONAL LAW 1095 (1996).

백·현존 위험의 기준에서 인과관계 및 시간적 긴박성을 취한 것이고, '초점이 맞춰져 있는(directed)'과 '선동(inciting)하거나 야기(producing)하려는'이라는 부분은 핸드 판사가 제기했던 선동기준과 동일하다는 것이다.[115] 하지만 브란덴버그 기준에서 결정적인 요소는 해악의 발생 가능성(probability of harm)보다는 발언자의 선동 어구(inciting language of the speaker)에 있다.[116]

나. 미 연방대법원의 현재 입장

브란덴버그 판결은 그 후 Hess 사건[117], NAACP v. Claiborne Hardware 사건[118] 등에서 인용되면서 명백·현존 위험의 기준의 현재 모습으로 자리 잡게 됐다.[119] 두 사건을 통하여 보면, 브란덴버그 판결은 불법행위를 주창하는 표현이 헌법적 보호를 받기 위해서는 두 가지 경로가 있음을 알 수 있다. 첫째는 임박성(imminently) 요건이다. Hess 사건에서 보듯이, 미 연방대법원은 문제의 표현이 당장 발생하는 불법행위를 선동한 것이 아니면 보호하여 준다. 둘째는 실제 불법행위의 발생여부다. NAACP 사건은 아무리 불법행위를 선동하는 표현이 사용되었더라도 실제로 불법행위가 발생하지 않았으면 면죄부를 받는다는 것을 보여 준다. 만약 불법행위가 발생하였다면, 해당 표현이 그러한 불법행위를 야기했는지에 관한 인과관계가 객관적으로 따져보게 된다.

현재 미 연방대법원이 불법행위를 초래하는 표현의 가벌성을 결정할 때 처리하는 기준은 1)발언자가 한 말 그 자체에 의미를 두고, 그 말이 단순히 추상적 이론에 대한 주창(abstract advocacy)인지 아니면 구체적인 불법행위를 선동(incitement)하는 것인지를 구별해서 전자는 보호하고, 2)후자의 경우에는 선동으로 인하여 야기되는 해악이 임박(imminent)하여야 처벌한다는 것으로 정리할 수 있다.

다. 정보 제공과 모방범죄(copycat)

최근 브란덴버그 판결은 언론매체가 제공하는 정보(how-to)에 따른 모방(copycat) 사건에서 자주 인용된다. 청소년 같이 감수성이 예민한 사람이 신문 잡지 영화 TV 등이 제공하는 정보를 얻고 그대로 따라 하여 불법행위를 야기한 경우 그 정보를 제공한 언론매체에도 책임이 있느냐가 쟁점이다. 특히 인터넷이라는 새로운 언론매체의 영향력이 커짐에 따라 자살사이트 등 새로운 사회 문제가 발생하면서 정보 제공자의 책임 문제를 해결하는데 브란덴버그 판결이 원용되고 있다.

폭력이나 불법행위를 직·간접적으로 야기한 언론매체를 상대로 그 책임을 묻는 소송이 늘고 있지만, 원고가 승소하는 경우는 드물다고 한다.[120] 브란덴버그 기준이 적용되기 때문이다.[121] 선동(incitement)하였다는 것이 명백한 경우가 드물고, 급박한(imminent) 피

---

115. Gunther, *supra* note 96, at 755. 하지만 Redish 교수는 Brandenburg 판결이 핸드 판사의 Masses 사건을 직접적으로 언급하지 않았다는 점을 들어 핸드 판사의 견해를 수용한 것이 아니라고 지적한다. Redish, *supra* note 81, at 1176.

116. Gunther, *supra* note 96, at 755. 그러나 이에 대한 반론도 있다. Shiffrin 교수는 브란덴버그 사건에서 제시된 기준은 incite와 produce라는 단어를 '또는(or)'으로 연결해 선택적으로 사용하고 있으므로 선동(incitement)기준은 표현의 자유의 보호 여부를 결정하는 것이 아니라고 반박하고 있다. 즉 incite는 없어도 되는 조건이라는 설명이다. Lockhart, *supra* note 108, at 687~688.

117. Hess v. Indiana, 414 U.S. 105 (1975).

118. 458 U.S. 886 (1982).

119. 양건, 『헌법연구』, 법문사, 1995, p116.

120. S. Elizabeth Wilborn Malloy & Ronald J. Krotoszynski, Jr., *Recalibrating the Cost of Harm Advocacy: Getting Beyond Brandenburg*, 41 Wm and Mary L. Rev. 1159, 1200 (2000).

121. *Id.*

해를 일으킬 명백하고 현존하는 위험을 찾기 어렵기 때문에 원고는 승소하기 어렵다.

(3) 명백·현존 위험의 기준에 대한 평가 및 새로운 해석

90년 가까이 명맥을 이어 온 명백·현존 위험의 기준은 다양한 얼굴을 하고 있다. 명칭이 주는 분명한 이미지에도 불구하고, 그 의미가 분명하지 않다. 첫째, 명백하고 현존하는 위험은 표현의 자유를 보호하기 위하여 동원되는 논거인지, 규제를 정당화하기 위한 논거인지 명확하지 않다. 도입 당시 하급심에서 논의되던 해로운 경향 기준(bad tendency test)과 비교하면, 명백·현존 위험의 기준은 표현의 자유를 규제하는 입법의 한계를 설정하는 기준임에 틀림없다. 1919년 Schenck 판결이 나오기 전까지 미 연방대법원은 문제의 표현이 공공복리(public welfare)에 해로운 경향(bad tendency)이 있다는 이유로 보호하지 않았다.[122] 하지만 핸드 판사가 역설했던 선동기준(incitement test)과 비교하면, 명백·현존 위험의 원칙은 표현의 자유를 규제하는 정당성의 논거에 불과하다. 더글러스(William Douglas) 대법관처럼 표현의 자유 절대주의자(absolutist)들은 심지어 선동기준까지도 정부가 행동(act)이 아닌 말(speech)을 규제한다는 점에서 반대한다.[123]

둘째, 현재 사용되고 있는 브란덴버그 기준이 명백·현존 위험의 기준이라고 할 수 있는지도 의문이다. 브란덴버그 기준은 선동기준

---

122. David M. Rabban, *The First Amendment in It's Forgotten Years*, 90 Yale L.J. 516, 533 (1981).
123. 395 U.S. at 456.

을 수용했지만, 홈즈 대법관은 "모든 사상은 선동(Every idea is an incitement)"이라고 언급함으로서 선동기준에 조소를 보낸 적이 있다.[124] 브란덴버그 판결이 나왔을 때 상당수 학자들은 명백·현존 위험의 기준이 사망하였다고 평가하였다.[125] 지금도 명백·현존 위험의 기준이 사멸했다고 보는 학자는 브란덴버그 기준을 명백·현존 위험의 기준과 다른 것이라고 이해한다. 이에 반하여 명백·현존 위험의 기준은 비록 변형된 형태지만, 표현의 자유를 보장하는 이론으로 생존하고 있다고 주장하는 학자도 있다.[126]

명백·현존 위험의 원칙은 어떠한 시각에서 접근하느냐에 따라 그 평가가 달라진다. 그만큼 많은 것을 포용하는 원칙이기도 하고, 그와 동시에 그만큼 실체가 없는 이론이기도 하다. 이미 형성된 언론의 자유에 대한 인식을 합리화하는 데 명백·현존 위험의 원칙이 이용되는 측면도 있다. 이는 역사적 사실이다. 명백·현존 위험의 기준은, 제1차 세계대전 중 행해진 발언을 규제하는 근거로 처음 등장하여, 평화기에는 표현의 자유를 보호하는 논리로 자리 잡다가, 반공산주의 정서가 극에 달하던 1951년 다시 정부 정책에 대한 비판자를 억압하는 논리로 변신하였다. 이어 공산주의 혁명의 위험이 누그러지면서 1957년 Yates 판결에서 단순 주창과 선동을 구분하는 쪽으로 방향을 틀더니 마침내 1969년 Brandenburg 사건에서는 인과관계와 시간적 긴박성, 그리고 선동기준까지 모두 포괄하는 내용의 기준이

---

124. Gitlow v. New York, 268 U.S. at 673 (Holmes, J., and Brandeis, J., dissenting).
125. Harry Kalven, Jr., *"Unhibited, Robust, and Wide-Open"* ··· *A Note on Free Speech and the Warren Court*, 67 Mich. L. Rev. 289, 297 (1968).
126. Shiffrin, *Defamatory Non-Media Speech and First Amendment Methodology*, 25 U.C.L.A. L. Rev. 915, 916 (1978).

마련되었다.

　그동안 진화과정에서 명백·현존 위험의 원칙은 두 가지 형태를 띠고 있음을 알 수 있다. 두 형태는 서로 모순이기 보다는 나타나는 상황이 다르다고 이해하는 것이 옳다. 즉, 명백·현존 위험의 원칙은 전쟁이나 공산주의 확산 시기와 같은 비정상적인 상황에서는 표현의 자유를 제한할 수 있다는 제한의 논리로 활용되어 개별적인 표현이 구체적인 해악을 직접 야기하지 않더라도 처벌할 수 있다는 이론으로 나타난다. 반면 정상적인 상황에서는 개별적인 표현이 구체적인 해악을 직접 초래, 즉 선동하는지 판단하는 기준으로 나타나면서 표현의 자유를 제한하는 입법의 위헌성 심사기준으로 작용한다.

　비상 시기와 정상 시기를 구분하는 이유는 사상의 자유시장이 제대로 작동되지 못하는 시기가 존재하기 때문이다. 비상 시기에는 명백하고 현존하는 위험 때문에, 혹은 그러한 위험이 너무 크기 때문에 국가와 사회의 존립과 안정을 흔드는 표현은 사상의 자유시장에서 그 해악이 해소될 수 없으며, 따라서 명백하고 현존하는 위험이 있다는 이유만으로 비교형량 없이 개별적인 표현을 제한하는 것이 정당성을 갖는다. 하지만 사상의 자유시장이 작동하는 정상적인 상황에서 표현의 자유의 제한은 위험이 명백·현존하다는 논리로는 정당성을 획득할 수 없다. 사상의 자유시장이 정상적으로 작동한다는 것과 위험이 명백·현존하다는 것은 양립할 수 없는 명제다. 정상적인 시장에서는 추구하는 공익과 제한받는 사익을 비교하여 전자가 후자보다 클 경우 비로소 사익을 제한하는 규제가 정당성을 갖게 된다. 다만 상대방의 즉각적인 불법행위를 야기하는 표현, 즉 선동은 그 예외다. 선동은 사상의 자유시장이 작동하여 해악을 정화할 시간적 여유가 없는 상황, 즉 정상 시기의 예외적 상황에서 발생하기 때문에 비교형량 없이 이를 규제하는 것이 정당하다.

명백·현존 위험의 기준을 이렇게 이해하면, 이 기준은 표현의 자유를 제한하는 법률의 위헌성을 심사하는 일반적인 기준이 될 수 없다. 특수한 경우 제한적으로 적용되는 기준에 불과하다. 정상적인 상황에서 표현의 자유를 제한하는 입법의 위헌성 심사 기준은 이익형량 기준(balancing test)이다. 의회는 표현의 자유를 제한하는 법률을 제정할 수 없다는 명문의 규정을 두고 있는 미국에서조차 표현 그 자체를 절대적으로 보호하여야 한다는 표현의 자유 절대주의자(absolutist)의 목소리는 극소수에 불과하다. 표현의 자유는 공익(public interest)을 위하여 제한될 수 있으며, 그러한 제한의 정당성을 판단하기 위하여 사안별로 두 이익을 비교형량(ad hoc balancing)할 수밖에 없다고 보는 것이 통설이고 판례의 태도다.[127] 다만 표현의 내용에 기초하여 표현의 자유를 제한하는 경우(content-based regulation)에는 엄격한 심사기준에 의하고, 내용 중립적인 제한(content-neutral regulation)에 대해서는 완화된 심사기준에 의하여 비교형량 할 뿐이다.

명백·현존 위험의 기준의 큰 특징은 비교형량의 과정이 없다는 것이다. 거대 해악이 존재하는 명백하고 현존하는 사정이 있으면 충분하며 그 다음에 대해서는 침묵한다. 표현이 명백하고 현존하는 위험을 초래하는지에 초점을 맞추어 설명할 수도 있지만, 명백하고 현존하는 위험이 있는 상황에서는 그러한 위험을 악화시키는 표현을 제

---

127. 다만, 음란물, 명예훼손과 같은 특정한 유형의 표현은 헌법이 보호하는 표현의 자유의 보호 범위 밖에 있다고 보기 때문에 이익형량을 할 필요가 없이 그러한 표현을 규제하는 법률은 정당하며 그러한 법률에 따라 발언자가 처벌받는 것도 정당하다는 결론에 이른다.

한할 수 있다는 논리로 탈바꿈할 수도 있다. 그렇기 때문에 언론의 자유에 더 큰 위협이 될 수 있다. 토마스 에머슨 교수는 사회적 이익(social interest)을 보호 또는 침해할 가능성을 고려하지 않고 있기 때문에 명백·현존 위험의 기준이 불완전하다고 평가했다.[128] 만약 이를 고려한다면 단순한 이익형량 기준과 다를 바 없어진다. 사상의 자유시장이 작동하지 않는 상황에서는 표현과 해악 사이의 인과관계와 해악의 현존성만 문제될 뿐이어서 해악을 제거하기 위한 목적이라면 어떠한 제한도 정당할 수 있게 된다. 수단의 적합성, 침해의 최소성, 법익의 균형성 등은 고려 대상이 아니다. 여기서 명백·현존 위험의 기준이 표현의 자유를 제한하는 법률의 위헌성을 심사하는 일반적인 기준이 될 수 없는 이유는 명확해진다.

이제 남은 문제는 어떠한 상황에서 이 기준을 적용할 것인지에 있다. 표현의 자유가 그 초래하는 해악과 관계없이 제한받을 수 있다면 그 상황은 극히 제한적인 특수한 상황이어야 할 것이다. 전쟁 중은 그 대표적인 예일 것이고, 미국의 2001년 9·11 테러 직후와 같이 이에 준하는 상황이라면 가능할 수 있다. 일반적인 판단기준은 사상의 자유시장이 제대로 작동하는 상황인지 여부가 될 것이다.

---

128. Thomas I. Emerson, *First Amendment Doctrine and the Burger Court*, 68 Calif. L. Rev. 422, 437~438 (1980). 에머슨 교수는 이 밖에도 명백·현존 위험의 기준에 다음과 같은 문제가 있다고 지적했다. (1)지나치게 초기 단계에서 정부가 표현에 간섭할 수 있도록 허용한다. 정부는 어떤 발언이 효과적이라는 징조가 보이면 바로 개입해서 그 발언을 저지할 수 있다. (2)매번 사안의 특별한 환경을 고려하는 사안별 기준(ad hoc test)이다. 따라서 헌법상 인정된 언론의 자유를 행사하려는 개개인의 국민은 어떤 한계가 있을지, 또 그 한계로 인해 자기 권리를 충분히 행사할 수 없게 될지 여부를 사전에 알 수 없게 된다. (3)기준이 모호하다. 표현이 초래할 미래의 영향에 대한 공무원의 추측에 의존하는 결과를 낳는다. 앞으로 나타날 영향을 판단하는 것은 법을 집행하는 검찰이나 경찰뿐만 아니라 법원으로서도 힘든 일이다.

(4) 명백·현존 위험의 기준의 국내 적용

1) 학계의 소개

명백·현존 위험의 원칙이 국내 학계에 소개된 것은 오래전 일이다. 상당수의 교과서[129]와 연구논문[130]은 언론 출판의 자유를 제한하는 경우 그 한계 이론으로 명백하고 현존하는 위험의 원칙을 거론

---

129. 권영성, 『헌법학원론』, 법문사, 2007.(권영성 교수는 이 원칙이 "언론의 자유의 한계를 가름하는 기준으로서 뿐만 아니라 언론규제입법에 대한 합헌성판단기준으로서 미국의 판례를 통하여 확립된 이론"이라고 소개하고 있다. 권영성 교수는 이어 "언론과 출판이 국가기밀을 누설하거나 타인의 명예 또는 사생활의 비밀을 침해하려는 경우에 법원이나 관계기관이 정지명령 등으로 이를 억제할 수 있는가?'라고 묻고는 "이런 경우에 위험이 명백하고 현존하는 때에는 억제가 가능하다고 보는 것이 명백·현존 위험의 이론"이라고 설명한다. 그러나 명백·현존 위험의 기준은 불법행위를 초래하는 표현을 제한할 수 있는지에 관한 이론이며, 명예훼손이나 사생활의 비밀의 침해와 같은 소위 기본권충돌의 사안에서는 법익형량에 의하여 판단하는 것이 옳다고 본다); 허영, 『한국헌법론』, 박영사, 2007 (허영 교수는 "언론·출판의 자유에 대한 제한이 가해지지 않고는 국가안전보장·질서유지·공공복리가 '명백하게 현존하는 위험'에 봉착하게 되는 경우(제한사유)에만" "과잉금지의 원칙에 따라 '명백하고 현존하는 위험'을 피하기 위하여 필요 불가피한 최소한의 제한(제한정도)만이 허용된다."고 설명한다. 허영 교수는 명백하고 현존하는 위험의 원리를 객관적 사유에 의한 직업선택의 자유에 대한 제한의 경우에 원용하고 있다. 이 원리가 유독 객관적 사유에 의한 직업선택의 자유에 대한 제한의 경우에만 적용되는지도 의문이지만, 직업선택의 자유에 대한 제한을 포함하는 모든 기본권의 제한은 추구하는 공익과 제한받는 기본권의 가치를 비교형량하는 것으로 충분히 해결된다고 본다. 즉 직업선택의 자유를 제한할 경우 객관적 사유에 의할 때는 주관적 사유에 의할 때보다 제한받는 정도가 더 크므로 추구하는 공익이 더 커야 한다는 논리로 제한입법의 합헌성을 심사할 수 있다); 김철수, 『헌법학개론』, 박영사, 2007(김철수 교수는 명백하고 현존하는 위험의 원칙이 표현의 자유의 우월성을 보장하는 법리라고 설명하면서 "오늘날에는 법원에서 서로 대립하는 이익의 비교형량을 정확하게 하는 이론이 고려되고 있다"라고 밝혀 가장 정확하게 이론을 소개하고 있다).

130. 최근 논문으로, 이영우, "명백하고 현존하는 위험의 원칙", 「토지공법연구」 제19집, (2003). 임지봉, "명백·현존하는 위험의 원칙과 표현의 자유', 「공법연구」 제34집 제4호 제1권(2006), pp165~191; 이부하, "미국헌법상 명백하고 현존하는 위험 원칙", 「헌법학연구」 제12권 제2호(2006), pp173~204; 임지봉, "명백·현존하는 위험의 원칙과 우리나라에서의 적용 실제", 「세계헌법연구」 제12권 제2호(2006) 등이 있으나 거의 동일한 내용이다.

하고 있다. "국민의 모든 자유와 권리는 국가안전보장 질서유지 또는 공공복리를 위하여 필요한 경우에 한하여 법률로 제한할 수 있으며"라고 규정한 헌법 제37조 제2항 전단의 규정을 언론 출판의 자유에 적용함에 있어서 명백 현존위험의 원칙을 동원하기도 한다. 그래서 명백하고 현존하는 위험이 있는 언론만이 국가안전보장 질서유지 또는 공공복리를 위하여 제한할 수 있는 언론이라고 설명한다.[131] 언론·출판의 자유가 가지는 헌법상의 의의와 기능을 생각할 때 그 제한은 극히 필요한 최소한의 정도에 그쳐야 하기 때문이라고 한다.[132]

국내 학계에서 명백·현존 위험의 원칙은 언론·출판의 자유를 제한하는 혹은 그러한 제한의 한계를 설정하는 일반이론인 것처럼 소개되는 경우가 많다. 그러나 앞에서 언급한 바와 같이 명백·현존 위험의 기준은 특수한 상황에서 표현의 자유를 제한하는 이론 또는 제한의 정당성 판단기준에 불과하다. 표현의 자유를 제한하는 경우 그 정당성을 판단하는 일반적 기준은 이익형량의 기준이다.

2) 실무 적용

국내 학계가 명백·현존 위험의 원칙이 표현의 자유를 두텁게 보호하는 이론인 것처럼 소개하는 것과 달리 이 기준을 실제로 적용한 판례는 찾기 힘들다.[133] 흔히 이 원칙이 적용된 것으로 일컬어지는 헌법재판소의 구 국가보안법 제7조 판결[134]도 애매한 점이 많다. 당시 다수의견은 "국가보안법 제7조 제1항 소정의 찬양·고무·동조 그리고 이롭게 하는 행위 모두가 곧바로 국가의 존립·안전을 위태롭게 하거나 또는 자유민주적 기본질서에 위해를 줄 위험이 있는 것이 아니므로 그 가운데서 국가의 존립·안전이나 자유민주적 기본질서에 무해한 행위는 처벌에서 배제하고, 이에 실체적 해악을 미칠 명백한 위험성이 있는 경우로 처벌을 축소 제한하는 것이 헌법 전문 제4조, 제8조 제4항, 제37조 제2항에 합치되는 해석"이라고 하여 현존 요건은 생략한 채 명백 요건만 강조하였다.

위험의 현존성이 경시 또는 사실상 무시되는 사례는 하급심 판례에서도 찾아 볼 수 있다. 진보정당을 건설하고자 하는 정치단체인 노동정치연대(노정연)에 가입·활동해 국가보안법 제7조(찬양고무죄) 위반혐의로 기소된 사건에서 피고인은 노정연이 구체적 활동으로 헌정질서를 파괴한 사실이 없었으므로 명백하고 현존하는 위험이 없어 국민의 기본권인 정치적 자유를 제한해서는 안 된다고 주장했으나, 법원은 "노정연은 노동자 민중계급의 사회 변혁투쟁을 통한 사회주의 정권 수립을 목적으로 하는 단체로서 우리 헌법상 자유민주적 기본질서와는 배치되는 것이고, 따라서 노정연은 국가변란을 선전, 선동하는 행위를 목적으로 하는 단체라 할 것이며, 그 단체를 구성한 피고인으로서는 위 단체의 구성이 자유민주주의적 기본질서를 위태롭게 한다는 점을 알고 있었다고 볼 것이고, 위와 같이 노정연이 국가변란을 선전, 선동하는 행위를 목적으로 하는 단체인 이상 이러한 단체를 구성하는 행위는 헌법상 명백하고 현존하는 위험이 있다"고 판단하였

131. 문홍주, 『제6공화국 한국헌법』, 해암사, 1987, p276.

132. 허영, 앞의 책, p558.

133. 형사사건에서 피고인이 명백·현존 위험의 원칙을 주장하더라도 받아들여지지 않거나, 받아들여지더라도 명백하고 현존하는 위험을 충분히 적시하지 않고 있다. 공공의 목적의 내용을 담은 현수막만 허가를 내주고, 그렇지 않은 현수막은 불허한 사례에서 인천지법은 국민이 현수막을 통해 표현하는 것도 언론출판의 자유의 보호를 받기 때문에 이를 제한하려면 '명백 현존위험의 원칙' '과잉금지의 원칙' '비교·교량의 원칙' '이중기준의 원칙' 등에 위배되어서는 안 된다고 강조했을 뿐, 명백 현존위험의 원칙이 어떻게 적용되어야 하는지에 대한 설시는 없었다. 인천지법, 1998.9 선고 98구666 판결, 하급심판례집 1998-2, p363.

134. 헌재 1990. 4. 2 선고 89헌가113 결정.

다.[135] 이 판결은 '현존하는 위험' 이라는 단어를 사용하기는 하였지만, 위험발생의 급박성 또는 현존성에 대한 설명이 충분하지 않다.

3) 평가

국내 판례의 태도는 1927년 Whitney 판결이나 1969년 Brandenbug 판결과 비교하면 명백·현존 위험의 기준이 적용되었다고 하기 어렵다. 미국의 1951년 Dennis 판례와 유사하다. 반공산주의 이데올로기가 극성을 부리던 당시 명백·현존 위험의 원칙에서 가장 중요시되던 요건은 "해악의 중대성"이었으며, 그 다음이"실현가능성", 즉 인과관계였다. 언제 그러한 위험이 발생하느냐의 "시간적 급박성"은 경시되고 있었다. 의사표현이 구체적으로 어떠한 해악을 야기하는지에 대한 분석도 하지 않았다. 헌법재판소 다수의견이 "해악이 크냐 작으냐의 정도"를 결정적인 요건으로 파악하고 있는 것도 같은 입장이라고 하겠다.

또한 국내 판례의 태도는 상황에 따라 표현의 자유를 제한할 수 있다는 홈즈 판사의 초기 생각에 비추어 보아도 명백·현존 위험의 기준에서 크게 벗어났다고 보기 어렵다. 극장에서 불이 났을 때 함부로 소리칠 수 없는 것처럼, 제1차 세계대전 중 징병제 업무를 방해하는 발언이 위험한 것처럼, 한국전쟁 후 남북 간 긴장이 계속되고 있는 상황에서 표현의 자유는 제한받을 수밖에 없다고 생각할 여지도 있다.

사실 명백·현존 위험의 기준은 시기에 따라 모습을 달리 하였기 때문에 현재 특수한 상황에서만 적용되는 Brandenbug 기준을 국내

---

135. 서울고등법원 1997. 12. 12 선고 97노2228 판결. 같은 취지로 서울지방법원 1995. 10. 20 선고 95노4595 판결 참조.

에 들여와 여기에 따라 국내법을 재단하는 것은 옳지 않다. 앞서 본 것처럼 미국에서도 명백·현존 위험의 기준은 비상시에 표현의 자유를 보호하는 성벽 역할을 하지 못하고 오히려 표현의 자유를 제한하는 정당화의 논리로 이용되었으며, 평화기의 정상적인 상황에서만 특정의 표현의 자유를 보호하고 있을 뿐이다.[136]

따라서 중요한 쟁점은 현재 한국이 처한 환경이 어떠한지, 다시 말해 현재 남북 간 긴장관계가 해소된 것으로 보는지, 아직도 긴박하여 사상의 자유시장이 작동할 수 없는 예외적인 상황이라고 보아야 하는지에 관한 판단에 있다. 헌법재판소의 국가보안법 사건에 대하여 비판적으로 판례 평석을 하려면, 명백·현존 위험의 기준을 적용하지 않은 것을 지적할 것이 아니라, 현실 인식이 잘못되었음을 지적하는 것이 올바른 접근이라고 본다.

3. 선거운동과 명백하고 현존하는 위험

(1) 선거의 특수성

대의제 민주주의에 바탕을 둔 우리 헌법의 통치구조 아래서 주권자인 "국민은 오직 선거에 의해서만 국정에 참가하는 것이며 선거를 통하여 여론정치가 행해지므로 민주정치에 있어서 선거는 가장 중요한 국가적 행사의 하나"라고 하겠다.[137] 선거제도에 민주주의의 사활이

---

136. 양건 교수가 저서에서 "종래 흔히 이 원칙이 표현의 자유를 우위에 두는 원칙이라고 설명되어 온 것은 정확한 이해가 아니라"고 지적하고 오히려 "중립적"이라고 진단한 것은 올바른 설명이라고 본다. 양건, 『헌법강의 I』 법문사, 2007, p445.
137. 헌법재판소 1989.9.8. 선고 88헌가6 결정.

걸려있다고 보면, 선거에서 공정성 확보는 중요한 의미를 갖는다. 선거의 공정성은 모든 후보자에게 균등한 기회를 보장할 뿐 아니라, 모든 유권자가 선거에 균등하게 참여할 것을 보장하는 의미도 가지고 있다. 우리 헌법은 국회의원의 선출(제41조 제1항) 및 대통령의 선출(제67조 제1항)의 방법으로 "국민의 보통·평등·직접·비밀선거"를 규정하여 민주적 선거원칙을 표방하고 있으며, 선거의 공정성은 이 가운데 평등선거를 실현하는 한 방법이다. 우리 헌법은 특히 "선거와 국민투표의 공정한 관리"를 위하여 선거관리위원회를 설립하도록 요구하고 있으며(제114조 제1항), 선거운동에 있어서 "균등한 기회"를 보장하고 있어(제116조 제1항) 선거의 공정성 확보에 대한 국민적 의지를 담고 있다.

하지만 선거의 공정성이 아무리 소중한 헌법적 가치를 가진다고 하더라도 선거운동 및 선거보도의 과정에서 국민이 가지는 기본권을 전면적으로 희생할 정도로 우월하다고 할 수는 없다.[138] 선거운동의 자유 역시 공정성 못지않게 중요한 헌법적 가치를 가진다. 선거의 본질이 주권자인 국민이 그 대표자를 선출하는 행위에 있는 만큼, 후보자는 자신의 사상과 의견을 주권자인 국민에게 충분히 전달할 수 있어야 하며, 국민은 선택에 필요한 정보에 충분히 접하여야 한다. 후보자와 유권자 사이의 의사소통은 자유로워야 한다. 헌법재판소는 "선거권이 제대로 행사되기 위해서는 후보자에 대한 정보의 자유교환이 필연적으로 요청된다 할 것이므로, 선거운동의 자유는 선거권 행사의 전제 내지 선거권의 중요한 내용을 이룬다"고 설명한다.[139]

---

138. 정만희, "선거제도에 관한 헌법재판소 판례의 평가", 「공법학연구」 제7권제1호 (2006).
139. 헌법재판소 1999.9.16. 선고 99헌바5 결정.

또한 헌법재판소는 선거운동의 자유를 표현의 자유의 한 모습으로 보아 "표현의 자유, 특히 정치적 표현의 자유는 선거과정에서의 선거운동을 통하여 국민이 정치적 의견을 자유로이 발표 · 교환함으로써 비로소 그 기능을 다하게 된다고 할 것이므로 선거운동의 자유는 헌법에 정한 언론 · 출판 · 집회 · 결사의 자유 보장규정에 의한 보호를 받는다"고 한다.[140)]

그 결과 선거운동의 자유 역시 선거과정에서 충분히 보장되어야 할 선거법의 기본이념임에도 불구하고 선거의 공정성에만 근거하여 선거운동을 엄격히 제한하는 우리의 선거법제가 위헌적이라는 지적이 나온다.[141)] 헌법재판소는, 선거운동은 정치적 표현의 자유의 한 형태로서 민주사회를 구성하고 움직이게 하는 요소이므로, 선거운동의 허용범위는 아무런 제약 없이 입법자의 재량에 맡겨진 것이 아니고 그 제한입법의 위헌 여부에 대하여는 엄격한 심사기준이 적용된다고 설명하기도 한다.[142)] 그래서 나온 것이 선거운동의 자유 또는 언론의 자유와 선거의 공정성 확보라는 두 헌법적 가치를 비교형량(balancing)하는 일이다.

이러한 헌법재판소의 태도나 학설은 정상적인 상황에서는 타당하다. 문제는 선거 시기를 정상적으로 볼 수 있느냐는 것이다. 여기서 정상적인지 여부는 사상의 자유시장이 제대로 작동할 수 있는지에 달려 있다. 선거는 선거일이라는 시한적 제한을 받는 특수한 상황이기 때문에 비교형량이라는 보통의 방식이 적용되기 어렵다고 생각한다. 선거는 특정 시점이 지나면 당선자가 확정되어 그가 직무를 시작

---

140. 헌법재판소 1994.7.29. 선고 93헌가4등 결정.
141. 정만희, 앞의 논문.
142. 93헌가4 등.

하면, 선거기간 중 전파된 정보가 훗날 허위로 판명되더라도 선거결과를 무효로 만드는 것이 사실상 불가능하기 때문에 선거 중 정치적 표현에 대하여 선거 후 규제하는 것은 무의하다.[143]

공직선거법은 선거절차상의 하자를 이유로 그 선거의 전부 또는 일부의 효력을 다투는 소송인 선거소송(제222조)과 당선자 확정과정의 하자를 문제 삼는 당선소송(제223조)을 규정하고 있다. 하지만 선거소송은 선거일로부터 30일 이내에, 당선소송은 당선인 결정일로부터 30일 이내에 소를 제기하여야 한다. 또 선거쟁송은 선거법 위반사실이 인정되더라도 그것이 선거의 결과에 영향을 미쳤다고 인정되는 때에 한하여 선거의 전부 또는 일부의 무효 또는 당선의 무효를 결정하게 된다(제224조).

선거와 관련한 해악은 사후 교정할 수 있는 방법이 극히 제한되었기 때문에 사상의 자유시장에서 해결되기 어렵다고 보는 것이 타당하다. 즉 선거는 선거의 불공정이라는 명백하고 현존하는 위험이 있는 상황이라고 본다.[144] 따라서 평상시 적용하는 비교형량의 방법을 그대로 적용하거나, 선거운동의 제한입법의 위헌 여부에 대하여 엄

---

143. 2002년 제16대 대통령선거 직전 김대업 씨가 이회창 당시 한나라당 대통령 후보의 장남 정연 씨의 병역비리 은폐 의혹을 제기하였으나, 2005년 4월 대법원은 명예훼손 등을 이유로 김 씨와 오마이뉴스에 각각 5,000만 원과 3,000만 원을 배상하도록 하는 확정 판결을 내렸다. 이 밖에도 2002년 대선 당시에는 기양건설이 이회창 후보의 부인 한인옥 씨에게 비자금을 전달했다는 로비 의혹 사건, 설훈 당시 국회의원이 주장한 이회창 후보 측 20만 달러 수수설 등이 있었으나, 그 후 모두 근거 없는 것으로 밝혀지고 의혹을 제기한 사람들은 명예훼손죄로 처벌받았다. 이러한 폭로가 제16대 대통령 선거에 얼마나 영향을 미쳤는지는 알 수 없다. 하지만 그 영향력의 정도를 불문하고 당시 대통령선거의 효력은 여전히 유효하며, 당선자는 대통령직을 수행하는 데 아무런 장애가 없다.
144. 미국에서도 특정한 표현을 형사처벌 할 수 있는가의 문제에서 발전한 명백·현존 위험의 기준을 선거규제법에 적용할 수 있다는 연구가 있다. Samuel Issacharoff, *supra* note 83.

격한 심사기준이 적용되는 것은 타당하지 않다.

(2) 명백하고 현존하는 위험과 선거운동 규제

명백·현존 위험의 기준은 비교형량을 하지 않은 채 표현의 자유를 제한하기 때문에 선거운동의 규제에 이 기준을 적용하면, 자칫 선거운동에 관한 모든 규제가 정당하다는 결론에 이를 수 있다. 이 문제는 선거일과의 근접성 및 제한받는 표현의 내용을 비교 검토함으로써 해결할 수 있다고 본다. 선거일에 가까워질수록 선거의 공정성이 훼손될 수 있는 가능성, 즉 해악은 기하급수적으로 증가한다고 보아야 할 것이다. 또한 후보자에 대한 허위 정보가 등장하여도 이를 시정할 시간이 없다면 그러한 해악은 명백하고 현존한다고 할 것이다. 여기서 후보자의 선거운동의 자유, 또는 유권자의 표현의 자유를 제한할 수 있는 시기는 선거운동의 자유 또는 표현의 자유가 가지는 가치, 거꾸로 말하면 그러한 가치를 제한할 때 발생하는 해악의 크기에 의존한다고 보는 것이 타당하다. 표현되는 내용이 정치적 표현이라면 – 대부분의 경우 상대 후보의 공직적합성에 관한 의문 제기가 될 것이다 – 국민의 자기지배(self-governance)에 관련된 것이기 때문에 보호의 가치가 크고, 규제의 폐해는 커진다. 이러한 표현을 고가치의 표현(high value speech)이라고 할 수 있다. 이러한 가치는 선거일과 직접적인 관계는 없다. 민주사회에서 언제나 그 가치는 소중하다. 이에 반하여 제한받는 표현의 내용이 보호할 가치가 적은 저가치의 표현(low value speech)이라면 – 예컨대 후보자를 비방하는 경우 – 규제의 폐해도 적다. 더 나아가 선거운동에 관한 규제이기는 하지만 그것이 시간·장소·방법에 관한 규제(time place and manner

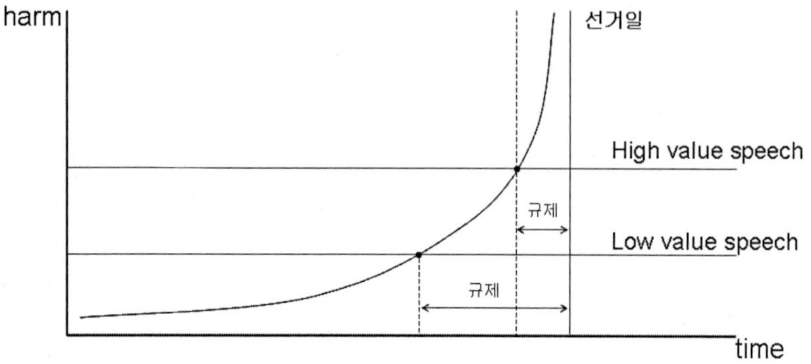

regulation), 즉 내용중립적인 규제(content-neutral regulation)라면 규제의 폐해는 가장 적을 것이다. 표현의 내용을 문제 삼는 것이 아니기 때문에 사상의 자유시장이 제대로 작동되는지 여부는 문제되지 않고, 따라서 선거운동의 시간·장소·방법에 관한 규제에는 명백·현존 위험의 기준이 적용될 여지가 없다. 이를 그림으로 나타내면 아래와 같다.

〈그림〉에서 알 수 있듯이, 정치적 표현과 같은 고가치 표현의 자유에 대한 제한은 선거일에 인접하여 사상의 자유시장이 작동할 수 없는, 즉 명백하고 현존하는 위험이 있을 때만 가능하며, 모욕적인 표현과 같은 저가치의 표현은 더 먼저 제한하더라도 그 제한은 정당하다. 하지만 언제부터 정치적 표현의 제한이 가능한지, 또 언제부터 저속한 표현의 제한이 가능한지에 관한 판단은 입법자의 재량이다. 구체적인 선거운동의 제한은 입법자가 입법목적을 달성하기 위하여 선택할 문제이며, 입법자가 선택한 수단이 현저하게 불합리하고 불공정한 것이 아닌 한 사법부가 이를 위헌이라고 판단할 수는 없다. 즉 일반적으로 표현의 자유는 국민의 자기지배를 바탕으로 하는 민주국가를 지탱하는 핵심적인 기본권이기 때문에 사법부가 이를 제한하는 입법의 위헌성을 심사할 때 입법부 의사를 수용하지 않고 독자적으로 판단할 수 있지만, 명백하고 현존하는 위험이 있는 예외적인 상황에서는 입법부의 견해를 존중하고 따르는 것이 옳다고 본다. 명백·현존 위험의 기준이 독자적인 기준으로 존립하는 의의는 여기에 있다.[145]

이와 같은 해석은 모든 기본권 제한에 있어서 과잉금지의 원칙을 선언하고 있는 헌법 제37조 제2항과도 합치되는 것이다. 명백·현존 위험의 원칙은 외형상 위험이 현존하고 명백하다는 이유로 비교형량 없이 바로 표현을 제한할 수 있는 것처럼 보이지만, 실제에 있어서는 일정한 상황에서 공익(해악의 방지)이 사익(표현의 자유의 제한)보다 크다는 것이 입증된 특정한 종류의 표현에 대하여 개별적 이익형량을 생략하는 예외를 인정하는 것이다. 명백·현존 위험의 원칙은 이익형량이라는 큰 틀 속에 존재하면서도, 개별적인 표현에 대해서는 이익형량을 하지 않고도 규제할 수 있는 틀을 제공하기 때문에 독자적인 기준으로 의의가 있다.

(3) 공직선거법 검토

공직선거법 규정을 시간대별로 보면 1)여론조사의 결과 공표 및 이의 인용·보도와 같이 선거일전 6일부터 특별히 규제되는 것과 2)언

---

145. Landmark Communications, Inc. v. Virginia, 435 U.S. 829 (1978)에서 Burger 대법원장은 "표현의 자유가 문제가 되는 경우에는 입법부의 판단(legislative finding)을 존중한다는 이유로 사법심사를 제한할 수 없다"고 강조하였다. 이 사건의 원심인 주 법원은 위원회의 비공개 의사록을 공개할 경우 정의를 질서 있게 실현하는데 있어서 명백하고 현존하는 위험을 초래한다고 판단한 입법부의 명확한 의사(legislature's explicit finding)를 존중하였다.

론매체를 통한 광고(94조), 구내방송 이용한 선거운동(99조), 녹화기 등 이용한 선거운동(100조), 연설회나 대담·토론회(101조), 단합대회 또는 야유회(103조3항), 연설·대담 통지를 위한 호별방문(106조3항), 서신을 이용한 선거운동(109조) 등 선거운동기간 중 규제되는 것과 3)사전선거운동과 같이 선거운동기간 전부터 규제되는 것으로 구분하여 그 규제입법의 정당성을 검토할 수 있다.

첫째, 여론조사의 결과 공표 금지 조항의 위헌성 심사는 일반적인 비례의 원칙이 아닌 명백·현존 위험의 기준이 적용되는 전형적인 예라고 본다. 이와 관련, 헌법재판소는 "여론조사결과의 공표를 금지하는 것 자체는 그 금지기간이 지나치게 길지 않는 한 위헌이라고 할 수 없다"는 일관된 입장을 가지고 있다.[146] 그 주요 논거는 "선거에 관한 여론조사는 그것이 공정하고 정확하게 이루어졌다 하더라도 그 결과가 공표되면 투표자로 하여금 승산이 있는 쪽으로 가담하도록 만드는 이른바 밴드왜곤효과(bandwagon effect)나 이와 반대로 불리한 편을 동정하여 열세에 놓여 있는 쪽으로 기울게 하는 이른바 열세자효과(underdog effect)가 나타나게 됨으로써 선거에 영향을 미쳐 국민의 진의를 왜곡하고 선거의 공정성을 저해할 우려가 있다. 더구나 선거일에 가까워질수록 여론조사결과의 공표가 갖는 부정적 효과는 극대화되고, 특히 불공정하거나 부정확한 여론조사결과가 공표될 때에는 선거의 공정성을 결정적으로 해칠 가능성이 높지만 이를 반박하고 시정할 수 있는 가능성은 점점 희박해진다"는 것이다.[147]

헌법재판소가 선거를 사상의 자유시장이 제대로 작동하지 않는 상

---

146. 헌법재판소 1995. 7. 21. 선고 92헌마177 등 결정; 1998. 5. 28. 선고 97헌마362등 결정; 1999. 1. 28. 선고 98헌바64 결정.
147. 밑줄은 편의상 필자가 추가

황으로 파악한 것은 적절한 것이다. 그러나 분석의 틀로 기본권제한 입법의 위헌성을 판단하는 일반적인 심사기준인 과잉금지의 원칙을 사용한 것은 잘못이다. 헌법재판소는 "선거에 관한 여론조사결과의 공표금지기간을 어느 정도로 할 것인가는 그 나라의 입법당시의 시대적 상황과 선거문화 및 국민의식수준 등을 종합적으로 고려하여 입법부가 재량에 의하여 정책적으로 결정할 사항이라 할 것"이라면서도 "이 규정이 헌법 제37조 제2항이 정하고 있는 한계인 과잉금지의 원칙에 위배하여 언론·출판의 자유와 알권리 및 선거권을 침해하였다고 할 수 없다."고 설명한다. 즉 헌법재판소는 과잉금지의 원칙이 적용되어야 한다고 천명하면서도 공익과 사익을 실질적으로 이익형량 하지 않고 입법부의 판단을 그대로 수용하는 비논리적 접근을 하고 있다.

이 사안은 명백·현존 위험의 기준을 활용하여 다음과 같이 설명하는 것이 더 논리적이다: 여론조사의 결과 발표는 정치적 표현으로 두텁게 보호받아야 할 표현임에 틀림없다. 이를 제한하는 것은 표현의 자유와 국민의 알 권리에 대한 중대한 제한이다. 하지만 선거에 임박한 시점은 선거의 공정성을 저해할 위험이 명백하고 현존한다. 이러한 시기에 입법자가 특정한 정치적 표현이 선거에 부정적인 영향을 미칠 수 있다고 판단하여 이를 제한하는 것은 헌법에 반하지 않는다. 입법부가 명백하고 현존하는 위험이 있다고 판단할 때 이미 이익형량을 한 것이기 때문에 사법부가 입법부의 판단을 수용하는 것은 헌법 제37조 제2항에 합치되는 것이다.

하지만 여론조사의 결과는 고가치의 표현이므로 이의 발표를 금지하는 기간은 앞의 그림에서 본 것과 같이 허위사실공표죄(공선법 제250조)나 후보자비방죄(동법 251조)와 같은 저가치의 표현을 규제하는 기간보다 짧아야 할 것이다. 현행 공직선거법에서는 여론조사 결과발표는 선거일 전 6일부터 금지되는데 반하여 허위사실공표죄나 후보자비방죄는 특정 시점을 규정하지 않고 선거운동과 관련한 범죄로 규정하고 있어 규제기간과 관련한 잘못은 없다고 보아야 할 것이다.

둘째, 선거기간 중 선거운동의 행태를 규제하고 있는 대부분의 선거법 규정은 내용중립적 규제(content-neutral regulation)로서 명백·현존 위험의 기준이 적용될 여지가 없다. 오히려 미국에서처럼 완화된 위헌심사 기준으로 그 위헌성을 심사하여야 할 것이다.

셋째, 사전선거운동과 같이 선거운동기간 전부터 규제되는 것의 위헌성 여부는 엄격하게 심사하여야 할 것이다. 사상의 자유시장이 정상적으로 작동되는 한, 명백·현존 위험의 기준이 적용될 여지는 없다고 본다. 따라서 사전선거운동은 일반적인 이익형량의 방법으로 그 위헌성을 심사하여야 한다. 대의제 민주주의 국가에서 선거는 국민주권주의를 실현하는 핵심적인 수단이라는 점, 민주주의 국가에서 표현의 자유는 다른 기본권에 비하여 더 우월적 지위를 갖는다는 점, 사상의 자유시장에 의하여 해악이 자율적으로 해소될 시간적 여유가 있다는 점 등을 감안하면, 선거의 불공정성을 예방하려는 이익보다는 자유로운 선거운동을 제한함으로써 발생하는 이익이 더 크다고 보아야 할 것이다. 사전선거운동의 제한은 신중하여야 한다.

4. 선거 규제의 합헌성

명백하고 현존하는 위험의 원칙은 미국에서조차 혼란을 불러일으키는 개념이다. 미국에서 가장 존경받는 법관인 Holmes 대법관이 처음 주장하였고, 명백과 현존이라는 매력적인 단어가 결합하면서 명백·현존 위험의 기준은 언론의 자유를 보호하는 마법의 주문같이 느껴지기도 한다. 또 그렇게 이해하려는 학자도 있다. 하지만 명백·현존 위험의 기준은 현재 실용적인 위헌성 심사기준이라기 보다는 언론의 자유의 상징적 존재로서 더 의의가 있다고 하겠다. 이 기준이 실무적으로 사용되는 사안은 극히 예외적이다.

　본 논문은 사실상 사망한 명백·현존 위험의 원칙에 새로운 생명을 불어넣은 작업을 시도하였다. 역사적 전개과정을 검토하고 현재 활용되고 있는 사안을 점검하여 명백·현존 위험의 원칙이 비상시, 즉 사상의 자유시장이 작동할 수 없는 상황에서는 개별적인 이익형량 없이 표현의 자유를 제한할 수 있다는 논리를 제공한다는 점과 정상적인 상황에서는 명백·현존 위험의 기준은 선동에 이르는 표현을 제한할 때에 한하여 사용될 수 있다는 점을 밝혔다. 또한 명백·현존 위험의 기준을 선거운동이라는 특수한 상황에 적용할 수 있는지 검토하였으며, 현행 공직선거법의 선거운동의 규제 중 위헌성이 짙은 부분과 그렇지 않은 부분을 구분하였다.

　이제 처음 제기하였던 문제로 돌아가자. 공직선거법을 개정하여 선거기간 중 촛불집회를 금지하는 내용을 추가할 경우 또 인터넷 포털 등이 선거일 120일 전부터 선거와 관련 있는 낱말을 인기 검색어로 올릴 수 없도록 할 경우 이들 규정을 위헌이라고 할 수 있는가의 문제다. 촛불집회의 금지는 집회의 내용과 관계없는 내용중립적 규제이므로 완화된 심사기준에 의하여 그 위헌성이 검토되어야 할 것이다. 하지만 단순한 촛불집회가 아닌 '선거에 영향을 미출 수 있는' 촛불집회를 금지하는 것이라면 내용중심적 규제이고, 선거에 임박하여 실시되는 것이면 명백·현존 위험의 원칙이 적용될 여지가 크다.

여론조사의 결과를 공표하지 못하는 상황과 마찬가지다. 선거공정성에 어떠한 영향을 미칠지 알 수 없는 상황이므로 입법부가 선거공정성에 부정적인 영향을 미친다고 판단하여 이를 금지하였다면 사법부가 이를 뒤집을 수는 없다. 다만 여론조사의 결과공표 금지는 선거일 전 6일부터인데 반하여 촛불집회를 비롯한 집회의 금지는 선거기간 중이므로 지나치게 긴 것은 문제다.

두 번째 인터넷 포털의 인기 검색어 금지 역시 마찬가지 논리로 풀어야 할 것이다. 포털의 인기 검색어가 어떻게 선정되는지 투명성이 확보되지 않은 상황에서 선거의 공정성을 훼손할 해악은 충분히 명백하고 현존하다고 볼 수 있으므로 여론조사의 결과공표를 금지하는 것과 동일한 접근을 하여야 할 것이다. 그런데 여론조사의 결과공표의 금지와 달리 선거일 전 120일부터 금지하는 것은 과도한 제한이다. 120일이라면 명백·현존 위험의 기준을 적용할 수 없으며 일반적인 비례의 원칙이 적용되어야 한다고 본다.

성표현의 자유와 그 한계

제 5 장

Ⅰ. 성표현물 범람의 시대

성표현(Sexual Expression)은 우리 사회 곳곳에 상존해있다. 특히 인터넷의 발달은 전 세계적으로 성표현물[2]의 범람을 야기했다. 우리나라도 예외가 아니다. 유교문화의 영향으로 성 표현물에 엄격했던 우리나라는 국경을 엄격히 통제함으로써 잡지, 영화, 비디오 등 눈에 보이는 매체로 만들어진 성표현물의 수입을 저지하는 데 성공했지만, 눈에 보이지 않게 인터넷을 통해 유입되는 성표현물을 저지하는 데는 만족할만한 성과를 거두지 못하고 있다. 성인뿐만 아니라 청소년까지도 해외에 서버를 둔 포르노 사이트에 접속해서 성표현물을 즐기는 현상은 어제 오늘의 일이 아니다. 검찰이 단속에 나서기도 하지만, 효과는 그때뿐이다.

최근 새로운 현상은 표현물을 스스로 제작하고 배포하는 일에서 만족을 느끼는 사람들이 생겨나고 있는 것이다. 성인 인터넷 사이트에

---

* 제5장은 「외법논집」 제22집에 실린 논문을 수정·보완한 것이다.

2. 여기서 성표현물이란 성표현의 결과물을 의미한다. 성표현물은 음란물일 수도 있고, 그렇지 않을 수도 있다. 음란물은 성표현물에서 법적으로 허용되지 않은 것으로 판정된 것을 의미하기 때문에 여기서는 그러한 판단의 전단계라는 의미에서 성표현물이라는 용어를 사용했다. 미국의 일부 학자들은 규제해야 하는 것은 음란물이 아니라 포르노라고 주장하고 있다.

는 셀프 포르노로 분류되는 성표현물들이 꽤 있다. 이러한 성표현물은 상업적인 목적으로 제작되기도 하지만, 연인이나 부부가 재미로, 또는 기념으로 제작하는 경우도 많다. 이들은 이러한 행위가 표현의 자유의 실현이라고 생각한다. 또 이를 통제하려는 국가의 개입이 정당하지 못하다고 인식한다. 성인들이 다른 사람의 강요 없이 스스로 성표현물을 제작하고, 이를 보고 싶어 하는 다른 성인에게 보여주면서 만족을 느낀다면 누구에게 해를 끼쳤다고 할 수 있을까? 국가가 이를 규제하고자 한다면, 그 정당성은 어디에서 찾아야 할까?

헌법 제21조 제4항은 언론·출판이 공중도덕이나 사회윤리를 침해하여서는 안 된다고 규정하고 있다. 따라서 성인 간의 성표현물 제작과 배포가 공중도덕 사회윤리에 어긋나기 때문에 허용되지 않는다고 설명하면 문제는 간단하게 해결될 듯하다. 하지만 현대화와 글로벌화로 유교문화를 중심으로 한 전통적인 사회윤리가 빠르게 해체되고 있는 현실을 감안하면, 표현의 자유를 규제하는 정당성의 근거로 공중도덕이나 사회윤리처럼 추상적이고 다의적으로 해석되는 개념에 의존하는 일은 자제해야 한다고 생각한다. 성표현물에 대한 규제의 규범력을 높이기 위해서는 일정한 범위의 성표현물이 왜 자유로운 표현의 영역에 포함되지 않는지에 대한 충분한 설명이 있어야 할 것이다. 이는 법적으로 허용되지 않는 음란물 규제의 정당성을 어디에서 찾을 것이냐의 문제이면서 동시에 음란물의 범위를 설정하는 문제이기도 하다.

표현의 자유를 중시하는 미국[3]의 경우 음란물은 헌법적 보호범위

---

3. 미국 수정헌법 제1조는 의회는 표현의 자유를 제한하는 입법을 할 수 없다고 규정하고 있다.(Congress shall make no law … abridging the freedom of speech, or of the press …).

밖에 있다고 판결한 로쓰(Roth) 사건[4] 이래 성표현물 규제에 관한 견해 차이에 따라 음란물의 범위를 달리 설명하여 왔다. 이하에서는 미국에서 오랫동안 격론을 벌인 성표현물 규제의 정당성 이론을 살펴보고, 이를 근거로 실정법상 음란물죄 및 판례의 태도를 비판적으로 고찰하고자 한다.

Ⅱ. 성표현 규제 논쟁 : 미국

1. 자유주의자(Liberals)

(1) 표현의 자유 인정 근거

성표현물 규제에 관한 입장은 표현의 자유를 바라보는 시각에 따라 다르다. 표현의 자유가 민주사회에서 갖는 가치가 어디 있다고 생각하느냐는 수정헌법 제1조에 따라 절대적 우위가 인정되는 표현의 자유의 범위를 설정하는데 영향을 미친다. 미국에서 표현의 자유 보호에 정당성을 부여하는 이론은 크게 자기지배(self-governance), 자기만족(self-fulfilment), 사상의 시장(marketplace of ideas) 등 세 가지다. 이 중 자기지배 이론과 자기만족 이론은 성표현물에 관한 상반되는 입장에 서 있다.

1) 사상의 자유시장(marketplace of ideas)

가장 고전적이면서도 가장 영향력이 큰 이론은 사상의 자유시장 이론이다. 이 이론에 의하면 궁극적으로 진리는 정부가 옳고 그른 생각을 구분해서 나쁜 사상으로부터 국민을 보호하는 방법으로 찾아지는 것이 아니고, 자유로운 사상의 교환에 의해서 찾아지는 것이라고 주장한다. 이런 입장에서, 정부가 사상을 억압할 경우 사회는 합리적인 판단을 내리지 못하게 된다고 본다. 사상의 자유시장 이론은 그 사상적 근거를 1644년 존 밀턴이 영국 의회에서 행한 연설문 '아레오파지티카'에 두고 있다. 그는 여기서 출판 허가제를 비난하며 자유로운 토론을 통해 진실과 거짓이 싸우게 내버려 둘 것을 주장했다.[5] 그로부터 200년이 지나 존 S. 밀도 『자유론(On Liberty)』에서 사상의 자유시장론을 역설하며 검열에 반대했다. 그는 만약 강요된 생각이 옳다면 사람들은 진실과 거짓을 비교하는 기회를 잃어버리는 것이고, 만약 옳지 않다면 사람들은 진실이 거짓에 비해서 얼마나 명확하게 모습을 드러내어 감동을 주는지 아는 기회를 놓치는 것이라고 역설했다.[6]

미국의 사상의 자유시장론 발전에 가장 직접적으로 영향을 끼친 사람은 홈즈(Oliver W. Holmes) 판사다. 그는 1919년 아브람스 사건에서 반대의견을 내면서 이 이론을 주창했다. 홈즈 대법관은 어떤 의견이 다수의견과 다르다는 이유로 억압되어서는 아니 되며, 한 사회에서 다양한 의견이 서로 경쟁해야 한다고 역설했다. 그는 "궁극적으로 바람직한 선(善)은 사상의 자유교환에 의해서 이루어진다. 즉 진리를 발견하는 가장 좋은 방법은 사상이 스스로의 힘으로 시장의 경쟁에서 살아남아 받아들여지는 것이고, 이런 진리는 사람들의 희망을 안전하게 전달할 수 있는 유일한 기반이 된다. 이것이 바로

---

5. John Milton, AREOPAGITICA 59 (1964), *reprinted in* AREOPAGITICA AND OTHER PROSE WRITINGS (William Haller ed., 1929).

6. John Stuart Mill, ON LIBERTY, 16 (Elizabeth Rappaport ed., Hackett Publishing Company, Inc., 1978) (1859).

우리 헌법의 이론이다”라고 역설했다.[7] 이러한 생각은 정부가 표현의 내용에 대해서 주관적인 가치판단을 내려서는 아니 된다는 주장으로 이어진다. 하지만 홈즈 대법관은 표현의 자유가 절대적인 가치를 지니는 영역이라고 주장하지는 않았다. 한계가 있을 수밖에 없다고 보았으며, 그 한계 기준으로 제시한 것이 명백 현존위험의 원칙이었다.

사상의 자유시장 이론에 따르면 성표현은 법적으로 허용되는 것과 그렇지 않은 것으로 구분된다. 후자가 바로 음란(obscenity)이다. 미 연방대법원은 1944년 음란은 사상의 자유로운 교환이 아니기 때문에 수정헌법 제1조의 보호 밖에 있다는 판결을 내렸으며,[8] 1957년 음란의 기준을 처음으로 제시하면서 음란물을 “고려할만한 사회적 중요성이 전혀 없는 것(utterly without redeeming social importance)”이라고 설명했다.[9] 현재 미 연방대법원이 인정하는 음란물의 기준에 따르면 성표현물에 문학적, 예술적, 정치적, 과학적 가치가 상당한 정도 있지 않으면(without serious social value) 보호되지 않는다.[10] 음란물로 정의되는 성표현물에 어느 정도의 사상이 담겨

---

7. Abrams v. U.S., 250 U.S. 616, 630 (1919). Abrams 사건은 제1차 세계대전 중 사회주의자들이 탄약 등 무기를 생산하지 말도록 촉구하는 유인물을 배포한 혐의로 기소된 사건이다. 자세한 것은 졸고, “명백 현존위험의 원칙의 현대적 해석과 적용에 관한 연구”, 「헌법학연구」 제9집 제1호, pp384~87.
8. Chaplinsky v. New Hampshire, 315 U.S. 568 (1942). 헌법에 의해 보호되지 않는 영역에 있는 표현으로는 음란 이외에도 사기, 도발적 언어(fighting words), 명예훼손 등이 있다.
9. Roth v. U.S., 354 U.S. 476(1957). Roth 판결은 “현재 지역사회의 보통사람을 기준으로 볼 때 표현물을 관통하는 주제(dominant theme)가 호색적 흥미(prurient interest)에 호소하는 것” 이면 음란물이라고 보았다.
10. Miller v. California, 413 U.S. 15 (1973).

져 있어야 하느냐는 시대마다 조금씩 달리 규정되었지만,[11] 미 연방 대법원은 사상의 자유시장 이론에 입각해서 음란물은 헌법의 보호범 위 밖에 있다고 보고 있다.

2) 자기지배

표현의 자유의 정당성에 관한 두 번째 견해는 자기지배이론(self-governance rationale)이다. 이는 숙고적 민주주의(deliberative democracy)와 깊은 관련이 있다. 이 견해에 따르면 표현이 주민으로 하여금 민주 사회의 정치과정에 참여하는 데 도움이 되는 한 보호되어야 한다. 치자가 갖는 힘의 정당성은 피치자의 동의로부터 나오며, 피치자가 자기의 동의권을 행사하기 위해서는 개인적인 판단과 공동의 판단을 내리는 데 필요한 표현의 자유를 충분히 누려야 한다고 본다.[12] 따라서 자기지배이론은 정치적 표현(political speech)에 대해서는 절대적 보장이 필요하다고 주장한다. 하지만 그 밖에 종류의 표현, 특히 성표현에 대해서는 다른 기본권과 충돌할 때 보호하여야 할 이유가 없다고 본다.

자기지배이론을 주장한 대표적인 학자는 마이클존(Alexander Meiklejohn)이다. 그는 "모든 사람이 이야기하는 것이 중요한 것이 아니고, 말할 가치 있는 것이 이야기되어져야 한다"고 역설했다.[13]

---

11. 로쓰 판결은 조금이라도 사회적 중요성이 있는 생각(idea)은 헌법의 완전한 보호를 받는다고 밝혔으며, 이 영향을 받아 1963년 Memoirs v. Massachusetts 사건에서 미 대법원은 사회적 가치가 전혀 없는 표현물에 한해서 음란성을 인정했다. 383. U.S. 413 (1963).

12. Thomas I. Emerson, *Toward a General Theory of the First Amendment*, 72 Yale. L.J. 883 (1963).

13. Alexander Meiklejohn, POLITICAL FREEDOM: THE CONSTITUTIONAL POWERS OF THE PEOPLE 26 (1960).

그는 유권자가 투표하기 전에 투표와 관련된 모든 사실과 이해관계를 알아야 한다는 현실적인 측면에서 표현의 자유를 접근했다. 그는 "표현의 자유의 원칙은 추상적인 자연법이나 이성의 법칙이 아니다. 이것은 공공의 문제는 보통선거에 의해서 결정되어야 한다는 미국인의 가장 기본적인 약속에서 연유한 것이다"라고 말했다.[14] 마이클존에 앞서 자기지배이론에 입각한 사고를 한 사람은 브랜다이스 대법관(Louis D. Brandeis)이다. 그는 1927년 Whitney v. California 사건에서 "독립을 쟁취한 우리 선조들은 마음대로 생각하고 생각대로 이야기하는 것이 정치적 진실(political speech)을 발견하고 이를 확산하는데 필수불가결하다고 믿었다"고 역설했다.[15] 브랜다이스 대법관은 "자유의 가장 큰 위협은 우둔한 국민(inert people)이며, 공적 토론(public discussion)은 정치적 의무"라고 보았다.[16] 따라서 국민이 공적 문제에 관한 토론에 참석할 수 있도록, 즉 자기지배가 이루어지도록 정보가 자유롭게 이동하는데 제약이 있어서는 아니 된다는 것이다.

하지만 자기지배이론은 무엇이 보호받는 정치적 표현이고, 무엇이 그렇지 않은 표현인지를 구분하기 힘들다는 데 가장 큰 문제가 있다. 물론 순수한 정치 문제에 관한 것은 자기지배에 도움이 되고, 순수한 성적 표현은 그렇지 않은 것은 자명하다. 문제는 중간 영역에 있다. 마이클존 자신도 처음에는 순수한 정치적 표현만 자기지배와 관련 있다고 주장했다가 나중에는 교육, 철학, 사회과학, 문학, 예술 등도 관련 있다고 입장을 바꿨다. 그는 "유권자가 투표할 때 표현하는 것

---

14. *Id.* at 27.
15. 274 U.S. 357, 375 (1927).
16. *Id.*

으로 간주되는 지성(intelligence), 성실성(integrity), 감수성(sen-sitivity), 사회복지에 대한 열정(general devotion to the general welfare) 등을 얻는 한 국민의 자기지배는 존재한다"고 역설했다.[17] 이런 시각에서 보면, 성 표현도 국민의 자기지배와 관련돼 헌법상 보호대상이 되는 경우가 있다. 광범위한 자기지배론은 지지자가 많지 않다. 보크(Robert Bork) 판사는 보호받는 표현은 명백하게 정치적인 표현인 경우로 한정해야 한다고 역설했다. 공무원과 정책에 대한 비판, 헌법 개정 및 법안의 제정 개정 폐기의 제안, 정부기관의 행위에 관련된 표현에 한정해야 한다는 것이 그의 주장이다.[18]

자기지배론에 의하면 성표현물은 헌법의 보호를 받기 어려운 것이 사실이다. 동성애에 관한 표현과 같이 한정적인 성표현물만이 정치적 표현의 범주에 들어갈 수 있으며, 대부분의 성표현물은 국가의 주인인 국민이 투표하는 데 필요한 지식이나 감성이라고 할 수 없다.

3) 자기만족

표현의 자유에 관한 세 번째 정당성 이론은 자기만족(self-fulfill-ment)에서 헌법적 보호의 이유를 찾는다. 이 견해는 표현을 "인간이 생각을 발전시키고, 정신적으로 탐구하고, 스스로를 긍정하는데 필요한 내적 부분"이라고 보고 있다.[19] 다시 말해 사회적 동물인 인간은 자기의 인성을 개발하는 과정에서 형성된 자기 생각과 의견을 표

---

17. Alexander Meiklejohn, *The First Amendment Is an Absolute*, 1961 Sup. Ct. Rev. 245, 255 (1961).
18. Robert H. Bork, *Neutral Principles and Some First Amendment Problems*, 47 Ind. L.J. 1, 26 (1971).
19. Emerson, *supra* note 12 at 879.

현함으로써 인간으로서 자기의 잠재력을 깨닫는다는 것이다.

자기만족이론은 자기지배이론과 접근방식이 다르다. 표현을 수단으로 보지 않고 있다. 이 이론을 주장하는 대표적인 학자인 레디쉬(Martin H. Redish) 교수는 마이클존 교수나 보크 판사가 민주주의에서 가장 중요한 것이 무엇인지 찾으려고 노력하지 않는다고 비난한다. 그는 "정치적 민주주의란 개인의 자기실현(individual self-realization)이라는 훨씬 중요한 가치를 실현하는 수단, 또는 그 논리적 결과물에 불과하다"고 역설했다.[20] 또 베이커(C. Edwin Baker) 교수도 "표현은 공공의 선(collective good)을 달성하기 위한 수단으로서가 아니라 개인에게 주는 가치 때문에 보호되어야 한다"고 주장한다.[21]

자기만족이론은 표현이 개인의 자기개발이나 자기만족에 도움을 주는 한 보호되어야 한다고 주장하기 때문에 자유주의 모델이라고 불리기도 한다. 이론의 전제는 표현(expression)과 행동(action)의 구분에 있다. 지지자들은 표현이 행동에 이르지 않는다면 사회는 그 표현을 보호해 주어야 한다고 주장한다. 하지만 표현의 자유를 지나치게 광범위하게 보호한다는 이유에서 반론도 만만치 않다. 보크 판사는 사람은 자기만족이 표현의 자유에 헌법적 보호를 부여하는 이유가 될 수 없다고 비난했다. 사람들은 자기 의견을 내놓을 때뿐만 아니라 주식투자에서도, 성행위에서도 자기만족을 얻을 수 있기 때문이다.[22] 하지만 미국 연방대법원이 자기만족이론에 입각해서 판결을

---

20. Martin H. Redish, *The Value of Free Speech*, 130 U.Pa.L.Rev. 591, 601 (1982).

21. Baker, *Scope of the First Amendment Freedom of Speech*, 25 UCLA L. Rev. 964, 966(1978).

22. Bork, *supra* note 18 at 25.

내린 적은 없다. 반면 사상의 자유시장이론과 자기지배이론은 대법원 판결에 직접적인 영향을 미치고 있다.[23]

자기만족이론을 지지하는 학자들은 음란을 이유로 표현의 자유를 억압하는데 반대한다. 음란물조차도 수정헌법 제1조가 보호하는 표현이라고 보는 것이다. 어떤 내용의 성표현물은 보호되고, 어떤 내용의 성표현물은 그렇지 않다는 것은 어떤 특정의 삶이 다른 삶보다 낫다는 가치판단을 전제로 하는데 이를 받아들일 수 없다는 것이 이들의 주장이다. 자기만족이론의 지지자들은 자기 삶을 자기 스스로 결정하는 자율적인 인간(autonomous individual)을 이상적이라고 본다. 자기만족이론을 자율(autonomy)이론이라고 부르기도 하는 이유가 여기에 있다.

(2) 자유로운 표현의 주창자

자유로운 표현의 주창자(Free Speech Advocates)들은 국민 개개인이 무엇이 옳고 그른 것인지를 스스로 판단하도록 내버려두고 정부는 중립적인 입장을 지켜야 한다고 주장한다.[24] 따라서 후견적인 정부의 개입(paternalistic government protection)에 반대한다.

---

23. 미연방대법원은 공인에 대한 명예훼손소송에서 "아무리 해악한 의견이라도 그 시정은 판사나 배심원의 양심에 따라 이뤄지는 것이 아니라 다른 의견과의 경쟁을 통해서 이뤄진다는 견해를 지지한다"고 밝혀 사상의 자유시장이론에 입각한 판결을 내렸다. Gertz v. Robert Welch, Inc., 418 U.S. 323, 339~40 (1974). 반면에 New York Times v. Sullivan 사건에서 브레넌 대법관은 "공적 문제에 대한 토론은 방해받지 말고, 건강하고, 광범위하게 개방된 상태에서 이뤄져야 한다는 원칙은 국가의 약속"이라고 강조해 자기지배이론에 근거했다. 376 U.S. 254, 273 (1964).

24. Jeffrey G. Sherman, *Love Speech: The Social Utility of Pornography*, 47 Stan. L. Rev. 661, 666 (1995).

표현의 자유의 절대적 지지자로 유명한 더글러스 대법관(William O. Douglas)은 로쓰 판결에서 반대의견을 내면서 "나는 우리 국민들이 신학, 경제학, 정치학 등 여러 분야에서 거짓과 참을 구별할 수 있듯이 해로운 문학작품도 판별할 수 있는 능력을 갖고 있다고 확신한다"라고 강조했다.[25] 이들은 포르노[26]의 소비자들도 무엇이 환상이고, 무엇이 실질인지 판별할 수 있기 때문에 포르노의 해악을 이유로 규제하는 것은 잘못이라는 입장이다. 이들은 후에 기술할 반포르노 페미니스트들(anti-porn feminists)과 정반대의 주장을 편다.

최근 자유로운 표현의 주창자들은 포르노의 긍정적인 측면을 강조하고 있다. 미국시민자유연맹(ACLU)의 대표인 나딘 스트로센(Nadine Strossen)은 "포르노는 다양한 종류의 사람과 성행위를 묘사하고 있기 때문에 보는 사람들로 하여금 자기의 성적 정체성, 성적 행위, 성적 선호도 등을 확인하고 다른 사람들과의 잠재적인 성적 관계를 개발하는데 도움을 준다"고 역설한다.[27] 이런 견해는 동성연애자와 같은 성적 소수자에게 설득력을 더 갖는다. 이성과의 성행위가 당연하게 여겨지는 사회에서 자라난 성적 소수자들은 이성보다 동성에 더 애정을 느끼는 스스로의 성적 정체성에 대해서 번민을 하기 마련이다. 성적 소수자가 동성연애의 포르노 잡지에서 자기와 같은 종

---

25. 354 U.S. at 514. 더글러스 대법관은 블랙 대법관(Hugo L. Black)과 더불어 표현의 자유를 절대적으로 보장해야 한다는 주장을 펼쳐 '수정헌법 제1조 절대주의자(the First Amendment absolutists)'로 불린다.

26. 실제 생활에서 흔히 음란물과 동의어로 사용되는 포르노(pornography)는 엄밀히 말하면 법률적인 개념이 아니다. 법률적으로는 음란성 여부만 문제된다. 그러나 1980년대 반포르노 페미니스트들이 등장하면서 포르노를 법률적인 개념으로 사용하려는 움직임이 시작됐다. 이에 대해서는 후술.

27. Nadine Strossen, DEFENDING PORNOGRAPHY: FREE SPEECH, SEX, AND THE FIGHT FOR WOMEN'S RIGHTS 165 (1995).

류의 사람들도 있음을 인식하고 성적 동질성을 느끼게 된다는 것이 최근 포르노의 교육효과를 주장하는 사람들의 주장이다. 재미있는 것은 사회가 보수적일수록 포르노의 교육적 효과는 커지고, 따라서 표현의 자유를 주장할 여지가 더 많아지는 것이다. 이러한 주장은 그 전제가 성적 욕구를 자연스러운 것으로 받아들인다는 데 있다.[28] 성(sexuality)은 정부로부터 간섭을 받지 말아야 할 중요한 인간의 본성이라고 본다. 이러한 견해에 따르면 정부가 국민의 사생활에 간섭할 수 있는 시점은 다른 사람에게 해악(harm)을 끼쳤을 때이다. 성표현물에 해악이 없다면 정부는 이를 규제할 이유가 없다.

표현의 자유의 주창자들은 또 미끄럼 효과(slippery slope effect)를 자주 강조한다. 정부의 규제는 일단 허용하면 어쩔 수 없이 점점 강화되는 경향이 있다는 것이다. 처음에는 묘사의 정도가 심한 하드코어(hard core) 포르노에 대해서만 규제를 허용한다고 하더라도, 시간이 지나면 정부는 반드시 그렇지 않은 소프트코어(soft core) 포르노, 에로틱 문학으로 규제대상을 넓혔다가 마침내는 정치적 발언까지 규제할 것이라는 설명이다.[29] 그러나 이러한 주장은 과장에 불과하다는 반론도 만만치 않다. 클로(Harry M. Clor)는 과거 성표현물에 대한 단속이 엄격했던 영국의 빅토리아 시대에 정치 토론과 예술 과학 사회과학 등 학문의 발전은 크게 이루어졌다고 반박한다.[30]

---

28. Cass R. Sunstein, *Neutrality in Constitutional Law (With Specific Reference to Pornography, Abortion, and Surrogacy)*, 92 Colum. L. Rev. 1, 19 (1992).

29. Steven G. Gey, *The Apologetics of Suppression: The Regulation of Pornography as Act and Idea*, 86 Mich. L. Rev. 1564, 1568 (1998).

30. Harry M. Clor, PUBLIC MORALITY AND LIBERAL SOCIETY: ESSAYS ON DECENCY, LAW, AND PORNOGRAPHY 216 (1996).

2. 법도덕주의자

도덕의 법제화를 주장하는 사람들은 도덕의 침해행위(moral offenses)는 부도덕하다는 이유만으로 법으로 규제되어야 한다고 주장한다. 이는 구체적인 해악(harm)이 있는 경우에만 법으로 규제할 수 있다는 생각과 정반대다. 법도덕주의자들에게 포르노는 표현(expression)이 아니라 성행위(sex)일 뿐이다.[31] 이들은 음란물이 사회윤리를 붕괴시키고 공동체의 사회가치를 훼손하기 때문에 규제해야 한다고 주장한다. 법도덕주의자들이 바라보는 성(sex)은 본질적으로 사적(private)이고 신성한(sacred) 것이다. 음란물은 이러한 속성의 성을 공공의 장소로 이전했기 때문에 규제되어야 한다고 이들은 생각한다. 또 포르노에 그려진 성에는 사랑이 없고, 인간을 동물과 마찬가지로 취급하기 때문에 규제되어야 한다고 본다. 클로 교수는 "성행위에 직접 참가하지 않은 사람에게는 육체적인 행위만 눈에 들어올 뿐"이라고 강조한다.[32] 그 결과 포르노에 그려진 사람은 단지 물건(things)이나 동물에 다름없게 된다. 법도덕주의자들은 또 포르노가 사회 제도, 특히 가족 제도를 약화시킨다고 주장한다. 머피(Jeffrie G. Murphy) 교수는 성규범의 와해를 쉽게 용인하면 가족을 기반으로 이뤄진 사회의 안정성을 해치게 된다고 주장한다.[33] 따라서 정부는 이러한 사회의 붕괴를 막아야 할 책임이 있다고 본다.

수정헌법 제1조와 관련, 법도덕주의자들은 적나라한 성표현물은

---

31. Frederick Schauer, *Speech and "Speech" - Obscenity and "Obscenity": An Exercise in the Interpretation of Constitutional Language*, 67 Geo. L.J. 899, 926 (1979).
32. Clor, *supra* note 30 at 195.
33. Jeffrie G. Murphy, *Legal Moralism and Liberalism*, 37 Ariz. L. Rev. 73 (1995).

표현이 아니기 때문에 보호대상이 아니라고 주장한다.[34] 어떤 학자
는 포르노는 의사전달(communication)의 성격이 없다고 한다. 법
도덕주의에 입각한 대표적인 학자로 1986년 포르노에 관한 보고서
(A Report of the Attorney General's Commission on Pornog-
raphy) 작성에도 참가했던 샤우어(Frederick Schauer) 교수는 "하
드코어 포르노는 단지 육체적 반응을 일으키기 위해서 만들어진 것"
이라고 혹평했다.[35] 그의 시각에서 보면, 인지적 의미에서 볼 때 고무
로 만든 자위도구에 커뮤니케이션의 요소가 전혀 없듯이 포르노에도
커뮤니케이션의 요소를 찾을 수 없다. 따라서 샤우어 교수는 표현의
자유를 보장하는 수정헌법 제1조가 포르노를 보호한다는 것은 있을
수 없는 일이라고 생각했다. 샤우어 교수가 표현의 핵심이라고 본 것
은 인지적 작용이었다. 헌법적 의미에서의 표현은 "지적 의사소통의
과정 및 그 결과로서 가치를 가질 경우"에 한한다는 주장이다.[36]

비인지적 활동은 커뮤니케이션이 아니라는 주장에 대해서 반론도
만만치 않다. 흔히 예로 드는 것은 음악이다. 음악은 감정과 생각, 경
우에 따라서는 사상을 전달하는 좋은 수단이라고 일컬어진다. 음악
은 커뮤니케이션 수단임에 틀림없다. 하지만 음악은 감정에 호소하

---

34. 후술하는 반포르노 페미니스트들도 적나라한 성표현이 표현이 아니라고 보는 점에서
　　는 같은 주장이다. 맥키논(Catherine MacKinnon) 교수는 한 토론회에 참석해서 "포르
　　노는 표현이 아니라 자위 보조도구에 불과하다"고 말하기도 했다.

35. Schauer, *supra* note 31 at 922.

36. *Id.* at 927. 샤우어 교수와 유사한 주장을 한 학자로 피니스(John Finnis) 교수를 들 수
　　있다. 그는 이성(reason)과 감성(passion)의 이분법을 이용해서 음란물은 헌법의 보호
　　를 받지 못한다고 주장했다. 수정헌법 제1조가 보장하는 표현이란 인간의 지성에 호소
　　하는 경우에 한한다는 것이다. 그런데 음란물은 지성이 아닌 감성에 호소하기 때문에
　　헌법의 보호범위 밖에 있다는 것이 그의 주장이다. John M. Finnis, *Reason and Pas-*
　　sion: The Constitutional Dialectic of Free Speech and Obscenity, 116 U. Pa. L.
　　Rev. 222, 223~27 (1967).

지, 지성에 호소하지 않는다. 또한 육체와 정신을 이분화한 방식에 대해서도 반론이 제기된다. 육체적 반응이란 일련의 정신적 작용을 거치지 않고 나타날 수 없다고 주장하는 학자도 있다.[37] 이런 견해에 따르면 순전히 육체적 경험이라는 이유만으로 표현의 자유의 보장을 받는 것은 불합리하다.

　법도덕주의자들은 다른 사람에게 아무런 해악을 끼치지 않는데도 정부가 개인의 사생활에 직접 개입해야 하는 이유를 명쾌하게 설명하지 못하고 있다. 1960년대 하트(H.L.A. Hart) 교수와 데블린(Patrick Devlin) 경과의 논쟁은 이 관점에 관한 법도덕주의자들의 약점을 잘 보여주고 있다. 데블린 경은 국민의 사적인 도덕문제는 법이 관여할 바가 아니라는 울펜덴 보고서(Wolfenden Report)를 비난하는 연설을 했다. 그는 도덕과 종교가 분리될 수 없기 때문에 범죄(crime) 역시 죄악(sin)으로부터 완전히 분리될 수 없다고 주장했다.[38] 데블린에 의하면, 사회는 공동의 사고(common thought)라는 보이지 않는 유대로 묶여져 있기 때문에 법은 개인을 보호하기 위해서가 아니라 사회를 보호하기 위해서 사적인 부도덕의 문제에도 개입할 필요가 있다. 그러자 하트 교수가 이를 반박했다.[39] 데블린 경의 사회 붕괴론(disintegration thesis)은 이를 뒷받침할만한 아무런 증거도 없다는 것이다. 하트 교수는 또한 사회 붕괴론이 변화를 거부하는 보수주의로 흐르는 데 대해서도 반대했다. 데블린 경의 주장은 다

---

37. Gey, *supra* note 29 at 1594.
38. 그와 유사한 주장을 한 사람은 헨켄(Henken) 교수다. 그는 "분명한 것은 음란은 범죄 (crime)가 아니라는 것이다. 이것은 죄악(sin)이다."라고 역설했다. Louis Henkin, *Morals and the Constitution: The Sin of Obscenity*, 63 Colum. L. Rev. 391, 395 (1963).
39. H.L.A. Hart, LAW, LIBERTY AND MORALITY 18~19, 50 (1963).

수가 자기의 도덕을 지키기 위해서 변화를 거부하고 법률로 도덕을 강요하고 있다는 것이다. 하트 교수는 민주사회에서 정치적 힘이 다수에게 위탁되었다는 것과 다수가 비판 없이 그런 힘을 행사할 수 있다는 것은 다른 문제라고 지적했다.[40] 법률로 다수의 도덕을 강요하는 것은 후자에 해당해 받아들일 수 없다는 것이다.

3. 반포르노 페미니스트

(1) 포르노(porno)와 음란(obscenity)

1980년대 초 반포르노를 주장하는 여성주의자들이 등장하면서 타인에 대한 해악론(harm to others)에 입각해서 성표현의 자유를 허용하는 분위기는 제동이 걸리기 시작한다. 반포르노 페미니트스의 선봉은 맥키논(Catherine MacKinnon)과 드워킨(Andrea Dworkin)이다. 이들은 여성에 대한 폭력이라는 관점에서 포르노에 관심을 기울였다. 그들은 음란(obscenity)이라는 용어가 남성 중심의 사고를 반영하는 것이라며,[41] 이를 포르노로 대체할 것을 주장했다. 반포르노 페미니스트들은 일정한 종류의 성표현물에 대해서 정부가 규제하라고 주장한 점에서 법도덕주의자들과 같은 입장이다. 하지만 그들은 이 문제를 도덕의 관점에서 보지 말 것을 주장해 법도덕주의자들과 완전히 다른 태도를 취했다. 맥키논 교수는 "음란은 무

---

40. *Id.* at 79.
41. 맥키논 교수는 음란성 기준이 호색적 흥미에 초점이 맞춰지면서 발기(erection)와 삽입(penetration)이 주요 기준이 되었다고 비난한다. Catherine A. MacKinnon, *Not a Moral Issue*, Yale L. & Pol' y Rev. 321, 325, 330 (1984).

엇이 옳고 그른지에 대한 도덕의 문제인데 반해서 포르노는 정치적으로 힘이 있는 자와 없는 자와의 정치 문제"라고 그 차이점을 설명했다.[42] 맥키논 교수에 따르면 포르노는 강요된 성의 모습(form of forced sex)이자 성 정치의 행태(practice of sexual politics)이며 성 불평등의 제도화(institution of gender inequality)라는 의미에서 '성적 현실(sexual reality)' 이다.[43]

맥키논 교수가 사용하는 포르노의 개념은 흔히 사용되는 것과 다르다. 사전적 의미의 포르노는 성적 자극을 주기 위해 성행위를 표사한 것이다.[44] 포르노와 음란물(obscenity)을 혼용해서 사용하는 학자들도 있었지만, 헌법상의 보호를 받는지 여부를 가리기 위해 일반적으로 사용되는 말은 음란물이었다. 그러나 맥키논 교수는 포르노를 음란물과 동의어로 생각하거나 사회적 의미를 배제한 채 포르노의 개념을 정의하는 데 대해서 반대했다.[45]

반포르노 페미니스트들은 포르노가 단순히 환상의 표현(expression of fantasy)일 뿐이라고 생각하지 않는다. 이들은 포르노가 필

---

42. Catherine A. MacKinnon, *Pornography, Civil Rights, and Speech*, 20 Harv. C.R.-C.L. L. Rev. 1, 21 (1985).

43. *Id.* at 18.

44. 포르노는 그리스어에서 유래된 말로 '창녀에 관한 묘사(writing about prostitutes)' 를 뜻한다.

45. 반포르노 페미니스트들이 탄생하기 전에도 사회와 연계시켜 포르노를 연구한 학자들은 많이 있었다. 학자들은 포르노를 문화 민주화(democratization of culture)와 연계시켜 고찰하기도 한다. 포르노를 규제하는 목적이 프랑스 혁명 전후로 크게 달라졌다고 한다. 혁명 전에는 왕족 귀족을 모멸하고 정부를 전복하려는 정치적 목적이 있기 때문에 포르노를 규제한 데 반해서 혁명 후에는 전통적인 도덕관념에 대한 도전으로 보아 규제했다는 것이다. Nicholas Wolfsen, *Eroticism, Obscenity, Pornography and Free Speech*, 60 Brooklyn L. Rev. 1037, 1056 (1994). 그러나 포르노를 여성의 사회문제로 연결시켜 연구한 학자는 반포르노 페미니스트들이 처음이다.

연적으로 야기하는 현실에서의 사회적 해악을 이야기한다. 포르노 때문에 여성에 대한 폭력이 증가하고 여성의 예속화가 가속화된다는 주장이다. 이들은 포르노에 묘사된 여성이 한 결 같이 강간을 당하면서도 결국에는 성적 만족을 느끼게 된다든지, 여성은 성적 만족을 얻기 위해 온갖 방법으로 남성에게 봉사하고 굴종하고 있다고 지적하고, 이는 주 소비자인 남성에게 포르노를 팔기 위해서 만들어진 개념이라고 주장한다. 이러한 반포르노 페미니스트들의 주장은 포르노로 인해서 구체적으로 어떠한 해악이 발생하는지를 고찰하고 있다는 점에서 전통적인 보수파인 법도덕주의자들의 견해보다 우수하다는 평가를 받고 있다. 해악이 발견되면 정부가 개입해야 하는 이유도 분명해지기 때문이다.

반포르노 페미니스트들은 미 대법원이 1973년 밀러(Miller) 사건에서 제시한 음란성 판단기준도 수용하지 않는다. 밀러 기준에 따르면 특히 상당한 예술적 가치(serious artistic value)가 있는 경우 음란이라고 판정하지 않는데 대해서 맥키논 교수는 극렬히 반대한다. 여성의 굴종이 묘사된 작품에 다른 사회적 가치가 있는 것이 무슨 의미가 있느냐는 것이다.[46] 하지만 이 견해는 성 표현이 없으면서도 여성의 굴종을 더 극심하게 묘사한 명작도 포르노라는 이름으로 규제할 수 있는지에 대해서 명쾌하지 설명하지 못하는 약점을 갖고 있다.[47]

(2) 포르노의 해악성

맥키논 교수는 포르노가 여성에게 주는 해악을 세 가지로 구분해서 설명했다. 첫째는 포르노를 제작하는 과정에서 직접 여성에게 가해지는 폭력이다. 그녀는 '목구멍 깊숙이(Deep Throat)'라는 포르노에 실제 출연했던 여배우의 증언을 토대로 포르노에 제작과정에서 여배우들이 출연을 강요받고, 정신적 육체적으로 학대당하고 있다고 확신했다.[48] 하지만 포르노 여배우가 모두 강압에 의해 출연하는 것은 아니라는 이유로 맥키논의 주장을 일축하는 견해도 있다.[49] 이에 대해 맥키논 교수은 "일부가 강압적으로 포르노에 출연한 것이 아니라고 해서 강압이 없었다는 의미는 아니다"라며 "강요에 의한 것이었다고 이야기해도 사람들은 그 여성들이 포르노에서 보여준 웃는 모습을 기억하고 있기 때문에 잘 믿으려고 하지 않는다"고 반박했다.[50] 어떤 학자는 '강요에 의한 출연'의 의미를 확대 해석해서 포르노에 출연하는 여성들은 대부분 어리고, 교육을 받지 못하고, 가난하기 때문에 그들은 어떤 의미에서 사실상 착취당하고 있다고 보기도 한다.[51]

맥키논 교수는 포르노 소비자가 여성에게 보이는 폭력성을 두 번째 해악으로 들었다. 포르노 배우, 강간의 희생자, 성폭력 치료전문가 등의 증언을 토대로 맥키논 교수는 포르노가 여성에 대한 잔인한 행동이나 강간 등 폭력을 실제 유발한다고 주장했다.[52] 세 번째로 맥키

---

46. MacKinnon, *Pornography*, *supra* note 42 at 21.

47. Gey, *supra* note 29 at 1606.

48. MacKinnon, *Not a Moral Issue*, *supra* note 41 at 339.

49. Arnold H. Loewy, *Obscenity, Pornography, and First Amendment Theory*, 2 Wm. & Mary Bill of Rts. J. 471, 483 (1993).

50. MacKinnon, *Pornography*, *supra* note 42 at 32, 34.

51. Gey, *supra* note 29 at 1600.

52. MacKinnon, *Pornography*, *supra* note 42 at 43~50. 예컨대 성폭력 치료전문가 낸시 스틸(Nancy Steele)씨는 포르노가 성에 대해 관대하게 만듦으로서 남성들로 하여금 환상 속에서 벌어진 일을 실제로 해보고 싶도록 이끄는 효과가 있다고 증언했다. 그러나 포르노가 성폭력의 직접적인 원인이라는 점에 대해서는 전문가마다 증언이 다르기 때문에 맥키논의 주장은 광범위한 지지를 받지 못했다.

논 교수는 포르노가 여성에 대한 성차별을 용인하는 사회분위기를 조성한다고 강조했다. 맥키논 교수에 의하면, 포르노에 나오는 여성 상은 실제 세계에서 남성에 대한 여성의 굴종을 공고하게 하는 역할을 한다. 그녀는 포르노가 남녀 관계의 본질을 결정하는 데 가장 결정적인 요소라고 생각하고 있다. 포르노에 오래 노출될 경우 남성은 여성을 가치 없고, 하찮은 존재이고, 성의 대상이라고 생각하게 된다는 것이다.[53] 그녀의 견해에 의하면, 포르노는 여성을 길들이고, 성적으로 굴복하도록 훈련시키고, 이런 상황에 익숙하게 하고, 폭행하고, 반항하지 않고 침묵하는데 사용된다.[54]

두 번째와 세 번째 종류의 해악은 모두 한 사회 안의 여성 전체에 대한 것이다. 그러나 이러한 주장의 문제점은 포르노와 해악과의 인과관계에 있다. 여성을 남성보다 열등하게 보고 성적 노리개의 대상으로만 간주하는 사회 분위기를 조성하는 데 포르노에게만 책임을 물릴 수 있느냐는 것이다. 그 밖에도 수많은 원인들을 찾을 수 있다. 포르노가 확인가능하고 손에 잡히는 해악의 직접적인 원인이라는 것을 입증하기가 쉽지 않다.

비폭력적인 포르노와 여성에 대한 실제 해악과의 인과관계를 입증한 보고서는 지금까지 없다. 포르노의 해악과 관련해서 지금까지 미국에서 두 번의 위원회가 구성되었다. 하나는 음란물과 포르노에 관한 존슨 대통령 위원회(President Johnson's Commission on Obscenity and Pornography)로 1970년 보고서(존슨 보고서)를 냈으며, 다른 하나는 포르노에 관한 미시 법무장관의 위원회(Attorney

---

53. *Id.* at 54.
54. *Id.* at 56.

General Edwin Meese's Commission on Pornography)로, 1986 년 보고서를 제출했다. 반포르노 페미니스트들의 주장은 미시 보고 서에 상당히 반영되어 있다. 두 보고서는 작성되자마자 거센 비난을 받았다. 존슨 보고서는 자유주의 견해에 입각해서 "실증적으로 조사 한 결과, 성 표현물에의 노출이 청소년의 비행과 성인의 범죄행위에 중요한 역할(significant role)을 한다는 주장을 입장할 만한 증거는 발견되지 않았다"고 결론 내렸다.[55] 하지만 존슨 보고서는 보수적인 공화당의 닉슨 대통령이 취임하면서 거부해 공식적으로 채택되지는 못했다.

보수적인 학자들로 구성되었던 미시 위원회의 보고서는 보수적인 성향 때문에 자유주의자들로부터 거센 비난을 받았다. 미시 위원회 는 (1)폭력적인 포르노 (2)비폭력이지만, 여성에 대한 비하가 포함된 포르노 (3)폭력과 비하가 없는 포르노 (4)단순 누드 등 네 영역으로 구분하여 서로 다른 결론을 내렸다.[56] 첫 번째 문제와 관련, 위원회는 폭력적인 포르노에 상당기간(substantially) 노출되면 성폭력을 일 으킨다고 결론 내렸다. 또 비폭력 비하의 포르노와 여성에 대한 비하 와의 인과관계에 대해서도 일부(some) 인정했다. 이는 반포르노 페 미니스트들의 노력이다. 하지만 비폭력적이며 여성에 대한 비하도 없는 포르노에 대해서는 어떤 상황에서(in some settings) 어떤 목 적으로 활용되면 해로울 수도 있다는 정도로 물러섰으며, 단순 누드 는 해롭지 않다고 결론지었다.

---

55. U.S. Commission on Obscenity and Pornography, The REPORT OF THE COM-MISSION ON OBSCENITY AND PORNOGRAPHY 27 (1970).
56. Attorney General's Commission on Pornography, FINAL REPORT (1986).

(3) 입법화 실험

맥키논 교수는 단순히 주장하는 데 그치지 않고, 자기 생각을 실현하기 위해 노력했다. 안드리아 드워킨과 함께 몇 차례 반 포르노 법안의 초안을 만들었다. 1983년 미네소타 주에서 처음 입법을 시도했으나 주지사가 거부권을 행사해 좌절됐다. 다음해인 1984년 그들은 인디애나폴리스시 조례를 제정하는데 성공한다. 이 조례에 따르면, 포르노로 인해서 손해를 입은 주민은 포르노 제작자나 유통자를 상대로 소송을 제기할 수 있다. 이들은 미 연방대법원이 법적으로 허용되지 않는 성표현물의 기준으로 제시한 밀러(Miller) 기준에 따라 음란성을 판단하지 않고, 새로운 기준을 사용했다.

그러나 맥키논 교수의 현실 참여는 실패로 끝났다. 1985년 연방 제7항소법원은 인디애나폴리스 조례가 수정헌법 제1조에 위반된다는 이유로 위헌이라고 판정했으며, 그 다음해 연방대법원은 상고허가 신청을 기각했다.[57] 항소법원의 이스터브룩(Frank Easterbrook) 판사는 맥키논 교수가 주장하는 포르노의 해악성을 모두 다 인정하면서도 조례가 위헌이라고 판단했다. 다시 말해 여성의 복종을 묘사한 작품이 실제 생활에서의 복종을 영속화시킬 수도 있고, 여성에 대한 폭력이나 강간을 초래할 수도 있다는 것이다. 이스터브룩 판사는

---

57. American Bookseller' s Assn' v. Hudnut, 771 F.2d 323 (7th Cir. 1985), aff' d, 475 U.S. 1001 (1986).

58. *Id.* at 329. 이런 논리는 사실 음란물(obscenity)에 대해서도 똑같이 적용된다. 울프슨 교수는 미국 법원이 음란물을 보호하지 않는 이유가 사실은 음란물의 영향력이 너무 크기 때문이라고 설명한다. 음란물은 표현의 자유의 보호를 확실하게 받는 정치적 발언보다 국민 생활에 미치는 영향이 훨씬 막대한 표현과 그림을 담고 있다는 것이다. Wolfson, *supra* note 45 at 1039.

"이러한 영향은 바로 포르노가 언어(speech)로서 힘을 갖고 있다는 점을 보여준다"고 설명했다.[58] 그런데 만약 어떤 발언이 다른 행위에 영향을 크게 미친다는 이유에서 정부 규제가 정당화된다면 언론의 자유는 그것으로 종말을 고할 것이라는 것이다.[59] 반포르노 페미니스트의 주장에 대한 반론은 성적 소수자의 인권보호 차원에서도 제기된다. 버틀러(Judith Butler) 교수는 맥키논의 주장이 입법화될 경우 정부가 과도한 힘을 갖게 돼 동성연애자와 같은 성적 소수자의 이익을 훼손할 수 있다고 지적한다.[60] 또 일부에서는 반포르노 페미니스트들이 포르노로부터 여성을 보호하기 위해서 포르노가 번창하도록 만든 사회 제도, 기구, 관습 등을 그대로 수용해서 활용하겠다는 것은 모순이라고 지적한다.[61]

하지만 반포르노 페미니스트들의 노력이 완전히 실패로 끝났다고 단정할 수는 없다. 미국에서와 달리 캐나다에서는 이들의 주장이 받아들여졌다. 캐나다 대법원은 포르노가 남성이 여성을, 경우에 따라서는 여성이 남성을, 육체적으로나 정신적으로 학대하는 반사회적 행위를 초래하는 해악을 인정했다.[62] 미국 학계에서도 선스타인(Cass Sunstein) 같은 학자는 반포르노의 접근방식이 음란성 접근방식보다 우수하다며 이를 옹호한다. 포르노와 성폭력 사이의 수단-목적 관계가 꽤 가깝고(quite close), 포르노의 해악을 사상의 자유시장에서 쉽게 치유할 수 없으며, 포르노는 낮은 보호를 받는 표현

---

59. 771 F.2d at 330.
60. Judith Butler, EXCITABLE SPEECH: A POLITICS OF THE PERFORMATIVE 24 (1997).
61. Gey, *supra* note 29 at 1610.
62. Regina v. Butler, [1992] 1 S.C.R. 452 (Can.).

(low-value speech)이라는 이유에서다.[63] 선스타인 교수가 숙고적 민주주의(deliberative democracy)를 지지하는 대표적인 학자로서 정치적 표현만을 두텁게 보호하여야 한다는 입장을 견지해왔다는 점에 비추어 보면, 당연한 논리적 귀결이다.

4. 논의 정리

미국에서의 성표현물 규제 논쟁을 판례를 중심으로 정리하면, 다음과 같다.

첫째, 성표현물은 헌법상 보호되는 것과 그렇지 않는 것을 구분하고 있다. 1957년 로쓰 판결은 미 연방대법원이 이러한 입장에 서 있음을 명확하게 해주었다. 헌법상 보호되지 않는 성표현물은 음란이라는 범주(category)에 넣고 있다. 음란이 헌법상 보호되지 않는 이유는 사상의 자유시장이론으로 설명하는 것이 일반적이다. 즉 음란은 사상(idea)의 자유로운 교환이 아니라는 것이다. 표현의 자유의 정당성 근거로 다른 이론을 주장하는 학자는 이를 달리 설명한다. 자기지배 이론을 주장하는 학자는 음란뿐 아니라 모든 성표현물을 헌법적으로 보호할 이유가 없다고 보고 있으며, 반대로 자기만족 이론에 서 있는 학자는 모든 성표현물에 관대하다. 블랙(Hugo L. Black) 대법관과 더글라스(Willian O. Douglas) 대법관과 같은 표현의 자유 절대주의자도 모든 성표현물이 헌법상 보호된다고 주장한다.

둘째, 음란물을 처벌해야 하는 이유는 그것이 초래하는 해악 때문

---

63. Cass R. Sunstein, *Pornography and the First Amendment*, 1986 Duke L.J. 589, 617(1986).

이다. 초기에는 성도덕의 타락에서 초래되는 사회의 붕괴를 해악으로 인식하는 도덕주의적 사고가 우세하였지만, 구체적인 해악을 찾으려는 움직임이 확산되면서 자유주의적 사고가 도덕주의적 사고보다 우세해졌다. 페미니스트의 관점에서 포르노의 해악성을 구체적으로 적시한 반포르노 페미니스트가 80년대 등장한 것은 자유주의적 사고가 미국 사회를 지배하고 있음을 역설적으로 보여주는 것이다. 반포르노 페미니스트가 학계나 시민사회로부터 다수의 지지를 받지 못한 이유는 앞서 본 사상의 자유시장이론과 관련이 깊다. 반포르노 페미니스트는 포르노가 가지고 있는 사회적 메시지, 즉 여성에 대한 비하 때문에 규제해야 한다고 주장했으나 그 자체가 논리적 모순을 가지고 있었다. 만약 사상의 자유시장 이론에 의하면, 포르노가 가지고 있는 메시지는 시장에 의하여 해소될 수 있는 문제가 되는 것이다.

셋째, 음란의 정의는 시대에 따라 변화했다. 1957년 로쓰 판결이 나오기 전까지는 미국에서는 도덕주의적 관점에서 음란을 정의한 1868년 영국의 레지나 판결의 음란 기준이 그대로 사용되었다. 레지나 판결에 따르면, 음란물은 그것을 접하고 비도덕적 영향을 받을 수 있는 사람을 부패하고 타락하게 하는 경향이 있는지 여부에 의하여 결정된다.[64] 후견주의적 관점에서 보면, 성표현물은 그 사회에서 가장 도덕적으로 연약한 사람을 부패하고 타락시킬 수 있는 가능성을 가지기 때문에 모든 성표현물이 음란물이 된다.

1957년 로쓰 판결은 음란물을 보통인의 기준에서, 전체로 보았을

---

64. Queen (Regina) v. Hicklin (1868 L. R. 3 Q. B. 360)("The test of obscenity is whether the tendency of the matter charged as obscenity is to deprave and corrup those whose minds are open to such immortal influence and into whose hands a publication of this sort may fall.")

때, 주된 주제가 호색적 흥미(prurient interest)에 호소하는지 여부
[65]로 판정함으로써 자유주의적 시각을 반영하고 있었다. 로쓰 판결
에서 미 연방대법원은 음란물이 보호받지 못하는 이유를 "하등의 사
회적 중요성이 없는 것(utterly without redeeming social impor-
tance)"[66]에서 찾았다. 여기서 한 걸음 더 나아간 판례가 1966년 메
모아르(Memoirs v. Massachusetts) 판례이다. 미 연방대법원은 로
쓰 판례가 제시한 호색적 기준 외에 표현방식이 명백히 노골적일 것
과 사회적 가치가 전혀 없을 것을 추가하였다.[67] 즉, 사회적 가치가
전혀 없다는 것을 검사로 하여금 입증하도록 요구한 것이다. 새로운
기준은 자유주의적 사고가 더욱 반영된 것이다.

그러나 미 연방대법원은 1973년 밀러(Miller v. California) 사건
에서 새로운 기준을 제시한다. 앞의 메모아르 기준과 거의 유사하나,
마지막 세 번째 요건만 "사회적 가치가 전혀 없을 것"에서 "진지한 문
학적 예술적 정치적 과학적 가치(serious literary, artistic, politi-
cal, or scientific)가 없을 것"으로 바뀌었다.[68] 음란물에 조금이라
도 사회적 가치가 있으면 처벌할 수 없다는 것과 음란물에 상당한 정
도의 사회적 가치가 있어야 처벌할 수 없다는 것과의 의미 차이는 크
다. 그렇다고 밀러 기준이 모든 성표현물을 단속할 수 있는 근거로 활

---

65. 354 U.S. at 487("whether to the average person, applying contemporary community standards, the dominant theme of the material taken as a whole appeals to the pruri-ent interest.")
66. *Id.* at 484.
67. 383 U.S. 413, 418 (1966)("(a)the dominant theme of the material taken as a whole appeals to a prurient interest in sex; (b)the material is patently offensive because it affronts contemporary community standards relating to the description or representation of sexual matters; (c)the material is utterly without redeeming social value.")
68. 413 U.S. 15 (1973).

용될 수 있는 것은 아니다. 미 연방대법원은 표현 방식이 명백히 노골적일 것(in a patently offensive way)을 요구하는 메모아르의 기준을 그대로 수용했다. 밀러 판결은 그 예를 열거함으로써 성행위 장면이 노골적으로 드러나는 소위 하드코어(hardcore)형만 음란물이며, 그에 미치지 못하는 소프트코어(softcore)나 단순 누드는 이에 해당하지 않음을 일러준다.[69]

밀러 판결은 1960년대 자유주의적 사고에 입각하여 내려진 일련의 대법원 판례에 대한 반작용의 성격을 가진다. 1969년 대법원장이 얼 워렌(Earl Warren)에서 워렌 버거(Warren Earl Burger)로 바뀌면서 1960년대 성 혁명을 야기한 대법원 판례에 변화가 있으리라는 것은 예견되었었다. 밀러 판결 이후 성인극장 등을 단속하는 주가 늘어나 미국에서 음란물의 유통은 일시적으로 축소되었다. 그러나 성표현물에 대한 미국인의 태도가 이미 관대해졌기 때문에 음란물에 대한 규제를 1957년 로쓰 판결 이전으로 되돌릴 수는 없었다.[70] 경찰관들은 성인이 서로 합의하여 음란물을 소비하는 것에 대해서 단속하려고 하지 않는다.[71] 현재 미국에서 성표현물의 취급으로 인하여 기소되는 경우는 거의 모두 아동 포르노 또는 지역의 성인극장과 관련된 사건이다.[72] 아동 포르노는 청소년의 보호의 관점에서, 지역의 성인극장은 원치 않는 주민에게 혐오감을 줄 수 있다는 관점에서 규제의 필요성이 받아들여진다. 1973년 밀러 사건에서 보수주의적 관점

---

69. 그 다음해인 1974년 미 연방대법원은 젠킨스(Jenkins v. Georgia) 사건에서 누드 자체로는 밀러 기준을 충족하지 못한다고 명백히 밝혔다. 418 U.S. 153 (1974).

70. Frederick S. Lane III, OBSCENE PROFITS: THE ENTREPRENEURS OF PORNOGRAPHY IN THE CYBER AGE 116 (2000).

71. *Id.* at 32.

72. 졸저, 『표현의 자유와 그 한계』, 늘봄, 2000.

에서 음란물의 정의를 새로 내리려는 다수의견에 반대하여, 소수의
견을 냈던 브레넌(William J. Brennan) 대법관의 주장의 타당성이
현실적으로 입증된 셈이다. 당시 브레넌 대법관은 제한적 범위에서
음란물을 규제할 수 있다는 종전 입장을 변경하여, 음란을 정의내리
기 어렵다는 전제 아래 청소년과 보기를 원치 않는 성인에게 전달되
는 경우를 제외하면 모든 음란물은 보호되어야 한다고 주장하였다.

넷째, 미국 정부는 음란물의 일률적인 규제보다는 관리에 더 주력
하는 경향을 보인다. 이는 앞에서 서술한 바와 같이 음란물의 규제가
청소년 및 원치 않는 성인을 중심으로 이루어지면서 나타난 현상이
라고 하겠다. 방송처럼 그 청취자가 성인이던 미성년자이던, 그 내용
에 동의하는 사람이던 그렇지 않는 사람이던 구별하지 않고 무차별
적으로 전파되는 매체에 대해서는 규제할 수 있는 재량을 인정하는
퍼시피카(Pacifica) 사건[73]이나 동의하는 성인이 성표현물에 접근하
는 권리를 침해하였다고 인정한 리노(Reno) 사건[74] 등이 대표적인
예이다. 두 사건은 모두 음란한 표현이 아닌 저속한 표현, 즉 헌법상
보호되는 표현이 쟁점이 되었다는 점에서 지금까지 논의와 차이가
있다. 하지만, 음란물을 규제하지 않고, 성표현물을 관리하더라도 음
란물의 논쟁에서 나타난 해악을 해소할 수 있는 것을 보여주는 사례
라고 하겠다.

---

73. FCC v. Pacifica, 438 U.S. 726 (1978).
74. Reno v. ACLU, 521 U.S. 844 (1997).

Ⅲ. 우리나라에서의 성표현물 규제

우리 형법은 제22장에 '성풍속에 관한 죄'라는 제목아래 간통(제241조), 음행매개(제242조), 음화(淫畵)반포 등(제243조), 음화제조 등(제244조), 공연음란(제245조)을 규정하고 있다. 표현의 자유와 관련되는 조항은 제243조에서 제245조까지다. 정보통신망을 이용한 음란물의 배포나 전시와 관련해서는 정보통신망이용촉진및정보보호등에관한법률(구 전기통신기본법) 제65조에서, 통신매체를 이용한 성적 수치심을 일으키는 말, 도화 등을 전파할 경우에 대해서는 성폭력범죄의처벌및피해자보호등에관한법률 제14조에서, 청소년이용음란물의 제작 배포 등과 관해서는 청소년의성보호에관한법률 제8조에서 규정하고 있다.

1. 헌법재판소 결정 분석

헌법재판소는 1998년 4월 30일 출판사및인쇄소의등록에관한법률 제5조의2 제5호 등의 위헌제청사건[75]에서 성표현물을 구분하여

---

75. 헌재 1998.04.30. 결정 96헌가16 사건.

헌법상 보호되는 것과 그렇지 않은 것을 처음으로 구분하였다. 헌법재판소는 그 근거를 사상의 자유시장 이론에서 찾았다. 헌법재판소는 "다양한 의견과 사상의 경쟁메커니즘에 의하여 그 표현의 해악이 해소될 수 없을 때에만 비로소 국가의 개입은 그 필요성이 인정되는 것"이라며 "일정한 표현은 일단 표출되면 그 해악이 대립되는 사상의 자유경쟁에 의한다 하더라도 아예 처음부터 해소될 수 없는 성질의 것이거나 또는 다른 사상이나 표현을 기다려 해소되기에는 너무나 심대한 해악을 지닌 것이 있다"고 설명했다.[76] 헌법재판소는 이어 "모든 성적 표현이 음란한 것은 아니기 때문에, 헌법의 보호영역 밖에 있는 음란표현과 헌법의 보호영역 안에 있는 성적 표현은 엄밀한 기준 하에 구분되어야 하고 헌법적인 평가 또한 달리하여야 할 것"이라고 강조했다.[77]

헌법재판소에 의하면, 음란은 "인간존엄 내지 인간성을 왜곡하는 노골적이고 적나라한 성표현으로써 오로지 성적 흥미에만 호소할 뿐 전체적으로 보아 하등의 문학적, 예술적, 과학적 또는 정치적 가치를 지니지 않은 것으로써, 사회의 건전한 성도덕을 크게 해칠 뿐만 아니라 사상의 경쟁메커니즘에 의해서도 그 해악이 해소되기 어렵다고 하지 않을 수 없다. 따라서 이러한 엄격한 의미의 음란표현은 언론·출판의 자유에 의해서 보호되지 않는다고 할 것"이다.[78] 이러한 태도는 계속되고 있다.[79]

헌법재판소 판례에서 나타난 성표현물 규제의 특징은 다음과 같다.

---

76. 판례집 10-1, p340.
77. 판례집 10-1, p341.
78. 판례집 10-1, p341.
79. 헌재결 2002. 6. 27. 선고 99헌마480 결정; 헌새결 2004. 1. 29. 신고 2001헌마894 결정 등

첫째, 성표현물을 헌법의 보호영역에 있는 것과 그렇지 않은 것을 구분하고 있다. 그 구분의 근거로 미국에서 발전한 사상의 자유시장 이론을 도입하였으며, 음란물을 처벌할 수 있는 이유로 해악을 들고 있다. 그러나 해악에 대하여 심도 있는 검토를 하고 있지 않아, 사회의 건전한 성도덕의 훼손이 마치 음란물의 해악인 것처럼 해석될 여지를 남겨 놓고 있다. 그러나 미국에서 벌어진 음란물의 해악성 논쟁은 성도덕적 관점을 벗어나 실증적인 해악을 찾는 노력으로 이어졌다.

둘째, 음란에 대하여 내린 정의가 음란물 규제의 정당성 근거와 괴리되어 있다. 즉, 성표현물 규제의 근거를 보수주의적 입장인 성도덕의 훼손에서 찾으면서도, 음란의 정의는 상당히 엄격하여 성표현물에 대한 자유주의적인 시각을 반영하고 있다. 헌법재판소가 제시한 기준은 미국의 밀러 판례보다 엄격한 것이다. 헌법재판소는 밀러 기준의 세 가지 요건을 인용하면서, (1)호색적 흥미 기준(prurient interest)을 '오로지 성적 흥미에만' 으로 한정하였으며, (2)명백히 노골적인 표현방식을 '인간존엄 내지 인간성을 왜곡하는 노골적이고 적나라한 성표현' 으로 다시 한정하였고, (3)상당한 사회적 가치기준을 "하등의 문학적, 예술적, 과학적 또는 정치적 가치를 지니지 않은 것"으로 또다시 제한하였다.

표현방식이 단순히 노골적이고 적나라한 것에 그치지 않고, 인간의 존엄성 내지 인간성을 왜곡하는 방식의 것으로 제한하게 되면, 소위 하드코어 포르노 중 이성간 정상적인 성행위를 노골적이고 적나라하게 표현한 것은 음란물의 판정에서 벗어나게 된다. 또 사회적 가치기준을 진지성 혹은 상당성(serious)으로 판정하지 않고, 전혀 없는 기준으로 판정할 경우 문학이나 예술의 소지가 조금이라도 있는 성표현물은 음란물에 해당되지 않는다. 바로 이러한 이유에서 미국 연방대법원은 종전의 메모아르 판결을 폐기하고 1973년 밀러 기준을 정립한 것이다.

셋째, 헌법재판소는 음란물을 이렇게 엄격하게 정의한 경우에만 이를 헌법의 보호범위 밖에 두는 것을 허용한다. 그러나 이러한 헌법재판소의 해석은 실제 재판하는데 있어서 전혀 고려되고 있지 않다. 즉 대법원이 인정하는 음란물의 기준은 헌법재판소의 것보다 느슨할 뿐 아니라, 불명확하다.

2. 대법원 판례 분석

대법원이 파악하는 음란의 개념은 헌법재판소보다 훨씬 보수적이다. 대법원은 그동안 헌법재판소 기준 중 (2)와 (3)을 요구하지 않았다. 대법원은 1987년 "형법 제243조의 음화 등의 반포 등 죄에 규정한 음란한 물건이라 함은 성욕을 자극하거나 흥분 또는 만족케 하는 물품으로서 일반인의 정상적 성적 수치심을 해치고 성적 도의관념에 반하는 것"이라고 규정한 후[80] 호색적 흥미 기준을 유일한 기준[81]으로 삼는 태도를 보였다.[82] 성적 흥분을 유발한다는 점과 그 결과 성적 도의관념이라는 성도덕의 훼손을 우려한다는 점에서는 헌법재판소의 태도와 동일하다.

하지만 대법원 기준에서는 성적 흥분을 유발하는 방법 혹은 성적

---

80. 대법원 1987. 12. 22. 선고 87도2331 판결
81. 이에 대하여 대법원의 기준이 일본의 3요소설을 받아 들여, ①공연히 성욕을 흥분시키거나 자극시키고 ②보통사람의 정상인 성적 수치심을 해하며 ③선량한 성적 도의관념에 반한다는 세 가지 기준을 제시하고 있다는 설명도 있다. 박상진, "음란물죄의 비판적 고찰", 「비교형사법연구」 제7권 제1호, p165. 그러나 박 교수는 3요소설의 내용은 실제 공허한 것이라고 비판한다.

흥미에 호소하는 방법이 노골적이고 적나라한지, 그래서 인간의 존엄 내지 인간성을 왜곡하는지 여부는 중요하지 않았다. 그 결과 요구르트 제품의 홍보를 위하여 전라의 여성 누드모델들이 분무기로 요구르트를 몸에 뿌리는 행동을 하면 공연음란죄에 해당하며,[83] 미술교사가 자신이 그린 미술작품과 사진 등을 인터넷에 올려놓았을 경우 그 모습이 성기를 묘사한 것이면 일반 보통인의 성욕을 자극하므로 음란한 것이 되고,[84] 고속도로에서 행패를 부르던 중 이를 제지하는 경찰관에 대항하여 공중 앞에서 알몸이 되어 성기를 노출한 경우 공연음란죄로 처벌받게 된다.[85]

그동안 대법원의 음란 기준은 극단적으로 성기가 노출되었는지 혹은 성행위가 묘사되었는지 여부에 달려 있었다. 그 음란물이 예술작품인지 여부는 전혀 고려되지 않았다. 그 결과 대학 교수의 소설도,[86] 중견 작가의 소설도,[87] 문학상을 받은 작품의 번역서도,[88] 음란의 판

---

82. 대법원은 형법 제243조에 규정된 '음란한 도화'에 대하여 "일반 보통인의 성욕을 자극하여 성적 흥분을 유발하고 정상적인 성적 수치심을 해하며 성적 도의관념에 반하는 것을 가리킨다"고 하고(2002도2889), 또 동조의 '음란한 물건'에 대해서도 "성욕을 자극하거나 흥분 또는 만족케 하는 물건들로서 일반인의 정상적인 성적 수치심을 해치고 선량한 성적 도의관념에 반하는 것을 의미"한다고 하고(2003도988), 형법 제245조의 공연음란죄에서의 '음란한 행위'도 "일반 보통인의 성욕을 자극하여 성적 흥분을 유발하고 정상적인 성적 수치심을 해하여 성적 도의관념에 반하는 행위를 가리키는 것"이라고 하고(2005도1264), 구 전기통신기본법 제48조의2(현행 정보통신망이용촉진및정보보호등에관한법률 제65조 제1항 제2호)에서 규정하고 있는 '음란'도 "일반 보통인의 성욕을 자극하여 성적 흥분을 유발하고 정상적인 성적 수치심을 해하여 성적 도의관념에 반하는 것"을 의미한다고 하여(2003도2911) 음란의 기준에 대해서는 일관된 태도를 유지하고 있다.
83. 대법원 2006. 1. 13. 선고 2005도1264 판결.
84. 대법원 2005. 7. 22. 선고 2003도2911 판결.
85. 대법원 2000. 12. 22. 선고 2000도4372 판결.
86. 대법원 1995. 6. 16. 선고 94도2413 판결(마광수 교수의 소설 '즐거운 사라' 사건).
87. 대법원 2000. 10. 27. 선고 98도679 판결(소설가 장정일의 소설 '내게 거짓말을 해봐' 사건).

정을 받았다. 이는 헌법재판소가 음란의 기준으로 설정한 "전체적으로 보아 하등의 문학적, 예술적, 과학적 또는 정치적 가치를 지니지 않은 것"에 반하는 것이다. 헌법재판소의 기준에 의하면, 문학 예술 과학 정치 등의 사회적 가치(social value)를 전혀 가지지 못하는 것만 음란에 해당하며, 사회적 가치가 조금이라도 있는 것은 음란에 해당되지 않는다.

대법원의 음란 기준은 은밀한 사적 공간에 있어야 할 성이 공적 영역으로 나오는 순간 성적 도의관념에 반한다는 보수주의적 시각을 그대로 드러난다. 성적 수치심이라는 주관적 개념 앞에 일반인이라는 판단기준을 추가한 후 그 판단의 주체를 법관으로 설정하면 규범적인 개념이 된다는 대법원의 설명도 받아들일 수 없지만,[89] 더욱 큰 문제는 성을 정상의 것과 그렇지 않은 것으로 구분하려는 사고이다. 여기서 정상과 비정상의 구분은 성적 취향에 있어서 보편적인 것과 그렇지 않은 것의 구별이 아니다. 만약 그렇다면 정상적인 남녀 간의 성행위는 보편적인 것이어서 정상이고, 이는 음란의 범위에 포함되어서는 곤란하다. 오직 보편적이지 않은 성적 취향, 예컨대 동성 간 성행위의 묘사 혹은 인간과 동물 간 성행위의 묘사 등이 문제될 뿐이다. 대법원 판례를 분석해보면, 정상인의 정상적인 애정표현도 성기가 직접 드러나거나 성행위가 구체적으로 드러나면 음란에 해당된다. 이는 대법원이 판단하는 정상과 비정상의 구분이, 성이 사적 공간에 머무느냐 공적 영역으로 나오느냐를 기준으로 한다는 것을 보

---

88. 대법원 1997. 12. 26. 선고 97누11287 판결(중남미 에로티시즘 문학의 대표작의 하나인 번역소설 '아마티스타' 사건)
89. 대법원 1995. 2. 10. 선고 94도2266 판결.

여준다. 사람이 성기를 드러낸 채 직접 공개된 장소에 나오면, 혹은 성행위의 모습이 구체적으로 묘사되어 일반인에게 소비되면, 일반인의 호색적 흥미를 불러일으키고 그 자체가 비정상이고 성적 도의관념에 반한다고 판단한다.

그런데, 대법원은 2008년 3월 헌법재판소의 음란기준을 그대로 수용하는 판결을 내놓아 종래 기준을 폐기한 것인지 여부가 관심이다. 대법원은 "표현물을 전체적으로 관찰 · 평가해 볼 때 단순히 저속하다거나 문란한 느낌을 준다는 정도를 넘어서서 존중 · 보호되어야 할 인격을 갖춘 존재인 사람의 존엄성과 가치를 심각하게 훼손 · 왜곡하였다고 평가할 수 있을 정도로, 노골적인 방법에 의하여 성적 부위나 행위를 적나라하게 표현 또는 묘사한 것으로서, 사회통념에 비추어 전적으로 또는 지배적으로 성적 흥미에만 호소하고 하등의 문학적 · 예술적 · 사상적 · 과학적 · 의학적 · 교육적 가치를 지니지 아니하는 것을 뜻한다고 볼 것"이라고 판시하였다.[90] 이는 헌법재판소 기준 중 (2)는 그대로, (3)은 일부 수정하여 수용한 것이다. (3) 기준은 헌법재판소의 '오로지'를 '전적으로 또는 지배적으로'로 변경함으로써 미국의 로쓰(Roth) 기준보다 밀러(Miller) 기준을 채택하였음을 보여준다. 그러나 이 판결의 대상 사건이 영상물등급위원회로부터 18세 관람가의 등급분류를 받은 비디오물을 편집 · 변경함이 없이 그대로 옮겨 제작한 동영상들로 성표현의 농도가 낮은 것이어서 대법원의 판시내용이 새로운 기준을 제시한 것인지 여부는 좀 더 지켜보아야 할 것 같다.

---

90. 대법원 2008. 3. 13. 선고 2006도3558 판결.

3. 음란 기준의 위헌성

종래 대법원의 음란기준은 헌법재판소가 제시한 음란기준보다 광범위할 뿐 아니라 명확하지 않다는 점에서 언론의 자유를 침해한다. 앞서 헌법재판소가 분명히 밝힌 것처럼 음란은 그 개념을 엄격하게 정의내릴 때 한하여 언론의 자유와 양립할 수 있다. 대법원처럼 음란을 광범위하게 이해하는 것은 헌법상 보호되는 성표현까지 침해하는 결과를 초래한다. 더구나 대법원은 언론의 자유와 관련된 사건을 일반적인 불법행위 사건에서 손해배상액을 산정하는 정도로 인식하여 되도록 많은 관점에서 음란을 판단하겠다는 태도를 보이고 있다.[91] 이는 위축효과(chilling effect)로 특징지어지는 언론의 자유의 본질을 대법원이 제대로 파악하지 못한 소치로서 큰 문제이다.

하지만, 이 모든 잘못을 법원에게만 돌릴 수는 없다. 구체적인 성표현이 음란물인지 아닌지의 판단은 우리 사법제도 아래서 법관의 몫인 것이 분명하지만, 음란의 개념 자체는 법률로 규정하여야 할 입법사항이기 때문이다. 대법원이 스스로 인정하듯이 "음란이라는 개념 자체가 사회와 시대적 변화에 따라 변화하는 상대적이고 유동적인 것"이라면[92], 이 시대 우리 사회에 맞는 음란의 개념이 무엇인지 법률로 명확하게 규정할 때 비로소 모든 국민에게 언론의 자유를 보장

---

91. 대법원 2005. 7. 22. 선고 20032911 판결("표현물의 음란 여부를 판단함에 있어서는 당해 표현물의 성에 관한 노골적이고 상세한 묘사 서술의 정도와 그 수법, 묘사 서술이 그 표현물 전체에서 차지하는 비중, 거기에 표현된 사상 등과 묘사 서설의 관련성, 표현물의 구성이나 전개 또는 예술성 사상성 등에 의한 성적 자극의 완화 정도, 이들의 관점으로부터 당해 표현물을 전체로서 보았을 때 주로 그 표현물을 보는 사람들의 호색적 흥미를 돋우느냐의 여부 등 여러 점을 고려하여야 하며").
92. 대법원 1995. 2. 10. 선고 94도2266 판결.

하고, 그러한 자유는 법률로서만 제한하도록 규정한 우리 헌법에 합
치되는 것이다. 음란의 개념도 정의내리지 않은 채 형사처벌을 수반
하고 있는 형법 제243조 등 현행 음란 관련조항들은 언론의 자유 및
죄형법정주의에서 파생된 명확성의 원칙에 반하여 모두 위헌이라고
하겠다.

Ⅳ. 성표현물의 관리

　성표현물이 헌법의 보호를 받지 못하려면 그 이유가 분명하여야 한다. 성표현물도 표현의 한 종류인 이상 헌법의 보호를 받는 것이 당연한데도, 우리 법제는 성표현물이 보호받지 못하는 것은 당연하다는 전제 아래 마련되었다. 성표현물이 헌법의 보호대상에서 제외되는 것은 성표현물에는 인지의 소산 즉 아이디어가 담겨 있지 않기 때문이다. 거꾸로 아이디어를 담고 있는 성표현물은 헌법의 보호에서 제외시킬 이유가 없다. 헌법재판소가 하등의 사회적 가치를 가지고 있지 않은 것을 음란의 정의에 포함시킨 것은 올바른 접근이며, 대법원의 음란의 정의는 잘못되었다. 헌법재판소가 음란의 정의에 인간의 존엄성을 왜곡시키는 묘사방법까지 추가하여 음란의 범위를 좁게 파악한 것은 언론의 자유의 보호 측면에서 바람직한 것이다.

　그런데, 어떠한 표현물이 헌법의 보호대상이 아니라고 하여 항상 처벌할 수 있는 것은 아니다. 그 표현이 초래하는 해악을 따져보아야 할 것이다. 헌법의 보호범위 안에 있는 표현을 제한하기 위해서는 명백하고 현존하는 위험의 원리에 의하여 엄격한 통제를 받아야 하고, 그 보호범위 밖에 있는 표현은 해악이 현존하거나 명백하지 않더라도 제한할 수 있다는 점에서 구별의 실익이 있다. 보호범위 밖에 있다고 하더라도 음란물의 생산 유통 소비를 처벌하려면 그 음란물이 초래하는 해악이 무엇인지는 설명되어야 한다. 음란물의 해악성을 사회의 성도덕을 지켜야 한다는 도덕주의자적 관점에서 강변하는 것은 사회의 구성원인 개인의 판단력과 자기결정권을 믿지 못한다는 인식을 전제하는 것이어서 헌법상 민주주의 원리에 반하게 된다.

　정신적으로나 육체적으로 성숙하지 않은 청소년의 경우 성에 대한 무분별한 접촉이 올바른 성장을 방해할 수 있다. 이것은 해악이다. 성인의 경우 보기 싫은데도 보거나, 듣기 싫은데도 들어야 하는 상황이 있을 수 있다. 이것 역시 해악이다. 그 밖의 경우로 성표현물이 초래하는 구체적인 해악은 분명하지 않다. 해악이 인정되는 두 경우에도 음란의 구별은 실익이 없다. 청소년의 경우 엄격한 의미의 음란만이 아니라, 그에 못 미치는 성표현물에 대한 접촉을 국가가 관리할 필요가 있다. 또한 원하지 않은 성인이 어쩔 수 없이 접해야 되는 상황에 대한 규제는 그 매개체를 음란물에 한정할 이유가 없다. 결국 모든 성표현물은 그 자체가 금지되는 것이 아니라, 관리하여야 할 대상에 불과한 것이다.

상업적 표현의 자유와 그 한계

제 6 장

Ⅰ. 상업적 표현과 언론의 자유

1. 헌법적 보호의 정당성

광고도 표현인가? 표현이라고 함은 내심에 있는 의사를 밖에 드러내는 것을 말한다. 광고는 팔고자 하는 의사를 밖에 보이는 것이니 표현임에는 틀림없다. 하지만 광고는 순수한 의사의 표명이 아니다. 돈을 벌겠다는 다른 의도가 담겨 있다. 그렇다면 다른 의도를 가지고 있는 표현은 보호할 가치가 없는 것일까? 야당 대표가 대통령의 실정을 비판하는 성명을 발표하는 경우를 보자. 그 야당 대표는 자기가 대통령이 되고 싶은 마음, 자기 소속 정당에서 대통령을 배출하고 싶은 마음을 가지면 안 되는 것일까? 그런 의도가 숨어 있다고 하더라도 대통령에 대한 비판은 정치적 표현의 자유로 보아 보호하여야 하는 것은 아닐까? 광고 역시 돈을 벌고 싶은 의도에서 하는 것이지만, 그 광고에 정보가 담겨져 있고 그 정보를 일반인이 얻고자 한다면 표현으로 보아 보호받아야 하지 않을까? 상업적 표현이 정치적 표현보다 더 중요하다고 말하기는 힘들어도, 상업적 표현은 상업적 동기에서 하는 것이기 때문에 보호받지 못한다고 말할 수는 없다.

광고와 같은 상업적 표현의 규제 가능성 또는 규제 정도에 대한 입장 차이는 표현의 자유를 바라보는 시각에 따라 다르게 나타난다. 표현의 자유가 민주사회에서 가지는 존재 의의를 어디에서 찾느냐에 따라 헌법상 보호되는 표현의 범위 및 규제 가능성이 달라지기 때문이다. 헌법이 표현의 자유를 두텁게 보호해야 하는 정당성의 근거는 진리 발견, 자기지배(self-governance), 개인의 자치(autonomy) 또는 자기만족(self-fulfillment) 등이 있다.

자기지배이론의 시각에서 보면 상업적 표현을 보호할 이유가 없다. 상업적 표현은 오로지 거래를 위한 목적, 즉 경제적 이익을 추구하려는 목적 아래 정보를 제공하는 것이므로 국민이 국가의 주인으로서 국정운영에 건전하게 참여하는 데 기여하는 바가 없기 때문이다. 다만 광고 중 의견광고(editorial advertisement)는 자기지배이론에 의하더라도 보호되는 표현에 포함된다. 1964년 뉴욕타임스 판결[1]이 그 대표적인 예이다. 이 판결은 그 전까지 민사상 불법행위 소송의 하나에 불과하였던 명예훼손 소송을 언론의 자유라는 헌법의 시각으로 재조명한 역사적인 사건이었다. 분쟁은 뉴욕타임스의 기사가 아닌, 전면광고에서 시작되었다. 미 연방대법원은 의견광고도 일반 기사와 마찬가지로 헌법적 보호를 받는다는 전제 아래, 그 광고 내용이 공무원의 공적활동에 대한 비판인 경우 원고는 피고의 현실적 악의(actual malice)를 입증한 경우에 한하여 손해를 배상받을 수 있다고 판시하였다. 이러한 견해는 민주주의에서 경제는 정치 아래 있는 것이라는 생각을 전제로 한다.[2]

---

1. New York Times Co. v. Sullivan, 376 U.S. 254, 266 (1964).
2. 미 대법원의 Rehnquist 대법관이 Virginia Pharmacy 사건 등에서 상업적 표현을 헌법적으로 보호하는데 반대하며 한 말 "in a democracy, the economic is subordinate to the political"이 그 대표적이다.

이에 대하여 민주사회에서 공적 문제에 대한 의사결정을 보다 넓은 시각에서 이해하여야 한다는 견해가 있다. 즉, 상업 정보의 자유로운 흐름은 개인의 의사결정에 기여하고, 이는 결국 한 국가의 자유기업 경제가 더 지적이고 정보화되는데 기여한다는 것이다.[3] 의회가 제정하는 경제관련 법률과 개인이 매일 단행하는 경제관련 의사결정 사이에 큰 차이가 없고, 개인의 의사결정에 도움을 주는 상업 광고도 표현의 자유가 보호하여야 할 대상이 된다. 이러한 주장은 주로 표현의 자유의 보호근거를 개인의 자치(autonomy), 혹은 자기만족에 두고 있는 법률가에게서 찾아볼 수 있다.

그러나 개인의 자치를 옹호하는 학자라고 해서 모두 상업적 표현이 보호되어야 할 표현이라고 인정하는 것은 아니다. 이들 중에는 상업적 표현의 주체가 기업이라는 점을 중시하여, 상업적 표현은 인간 개개인의 자치 혹은 자기만족과 전혀 관련이 없다는 이유에서 헌법적 보호대상에 넣는 것을 반대하기도 한다.[4]

사상의 자유시장 이론에 입각해도 상업적 표현은 보호되어야 할 정당성이 희박하다. 상업적 표현을 단순히 경제적 이득을 위하여 행하는 호객행위에 불과하다고 보면, 사상의 자유시장이 추구하는 진리의 발견과 아무런 관련이 없다. 특별히 헌법이 보호하여야 할 정당성은 없다. 하지만, 상업적 표현을 인간생활에 필요한 정보의 제공이라고 보고 그러한 정보의 정확성은 시장에서 결정되어야 한다고 생각하면, 상업광고도 표현의 자유로서 보호되어야 할 가치가 충분하다.

생각건대 표현의 자유는 그 동기가 아니라, 실제 초래하는 위험을 중심으로 살펴보아야 한다. 표현의 동기가 경제적인지 그렇지 않는지는 중요하시 않다. 그러한 표현이 듣는 사람에게 어떠한 해악을 초래하는지가 중요한 것이다. 해악을 초래하지 않는 이상 국가가 개인의 자유로운 표현활동을 제한할 이유는 없다. 하지만 표현이 담고 있는 정보가 허위여서 다른 사람의 올바른 선택을 방해하였다면 발언자는 자기가 한 표현에 책임을 져야 할 것이다. 그 선택이 상품에 관한 것이라고 해서 보호의 대상에서 제외되고, 반대로 그 선택이 정치적 의사결정이라고 해서 절대적으로 보호되어야 하는 것도 아니다. 보호의 정도에 있어서 차이가 있을 뿐이다. 상업적 선택보다는 정치적 의사결정이 민주사회의 발전에 더 기여할 수 있으므로 더 두텁게 보호해야 한다는 의미다. 정치적 표현은 비록 그 내용이 사실이 아니고 다른 사람의 인격권을 침해하더라도 이를 쉽사리 제재하지 못하는 경우가 생기지만,[5] 상업적 표현은 그러한 경우를 인정하기 어렵다. 결국 상업적 표현, 즉 광고와 정치적 표현은 모두 헌법상 표현의 자유로서 보호되지만, 그 보호의 정도가 다르다고 이해하여야 할 것이다. 이러한 해석은 표현의 자유를 보호하여야 할 정당성의 근거를 원칙적으로 개인의 자치 혹은 자기만족에서 찾고, 자기지배 이론과 사상의 자유시장 이론을 보충적으로 활용하는 것이라고 하겠다.[6]

---

3. Virginia Pharmacy 사건에서 Blackmun 대법관이 취한 견해이다.

4. Baker, *Turning Broadcasting: Content-Based Regulation of Persons and Presses*, 1994 S. Ct. Rev. 57.

5. 현실적 악의 이론, 공인이론 등이 그것이다. 졸고, "공인에 관한 최근 명예훼손 법리의 비교연구", 「언론중재」, 2004년 봄호; 졸고, "공인에 대한 명예훼손", 「법조」 제551호, 2002년 8월호 참조.

6. 우리나라 헌법재판소는 표현의 자유를 두텁게 보호해야 하는 근거를 특정한 정당성 이론에서 찾지 않고, 복합적인 것으로 이해하고 있다. 즉 어떤 판결에서는 자기실현의 수단이면서 동시에 자기통치의 수단이라고 보면서도 또 다른 판례에서는 사상의 자유시장이론을 받아들이고 있다. 헌법재판소에 따르면 "언론의 자유는 개인이 언론 활동을 통하여 자기의 인격을 형성하는 개인적 가치인 자기실현의 수단임과 동시에 사회 구성원으로서 평등한 배려와 존중을 기본원리로 공생·공존관계를 유지하고 정치적 의사결정에 참여하는 사회적 가치인 자기통치를 실현하는 수단"(헌재 1999. 6. 24. 선고 97헌마265 결정 참고)이며, 또한 "언론·출판의 자유가 보장되지 않는다면, 사상은 억제되

2. 상업적 표현의 헌법적 보호

(1) 광고와 사전검열

미국과 우리나라의 판례는 상업적 표현이 보호의 대상이라는 입장을 취한다. 미국에서 상업적 표현에 관한 판례가 발전되어온 과정을 보면, 처음에는 상업적 표현을 표현의 자유의 보호범위에 포함시키지 않다가 1976년 Virginia Pharmacy Board v. Virginia Citizens Consumer Counsil 사건[7]에서 처음으로 상업적 표현도 보호되는 표현으로 인정하였다. 하지만 그 보호정도는 낮은 표현(less valuable speech)으로 인식하였고, 이러한 생각은 지금까지 이어지고 있다.[8] 헌법재판소도 옥외광고물에 관련된 사건에서 "광고물도 사상·지식·정보 등을 불특정다수인에게 전파하는 것으로서 언론·출판의 자유에 의한 보호를 받는 대상이 됨은 물론이다. 뿐만 아니라 국민의 알권리는 국민 누구나가 일반적으로 접근할 수 있는 모든 정보원으로부터 정보를 수집할 수 있는 권리로서 정보수집의 수단에는 제한이 없는 권리인바, 알 권리의 정보원으로써 광고를 배제시킬 합리적인 이유

고 진리는 더 이상 존재하지 않게 될 것이다. 문화의 진보는 한때 공식적인 진리로 생각되었던 오류가 새로운 믿음에 의해 대체되고 새로운 진리에 자리를 양보하는 과정에서 이루어진다." (헌재 1998. 4. 30. 선고 95헌가16 결정) 이러한 헌법재판소의 태도가 논리적 일관성을 결여했다고도 인식되고 있지 않다. 이는 표현의 자유의 보호범위를 그 정당성의 근거에서 찾지 않고 있기 때문이다. 즉, 표현의 자유는 민주국가에서 당연한 것으로 생각하고, 당연한 것을 설명하는 여러 가지 이론으로 자기실현의 수단, 자기통치의 수단, 진리 발견의 수단 등을 동원하고 있을 뿐이다. 하지만 어떠한 입장에서 표현의 자유를 인정할 것인가는 표현의 자유의 한계를 내재적으로 설정하게 되기 때문에 이러한 헌법재판소의 태도는 결코 바람직하다고 할 수 없다.

7. 425 U.S. 748 (1976).

8. Kathleen M. Sullivan, CONSTITUTIONAL LAW 1121 (2001).

가 없음을 고려할 때, 광고는 이러한 관점에서도 표현의 자유에 속한다"고 판시하여[9], 상업적 표현을 표현의 자유의 보호를 받는 표현으로 인정하고 있다. 헌법재판소는 그 근거를 알 권리에서 찾고 있다.

상업적 표현이 헌법상 표현의 자유의 보호를 받는다는 것은 무엇을 의미하는가? 이 질문은 상업적 언론에 대하여 사전검열이 허용되는가의 문제와 같이 생각하여야 한다. 언론의 자유가 발전하여온 역사를 살펴보면, 사전검열은 언론의 자유와 결코 양립할 수 없는 개념이다. 15세기 말 인쇄술의 발달로 출판물이 대량 제작되어 반포되기 시작했다. 이때부터 유럽 국가들은 언론·출판과 전쟁을 시작한다. 정부가 사용한 무기는 허가제와 검열제였다. 정부의 허가를 받지 아니하고는 출판할 수 없도록 하고, 정부는 내용 검열권과 허가 취소권을 보유하였다. 영국의 존 밀턴이 1644년 허가제와 검열제를 반대하는 연설을 한 것이나, 1769년 블랙스턴(Blackstone)이 언론의 자유는 사전제한으로부터의 자유를 의미한다고 역설한 것은 바로 이러한 역사적 배경에서 나왔다.

블랙스턴에 따르면, 모든 자유인은 자기가 원하는 의견을 공중 앞에 털어 놓을 수 있는 자유를 가지며, 이를 금지하는 것은 언론의 자유를 파괴하는 것이다. 그는 이어 자기가 발표한 내용이 적절치 못하거나(improper), 해를 끼치거나(mischievous), 불법(illegal)일 경우 자기 만용의 결과를 수용해야 한다고 주장하였다. 미국에서 수정헌법 제1조가 채택되던 1791년 즈음 영국과 미국에서는 이미 언론의 자유와 사전제한이 양립할 수 없다는 것을 인식하고 있었다.[10] 블랙

---

9. 헌재 2002. 12. 18 선고 2000헌마764 결정.
10. Marc A. Franklin, MASS MEDIA LAW 29 (2000).

스턴의 견해는 미국에서 비판 받았지만, 그 비판은 사전제한의 금지에 있지 않았다. 오히려 언론의 자유를 사전제한의 금지로만 좁게 해석하여, 정부의 사후처벌을 허용하게 되었다는 비판이었다.[11] 그 결과 정부의 사후규제도 제한하는 쪽으로 논의가 전개되었다.

우리 헌법이 명문으로 언론에 대한 검열이 인정되지 않는다고 규정하고 있는 것도 검열은 언론의 자유의 본질적인 내용을 침해하기 때문에 어떤 경우에도 허용되어서는 안 된다는 의지의 표명이라고 보아야 한다. 헌법재판소는 "언론·출판에 대하여 사전검열이 허용될 경우에는 국민의 예술 활동의 독창성과 창의성을 침해하여 정신생활에 미치는 위험이 크고 행정기관이 집권자에게 불리한 내용의 표현을 사전에 억제함으로써 이른바 관제의견이나 지배자에게 무해한 여론만이 허용되는 결과를 초래할 염려가 있기 때문에 헌법이 절대적으로 금지하는 것"이라고 밝히고 있다.[12]

헌재의 태도에 비추어 보면, 상업적 표현에 대한 사전검열은 허용될 수 없다. 광고 역시 독창성과 창의성을 요구하는 것으로 검열을 당할 경우 정신생활에 미치는 위험이 크기 때문이다. 상업적인 동기 여부가 중요한 것이 아니다. 헌법재판소도 앞서 옥외광고물에 관한 사건에서 광고가 표현의 자유에 속한다고 판시한 후 "언론 출판의 자유에 대하여 허가나 검열을 수단으로 한 제한만은 헌법 제37조 제2항의 규정에도 불구하고 어떠한 경우라도 법률로써 허용되지 아니한다는 것을 밝히고 있으며"라고 설명하고 있어 광고에 대한 사전제한은 허용되지 않는다는 점을 전제하고 있다.

---

11. Near v. Minnesota, 283 U.S. 697 (1931).
12. 헌재 2001. 8. 30 선고 2000헌가9 결정 참조.

(2) 광고규제의 위헌성

상업적 광고가 다른 유형의 표현, 특히 정치적 표현보다 보호를 적게 받는다는 의미를 어떻게 이해하여야 하는가. 검열의 형태를 취한 사전제한이 허용되지 않는다는 점에서는 여타의 표현의 자유와 마찬가지지만, 사후에는 더 강한 규제를 가하는 것이 허용된다는 의미로 보아야 할 것이다. 법치주의 국가에서 규제는 결국 법률이라는 형태로 나타나게 되므로, 상업적 표현을 제한하는 법률은 정치적 표현을 제한하는 법률보다 헌법적합성 심사에서 합헌적으로 해석되기 쉽다는 것이다.

미국 연방대법원은 상업적 표현과 정치적 표현에 적용되는 합헌성 심사기준을 서로 달리하여 위헌법률심사를 하고 있다. 미 연방대법원은 일반적으로 표현의 내용을 문제 삼아 규제하는 법률에 대하여는 엄격심사기준(strict scrutiny standards)을 적용하고 있다. 이 기준에 따르면, 해당 법률의 제정을 통하여 달성하려는 정부의 이익이 절실(compelling)하여야 하며, 그러한 목적을 달성하기 위하여 선택한 수단이 필수적(necessary)이어야 한다. 만약 정부가 선택한 규제조치보다 국민의 자유와 권리를 덜 제한하는 다른 수단(least restrictive alternative; LRA)이 있다면 필수적이라고 할 수 없어 위헌이 된다. 결국 내용을 근거로 한 규제는 합헌 판정을 받기 어렵다.

반면 상업적 표현은 1980년 Central Hudson Gas & Elec. 사건에서 엄격심사기준보다 완화된 기준에 따라 위헌성을 심사한다.[13] 이

___

13. Central Hudson Gas & Elec. Corp. v. Public Service Commission, 447 U.S. 557 (1980).

센트럴 허드슨 기준에 따르면 상업적 표현이 헌법적 보호를 받으려면, 그 광고는 합법적 활동(lawful activity)에 관한 것으로서 오도(misleading)하는 것이어서는 안 된다. 이어 규제가 다음의 세 가지 조건을 통과해야만 합헌 판정을 받는다. 첫째, 규제로 달성하려는 정부의 이익이 실질적(substantial)이어야 하고, 둘째, 규제가 이러한 정부의 이익을 직접적으로 증진시켜야 하며, 셋째, 규제는 그 이익을 달성하는데 필요한 정도(necessary)를 넘어서는 안 된다. 마지막 기준, 즉 필요한 정도의 의미에 대해서는 그 후 판례에서 최소 침해성, 즉 LRA(least restrictive alternative) 기준을 의미하지 않는다는 점이 확인되었다.[14] 결국 상업적 표현은 엄격심사기준보다 덜 엄격한 기준에 의하여 그 위헌성을 검토하게 되므로 표현의 자유를 제한하는 법률이 합헌 판정을 받을 가능성이 높아지게 된다. 상업적 표현도 다른 표현과 마찬가지로 엄격심사기준을 적용하여야 한다고 주장하는 대법관도 꽤 있다. 그러나 이러한 견해는 다수의견이 되지 못하여 센트럴 허드슨 기준이 아직까지 유효하다.

센트럴 허드슨 사건 이후 새로 제기된 쟁점은 내용이 유해한(harmful) 광고의 위헌성 여부였다. 상업적 표현이 합법적인 활동에 관한 것으로 오도하는 것도 아닌데, 국가로서는 그 소비를 권장하고 싶지 않은 것이 바로 이 유해성 광고이다. 도박, 술, 담배 등의 광고가 여기에 해당한다. 1986년 Posada 사건에서 미 연방대법원은 일정한 형태의 카지노 도박을 허용하였지만 도박장에 대한 광고는 금지한

---

14. Board of Trustees, State Univ. of New York v. Fox, 492 U.S. 469 (1989). 일반적으로 표현의 자유와 관련하여 필요한(necessary)의 의미는 최소 침해성(LRA)을 의미한다. LRA 기준에 의하면 대부분의 정부 규제는 위헌결정을 받게 된다.

푸에토 리코(Pueto Rico)의 도박법에 대하여 센트럴 허드슨 기준을
적용하여 합헌이라고 결정하였다.[15] 그러나 유해한 광고를 표현의
자유의 보호를 받지 못하는 예외 영역으로 인정한 것은 아니었다. 미
대법원은 그 후 Rubin v. Coors Brewing,[16] 44 Liquormart, Inc.
v. Rhode Island1[7]에서 유해성을 이유로 광고를 금지한 법률에 대
하여 위헌을 결정하였다. 결국 유해성 광고를 규제하는 법률은 그 내
용에 따라 센트럴 허드슨 기준을 충족하면 합헌 판정이 나기도 하고,
그렇지 못하면 위헌 판정이 나기도 한다.

우리 헌법재판소는 미 연방대법원과 달리 위헌성 심사기준을 단계
적으로 운영하고 있지 않다. 헌법재판소에 따르면, 국민의 기본권을
제한하는 법률은 그 제한의 방법에 있어서 일정한 원칙의 준수가 요
구되는데 이를 과잉금지의 원칙, 또는 비례의 원칙이라고 한다. 이
원칙은 "국가작용의 한계를 명시하는 것인데 목적의 정당성, 방법의
적정성, 피해의 최소성, 법익의 균형성(보호하려는 공익이 침해되는
사익보다 더 커야 한다는 것으로서 그래야만 수인의 기대가능성이
있다는 것)을 의미하는 것으로서 그 어느 하나에라도 저촉되면 위헌
이 된다"고 한다.[18] 우리 헌법재판소나 미국 연방대법원이나 국민의
기본권을 제한하려는 목적과 그 목석의 달성을 위한 방법을 살펴보

---

15. Posadas de Puerto Rico Association v. Tourism Company of Puerto Rico, 478 U.S.
    328 (1986).
16. 514 U.S. 476 (1995). 맥주 겉표지에 알코올 도수를 표시하는 것을 금지하는 연방 법률
    Alcohol Administration Act에 대하여 연방대법원이 위헌 결정한 사건이다.
17. 517 U.S. 484 (1996). 알코올이 담긴 음료수의 가격은 술가게 안에서만 표시할 수 있을
    뿐 그 밖의 방식은 어떠한 경우에도 허용하고 있지 아니 한 로드아일랜드 법률에 대하
    여 위헌결정이 난 사건이다.
18. 헌재 1989. 12 .22 선고 88헌가13 결정.

는 점에서는 대동소이하다. 하지만 미 연방대법원은 목적 달성의 절실함과 목적과 방법 사이의 관계를 기준으로 다시 세분하는데 반해 우리 헌법재판소는 세분화된 위헌심사의 틀을 가지고 있지 않다.

헌법재판소 판례에 따르면, 언론의 자유의 보호범위는 다음과 같은 분석의 틀에서 검토된다. 첫째, 헌법상 보호되는 언론과 그렇지 않은 언론을 구분한다. 헌법재판소는 "언론·출판의 영역에서 국가는 단순히 어떤 표현이 가치 없거나 유해하다는 주장만으로 그 표현에 대한 규제를 정당화할 수 없다. 그 표현의 해악을 시정하는 1차적 기능은 시민사회 내부에 존재하는 사상의 경쟁메커니즘에 맡겨져 있기 때문이다. 그러나 대립되는 다양한 의견과 사상의 경쟁메커니즘에 의하더라도 그 표현의 해악이 처음부터 해소될 수 없는 성질이거나 또는 다른 사상이나 표현을 기다려 해소되기에는 너무나 심대한 해악을 지닌 표현은 언론·출판의 자유에 의한 보장을 받을 수 없고 국가에 의한 내용규제가 광범위하게 허용된다"[19]고 하여 사상의 자유시장 이론에 입각하여 헌법상 보호되는 언론과 그렇지 않은 언론을 구별하고 있다. 광고는 이 중 헌법상 보호되는 언론에 속한다.[20] 보호되지 않는 언론 중 대표적인 것은 음란으로 헌법재판소는 사상의 경쟁메커니즘에 의해서도 그 해악이 해소되기 어려워 언론·출판의 자유에 의한 보장을 받지 못한다고 판시했다.[21]

둘째, 표현의 자유는 그 전달매체에 따라 국가의 개입 정도가 달라진다. 방송은 기술적 한계로 인하여 소수의 기업이 매체를 독과점하

---

19. 헌재 1998. 4. 30 선고 95헌가16 결정.
20. 헌재 1998. 2. 27 선고 96헌바2 결정; 헌새 2000. 3. 30 선고 97헌마108 결정; 헌재 2000. 3. 30 결정 99헌마143 결정; 헌제 2002. 12. 18 선고 2000헌마764 결정.
21. 헌재 1998. 4. 30 선고 95헌가16 결정.

고, 음성과 영상을 통한 강한 호소력으로 사회적 영향력이 크기 때문에 신문 등 인쇄매체보다 규율의 필요성이 크다고 하겠다.[22] 헌법재판소에 따르면, 입법자는 광범위한 입법형성 재량을 갖고 방송체제의 선택을 비롯하여, 방송의 설립 및 운영에 관한 조직적, 절차적 규율과 방송운영주체의 지위에 관하여 실체적인 규율을 행할 수 있다. 헌법재판소는 이어 방송광고는 방송의 운영에 관한 것으로서 그에 대한 규율은 자유의 제한이 아닌 방송의 형성에 속하는 사항이라고 보았다. 즉, 입법자가 방송광고를 허용하는 동시에 그 허용범위를 형성하였다고 볼 수 있으므로 방송광고에 대한 규제에 있어서 입법자는 과잉금지 내지 비례의 원칙의 적용을 받지 아니하고 재량을 갖게 된다고 한다.

셋째, 내용에 대한 규제와 방법에 대한 규제를 구분한다. 즉, 국가가 개인의 표현행위를 규제하는 경우 표현내용에 대한 규제는 원칙적으로 중대한 공익의 실현을 위하여 불가피한 경우에 한하여 엄격한 요건 하에서 허용되는 반면, 표현내용과 무관하게 표현의 방법을 규제하는 것은 합리적인 공익상의 이유로 폭넓은 제한이 가능하다고 본다.[23] 이에 따라 승용차 등 교통수단을 이용하여 타인의 광고를 제한하고 있는 옥외광고물등관리법 제3조 1항 6호에 관한 헌법소원심판사건에서 헌법재판소는 "이는 특정한 표현내용을 금지하려는 것이 아니라 광고의 매체로 이용될 수 있는 차량을 제한함으로써 광고의 양을 적정한 수준으로 제한하려는 것으로서, 추구되는 공익과 제한되는 사익 사이에 합리적인 비례관계가 인정되므로 표현의 자유를

---

22. 헌재1998. 12. 18 선고 2002헌바49 결정.
23. 헌재 2002. 12. 18 선고 2000헌마764 결정.

과도하게 침해한다고 볼 수 없다"고 판시했다.[24]

넷째, 상업적 표현이 다른 종류의 표현보다 보호의 정도가 낮다고 명시한 판결은 찾아볼 수 없다. 따라서 표현의 자유를 두텁게 보호하기 위하여 언론규제 입법의 합헌성 판단기준으로 사용되는 명확성의 원칙이 상업적 표현에도 적용되어야 한다고 본다.[25] 다만 언론의 자유와 인격권이 충돌한 사안에서 헌법재판소는 정치적 언론이 다른 유형의 언론보다 두텁게 보호되어야 함을 역설[26]하고 있어 결과적으로 상업적 표현은 정치적 표현보다 보호정도가 낮다고 할 수 있다.

---

24. 헌재 2002. 12. 18. 선고 2000헌마764 결정.

25. 헌법재판소는 "표현의 자유를 규제하는 입법에 있어서 명확성의 원칙은 특별히 중요한 의미를 지닌다. 무엇이 금지되는 표현인지가 불명확한 경우에, 자신이 행하고자 하는 표현이 규제의 대상이 아니라는 확신이 없는 기본권주체는 대체로 규제를 받을 것을 우려해서 표현행위를 스스로 억제하게 될 가능성이 높기 때문에 표현의 자유를 규제하는 법률은 규제되는 표현의 개념을 세밀하고 명확하게 규정할 것이 헌법적으로 요구된다"고 설명한다. 헌재 2002. 6. 27 선고 99헌마480 결정.

26. 헌재 1999. 6. 24 선고 97헌마265 결정("당해 표현으로 인한 피해자가 공적 인물인지 아니면 사인인지, 그 표현이 공적인 관심 사안에 관한 것인지 순수한 사적인 영역에 속하는 사안인지, 피해자가 당해 명예훼손적 표현의 위험을 자초한 것인지, 그 표현이 객관적으로 국민이 알아야 할 공공성·사회성을 갖춘 사실(알 권리)로서 여론형성이나 공개토론에 기여하는 것인지 등을 종합하여 구체적인 표현 내용과 방식에 따라 상반되는 두 권리를 유형적으로 형량한 비례관계를 따져 언론의 자유에 대한 한계 설정을 할 필요가 있는 것")

Ⅱ. 상업광고에 대한 현행 규제[27]

1. 사후 규제

사후 규제는 내용 중심적인 것(content-based regulation)과 내용 중립적인 것(content-neutral regulation)으로 구분할 수 있다. 내용 중립적인 규제는 합리적인 이유가 있으면 가능하지만, 내용 중심적인 규제는 엄격한 비례의 원칙을 충족하여야 한다. 비례의 원칙의 첫 번째는 국가가 개인의 상업적 표현을 규제함으로써 달성하고자 하는 목적이 정당하여야 한다는 것이다. 이를 다시 둘로 나누어 보면, 국가적·사회적 법익으로써 공동체의 안전을 위한 것과 개인적 법익으로써 소비자 개인의 보호를 위한 것이 있다. 광고의 내용이 불법적인 것일 경우 공동체의 안전을 해할 수 있고, 광고의 내용이 허위·과장을 포함하여 오도(misleading)하는 것이면 소비자의 권익을 훼손한다. 따라서 국가가 불법적인 내용의 광고와 소비자를 오도하는 내용의 광고를 규제할 정당한 이익이 있다고 할 것이다. 이 중

---

27. 상업적 표현의 자유와 그 한계에 관한 이하 글은 「인권과 정의」(2005년 4월호)에 실린 논문을 수정·보완한 것이다.

소비자를 보호하기 위하여 제정한 법률이 '표시·광고의공정화에관한법률'이다.

'표시·광고의공정화에관한법률'은 광고에 관한 일반법으로써 "상품이나 용역에 관한 표시·광고에 있어서 소비자를 속이거나 소비자로 하여금 잘못 알게 하는 부당한 표시·광고를 방지하고 소비자에게 바르고 유용한 정보의 제공을 촉진함으로써 공정한 거래질서를 확립하고 소비자를 보호"하려는 목적으로 제정되어 1999년 7월 1일부터 시행되고 있다. 이 법은 부당한 표시·광고행위를 금지(제3조 제1항)하고 있으며, 사업자가 이를 위반하면 공정거래위원회가 시정조치 등 필요한 조치를 명할 수 있고(제7조), 과징금을 부과할 수도 있으며(제9조), 피해자는 손해배상을 청구할 수 있다(제10조). 부당한 표시·광고행위자는 또 2년 이하의 징역 또는 1억 5,000만 원 이하의 벌금에 처해질 수도 있다(제17조).

광고에 관한 규제는 산업별로도 상세히 규정하고 있다. 식품의 경우 건강기능식품의 허위·과대광고의 금지 및 유사표시 및 광고의 금지 등을 규정한 건강기능식품에관한법률, 원산지 및 유전자변형농산물의 표시 등에 관한 농산물품질관리법, 식품의 허위표시 금지 등을 규정한 식품위생법, 축산물의 허위표시 등을 금지한 축산물가공처리법이 있고, 의약품의 경우 마약의 광고를 제한한 마약류관리에관한법률, 의약품의 과대광고 등을 금지한 약사법, 의료기기의 광고 등을 제한한 의료기기법, 안경업소의 광고의 제한 등에 관한 의료기사등에관한법률, 의료광고에 제한에 관한 의료법, 화장품의 부당한 표시·광고행위를 금지한 화장품법 등이 있다. 금융산업에서 광고를 제한하는 법률로는 간접투자자산운용업법, 금융지주회사법, 유사수신행위의규제에관한법률 등이 있으며, 분화산업에서는 연소자유해

공연물의 관람을 권유하는 광고를 금지하는 공연법, 카지노의 광고를 금지한 관광진흥법, 과도한 사행심을 유발하는 광고를 금지한 사행행위의규제및처벌특례법, 제한상영가 영화의 광고·선전을 제한한 영화진흥법, 청소년에게 유해한 음반 등의 광고·선전을 제한한 음반·비디오물및게임물에관한법률, 청소년유해매체물의 방송시간 제한 등에 관한 청소년보호법 등이 있다. 상표법, 실용신안법, 의장법, 특허법 등 산업재산권과 관련된 법률에서는 허위표시를 금지하고 있다. 환경과 관련하여서는 멸종위기 야생 동·식물 등과 관련한 광고를 규제하고 있는 자연환경보전법, 환경표식 등의 표식 및 광고에 관한 환경기술개발및지원에관한법률, 먹는 샘물의 표시 및 광고를 제한하는 먹는물관리법 등이 있다.

이 밖에도 담배와 주류에 경고 문구를 부착하도록 의무화하고 담배에 관한 광고를 제한한 국민건강증진법, 온천물 표시에 관한 온천법, 농약의 허위·과대광고에 관한 농약관리법, 에너지의 소비효율등급 등을 포함하여 광고하도록 규정한 에너지이용합리화법, 비법정 계량단위를 사용 금지한 계량에관한법률, 정보보호관리체계의 인증표시 및 홍보에 관한 정보통신망이용촉진및정보보호등에관한법률, 감청설비의 광고를 제한한 통신비밀보호법, 민간자격의 광고에 관한 자격기본법, 허위구인광고를 금지한 직업안정법, 광고물의 무단 게재 등을 처벌하는 경범죄처벌법, 자동차운전전문학원을 지정한 후 여타 학원의 전문학원 명칭 사용 및 광고를 금지한 도로교통법, 변호사의 광고를 제한한 변호사법 등이 있다.

이러한 법률을 유형별로 분류하면, (1)불법행위의 광고를 금지한 것으로 마약류관리에관한법률, 사행행위의규제및처벌특례법 등이 그 대표적인 것이며, (2)유해한 물건의 광고를 제한한 것으로 국민건강증진법이나 청소년보호법 등이 있고, (3)과다경쟁 등을 방지하기 위하여 특정한 직업의 광고를 제한한 것으로 변호사법, 의료법 등이 있으며, (4)가장 많은 유형으로는 허위 과대 표시 및 광고를 제한하는 것이다. 네 번째 유형은 관련부처가 인가 등을 통하여 자격을 부여한 후 여기에 해당하지 않은 사업자가 유사한 표시 및 광고를 하는 것을 금지하는 것과 자격을 부여받은 사업자가 과대광고를 하지 않도록 제한하는 것의 두 가지 형태로 이루어지고 있다.

2. 사전심의와 검열

사전심의는 광고가 소비자에게 전해지기 전에 누군가에 의하여 심의를 받아야 하는 것이다. 예컨대 건강기능식품에관한법률 제16조 제1항은 "건강기능식품의 기능성 표시·광고를 하고자 하는 자는 식품의약품안전청장이 정한 건강기능식품 표시·광고심의기준, 방법 및 절차에 따라 심의를 받아야 한다"고 규정하고 있다. 또 방송법 제32조 제2항은 "위원회는 제1항의 규정에 불구하고 대통령령이 정하는 방송광고에 대하여는 방송되기 전에 그 내용을 심의하여 방송여부를 심의·의결할 수 있다"고 규정한다.

그러나 이처럼 소비자가 접하기 전에 심의한다고 해서 모두 헌법 제21조 제2항이 금지하고 있는 검열에 해당하는 것은 아니다. 헌법재판소 판례에 따르면, "검열은 그 명칭이나 형식과 관계없이 실질적으로 행정청이 주체가 되어 사상이나 의견 등이 발표되기 이전에 예방적 조치로서 그 내용을 심사, 선별하여 발표를 사전에 억제하는, 즉 허가받지 아니한 것의 발표를 금지하는 제도"를 의미하며 그 요건으로 (1)허가받기 위한 표현물의 제출의무 (2)행정권이 주체가 된 사전심사절차, (3)허가를 받지 아니한 의사표현의 금지 (4)심사절차를 강제할 수 있는 강제수단 등을 갖춘 경우에만 검열이라고 할 수 있다.[28]

헌법재판소의 초기 판례에서는 "국가기관이 그 내용을 심사하고 특정한 의사표현의 공개를 허가하거나 금지"시키는 것을 검열이라고 보았으나, 지금은 행정권이 주체가 되는 사전심사만 검열로 보고 있다. 따라서 방영금지가처분은 비록 제작 또는 방영되기 전에 그 내용을 심사하여 방영을 금지하는 것이지만 그 심사의 주체가 행정부가 아니라 사법부이므로 헌법 제21조 제2항이 금지하는 사전검열에 해당되지 않게 된다.[29]

헌법재판소 기준에 의하면, 건강기능식품에관한법률 제16조 제1항에 의한 심의는 검열에 해당되어 위헌적인 내용이다. 심의의 주체가 식품의약품안전청장으로 행정청에 의한 사전심사라고 할 수 있으며, 심의를 받지 아니하고 건강기능식품을 표시·광고할 경우 식약청장 등은 이에 대한 시정조치를 내릴 수 있고(제29조), 시정명령에 위반할 경우 영업허가의 취소 등의 조치를 취할 수 있어(제32조 제1항) 심사를 강제할 수단을 가지고 있다. 또한 건강기능식품의 용기와 포장에는 일정한 사항을 표시하여야 하는데(제17조 제1항) 표시기준을 위반한 건강기능식품은 판매할 수 없도록 하고 있어(제25조) 허가받지 않은 의사표현은 금지되고 있다.

문제는 건강기능식품의 기능성표시 및 광고의 심의를 식품의약품안전청장이 직접 하지 아니하고 민간단체에 위탁할 경우다. 건강기

---

28. 헌재 2001. 8. 30 선고 2000헌가9 결정; 헌재 2001. 8. 30 선고 2000헌바36 결정; 헌재 2002. 2. 28 선고 99헌바117 결정 등 참조.
29. 헌재 2001. 8. 30 선고 2000헌바36 결정.

능식품에관한법률 제16조 제2항은 건강기능식품을 제조·판매, 수입·판매하는 자들이 설립하는 단체에 그 기능을 위탁할 수 있도록 허용하고 있다. 이 경우에도 행정권이 주체가 된 사전심사라고 볼 수 있는지가 쟁점이다. 사전심사의 주체를 식품의약품안전청장이라고 보면 여전히 검열이지만, 그렇지 않고 민간 사업자단체라고 보면 검열이라고 보는데 의문이 생긴다. 마찬가지 문제가 방송광고의 사전심사에도 나타난다. 현재 방송광고의 사전심사는 방송통신심의위원회의 위탁을 받아 한국광고자율심의기구가 시행하고 있다.

Ⅲ. 방송광고사전심의제도의 위헌성[30]

1. 방송광고사전심의제도의 구조

방송광고는 민간기구인 한국방송자율심의기구가 사전심의하고 있다. 한국방송자율심의기구는 광고자율규제의 필요성을 인식하고 광고관련 단체가 설립한 순수한 민간단체이다. 1993년 공보처로부터 사단법인 설립허가를 받았으며, 2000년 7월 8일 방송위원회로부터 방송광고의 사전심의업무를 위탁받아 그 해 8월 1일부터 방송위원회

---

30. 방송광고의 사전심의를 규정한 법령의 위헌 여부가 헌법소원으로 제기된 적이 있으나, 청구기간의 도과로 각하되었다. 헌재 1998. 11. 26 선고 94헌마207 결정 참고. 또한 광고물 제작회사와 이 회사에서 사전심의를 담당하는 직원이 2004년 12월 9일 헌법소원 심판을 청구하였으나, 헌법재판소는 같은 달 21일 "방송법 제32조 제2항은 법률이 직접 사전심의를 하도록 명령하는 것이 아니라 방송위원회가 사전심의를 할 수 있도록 하는 근거규정에 불과하여, 동 규정이 그 자체로서 심의라는 구체적인 행정처분을 기다리지 않고 직접 광고제작에 관여하는 청구인들의 기본권을 침해하고 있다고는 볼 수 없다"며 기본권침해의 직접성이 인정되지 않는다는 이유로 심판청구를 각하하였다. 헌재 2004. 12. 21. 선고 헌마945 결정; 헌재 2005. 1. 25. 선고 헌마4 결정 참조. 이에 따라 방송광고 사전심의제의 위헌성 여부는 방송불가 결정을 받은 광고를 제작한 자가 그 결정의 취소를 구하는 행정소송을 제기한 후 그 근거법인 방송법이 헌법에 위반됨을 이유로 법원에 위헌법률심판의 제청을 신청하여야 헌법재판소에서 논의될 수 있을 것으로 보인다. 이 논문은 방송광고의 사전심의제를 표현의 자유의 시각에서 살펴보는데 주력하고 있으므로 심판청구의 적절성을 살펴보는 본안전심사는 별도로 검토하고 있지 않다.

를 대신하여 방송광고에 대한 사전심의를 하고 있다.[31] 그 전에는 방송위원회가 방송광고에 대한 사전심사는 직접 담당하였으나 정부기관에 의한 검열이라는 비판이 제기되자 통합 방송법이 시행됨을 계기로 사전심의 업무를 민간에 위탁하게 됐다. 방송통신심의위원회의 사전심의업무를 민간기구인 한국광고자율심의기구에 위탁할 수 있는 근거규정은 방송법 제103호 제2항[32]이다. 방송법의 위임에 따라 방송법 시행령 제68조 제3항은 방송통신심의위원회가 문화관광부장관과 협의하여 위탁하고자 하는 기구 또는 단체를 정하여 이를 고시하도록 하고 있으며, 이 때 그 기구 또는 단체의 대표성과 수탁능력을 고려하도록 요구하고 있다.[33]

한국광고자율심의기구가 방송광고를 심의하는 과정을 보면, 심의를 받고자 하는 자(이하 신청인)가 심의신청서 2부에 방송광고물 및 관련 증빙자료를 첨부하여 제출하면(방송광고심의규정 제44조 제1항), TV · 라디오의 방송광고를 담당하고 있는 제1광고심의원회는 접수한 날로부터 7일 이내에(규정 제48조 제1항) 재적위원 과반수출석에 출석위원 과반수 찬성으로 방송가, 조건부방송가, 방송불가 결정을 내리게 된다(규정 제50조). 조건부방송가는 경미한 자료의 확인 또는 입증이 필요한 때나 방송광고물의 부분적인 수정이 필요할

---

31. 방송위원회는 2008년 2월 29일 정부조직개편에 따라 방송통신위원회로 흡수 · 통합되었으며, 방송광고에 대한 심의는 방송통신위원회 산하 방송통신심의위원회가 담당한다.

32. "방송통신위원회는 제32조 제2항의 규정에 의한 방송광고물의 사전심의에 관련된 업무를 대통령령이 정하는 바에 의하여 민간기구 · 단체에 위탁한다."

33. "방송통신위원회는 법 제103조 제2항의 규정에 의하여 방송광고물의 사전심의에 관련된 업무를 민간기구 · 단체에 위탁하고자 하는 경우에는 문화관광부장관과 협의하여 위탁하고자 하는 기구 또는 단체를 정하여 이를 고시하여야 한다. 이 경우 당해 기구 도는 단체의 방송 · 광고업계에 있어서의 대표성과 수탁능력을 고려하여야 한다."

때(규정 제50조 제3항) 내리는 결정이다. 신청인은 방송불가 결정이나 조건부방송가 결정에 이의가 있으면 재심의를 청구할 수 있다(규정 제52조 제1항). 그러나 방송사업자는 심의·의결되지 않은 방송광고물은 방송하여서는 아니 되기 때문에(방송법 제32조 제3항 및 규정 제2조 제1항), 사전심의를 받지 않거나 방송불가 결정을 받은 광고는 방송될 길이 없다.

이러한 방송광고심의제도는 심의의 주체 문제를 제외하면 검열의 나머지 조건들을 모두 충족하고 있는 것으로 보인다. 방송광고의 사전심의를 의무화한 근거법규는 방송법 제32조이다. 동조는 제1항에서 방송의 공정성 및 공공성은 방송 후 심의·의결한다는 원칙을 천명한 후 제2항에서 그 예외로 방송광고는 방송 전에 그 내용을 심의·의결할 수 있도록 허용하고 제3항에서 방송사업자로 하여금 심의·의결을 받지 않았거나 심의·의결한 내용과 다르게 방송하여서는 아니 되는 의무를 부과하고 있다. 방송사업자가 이를 위반할 경우 3,000만 원 이하의 과태료에 처하게 함으로써 의무이행을 담보하고 있다(법 제108조 제1항 제2호). 방송법은 또 방송사업자로 하여금 심의·의결 받지 않은 방송광고 또는 심의·의결한 내용과 다른 방송광고를 하도록 한 사람에 대하여도 같은 금액의 과태료를 부과하도록 규정하고 있다(제32조 제4항 및 제108조 제1항 제2호).

현행 방송광고심의제도는 검열의 요건인 (1)허가받기 위한 표현물의 제출의무, (2)행정권이 주체가 된 사전심사절차, (3)허가를 받지 아니한 의사표현의 금지, (4)심사절차를 강제할 수 있는 강제수단 중 (1), (3), (4)의 요건을 충족시키는 것은 분명하며, 나머지 (2)의 충족 여부에 따라 헌법상 금지되는 검열에 해당될 수도 있고, 그렇지 않을 수도 있다. 이는 결국 민간단체인 한국광고자율심사기구가 행하고 있는 사전심사의 성격을 어떻게 이해하느냐에 달려 있다고 하겠다. 방송광고의 사전심사가 한국광고자율심사기구에 의하여 그 명칭대로 자율적으로 행해지고 있다고 보면 검열이라고 보기 어려울 것이고, 자율성의 포장 아래 행정권이 도사리고 있으면 검열이라고 판단하는 것도 무리가 아니다.

2. 한국광고자율심사기구의 성격

헌법재판소가 이해하는 검열은 앞서 살펴본 것처럼 검열 주체의 명칭이나 형식에 상관없다. 실질적으로 행정권이 주체가 되어 그 내용을 심사하고, 허가받지 아니한 것의 발표를 금지하느냐가 검열 여부를 좌우한다. 과거 공연윤리위원회가 행한 영화의 사전심의제에 대하여 헌법재판소는 "공륜이 민간인으로 구성된 자율적인 기관이라고 할지라도 법에서 영화에 대한 사전허가제도를 채택하고, 공연법에 의하여 공륜을 설치토록 하여 행정권이 공륜의 구성에 지속적인 영향을 미칠 수 있게 하였으므로 공륜은 검열기관으로 볼 수밖에 없다"고 판시했다.[34] 그 후 공연윤리위원회를 대신하여 한국공연예술진흥협의회가 구성되어 사전심의를 계속 하자 헌법재판소는 "이미 위헌 결정한 구 음반및비디오물에관한법률에 의한 공연윤리위원회와 이후 개정된 동법률에 의한 한국공연예술진흥협의회는 그 구성, 심의결과의 보고 등에 있어서 약간의 차이가 있으나, 공연법에 의하여 행정권이 심의기관의 구성에 지속적인 영향을 미칠 수 있고 행정

---

34. 헌재 1996. 10. 4 선고 93헌가13 결정 등; 헌재 1997. 3. 27 선고 97헌가1 결정 (밑줄과 굵은 글씨는 필자가 강소하기 위하여 추가).

권이 주체가 되어 검열절차를 형성하고 있는 점에 있어서 큰 차이가 없으므로 한국공연예술진흥협의회도 검열기관으로 보는 것이 타당"하다며 한국공연예술진흥협의회에 의한 사전심의를 사전검열로 판단했다.[35]

또한 그 후 구성된 영상물등급위원회에 대하여도 헌법재판소는 "위원을 대통령이 위촉하고, 구성방법 및 절차에 관하여 필요한 사항을 대통령령으로 정하도록 하고 있으며, 국가예산으로 그 운영에 필요한 경비를 보조를 받을 수 있도록 하는 점 등에 비추어 볼 때, 행정권이 심의기관의 구성에 지속적인 영향을 미칠 수 있어 행정권이 주체가 되어 검열절차를 형성하고 있다"고 판단하여 영상물등급위원회에 의한 등급분류보류제도가 사전검열에 해당한다고 보았다.[36] 이에 대하여 영상물등급위원회는 "전문분야별 순수 민간인으로 구성된 단체에서 선정한 사람을 대한민국예술원회장이 추천하여 위원이 위촉되고, 행정부 공무원이 당연직 위원으로 위촉되지 아니하며, 문화관광부 장관에 대한 심의결과 보고의무 및 문화관광부 장관의 위원장·부위원장 승인제도를 두지 않을 뿐 아니라 국고 보조도 적은 액수에 불과하므로 독립된 민간 자율기관으로 보아야 한다"는 반대의견이 있었다.[37]

이상의 판결을 정리해 보면, 사전심의의 주체가 민간인이라도 검열기관이 될 수 있으며, 행정권이 기관의 구성에 지속적인 영향을 미

---

35. 헌재 1999. 9. 16 선고 99헌가1 결정(밑줄과 굵은 글씨는 필자가 강조하기 위하여 추가).
36. 헌재 2001. 8. 30 선고 2000헌가9 결정(밑줄과 굵은 글씨는 필자가 강조하기 위하여 추가).
37. 재판관 송인준의 반대의견임. 재판관 주선회도 영상물등급위원회를 행정권으로부터 형식적·실질적으로 독립된 민간 자율기관이라고 보아야 한다는 반대의견을 냈다.

칠 수 있으면 검열기관이 될 수 있다. 그렇다면 행정권이 기관의 구성에 지속적인 영향을 미칠 수 있다는 의미가 무엇인지가 문제된다. 이에 대하여 심의기관의 구성을 스스로 할 수 있으면, 즉 위원의 위촉이 자율적으로 이루어지면 행정권이 실질적으로 개입한다고 볼 수 없다는 견해가 있다.[38] 이에 따르면, 광고자율심의기구의 경우 광고관련 단체, 언론관련 단체, 학계 단체, 업종단체로 구성된 민간기구이며, 심의위원의 구성 역시 회원사들의 추천과 이사회의 위촉동의 요청을 거쳐 정부로부터 독립하여 자율적으로 이루어지고 있으므로 행정권이 심의기관의 구성에 지속적인 영향을 미치는 경우에 해당되지 않아 검열기관이 아니라는 결론에 이르게 된다.

그러나 이는 심의위원의 구성이라는 외부로 표출되는 현상만 중시한 것으로, 심의위원의 구성이라는 법률행위가 어떠한 근거에서 이루어졌는지를 간과한 것이라고 하겠다. 즉, 광고자율심의기구가 방송광고에 대한 사전심의를 할 수 있게 된 근거가 방송법 제103조 제2항의 권한의 위탁에 있으며, 신청인이 사전심의를 신청할 수밖에 없는 이유도 심의·의결을 받지 않은 방송광고는 방송할 수 없도록 한 방송법 제32조 제2항과 심의·의결을 받지 아니한 방송광고를 방송하거나 방송하도록 할 경우 방송통신위원회가 3,000만 원 이하의 과태료를 부과할 수 있도록 규정한 방송법 제108조 제1항 및 제2항에 있다는 점을 간과하였다. 심의기관의 구성이 전적으로 방송법과 이 법에 의하여 설립된 방송위원회에 의존하고 있음에도 불구하고, 실제로 사전심의를 담당하는 기관의 위원 구성이 자율적으로 이루어지고 있다는 현상에만 초점을 맞추고 있는 것은 잘못이다. 헌법

---

38. 이승선, "방송광고 사전심의제도의 헌법적 고찰", 「한국광고홍보학보」 제6-2호

재판소의 판례도 이러한 입장에 서 있는 것으로 보인다.

공연윤리위원회 사건에서 헌법재판소는 영화에 대한 사전허가제도가 공연법에 의하여 시행되고 있으며, 공륜의 설치가 공연법에 근거하고 있다는 점을 중시하여 행정권이 공륜의 구성에 지속적인 영향을 미치고 있다고 설명했다. 또 한국공연예술진흥협의회에 대해서도 그 사전심의 및 구성의 근거가 공연법에 있음을 강조했다. 따라서 실제로 사전심의를 담당하는 위원을 얼마나 자율적으로 선정하는가는 행정권의 영향력을 판정하는데 결정적인 요인이 되지 못한다. 영상물등급위원회에 대한 헌법재판소의 판결 역시 같은 의미로 해석할 수 있다. 이 판결에서도 영상물등급위원회 위원을 실제로 선정하는 과정에서 행정권이 영향력을 행사하지 않으며, 심의결과의 보고 등 실제 운영에 있어서도 행정권으로부터 독립되었다는 의견은 소수의견에 불과하였다. 다수의견은 위원의 위촉을 법에 따라 대통령이 행한다는 점, 위원회의 구성방법 및 절차에 관한 사항도 법에 따라 대통령령으로 정한다는 점, 운영에 관한 경비를 예산에서 보조를 받을 수 있다는 점 등을 중시하였다.

결론적으로 어떠한 사전심사 기관이 우리 헌법이 금지하는 검열기관인가 아닌가를 판정하는 기준은 실질적으로 그 기관의 구성이 얼마나 자율적으로 이루어지는가에 있는 것이 아니라, 법률적으로 그 기관의 구성이 행정권으로부터 얼마나 자유로운가에 있다고 보아야 한다. 아무리 자율적으로 구성된 기관이라도 그 기관의 존립이 행정권에 의존한다면, 행정권이 그 기관의 구성에 지속적으로 영향을 미칠 수 있다고 해석하여야 할 것이다.

현행 방송법상 방송통신심의위원회가 광고자율심의기구의 구성에 지속적으로 영향을 미칠 수 있음은 방송광고 사전심의제도의 구조상 명백하다. 방송법상 방송광고의 사전심의의 주체는 방송통신심의위원회이다(제32조 제2항). 광고자율심의기구는 그 업무를 위탁받았을 뿐이다(제103조 제2항). 이처럼 권한을 위탁받은 광고자율심의기구가 행하는 사전심의는 공권력의 행사로, 업무의 위탁이 없었더라면 방송통신심의위원회가 행사하였을 권한과 조금도 다름이 없다.[39) 즉, 행정권이 뒷받침된 사전심의인 것이다. 더구나 방송통신심의위원회는 업무 위탁에도 불구하고 사전심의의 주체로서 여전히 활동할 수 있다. 사전심의를 받지 않은 방송광고를 방송하거나, 방송하도록 한 경우 과태료를 부과할 수 있는 주체는 방송통신위원회이다. 마지막으로 방송통신심의위원회는 방송광고의 허용 여부를 결정짓는 심의규정을 제정하는 주체이기도 하다. 광고자율심의기구는 방송위원회가 제정하는 방송광고사전심의에관한규정에 의거하여 판단할 뿐이다. 이처럼 방송통신심의위원회는 방송광고의 사전심사와 관련, 그 담당기관인 광고자율심의기구의 구성과 운영에 있어서 결정적인 영향력을 지속적으로 행사할 수 있는 법적 권한을 가지고 있기 때문에 광고자율심의기구는 검열기관이라고 볼 수밖에 없다. 방송통신심의위원회가 행하는 검열의 수행도구로서 광고자율심의기구가 이용되었을 뿐이다.

3. 검열적 성격

방송법이 행정기관인 방송통신심의위원회에 방송광고의 사전심사권과 그 권한을 강제할 수 있는 권한을 부여한 이상, 그러한 권한 중 일부인 일상적인 심의·의견권을 민간기관인 광고자율심의기구에 위탁하더라도 방송광고의 사전심사가 우리 헌법이 금지하고 있는 검열에 해당하는 것은 분명하다. 하지만 이러한 결론이 방송광고에 대한 사전심사는 불가능하다거나, 방송광고도 다른 유형의 표현과 마찬가지로 두터운 보호를 받아야 한다는 것을 의미하는 것은 아니다. 방송광고가 불법한 내용을 담고 있거나 소비자를 오도하는 내용으로 이루어진 경우 그에 대한 규제의 필요성은 크고, 또 이러한 규제는 허용되어야 한다. 현재 사후규제와 관련한 입법은 지나치다고 할 정도로 많다.

문제는 정부가 중심이 되어 어떠한 내용의 광고는 허용되고, 어떠한 내용의 광고는 허용되지 않는다는 식의 검열이다. 이러한 검열은 정부가 후견적 지위에서 국민을 지도하는 것으로 민주주의 국가에서 허용될 수 없다. 민주주의 국가는 구성원의 자율성을 바탕으로 다양한 의견과 정보가 제시되고 이를 토대로 사회적 합의가 달성되는 국가이다. 민주주의 사회에서 구성원은 자기가 하고 싶은 의견과 정보를 표현하기도 하고, 자기가 원하는 정보와 의견을 듣기도 하면서 자아를 형성한다. 국가가 개인의 자아형성 과정에 개입하는 것은 전체주의 국가에서나 가능한 일이다. 광고 역시 표현의 한 수단으로서 우리 헌법이 보호하는 언론의 자유의 범위 안에 포함되는 이상 이에 대한 검열행위는 금지되어야 한다. 방송광고에 대한 사전심사는 행정권이 전혀 개입하지 않은 상태에서 광고업자와 방송사업자가 주축이 되어 자율적으로 시행하는 것이 올바른 접근방법이라고 본다.

---

39. 이러한 논리는 국가배상법 제2조에서 '공무원'의 의미를 공무원이라는 신분에 국한하여 살피지 않고 있는 것과 동일하다. 즉, 판례에 따르면 국가배상법상 공무원은 "국가공무원법이나 지방공무원법에 의하여 공무원으로서의 신분을 가진 자에 국한하지 않고, 널리 <u>공무를 위탁받아 실질적으로 공무에 종사하고 있는 일체의 자를 가리키는 것</u>"이라고 한다. 대법원 2001. 1. 5 선고 98다39060 판결(밑줄은 강조하기 위하여 필자가 추가).

표현의 자유와 저작권

제 7 장

Ⅰ. 저작권

1. 저작권 체계

저작권은 언론의 자유에 대한 중대한 예외다. 내가 하고 싶은 말을 하는 게 언론의 자유지만, 하고 싶은 말이 있어도 못하도록 만드는 것이 저작권이다. 저작권이 있는 표현은 마음대로 사용할 수 있는 것이 아니다. 미국처럼 언론의 자유를 중시하는 나라도 저작권법으로 언론의 자유를 제한하는 것은 쉽게 용인한다. 미국 헌법이 저작자에게 일정한 기간 자기 저작물을 배타적으로 이용할 수 있는 권리를 부여할 수 있는 권한을 의회에 부여하였기 때문이다.[1] 우리나라 헌법도 제22조 제2항에서 저작자의 권리는 법률로써 보호한다는 점을 명시하고 있다. 저작권법은 1957년 1월 28일 제정되어, 10여 차례 개정되면서 저작권이 계속 강화되는 중이다.

저작권법은 "저작자의 권리와 이에 인접하는 권리를 보호하고 저

---

1. [The Congress shall have power] … [t]o promote the progress of science and useful arts, by securing for limited times to authors and inventors the excessive right to their respective writings and discoveries;

작물의 공정한 이용을 도모함으로써 문화의 향상발전에 이바지함을 목적으로 한다."(제1조) 저작권법이 언론의 자유와 관련하여 중요한 의미를 가지는 것은, 저작물의 이용이 바로 언론의 자유의 핵심이기 때문이다. 언론의 자유는 말할 수 있는 자유이지만, 말하기 위하여 머릿속에서 사고하는 자유와 말하기 위하여 필요한 정보에 접근할 수 있는 자유도 포함한다. 저작물의 이용은 내가 말하기 위하여 필요한 정보에 해당할 수 있다. 그러나 언론의 자유라고 하여 남의 것을 함부로 사용할 수 있는 자유 및 권리까지 포함할 수는 없기 때문에 "저작물의 공정한 이용"이 중요해진다.

미국에서는 언론의 자유와 저작권을 조정하기 위하여 사실과 표현의 이분법(fact/expression dichotomy)과 공정이용의 법리(fair use doctrine)를 개발하였다. 우리나라 저작권법에도 이와 유사한 법리가 도입되었다. 먼저 저작물의 정의를 "인간의 사상 또는 감정을 표현한 창작물"이라고 하여(제2조 제1호), 표현만 보호하고 있다. 공정이용의 법리는 명시적으로 도입되지는 않았지만, 재판절차 등에서의 복제(제23조), 정치적 연설 등의 이용(제24조), 학교교육 목적 등에의 이용(제25조), 시사보도를 위한 이용(제26조), 시사적인 기사 및 논설의 복제 등(제27조), 공표된 저작물의 인용(제28조), 영리를 목적으로 하지 아니하는 공연 · 방송(제29조), 사적이용을 위한 복제(제30조), 도서관 등에서의 복제(제31조), 시험문제로서의 복제(제32조), 시각장애인 등을 위한 복제 등(제33조), 방송사업자의 일시적 녹음 · 녹화(제34조), 미술저작물 등의 전시 또는 복제(제35조), 번역 등에 의한 이용(제36조) 등 미국에서 공정이용에 해당하는 사유를 상세하게 열거하여 규정하고 있다.

2. 뉴스 저작권

(1) 뉴스콘텐츠와 저작권

저작권법상 뉴스(News)와 뉴스 저작물(News work)은 그 의미가 다르다. 뉴스 저작물은 저작권의 보호대상이지만, 뉴스 그 자체는 단순한 사실(fact), 사건(event)으로 그렇지 않다. 사실이나 사건은 그날의 역사이기 때문에 누구나 이용할 수 있는 공유재산(public domain)에 해당한다. 뉴스를 소재로 기사를 작성한 경우, 즉 뉴스콘텐츠(News contents)는 저작권법의 보호대상인 뉴스 저작물(News work)이 될 수 있다. 뉴스 저작물은 저작권법 제4조가 예시하고 있는 어문저작물, 음악저작물, 연극저작물, 미술저작물, 건축저작물, 사진저작물, 영상저작물, 도형저작물, 컴퓨터프로그램저작물 중 어문저작물에 해당한다.

뉴스콘텐츠가 법적으로 보호를 받기 위해서는 뉴스콘텐츠가 저작권의 대상인지 여부를 먼저 살펴보아야 할 것이다. 뉴스콘텐츠가 저작권법의 보호를 받는 것이 명확하면 명확할수록, 그 범위가 넓으면 넓을수록 뉴스콘텐츠 제작자의 위치가 공고해진다. 저작권과 관련하여, 뉴스콘텐츠는 세 가지 유형이 검토되어야 한다. 개별 뉴스기사가 저작권의 대상이 되는가, 사진이 저작권의 대상이 되는가, 신문 전체가 저작권의 대상이 되는가의 문제다. 개별 뉴스기사는 어문저작물(literary works)로, 사진은 사진저작물로, 신문 전체는 편집저작물

---

2. 대법원 1979. 12. 28. 선고 79도1482 판결.
3. 대법원 1995. 11. 14. 선고 94도2238 판결
4. Feist Publication, Inc. v. Rural Telephone Service Co., 499 U.S. 340(1991).

로 보호된다.

1) 저작물의 요건

현행 저작권법은 저작권의 대상이 되는 저작물에 대하여 제2조 제1호에서 "인간의 사상 또는 감정을 표현한 창작물"이라고 정의하고 있다. 2006년 12월 개정 전 저작권법이 저작물을 "문학·예술 또는 예술의 범위에 속하는 창작물"로 정의하던 것과 비교하면 훨씬 개방적인 태도다. 하지만 종전에도 대법원은 "표현의 방법, 형식의 여하를 막론하고 학문과 예술에 관한 일체의 물건으로써 사람의 정신적 노력에 의하여 얻어진 사상 또는 감정에 관한 창작적 표현물"이라고 정의[2]하였기 때문에 저작권법의 개정으로 저작물의 범위가 크게 달라지는 것은 없다.

저작물의 성립요건은 '창작성'과 '사상 또는 감정의 표현'이다. 먼저 '창작성'(originality)은 "완전한 의미의 독창성을 말하는 것이 아니며 단지 어떠한 작품이 남의 것을 단순히 모방한 것이 아니고 작자 자신의 독자적인 사상 또는 감정의 표현을 담고 있음을 의미할 뿐이어서 이러한 요소를 충족하기 위해서는 단지 저작물에 그 저작자 나름대로의 정신적 노력의 소산으로서의 특성이 부여되어 있고 다른 저작자의 기존의 작품과 구별할 수 있을 정도면 충분하다"[3]는 것이 판례의 태도이자 통설이다.

뉴스콘텐츠와 관련하여 주의하여야 할 점은, 뉴스콘텐츠를 제작하기 위하여 아무리 노력하였더라도 그 자체만으로 저작물이 되는 것은 아니라는 점이다. 창작성은 투여된 노동(sweat of the brow)에 의하여 부여되는 것이 아니라, 최소한의 독창성이 요구된다는 것이 미국의 판례[4]이자, 우리나라의 판례 입장이다.

2) 사상과 표현의 이분법(idea/expression dichotomy)

저작물의 또 다른 요건인 '사상 또는 감정의 표현'은 사상이나 감정을 보호하는 것이 아니고 표현(expression)을 보호한다는 데 의미가 있다. 이는 미국[5]이나 일본[6]도 마찬가지다. 미국의 경우 사상과 표현의 이분법(idea/expression dichotomy)을 통하여 저작물의 보호와 언론의 자유의 조화를 꾀하고 있다. 즉, 아이디어는 공중의 영역(public domain)에 속하기 때문에 독점적인 권리로 인정할 수 없으며 누구나 활용할 수 있도록 하자는 것이다. 사상과 표현의 이분법은 판례에서 발전하여 1976년 저작권법 제102조(b)[7]에 명문화되었다. 우리나라의 경우 사상과 표현의 이분법이 명확하게 성문화되지는 않았지만, 학설과 판례는 이를 받아들이고 있다.

뉴스콘텐츠의 경우 사상과 표현의 이분법은 중요한 의미를 지닌다. 뉴스콘텐츠가 저작물이 되더라도 저작권법이 보호하는 것은 표현일 뿐 그 사상(idea) 또는 사실(fact)은 아니라는 것이다. 뉴스콘텐츠의 대부분이 역사적 사실에 대한 기록이라고 할 때 어떠한 일이 있었다는 역사적 사실 그 자체는 누구나 전달할 수 있으며, 다만 역사적 사실을 기술한 구체적인 형태만 저작권법이 보호하고 있다는 점이다.

---

5. The Copyright Act of 1976, § 102 : (a) Copyright protection subsists, in accordance with this title, in originality works of authorship fixed in any tangible medium of expression, now known or later developed, from which they can be perceived, reproduced, or otherwise communicated, either directly or with the aid of a machine or device. ⋯

6. 일본 저작권법 제2조 제1호: 저작물은 사상 또는 감정을 창작적으로 표현한 것으로서, 문예 학술 미술 또는 음악의 범위에 속하는 것을 말한다.

7. In no case does copyright protection for an original work of authorship extend to any idea, procedure, process, system, method of operation, concept, principle, or discovery, regardless of the form in which it is described, explained, illustrated, or embodied in such work.

3) 통합의 원칙(merger doctrine)

미국에서 발달한 통합의 원칙(merger doctrine)까지 고려하면 뉴스콘텐츠가 법적으로 보호받는 범위는 더욱 축소된다. 통합의 원칙이란 표현이 사실 또는 사상에 통합(merge)되는 경우다. 만약 어떤 사실 또는 사상을 표현하는 방식이 하나밖에 존재하지 않을 경우, 즉 사실과 표현을 구분하기 어려운 경우 미국 법원은 일반적으로 표현의 저작물성을 인정하지 않는 경향이 있다.[8] 사실 또는 사상은 독점할 수 없다는 생각에서 만들어진 원칙이다. 만약 이러한 원칙을 인정하지 않는다면 뒷사람은 사실 또는 사상을 표현하는 방법이 없게 돼 첫 사람에게 사실상 독점권을 주는 결과가 된다.

따라서 뉴스콘텐츠가 저작권법에 따라 원칙적으로 저작물이 될 수 있더라도 사실을 전달하는 방식이 극히 제한된 경우 그 뉴스콘텐츠는 통합의 원칙에 따라 저작권법의 보호를 받지 못할 수 있다. 포드 대통령의 회고록과 관련된 사건에서, 포드 대통령이 닉슨 대통령의 도청 테이프를 '결정적 증거(smoking gun)'라고 표현한 것을 두고 법원은 표현과 사실이 일체화되어 분리할 수 없다고 보았다.

우리나라 판례 중에는 통합의 원칙이 명확하게 드러난 것은 없으나, 향후 수용될 가능성은 있다. 서울고등법원은 옥편 사건에서 "한자옥편과 같이 저작물의 성질상 거의 비슷한 저서들을 모태로 할 수밖에 없는 경우에는 결과적으로 그 표현방식에 있어서도 제한을 받게 되므로 이와 같은 경우에는 설사 원고와 피고의 옥편이 일정 부분 동일하다고 하더라도 그것을 원고의 저작권에 대한 침해라고 인정할

---

8. Melville B. Nimmer and David Nimmer, NIMMER ON COPYRIGHT, § 13.03(B)(3).

수 없다"고 하였다.[9]

4) 보호받는 뉴스콘텐츠와 보호받지 못하는 뉴스콘텐츠

뉴스콘텐츠는 저작권법 제4조에 예시된 저작물 중 제1호 어문저작물에 해당한다. 저작권법은 그러나 제7조 제5호에서 '사실의 전달에 불과한 시사보도'는 보호받지 못하는 저작물로 명시하고 있다. 여기서 '사실의 전달에 불과한 시사보도'가 무엇을 의미하는지 문제가 된다. 이는 인사발령, 부고기사, 간단한 사건사고 기사 등과 같이 단순한 사실의 전달에 불과한 보도를 의미하는 것이라고 설명하기도 하고,[10] 화재, 교통사고, 인사동정 등에 관한 일상적인 뉴스라고 설명하기도 한다.[11] 뉴스콘텐츠 중 기자의 사상이나 감정이 표현된 것은 여기에 해당하지 않게 된다. 따라서 칼럼이나 해설기사는 거의 모두 저작권의 보호를 받는다. 주로 문제가 되는 것은 소위 스트레이트 기사다.

스트레이트 기사는 육하원칙에 입각하여 뉴스를 간결하고 객관적으로 보도하는 것을 원칙으로 하기 때문에 동일한 사실을 전달하는 기사는 누가 작성하더라도 비슷할 수 있다. 이 경우 저작권법 제7조 제5호에 해당한다고 보면 저작권법의 보호를 받지 못하는 저작물이 된다. 법원 판례에 의하면, 기사의 내용이 기사 작성을 할 때 쓰는 전형적인 표현이 사용되고, 기사의 길이가 비교적 짧고, 기사의 내용을 구성하는 사실의 선택, 배열 등에 있어 특별한 순서나 의미를 가진다

---

9. 서울고등법원 1962. 5. 18. 선고 61나1243 판결
10. 오승종, 『저작권법』, 박영사, 2007, p276.
11. 사법연수원, 『저작권법』 2007, p132.

고 보이지 않고, 그 표현 자체가 지극히 전형적으로 이루어지고, 깊이 있는 취재에 의한 것이 아니라 단순한 관계기관의 발표, 자료 등에 의존해 간단하게 구성되어 그 작성자가 다양한 표현방법 중 특별한 방법을 선택했다고 보이지 않는 기사는 저작권법에 의해 보호되는 저작물이라 할 수 없다.[12]

이러한 이유에서 "신문기사는 저작물로 성립할 수 있지만, 그 보호범위는 상당히 제한되게 된다"고 설명하는 견해도 유력하게 제시된다.[13] 이러한 견해에 따르면, 뉴스콘텐츠의 상당부분이 저작권의 보호를 받지 못하게 된다. 대법원 판례도 같은 입장이다.

대법원은 지방신문 편집국장으로 재직하면서 연합뉴스사의 기사와 사진 등을 무단 복제하여 사용하였다가 저작권법 위반으로 기소된 사건에서 "상당수의 기사 및 사진은 정치계나 경제계의 동향, 연예·스포츠 소식을 비롯하여 각종 사건이나 사고, 수사나 재판 상황, 판결 내용, 기상 정보 등 여러 가지 사실이나 정보들을 언론매체의 정형적이고 간결한 문체와 표현 형식을 통하여 있는 그대로 전달하는 정도에 그치는 것임을 알 수 있어, 설사 피고인이 이러한 기사 및 사진을 그대로 복제하여 OO신문에 게재하였다고 하더라도 이를 저작재산권자의 복제권을 침해하는 행위로써 저작권법 위반죄를 구성한다고 볼 수는 없다"고 판시한 바 있다.[14] 저작권법상 저작물로 보호받을 수 있는 기준은 형사사건과 민사사건에서 동일하다고 할 것이므로[15] 위 판례에 따르면 상당수의 시사적인 뉴스콘텐츠의 복제에

---

12. 서울고등법원 2006. 11. 29. 선고 2006나2355 판결.
13. 오승종, 앞의 책, p276; 오승종·이해완, 『저작권법』, 2005, p191.
14. 대법원 2006. 9. 14. 선고 2004도5350 판결.
15. 박범석, "신문사와 포털의 이용허락계약", 『세계의 언론법제』(2007년 하권).

대하여 민·형사상 책임을 물릴 수 없게 된다.

3. 저작자

우리나라 저작권법은 대륙법계의 영향을 받아 저작자에게 저작인격권과 저작재산권을 부여한다. 미국은 창작물이 많을수록 사회에 도움이 된다는 판단 아래 창작을 독려하기 위하여 저작자에게 재산적 가치, 즉 저작재산권을 부여할 뿐이다.

저작인격권에는 공표권(제11조), 성명표시권(제12조), 동일성유지권(제13조) 등이 있으며, 이러한 저작인격권은 저작자 일신에 전속하는 권리다. 이에 반하여 저작재산권은 그 전부 또는 일부를 양도할 수 있다(제45조). 저작재산권의 내용에는 복제권, 공연권, 공중송신권, 전시권, 배포권, 대여권, 제2차적저작물작성권(제16조 내지 제22조) 등이 있다.

저작자는 저작물을 창작한 사람을 말하며, 저작권은 저작물을 창작할 때부터 발생한다. 그러나 법인의 명의로 공표되는 업무상저작물의 저작자는 계약이나 근무규칙 등으로 달리 정하지 않는 한 그 법인이 저작자가 된다(제9조).

Ⅱ. 미국의 뉴스 저작권 보호체계[16]

1. 뉴스 저작권의 과거와 현재

(1) 뉴스 저작권 인정의 역사

1787년 미 연방헌법이 제정되던 해 13개 주 가운데 12개 주가 이미 저작권법을 가지고 있었다.[17] 그러나 그 당시 유일한 언론매체이었던 신문은 저작권법의 보호대상이 아니었다. 대부분 주의 저작권법은 책만 보호하거나, 책과 저작물, 서적·지도·차트를 보호하는 형태를 취하고 있었다. 1790년 연방저작권법은 "지도, 차트 및 책"이라고 특정하여 저작물을 규정하였다. 그 즈음 신문사들은 뉴스 저작권을 주장할 형편이 아니었다. 관행적으로 다른 신문의 기사를 베껴서 발행하는 신문사가 많았다. 출처도 밝히지 않는 경우가 대부분이었다.

미국 신문사들은 식민지 시절부터 다른 지역의 신문사와 서로 신문

---

16. 이 글은 『세계의 언론법제』(2007년 하권)에 실린 글을 수정·보완한 것이다.
17. Eric B. Easton, Who Owns 'The First Rough Draft of History?' : Reconsidering Copyright in News, 27 Colum. J.L. & Arts 521 (2004). 이하 미국 저작권사에 대하여는 Easton 글을 주로 참조하였음.

을 교환하였다. 우체국은 신문사 간 신문 교환의 관행을 이해하고, 신문 배달에 대해서는 우편요금을 받지 않아 이러한 관행은 더욱 굳어졌다. 신문사가 직접 취재활동에 적극적으로 나서기 시작한 것은 1830년대에 가서였다. 그 전까지 편집자들은 신문의 영향력을 높이기 위하여 자기 신문의 기사와 광고를 복사하여 활용하도록 안내문을 실을 정도였다. 전신기(telegraph)가 발명되면서 신문 교환의 중요성은 떨어졌지만, 먼 지역 간 교환은 그 후 20년 이상 계속되었다. 1851년 우체국은 우편요금 특혜를 잡지로 확대하였다. 하지만 우체국의 경제적 부담이 커지면서 1873년 의회는 무료 우송의 관행을 폐지하였다.

법원도 신문을 저작권의 보호대상으로 보지 않았다. 1829년 Clayton v. Stone 사건에서 Thompson 순회법관은 "저작권법의 입법목적이 과학의 발전에 있는데, 시장 상황을 보도하는 일간지나 주간지가 과학의 범주에 들어간다고 생각하는 것은 과학에 대한 상당히 이상한 견해"라고 밝혔다.[18] 이 견해는 그 후 1880년 Baker v. Selden 사건에서 대법원에 의하여 인용되기도 하였다.[19] Thompson 법관은 또 당시 저작권을 획득하기 위해서 귀찮은 절차를 밟아야 했는데, 짧은 주기로 발간되는 신문이 매번 이러한 절차를 밟는다는 것은 사실상 불가능하기 때문에 신문이 책에 포함된다고 보기 힘들다고 판단하였다.

1886년 법원은 처음으로 Harper v. Shoppell 사건[20]에서 신문을 저작물로 인정하였다. 법원은 신문을 저작권법상 책에 해당된다고

---

18. Clayton v. Stone, 5 F. Cas. 999, 1001 (C.C.S.D.N.Y. 1829).
19. 101 U.S. 99 (1880).
20. 26 F. 519 (C.C.S.D.N.Y. 1886).

판단하였다. Harper에서 법원은, 책은 종이 한 장으로 만들 수도 있고 여러 장을 제본하여 만들 수도 있기 때문에 신문도 책에 포함된다고 보았다.

앞의 Clayton 사건과 Harper 사건 사이에는 저작권법 및 저작권 행정상 큰 변화가 있었다. 1870년 저작권법 개정 후 저작권청(Copyright Office)이 신문을 책으로 등록받기 시작한 것이다. 미국 신문 역사에서 1870년대는 중요한 의미를 갖는다. 서부 개척과 남부의 재건으로 경제가 성장하고, 문맹률이 떨어지고, 교통·통신시설이 개선되면서 신문 독자가 크게 늘어나는 등 신문산업에 새로운 변화가 일어났다. 그 전까지 신문산업의 중심은 정당으로부터 자금을 지원받는 정파적이고 소수 엘리트 독자 지향적인 신문이었다. 이즈음부터 일반 대중을 상대로 하는 독립적이고 상업적인 신문이 그 자리를 대신하게 되었다.

신문 발행인들은 뉴스의 상업적 가치가 늘어나자 뉴스취재 네트워크와 전신 서비스의 구축에 거액을 투자하였고 신문을 저작물에 분명하게 포함시키기 위하여 로비 활동을 벌였다. 몇 차례 법안이 상정되었으나, 법제화에는 실패하였다. 신문 기사를 활용하여 주간지를 만들던 주간지 쪽에서 반대 로비를 펼 친데다, 뉴스 취재를 독창적인 지적 활동이라고 보기 어렵다는 비판도 만만치 않았기 때문이다.

그러나 저작권청이 신문 등 정기간행물(periodicals)을 책으로 간주하는 관행이 존속되고 있었기 때문에 신문업계는 입법 활동의 부진을 크게 걱정하지 않았다. 당시 실무관행에 따르면, 정기간행물의 각 발행호(each issue)는 독립된 책으로 인정되고, 각 호에 포함된 저작권 대상은 모두 저작권 등록이 된 것으로 인정되었다. 문제는 이러한 관행이 법원 판례로 확인받은 바가 없다는 것이다. 1886년

Harper 판결은 이런 새로운 환경에서 나온 것이다. 1909년 처음으로 신문은 저작권법에 등록대상으로 명기된다.[21]

(2) 뉴스 저작권의 현재 모습

현재 신문을 비롯한 모든 정기간행물은 다른 어문 작품(literary property)과 동일하게 취급된다. 저자가 살아 있는 동안은 물론이고 사후에도 70년간 보호 받는다. 직무저작물(work made for hire)의 경우처럼 저작권의 소유자가 회사일 경우 공표 후 95년과 창작 후 120년 중 짧은 기간 동안 보호받는다.

미국 저작권법은 1976년 대폭 개정되어 현재까지 그 골격을 유지하고 있다. 현행 저작권법을 간단하게 살펴보면, 모든 종류의 작품은 고정되고(fixed) 창작적인(original) 한 발행 여부와 관계없이 저작권법의 적용 대상이다. 따라서 문학, 음악, 드라마, 판토마임, 안무, 사진, 그래픽 아트, 조각, 필름, 컴퓨터 소프트웨어, 음향 녹음, 건축 등이 모두 작품으로 인정된다.

저작권법이 적용되어 보호받기 위해서는 두 가지 요건, 즉 고정성(fixation)과 창작성(originality)이 필요한데, 두 요건 모두 상당히 느슨한 것이어서 충족하기 어렵지 않다. 고정성은 작가 또는 작가의 허락을 받아 종이, 컴퓨터 디스크, 비디오테이프 등 유형의 표현 매체(tangible medium)에 구체화되는 것을 의미한다. 저작권법은 인식할 수 있거나, 재생산할 수 있거나, 전송기간 이상 동안 커뮤니케이션

---

21. Sec. 5. That the application for registration shall specify to which of the following classes the work in which copyright is claimed belongs: … b. Periodicals, including newspapers[.]

할 수 있을 정도로 충분히 영속적이거나 안정적인 상태를 고정화되었다고 한다.[22] 창작성(original)은 작가에 의하여 독립적으로 생산되고, 최소한 조금의 창의성을 가지고 있는 것을 의미한다.[23] 하지만 창의성은 아무리 조잡하고(crude), 초라하고(humble), 뻔한(obvious) 것이라고 하더라도 인정되기 때문에[24] 충족하기 어렵지 않다.

2. 뉴스 저작권에 대한 법적 정의

(1) 뉴스 저작물의 개념

뉴스 그 자체는 단순한 사실에 불과하지만, 뉴스를 소재로 기사를 작성한 경우 이 뉴스 기사(news article)는 저작물이 될 수 있다. 문제는 뉴스와 뉴스 저작물을 어떻게 구별할 것인가에 있다. 뉴스 기사 중에는 단순한 사실을 그대로 나열한 것에 불과한 경우도 있을 수 있다. 또 비록 뉴스 기사가 단순한 사실의 전달에 불과하더라도 다른 사람보다 먼저 이를 알아내기 위하여 시간과 비용을 투자한 경우 그러한 노력을 전혀 보호하지 않는 것이 타당한지도 의문이다. 뉴스 저작물과 관련하여, 미국에서 판례법으로 발전한 원칙들을 살펴본다.

1) 사실과 표현의 이분법(Fact/Expression Dichotomy)

1880년대에 이르면, 거의 모든 미국 법원은 신문 기사(newspaper articles)와 삽화(illustrations)를 어문저작물(literary works)로서

---

22. 17 U.S.C. § 101.
23. Feist Publications, Inc. v. Rural Telephone Services Co., 499 U.S. 340 (1991).
24. Nimmer § 1.08(C)(1).

저작권의 보호대상이라고 인정하게 된다. 하지만 신문 기사에 실린 뉴스(News) 그 자체는 저작권의 보호대상로 인정되지 않았다. 1881년 새로운 뉴스 전달 수단인 전신수신기(telegraphic ticker)가 발명되면서 타인이 수집한 뉴스를 무단 이용하는 것이 저작권법 위반인지 여부가 새로운 쟁점으로 떠올랐다. 전신수신기는 멀리 떨어진 곳에서 뉴스를 전송하면 이를 받아 종이테이프에 인쇄하는 기계다.

1902년 National Telegraph News Co. v. Western Union Telegraph Co. 사건에서 법원은 전신수신기로 전송되는 정보는 저작권법의 보호대상이 될 수 없다고 판결하였다.[25] 피고 National Telegraph는 원고 Western Union가 전송한 증권 시세, 운동경기 결과 등 정보는 저작물이 아니므로 사용할 수 있다고 주장하였다. 법원은 종국적으로 원고의 재산을 피고가 이용하지 못하도록 하는 결정을 내렸지만, 저작권법이 전신수신기로 전송되는 정보를 보호한다는 원고의 주장까지 받아들인 것은 아니었다.

뉴스 정보가 저작권법의 보호대상이 될 수 없는 논거는 첫째, 헌법이 저작권을 인정하고 저작권법을 제정한 취지가 단순한 사건의 기록까지 보호하겠다는 것이 아니며; 둘째, 문제가 된 정보는 단지 그 사건을 볼 수 있는 운 좋은 위치에 있던 사람이 그 자리에 없던 이웃에게 보고 들은 것을 말이나 글로 전달한 데 불과하고; 셋째, 인쇄된 테이프가 고객에게 중요한 의미를 갖는 것은 뉴스 그 자체 때문이 아니고 뉴스를 더 빨리 알 수 있다는 데 있다는 점을 감안하면 이 사안은 저작권의 문제가 아니라 상업적 가치의 보호 문제라는 것이다. 법원은 이어 전신 서비스를 보호하지 않는다면 뉴스를 취재하고 전달

---

25. 119 F. 294 (7th Cir. 1902).

하는 사업은 존속할 수 없다고 보아 원고가 신청한 침해금지가처분 신청을 받아들였다.

National Telegraph 판례의 논거는 16년 후 미 대법원에서 재연된다. 1918년 미 대법원은 International News Service v. Associated Press 사건[26)]에서 뉴스의 저작물성을 검토하였다. 쟁점은 AP가 발간하는 뉴스 속보(bulletin) 또는 AP 회원사인 신문사가 발간하는 신문에 있는 뉴스를 허락 없이 사용할 수 있는지 여부였다. AP가 해외에 특파원을 파견하는 등 많은 비용을 들여 취재·보도한 내용을 INS가 가공하여 자기 기사처럼 판매하였던 것이다.

다수의견은 Pitney 대법관이 작성하였으며, Brandeis 대법관은 이에 강렬히 반대하는 소수의견을 냈다. 다수의견에 의하면, 뉴스는 저작권의 권리객체가 될 수 없다. 즉, 비록 1909년 법개정으로 저작권법의 보호대상이 크게 확대되고, 신문도 저작물에 명시적으로 포함되었지만, 시사문제에 관한 정보는 작가의 창작물이 아니라 그날의 역사(the history of the day)의 보고서에 불과하다는 것이다. Pitney 대법관은 역사를 가장 먼저 보고하는 사람에게 배타적인 권리를 부여하는 것은 헌법 제정권자의 의도가 아니라고 강조하였다.

Pitney 대법관은 공정경쟁의 관점에서 이 사안을 검토하였다. Pitney 대법관은 뉴스에 준 재산권(quasi-property right)을 인정하여 AP와 같은 뉴스서비스회사가 뉴스를 판매할 시간(lead time protection)을 보호해주어야 한다고 강조하였다. 경제적 관점에서 보면, 한 회사가 뉴스를 얻기 위하여 시간, 노력, 기술 등을 투자하였으며, 또 그 뉴스를 구입하려는 사람이 있는 한 뉴스는 일종의 재산과

---

26. 248 U.S. 215 (1918).

같은 것이다. 따라서 Pitney 대법관은, 뉴스서비스회사는 경쟁자가 자기 뉴스 속 정보를 이용하여 사업하지 못하도록 제한된 범위의 재산권을 가진다고 판단하였다. 하지만 그 재산권은 한시적으로만 인정된다. 결국 '따끈한 뉴스(hot news)'에 한하여 재산적 가치를 인정하자는 것이다.

하지만, Brandeis 대법관은 따끈한 뉴스에 대하여 완전히 새로운 개념의 재산적 이익을 창출하는 것은 의회가 할 일이지, 법원이 할 일이 아니라는 이유로 반대하였다. 그는 법원이 새로운 사적 권리를 창조하거나 인정하는 것은, 그 권리의 한계를 명확하게 설정하고 현명하게 보호하지 않는 한, 일반 대중에게 심각한 피해를 줄 수 있다고 역설하였다.

INS 판결은 뉴스에 있어서 사실과 표현의 이원화 원칙(fact/expression dichotomy)과 따끈한 뉴스의 원칙(hot news doctrine)을 처음으로 제시하였다는 점에서 주목받는다. 사실과 표현의 이원화 원칙은, 표현(expression)의 저작물성을 인정함으로써 창작 활동을 촉진하면서도 사실(fact) 또는 사상(idea) 자체는 공유재산(public domain)으로 인정함으로써 이를 바탕으로 모든 사람이 자유롭게 의견을 개진할 수 있도록 한다는 점에서 저작권법과 언론의 자유 사이에 조화를 꾀하는 원칙이라고 하겠다. 미 대법원은 1985년 Harper & Row Publishers, Inc. v. Nation Enters 사건에서 "저작권의 사상·표현 이원화는 저자의 표현을 보호하면서도 사실의 자유로운 흐름을 허용함으로써 수정헌법 제1조와 저작권법 사이의 정의적 균형(definitional balance)를 취하고 있다"고 설명하였다.[27)

사실과 표현의 이분법에 예외도 있다. 표현이 사실 또는 사상에 통합(merge)되는 경우다. 만약 어떤 사실 또는 사상을 표현하는 방식이 하나밖에 존재하지 않을 경우 법원은 일반적으로 표현의 저작물성을 인정하지 않는 경향이 있다.[28] 사실과 표현을 구분하기 어려운 경우 통합되었다고 하고, 이를 통합의 원칙(merger doctrine)이라고 한다. 사상, 즉 아이디어는 독점할 수 없다는 생각에서 만들어진 원칙이다. 따라서 신문 기사가 저작권법에 따라 원칙적으로 저작물이 될 수 있더라도, 사실을 전달하는 방식이 극히 제한된 경우 그 신문 기사는 통합의 원칙에 따라 저작권법의 보호를 받지 못할 수 있다. 포드 대통령의 회고록과 관련된 사건에서, 포드 대통령이 닉슨 대통령의 도청 테이프를 '결정적 증거(smoking gun)' 이라고 표현한 것을 두고 법원은 표현과 사실이 일체화되어 분리할 수 없다고 보았다.

사실 그 자체가 보호받는 예외적인 경우도 있다. 1991년 Feist Publications, Inc. v. Rural Telephone Services Co. 사건에서 대법원은 사실의 편집(factual compilations) 사안을 다루었다. 이 판결은 정보의 수집 또는 데이터베이스(DB)를 저작물로 인정한 것으로 유명하지만, 사실이라고 항상 복사할 수 있는 것은 아니라는 가능성을 열어 놓았다는 점으로도 주목받는다. 법원은 먼저 정보를 모으기 위해시 노력했다는 점, 즉 이마의 땀(sweat of the brow)을 기준으로 저작권을 부여하는 것이 아니라는 점을 분명히 하였다. 따라서 정보를 수집하는데 아무리 수고하였더라도 자료의 축적 그 자체로는 저작권법의 보호를 받을 수 없다. 정보 수집의 결과가 저작물로 인정받기 위해서는 저자가 그 일에 독창적이거나 창조적인 무엇인가를 기여하

---

27. 471 U.S. 539, 556 (1985).
28. Nimmer, § 13.03(B)(3).

여야 한다고 설명하였다. 즉 정보를 수집한 것이 독창적이거나 창의적인 형태로 조직되었을 때 비로소 저작권법의 보호를 받게 된다.

2) 따끈한 뉴스의 원칙(hot news doctrine)

따끈한 뉴스의 원칙은 뉴스 산업에서 경쟁자가 시사 뉴스와 같이 시급을 요하는 정보를 훔쳐가지 못하도록 방지하기 위하여 도입되었다. 사실(fact)을 짧은 시간 동안 발견자 또는 뉴스 수집가의 준재산(quasi-property)으로 인정하여, 무임승차를 막자는 데 그 의의가 있다. 즉 투자자가 투자의 과실을 수확할 합리적 기회를 얻어 수익을 내기 전까지 무임승차자가 그 과실을 따먹지 못하게 하겠다는 것이다.

연방저작권법은 고정성과 창작성을 기준으로 저작물을 인정하며, 그 작품을 생산하기 위하여 얼마나 많은 땀을 흘렸는지는 고려하지 않는다. 하지만 따끈한 뉴스의 원칙은 단순히 일에 투입된 노동을 보호하고 그러한 노력에 대하여 정보 수집가를 보상하겠다는 것으로 전통적인 저작권의 법리에 반한다. 이 원칙은 주의 부정이용방지법(misappropriation law)에서 유래한 것으로, 미 대법원이 INS 사건에서 인정한 이후 지금까지 인정되고 있다. 그러나 법원이 이 원칙에 대하여 항상 일관된 태도를 보인 것은 아니었다.

가. INS 사건 – 따끈한 뉴스의 원칙의 탄생

이 사건은 앞서 살펴본 것처럼 제1차 세계대전 중 미 동부에서 발간된 AP의 뉴스기사를 INS가 부정이용하여 미 서부지역 가입자에게 전송하면서 발생하였다. INS는 자체 기자를 확보하고 있지 않았으며, AP 기사 등을 바탕으로 정보를 수집한 후 출처를 밝히지 않은 채 발간하였다. 항소심 법원은 AP 뉴스 기사의 상업적 가치가 사라지기 전에 INS가 AP 기사의 내용이나 단어를 이용하지 못하도록 금지하였다. 미 대법원은 항소심 판단을 지지하였다.

미 대법원은 이 사건의 쟁점을 저작권법 위반이 아닌, 주의 부정이용방지법(misappropriation law) 위반으로 이해하였다. 따라서 대법원은 뉴스 수집 및 보도를 기업적 시각에서 인식하고, 뉴스 수집에 혜택을 줄 필요성을 인정하였다. 그 논거를 보면, 상업적 거래의 각 상대방은 자기가 가지고 있는 기술, 자본 및 창의성을 정직하게 행사하여야 할 의무가 있으며, 만약 경쟁 관계에 있는 당사자가 이러한 의무를 위반하여 자기 이익을 위하여 상대방에게 불이익을 줄 경우 부정이용이 발생하고, 주의 불공정거래(a state unfair competition)의 원칙이 적용되게 된다. 결국 INS는 씨 뿌리지 않은 곳에서 추수한 것과 마찬가지이기 때문에 부정이용(misappropriation)과 불공정거래(unfair competition)의 책임을 져야 한다.

미 대법원이 인정한 따끈한 뉴스의 원칙의 구성요건은 다음과 같다. 첫째, 일반인이 아닌 직접 경쟁자가 불공정하게 사용한 경우에 한한다. 둘째, 부정이용한 내용이 시간에 민감하여야 한다. 셋째, 피고는 뉴스 수집에 들어간 비용이 거의 없는 반면 원고는 적정한 작품을 생산하기 위하여 상당히 많은 노력과 시간을 투입하였어야 한다. 넷째, 피고의 활동이 원고에게 상업적 피해를 주었어야 한다.

나. 1976년 저작권법 개정의 여파

따끈한 뉴스의 원칙은 신문 산업에 도움을 주었다. 뉴스 분야의 새로운 경쟁자로 떠오르던 라디오 방송을 확실하게 물리칠 수 있는 법적 도구로 사용되었기 때문이다. 당시 라디오는 아침 신문에서 기사를 스크랩하여 방송하는 경우가 많았다.

하지만 1976년 연방저작권법 개정으로 따끈한 뉴스의 원칙은 사실상 의미가 사라질 운명이었다. 저작권법에 연방저작권법의 적용대상에 해당하는 모든 사안에 대해서는 주법이 적용되지 않는다는 선점(preemption) 조항이 명시된 것이다.[29] 소송대상이 독창성이 결여되거나 공유재산(public domain)이어서 저작권법의 보호대상이 아닌 경우에도 주법이 적용되지 않기는 마찬가지다.

개정 저작권법 제301조가 따끈한 뉴스의 원칙을 의식하여 도입된 것인지 명확하지 않지만, 많은 법원이 INS와 유사한 소의 원인(causes of action)을 가진 사건에서 저작권법 제301조에 기초하여 소를 제기할 수 없다고 판결하였다. 이에 따라 주의 부정이용방지법(state misappropriation law)에서 인정되는 따끈한 뉴스의 원칙은 사문화(dead letter)되었다는 공감대가 형성되었다.[30]

다. 따끈한 뉴스의 원칙의 부활

앞서 본 1991년 Feist 판례는 따끈한 뉴스의 원칙이 부활할 수 있는 근거를 마련하였다. 대법원이 노력의 결실 그 자체에 대해서 불공정경쟁과 같은 주의 부정이용방지법이 보호할 수 있음을 암시하기 때문이다. 대법원 논리에 따르면, 사실 및 사실의 축적(compilation of facts)은 당연히 저작물이 될 수 없으므로, 저작권법의 적용범위 밖에 있다. 따라서 주 법에 의하여 사실을 보호하는 것이 저작권법이 보호하는 권리와 동등한 권리를 부여하는 것이 아니며, 그러한 주 법은 저작권법에도 불구하고 제정할 수 있다. 또한 비록 저작권법이 저

---

29. 17 U.S.C. § 301(a).

30. Andrew L. Deutsch, *Ownership of the News 2000: Copyright, Trademark, "Hot-News" and Database Protection Issues*, 605 PLI/Pat 519, 556 (2000).

작물로부터 사실정보(factual information)를 꺼내 사용하는 것을 금지하지는 않지만, 만약 뒤의 사용자가 사실정보(factual information)를 불공정하게 이용하거나 부정이용한다면 소송이 제기될 수 있다. 따라서 주의 따끈한 뉴스의 원칙(hot news doctrine)이 선점(preempted)된 것은 아니라고 보게 된다.

따끈한 뉴스의 원칙이 완전히 부활하게 된 것은 1997년 National Basketball Assoc. v. Motorola, Inc. 사건[31]이다. 미국농구연맹(NBA)은 농구경기 점수 및 통계자료를 미리 계약을 맺은 특정 매체에게만 제공하고 있었는데, Motorola가 경기 점수 및 통계자료를 수신할 수 있는 단말기를 판매하자 자기의 독점권을 침해하였다며 소송을 제기하였다. NBA의 주장은 농구경기 점수 및 통계자료를 작성하고 배포하는 권리를 자기만 가지고 있다는 것이다.

1심인 뉴욕남부지구 지방법원은 부정이용(misappropriation)을 제외한 나머지 저작권법 위반 주장을 모두 기각하였다. 당시 쟁점은 연방저작권법이 주의 부정이용방지법을 선점(preemption)하여 원고가 부정이용을 주장할 수 없는지 여부였다. 법원은 Feist의 결론(dicta)에 따라 저작권법이 주의 부정이용방지법 주장을 선점하였다고 보지 않고, 수 법을 적용하였다. 주의 부정이용방지법에 의하면, 한 쪽이 다른 쪽의 노력에서 상업적 이익을 취하기만 하면 부정이용이 된다. 따라서 법원은 경기 점수 수신기는 경기의 환희와 오락(excitement and entertainment)을 빼앗아 가기 때문에 부정이용에 해당한다.

그러나 항소심인 제2항소법원은 주의 부정이용방지법 위반 주장

---

31. 105 F.3d 841 (2nd Cir. 1997).

을 받아들이지 않았다. 따끈한 뉴스의 원칙이 지나치게 확대되어 남용될 가능성을 우려한 것이다. 항소법원은 따끈한 뉴스의 원칙을 아주 좁은 범위로 한정하는 기준을 제시하였다. 새 기준은 첫째, 원고가 정보를 생산하거나 수집하는데 비용이 들어가야 하며; 둘째, 정보의 가치는 시간에 크게 민감(highly time-sensitive)하여야 하며; 셋째, 피고의 정보사용이 원고가 들인 노력에 무임승차(free-riding)하는 것이 되며; 넷째, 피고의 정보사용이 원고가 만든 생산물 또는 서비스에 직접적인 경쟁관계에 있고; 다섯째, 원고 노력에 대한 다른 사람의 무임승차가 생산물 또는 서비스를 생산하려는 동기를 약화시켜 생산물 등의 수나 양이 심각하게 위협받게 될 것(substantially threatened) 등이다.[32]

NBA 결정은 따끈한 뉴스의 원칙의 범위를 축소함으로써 뉴스 수집에 들어가는 노고를 인정하면서도, 뉴스의 자유로운 유통을 동시에 보장하고 있다. 하지만 이는 최종심의 판단이 아니어서, 판례로서 구속력이 부족하다. 1976년 저작권법 제정으로 선점조항이 들어간 후 따끈한 뉴스의 원칙을 인정한 대법원 판례는 아직 없다. 따라서 불확실성을 제거하기 위하여 연방 부정이용방지법의 제정이 필요하다는 견해가 많다.

3) 공정이용의 원칙(fair use doctrine)

공정이용은 저작권자의 이용 허락을 받지 않고 저작물을 이용하더라도 저작권의 침해가 되지 않는 특수한 경우 중 대표적인 것이다. 미 연방저작권법 제107조는 비판, 비평, 기사 보도, 교육, 학문, 연구 등

---

32. Id. at 845.

의 목적으로 복사, 음반, 기타 수단을 이용한 저작물의 공정이용(fair use of a copyrighted work)은 저작권의 침해가 되지 않는다고 명시하고 있다. 제107조는 공정이용에 해당하는지 여부를 판단하는 요소로 첫째, 저작물 사용의 목적 및 성격; 둘째, 저작물의 성질; 셋째, 사용된 부분이 저작물 전체에서 차지하는 양과 중요성; 넷째, 사용이 잠재적 시장에 미치는 영향 등 네 가지를 열거하고 있다.[33] 공정이용에 해당하는지 여부는 피고가 입증하여야 한다. 법원은 네 가지 요소를 비교형량하여 공정이용에 해당하는지 여부를 결정한다.

공정이용의 원칙은 타인이 신문이나 방송을 상업적으로 이용하지 못하도록 미디어 산업을 보호하는 역할을 한다. 신문에 있어서 공정이용의 원칙이 처음 적용된 것은 1886년 Harper 사건이다. 당시 법원은 작품의 일부를 재생산하는 것이 항상 저작권 침해가 되는 것이 아니라고 보았다. 즉, 신문이나 책의 일부를 복사하였을 경우 저작권 침해의 여부는 복사한 정도와 성격에 달려 있다는 것이다. 또한 부분복제(extracts)가 원본의 판매를 저해하는지 여부에 따라 다르다고 보았다. 여기서 설명된 내용은 100년 뒤 미 대법원의 설명과 크게 다르지 않다.

미 대법원은 Harper & Row Publishers, Inc. v. Nation Enterprise 사건[34]에서 닉슨 대통령의 사면에 관한 포드 대통령의 메모를

---

33. ⋯ In determining whether the use made of a work in particular case is a fair use the factors to be considered shall include - (1) the purpose and character of the use, including whether such use is a commercial nature or is for nonprofit educational purposes; (2) the nature of the copyrighted work; (3) the amount and substantiality of the portion used in relation to the copyrighted work as a whole; and (4) the effect of the use upon the potential market for or value of the copyrighted work.
34. 471 U.S. 539 (1985).

게재한 잡지 기사가 공정이용에 해당하지 않는다고 판시하였다. 이 사건은 Nation 잡지가 포드 대통령의 미공개 메모를 입수하여 그대로 보도하면서 발생하였다. Nation 기사의 분량은 2,250자였으며, 그 중 300~400자가 포드 대통령의 메모를 그대로 옮긴 것이었다. 원고 Harper & Row는 포드 대통령의 전기를 출판하려고 준비하던 중 Time 잡지와 라이센스 계약을 맺고 전기의 일부를 Time에 소개할 계획이었다. Nation 보도 후 Time은 계약금 중 절반인 12,500 달러의 지급을 거절하였다.

Harper & Row 사건의 쟁점은 Nation의 보도가 공정이용에 해당하는지 여부였다. Nation이 포드 대통령의 메모를 그대로 실으면서 사실(fact)과 표현(expression)의 이분법상 표현에 해당하기 때문에 저작권 침해에 해당되었다. 만약 메모에 있는 사실만 요약하여 보도하였더라면 저작권 침해 문제는 발생할 수 없었을 것이다. 이에 Nation은 포드 대통령의 실제 표현은 그 자체가 공중의 정당한 관심사이기 때문에 이에 관한 공중의 이익은 포드 대통령이 가지는 회고록 출간권리보다 더 크다고 주장하였다. 저작권법 사건에도 헌법상 표현의 자유를 고려하여 일종의 공인이론(public figure doctrine)을 도입하여, 정보의 자유로운 유통을 촉진하자는 주장인 셈이다.

그러나 미 대법원은 수정헌법 제1조의 적용을 명백히 거절하고, 공인과 관련된 사안에도 통상의 공정이용의 판단기준을 그대로 적용하였다. 그 결과 대법원은 Nation의 보도가 상업적 이익을 위한 것이고, 저작물이 아직 출판되지 않은 것이며, 메모를 모두 보도하였으며, Harper & Row에게 경제적 타격을 주었다는 점 등을 들어 공정이용에 해당하지 않는다고 판단하였다. 이에 대하여 Brennan 대법관은 다른 두 대법관과 함께 대법원이 공정이용을 좁게 해석하여

Harper & Row 출판사에 정보 독점을 허용하였다고 비판하는 소수 의견을 냈다.

공정이용의 해당 여부가 쟁점이 된 또 다른 대표적인 사안으로 Nihon Keizai Shimbun Inc. v. Comline Business Data, Inc. 사건[35]이 있다. 여기서는 외국 신문의 번역 요약문이 저작권 침해인지 여부가 문제되었다. Comline Business Data는 일본의 하이테크 회사에 관한 일본경제신문 기사를 번역하여 요약한 후 이를 미국 회사 등에게 판매하였다. CBD의 주장은 신문에서 사실(fact)에 해당하는 부분만 골라내었기 때문에 저작권 위반이 아니며, 공정이용에 해당한다는 것이었다. 하지만 법원은 요약 번역한 주된 이유가 상업적 이용에 있다고 보아 공정이용에 해당한다고 보지 않았다.

3. 저작권자

(1) 직무저작물

현재까지 유지되고 있는 1976년 개정 저작권법에 의하면, 작품은 고정된 상태로 창작되면 그때부터 저작권이 인정되며, 저작자가 저작권자가 된다.[36] 저작자란 원칙적으로 그 작품을 창작한 사람이다. 그 예외가 직무저작물(works made for hire)이다. 직무저작물의 경우 저작권자는 실제 창작자가 아니라, 고용주 또는 그 작품이 완성된 후 제공되는 사람이 된다.[37] 고용주는 회사일 수도 있고, 단체일 수도

---

35. 166 F.3d 65 (2nd Cir. 1999).
36. 17 U.S.C. § 201(a).
37. 17 U.S.C. § 201(b).

있고, 사람일 수도 있다.

　저작법은 직무상 저작의 경우를 두 종류로 나눈다. 첫 번째는 피고용자가 자기 업무범위 안에서 작품을 만드는 경우이고, 두 번째는 집합 저작물(collective work)에 포함되거나, 영화 또는 영상작품의 일부로, 번역으로, 보충작업으로, 편찬물로, 교육용 텍스트로, 시험으로, 시험 답안으로, 또는 지도로 사용할 목적으로 구체적으로 명령 또는 업무지시를 내려서 만든 작품으로 사전에 양 당사자가 직무저작물로 간주한다고 명시적으로 서면계약을 맺고 서명한 경우를 의미한다.[38)]

　따라서 언론사의 경우 기자 등 직원이 창작한 기사, 간행물, 방송물의 1차 저작권은 원칙적으로 언론사에 있다. 하지만 프리랜서(free-lancer)와 같이 외부 기고가가 창작한 저작물의 저작권은 언론사가 아닌 해당 외부 기고가가 가진다. 직무저작의 두 번째 종류, 외부에서 창작한 직무저작의 경우 다음 세 조건을 모두 충족하여야 언론사에 저작권이 귀속된다. 즉 구체적으로 명령 또는 업무지시를 내려서 만든 작품일 것, 법률에 열거한 목적사안 중 하나에 해당할 것, 양 당사자가 직무저작물로 간주한다는 것을 문서로 약속하였을 것 등 세 조건을 모두 충족하여야 한다. 만약 이러한 세 조건이 충족되지 않을 경우 직무저작물이 아니다. 따라서 그 저작물의 소유자는 언론사가

---

38. 17 U.S.C. § 101(A "work made for hire" is (1)a work prepared by an employee within the scope of his or her employment; or (2)a work specially ordered or commissioned for use as a contribution to a collective work, as a part of a motion picture or other audiovisual work, as a translation, as a supplementary work, as a compilation, as an instructive text, as a test, as answer material for a test, or as an atlas, if the parties expressly agree in a written instrumnet signed by them that the work shall be considered a work made for hire. …

아니고, 언론사는 프리랜서와 명시적·묵시적으로 계약한 범위 내에서 그 작품을 사용할 권리를 가질 뿐이다. 만약 언론사가 처음 약정한 대로 저작물을 사용한 후 나중에 데이타베이스(DB), 모음집(anthology), 연감(year-end recapitulation) 등 그 저작물을 다시 사용할 경우 저작권 침해가 될 수 있다.[39]

직무저작과 관련하여, 가장 큰 쟁점은 피고용자(employee)의 해석에 관한 것이다. 외부에서 제작한 저작물이 직무저작에 해당하기 위해서 충족하여야 할 요건이 너무 엄격하기 때문에 피고용자(employee)를 확대해석하여 외부 창작자도 여기에 해당된다고 볼 수 있는지 여부가 쟁점이다. 미 대법원은 1989년 Community for Creative Non-Violence v. Reid 사건[40]에서 그렇게 할 수 없다고 결정하였다. Reid는 CCNV가 제시한 콘셉트(concept)와 종합적인 디자인 아이디어에 따라 CCNV를 위하여 조각품을 제작하였다. 그러나 저작물의 소유권 귀속에 관한 특별한 약정이 없었다. 완성 후 두 회사가 모두 그 조각품에 대한 저작권을 주장하였다. 1심 법원은 CCNV에게 저작권이 있다고 결정하였다. 그 논거는 고용주가 작품의 창작에 실질적인 통제권을 행사하였다면 프리랜서는 저작권법 제101조 제1항에서 말하는 피고용자에 해당한다는 것이다. 하지만, 항소법원은 직무저작의 서면약정이 없었기 때문에 Reid에게 저작권이 있다고 결정하였다. 대법원은 만장일치로 항소심 판결을 확정하였다.

CCNV의 주장이나 1심의 판단 근거는 조각품의 창작이 의뢰인인 CCNV의 통제 아래 있었다는 것이다. 하지만 대법원은 피고용자에

---

39. Marc A. Franklin et al., MASS MEDIA LAW 541 (2000).
40. 490 U.S. 730, 16 Media L. Rptr. 1769 (1989).

의한 직무저작이 되려면 작업 통제 요건 외에 더 많은 요건을 충족하여야 한다고 판단하였다. 즉 보통법상 대리점법(common law of agency)에 의하여 피고용자 여부를 판단하여야 한다는 것이다. 그러나 구성 요건을 명확하게 밝히지는 않았다. 다만, 고용주의 작업 통제, 고용주의 피고용자 통제, 고용주의 신분과 행동 등을 주로 판단하여야 하며 작업에 대한 통제만으로 판단할 수는 없다고 보았다. 이어 대법원은 Reid가 기술직이며, 자기 도구를 사용하고, 자기 작업실에서 일하며, 문제의 프로젝트를 위하여 짧은 시간만 CCNV를 위하여 일하며, 자기 작업시간, 보조원의 고용 및 보상을 스스로 통제하고, 사회보장세 등 부과 때 피고용자로 취급되지 않는 등의 사정을 종합적으로 고려한 후 Reid를 피고용자라고 볼 수 없다고 판단하였다.

CCNV 판결 후 미국의 언론사, 출판사들은 큰 곤경에 처하게 되었다. 언론사로서는 저작자로서 누리는 권리의 보호기간이 저작권을 양도받거나 이용허락 받는 것보다 길기 때문에 저작자가 되는 것이 중요한데 그렇게 되지 못하였다. 또 그 당시 언론사는 명시적인 서면계약 없이 프리랜서에게 일을 맡겨 외주 제작하는 일을 관행적으로 해왔기 때문에 타격이 컸다. 당시 신문 보도에 의하면 미디어산업에서 기존 저작물의 40% 정도가 이 판결로 영향을 받게 되었다고 한다.[41]

이용허락의 범위를 벗어나서 타인의 저작물을 이용하던 관행도 큰 타격을 입게 되었다. 특히 잡지사는 프리랜서 사진사나 작가에게 지시하여 사진이나 삽화를 창작하여 사용한 후 나중에 책이나 캘린더, 기념특별호 등을 제작하면서 먼저 사용하던 사진, 삽화를 다시 사용

---

41. *The Media Business; Copyright Ruling Opens a Costly Can of Worms*, N.Y. Times, June 12, 1989, at D12 (Franklin, *supra* note 39 at 542에서 재인용).

하였는데, 이러한 관행 역시 CCNV 판결에 반하는 것이다.

(2) 집합저작물

백과사전, 연감, 정기간행물 등 다수의 저작자가 참여하여 작성된 저작물을 집합저작물이라고 한다. 신문도 외부 기고가의 글을 실어 제작할 경우 여기에 해당한다. 집합저작물(collective work)은 전체로서 저작권의 대상이 되며, 전체를 구성하는 각각의 기고(contribution)도 집합저작물과 별도로 저작권의 대상이 되고, 각 기고의 작가(author)에게 저작권이 있다.[42] 저작권 및 그 관련 권리의 양도를 명시적으로 규정하고 있지 않은 한, 집합저작물의 저작권자가 기고를 재사용하고 배포하는 특혜를 보유하는 것은 특정한 집합저작물의 일부분으로, 집합저작물의 개정판으로, 그리고 같은 시리즈로 후판 집합저작물으로 사용할 경우에 한정하는 것으로 간주된다.[43]

문제가 되는 것은 신문사가 신문을 데이터베이스(DB)한 경우 저작권자인 기고가의 동의를 새로 받아야 하는지 여부다. 이와 관련, 미 대법원은 New York Times v. Tasini 사건[44]에서 신문기사를 데이터베이스화한 것은 저작권법 제201(c)조에 의하여 집합저작물의 저작권자의 권한으로 간주되는 범위에 있지 않다고 판시하였다. 따라

---

42. 17 U.S.C. § 201(c) 1문.
43. 17 U.S.C. § 201(c) 2문(In the absence of an express transfer of the copyright or of any rights under it, the owner of copyright in the collective work is presumed to have acquired only the privilege of reproducing and distributing the contribution as part of that particular collective work, any revision of that collective work, and any later collective work in the same series.)
44. 533 U.S. 483 (2001).

서 기고자에게 별도의 이용허락을 받아야 한다는 것이다.

이 사건은 New York Times가 프리랜서인 Tasini의 동의를 받지 않고 그가 작성한 기사가 포함된 신문 기사 전체를 DB 전문회사 LEXIS/NEXIS에 판매하면서 발생하였다. 1심은 프리랜서의 동의가 없었더라도 사용할 수 있다고 판단하였다. DB는 새로운 사용이 아니며, 단지 개정(revision)에 불과하므로 저작권법 제201(c)조에 따라 적법한 사용이라는 것이다. 그러나 항소심은 삽화 그래프 표 등 신문에 있던 내용이 DB에 그대로 포함되지 않으므로 DB는 집합저작물이 아니라고 판단하였다.

미 대법원은 먼저 저작권법 제201(c)조의 입법취지가 집합저작물의 기고의 경우 저작권이 기고가에게 있음을 명시하여 외부 기고가를 보호하려는 데 있다고 강조하였다. 미 대법원에 의하면, DB는 저작권법에서 말하는 원판 또는 개정판의 일부로 기사를 재사용하거나 배포한 것이 아니며, 기사는 DB에 있는 전체 작품의 일부로 볼 수 있다고 설명하였다. 즉 DB는 이용자에게 개별 기사를 제공하고 있으며, 완전한 형태의 정기간행물을 제공하는 것이 아니라는 것이다. 따라서 개별 기사는 과거에는 정기간행물의 일부였지만, 지금은 정기간행물의 일부로서 재생산되거나 배포되는 것이 아니며, 저작권법 제201(c)조가 적용될 여지가 없어졌다.

취재의 자유와 그 한계

Ⅰ. 문제의 제기

　　언론의 자유는 전통적으로 표현의 자유, 즉 자기가 하고 싶은 말을 국가의 간섭 없이 자유롭게 할 수 있는 자유를 의미한다. 언론의 자유는, 발언자가 자기 의견을 밖으로 드러내는데 국가의 간섭이 없어야 한다는 생각을 중심으로 전개되었다. 그러나 언론의 자유가 민주주의의 발전에 필수불가결한 것으로 인식되면서, 언론의 자유는 단순히 자기 생각을 표출하는 개인의 주관적 권리에 그치지 않고, 그 발언이 갖는 사회적 의미를 함께 고찰하는 객관적 제도로 파악되고 있다. 언론의 자유를 객관적으로 이해하게 되면, 누가 무엇을 떠드느냐의 문제 못지않게 중요한 것은 그 사람이 그 무엇을 떠들도록 만드는 힘이 어떻게 형성되느냐의 문제이다. 그 힘은 정보에 있다. 한 사회의 존속과 발전에 관련된 공적 관심사에 대하여 그 사회의 구성원은 누구나 자기 의견을 표출할 수 있어야 하고, 그러기 위해서는 의견 형성에 기초가 되는 정보가 공유되어야 한다. 언론의 자유를 이렇게 동태적으로 이해할 경우 정보 취득의 자유, 특히 언론사의 취재의 자유가 중요해진다.

---

* 제8장은 「헌법학연구」 세13권 제3호(2007. 9)에 게재된 논문을 수정·보완한 것이다.

하지만 표현의 자유가 언제 어디서나 어떠한 내용이던 자유롭게 떠들 수 있는 자유가 아니 듯, 정보 취득의 자유 역시 언제 어디서나 어떠한 내용의 정보를 자유롭게 취득할 수 있는 자유가 아니다. 언론이 타인의 명예나 권리 또는 공중도덕이나 사회윤리를 침해하여서는 아니 된다고 명시한 헌법 제21조 제4항은 표현의 자유뿐 아니라 정보 취득의 자유에도 그대로 적용된다. 정보 취득을 이유로 다른 사람의 주거를 침입할 수 없으며, 다른 사람의 재물을 훔칠 수 없고, 다른 사람을 기망하여 재물을 교부받을 수 없다. 형사적으로는 형법 제319조 주거침입죄, 제329조 절도죄, 제347조 사기죄에 해당할 경우 처벌받으며, 민사적으로는 민법 제750조 불법행위에 해당되면 손해배상의 책임을 지게 된다. 또 정보 취득의 조건으로 약속을 하고, 그 약속을 이행하지 않으면 민사적으로 책임을 져야 할 경우도 생긴다. 최근에는 정보통신기술의 발달로 정보 취득과정에 첨단장비가 동원되고, 그 결과 타인의 사생활 침해 시비가 끊이지 않고 있다. 사생활의 자유와 비밀 및 그 한 영역인 통신의 자유와 비밀 역시 우리 헌법이 보장하는 기본권이며, 통신과 대화의 비밀과 자유를 보호하기 위하여 통신비밀보호법이 제정되었다. 따라서 언론이 다른 사람의 사생활의 비밀과 자유를 침해할 수 없으며, 통신비밀보호법을 위반하면 처벌받는 것이 당연하다. 언론이라고 일반적으로 적용되는 법률의 적용에서 예외일 수 없다.

문제는 이러한 실정법 위반에 엄격하게 책임을 물릴 경우 언론의 활동이 위축될 수 있다는 점이다. 두 가지 경우로 나누어 볼 수 있다. 첫 번째는 표현의 자유를 주장하는 자가 정보를 취득하는 과정에서 위법행위를 직접 한 경우이고, 두 번째는 표현의 자유의 주체와 위법행위의 주체가 다른 경우이다. 첫 번째 경우는 발언자가 실정법을 위반했기 때문에 언론의 자유는 그의 형사적·민사적 책임을 경감시키는지 여부가 쟁점이며, 실정법 위반이 아니더라도 사생활의 평온을 침해하면 불법행위 책임을 질 수 있으므로 언론의 자유가 위법성 조각에 어떠한 영향을 주는지 검토되어야 한다. 두 번째 경우에는 발언자가 실정법을 위반하지 않았기 때문에 그 발언에 대하여 책임을 지우는 것은 언론의 자유를 침해할 소지가 커진다. 이때는 흔히 발언자의 언론의 자유와 대상자의 인격권 혹은 프라이버시권 사이의 기본권 충돌의 문제가 발생한다.

Ⅱ. 언론의 자유와 취재의 자유

1. 언론의 자유의 포섭범위

헌법학계의 다수적인 견해는 언론의 자유의 한 내용으로 보도의 자유를 인정하고, 보도의 자유의 한 내용으로 취재의 자유를 인정한다.[2] 오늘날 언론·출판의 자유는 사상이나 의견을 단순히 표현·전달하는 자유 이외에 알 권리, 보도기관의 자유와 책무, 액세스권, 반론권까지 포괄하는 통일적 체계로 이해하여야 하며, 보도의 자유는 취재의 자유가 없으면 실질적으로 확립될 수 없기 때문에 보도의 자유는 취재의 자유를 당연히 포함한다고 한다.[3] 여기서 보도의 자유란 언론사, 즉 매스컴(mass communication)의 자유를 의미한다. 정보화 사회에서 국민은 언론사의 보도를 통하여 정보를 수용하는 것이 일반적이기 때문에 언론사가 정보를 수집하여 취사선택하고 이를 가공하여 소비자에게 전달하는 과정은 정부의 간섭 없이 이루어지는 것이 중요하다.

---

2. 허영, 『한국헌법론』, 박영사, 2006, p549; 성낙인, 『헌법학』, 법문사, 2006, p433; 정종섭, 『헌법학원론』, 박영사, 2006, p457.
3. 성낙인, 앞의 책, pp425~434.

하지만 언론사가 일반인이 누리는 언론의 자유보다 더 두터운 보호
를 받아야 하는지는 의문이다. 헌법학계의 다수적인 견해는 보도의
자유가 필요하다는 전제 아래 그 내용으로 취재의 자유를 포함하고
있으나, 취재의 자유의 내용이 무엇인지조차 명확하게 밝히고 있지
않다. 단순히 필요에 의하여 기본권의 범위를 확장할 수는 없다. 특
히 취재의 자유는 후술하는 바와 같이 다른 사람의 권리와 충돌하는
경우가 대부분이기 때문에 헌법상 기본권을 폭넓게 인정하는 것이
바람직한 결과를 가져오는 것도 아니다.

취재의 자유는 언론의 자유에 포섭되는 헌법상의 권리라기보다는
법률상 권리에 불과하다고 보아야 할 것이다.[4] 그 논거는, 첫째 언론
의 자유는 어문상으로나 역사적으로나 말하는 자유, 즉 표현의 자유
를 의미한다는 것에 대해서는 사회적 합의가 있지만, 취재의 자유를
포함한다는 것에 대해서는 그렇지 않다는 점, 둘째 취재의 자유가 언
론의 자유에 포함된다는 것은 실정헌법에 아무런 근거도 없이 해석
에 의하여 기본권을 창설하는 것과 마찬가지이므로 신중하여야 한다
는 점[5], 셋째 취재의 자유의 내용이 무엇인지 명확하지 않다는 점, 넷
째 취재의 자유가 언론의 자유에 포섭될 경우 취재의 자유를 제한하
기 위해서는 헌법 제37조 제2항에 따라 반드시 법률에 근거하여야
하는데, 다양한 취재 상황을 염두에 두고 근거법률을 마련하는 것이
가능하지 않다는 점, 다섯째 취재의 자유를 헌법상 권리라고 한다면

---

4. 홍성방 교수는 보도의 자유에 취재의 자유가 당연히 포함되는 것은 아니라고 설명한다.
　홍성방, 『헌법학』, 현암사, 2005, p484.
5. 현대 분점화된 정부(divided government) 아래서는 사법소극주의가 사법적극주의보
　다 민주주의 원리에 더 부합한다. 이에 관하여는 졸고, "사법소극주의의 재검토",「외법
　논집」제27집, 2007. 8. 참조.

취재를 하다가 다른 사람의 권리, 예컨대 사생활의 비밀과 자유를 침해하는 경우 단순한 권리 침해가 아니라 기본권의 충돌에 해당하게 되어 누구의 헌법적 가치가 더 큰지 비교형량하여 취재의 자유가 더 크다면 개인의 사생활의 비밀도 제한받아야 하는데 이러한 결론은 타당하지 않다는 점 등이다.

 언론의 자유는 모든 사람이 향유하는 자유이며, 언론사도 일반인과 마찬가지로 언론의 자유의 주체가 되고, 일반인과 같은 정도의 언론의 자유를 향유할 뿐이다. 언론사나 일반인이나 자신의 의사형성에 필요한 정보에 자유로이 접근하여 이를 수집하고자 할 경우 이러한 행동이 다른 법익을 침해하지 않는 한 일반적 행동자유권의 하나로 허용된다. 단순히 일반적인 정보원에 대한 자유로운 접근권만 생각한다면 알 권리로서 족한 것이지, 취재의 자유를 인정할 실익은 없다. 그렇지 않고 일반적으로 접근가능하지 않은 정보에 대한 자유로운 접근권을 생각한다면 언론사 및 그 종사자에게만 이를 인정할 헌법적 근거는 없다. 만약 이러한 권리가 헌법상 필요하다면 헌법 개정을 통하여 마련하여야 할 것이다. 그렇지 않고 해석을 통하여 언론의 자유에 포섭된다고 보려면 이를 주장하는 편에서 그 논거를 확실하게 제시하여야 할 것이다. 어떤 학자들은 정보사회에서 언론사가 정보의 확산에 기여하는 역할을 근거로 언론사를 일반 사인과 달리 취급하여야 한다고 주장하지만,[6] 정보화의 발달은 오히려 언론사 중심의 매스커뮤니케이션 시대를 종식시키고 개인대개인(P2P) 정보의 시대를 앞당기고 있어 언론사 역할론은 타당한 논거가 되지 못하고 있다.

---

6. 성낙인, 앞의 책, p431.

언론사가 일반 사인과 달리 국정운영을 직접 감시하고, 이를 일반 대중에게 전달하는 사회적 역할을 하는 것만은 틀림없는 사실이다. 입법자가 이를 고려하여 언론사를 일반 사인과 달리 취급하여 정보의 접근에 있어서 특별한 취급을 하는 것은 평등의 원칙에 반하지 않는다고 보아야 할 것이다. 이러한 차별적 취급은 어디까지나 입법자의 자유로운 판단에 따른 것이지, 헌법상 의무라고 볼 수는 없다. 다시 말해 취재의 자유는 법률로 만들어지는 권리일 뿐 헌법상 당연히 또는 해석으로 도출할 수 있는 헌법상 권리는 아니다.

언론사에 대하여 특별한 혜택을 부여하는 실정법의 사례는 몇 가지 있다. 집회및시위에관한법률 제4조는 "집회 또는 시위의 주최자 및 질서유지인은 특정인이나 특정단체가 집회 또는 시위에 참가하는 것을 배제할 수 있다. 다만, 언론기관의 기자는 그 출입이 보장되어야 하며, 이 경우 기자는 신분증을 제시하고 기자임을 표시한 완장을 착용하여야 한다"고 규정하여 언론사의 기자에게만 취재의 자유를 인정하고 있다. 또 공직선거법은 제82조에서 방송, 정기간행물, 인터넷 언론사 등 언론사는 "선거운동기간 중 후보자 또는 대담토론자에 대하여 후보자의 승낙을 받아 1인 또는 수인을 초청하여 소속정당의 정강·정책이나 후보자의 정견 기타 사항을 알아보기 위한 대담토론회를 개최하고 이를 보도할 수 있다"고 규정하여 언론사에게 선거와 관련된 취재활동의 혜택을 부여하고 있다.

이 밖에 2004년 제정된 지역신문발전지원특별법은 제3조에서 "국가 및 지방자치단체는 지역신문의 취재 및 보도의 자유를 보장하고 자율성을 존중하여야 한다"는 규정을 두고 있다. 또 2005년 제정된 언론중재및피해구제등에관한법률은 제3조 제3항에서 "언론은 정보원에 대하여 자유로이 접근할 권리와 그 취재한 정보를 자유로

이 공포할 자유를 갖는다"고 규정하고 있다. 여기서 언론이란 방송·정기간행물·뉴스통신·인터넷신문 등의 언론사를 의미한다. 이러한 접근권은 동조 제4항에서 규정하고 있는 바와 같이, 헌법과 법률에 의하지 아니하고는 제한받지 아니한다.

위 법률조항으로 취재의 자유는 형성되었다. 법률보다 하위의 규범으로는 언론사의 자유로운 취재활동을 제한할 수 없으며, 언론의 취재 요청에 대하여 국가 및 지방자치단체는 이를 거부할 수 있는 사유가 법률에 명시되어 있지 않은 한 성실히 협조하여야 한다. 그러나 사인 또는 사조직을 대상으로 한 자유로운 접근권 등은 인정될 수 없다. 상대방의 의사에 반하는 취재활동은 상대방의 권리 침해에 해당한다고 보아야 할 것이다.

2. 취재의 자유의 한계

(1) 실정법 위반

언론사 기자가 취재하는 과정에서 실정법을 위반하였을 경우 그 책임을 모면할 수 없다. 모든 국민은 법 앞에 평등하므로, 언론사에 대한 법의 적용과 집행은 일반 국민에 대한 것과 다를 수 없다. 따라서 취재의 목적으로 다른 사람의 주거에 침입하였다면 주거침입죄에 해당하여 그에 상응하는 형사처벌을 받게 된다. 또 그로 인하여 다른 사람에게 손해를 가했다면 민사상 불법행위책임을 지게 된다. 표현의 자유를 중시하는 미국에서도, 모든 국민에게 일반적으로 적용되는 법(generally applicable laws)은 그 법을 집행하는 과정에서 뉴스를 수집하고 보도하는 언론사의 능력에 부수적인 효과(incidental effects)를 가하였더라도 언론사의 자유를 침해한 것이 아니라 한다.[7]

그런데, 취재의 자유를 언론의 자유의 한 내용이라고 보아 헌법상의 권리로 인정할 경우 조금 복잡한 문제가 발생한다. 취재의 자유를 제한하는 실정법규의 위헌 여부가 문제될 수 있기 때문이다. 하지만 국민의 모든 헌법상 자유와 권리는 헌법 제37조 제2항이 규정하는 바와 같이 필요한 경우 법률로써 제한될 수 있기 때문에 취재의 자유를 헌법상 권리라고 보더라도 모든 사람을 수범자로 하는 일반적인 형사법규를 위헌으로 인정하기 어려울 것이다. 또한 취재하는 사람의 헌법상 권리와 그로 인하여 침해받는 사람의 헌법상 권리와의 기본권 충돌이 발생할 수 있지만, 우리 헌법은 제21조 제4항에서 언론이 다른 사람의 권리를 침해할 수 없다는 명문의 규정을 두고 있기 때문에 취재의 자유를 우선하기 어려울 것이다.

그러나 취재의 자유를 법률상의 권리로 볼 경우 위헌성 검토 및 기본권 충돌의 문제는 발생하지 않는다. 따라서 취재의 자유라는 명목으로 다른 사람의 권리를 침해하거나 실정법규를 위반할 경우 민·형사상 책임을 져야한다. 앞서 살펴본 바와 같이 취재의 자유는 헌법상 권리라기보다는 법률상 권리라고 보아야 하므로 이러한 접근이 타당하다고 하겠다.

(2) 사생활의 비밀과 자유

취재를 하는 과정에 실정법을 위반하지 않았다고 하더라도, 취재

---

7. Cohen v. Cowles Media Co., 501 U.S. 663, 669 (1991).

원의 사생활의 비밀과 자유를 침해하는 일이 발생할 수 있다. 사생활의 비밀과 자유는 미국에서 프라이버시(privacy)권이라는 이름으로 학설과 판례를 통하여 발전하여 온 권리이다. 미국의 프라이버시권은 처음에는 '혼자 있을 권리(right to be let alone)'를 의미하였으나,[8] 점차 자기결정권으로 발전하다가,[9] 최근에는 정보통신기술의 발전으로 개인정보의 수집·처리·관리가 용이해지자 자기정보의 관리통제권을 의미하는 것으로 확대되고 있다. 대법원은 "개인의 사생활 활동이 타인으로부터 침해되거나 사생활이 함부로 공개되지 아니할 소극적인 권리는 물론, 오늘날 고도로 정보화된 현대사회에서 자신에 대한 정보를 자율적으로 통제할 수 있는 적극적인 권리까지도 보장하려는 데에 그 취지가 있는 것으로 해석"하고 있다.[10]

우리나라에서는 1980년 헌법에 사생활의 비밀과 자유가 처음 규정되면서 그 의미에 대하여 여러 가지 설명이 나오고 있다. 우리 헌법은 기본권을 상세하게 규정하고 있으므로 헌법 제17조의 사생활의 비밀과 자유는 미국의 프라이버시권보다 좁게 해석하여야 할 것이다. 인격권 초상권 성명권 명예권 자기결정권 등은 헌법 제10조에 의하여 보호하고, 통신의 자유는 헌법 제18조에 의하여 보호되므로, 헌법 제17조의 사생활의 비밀과 자유에는 사생활의 비밀의 불가침, 사생활의 자유의 불가침, 그리고 자기정보의 관리통제권이 포함된다. 즉 우

---

8. 프라이버시권의 개념은 Samuel D. Warren과 Louis D. Brandeis가 1890년 하버드 로 리뷰에 실은 *The Right to Privacy*라는 논문에서 처음 주창되었다. 여기서 사용된 의미가 혼자 있을 권리(right to be let alone)이다.
9. 미국 연방대법원은 1965년 Griswold v. Conneticut 사건에서 피임약의 판매를 금지하는 법률이 프라이버시권을 침해한다고 결정하면서, 자기결정권을 프라이버시권으로 설명하였으며 그 후 1973년 Roe v. Wade 사건에서는 산모의 낙태권을 프라이버시권으로 설명하였다.
10. 대법원 1998. 7. 24. 선고 96다42789 판결.

리 헌법상 사생활의 비밀과 자유에는 미국의 프라이버시권과 달리 자기결정권이 포함되지 않는다.

언론의 사생활 침해에 따른 민사상 불법행위는 미국 프로서(Prosser) 교수의 네 가지 분류법, 즉 (a)사적인 공간 또는 사항의 침입(intrusion upon seclusion or solitude, or into private affairs), (b)난처한 사생활의 공개(public disclosure of embarrassing private facts), (c)잘못된 인상을 심어주는 행위(publicity which places a person in a false light in the public eye), (d)성명 또는 초상 등의 도용(appropriation of name or likeness)에 따라 분류할 수 있다.[11] 이 중 성명 또는 초상 등의 도용은 퍼블리시티권(publicity) 또는 초상권이라는 독자적인 법리로 해결하면 되고, 잘못된 인상을 심어주는 행위는 명예훼손의 법리로 해결할 수 있다. 주로 문제가 되는 것은 (a)와 (b)의 유형이다. 이 두 유형은 사생활의 침해라는 별도의 법리로 해결할 필요가 있다고 한다.[12] 언론사의 위법한 취재행위와 관련되는 것은 (a)의 유형이다.

언론사가 공개되기를 원하지 않는 개인의 사적 영역에 침범하거

---

11. William L. Prosser, *Privacy*, 48 Cal. L. Rev. 383 (1960).
12. 양창수, "사생활비밀의 보호: 사법적 측면을 중심으로", 「저스티스」, 2003년 12월(통권 제76호), 양창수 교수는 사생활의 비밀의 침해와 명예훼손은 넓은 의미에서 인격적 이익을 침해하여 피해자에게 정신적 피해를 준다는 점, 같은 행위에 의하여 양자를 범하게 되는 경우가 많다는 점, 표현의 자유와의 충돌 내지는 조절의 문제가 있다는 점에서는 공통점이 있지만, (1)명예훼손은 사회적 평가에 대한 침해이고, 사생활 비밀의 침해는 제3자와의 관계와는 상관없는 개인의 내면적 감정의 침해이며, (2)명예훼손은 주장한 내용이 진실일 경우 위법성에 결정적으로 영향을 미치지만, 사생활 침해에 있어서는 진실 여부에 영향을 받지 않고 오히려 진실일 경우 실효성이 있고, (3)명예훼손은 그 주장이 제3자에게 전달되어야 하지만, 사생활 비밀의 침해는 전파를 요구하지 않으며, (4)법인은 명예훼손의 대상은 되지만, 사생활 비밀의 침해의 대상이 될 수 없고, (5)死者의 사생활 비밀의 침해는 성립하기 힘들다는 차이가 있다고 설명한다.

나, 동의 없이 사적 사항을 도청 녹음 촬영할 경우 그 자체가 사생활의 비밀과 자유에 대한 침해가 된다. 민사상 불법행위 책임을 지는 것은 물론이고, 이를 특별히 금지하고 이에 위반하였을 때 형사처벌을 규정한 법률이 있으면 형사책임을 져야 하는 것은 당연하다.

Ⅲ. 위법하게 취득한 정보의 보도로 인한 민·형사상 책임

1. 위법하게 정보를 취득한 경우

언론사가 위법하게 정보를 취득하여 이를 보도할 경우 쟁점은 (1) 정보 취득의 위법성이 보도에 영향을 미치는가와 (2)보도의 사회적 가치가 정보 취득의 위법성 판단에 어떠한 영향을 미치는가에 달려 있다. 즉 정보 취득의 위법성과 보도의 사회적 가치를 단절할 것인가, 연속적으로 파악할 것인가의 문제이다

첫 번째 유형은 정보 취득의 위법성을 이유로 한 보도금지가처분의 형태로 나타날 것이고, 두 번째 유형은 정보 취득의 위법성을 이유로 한 민·형사 소송에서 나타나며, 보도가 가지는 사회적 가치에 의하여 위법성을 조각하거나 책임을 경감할 수 있는지가 문제된다. 두 번째 유형에서 최종 쟁점은 이익형량의 여부다. 취재의 자유를 언론의 자유의 한 내용으로 볼 경우 보도된 내용이 가지는 사회적 가치가 크면 클수록, 그로 인하여 침해받는 사생활 침해 등 사적 이익이 작으면 작을수록 위법성이 조각되거나 민·형사상 책임 부과가 어려울 가능성이 크다. 하지만 취재의 자유가 언론의 자유의 한 내용이 아니라고 볼 경우 취재행위와 언론보도는 별개의 문제가 되며, 취재행위의 위

법성을 논하면서 그 이후 발생한 언론보도의 사회적 가치를 고려할 이유가 없다.

(1) 보도금지가처분의 허용 여부

대법원은 보도금지가처분과 관련한 결정을 내린 적이 여러 번 있지만, 그때마다 구체적인 사안에서 허용여부만 판단하였을 뿐이다. 대법원이 보도금지가처분 결정의 요건을 처음으로 구체화한 것은 2005. 1. 17. 자 2003마1477 결정이다. 이 사안은 한 잡지가 신청인 교회를 비판하는 내용을 보도하려 하자, 위 교회가 위 잡지의 인쇄, 판매, 배포의 금지를 신청하면서 발생하였다. 이에 대법원은 "표현행위에 대한 사전금지는 원칙적으로 허용되어서는 안 될 것이지만, 다만 그와 같은 경우에도 그 표현내용이 진실이 아니거나 그것이 공공의 이해에 관한 사항으로서 그 목적이 오로지 공공의 이익을 위한 것이 아니며, 또한 피해자에게 중대하고 현저하게 회복하기 어려운 손해를 입힐 우려가 있는 경우에는 그와 같은 표현행위는 그 가치가 피해자의 명예에 우월하지 아니한 것이 명백하고, 또 그에 대한 유효적절한 구제수단으로서 금지의 필요성도 인정되므로 이러한 실체적인 요건을 갖춘 때에 한하여 예외적으로 사전금지가 허용된다"고 판시하였다.

이 결정은 표현행위에 대한 가처분에 의한 사전금지의 허용 요건을 대법원이 처음으로 제시하였다는 점과 그 요건이 불법행위로서의 명예훼손의 성립요건보다 훨씬 엄격하다는 점을 명확하였다는 점에서 그 의의가 있다고 한다.[13] 새로 정립된 대법원의 보도금지가처분 허

---

13. 이균룡, "인격권으로서의 명예권에 기초한 침해행위금지청구권의 법적 근거와 언론·

용요건에 따르면, 보도내용의 진실성·공익성 및 손해의 정도가 고려요소이다. 이 기준은 보도내용을 어떻게 취득하였는지 묻지 않는다. 보도금지가처분결정이 표현의 자유에 대한 커다란 제한이 되기 때문에 예외적으로 인정되어야 한다고 보면, 표현의 내용에만 초점을 맞춘 대법원의 태도는 타당한 것이다. 즉 보도할 내용의 취득과정에서 발생한 위법성 여부는 그 위법성이 문제된 민·형사사건에서 다투어야 하며, 취재내용의 보도금지가처분 사안에서는 고려하지 않는 것이 헌법이 보장하는 표현의 자유에 충실한 해석이다. 다만, 위 사안의 경우 보도할 내용의 취득과정에 대해서 신청인이 문제를 제기하지 않았다는 점을 감안하면, 이 대법원 결정이 취득과정의 위법성을 이유로 한 가처분신청사건까지 염두에 두고 허용기준을 설정한 것인지 여부는 확실하지 않다.

취재행위의 위법성을 이유로 한 보도금지가처분 신청의 사안으로는 소위 '삼성 X-파일' 사건이 있다. 2005. 7. 21. 조선일보가 "안기부, YS 정부 때 비밀조직 운영, 정(政)·재(財)·언(言) 인사들 대화 불법도청, '모 재벌·중앙일간지 고위층, 대선자금 지원논의'가 담긴 MBC가 최근 확보한 테이프도 안기부 작품 드러나"라고 대서특필하자, MBC가 불법도청한 테이프의 내용을 공개할 것으로 우려한 중앙일보 홍석현 회장과 삼성 구조조정본부 이학수 사장은 MBC를 상대로 방송금지가처분신청을 했다. 신청취지는 "지난 1997년 대선직전 삼성인사가 일부 정치인들에게 정치자금을 제공하기 위하여 나눈

<hr>

출판 등의 표현행위에 대한 가처분에 의한 사전금지의 허용 요건", 「대법원판례해설」, 54호, 2006년 1월, p341 이하; 한위수, "2005년도 국내언론관계판결의 동향", 「언론중재」 2006년 봄호, p58.

대화라며 불법도청테이프를 매입한 것을 기초로 한 일체의 보도내용"을 "방송프로그램으로 제작·편집·방송, 광고하거나 컴퓨터통신이나 인터넷 등에 게시하여서는 아니 된다"는 것이다. 신청서에서 '불법도청테이프'라는 표현을 사용한 것으로 미루어 보면, 보도금지 가처분의 청구이유가 피해자에게 중대하고 현저하게 회복하기 어려운 손해를 입힐 우려에 있기보다는 정보 취득의 위법성에 있는 것으로 보인다.

이에 대하여 서울남부지방법원 제51민사부는 "별지목록 기재내용에 관련된 사항을 아나운서, 기자의 육성이나 자료, 화면, 자막 등을 이용하여 (1)별지목록 기재 테이프의 원음을 직접 방송하거나 (2)별지목록 기재 테이프에 나타난 대화내용을 그대로 인용하거나 (3)별지목록 기재 테이프에 나타난 실명을 직접 거론하는 등의 방법으로 2005. 7. 21. 저녁 9시 '뉴스데스크' 프로그램이나 그에 따른 후속 프로그램을 통하여 방송프로그램으로 제작, 편집, 방송, 광고하거나 컴퓨터통신이나 인터넷 등에 게시하여서는 아니 된다"며 "위반한 행위 1건에 대하여 각 금 50,000,000원씩을 지급하라"고 결정하였다.

결국 일부 인용, 일부 기각의 결정을 내린 셈이다. 결정 이유가 기재되지 않아 결정에 영향을 준 사유를 정확하게 파악할 수 없으나, 불법도청이라는 실정법 위반이 보도의 허용 여부에 영향을 미치지 않았음을 알 수 있다. 통신비밀보호법 제16조 제1항이 공개되지 아니한 타인 간 대화의 녹음을 금지하고 있을 뿐 아니라, 그러한 대화의 내용을 공개 누설할 경우에도 형사처벌하도록 규정하고 있음에도 불구하고, 재판부는 위법하게 녹음된 대화의 내용을 보도하는 것을 허용하였기 때문이다. 이는 취재의 위법성과 언론의 자유를 구분한 후 위법하게 취득한 정보라고 하더라도 이를 보도할 수 있으며, 그 보도로 인하여 초래되는 사후적인 문제에 대해서는 언론사가 스스로 부담하라는 취지로 해석할 수 있다.

하지만, 대화 내용 중 자신의 행위에 관한 것은 진실로서 그것이 공공의 이해에 관한 사항으로서 이를 보도하는 목적이 공익을 위한 것으로 인정될 수 있으므로 앞의 대법원 2005. 1. 17. 자 2003마1477 결정에 따르면 가처분에 의한 사전금지가 허용될 수 없는 것으로 보아야 한다. 다만, 대화 내용 중 타인의 행위에 관한 것은 진실 여부를 확인할 수 없으므로 보도금지 가처분이 허용될 수 있을 것이다. 공개되면 당사자에게 중대하고 현저하게 회복하기 어려운 손해를 입힐 우려가 있음이 분명한 만큼, 진실성을 확인할 수 있는 사안인지 여부에 따라 보도금지 가처분을 결정하고, 공인 여부에 따라 실명 보도의 금지를 결정하는 편이 대법원 판례의 취지에 부합하는 것이었다.

취재과정의 위법성과 보도금지가처분결정과 관련, 형사소송법 이론으로 주장되는 '독수독과이론'을 적용할 것인지도 문제된다. 즉 위법하게 수집한 증거는 그 증거능력을 배제하여야 한다는 형사법 이론을 적용하여 위법하게 취득한 정보는 보도할 수 없다는 주장이 있을 수 있다. 그러나 대법원은 독수독과의 이론을 수용하지 않고 이른바 성질·형상불변론의 입장이다. 대법원은 영장 없이 수색·압수·검증한 증거에 대하여 "압수물은 압수절차가 위법하더라도 물건 자체의 성질형상에 변경을 가져오는 것은 아니어서 그 증거가치에는 변함이 없다"[14]는 입장을 고수한다. 따라서 미국에서 판례로 인정되는 엄격한 의미의 독수독과 이론은 우리나라에서 실무적으로 이

---

14. 대법원 1987. 6. 23. 선고 87도705판결; 대법원 1968.9.17. 선고 68도932판결 등.

용되지 않고 있으므로 이에 근거하여 취재의 위법성이 보도의 금지를 가져온다는 논리를 전개하기 어렵다. 설사 독수독과 이론이 우리나라 증거법상 보편적으로 인정된다고 하더라도, 이 이론을 언론의 자유의 영역에 그대로 적용할 수 없다. 언론의 자유는 국민이 가지는 가장 중요한 기본권인데 반하여, 독수독과 이론은 국가권력의 남용으로 국민의 기본권이 침해당하지 못하도록 특별히 고안된 이론 내지 제도에 불과하기 때문이다. 언론의 자유는, 다른 사람으로부터 얻은 정보를 바탕으로 자기의 사상을 형성하고 이를 대외적으로 표명하는 과정적 자유이다. 정보의 취득에 위법성이 있으면 그에 합당한 부담을 지는 것으로 충분하며, 대외적인 표명 자체를 금지하는 것은 언론의 자유를 과도하게 침해하게 된다.

(2) 취재행위의 위법성 판단과 보도 내용의 사회적 가치

취재행위의 위법성이 쟁점인 사안에서 그에 기반을 두고 보도한 내용의 사회적 가치를 고려할 필요가 있는가는 어려운 문제다. 만약 취재의 위법성과 보도의 가치를 철저하게 분리하여 엄격하게 책임을 물린다면, 언론사는 보도할 가치가 충분히 있는 사회적 관심사라도 취재하기 어려우면 포기하여야 할 경우가 발생한다. 이는 새로운 유형의 위축효과(chilling effect)라고 할 것이다. 위축효과는 언론의 자유와 양립하기 어렵다.

미국의 경우 1964년 New York Times v. Sullivan 판결[15] 이후 소위 현실적 악의(actual malice) 이론 및 공인이론(public figure

---

15. 376 U.S. 254 (1964).

doctrine)으로 공인의 공적 활동에 대한 보도는 비록 그 내용이 진실이 아닐지라도 명예훼손으로 인정하지 않는 판례법을 형성한 것은 위축효과를 방지하기 위한 것이다. 미 대법원은 진실을 지나치게 강조할 경우 진실이라고 믿고 있지만 처벌이 두려워 스스로 자제(self-control)하는 사람들이 나타나는 위축효과(chilling effect)가 발생하면, 사회적으로 의미 있는 공적인 관심사에 대한 비판기능이 약화될 것이라고 보았다.[16] 대법원이 2002. 1. 22.자 2000다37524,37531 판결 이후 "언론·출판의 자유와 명예보호 사이의 한계를 설정함에 있어서 표현된 내용이 사적(私的) 관계에 관한 것인가 공적(公的) 관계에 관한 것인가에 따라 차이가 있다"고 한 것이나 헌법재판소가 '신문보도의 명예훼손적 표현의 피해자가 공적 인물인지 아니면 사인인지, 그 표현이 공적인 관심 사안에 관한 것인지 순수한 사적인 영역에 속하는 사안인지의 여부에 따라 헌법적 심사기준에는 차이가 있어야 한다'고 한 것[17]은 모두 사회적으로 논의할 가치 있는 사안에 대한 위축효과를 우려하였기 때문이다. 마찬가지로 취재행위의 위법성에 대한 책임을 엄격하게 물리면, 위법과 합법의 경계가 애매한 사안을 취재하지 않는 일이 발생할 것이고, 그렇게 되면 공적인 관심사에 대한 비판기능이 위축될 수 있다.

종국적으로 취재행위의 위법성의 문제는, 그 취재를 바탕으로 보도된 내용의 사회적 가치와 취재행위가 초래한 사생활의 평온 등 사적 이익의 침해를 비교형량 할 것인지의 문제로 귀결된다. 만약 비교

---

16. 브레넌 대법관(Justice Brennan)은 이를 사람들이 '불법지역에서 멀리 떨어져 항해'(steer far wider of the unlawful zone)하는 현상이라고 표현했다. New York Times, 376 U.S. at 275.
17. 헌법재판소 1999. 6. 24. 자97헌마265 결정.

형량을 하여야 한다면 New York Times 판례 이후 발전해온 공인이론을 적용하여 보도내용의 사회적 가치가 취재행위의 위법성을 조각하거나 형량 또는 위자료 산정에 영향을 미치게 되고, 비교형량을 하지 않는다면 보도 내용은 취재행위의 위법성에 전혀 영향을 미치지 않게 된다. 두 입장의 차이는 취재의 자유를 언론의 자유의 한 내용으로 인정할 것인지의 문제와 밀접한 관련이 있다. 이를 긍정하면, 취재 중 발생한 행위의 법적 평가에서 언론의 자유를 떼어 놓을 수 없게 된다. 따라서 취재행위의 위법성 문제는 언론의 자유와 사생활의 비밀과 자유라는 두 기본권 충돌의 문제이며, 이를 해결하기 위하여 이익형량은 불가피하다. 이에 반하여 취재의 자유를 언론의 자유의 한 내용이 아니라고 보면, 취재 중 발생한 행위는 언론의 자유와 관계없이 그 법적 평가를 내릴 수 있다. 두 견해는 미국과 한국의 판례에 혼재되어 있다.

1) 미국 판례의 검토

미국에서는 1964년 New York Times 판례 이후 언론보도의 피해자들이 명예훼손 소송에서 승소하기 힘들게 되자, 언론사의 취재행위가 위법하다는 이유로 손해배상 소송을 제기하는 것이 새로운 유행이 되고 있다. 이에 대한 법원의 판례는 아직 정립되지 않아 일관성이 없다.

가. Dietemann v. Time, Inc.[18]

이 사안은 Life 잡지 기자가 무면허의료행위를 하던 Dietemann

---

18. 449 F.2d 245 (9th Cir. 1971)

에게 치료를 받겠다고 접근하여 몰래카메라로 무면허의료행위를 촬영하고 이를 기사화하자 Dietemann이 Life의 발행회사인 Time을 상대로 낸 손해배상청구소송이다. 1971년 미연방법원 제9항소심은 Life 기자의 불법행위를 인정하고 일반손해금(general damages)으로 1,000달러를 인정했다. 재판부는 수정헌법 제1조가 취재과정에서 발생한 불법행위나 범죄에 대한 면책특권을 부여하는 것으로 해석된 적이 없다고 지적하고,[19] 위법한 출입에 배상책임을 부과하는 것이 탐사보도의 위축을 가져오는 것도 아니라고 강조했다.[20] 재판부가 이런 결론에 이른 것은 보도(publication)를 소의 원인(cause of action)이 아니라고 보았기 때문이다. 따라서 불법행위의 성립 여부에서 보도의 가치를 고려할 필요가 없었으며, 손해배상액의 산정에 있어서도 보도로 인하여 원고의 인격이 얼마나 피해를 입었는지 고려하지 않았다.

미국 판례 중에는 Dietemann 사건과 유사한 사실관계에서 불법행위의 성립 자체를 인정하지 않은 경우도 있다. 1995년 미연방법원 제7항소심은 안과의사에게 백내장 수술에 대하여 취재를 요청하여 승낙 받은 후 당초 약속과 달리 몰래카메라 등을 활용하여 부정적인 내용의 보도를 한 사안에서, 안과의사가 방송사를 상대로 주장한 불법침입(trespass), 프라이버시(privacy) 침해, 기망(fraud) 등에 기한 손해배상청구를 모두 기각하였다.[21] 원고인 Desnick의 청구가 기각된 이유는 Dietemann 사안과 달리 취재장소가 환자에게 개방

---

19. *Id.* at 249 (The First Amendment has never been construed to accord newsman immunity from torts or crimes committed during the course of newsgathering).
20. *Id.* at 250.
21. Desnick v. ABC, Inc., 44 F.3d 1345 (7th Cir. 1995).

된 사무실이었으며, 녹음된 내용이 원고에 관한 은밀한 사적 사항(intimate personal facts)이 아니었으며, 기자는 단지 의사로 하여금 통상의 진료를 하도록 요구하였으므로 기자의 거짓말을 불법행위라고 볼 수 없다는 것이었다. 즉 Desnick과 Dietmann은 구체적인 사실 관계의 차이였을 뿐, 보도의 가치로 위법성이 조각되는지 여부에 관하여 서로 다른 판단을 내린 것은 아니었다.

나. Food Lion, Inc. v. Capital Cities/ABC, Inc.[22]

취재의 위법성과 관련하여 가장 논란이 된 사안은 Food Lion 사건이다. ABC 기자 두 사람이 식료품 유통회사인 Food Lion에 위장취업한 후 비위생적인 식품 가공과정을 몰래카메라로 촬영하고 그 내용을 보도하면서 발생한 사건이다. 보도가 나가자 Food Lion사의 주가는 폭락했으며, 매장 85개가 폐업하고 종업원 1,000명 이상이 해고되었다. Food Lion사는 ABC를 상대로 24억 7,000만 달러의 손해배상청구소송을 제기했다. 통상적인 명예훼손의 주장은 없었으며, 오로지 위법적인 정보의 취득을 이유로 한 소송이었다. 1997년 지방법원 배심원은 징벌적 손해배상으로 550만 달러와 실제 발생한 손해에 대한 전보배상으로 1,402달러의 배상평결을 냈으나, 재판장은 징벌적 손해배상액수를 31만 5,000달러로 하향조정했다. 2년 뒤 1999년 항소심은 기망(fraud) 및 이에 따른 징벌적 손해배상의 청구가 근거 없다고 기각하고, ABC 기자가 또 다른 고용주 Food Lion를 위하여 일하지 않은데 따른 충실의무(duty of loyalty) 위반 1달러, 허위표시(misrepresentation)에 의하여 비공개장소인 작업장에 출

---

22. Food Lion, Inc. v. Capital Cities/ABC, Inc., 194 F.3d 505 (4th Cir. 1999)

입한 것을 불법침입(trespass)으로 보아 1달러 등 총 2달러의 명목상 손해배상(nominal damages)을 인정했다. 취재의 위법행위에 따른 손해배상책임은 인정되었지만, 사실상 원고 청구는 기각된 사건이다.

항소심 재판부는 기망(fraud)에 의한 불법행위 주장에 대하여, ABC 기자들이 고용기간에 대하여 약속한 바 없으므로 허위표시(misrepresentation)를 합리적으로 신뢰함으로써 초래된 행정비용(administraton cost)을 인정할 수 없으며, 기자들이 실제로 업무를 한 이상 지불된 임금의 회수 주장도 근거가 없으므로 결과적으로 손해의 발생(injury)이라는 불법행위의 성립요건을 충족하지 못한다고 판시했다.[23] 충실의무 위반은 1심에서와 마찬가지로 인정되었지만, Food Lion이 실제 손해배상(actual damages)을 요구하지 않았으므로 명목 손해배상(nominal damages)으로 1달러의 배상을 명한 1심 결정이 그대로 수용되었다.[24] 불법침입(trespass)의 주장에 대해서는, 항소심 재판부는 Desnick 판결을 인용하여, 비록 허위표시(misrepresentation)에 근거하여 출입을 허용했다고 하더라도 그 동의는 여전히 유효하다고 보았다.[25] 그러나 출입허가의 동의는 두 기자가 Food Lion에 대한 충실의무를 위반하였을 때 무효가 되어 불법침입(trespass)에 해당된다고 보아 명목적 손해배상이 인정되었다.[26]

이 판례가 주목받은 것은, ABC 보도가 Food Lion에게 미친 영업

---

23. *Id.* at 512~14.
24. *Id.* at 515~16.
25. *Id.* at 517.
26. *Id.* at 518.

권 손실, 매출 감소 등 보도로 인한 손해배상(publication damages)의 주장이 받아들여 지지 않은 것이다. 1심 법원은 Food Lion이 입게 된 손해는 자신의 비위생적인 식품가공으로 소비자의 신뢰를 저버렸기 때문이지, ABC 보도로 인한 것이 아니라고 보았다. 즉 인과관계의 문제로 보았다. 이에 반해 항소심 재판부는 헌법상 언론의 자유의 시각에서 이 문제를 처리하였다. 즉 Food Lion은 명예훼손소송을 제기하여도 승산이 없다는 것을 알고 취재과정의 위법성을 근거로 보도로 인한 손해배상(publication damages)을 청구하고 있는데, 이러한 청구는 수정헌법 제1조가 제한한다는 것이다.[27] 항소심 재판부는 원고가 공인(公人)일 경우 수정헌법 제1조에 의하여 보호되는 발언으로 초래되는 손해의 배상을 받고자 하면 원고는 New York Times 판례에서 제시한 현실적 악의(actual malice)를 입증하여야 한다고 판시했다.[28] 즉 보도내용이 허위(false statement)로써 피고가 이를 알았거나 알 수 있었는데도 무모하게 무시하였다는 것을 원고가 입증하여야 한다는 것이다. 보도내용이 허위가 아닌 이상 원고는 입증할 수 없다. Food Lion 사건은 취재의 위법성에 따른 손해배상책임 및 그 배상액수를 결정하는데 보도의 가치를 함께 고찰하여야 한다는 점을 제시하였다는 데 의미가 있다.

다. Cohen v. Cowles Media Co.[29]

Food Lion 판결에서 자주 인용되는 판례가 Cohen 사건이다. 이 사건은 공화당 후보의 홍보를 담당하던 Cohen이 상대방 후보의 재

---

27. *Id.* at 522~23.
28. *Id.* at 523.
29. 501 U.S. 663 (1991).

판기록을 언론사에 넘겨주면서 신원을 밝히지 말아달라고 당부하였으나, 그 언론사는 정보원의 신원이 뉴스가치가 있다고 생각하여 신원을 밝힌 채 보도하면서 발생하였다. 보도 후 해고된 Cohen은 해당 언론사를 상대로 약속위반을 이유로 손해배상청구소송을 제기하였다. 즉 통상 제기되던 언론보도로 인한 명예훼손소송이 아니라, 언론사의 약속위반으로 자신이 해고되고 그럼으로써 일실소득이 발생하였다는 것이 주된 청구이유였다. 언론사는 공중의 관심 사안에 대한 진실한 정보로서 합법적으로 취득하여(lawfully obtained truthful information about a matter of public significant) 보도할 경우 그로 인한 책임이 면제된다고 주장하였으나, 주 지방법원은 전보적 손해배상으로 20만 달러, 징벌적 손해배상으로 50만 달러를 인정하였다. 주 항소심은 징벌적 손해배상을 인정하지 않았다. 주 대법원에서는 전보적 손해배상금 20만 달러의 인정 여부가 쟁점이 되었다. 주 대법원은 익명성의 약속을 보호할 때의 이익과 언론의 자유라는 헌법적 가치를 비교형량한 후 이 사안에서 익명성의 약속에 관한 금반언의 원칙(a promissory estoppel)을 적용하는 것은 언론의 자유를 침해하는 것이라고 결론지었다.

하지만 미 연방대법원은 원심을 파기하였다. 그 이유는 일반적으로 적용되는 법(generally applicable laws)을 집행하는 것은 언론의 자유에 대한 침해가 아니라는 것이다.[30] 연방대법원은 비록 집행 과정에서 언론사가 정보를 취득하고 보도하는 능력에 우연히 영향(incidental effect)을 주더라도 결론은 마찬가지라고 강조하였다.

---

30. *Id.* at 668.
31. 301 U.S. 103 (1937).

이 판례는 1937년 Associate Press v. NLRB 사건[31] 이래 미 대법원이 일관되게 판시하였던 "신문사 발행인은 일반법의 적용에 있어서 면제되지 않는다. 그는 다른 사람의 권리나 자유를 침해하는 특혜를 가지고 있지 않다"는 선례[32]에서 벗어나지 않은 것처럼 보인다. 하지만 미 대법원 판례의 또 다른 흐름은 "신문이 공공의 중요한 사안에 관한 진실한 정보를 합법적으로 취득하였다면, 최고의 질서라는 국가 이익을 고려할 필요성이 있지 않는 한, 정부 관리는 그 정보의 보도를 헌법적으로 처벌할 수 없다"[33]는 것이다. Cohen 사건에서 반대의견을 낸 세 대법관은 후자의 판례가 이 사안에 적용되어야 한다고 보았다.

Cohen 사건의 다수의견은 언론의 자유에 대한 부담이 단지 우연한 것(merely incidental burden on speech)이라고 보았기 때문에 그 영향력을 고려할 필요가 없다고 보았지만, 소수의견은 중요한 정치적 발언의 보도(publication of important political speech)를 침해할 수 있다고 판단하였다.[34] 소수의견에 의하면 약속위반에 대한 제재와 보도의 사회적 가치를 비교형량(balancing)하는 일이 필요하지만, Cohen의 다수의견에 의하면 비교형량을 할 필요 없이 약속을 위반한 보도는 헌법적 보호를 받지 못한다. 그 결과 소수의견에 의하면, New York Times 판례 이후 발전해온 현실적 악의(actual malice) 이론과 공인(public figure)이론이 적용되어, 원고가 공인일 경우 보도내용이 허위(false statement)로써 피고가 이를 알았거나

---

32. *Id.* at 132~33.
33. Smith v. Daily Mail Publishing Co., 443 U.S. 97, 103 (1979).
34. *Id.* at 675~76.

알 수 있었는데도 무모하게 무시하였다는 것을 원고가 입증하여야 한다.[35] 이 사안에서 보도내용은 진실이기 때문에 소수의견을 적용하면 원고는 패소하게 된다.

Cohen 판결은 취재과정의 위법성 및 그에 따른 책임을 논할 때 그 이후 보도된 내용의 진실성 및 공공성에 대한 판단은 고려할 필요가 없다고 해석될 수 있어 언론의 자유를 중시하는 관점에서 보면 문제가 심각하다. 이 판결을 근거로 현재 미 대법원이 취재과정의 위법성 문제에서 보도의 가치를 전혀 고려하지 않는다고 단정하기는 어렵다.

2) 한국 판례의 검토

민사상 불법행위 책임의 사안에서 취재행위의 위법성을 판단할 때 보도 내용의 사회적 가치, 즉 언론의 자유를 고려하여야 하는지 여부는 독자적인 쟁점으로 부각되지 못하였다. 취재행위의 위법성이 문제되는 사안은 대부분 그 후 보도된 내용이 다른 사람의 인격권을 침해하였다는 이유로 제기되기 때문에 취재행위의 위법성과 보도의 위법성이 혼재되어 있다. 공인의 공적 활동에 관한 보도의 경우 대법원이 "악의적이거나 현저히 상당성을 잃은 공격이 아닌 한 쉽게 제한되어서는 아니 된다"는 이유로[36] 위법성을 제한적으로 인정하는 태도를 보인 것은 비교적 최근의 일이다. 그 전까지는 보도로 인한 인격권 침해가 상대적으로 용이하게 인정되었다. 따라서 원고로서는 취재행위의 위법성을 구태여 부각시킬 이유가 없었다. 하지만 미국의 경험

---

35. *Id.* at 675.
36. 내법원 2005. 1. 14. 선고 2001다28619판결; 2005. 5. 27. 선고 2004다69291 판결 등.

에 비추어 보면, 앞으로 보도로 인한 인격권 침해가 받아들여지기 어려운 사안에서 취재행위의 위법성을 이유로 한 손해배상의 청구가 늘어날 것으로 전망된다.

가. 실정법 위반의 경우

취재행위가 형사법을 위반하였을 경우 처벌의 대상이 되는 것은 당연하다. 언론사도 일반적으로 적용되는 법률로부터 자유로울 수는 없다. 대표적인 사례로, 보도의 목적으로 거주자의 의사에 반하여 타인의 주거에 들어가는 경우 "사실상의 주거의 평온을 해할 수 있는 정도에 이르렀다면 범죄구성요건을 충족하는 것"이라고[37] 보아야 하므로 주거침입죄로 처벌받게 된다. 여기서 거주자의 의사는 "명시적인 경우뿐만 아니라 묵시적인 경우도 포함되며, 나아가 주변사정에 따라서는 거주자의 반대의사가 추정될 수도 있는 것"이다.[38] 따라서 일반인의 출입이 허용된 음식점이라 하더라도, 영업주의 명시적 또는 추정적 의사에 반하여 들어간 것이라면 주거침입죄가 성립한다.[39]

더불어 검토되어야 할 쟁점은 보도목적의 출입이 형법 제20조 정당행위에 해당하여 주거침입죄의 위법성이 조각될 수 있느냐는 것이다. 대법원은 "형법 제20조 소정의 '사회상규에 위반되지 아니하는 행위'라 함은 법질서 전체의 정신이나 그 배후에 놓여 있는 사회윤리

---

37. 대법원 1995. 9. 15. 선고 94도2561 판결.
38. 대법원 1993. 3. 23. 선고 92도455 판결.
39. 대법원 1997. 3. 28. 선고 95도2674 판결. 따라서 기관장들의 조찬모임에서의 대화내용을 도청하기 위한 장치를 설치할 목적으로 손님을 가장하여 음식점에 들어간 경우 주인이 이를 알았더라면 출입을 허용하지 않았을 것으로 추정되어 주거침입죄에 해당된다.

내지 사회통념에 비추어 용인될 수 있는 행위를 말하고, 어떠한 행위가 사회상규에 위배되지 아니하는 정당한 행위로서 위법성이 조각되는 것인지는 구체적인 사정 아래서 합목적적, 합리적으로 고찰하여 개별적으로 판단되어야 하므로, 이와 같은 정당행위를 인정하려면 첫째 그 행위의 동기나 목적의 정당성, 둘째 행위의 수단이나 방법의 상당성, 셋째 보호이익과 침해이익과의 법익균형성, 넷째 긴급성, 다섯째 그 행위 외에 다른 수단이나 방법이 없다는 보충성 등의 요건을 갖추어야 한다"고 판시하였다.[40] 범죄를 적발하려는 목적으로 타인의 주거에 들어간 사안에서 정당행위를 인정하지 아니하는 대법원의 판례 태도[41]에 비추어 보면 범죄를 보도하기 위한 목적으로 들어간 경우도 그 사유만으로 정당행위로 인정되기 어려울 것이다.

취재행위가 형사법규 위반으로 인정될 경우 민사상 불법행위 책임도 인정되기 쉽다. 실정법 위반의 이유가 보도 목적이라고 하더라도 보도의 사회적 가치가 위법성을 조각하기란 쉽지 않다. 서울고등법원 2003. 3. 20. 선고 2002나23408 사건은 그 한 사례이다. 신흥종교단체의 신도였다가 탈퇴한 사람들이 종교단체 교주로부터 성폭행 당했다고 제보하자 방송사가 이들과 함께 종교단체 신자들이 거주하는 주택에 출입하여 그 내부를 촬영한 사안이다. 방송사 담당 PD와 구 신도는 폭력행위등처벌에관한법률위반죄(주거침입)로 각

---

40. 대법원 2002. 12. 26. 선고 2002도5077 판결 등
41. 대법원 1997. 3. 28. 선고 95도2674 판결("침입한 행위가 비록 불법선거운동을 적발하려는 목적으로 이루어진 것이라고 하더라도, 타인의 주거에 도청장치를 설치하는 행위는 그 수단과 방법의 상당성을 결하는 것으로서 정당행위에 해당하지 않는다."); 대법원 2003. 9. 26. 선고 2003도3000 판결("이혼소송에 사용할 증거자료 수집을 목적으로 그들의 간통 현장을 직접 목격하고 그 사진을 촬영하기 위하여 이 사건 주택에 침입한 것으로서 그러한 목적이 피해자의 주거생활의 평온이라는 법익침해를 정당화할 만한 이유가 될 수 없을 뿐 아니라 …").

각 벌금 200만 원의 약식명령을 받고, 그 후 정식재판청구취하 및 항소기각 결정으로 벌금형이 확정되었다.

이 사건에서 항소심 재판부는 원고들의 의사에 반하여 침입한 사실로 인하여 "원고들이 사생활의 평온을 침해당함으로써 정신적 고통을 입었음은 경험칙상 명백하므로" 위자료를 지급할 의무가 있다고 판단하였다. 이에 주거침입행위가 정당방위 내지 긴급피난에 해당하여 위법성이 조각된다고 주장하는 피고의 주장에 대하여 "비록 종교단체 교주인 원고 OOO의 신도들에 대한 성폭행 사실이 존재하였고, 이로 인한 더 이상의 피해자가 추가로 발생하는 것을 막고 원고 OOO의 비리를 사회에 고발하기 위하여 기획된 방송용 프로그램을 제작하기 위한 것이었다고 하더라도 그와 같은 사정만으로는 주거침입 당시 위 피고들에게 침해나 위난의 현재성이 있었다거나, 주거침입행위가 부득이 행한 것이라고 볼 수도 없다"는 이유로 받아들이지 않았다. 이 사안에서 주거침입의 동기, 즉 언론에 보도하여 사회적 주의를 환기시키려는 공공의 이익은 취재행위의 위법성 판단에 아무런 영향을 주지 못하였다.

이러한 태도는 서울고등법원 2001. 1. 11. 선고 99나66474 사건에서도 확인된다. 이 사안은 경찰의 공무수행을 동행하여 원고의 동의 없이 그의 주거에 침입하여 경찰의 현행범 체포 장면을 촬영하여 보도하면서 발생하였다. 앞의 사건과 달리 이 사건에서 피고는 언론의 자유를 이유로 주거침입에 위법성이 없다는 주장을 분명히 밝혔다. 피고는 "이 사건 취재는 사생활의 영리적 이용을 위한 것이 아니었고, 취재장소가 현행범 체포 장소였으며, 취재대상인 원고는 대학교수로서 사회지도층 인사의 신분이었던 점 등을 종합하면 피고 OOO의 위와 같은 행위는 일반인의 통념상 언론의 자유 및 국민의 알권리

보장을 위하여 수인될 수 있는 수준의 것으로서 사회적 상당성이 있는 정당한 행위로 위법성이 없다고" 주장하였다.

그러나 재판부는 "언론의 자유의 보장 속에는 취재의 자유도 포함된다고 할 것이지만 언론의 자유에 제한이 있듯이 취재의 자유 역시 다른 법익을 침해하지 않는 범위 내에서 인정된다고 할 것이다. 원고의 위 연습실과 같은 개인의 사적인 장소는 비록 취재 당시 원고가 현행범으로 체포되고 있는 때라고 하더라도 체포와 관련되어 적법절차를 갖춘 사람 이외에는 관계자의 동의 없이는 출입이 금지되고 그 곳에서의 취재도 원칙적으로 불법인바, 원고가 피고 OOO의 위 연습실에 대한 출입이나 인터뷰, 촬영에 동의하였다고 볼 만한 증거가 없는 이 사건에서, 위 피고들의 위 주장은 나머지 점에 관하여 더 나아가 살펴 볼 필요 없이 이유 없다"고 판시하였다. 즉 취재의 사회적 가치, 궁극적으로 언론의 자유는 위법성 판단에서 전혀 고려되지 않는다는 것이다.

그러나 취재 후 보도의 사회적 가치는 범행의 동기로 참작되어 피고인의 양형에, 또는 불법행위로 인하여 상대방에게 입힌 정신적 고통을 위자하기 위한 금액의 산정에 반영될 수 있다. 위의 종교단체 비리폭로 사건에서 서울고등법원은 위자료의 액수를 정하면서 "종교단체 교주인 OOO의 비리를 사회에 고발하기 위한 목적으로 이 사건 프로그램을 기획한 방송국의 프로듀서로서, 피해자들이 주장하는 원고 OOO의 비위사실이 진실인지 여부를 확인하고 … 원고 OOO을 직접 인터뷰하고 그의 주거지 내부 상황을 취재하려는 목적에서 이 사건 주거침입행위에 이르게 된 점, … 기타 위 피고들이 ???에 침입한 시각, 수단, 방법, 체류시간 등 이 사건 변론에 나타난 여러 사정을 참작하면, 위 피고들이 배상하여야 할 위자료의 액수는 XXX으로 정함이 상당하다"고 판시하였다. 즉 취재의 목적, 궁극적으로는 보도하려는 내용의 사회적 가치는 주거침입행위의 동기로서 위자료 산정에 영향을 주었다.

나. 사생활의 비밀과 자유를 침해하는 경우

취재행위가 형사처벌을 받을 정도는 아니지만 사생활의 평온을 침해하는 사안에서 보도의 사회적 가치를 고려하여야 하는지가 문제된다. 미국 프로서(Prosser) 교수가 분류한 프라이버시의 네 가지 유형 중 사적인 공간 또는 사항의 침입(intrusion upon seclusion or solitude, or into private affairs)에 해당하는 사안이다. 이 경우 법원은 문제가 된 사적인 공간에 대한 침입이 사회통념상 일반적으로 인정되는 수인한도를 넘어서는 경우 위법한 것으로 인정하고, 그렇지 않을 경우 위법행위로 평가하지 않는다. 따라서 수인한도를 평가할 때 침입하여 얻은 내용의 사회적 가치, 즉 보도의 사회적 가치를 반영할 것인지가 쟁점이 된다. 법원은 이를 긍정적으로 받아들이는 경향이 있다. 대법원은 '공중의 정당한 관심사'를 사생활 침해의 위법성 조각사유의 하나로 인정하고 있다.[42] 대법원은 "사람은 자신의 사생활의 비밀에 관한 사항을 함부로 타인에게 공개당하지 아니할 법적 이익을 가진다고 할 것이므로, 개인의 사생활의 비밀에 관한 사항은, 그것이 공공의 이해와 관련되어 공중의 정당한 관심의 대상이 되는 사항이 아닌 한, 비밀로서 보호되어야 하고, 이를 부당하게 공개하는 것은 불법행위를 구성한다"고 밝히고 있다.[43]

---

42. 김경환, "언론의 사생활 침해에 있어서의 위법성 요건", 「언론중재」, 2006년 봄호, p63.
43. 대법원 1998. 9. 4. 선고 96다11327 판결.

보도내용의 사회적 가치로 인하여 사생활 평온의 침해가 위법하지 않다는 평가를 받은 하급심 판례도 발견된다. 서울고등법원은 2005. 8. 16. 선고 2005나10977 판결[44]에서 "원고의 사생활이 일부 노출되거나 침해되는 결과를 초래하였다"는 점을 인정하고도,[45] "이러한 결과는 위 방송들의 공익성, 그 취재·촬영의 수단 및 방법의 상당성 등을 참작할 때 원고가 수인하여야 할 범위 내에 속하여 위법하다고 할 수 없고"라고 판시하여 방송보도의 공익성과 취재행위가 초래하는 피해를 비교형량하였다.

비슷한 법리는 서울지방법원 2002. 12. 6. 선고 2002가합13985 판결에서도 발견된다. 이 사안은 신문사 사진기자가 망원렌즈를 이용하여 원고가 거주하는 아파트 거실 식탁에 측근들과 함께 앉아 있는 모습을 촬영하여 보도한 것이다. 원고는 허락 없이 자신의 사생활 범위 내에 침입하여 사진을 무단 촬영하여 프라이버시권 등을 침해하였다고 주장하였다. 이 사건에서 법원은 원고가 공적 인물이고 당시 정치자금의 불법 지원 여부에 관하여 의혹을 받고 있는 상태였으므로 자신의 사진, 성명이 공표되는 것을 어느 정도 수인하여야 하고, 이 사건 사진에서 원고가 그 측근들과 함께 회의를 하고 있는 모습은 비록 그 장소가 원고의 자택 거실이라고 하더라도 원고의 사생활에 해당한다고 보기 어렵다고 판단하였다. 취재행위의 위법성과 관련하여 중요한 의미를 갖는 것은 그 다음 설시 내용이다. 법원은

---

44. 이 사건은 2005. 12. 8. 대법원의 심리불속행 결정으로 확정되었다.

45. 이 사안에서 법원은 "원고의 승용차를 뒤따라간 사실, 종로에 있는 원고의 사무실과 강화에 있는 원고의 공장을 찾아가 그 내부를 촬영한 사실, … 원고를 만나 원고의 주택 안으로 들어가거나 원고에게 인터뷰를 요청한 사실 등은 앞에서 본 바와 같으나"라고 판시하여 원고의 사생활 침해를 인정하였다.

"설령 이것이 원고의 사생활에 해당한다고 하더라도 원고가 정치자금 지원에 대한 의혹을 받는 상태에서 그 측근들과 회의를 하고 있는 모습은 공중의 정당한 관심의 대상이라고 할 것이므로 그 보도에 위법성이 없다"고 판시하였다.

이처럼 사생활의 평온을 침해하는 사안에서 법원은 그 침해의 원인 및 그 후 보도된 내용에서 추출되는 사회적 가치와 사적 이익의 침해를 비교형량하여 위법성을 판단하는 태도를 보이고 있다. 하지만, '공중의 정당한 관심사' 라는 사회적 가치는 그 개념상 공개된 사생활의 내용과 관련이 있는 것이지, 그 내용을 수집하는 방식의 문제를 제기하는 침해 행위와 직접적인 관련이 없다. 원고가 감내하여야 할 수인의 범위는 원고의 행위 양태에서 찾는 것이 합리적이며, 원고가 예측할 수 없는 피고의 동기 또는 사후 행위에서 찾는 것은 불합리하다. 즉 원고가 공개된 장소에서 한 행동인지, 그렇지 아니한 장소에서 한 행동인지 또는 육안으로 확인 가능한 행동인지, 기술적 장비의 도움으로 확인할 수 있는 행동인지 등에 따라 수인범위를 구분하는 것이 더 합리적인 해결방안이라고 할 것이다.

2. 위법하게 취득한 정보를 합법하게 취득한 경우

타인이 위법하게 취득한 정보를 언론사가 합법적으로 취득한 경우 이를 보도할 수 없는지, 또 보도할 경우 민·형사 책임을 져야 하는지가 쟁점이다. 즉 언론사는 직접 위법행위를 하지 않았는데도 불구하고, 보유하게 된 정보의 취득과정에서 타인의 위법성이 있다는 이유로 언론사의 보도를 제한할 수 있는지가 문제된다. 언론의 자유는 표현의 자유가 핵심이므로 이를 제한하는 것은 언론의 자유에 대한 제한이 된다. 따라서 언론의 자유와 그 제한에 관한 일반적인 법리로 해결하여야 할 것이다. 보도의 내용이 언론의 자유의 보호범위 안에 있는 것이면 언론사는 보도할 수 있고, 보호범위 밖에 있으면 보도할 수 없으며, 만약 보도할 경우 그에 따른 민·형사상 책임을 부담하여야 한다. 대부분의 사안은 보도로 인하여 인격권이 침해되는 경우인데, 이때도 명예훼손에 관한 일반적인 법리가 적용된다. 미국의 경우 언론사가 공중의 관심 사안에 대한 진실한 정보로서 합법적으로 취득하여(lawfully obtained truthful information about a matter of public significant) 보도할 경우 그로 인한 책임이 면제된다는 판례가 확고하다.

그런데, 문제는 위법하게 취득한 정보를 보도하지 못하도록 특별히 법률로 규정하고 있는 경우이다. 통신비밀보호법 제3 제1항 본문은 "누구든지 이 법과 형사소송법 또는 군사법원법의 규정에 의하지 아니하고는 … 공개되지 아니한 타인 간의 대화를 녹음 또는 청취하지 못한다"고 규정하고, 이 법 제16조 제1항은 "제3조의 규정에 위반하여 … 공개되지 아니한 타인 간의 대화를 녹음 또는 청취한 자"(제1호)에 해당하는 자 뿐 아니라 "제1호의 규정에 의하여 지득한 통신 또는 대화의 내용을 공개하거나 누설한 자"에 대하여 10년 이하의 징역과 5년 이하의 자격정지에 처하도록 규정하고 있다. 따라서 언론사가 이 법에 위반하여 녹음 또는 도청된 내용을 합법적으로 취득하였더라도 그 내용을 공개할 경우 처벌받게 된다.

통신비밀보호법 제16조 제1항 제2호는 언론의 자유를 침해할 소지가 있다. 제2호 규정은 제1호의 실효성을 높이기 위하여 마련된 조항이다. 만약 제2호에 해당하는 자를 처벌하지 않는다면, 제1호에 해당하는 자가 다른 사람을 이용하여 공개할 수 있기 때문에 통신 및 대화의 비밀을 보호하고자 하는 입법목적을 달성할 수 없게 된다. 국민의 자유와 권리를 침해하는 법률은 그 제한의 방법에 있어서 과잉금지의 원칙, 즉 목적의 정당성, 방법의 적절성, 피해의 최소성, 법익의 균형성을 준수하여야 하는데, 이 조항은 전면금지의 형태를 띠고 있기 때문에 피해의 최소성 원칙에 반하게 된다. 언론사가 사회적으로 중대한 가치가 있는 진실된 정보를 합법적으로 취득하였을 경우 그 내용을 보도하도록 허용하는 것이 언론의 자유에 충실한 해석이라고 본다.[46]

서울중앙지방법원은 2006. 8.11. 선고 2006고합177 판결에서 국가안전기획부 전 직원으로부터 도청 테이프 복사본 및 녹취보고서를 전달받아 이를 공개하여 위 통신비밀보호법 제16조 제1항 제2호 위반 혐의로 기소된 MBC 이상호 기자에게 해당 조항의 위헌 여부를 검토하는 대신 형법 제20조의 위법성 조각사유에 해당하는 정당한 보도행위라는 이유로 무죄를 선고하였다. 재판부는 "통신의 비밀과 헌법상의 또 다른 기본권인 국민의 알 권리 내지 언론의 자유가 상충되는 경우에 있어서는 상충되는 두 가지 기본권이 각각 최대한 보장될 수 있도록 법이 제정, 해석, 운용되어야 한다고 봄이 상당하다"고 밝히고 통신비밀보호법 위반사안에 대한 위법성 조각사유의 기준으로 (1)통신의 내용이 "극히 중요한 공적인 사항에 관련된 것으로서 정당한 공중의 관심의 대상"일 것, (2)취득과정에 있어서 "언론기관이 적극적으로 정보의 불법적인 수집에 관여하였다든지, 제보자 내지 취재원에 부당하게 막대한 금원을 제공함으로써 불법적인 정보의 수집을 조장하는 등 언론기관이 정보수집과정에서의 불법에 깊이 관련"

---

46. Bartnicki v. Vopper, 121 S.Ct. 1753 (2001).

되지 않을 것, (3)편집 및 보도에 있어서 "[정보의 공개]로 인한 권리의 침해를 최소화하는 방법 내지 수단에 의하여야 하고", (4)"구체적인 사정 아래서 합목적적, 합리적으로 고찰하여 개별적으로 판단하야야 할 것"을 제시하고 있다.

이러한 재판부의 판단은 서로 상충하는 헌법적 가치인 언론의 자유와 통신의 비밀 보호를 조화하는 방안으로는 탁월한 것이나, 재판부가 제시한 위법성 조각사유의 기준은 법원이 재판을 통하여 법을 제정한 것과 마찬가지라는 점에서, 이보다는 위법성 조각사유를 마련하지 않고 예외 없이 처벌하도록 규정한 통신비밀보호법의 해당조항이 언론의 자유를 침해하여 위헌이라고 판단한 후 입법자로 하여금 구체적 기준을 설정하도록 하는 것이 권력분립 원칙에 더 충실한 방안이라고 하겠다.

한편, 위 사건의 항소심인 서울고등법원은 2006.11.23. 선고 2006노1725 판결에서 "통신비밀보호법 위반도 형벌로 처벌되는 형사범인 이상 형법 총칙의 규정을 배제하는 명시적인 조항이 없는 한 형법 총칙이 적용되고, 이에 따라 형법상 정당방위, 긴급피난, 정당행위 등에 해당하는 경우에는 그 위법성이 조각된다는 점"에 대해서는 원심과 같은 판단을 내리면서도 "도청 내용 공개가 언론의 공적 사명에 기한 것이라서 사회상규에 위반되지 않는다고 인정하려면, 앞서 본 일반적 정보원에 따른 언론 보도의 경우와는 달리 매우 제한적이고 엄격한 원칙에 기한 평가를 하는 것이 옳다"고 보아 원심과 달리 피

---

47. 대법원은 정당행위를 인정하려면 첫째 그 행위의 동기나 목적의 정당성, 둘째 행위의 수단이나 방법의 상당성, 셋째 보호이익과 침해이익과의 법익균형성, 넷째 긴급성, 다섯째 그 행위 외에 다른 수단이나 방법이 없다는 보충성 등의 요건을 갖추어야 한다고 한다. 대법원 1994. 4. 15. 선고 93도2899 판결 등.

고인에게 유죄를 선고하였다. 항소심 판결은 대법원 판례가 제시하
는 위법성 조각사유로서 정당행위의 일반적 요건[47]에 충실하면서 언
론의 자유보다 통신의 비밀 보호를 더 중시한 점이 특징이다.

Ⅳ. 맺는 말

　미국과 달리 우리나라에서는 취재행위의 위법성만을 근거로 하는 손해배상청구소송이 크게 활용되기 힘들다. 미국에서는 1961년 New York Times 판례 이후 명예훼손을 이유로 한 손해배상소송에서 원고가 공인일 경우 승소하기 어려워지자 이를 우회하는 수단으로 취재행위의 위법성을 이유로 한 손해배상청구소송이 부상하였다. 이와 더불어 미국에서는 징벌적 손해배상(punitive damages)이 인정되기 때문에 원고는 취재행위의 위법성만 입증하여도 거액의 배상금을 받을 수 있다. 미국에서 취재행위의 위법성을 언론의 자유의 시각에서 검토하여야 한다는 주장, 즉 보도의 사회적 가치와 취재행위의 위법성을 비교형량해서 위법성을 조각하여야 한다는 주장이 제기되는 이유도 이러한 법제 환경 속에서 이해하여야 한다.

　우리나라에서는 보도가 초래하는 인격권 침해를 이유로 손해배상청구소송을 제기하여 피해를 배상받는 편이 더 실효성 있는 방법이 될 수 있다. 언론의 자유와 인격권이 충돌하는 영역에서, 우리나라 법원은 미국 법원보다 인격권을 더 중시하는 경향을 보이기 때문이다. 또 인격권 침해에 따른 위자료가 사생활의 평온 침해에 따른 위

자료보다 더 많이 인정될 수 있다.[48] 우리 헌법과 미국 헌법의 기본
권보호체계가 다르고,[49] 인격권 존중에 관한 국민 의식 수준이 다르
기 때문에 두 나라의 판례 태도가 달라지는 것은 당연한 일이다.

우리나라에서 원고는 취재의 위법성과 보도의 위법성을 동시에 제
기하는 경우가 대부분이다. 취재의 위법성만 주장할 이유는 없다. 따
라서 취재행위의 위법성 판단에 보도의 사회적 가치를 고려할 것인
지 여부가 크게 부각되지 않았다. 법원 입장에서 보아도, 보도의 위
법성에 근거하여 손해배상의 인정여부를 판단하는 이상 취재행위의
위법성을 살펴보면서 보도내용의 사회적 가치를 고려하여야 할 이유
가 없다. 취재의 위법성이 문제되는 사안에서 보도내용의 사회적 가
치는 취재의 동기를 매개로 하여 위자료 산정에 간접적으로 영향을
줄 뿐이다.

공인의 공적 관심사에 관련된 명예훼손소송에서 최근 대법원이 언
론의 자유를 두텁게 인정하는 추세에 비추어 보면, 앞으로는 취재행
위의 위법성에만 기초하여 손해배상을 청구하는 사례도 발생할 것이
다. 이 문제의 해결은 취재의 자유를 언론의 자유의 한 내용으로 인정
할 것인가와 밀접하게 관련이 있다. 이를 긍정하는 헌법학계의 다수
직인 견해에 따르면, 언론의 사유와 사생활의 자유라는 두 기본권의
충돌로 보아 두 헌법상 권리를 비교형량하는 방식으로 문제를 해결

---

48. 허위보도로 인한 명예훼손 사건은 사회적 평가가 저해된 사안이므로 개인의 사생활의
평온이 침해된 사안보다 위자료가 커진다.

49. 미국 수정헌법 제1조는 "Congress shall make no law ⋯ abridging the freedom of
speech, of the press ⋯"라고 규정하여 언론의 자유를 절대적으로 보호하고 있으나, 우
리 헌법은 제21조 제4항 제1문은 "언론·출판은 타인의 명예나 권리 또는 공중도덕이
나 사회윤리를 침해하여서는 아니 된다"라고 규정하여 언론의 자유가 인격권을 침해
할 수 없음을 명시하고 있다.

하게 된다.[50] 즉 사안에 따라 취재행위의 위법성을 조각하기도 하고, 위법성을 인정하기도 하는 방식이다.

그러나 취재의 자유를 언론의 자유의 한 내용으로 인정할 이유도 없고, 따라서 비교형량을 하여야 할 이유도 없다. 취재행위와 보도행위를 구분하여, 언론사는 위법한 취재행위에 대하여 민·형사상 책임을 부담하고, 그렇게 취재한 내용에 대한 보도에 대해서는 일반적인 명예훼손 법리에 따라 해결하는 것이 언론의 자유를 두텁게 보호하면서도 사생활의 평온을 확보할 수 있는 방법이다. 타인이 위법하게 취득한 정보의 경우에도 언론사가 그 정보를 합법적으로 취득하였다면 그 내용을 보도하는데 특별히 민·형사상 책임을 지울 이유가 없다. 보도된 내용에 문제가 있으면, 이에 대한 책임은 이를 보도한 언론사가 부담하여야 한다.

---

50. 그러나 경찰동행취재 사건인 서울고등법원 2001. 1. 11. 선고 99나66474 사건에서 재판부는 취재의 자유를 언론의 자유의 한 내용으로 이해하고도, 비교형량을 전혀 검토하지 않았다. 재판부는 "언론의 자유에 제한이 있듯이 취재의 자유 역시 다른 법익을 침해하지 않는 범위 내에서 인정된다"는 이유만으로 출입이 금지되는 곳에서의 취재는 불법이므로 더 이상 살펴볼 필요도 없다는 논리를 전개하였다. 하지만, 이러한 논리대로라면, 명예훼손적 발언이 있으면 그 자체로 불법이 되고, 다른 사정 예컨대 '공적 인물의 공적 관심사안' 인지 여부는 검토할 필요도 없어진다. 그러나 대법원이 공적 인물의 공적 관심 사안에 관한 명예훼손 사건에서 입증책임이 완화된다고 적절히 판시(대법원 2002. 1. 22. 선고 2000다37524 등)하였듯이 법 위반이 있더라도 언론의 자유라는 헌법적 가치에 의하여 위법성이 완화되거나 심지어 조각될 수 있다고 본다.

언론개혁의 주요 쟁점

제 9 장

Ⅰ. 신문법의 위헌성 논란 검토[1]

1. 신문법 논란의 경과

노무현 정부가 의욕적으로 제정한 법이 신문법[2]이다. 언론개혁이라는 이름으로 포장했지만, 조선일보 중앙일보 동아일보 등 소위 조·중·동을 겨냥한 표적입법이라는 것은 널리 알려진 일이었다. 당시 야당인 한나라당은 수적 열세 탓인지, 뒷심이 부족한 탓인지 처음에는 강력히 반대하는 듯하다가 결국에는 동의하여, 신문법은 2005년 1월 27일 여야합의로 국회를 통과하였다.[3] 그러나 신문법은

1. 이 글은 「외법논집」 제19집(2005)에 실린 논문을 수정·보완한 것이다.
2. 공식 명칭은 '신문등의자유와기능보장에관한법률' (법률제7369호)이다. 이 법은 '정기간행물의등록등에관한법률' (이하 정간법)이 개정되면서 '언론중재및피해구제등에관한법률' 과 함께 새로 제정된 법률이다. 여기서는 편의상 신문법이라고 하겠다.
3. 여당인 열린우리당은 언론개혁 세력이 주창하던 내용을 토대로 '신문등의기능보장및독자의권익보호등에관한법률(안)' 의 제정을 추진하였고, 이에 맞서 야당인 한나라당은 언론의 자유에 중점을 둔 '신문등의자유에관한법률(안)' 을 발의하였다. 두 법안은 명칭에서 드러나듯이 '신문의 기능보장' 과 '신문의 자유' 의 대립으로 나타났다. 여당 안은 신문의 기능보장을 위하여 국가가 개입할 수밖에 없다는 논리를 기반으로 마련된데 반하여 야당 안은 신문의 자유를 위하여 국가의 개입은 자제되어야 한다는 논리를 담고 있다. 하지만, 여야는 2005년1월1일 극적으로 합의하여 현행 신문법을 제정하기에 이르렀다. 법률의 명칭도 여당 안과 야당 안을 혼합하여 신문의 자유와 신문의 기능보장을 모두 담고 있다.

제정과 동시에 위헌 논란을 야기하였다. 헌법재판소는 2006년 6월 29일 일부 조항에 대하여 위헌 및 헌법불합치 결정을 내렸다. 그 후에도 신문법 개정 방향을 놓고 여야 간, 언론사 간, 학자 간 의견 대립은 여전하였다. 헌재 결정문에 대한 해석조차 제 각각이었다.

신문법은 언론시장을 바라보는 시각의 차이, 언론의 자유에 대한 인식의 차이, 더 나아가 국가의 역할에 대한 인식의 차이를 분명하게 보여주는 대표적인 사례다. 신문법에 찬성하는 쪽은, 조 · 중 · 동이 우리 언론시장에서 절대적인 지위를 차지하고 있으며, 따라서 이들의 영향력을 감소하는 것이 언론의 자유를 신장하는 것이며, 이를 위하여 국가가 적극 개입하여야 한다는 사고를 가지고 있다. 이에 대하여 신문법에 반대하는 쪽은 신문 방송 인터넷 등 전체 언론시장에서 조 · 중 · 동이 차지하는 비중은 절대적으로 크지 않을 뿐 아니라, 설사 그렇다고 하더라도 이는 독자가 자유롭게 선택한 결과이므로 국가가 개입하여 신문시장의 구조를 인위적으로 개편하는 것은 언론의 자유를 침해하는 결과라고 생각한다.

정보화의 시각에서 보면 신문법 논쟁은 시대착오적인 것이다. 누구나 정보에 접근할 수 있고, 누구나 의견을 피력할 수 있는 네트워크 시대에 구시대, 즉 매스 미디어 시대의 총아인 신문을 주 타깃으로 하여 시장을 개편하고자 하는 것은 세상의 흐름을 잘못 읽고 있거나, 다른 의도가 있다고 볼 수밖에 없다. 조 · 중 · 동의 논조가 싫으면 보지 않으면 되는 것이다. 여기서 더 나아가 현재 보고 있는 사람을 안타깝게 여기고, 그들의 의사결정에 영향을 미치는 국가의 개입은 정당화되기 어렵다. 비록 국가의 개입이 필요한 사정이 있다고 하더라도, 그러한 목적 달성을 위해서 어떠한 수단을 사용하여도 되는 것은 아니다. 신문법은 신문시장을 인위적으로 개편하고자 하는 욕심에서 이러한 점을 경시한 채 제정되었다.

신문법 논란에서 가장 뜨거웠던 쟁점은 시장지배적 사업자에 관한 규정이었다. 공정거래법과 달리 기준을 완화하여 조·중·동 상위 3개사의 시장점유율이 60%가 넘으면 시장지배적 사업자로 추정되어 불이익을 받게 된다. 신문법은 이 밖에도 종전 법에 없던 새로운 내용을 담고 있어 이를 둘러싼 논란이 끊이지 않았다. 첫째, 신문의 사회적 책임을 강조(제4조)하고, 신문 보도에 공정성과 공익성을 요구(제5조)하고 있다. 둘째, 편집의 자유와 독립(제3조)을 강조하고, 편집위원회 및 편집규약에 관한 규정(제18조)을 신설하였다. 셋째, 여론의 다양성을 보장하고 신문산업의 진흥을 위하여 신문발전기금을 조성하여 신문발전위원회에서 이를 운영(제27조 내지 제35조)하도록 하고, 신문의 공동배달을 위하여 신문유통원의 설립과 이에 대한 지원(제37조)을 규정하고 있다. 당초 열린우리당이 내놓았던 법안은 편집규약 제정, 편집위원회 설치, 독자권익위원회 구성 등을 모두 의무화하는 급진적인 내용을 담고 있었다. 여야가 합의하는 과정에서 이들 조항들이 모두 임의규정으로 완화되었다.

이 논문은 신문법이 새로 규정하고 있는 주요 조항을 헌법적 관점에서 검토하고, 바람직한 개정방향을 제시하고 있다. 개별적인 조항을 검토하기에 앞서 신설 조항들의 이론적 근거가 되고 있는 신문의

---

4. 동지, 임광규, 제239회 국회 문화관광위원회 회의록 제2호, p5. 임 변호사는 헌법 제21조 제3항은 예컨대 야간통행금지 때 신문수송차에 대해서 예외를 인정해주는 것과 같은 기능을 보장해주는 데 취지가 있는 것이며, 이 조항이 언론사를 감시 감독하는 데 이용되어서는 아니 된다고 주장한다. 박용상 변호사도 "이 헌법조항은 이른바 신문의 자유의 형성의 지침을 정한 것으로 보아야 할 뿐, 이를 기본권 제한의 근거로 볼 수 없음에 유의하여야 한다"고 강조한다. 박용상, 『신문법과 언론피해구제법에 관한 위헌소원 청구이유보충서』, p38.

기능보장의 헌법적 의미를 먼저 살펴보도록 하겠다.

2. 언론의 자유와 신문의 기능보장

(1) 신문의 기능보장과 국가 개입의 한계

우리 헌법 제21조 제3항은 신문의 기능보장을 위하여 필요한 사항을 법률로 정하도록 규정하고 있다. 이 의미를 제대로 이해하기 위해서는 제21조 제1항과 함께 살펴보아야 한다. 헌법은 제21조 제1항에서 모든 국민은 언론의 자유를 갖는다고 천명하고, 제3항에서 신문의 기능을 보장하기 위하여 필요한 사항은 법률로 정한다고 규정하고 있다. 다시 말해 신문은 모든 국민에게 인정되는 언론의 자유를 향유하는데 그치지 않고, 그 기능을 보장받고 있는 것이다. 그럼에도 불구하고, 신문의 기능보장이라는 명목으로 국가가 언론사를 규제할 수 있다고 해석하는 사람들이 많다. 그러나 언론의 자유가 가지는 헌법상 의의와 기능을 생각할 때, 헌법 제21조 제3항은 언론기관이 민주적 의사형성에 기여할 수 있도록 국가가 지원하는 법률을 제정할 수 있다는 의미에서 형성적 법률의 근거조항이지, 국가가 언론기관에 개입하거나 간섭할 수 있는 기본권 제한입법의 헌법적 허용이라고 보아서는 곤란하다.[4] 신문의 기능보장을 위해 규제를 할 수 있다는 식으로 해석할 경우, 언론의 자유의 핵심적인 주체인 신문사가 아무런 제한 없이 언론의 자유를 누리는 일반 국민보다 언론의 자유를 보장 받지 못하는 모순에 빠지게 된다.

헌법이 특별히 보장하고 있는 신문의 기능이란 무엇인가? 민주주의 국가에서 신문은 국민의 의견을 다양하게 전달하는 기능을 담당하고 있다.[5] 신문의 이러한 기능은 결과적으로 여론을 형성하게 된다.[6] 민주정치는 국민의 다양한 의견을 바탕으로 사회적 합의를 도출하는 과정이며, 국가는 다양한 민의를 수렴해서 국민적 합의에 바탕을 둔 정치적 의사결정을 내릴 수 있도록 언론시장을 조성할 의무가 있다. 따라서 국민의 다양한 의견을 표출되고 있다면 그 시장은 민주주의가 제대로 작동할 수 있는 터전을 제공하고 있다고 보아야 하며, 그렇지 못하다면 다양한 의견이 표출될 수 있도록 국가는 언론시장에 개입할 정당성을 갖는다.[7]

다시 말해, 국가가 언론시장에 개입할 수 있는 경우는 언론시장의 구조가 다양한 의견이 표출되지 못하고 있을 때로 한정하여야 하며, 개입하는 경우라도 다양한 의견의 표출이라는 목적을 추구하기 위해서 필요하고도 적절한 수단을 사용해야 하는 과잉금지의 원칙을 적용을 받게 된다. 특히 신문은 방송 등 다른 매체보다 국가의 개입, 간섭

---

5. 강경근 교수는 언론의 '기능'을 이처럼 다양한 의견의 표출에서 찾지 않고, 편집의 자유와 독립에서 찾는다. 강 교수는 또 편집의 자유와 독립을 실현하기 위하여 필요한 범주에서의 언론사 소유 및 경영의 개방성과 투명성, 언론의 자유에 상응하는 언론의 책무 등이 언론의 기능에 포함되는 내용이라고 강조한다. 강경근, 『헌법』, 법문사, 2002, p457. 그러나 민주 사회에서 필요한 것은 다양한 의견을 바탕으로 한 국민적 합의라는 점, 편집의 자유와 독립은 다양한 의견이 표출되도록 하는 한 방법에 불과하다는 점, 편집의 자유와 독립을 통해 내적 다양성이 충족되는 경우라도 사회 전체적으로는 다양한 의견이 표출되지 못할 수도 있다는 점, 내적 다양성의 추구가 외적 다양성을 저해할 수 있다는 점 등에 비춰보면 우리 헌법 제23조 제3항에서 말하는 언론의 '기능'은 내적 다양성보다는 '다양한 의견의 표출'이라는 외적 다양성에서 찾아야 한다고 생각한다.
6. 신문의 기능은 다양한 의견의 전달에 그쳐야 하며, 여론의 형성까지 포함하는 것은 아니다. 이에 관하여는 후술. 그러나 헌법이 요구하는 신문의 공적 기능을 여론형성을 가능하게 하는데 있다고 보는 견해도 있다. 박용상, 앞의 청구이유보충서, p39.
7. 독일의 경우 헌법상 언론조항은 개별기본권과 제도적 보장으로서 신문의 자유를 보장하고 있다. 자유로운 신문이라는 제도(Institut "Freie Presse")를 보장하기 위해서는 신문기관의 자유로운 설립, 신문 직업에의 자유로운 취업, 공공기관의 정보제공 의무 등이 원칙적으로 포함되고, 사상의 독점형성으로부터 자유 신문 전체에 야기될 수 있는 위험을 방지할 국가의 의무도 생각할 수 있게 된다. 박용상, 앞의 청구이유보충서, pp31~32.

으로부터 자유로워야 한다는 것은 비교법적으로나 매체의 성격에 비추어 보나 누구나 쉽게 수긍할 수 있다. 따라서 국가가 신문시장에 개입하려면 신문이 국민의 다양한 의견을 전달하는 기능을 제대로 수행하지 못할 경우에 한정된다고 엄격하게 해석하여야 한다. 이때의 신문은 전체 신문을 의미하지, 개별 신문을 의미하지 않는다. 전술한 것과 같이 민주사회에서 필요한 것은 다양한 의견이 제시되는 것이며, 그 의견이 반드시 한 신문을 통해서 제시될 필요는 없기 때문이다.

그렇다면 현재 우리나라의 신문시장이 국민의 다양한 의견을 전달하는 기능을 제대로 수행하지 못하고 있는가? 이에 대하여 긍정과 부정의 양론이 존재하고 있음은 분명하다. 언론개혁을 주장하는 쪽에서는 그렇지 못하다고 주장하고 있으며, 이에 대한 반론도 제기된다. 특히 정보화의 발달로 새로운 매체가 등장하고, 문자보다는 영상을 이용한 매체의 영향력이 커지면서 신문시장만이 아니라 언론시장 전체의 시각에서 다양성을 고찰하여야 한다는 지적도 나오고 있다. 어떠한 입장에 서든 분명한 것은, 두 가지 서로 다른 의견이 우리 사회에 존재하고 있으며, 그러한 의견이 분명히 표출되고 있다는 점이다. 국가가 신문의 기능보장을 명분으로 개입할 근거가 희박함을 보여주고 있다.

(2) 언론의 자유와 독자의 권익보호

전통적으로 언론의 자유의 핵심은 '하고 싶은 말을 할 수 있는 자유'다.[8] 이것은 한 국가의 국민으로서 누리는 권리가 아니고, 인간이

---

8. "헌법 제21조가 보장하고 있는 언론·출판의 자유 즉 표현의 자유는 전통적으로는 사상 또는 의견의 자유로운 표명(발표의 자유)과 그것을 전파할 자유(전달의 자유)를 의미

기 때문에 누리는 권리이다. 국가는 함부로 개인이 가지는 이러한 천부권적인 권리를 제한하여서는 아니 된다. 허가제나 검열제와 같은 사전적인 규제는 언론의 자유의 본질적인 내용을 침해하기 때문에 법률을 제정하더라도 허용되지 아니하며,[9] 사후규제도 필요최소한에 그쳐야 한다.[10] 이러한 한계를 넘어서는 국가의 개입에 대하여 개인은 방어할 수 있는 권리가 있음을 선언한 것이 "모든 국민은 언론·출판의 자유를 가진다"는 헌법 제21조 제1항이다.

개인이 자유롭게 자신의 의사를 펼칠 수 있기 위해서는 정보가 필요하다. 아는 것이 있어야 이야기할 것이 있고, 다른 사람의 견해에 동조 또는 반대할 수 있게 된다. 국민이 자신의 의사형성에 필요한 정보에 접근하여, 이를 수집할 수 있는 권리, 즉 알 권리가 언론의 자유에 포섭되는 이유가 여기에 있다. 민주주의와 함께 생각하면, 풍부한 정보를 바탕으로 의사가 형성되고, 이러한 의사가 자유롭게 제시되어야 사회적 합의가 가능해진다는 것이다. 따라서 국가는 자신이 보유·관리하고 있는 정보를 공개하여야 할 의무를 갖게 되고, 국민은 일반적 정보의 공개를 요구할 수 있는 권리를 가지게 된다. 이것이 바로 정보공개청구권이며, 언론의 자유가 가지는 청구권적 성격이

하고, 개인이 인간으로서 존엄과 가치를 유지하고 행복을 추구하며 국민주권을 실현하는데 필수불가결한 것으로서, 종교의 자유, 양심의 자유, 학문과 예술의 자유 등의 정신적 자유를 외부적으로 표현하는 자유라고 할 수 있다."(헌법재판소 1989. 9. 4. 선고 88헌마22 결정; 헌법재판소 1992. 11. 12. 선고 89헌마88 결정; 헌법재판소 2002. 4. 25. 선고 2001헌가27 결정 등)

9. 헌법재판소 1996. 10. 31. 선고 94헌가6 결정.

10. 언론의 자유에 대한 제한은 헌법 제37조제2항에 따라 국가안전보장·질서유지 또는 공공복리를 위하여 필요한 경우에 법률로써 본질적 내용을 침해하지 않는 범위에서 할 수 있다. 따라서 기본권제한법률의 헌법적 한계인 과잉금지 또는 엄격한 비례의 원칙이 적용된다.

다.[11]

그러나 언론의 자유가 국가기관이 아닌 일반 사인에게 어떠한 행위를 하도록 요구하는 권리까지 포섭할 수는 없다. 다른 사인의 자유를 침해하기 때문이다. 언론의 자유와 관련하여, 사인(A)이 다른 사인(B)에게 요구하는 내용을 국가가 법률로 강제할 경우 이는 다른 사인(B)의 헌법상 권리인 언론의 자유를 침해하는 것이며, 다른 사인(B)은 국가의 개입에 대하여 방어할 수 있는 권리가 가진다.

신문법이 추진하고 있는 독자보호방식은 사인이 사인의 행위에 간섭하는 행태를 취하고 있다. 법 제8조는 "독자가 정기간행물 및 인터넷언론의 편집 또는 제작에 관한 의사결정에 참여할 수 있도록 하고"라고 명시하고 있으며, 그 구체적인 방안으로 제9조에서 독자권익위원회를 규정하고 있다. 이는 독자라는 사인(A)의 알 권리, 더 나아가 언론의 자유를 충족시킨다는 명분으로 다른 사인(B)인 신문사의 언론의 자유를 침해하는 방식이다. 이러한 방식의 A의 알 권리는 우리 헌법상 허용될 수 없다.[12] B가 가지고 있는 언론의 자유의 본질을 침해하기 때문이다. 앞서 살펴본 것처럼 언론의 자유의 본질은 '하고 싶은 말을 하는 것'이다. 여기에는 '하고 싶지 않은 말을 하지 않는 것'도 포함된다. 말을 하지 않는 것도 의사표현의 한 방법이기 때문에 언론의 자유의 보호영역일 뿐 아니라, 하고 싶지 않은 의사표현을

---

11. 헌법재판소는 "알 권리는 헌법 제21조 소정의 표현의 자유와 표리의 관계에 있으며, 자유권적 성질과 청구권적 성질을 공유하는 것"이라고 파악한다. 헌법재판소 1991. 5. 13. 선고 90헌마133 결정.

12. 동지, 박용상, 앞의 청구이유보충서 p73. 박 변호사는 "법적으로 보면 헌법상 '알 권리'는 국민이 국가에 대하여 갖는 권리이기 때문에 개개 시민이 바로 신문에 대하여 주장할 수 있는 법적인 권리는 아니다"라고 강조하고, "국가가 알 권리를 청구권으로 실현시키려는 경우 국민의 알 권리를 충족해줄 의무는 국가에게 있을 뿐, 국가(즉 법)가 이를 사적 주체인 신문사업자에게 떠넘기는 것은 허용될 수 없다"고 설명한다.

강제하면 그 발언자의 양심의 자유를 침해하는 결과가 되기도 한다.[13)

독자는 자신의 사상 신조 세계관과 일치하는 신문을 구독함으로써 자신의 알 권리를 충족하고, 결과적으로 언론의 자유를 누리게 된다. 구독하는 신문이 자신의 의사를 형성하는데 도움이 되지 않으면 그 신문을 더 이상 보지 않으면 되고, 도움이 되는 다른 신문을 선택하면 된다. 만약 신문시장에 이러한 독자의 선택권을 저해하는 요소가 있으면, 국민은 언론의 자유를 누릴 수 없기 때문에 국가는 이를 해소할 의무가 있다. 국가의 역할은 여기서 그쳐야 한다.

다행히 신문법은 열린우리당이 당초 발의한 내용과 달리 독자권익 위원회의 설치를 신문사의 선택에 맡기고 있다. 하지만, 독자의 권익 보호라는 명목으로 신문사의 편집에 제3자가 관여하는 것을 바람직한 것으로 보고, 이를 권장하고 있다는 점에서 바람직한 입법이라고 할 수 없다.

(3) 신문의 공적 책임과 제3자의 개입

사인(B)이 자신의 언론의 자유를 실현하기 위하여 다른 사인(A)에게 요구하는 권리를 도출하기 위하여 신문법은 다른 사인(A)에게 공적 책임을 부여한다. 신문법 제4조(정기간행물 등의 사회적 책임)는 제2항에서 "정기간행물 및 인터넷신문은 국민의 화합과 조화로운 국가의 발전 및 민주적 여론형성에 이바지하여야 하며, 사회 각계각층

---

13. 이는 사인 A의 언론의 자유와 다른 사인 B의 언론의 자유 사이의 기본권 충돌의 문제가 아니라, 언론의 자유의 개념 확정의 문제라고 보아야 한다. 사인 A의 주장은 언론의 자유의 개념에 포함될 수 없기 때문이다.

의 다양한 의견을 균형있게 수렴하여야 하고, 지역 간·세대 간·계층 간·성별 간의 갈등을 조장하여서는 아니 된다"라고 규정하고 있다. 신문법은 이어 제5조에서도 신문의 공정성과 공익성을 강조하고 있다. 신문이 부여받은 사회적 책임을 완수하기 위해서는 다양한 의견을 수렴하여야 하기 때문에 사인(B)의 개입은 사기업인 신문사(A)에 대한 간섭이 아니라, 신문(A)이 제 기능을 수행하는데 도움을 주는 것이라는 논리다.

여기서 한번 생각해보아야 할 것은 언론의 자유라는 헌법적 관점에서 살펴본 신문사의 법적 성격과 그 기능이다. 언론의 자유의 시각에서 보면 신문사는 사기업, 즉 사인이어야 한다.[14] 그렇지 않고 국가기관이거나, 국가기관이 설립 운영하는 공기업은 원칙적으로 언론의 자유를 향유할 수 없다. 언론의 자유는 자기가 하고 싶은 말을 하는 것이 핵심이지만, 국가기관이나 공기업은 국가의 목적을 수행하기 위한 조직이기 때문에 그러한 자유를 누릴 수 없다. 민주사회에서 언론이 갖는 의의를 생각할 때, 국가가 설립한 기관이 사기업보다 국민의 다양한 의견을 수렴하여 사회적 합의를 도출하는데 더 기여한다고 말하기 힘들다. 만약 그렇다면 국가는 신문시장에 개입하는 방법을 달리해야 한다. 가장 쉽고도 효율적인 방법은 국가가 신문사를 많이 설립하고, 그 운영을 담당하는 것이다. 신문의 공적 책임을 걱정할 필요도 없고, 신문시장의 혼탁 또는 신문시장의 왜곡을 걱정할 필요도 없다. 하지

---

14. 박용상 변호사도 조선일보사를 대리하여 청구한 신문법과 언론피해구제법에 관한 위헌소원의 청구이유보충서에서 "신문기업은 사기업으로서 자율적 구조와 활동이 불가피한 것으로 헌법에 의해 전제되고 있다"고 설명한다. 독일 연방헌법재판소도 "신문업은 사회적 영역에서 자유로이 형성될 수 있어야 한다. 그것은 사경제적 원칙에 따라 사법적 조직형태에 의하여 행동한다."고 한다. 1966. 8. 5. BVerfGE 20, 162(174~189) Spiegel-Urteil, 박용상 변호사의 청구이유보충서에서 재인용.

만 이러한 방법이 성공할 수 없음은 우리나라의 신문 역사나 다른 나라의 경험에 비추어 보면 자명하다. 민주사회에서 신문사는 사기업으로 누구나 설립할 수 있을 때 신문이 제 기능을 발휘할 수 있다.

그렇다면 신문사에게는 어떠한 사회적 책임도 없을까? 신문은 이익만을 추구하는 사기업에 불과한 것인가? 언론을 흔히 제4부라고 부르며, 특히 신문은 한 국가의 의제설정에 있어서 막중한 역할을 하고 있음이 자명하기 때문에 신문사를 단순히 사기업으로 규정하는 것에 대하여 비난이 크다. 이 문제는 신문사의 법적 구성과 기능을 분리함으로써 해결될 수 있다. 즉 신문사는 사기업이고 또 그래야만 하지만, 그 하는 일이 결과적으로 사회적인 의미를 가진다는 것이다. 여기서 하는 일, 즉 기능이란 의견의 전달이다.

신문은 전체로서 사회의 다양한 의견을 전달하는 기능을 담당하고 있으며, 개별 신문사는 '하고 싶은 말을 하는' 것으로 그 기능을 수행한다. 또 일반 국민은 '듣고 싶은 말을 하는 신문'을 구독함으로써 자기의 알 권리를 실현하고, 결과적으로 '하고 싶은 말을 하는' 언론의 자유에 참여한다고 보아야 할 것이다. '하고 싶은 말' 또는 '듣고 싶은 말'은 신문이 세상과 역사를 바라보는 가치관에 입각하여 경향을 제시할 때 분명해지며, 한 신문이 '사회 각계각층의 다양한 의견을 균형있게 수렴' 하는 방식으로는 오히려 희석된다. 즉 민주사회에서 신문에게 기대하는 기능인 다양한 의견의 전달은 전체 신문을 통하여 이룩하여야 하며, 그렇게 하기 위해서는 개별 신문이 분명한 경향을 표출하여야 하는 것이다. 그 반대로 개별 신문에게 다양한 의견을 전달하라고 요구하는 것은 새로운 신문의 설립을 어렵게 하고, '하고 싶지 않은 말을 하도록 강요하는' 결과를 초래하여 언론의 자유를 본질적으로 침해할 소지가 큰 방안이다. 결론적으로 우리 헌법 제21조

제3항의 '신문의 기능'에서의 신문은 매체로서 전체 신문을 의미하지, 개별 신문을 의미하는 것이 아니다.

신문의 공적 책임은 개별 신문이 다양한 의견을 바탕으로 사회적 합의를 도출하는 기능이라고 이해하는 견해도 있을 수 있으나, 위험한 이론이다. 개별 신문의 기능은 경향에 입각한 의견의 표출에 있고, 전체 신문의 기능은 다양한 의견의 전달에 있을 뿐이다. 사회적 합의의 도출은 언론에게 맡겨진 기능이 아니다. 이 기능은 국민으로부터 권력을 직접 위임받은 대통령과 국회의원 등 정치권이 담당하여야 한다. 1987년 권위주의 정부가 무너진 후 우리나라 신문은 신문의 본래적 기능에 만족하지 않고 정치권의 업무까지 담당하면서 정치권력을 직접 행사하고자 하는 우를 범했다. 신문의 사회적 책임과 공익성 등을 지나치게 강조하면 이러한 잘못이 또 다시 반복될 우려가 있다.

3. 신문법 주요 내용의 위헌성 검토

(1) 시장지배적사업자의 추정

신문법 제17조[15]가 시장점유율 규제인지 여부가 논란이 된다. 규제라고 보는 쪽은 다른 산업과 달리 신문시장에 한하여 시장지배적

---

15. 일반일간신문 및 특수일간신문(정보전달을 위하여 무료로 보급되는 일간신문은 제외한다. 이하 같다)을 경영하는 정기간행물사업자중 다음 각 호의 1에 해당하는 사업자는 독점규제및공정거래에관한법률 제4조에 불구하고 같은 법 제2조 제7호의 규정에 의한 시장지배적사업자로 추정한다. (1) 1개 사업자의 시장점유율이 전년 12개월 평균 전국 발행부수의 100분의 30 이상, (2) 3개 이하 사업자의 시장점유율의 합계가 전년 12개월 평균 전국 발행부수의 100분의 60 이상. 다만, 시장점유율이 100분의 10 미만인 자는 제외한다.

사업자의 추정기준을 완화하고, 시장지배적사업자로 추정되면 독점
규제및공정거래에관한법률(이하 공정거래법)에 따라 과징금이 부과
될 수 있다는 점과 신문법상 신문발전기금의 지원 대상에서 제외된
다(제34조제2항제2호)는 점을 근거로 규제라고 인식한다. 반면에
신문지배적 사업자로 추정되더라도 남용행위를 하지 않는 한 과징금
은 부과되지 않기 때문에 규제가 아니라고 보는 견해도 있다. 즉 공정
거래법상 과징금은 남용행위라는 별도의 행위로 인하여 부과되는 것
이므로 시장지배적사업자로 추정된다는 사실만으로 규제라고 볼 수
없고, 따라서 침해되는 기본권도 없다는 것이다. 결국 이 법률조항의
위헌성은 이로 인하여 침해되는 기본권이 있는가를 먼저 확정하여야
할 것이며, 그 후 기본권제한의 한계규정인 헌법 제37조 제2항에 따
라 과잉금지 내지 비례의 원칙의 충족여부를 살펴보아야 할 것이다.
침해가 주장되는 기본권은 헌법 제21조의 언론의 자유와 헌법 제11
조의 평등권이라고 하겠다.

1) 신문산업의 특수성 인정여부

신문법이 공정거래법과 달리 시장지배적사업자의 추정기준을 달
리 한 것이 본질적으로 같은 것은 같게, 다른 것은 다르게 취급하라는
평등의 원칙[16]을 위배하였는지 살펴 볼 필요가 있다. 신문산업이 언
론의 자유를 실현하는 중요한 기능을 담당하고 있으며 이러한 기능
은 민주 사회에서 반드시 필요하다는 관점에 서면, 신문산업을 다른
산업과 달리 취급하는 것도 허용될 여지가 있다. 즉 언론의 자유가 현

---

16. 헌법재판소 1996. 12. 26. 선고 96헌가18 결정; 헌법재판소 2001. 11. 29. 선고 99헌마
494 결정.

대 자유민주주의의 존립과 발전에 필수불가결하며[17], 자유민주주의
가 제대로 작동하기 위해서 다양한 의견의 존재가 필수불가결한 전
제조건이라고 보면, 의견의 다양성 제고를 위하여 신문산업에 한하
여 시장지배적사업자의 추정기준을 완화할 수 있다고 본다.

문제는 신문산업의 시장지배적사업자를 어떻게 결정할 것인가에
달려 있다. 신문법은 다음의 몇 가지 점에서 문제가 있다. 첫째, 1사
30%, 3사 60%로 기준을 완화한 것의 의도성이다. 그동안 조선 중앙
동아 등 신문시장 상위 3개사의 시장점유율이 70% 내외라고 알려져
있었기 때문에 현행 공정거래법 기준으로 규제하기 어려워 새로운
기준을 설정한 것이 아니냐는 의혹이 생긴다. 신문법처럼 적용대상
을 특정하여 그들에게만 불이익을 부여하는 개별사건 법률의 경우
이러한 차별적 규율에 합리적인 이유가 있으면 정당화될 수 있다.[18]
하지만 신문법은 1사 30%, 3사 60%의 기준을 설정한 이유를 합리적
으로 설명하지 못하고 있다.

둘째, 시장점유율을 계산하는 방법이 불명확하다. 종합일간지만을
대상으로 할 것인지, 일간신문 전체를 대상으로 할 것인지에 따라서
상위 3사의 시장점유율이 달라진다. 민주사회에서 언론의 자유가 가
지는 의의를 살펴볼 때 국민의 정치적 의견형성에 기여하는지 여부,
즉 종합일간지만을 대상으로 시장점유율을 계산하는 것이 타당하다.
하지만, 신문법은 특수일간신문까지 포함하여 시장점유율을 계산하
고 있기 때문에 여론의 다양성 제고라는 목적 달성에 적합한 수단이

---

17. 헌법재판소 1992. 6. 26. 선고 90헌가23 결정; 1999. 6. 24. 선고 97헌마265 결정.
18. 헌법재판소 1996. 2. 16. 선고 96헌가2 등("비록 특정법률 또는 법률조항이 단지 하나
    의 사건만을 규율하려고 한다 하더라도 이러한 차별적 규율이 합리적인 이유로 정당
    화될 수 있는 경우에는 합헌적일 수 있다.")

라고 보기 어렵다. 여론의 형성에 관련하여 보면, 특수일간신문과 정보전달을 위하여 무료로 배급되는 일간신문과의 사이에 차이성을 찾기 어려운데, 전자만 넣고 후자를 제외한 이유를 설명하기 힘들다.

또한 점유율의 계산 방식에 있어서, 매출액과 발행부수 중 어느 쪽을 기준으로 할 것인지에 대해서도 논란이 있다. 신문시장에서 시장점유율의 제한을 도입하고자 하는 본래의 취지가 여론의 독과점을 방지하자는 데 있다는 점을 감안하면, 발행부수를 기준으로 하는 것이 타당해 보인다. 신문법 역시 이러한 기준을 택하고 있다. 그런데, 문제는 공정거래법이 다른 산업의 시장지배적사업자 추정 시 매출액을 기준으로 하고 있다는 점이다. 신문시장의 시장지배적사업자에 대한 규제를 공정거래법에 맡겨 놓은 이상, 공정거래법의 취지에 따라 매출액을 기준으로 시장지배적사업자를 추정하는 것이 오히려 타당하다고 생각한다. 공정거래법상 시장지배적사업자란 "상품이나 용역의 가격·수량·품질 기타의 거래조건을 결정·유지 또는 변경할 수 있는 시장지위를 가진 사업자"(제2조 제7호)를 말한다. 즉 힘을 가지고 함부로 시장 질서를 훼손하는 자를 의미한다. 기업의 힘은 사용가능한 돈에서 나오고, 돈은 발행부수보다 매출액과 더 밀접하다고 하겠다. 또한 시장지배적사업자가 남용행위를 하였을 때 부과하는 과징금이 매출액에 비례하는 점을 감안하여도 매출액 기준이 타당하다고 본다.

결론적으로 신문시장에만 적용되는 시장지배적사업자의 추정기준을 별도로 설정하는 것은 가능하지만, 구체적인 기준의 설정은 합리적인 근거와 함께 제시되어야 하는데 신문법은 그 근거를 제시하고 있지 못하다. 시장지배적사업자를 규제하려는 목적만 있지, 그 목적을 달성하기 위하여 제시된 방법이 정밀하지 못한 것은 바람직한 입법례라고 보기 어렵다.

2) 공정거래법상 과징금의 부과로 침해되는 기본권의 확정

　시장지배적사업자로 추정되더라도 남용행위를 하지 않는 한 공정거래법상 아무런 불이익을 받지 않으며, 남용행위는 공정한 시장경제질서를 훼손하는 행위이므로 시장지배적사업자로 추정되는 것만으로 기본권의 침해가 있다고 보기 어렵다. 하지만 시장지배적사업자의 남용행위를 유형별로 살펴보면, 일반 사업자도 금지되는 불공정거래행위 유형과 크게 다르지 않아 시장지배적사업자와 일반 사업자가 동일한 유형의 불공정거래행위를 하였을 때 시장지배적사업자만 실제 단속하거나, 단속하라는 압력으로 작용할 경우 평등권 침해의 우려가 크다. 예를 들어 현재 신문시장을 혼탁하게 하는 대표적인 불공정거래의 유형으로 무가지와 경품의 제공을 들 수 있는데, 이러한 불공정거래는 공정거래법상 시장지배적 지위의 남용금지를 규정한 제3조의2 제1항 제3호(다른 사업자의 사업 활동을 부당하게 방해하는 행위)에도 해당되며, 불공정거래행위를 규정한 제23조 제1항 제3호(부당하게 경쟁자의 고객을 자기와 거래하도록 유인하거나 강제하는 행위)에도 해당된다.[19] 무가지와 경품의 제공이 근절되어야 할 불공정행위라면, 제공 주체에 따라 차별하는 것은 곤란하다.

　위반 시 부과되는 과징금에도 차이가 있다. 시장지배적사업자의 위반행위에 대하여는 매출액의 100분의 3을 곱한 금액의 범위 내에서 과징금이 부과(제6조)되지만, 일반 사업자의 위반행위에 대하여는 매출액의 100분의 2를 곱한 금액의 범위 내에서 과징금이 부과(제24조의2)된다. 결국 신문법이 시장지배적사업자의 기준을 완화한 후 공정거래법의 적용을 받도록 한 것의 부당성 여부는 동일한 위반행위에 대하여 사업규모에 따라 상이한 제재를 가하는 것이 타당한지 여부에 달려 있다. 이는 헌법상 평등원칙에 위반될 소지가 크

다. 평등원칙은 같은 것은 같게, 다른 것은 다르게 취급하라는 헌법
적 명령이다. 조세는 공권력의 주체가 재원조달의 목적으로 반대급
부 없이 일반국민으로부터 강제적으로 부과·징수하는 과징금이므
로 담세능력의 차이에 따라 누진적인 세율을 채택하더라도 차별의
합리성이 인정되어 평등원칙에 반하지 않는다. 하지만 공정거래법상
과징금은 위반행위에 대한 과징금으로, 부과액수의 차별성은 경제력
이 아닌 법위반의 상습성에 기초하는 것이 합리적이다. 따라서 시장
지배적사업자와 기타의 사업자가 경품 및 무가지 제공이라는 동일한
위반행위를 하였을 때 차별적으로 과징금을 부과한다면 평등원칙에

---

19. 독점규제및공정거래에관한법률 상 시장지배적 지위의 남용금지 조항과
    불공정거래행위 조항의 비교

공정거래법 제3조의2 제1항	공정거래법 제23조 제1항
1. 상품의 가격이나 용역의 대가를 부당하게 결정·유지 또는 변경하는 행위	1. 부당하게 거래를 거절하거나 거래의 상대방을 차별하여 취급하는 행위
2. 상품의 판매 또는 용역의 제공을 부당하게 조절하는 행위	2. 부당하게 경쟁자를 배제하는 행위
3. 다른 사업자의 사업활동을 부당하게 방해하는 행위	3. 부당하게 경쟁자의 고객을 자기와 거래하도록 유인하거나 강제하는 행위
4. 새로운 경쟁사업자의 참가를 부당하게 방해하는 행위	4. 자기의 거래상의 지위를 부당하게 이용하여 상대방과 거래하는 행위
5. 부당하게 경쟁사업자를 배제하기 위하여 거래하거나 소비자의 이익을 현저히 저해할 우려가 있는 행위	5. 거래의 상대방의 사업활동을 부당하게 구속하는 조건으로 거래하거나 다른 사업자의 사업활동을 방해하는 행위
	6. 삭제
	7. 부당하게 특수관계인 또는 다른 회사에 대하여 가지급금·대여금·인력·부동산·유가증권·무체재산권 등을 제공하거나 현저히 유리한 조건으로 거래하여 특수관계인 또는 다른 회사를 지원하는 행위
	8. 제1호 내지 제7호 이외의 행위로서 공정한 거래를 저해할 우려가 있는 행위

위배되는 위헌적인 법집행이라고 하겠다.

3) 신문발전기금의 지원 대상에서 제외하는 법률조항의 기본권의 침해성

신문법상 시장지배적사업자로 추정될 경우 신문발전기금을 지원받는 혜택을 누릴 수 없다. 신문발전기금이란 정부의 출연금 등으로 조성하여 여론의 다양성 촉진 및 신문산업의 진흥 등의 사업에 사용되는 기금이다. 이러한 신문발전기금은 정부가 여론의 다양성 촉진을 위하여 신문시장에 개입하다는 점에서 정부 개입의 상시화라는 부정적인 측면과 자유언론제도를 적극적으로 조성한다는 긍정적인 측면을 모두 가지고 있다. 만약 기금의 집행이 신문의 내용, 즉 그로 인하여 형성되는 여론에 영향을 미치는 방식으로 이루어진다면 신문발전기금은 정부가 공권력을 사용하여 국민의 핵심적인 기본권에 대한 침해가 될 수 있다. 기금을 지원받는 신문사와 그렇지 않은 신문사 간의 차별적 취급으로 평등권 침해의 우려가 있고, 지원으로 인하여 말하고 싶은 것을 말하지 못하게 되거나, 말하기 싫은 내용을 해야 하는 상황이 발생하여 언론의 자유를 본질적으로 침해할 수 있다.

하지만, 기금의 집행이 내용 중립적으로 이루어진다면 평등권이나 언론의 자유에 대한 본질적인 침해라고 보기 힘들다.[20] 신문시장의 독과점이 심각한 문제이고, 이로 인하여 우리 국민이 신문을 통하여 풍부한 정보와 다양한 시각을 접하고 있지 못하고 있다면, 정부는 신

---

20. 언론의 자유와 정부의 신문지원에 대하여는 졸고, "이익집단이 만드는 법률의 한계:지역신문발전지원특별법의 사례를 중심으로", 「분쟁해결연구」 제2권, 2004. 6. 30. 참고. 이 논문은 지원기준으로 정부는 언제 신문시장에 개입할 수 있는가, 다른 나라는 언제 신문시장에 개입했는가, 검열의 우려는 없는가, 선별지급은 필요한 제도인가, 보조금의 지급이 경쟁력을 높이는가 등 다섯 가지를 제시하고 있다.

문시장을 정상화시키기 위한 의무를 진다고 보아야 할 것이다. 이때 정부가 사용할 수 있는 여러 가지 수단 중 하나인 신문발전기금은 내용 중립적으로 운영될 수 있다. 정부는 또한 신문시장 내에서 목소리가 큰 신문사에 대하여 직접적으로 규제하기 보다는 목소리가 작은 신문사를 지원함으로써 신문시장에 다양한 목소리가 존재하도록 유도할 수 있다. 즉 시장지배적사업자를 신문발전기금의 지원 대상에서 제외하는 방안 자체는 위헌적이라고 보기 힘들다.[21)22)]

입법론적으로는 시장지배적사업자의 추정기준을 합리적으로 설정하기 어렵고, 또 설사 기준을 설정한다고 하더라도 과징금을 부과할 때 평등원칙의 위반소지가 있으므로 이러한 방식보다는 신문발전기금의 지원 대상을 적극적으로 규정하는 방식이 더 낫다고 생각한다. 즉 시장지배적사업자를 신문발전기금의 지원 대상에서 제외할 것이 아니라 신문발전기금의 지원을 받기 위해서는 "전국을 대상으로 발행하는 종합지로서 신문발행부수 기준 시장점유율이 5% 미만인 경우"라는 식으로 규정하는 것이다. 이 방안은 군소 신문사를 지원함으로써 신문시장의 외적 다양성을 제고하면서 대형 신문사의 반발도

---

21. 이에 대하여 시장지배적사업자로 추정한 것 자체는 외견상 내용 중립적 규제로 보일 수 있으나, 그 추정과 연계된 법적 효과는 한국 신문시장의 현황과 연결되어 결국 견해차별(viewpoint discrimination)로 귀결되기 때문에 위헌의 문제를 피할 수 없다는 견해가 있다. 즉 현재 우리나라에서 과점적 지위를 차지하는 신문이 조선, 중앙, 동아 등 모두 현 정부에 비판적인 신문이기 때문에 시장지배적사업자의 추정조항은 보수적인 이들 신문을 표적으로 한 것이라는 설명이다. 박용상, 앞의 청구이유보충서, p143. 그러나 설사 이러한 입법의도가 있었다고 하더라도, 신문시장은 다른 상품의 시장과 달리 다양성이 특히 중요하며, 시장지배적사업자의 추정으로 인하여 이들 3개사가 받게 되는 사적 이익의 침해는 미미하여 법익균형성을 해하고 있다고 보기 어려우므로 동의하기 어려운 견해다.
22. 헌법재판소는 2006년 6월 29일 시장지배적사업자 추정조항인 제17조 및 시장지배적사업자를 신문발전기금의 지원대상에서 배제한 제34조 제2항 제2호를 모두 위헌으로 결정하였다. 이에 대하여는 후술한다.

잠재울 수 있는 성과를 기대할 수 있다.

그러나 헌법재판소는 시장지배적사업자 추정조항(제17조)뿐 아니라 시장지배적사업자를 신문발전기금의 지원 대상에서 완전히 배제한 조항(제34조 제2항 제2호)을 모두 위헌으로 결정하였다. 다른 사정을 검토하지도 않은 채 시장지배적사업자라는 이유만으로 지원을 하지 않는 것이 평등권을 침해한다는 것이 그 주된 이유였다. 민주주의 국가에서 신문지원제도가 가지는 의미를 잘못 이해한 소치라고 본다.

(2) 편집권의 독립

1) 편집권의 독립과 언론의 자유

신문의 편집권이란 신문을 제작하는 권한을 말한다. 대외적인 관계에서는 신문사가 외부의 간섭 없이 정보를 제공하고 그에 대하여 논평할 수 있는 능력이며, 대내적으로는 언론사 내에서 신문편집에 필요한 일체의 관리를 행하는 직무상 권한을 의미한다.[23] 이 권한은 최종적으로 발행인(대부분의 경우 신문사의 사주를 의미한다)이 행사한다. 신문을 만들 때마다 편집권을 직접 행사하는 사람은 신문사 내부질서에 의하여 정해질 수 있지만, 최종적인 권한은 발행인이 갖게 된다. 만약 일상 편집권을 행사하는 사람이 발행인의 의사를 지속적으로 거부할 때는 발행인은 인사권을 행사하여 자기의 권한을 지키게 된다. 이것이 자본주의의 원리이며, 신문사 역시 이 큰 틀에서 벗어나기 힘들다.

그러나 신문사의 경우 일반적인 자본주의 논리에서 벗어나 발행인

---

23. 한국언론2000년위원회, 『한국언론의 좌표』, 관훈클럽, 2000.

이 아닌 기자가 행사하여야 한다는 주장을 펴는 사람들도 있다. 소위 편집권 독립론이다. 과거 권위주의 시대에는 언론이 권력으로부터 독립해 자주적으로 편집권을 행사하는 것이 절박한 과제였기 때문에 언론의 외적 독립이 중요하였다. 1980년대 후반 민주화의 시대가 오자, 언론이 자본으로부터 독립해야 진정한 공적기능을 수행할 수 있다는 주장이 거세지기 시작했다. 상당수의 기자와 언론학자들은 사주나 경영진의 간섭이 언론의 자유를 저해하는 가장 큰 요인이라고 지적한다.[24] 이에 따라 편집권은 사업자가 독점해서는 안 되며 언론종사자 모두가 공유해야 한다거나, 나아가 편집권은 국민에게 올바른 정보를 제공하고, 국민의 의견을 충분히 반영하기 위해 국민으로부터 편집을 위임받은 언론종사자가 독립해서 행사해야 한다는 견해가 대두되고 있다.

편집권이 기자들, 또는 언론종사자 모두에게 있다고 보는 견해는 언론의 자유를 외적 자유와 내적 자유로 구분하는 독일에서의 이론 발전에서 영향을 받은 것으로 보인다. 언론의 자유는 원래 누구나 국가의 간섭 없이 출판물을 발행할 수 있는 자유, 즉 국가권력으로부터의 자유를 의미한다. 이를 언론의 외적 자유라고 한다. 이에 반해 언론의 내적 자유는 넓은 의미로는 광고주나 이익집단 등 국가 이외의 자에 대한 관계에 있어서도 언론이 자유로울 것을 요구하는 개념이며, 좁은 의미로 사용될 경우에는 언론기업의 종사자가 언론사의 발행인을 상대로 주장하는 권리를 내용으로 한다.[25] 기자가 발행인의

---

24. 대표적인 예로, 주동황, "중앙일보 사태의 본질", 언론개혁시민연대 긴급토론회 "신문사주 비리와 소유구조 개혁" 발제문, 1999. 10. 12, p7. 주 교수는 "언론사주가 편집권에 간섭하지 않도록 하는 방법, 즉 경영과 편집을 분리시키는 장치를 두지 않고서는 진정한 독립언론의 길로 나가기 어렵다"고 주장한다.

편집권에 무조건 복종해야 한다면, 경영에 신경을 쓰는 발행인은 광고 등을 매개로 한 상업적인 영향력으로부터 자유로울 수 없어 언론의 자유가 훼손된다는 것이 언론의 내적 자유를 주장하는 근거다.

하지만 노조의 경영참가권이 인정되는 독일에서조차 언론의 내적 자유를 법으로 강제하고 있지 않다. 특히 1979년 11월 6일 독일 연방헌법재판소가 국가가 언론의 내적 자유를 보장한다는 이유로 신문의 경향(Tendenz)을 결정하고 실현하는 발행인의 자유에 간섭할 수 없다고 판결함으로써 내적 자유론을 일축했다.[26] 이 판례에서 독일 연방헌법재판소는 신문의 경향은 헌법상 언론의 자유의 핵심으로서 보호되는 것이며, 그 보호의 주체가 발행인이라고 판시했다. 따라서 국가는 물론 노동조합 등 신문사의 내부조직도 발행인의 자유에 간섭하거나 영향력을 행사해서는 안 된다는 것이다.

이와 관련, "신문의 기능을 보장하기 위하여 필요한 사항은 법률로 정한다"고 규정한 헌법 제21조 제3항과 편집권의 독립 사이의 관계가 문제될 수 있다. 이 조항에서 편집권의 자유와 독립을 도출하는 견해도 있다.[27] 언론의 자유를 민주국가의 존립 발전에 필수불가결한 기본권으로 볼 때 국가는 자유로운 언론제도를 보장할 책무가 있으며, 헌법이 규정한 언론의 기능의 핵심은 편집의 자유와 독립이기 때문에 이를 제도화해야 한다는 것이다. 하지만 신문의 기능의 핵심을

---

25. 박용상, 『표현의 자유』, 현암사, 2002, pp723~730.
26. 1 BvR 81/76-BVerfGE 52, 283.
27. 강경근, 앞의 책, p457 참고. 강경근 교수는 신문의 기능을 내적 자유로 이해하지만, 편집권이 기자 내지 편집인 등 편집종사자에게 전속적으로 귀속되는 권리는 아니라는 이유로 편집위원회 및 편집규약과 관련한 신문법 조항을 위헌이라고 주장한다. 강경근, "신문법, 어떻게 개정되어야 하는가", 신문법·언론중재법 공청회(2005. 6. 27.) 자료집, pp7~13.

개별 신문사에 있어서 편집의 자유와 독립이라고 단정하는 이론적 근거는 설득력이 약하다.

신문의 기능은 국민의 다양한 의견의 전달함으로써 여론을 형성하는 데 있다고 보아야 하며, 편집의 자유와 독립은 이를 수행하기 위한 여러 가지 방안 중 하나에 불과할 뿐이다. 독일 연방헌법재판소가 적절히 지적하고 있듯이 헌법상 언론의 자유의 핵심은 신문의 경우 그 경향의 보호이며, 신문의 경향은 발행인으로부터 나온다. 특정 신문사의 경향을 알고 입사한 기자는 그 경향을 존중해야 하며, 특정 신문의 논조를 알고 구독하고 있는 독자의 언론의 자유도 보호되어야 한다.

2) 신문법상 편집권의 주체

신문법은 당초 열린우리당의 법안과 달리 편집위원회의 구성과 편집규약의 제정을 의무화하고 있지 않다. 당초 열린우리당 안에 따르면, 편집규약이 제정되지 않을 경우 문화관광부 장관은 3개월 이하의 기간을 정하여 시정명령을 내릴 수 있고(법안 제17조 제3항), 편집규약을 제정하지 아니하거나 이를 비치하지 아니할 경우 2,000만 원 이하의 과태료를 부과(법안 제42조 제1항)할 수 있다. 또한 편집위원회는 근로자를 대표하는 편집위원을 반드시 포함하도록 규정(법안 제17조 제2항)함으로써 신문 경영에서 가장 중요한 편집의 기본원칙과 방향을 노사협의로 제정하도록 하고 있다. 이러한 법안은 소위 편집권의 독립을 모든 신문사에 강제함으로써 편집의 자유를 침해하는 문제점을 가지고 있었다. 다행히 이러한 조항은 신문법의 최종안에서 모두 삭제되었다.

그러나 신문법은 편집권의 주체가 발행인이라는 점을 의도적으로 배제하고, 발행인이 아닌 다른 사람들로 하여금 편집에 관여할 수 있는 여지를 남기고 있다는 점에서 여전히 언론의 자유를 침해하고 있다. 신문법이 취하고 있는 태도, 즉 "언론사는 사기업이지만 공적 과업을 수행하기 때문에 편집권이 경영으로부터 독립되어야 한다"는 견해는 오히려 "언론사는 사기업으로 공적 과업을 수행하기 때문에 편집권은 누구의 영향도 받지 않고 발행인이 독립해서 수행할 수 있도록 보장해주어야 한다"로 수정되어야 한다. 신문사가 사기업이라는 점에 대해서는 이견이 없다. 정보상품을 생산 공급하는 사기업인 신문사의 경영에 있어서 가장 중요한 것은 이 정보상품을 어떻게 가공할 것이냐, 즉 편집 방향에 달려 있다. 따라서 정보상품으로부터 발생하는 책임의 최종 귀속주체인 발행인에게 편집권을 부여하는 것이 논리적으로 타당하다. 일반 국민은 자신의 경향에 맞추어 신문을 구매함으로써 언론의 자유를 함께 향유하게 된다. 「한국언론 2000년 보고서」도 신문제작에서 편집업무는 경영의 핵심이기 때문에 개인소유인 경우 사주에게, 법인인 경우 이사회에 귀속된다고 결론지었다.

신문법은 편집의 책임을 지는 자를 편집인으로 정의하고(제2조 제9호), 정기간행물의 사업자, 즉 발행인이 편집인의 자율적인 편집을 보장하도록 의무화(제3조 제3항)하고 있다. 이 조항은 신문사 발행인이 편집인을 자유롭게 해임할 수 없도록 해석되는 한 위헌이라고 보아야 한다. 발행인의 언론의 자유 및 재산권의 행사를 본질적으로 침해하기 때문이다. 신문사 발행인은 자기가 원하는 편집방향을 제시하고, 이를 충실히 수행할 수 있는 편집인을 선임하고, 그 편집인에게 편집권을 위임할 수 있다. 편집권의 내용을 구분하여, 경향적 편집권은 발행인이 보유하고, 일상적 편집권은 편집인이 보유한다고 해석하는 것도 가능하다. 하지만 만약 편집인이 발행인의 편집방향에 어긋나게 신문을 제작할 경우, 즉 경향적 편집권과 일상적 편집권이 충돌할 경우 일상적 편집권은 경향적 편집권에 종속되어야 하므로 경향적 편집권이 우선되어야 할 것이다. 이러한 해석이 신문의 경향을 알고 구독하고 있는 독자의 선택권, 즉 여기서는 얻고 싶어 하는 정보를 얻는다는 의미에서 독자의 언론의 자유를 보호하는 해석이다. 따라서 발행인은 자기의 편집방향을 충실히 수행하지 못하는 편집인을 자유롭게 해임할 수 있어야 한다. 신문법 제3조 제3항이 발행인의 편집인 선임·해임권을 제약할 수 있는 것으로 해석하는 한 위헌이라고 본다.

신문법은 편집권의 독립이 바람직하다는 가치 판단을 전제하고 있다. 제18조에서 편집위원회와 편집규약을 규정함으로써 사용자(발행인)가 편집방향 및 편집의 기본원칙 등을 근로자와 협의하도록 권장하고 있다. 그러나 편집권의 독립이 모든 신문사에 바람직한 것인지도 의문이며, 그렇더라도 이를 법제화하는 것은 한계가 있다. 앞에서 본 것처럼, 신문법은 편집인의 자율적인 편집을 보장하여야 하고, 편집인은 편집에 관한 책임을 진다고 규정하고 있다. 따라서 편집위원회를 어떻게 구성하고 그 위원회에서 편집규약을 어떻게 제정하던 상관없이, 편집과 관련된 최종적인 권한과 책임은 편집인에게 있게 된다. 편집인이 편집규약의 내용을 어기고 편집에 관하여 마음대로 할 경우 편집위원회나 독자권익위원회가 신문법에 근거하여 이를 막을 방법은 없다. 편집인의 전횡을 제지할 수 있는 법적 권한이 있는 사람은 인사권을 행사하는 발행인이다. 결국 발행인이 편집인에 대한 인사권을 가지고 있고, 편집인은 편집에 관하여 책임지는 구조가 유지되는 한, 편집위원회의 구성과 편집규약의 제정은 편집권의 독립을 완전히 보장하지 못한다. 그럼에도 불구하고 신문법은 편집권의 행사에 근로자가 관여할 수 있는 길을 보장함으로써 신문사에 내분을 야기할 소지가 크다. 이는 신문사 자율에 맡겨 놓아야 할 편집위원회와 편집규약에 관한 문제를 어설프게 법률에 규정함으로써 발생하는 문제다.

진정한 편집권의 독립은 편집에 관하여 책임지는 자가 내리는 취재 지시 또는 기사작성의 지시를 기자가 자기의 양심에 반한다는 이유로 거부할 수 있을 때 이루어질 수 있다. 이러한 기자의 지시 거부권은 신문사의 발행인 혹은 편집인이 지시를 거부하는 기자에 대하여 아무런 인사상 불이익을 내릴 수 없을 때 완전하게 보장된다. 그러나 신문사는 사기업이기 때문에 기자의 지시 거부권을 정부가 법률로 인정해줄 수 없는 한계가 있다. 만약 지시 거부권을 인정한다면, 계속되는 기자의 거부권 행사로 신문 제작에 차질이 생기고 궁극적으로 신문사의 경영이 부실해질 경우 그 책임은 정부가 함께 부담해야 하는 문제가 생긴다. 정부가 개별 신문사의 의사에 반하여 경영에 간섭하였으면 그 결과에 대하여도 책임을 져야함은 논리적 귀결이다.

결국 기자의 신분을 법적으로 보장하는 방식, 즉 편집권의 독립을 법적으로 강요하는 방식은 한계가 있다. 이것 보다는 기자가 자신의 사상과 양심에 반하는 기사의 작성을 요구하는 신문사에서 사직하고 자기의 이상을 실현할 수 있는 신문사를 찾아갈 수 있도록 도와주는 방식으로 정부가 신문시장에 개입하는 것이 편집권의 독립이 추구하는 목적, 즉 사주의 부당한 지시에 거부함으로써 신문의 질을 높인다는 목적을 달성하는 효과적인 수단이 될 것이다.[28] 그렇기 위해서는 다양한 논조를 가진 신문사가 존재하여야 하고, 이를 위해서는 신문사의 설립을 쉽게 만드는 제도의 법제화가 필요하다. 또 기자의 전직을 돕는 제도적 보완도 필요하다. 예를 들어 양심상의 이유로 발행인이 요구하는 경향의 기사를 거부하고 사직한 기자에게 일정기간 전직 급여를 제공한다면, 발행인의 언론의 자유도 보장하고 기자의 양심의 자유 및 언론의 자유도 보호하는 실제적 조화의 방안이 될 수 있다.

3) 광고의 제한

광고 제한의 문제는 편집권의 범위와 연계되어 있다. 편집권을 좁게 해석하면, 신문사에 소속된 기자나 논설위원 등 내부인이 작성한 기사와 해설에 한정된다. 헌법상 언론의 자유를 보호받는 범위도 여기에 한정되고, 보도된 내용에 대한 책임도 여기에 그치는 것이 논리적 일관성을 갖게 된다. 따라서 신문에 게재된 다른 정보의 제공, 예컨대 광고나 외부 기고에서 발생하는 문제에 대해서는 신문사가 책임을 지지 않는다. 이 부분에 관한 한, 신문사는 서점이나 신문판매대와 마찬가지로 단순 중개인에 그친다. 이 경우 신문사는 광고나 외부 기고의 내용에 따라 게재여부를 결정하여서는 아니 된다. 즉 신문사에게는 광고거부권이나 외부기고의 선택권이 없다. 광고주는 신문사가 제시하는 조건에 맞는 금액을 제시하는 한 어떠한 내용의 광고이던 신문사에 게재할 것을 요구할 수 있으며, 외부인 역시 신문사가

---

28. 동지, 박용상, 앞의 청구이유보충서, p90. 박 변호사는 "언론의 내적 자유를 보호하는 가장 기초적이고 중요한 단계는 '발행인의 경향' 과 '기자의 양심' 이 충돌하는 경우 일정한 범위 및 한계 내에서 기자의 정신적 활동의 최소한을 보호하는 조치를 입법화하는 것" 이라며 그러한 입법의 예로 "기자들은 양심이나 확신에 반하는 바를 집필하거나 표현하도록 강제할 수 없고, 그 거부를 이유로 한 불이익한 처우를 금지하는 규정을 마련하는 것" 이라고 설명하고 있다.

제시하는 객관적인 조건에 맞는 한 자신의 글을 신문에 실어줄 것을 요구할 권리를 가진다. 만약 그렇지 않다면, 즉 신문사에게 객관적인 기준에 따른 선택권이 아닌, 주관적인 기준에 따른 선택권이 인정된다면, 신문사는 그 선택에 대하여 책임을 부담하여야 한다. 외부 기고문이나 광고의 내용이 다른 사람의 명예를 훼손하거나 음란할 경우 신문사는 민·형사상 책임을 지게 된다.

이러한 견해에 따르면, 언론의 자유의 보호범위는 자체 제작된 기사와 해설에 국한되고, 다른 영역에 있어서 정부는 좀 더 폭넓은 재량을 가진다. 광고로 인하여 독자의 권익이 부당하게 침해되지 아니하도록 정부가 기준을 설정하더라도 언론의 자유를 침해하는 것이 아니다. 정부는 신문 제작에 있어서 광고의 비율을 제한하는 것도 가능하다.

반면 편집권을 광의로 해석하여 이를 신문이라는 정보상품을 제작하는 권한이라고 보면, 신문사는 자체 인력으로 작성한 기사와 해설뿐 아니라 외부인의 기고, 더 나아가 광고에 대해서도 게재할지 여부에 대한 선택권을 가지게 된다.[29] 그 정보상품이 민사상 형사상 문제를 야기하면 그에 대한 책임도 신문사가 지게 된다. 신문을 제작할 때 사회면의 기사비중과 경제면의 기사비중을 어떻게 정할 것인지가 신문사의 고유한 권한인 것처럼, 내부제작 기사의 비중과 외부제작 기사의 비중 또는 기사의 비중과 광고의 비중을 정하는 것 역시 신문사의 고유한 권한이다. 이러한 권한을 침해하는 것은 결국 언론의 자유

---

29. 미국의 경우 광고에 의한 신문사의 명예훼손책임을 인정하고 있다. 이는 신문사가 광고에 대한 편집권을 가지고 있다는 의미이다. 사법상의 불법행위책임을 언론의 자유라는 헌법적 관점에서 해석한 세계 최초의 판결인 New York Times 판결도 전면광고로 인하여 발생한 사건이다. New York Times v. Sullivan, 376 U.S. 254 (1964).

를 침해하는 것이 된다. 그 침해는 함부로 허용할 수 없다.

　신문사의 입장에서는 편집권을 협의로 해석하는 것이 책임을 적게 지기 때문에 유리한 면이 있다. 하지만 이 문제는 독자의 입장에서 바라보아야 한다. 독자는 기사와 광고를 구분하여 정보를 얻고 있지 않다. 자체 제작한 기사나 외부 기고나 광고나 모두 독자에게 정보를 제공하고 있으며, 그 정보가 정확하여야 독자의 의사결정에 도움이 된다. 또 광고를 통하여 제시된 정보가 정확하지 않아 독자에게 손해를 입혔을 경우 그 책임의 주체를 광고주뿐 아니라 신문사에게로 확대하는 것이 독자의 이익을 두텁게 보호한다. 이 밖에도 신문사에게 책임을 확실히 부여해야 광고를 통한 정보의 유통이 정화될 수 있다는 점, 신문사가 광고 게재를 통하여 거액의 금전적 이익을 얻었으면 그에 대한 책임도 지는 것이 공평의 관념에 부합한다는 점 등을 감안하면 편집권을 광의로 해석하는 것이 타당하다고 본다. 신문법 제11조 제1항은 정기간행물사업자, 즉 발행인에게 광고게재의 거부권을 인정하고 있다. 즉 신문사의 편집권을 넓게 해석하고 있다. 이는 신문정보의 해악으로부터 독자를 폭넓게 보호한다는 측면에서 바람직한 입법이라고 하겠다.

4) 자료의 신고

　신문법이 신문사업과 관련, 신문사의 전체 발행부수 및 유가 판매부수, 구독수입과 광고수입을 신문발전위원회에 신고하도록 하고(제16조 제1항), 그 신고사항을 검증·공개하도록 한 것(동조 제3항)은 신문사 경영의 투명성을 제고함으로써 신문시장과 광고시장의 공정 질서를 형성하기 위한 목적이라고 해석되므로 정당한 입법이라고 할 것이다. 비교법적으로도 미국의 경우 1912년 신문공개법(Newspaper Publicity Act)을 제정하여 첫째 소유자 및 편집 책임자의 신상을 공개하도록 하였고, 둘째 돈이나 그에 상응하는 보수를 이미 받았거나 받기로 약속하고 작성된 기사에는 광고라는 표지를 달도록 했으며, 셋째 일간신문의 경우 지난 6개월간 판매 및 배포된 유료 발생 부수의 하루 평균치를 제출토록 했다.[30] 부수공개를 이행하지 아니하는 신문사는 우편물 배달의 요금 혜택을 받을 수 없는 불이익을 받게 된다. 미 연방대법원은 부수 등의 신고가 우편물의 요금 혜택을 주기 위하여 부과된 부가적인 제한에 불과하다고 판단하여 합헌결정을 내렸다.[31] 프랑스도 1984. 10. 10. 헌법위원회 결정을 통하여 신문사의 투명성에 관한 조항을 합헌이라고 결정하였다. 재정상의 투명성 조항을 적용하는 것은 언론의 자유를 제한하는 것이 아니며, 오히려 이를 더욱 효과적으로 실현하기 위한 것이라고 본 것이다.[32] 독일은 1975년 독일 신문그룹의 경제적 상황과 소유구조를 정확하게 파악할 목적으로 연방신문통계법을 제정하여 1997년까지 운영하였다.

신문사의 경영자료를 일반인에게 공개하는 규정의 위헌성 여부는 정부에 신고하는 자료의 범위에 따라 달라질 것이다. 이미 다른 법률에 의거하여 공개되는 자료를 다시 공개하는 정도에 그친다면 위헌적이라고 할 수 없겠지만, 신문사의 경영·영업상 비밀에 해당하는 내용까지 신고하도록 요구하고, 신고된 내용을 모두 공표한다면 사회적 신용유지를 위하여 보호되어야 할 명예권에 대한 부당한 제재에 해당한다. 이 경우 헌법 제37조 제2항의 과잉금지의 원칙의 충족

---

30. 채백, "20세기 초 미국의 언론개혁과 신문공개법", 「한국언론학보」, 제45-3호, p366.
31. Lewis Publishing Company v. Morgan, Postmaster in New York City, 229 U.S. 288 (1913).
32. 박용상, 앞의 청구이유보충서, p129.

여부를 살펴보아야 할 것이다. 열린우리당의 초기 안은 "기타 대통령령으로 정하는 사항"을 문화관광부 장관에게 신고하도록 한 후 이를 공개하도록 하고 있어 포괄적위임입법금지의 원칙에 위배되는 등 위헌의 의심이 컸으나, 신문법은 문제 조항을 삭제하여 위헌성을 제거하였다.

5) 신문발전기금의 설치 및 사용

신문산업은 우리나라 뿐 아니라, 세계적으로 위기라고 한다. 영상매체인 텔레비전보다 영향력이 떨어진데 이어 최근에는 인터넷매체에 뒤지는 양상마저 보이고 있다. 하지만 신문은 민주사회에서 의제(agenda)를 설정하고, 사회적 합의를 형성하는데 중요한 역할을 하고 있음을 부인하기 어렵다. 신문산업을 위하여 정부가 나서서 기금을 조성하고, 신문사업을 지원하겠다는 취지 자체는 긍정적으로 평가하여야 할 것이다.[33][34]

하지만 기금의 운용 여하에 따라서는 정부에 우호적인 신문에 대한 지원수단 또는 정부에 비판적인 신문에 대한 탄압수단으로 악용될 가능성도 있다. 이를 방지하기 위해서는 기금운용에 있어서 두 가지 원칙을 지켜야 한다. 첫째, 개별 신문사에 대한 직접 지원보다는 신문산업의 발전을 위한 간접 지원의 방식을 취하여야 한다. 둘째, 개별 신문사에 대한 지원이 불가피할 경우 그 선별은 신문의 논조, 사상, 경향 등 보도내용과 무관한 기준에 의하여 시행되어야 한다.

신문법은 여론의 다양성을 보장하고 신문산업의 진흥을 위한 업무를 지원하며, 신문발전기금을 관리·운영하기 위하여 신문발전위원회를 문화관광부에 설치하도록 하였다(제27조). 신문발전위원회는 신문산업 진흥을 위한 계획·정책에 관한 자문뿐 아니라, 정부의 출연금 등으로 조성된 신문발전기금(제33조)의 지원 대상의 선정 및 지원 기준의 심의 · 의결을 담당(제29조)하기 때문에 그 역할이 막중하다.

신문발전기금의 사용과 관련하여, 신문법은 개별 신문사에 경영 자금을 직접 지원할 수 있을지 여부를 명확하게 규정하고 있지 않다. 제34조 제1항이 여론의 다양성 촉진과 신문산업 및 인터넷신문의 진흥을 위한 사업, 독자 권익보장을 위한 사업, 신문 유통구조 개선을 위한 사업, 언론공익 사업 등을 열거하고 있는 것으로 보아 신문사에 대한 개별적인 지원보다 간접적인 지원을 채택한 것으로 보이지만, 제2항에서 지금을 지원받을 수 없는 개별 사업자로 무가지와 시장지배적사업자를 기술한 것으로 보아 직접적인 자금지원 방식도 배제하지 않고 있는 것으로 해석된다. 그러나 개별 신문사에 직접적인 자금지원을 하더라도, 제34조 제1항에 열거된 사업을 위하여 지원하는 것으로 해석하여야 하며, 개별 신문사의 경영개선을 위하여

---

33. 정부가 보조금을 지급하고 있는 나라의 예도 있다. 프랑스에서는 다원화된 목소리를 확보하기 위하여 발행부수 25만 이하의 광고수입이 열악한(광고수입이 총수입의 25% 이하) 전국 일간지에 대하여 1986년부터 정부가 제작비를 직접 지원하고 있다. 독일도 1968년부터 1990년대 초까지 여론의 다양성 보호를 위해 언론을 직간접적으로 지원한 경험이 있다. 오스트리아는 1985년 신문지원법을 제정하여 1개 연방주에서 정치적 사회적 여론을 선도하는 신문으로 발행부수가 주 인구의 1% 이상, 15% 미만인 신문에 대하여 재정지원을 하고 있다. 노르웨이 역시 전체 신문 매출액의 2% 정도가 보조금으로 지급된다. 네덜란드는 1988년 프레스펀드를 설립하여 신문지원 정책을 펴고 있다. 이상의 논의는 졸고, "이익집단이 만드는 법률의 한계: 지역신문발전지원특별법의 사례를 중심으로", 「분쟁해결연구」 제2권, 2004. 6. 30.; 졸고, 「언론의 다양성 확보를 위한 정책수단에 대한 연구」, 한국신문협회, 2004. 8. 14. 참고.
34. 언론의 자유의 제도적 보장의 측면에서 보면, 신문사는 사경제적 구조를 가져야 하며, 그 논리적 필연으로 국가에 의한 재정적 지원은 자유로운 언론제도와 양립할 수 없다고 보는 견해도 있다. 박용상, 앞의 청구이유보충서, p34. 그러나 사경제적 구조와 정부의 보조금 지급이 양립할 수 없다고 단정할 수는 없다고 본다. 정보 보조금이 신문 제작의 간섭으로 이어질 개연성이 큰 것은 사실이다. 하지만, 그 고리를 단절할 수 있다면, 즉 보조금을 내용 중립적으로 집행하는 구조를 갖춘다면 보조금은 사경제적 구조라는 자유로운 언론제도와 양립할 수 있다고 본다.

기금을 사용할 수는 없다고 본다. 개별 신문사에 대한 자금지원은 법적 근거가 있더라도 위헌의 소지가 있는데,[35] 신문법은 이에 대하여 아무런 언급이 없기 때문이다. 기금은 사용목적이 분명하게 명시된 용도로만 사용되어야 한다. 신문법에 앞서 제정된 지역신문발전지원특별법(2004년 3월 22일 제정, 법률 제7206호)의 경우 기금의 용도로 지역신문의 경영여건 개선을 명기하고 있는 점에 비추어 보면, 명문의 규정이 없는 신문법을 확대해석하는 것은 의회입법의 원칙에 위반된다.

6) 신문유통원의 설립

신문개혁의 주창론자들이 개혁의 명분으로 자주 인용하는 사례가 무가지 및 경품 제공이다. 흔히 '자전거 신문' 으로 일컬어지는 유통시장의 무질서는 신문시장의 자율성에 대한 불신으로 이어진다. 신문배급소간 과다경쟁이 폭력으로 이어지거나, 신문의 내용이 아닌 경품으로 신문구독을 권유한 실제 사례가 있었다. 여기에 신문을 끊고 싶어도 그렇게 하기 어려웠다는 소비자의 경험과 맞물려 신문시장에 대한 정부 개입은 정당하다는 인식이 형성되었다.

신문 유통시장의 정비는 분명 필요하다. 불합리한 유통구조가 고

---

35. 독일에는 보조금 지원이 헌법상 검열의 원칙에 위반된다는 판결이 있다. 1989년 독일 연방헌법재판소는 제80차 판결(우편 서비스 판결)을 통해 국가가 일부 신문사에 재정 지원을 하는 것은 시장 경제에서의 자유경쟁 원칙을 위반한 것일 뿐만 아니라, 독일기본권 제5조제1항제2호에 보장된 국가 개입과 검열금지 조항을 위반한 것이라고 판결했다. 1989. 6. 6. 결정 Postzeitungsdienst II, BVerfGE 80, 124. 이 사건에서 독일 연방헌법재판소는 언론사에 대한 국가의 보조금으로 인하여 국가로부터 독립성과 비판가능성에 대한 현저한 위험이 생기지 않거나, 그러한 급부가 없다면 자유로운 신문제도의 유지가 보장되지 않는 경우 허용된다고 설명했다.

착화될 경우 자본력이 떨어지는 신문사는 아무리 좋은 신문을 만들어도 독자에게 접근하기 어렵다. 각 신문사들이 유통구조를 장악하여 신문판매를 늘리기 보다는 신문의 질을 향상시켜 부수를 높이겠다는 인식을 하도록 유도하는 것은 국가가 담당해야 할 몫이다. 이를 위하여 첫 번째로 할 일은 시장 질서를 바로 잡는 일, 즉 신문시장에서의 불공정거래행위를 철저하게 단속하는 일이다. 여기서 한 걸음 더 나아가 신문의 유통을 지원하는 일도 모든 국민이 언론의 자유를 향유하는데 필요하다. 모든 국민은 자기의 사고·세계관·인생관과 일치하는 신문을 자유롭게 선택할 수 있어야 하며, 그러한 종류의 신문이 없을 때는 그러한 경향의 신문을 자유로이 발행할 수 있어야 한다. 새로운 신문의 발행이 유통구조상 애로로 인하여 저해된다면 모든 국민은 언론의 자유를 향유하지 못하는 결과가 된다. 국가는 이를 해소할 의무가 있으며, 신문의 유통을 지원하여야 한다. 그런 의미에서 신문유통원의 설립은 정당하다.

그러나 국가가 유통시장에 개입할 때 그로 인하여 독자의 신문선택 또는 신문의 독자접근을 방해하여서는 아니 된다. 정부의 의도에 따라 특정 신문의 독자 접근이 수월하여 지거나 방해받을 경우 개입의 정당성을 상실한다. 신문법이 신문유통원의 운영에 필요한 경비를 국고에서 지원할 수 있도록 규정한 것(제37조 제5항)은 정당한 입법이라고 하겠으나, 신문유통원은 신문법 제37조 제4항에 규정된 업무에 한정하여야 하며, 판촉을 포함하는 판매활동까지 업무범위를 확대하여서는 아니 된다.

4. 위헌성 총평가

신문법은 여야의 합의에 의해서 만들어 진 법률이지만, 충분한 숙고를 거친 법률이라고 보기 어렵다. 여당은 언론개혁을 요구하는 시민단체들의 요구에 떠밀려 언론개혁이라는 정당성을 강조하기에 바빴다. 여당은 신문시장을 독과점하고 있는 특정 신문사의 폐해를 강조하여 이를 시정하려는 현상적인 접근방식을 취했다. 신문시장을 정상화하기 위하여 혹은 신문시장을 발전시키기 위하여 어떠한 수단이 있으며, 그러한 수단이 우리 헌법상 허용되는지 여부에 대한 헌법적 고찰은 상대적으로 미약했다. 그 결과 열린우리당이 당초 발의하였던 '신문등의기능보장및독자의권익보호등에관한법률(안)'은 신문의 기능보장과 독자의 권익보호라는 명문으로 국가가 개별 신문사의 신문제작에 함부로 개입할 수 있도록 허용하고 있었다. 편집규약 제정 및 편집위원회 설치의 의무화, 독자권익위원회 구성의 의무화, 광고비율 규제 등이 그 대표적인 예이다. 이 조항들은 그 하나하나가 위헌의 의심이 가는 내용을 담고 있어 신중한 검토가 필요한 것들이다. 그 후 여야 합의과정에서 의무조항이 권장조항으로 바뀌거나 삭제되어, 위헌 시비에서 벗어나게 되었다.

신문법이 여야 합의과정에서 위헌적 소지가 줄어든 것은 우리나라 입헌주의 발전의 측면에서 보면 큰 소득이다. 그러나 언론법제의 발전이라는 측면에서 보면, 잃은 것도 많다. 여당이 주장하던 신문의 기능보장과 독자의 권익보호는 언론의 사회적 책임에 바탕을 둔 공동체 우선의 인식을 전제로 한 것이었다. 반면 야당인 한나라당이 발의하였던 '신문등의자유에관한법률(안)'은 자유주의 사고가 밑바탕에 깔려 있는 것이었다. 두 법안은 출발점이 다르기 때문에 타협의 여지가 없는 것임에도 불구하고, 여야는 타협안을 만들어냈다. 그 산물이 신문법이다. 법률의 명칭은 여야의 견해를 균등하게 반영하고 있는 것처럼 보인다. 하지만 그 내용을 살펴보면, 여당 안이 중심이고 위헌의 논란이 된 부분만 임의조항으로 바뀌었을 뿐이다. 현재 신문시장을 개편하기 위한 방법을 모두 법제화한 후 위헌의 소지가 큰 부분만 완화하는 기형적인 방법으로 신문법이 만들어졌다.

신문법은 언론의 자유가 자유민주주의의 핵심이라는 인식 아래, 언론의 자유를 제고하는 방향으로 개정되어야 한다. 반대로 언론의 공공성을 법률로써 강화하는 방안은 필연적으로 정부로 하여금 개별 언론사의 공공성을 담보하도록 하는 역할을 담당하게 하여 치명적인 문제를 야기한다. 정부는 신문사의 운영, 신문의 편집 및 판매, 피해 구제 등에 전방위로 개입하는 것이 당연하다고 오해하기 쉽다. 이는 언론의 자유와 본질적으로 양립하기 어려운 사고이다. 정부의 직접적인 개입은 여론시장이 독과점으로 작동하지 못하거나 불공정거래가 자행되는 경우에 한시적으로 이를 시정하기 위해서 이루어져야 한다. 여야 합의과정에서 위헌적 요소가 줄어든 것을 기뻐하기 보다는 언론의 자유라는 헌법적 관점에서 바람직한 신문법의 제정을 숙고하지 못한 것을 아쉬워해야 할 때다.

Ⅱ. 위헌결정 후 신문법 개정 방향

1. 신문법 개정의 원칙

헌법재판소의 일부 위헌결정으로 신문법의 도입목적이 상당부분 훼손되었으므로 신문법의 개정은 '신문의 자유'를 실현하고 '신문의 기능'을 보장하기 위하여 필요한 내용이 무엇인지 원점에서부터 다시 검토하는 것이 이상적이다.

신문법의 도입목적이 상당부분 훼손되었다고 보는 이유는, 신문법 제정 당시 이 법 제정을 적극 지지하였던 일부 언론단체와 학자들이 주장하였던 핵심 내용이 헌재에서 위헌으로 결정되거나 사실상 배척되었기 때문이다.

(a) 신문법 제정 주창자들이 주장하였던 한국 신문시장의 문제점은 다음과 같다.

1) 한국의 언론은 조선·중앙·동아의 3개 신문사가 지배하고 있다.

2) 이들 3개 신문사는 무가지 및 무상 경품의 제공으로 발행부수를 늘렸다.

3) 이들은 이념적으로 보수의 동색(同色)이다.

4) 3개 신문사는 사주의 지시로 신문을 제작한다.

(b) 신문법 제정 주창자들은 이러한 전제 아래 다음과 같이 주장하였다.

1) 3개 신문사의 영향력을 줄여야 한다.

2) 신문시장의 공정거래질서를 확립하여야 한다.

3) 이념적으로 다양한 신문이 존재하여야 한다.

4) 신문사 기자를 사주로부터 독립시켜야 한다.

(c) 신문법은 이러한 주장을 수용하여 다음의 내용을 담고 있다.

1) 독점규제및공정거래에관한법률(이하 공정거래법)에 의한 일반사업자(1사 50%, 3사 75%)보다 완화된 기준(1사 30%, 3사 60%)으로 신문시장의 시장지배적사업자를 추정한다(제17조).

2) 공정거래법으로 규제되고 있는 신문시장의 불공정거래행위를 다시 한 번 강조하여 "구독자의 의사에 반하여 구독계약을 체결·연장·해지하거나 불공정거래행위에 해당하는 무가지 및 무상의 경품을 제공하여서는 아니 된다"고 규정(제10조 제2항)한다.

3) 여론의 다양성을 보장하고 신문산업의 진흥을 위하여 신문발전위원회(이하 신발위)를 설치하고(제27조), 이를 위하여 국고를 주된 재원으로 신문발전기금(이하 기금)을 조성한다(제33조).

4) 사업자로 하여금 편집인의 자율적인 편집을 보장하고(제3조

제3항), 종사자의 편집 및 제작활동을 보호한다(제6조 제3
항).

(d) 헌법재판소는 이 중 신문법 제17조를 단순위헌으로 결정하였
으며, 편집권과 관련한 조항에 대해서는 편집인이나 기자들에
게 독점적으로 '편집권'이라는 법적 권리를 부여한 것이 아니
라는 이유로 각하 결정하였다. 따라서 위의 신문법 제정 동기
중 1)과 4)가 헌재에서 부정된 셈이다.
특히 1)은 소위 '조·중·동'의 영향력을 축소하기 위하여 당초
검토되었던 시장점유율 제한의 방안보다 완화된 수단이었음에
도 불구하고 위헌으로 판정받았다.
2)는 공정거래법에 따라 신문법 제정 전부터 이미 시행되고 있
던 내용이고, 3)의 내용 중 신발위의 설립 자체는 위헌 여부를
다툴 수 없다는 이유로 각하의 결정이 나온 반면 기금의 관리·
운용(제35조)에 대해서는 신발위가 권한을 실제로 행사할 때
위헌 여부를 다툴 수 있다는 이유로 각하 결정되었기 때문에 분
쟁의 소지가 남아 있다.

이렇게 보면, 헌재 결정으로 신문법의 도입목적이 상당부분 훼손
되었다고 평가하는 것이 타당하다.
신문법의 개정은 이념적으로 접근하기보다는, 헌법재판소의 판시
내용을 중심으로 개별 법조항을 검토하는 방식으로 진행하는 것이
현실적이다. 헌법재판소는 헌법 해석에 관한 최고의 국가기관이다.
헌재의 결정은 존중되어야 하고, 헌재의 판시는 법 개정의 일응 기준
이 되어야 한다.

여기에 신문법을 시행하면서 나타난 문제점을 시정하는 작업이 병행되어야 한다. 여기까지, 즉 헌재 결정문에 입각한 법 개정과 시행과정에서 나타난 문제점을 시정하는 법 개정은 조속히 처리하여야 할 최소한이다. 이와 더불어 인터넷 매체의 성장, 방송과 통신의 융합, 정보통신 분야의 세계화 등 급변하는 언론 환경 속에서 신문의 기능을 확보하고 신문 산업의 발전을 위하여 필요한 내용을 입법화하는 것이 바람직하다.

2. 헌재 결정에 따른 법조항 개정

(1) 헌재 결정의 요지

1) 신문법 중 제17조(시장지배적사업자 추정)와 제34조 제2항 제2호(시장지배적사업자의 신문발전기금 지원 배제)는 각 헌법에 위반된다. 따라서 이들 조항은 헌재 결정일(2006. 6. 29.)부터 효력을 상실한다.

2) 신문법 중 제15조 제3항(신문의 복수소유)은 헌법에 합치되지 아니한다. 이 조항은 국회가 해당 조항을 개정할 때까지 효력을 유지한다.

3) 편집권 관련조항(신문법 제3조 제2항·제6조 제3항·제18조), 사회적 책임 관련조항(신문법 제4조·제5조·제8조), 자료의 신고·검증·공개사항의 위임규정(신문법 제16조 제4항), 신문발전위원회 관련조항(신문법 제27조·제28조 제3항·제29조·제33조·제34조·제35조), 신문유통원 관련조항(신문법 제37조 제1·2·3·5·6항)은 모두 기본권침해의 가능성이

나 직접성이 없으므로 헌법소원의 적법요건을 충족하지 못한다.

(2) 개별 조항의 검토

1) 시장지배적사업자 관련조항

헌법재판소가 시장지배적사업자 추정조항(신문법 제17조)을 위헌 결정한 것은 신문사업자를 일반사업자보다 완화된 기준에 의하여 시장지배적사업자로 추정하여 불이익을 주거나 규제의 대상으로 삼는 것이 헌법적으로 용인될 수 없다고 판단하였기 때문이다.

헌재 결정 후 가장 논란을 빚고 있는 것이 시장지배적사업자 추정조항이다. 일부에서는 헌재 결정이 입법목적의 정당성은 인정하면서도 방법상의 문제를 지적하고 있기 때문에 세부 내용을 손질하는 방향의 보완입법의 가능성이 열려 있다고 주장한다. 노무현 정부는 "헌재의 판결내용은 결과적으로 위헌소송을 낸 청구인들의 손을 들어준 것이 아니라 신문시장의 적용범위를 중앙종합일간지와 지방일간지, 그리고 특수일간신문 등으로 구체화하자고 요구해온 언론시민단체들의 입장이 반영된 것이라고 볼 수 있습니다"(청와대브리핑 2006. 7. 6.)라고 주장하였다.

하지만, 이는 헌재가 해당 조항을 위헌으로 결정하면서 제시하였던 세 가지 이유 중에서 일부만 취사선택한 자기중심적 해석이라고 하겠다. 헌재는 시장지배적사업자로 추정하는데 있어서 신문사업자를 다른 일반사업자와 달리 취급할 이유가 없다는 결론을 내리고, 그 이유로 여러 가지 불합리한 점을 제시하였을 뿐이다.

헌재가 위헌이라는 결론을 도출하기 위하여 검토한 쟁점은 1)발행부수라는 단일의 기준, 2)시장의 동질성, 3)지배력 남용의 위험 등 세

가지였다.

 1)에 대해서는 "신문의 시장점유율은 발행부수뿐만 아니라, 신문 매출액, 구독자수, 광고매출액 등 다양한 요인을 함께 고려하여 평가하여야 함에도 불구하고 이 조항은 단지 발행부수 하나만을 기준으로 삼고 있기 때문에 그 합리성을 인정하기 어렵다"고 지적하였으며, 2)에 대해서는 "서로 다른 경향을 가진 신문들에 대한 개별적인 선호도를 합쳐 이들을 하나의 동질적인 시장으로 묶는 것은 큰 무리를 범하는 것이다. 예컨대 일반일간신문과 특수일간신문은 그 취급분야와 독자층이 완연히 다른데도 불구하고 신문구독시장과 신문광고시장에서 이들 사이에 시장의 동질성을 인정한다면 이것은 심히 무리한 일이다"라고 지적하였고, 3)에 대하여는 "신문의 발생부수는 주로 독자의 선호도에 의하여 결정되는 것이고 발행부수를 기준으로 하여 인정되는 시장지배적 지위는 결국 독자의 개별적, 정신적, 정서적 선택에 의하여 형성되는 것인 만큼 그것이 불공정행위의 산물이라고 보거나 불공정거래행위를 초래할 위험성이 특별히 크다고 볼만한 사정은 없다. 그렇다면 신문이 시장지배적 지위를 남용할 가능성이 다른 상품이나 용역에 비하여 더 커서 이를 엄격히 통제하여야 한다고 볼 수 없는 것이다"라고 지적하였다.

 시장지배적사업자 추정 조항에 대하여, 헌재가 입법목적은 정당한데 방법상의 문제를 지적했다는 이유로 이 조항의 존재 자체가 정당한 것처럼 설명하는 견해도 있다. 이는 잘못된 해석이다. 헌재가 말하는 입법목적은 신문의 다양성 보장이며, 잘못된 방법이란 시장지배적사업자 추정 조항이기 때문이다. 신문의 다양성 보장은 헌법 제21조 제3항에서 말하는 신문의 기능 보장을 의미하기 때문에 신문의 다양성을 보장하기 위한 입법목적은 언제나 정당할 수밖에 없다. 문제는 신문법이라는 구체적인 입법을 통해서 만들어진 개별적인 수단(여기서는 시장지배적사업자 추정 조항)이 그러한 목적을 달성하기에 적합한 것인지에 있는데, 신문법 제17조는 적합한 수단이 아니라는 점을 헌재가 분명하게 밝혔다.

위헌결정으로 시장지배적사업자 추정 조항은 효력을 상실했다. 법 개정을 통하여 해당 조항을 삭제하는 것이 신문법 체계상 바람직하다. 헌재 결정을 그대로 수용하여 보완입법 할 수 있다고 주장하는 견해도 있지만, 보안입법은 사실상 불가능하다. 헌재 결정대로 보완하려면 1)신문사업자에 대하여도 일반사업자와 같은 기준, 즉 공정거래법상 1사 50%, 3사 75% 기준에 따라 시장지배적사업자를 추정하고, 2)신문시장을 서로 경쟁관계에 있는 동종의 시장으로 세분화하고, 3)시장점유율은 발생부수, 신문매출액, 구독자수, 광고매출액 등을 종합적으로 고려하여 계산하여야 한다.

그러나 신문시장을 동종의 시장으로 세분화하고 각 시장마다 여러 가지 요소를 고려하여 시장점유율을 계산하는 방법을 신문법에 명시하는 일은 쉽지 않다. 또 비록 그것이 가능하더라도 공정거래법과 동일한 기준(1사 50%, 3사 75%)으로 시장지배적사업자를 추정하여야 하므로 공정거래법이라는 일반법의 적용을 받게 하면 충분하다. 일반법과 똑 같은 내용을 신문법에 특별히 규정하여야 할 실익이 전혀 없을 뿐 아니라, 공연히 법해석의 오해만 초래할 뿐이다.

시장지배적사업자로 추정된 신문사를 신문발전기금의 지원 대상에서 배제하고 있는 조항(신문법 제34조 제2항 제2호)도 위헌결정으로 효력을 상실하였다. 따라서 이 조항을 단순히 삭제하면 일응 헌재의 결정에 따른 것처럼 보인다. 하지만 헌재는 합리적 차등을 허용하고 있으므로 신문법 개정 시 신문사 간의 차등 지원의 기준을 정립할 필요가 있다.

신문법은 개별 신문사에게 기금을 지원할 수 있는지 여부도 명확하게 밝히고 있지 않을 뿐 아니라 개별 신문사에 기금을 지원할 경우 어떠한 기준으로 결정할지 역시 규정하고 있지 않다. 신문법 시행령 및 신문발전위원회 고시로 정하고 있는 기금의 지원기준을 법률에 규정할 필요가 있다. 신문법과 기능이 상당부분 중첩되는 지역신문발전지원특별법(이하 지역신문법)은 기금의 지원 및 우선지원에 대하여 명시하고 있으므로 참고가 된다.

2) 신문의 복수소유 금지

헌재는 모든 일간신문에 대하여 복수소유를 제한하는 것은 과잉규제라는 이유로 신문법 제15조 제2항에 대하여 헌법불합치결정을 내리면서, 복수소유 규제의 기준을 어떻게 정할지는 입법자의 재량이라고 판시하였다. 헌재 결정에 따르면 시장점유율이 높은 신문사에 한하여 복수소유를 금지하는 것은 헌법에 위반되지 않는다. 즉, "신문의 다양성을 보장하기 위하여 동일한 지배주주가 복수의 일간신문을 지배하는 것을 규제하여 신문시장의 독과점과 집중을 방지할 필요가 있다는 점에서 신문기업의 복수신문 소유를 제한하는 것은 원칙적으로 헌법에 위반된다고 할 수 없지만, 모든 일간신문의 지배주주에게 신문의 복수소유를 일률적으로 금지하고 있는 것은 지나치게 신문의 자유를 침해하는 것이라고 아니할 수 없다."(헌재 결정문 31~32쪽)

시장점유율을 기준으로 복수신문의 소유를 금지하는 것은 신문의 다양성이라는 입법목적을 달성하기 위하여 필요하고 적절한 수단이 될 수 있다. 다만 시장지배적사업자 추정 조항에 대한 위헌결정에서 나타나듯, 시장점유율은 일반일간신문과 특수일간신문, 전국지와 지방지 등을 구분하여 동종(同種)의 시장을 확정한 후 평가되어야 한다.

동종이 아닌 신문의 복수소유를 금지하는 것은 신문의 다양성 제고와 직접 관련이 없다. 이 문제는 신문의 다양성보다 큰 시각에서, 즉 언론의 다양성 차원에서 검토되어야 한다. 언론의 다양성 차원에서 신문 방송, 통신 등의 교차소유를 금지하고 있는 신문법 제15조 전반을 검토할 필요가 있다.

3) 편집권의 독립

헌재가 편집권 관련조항을 각하하였지만, 각하의 이유가 편집권 관련조항이 편집인이나 기자들에게 편집권을 독점적으로 부여한 것이 아니라는데 있는 만큼 편집권의 독립은 법적 개념이라고 인정할 수 없게 되었다.

신문법 제3조 제3항은 "정기간행물사업자 및 인터넷신문사업자는 이 법이 정하는 바에 따라 편집인의 자율적인 편집을 보장하여야 한다"라고, 동법 제6조 제3항은 "정기간행물사업자는 종사자의 편집 및 제작활동을 보호하여야 한다"라고 규정하여 문리해석상 사업자의 경영권에서 편집권이 분리되었다고 볼 여지가 있었다. 하지만 헌재는 이들 조항이 편집인 또는 기자들에게 독점적으로 편집권이라는 권리를 부여한 것이 아니라고 판단하고, 이에 기초하여 신문사업자의 권리를 침해하였는지 여부(본안 판단)를 살펴보지 않았다.

헌재에 따르면, "신문법 제3조 제3항은 청구인들과 같은 신문사업자로 하여금 동법이 정하는 바에 따라 편집인의 자율적인 편집을 보장하도록 규정하고 있다. 그런데, 이 조항이 편집인 또는 기자들에게

독점적으로 '편집권'이라는 법적 권리를 부여하였다거나 신문 편집
의 주체가 편집인 또는 기자들이라는 것을 명시한 것으로 볼 수 없을
뿐만 아니라, 이 조항 위반에 대한 제재규정도 없다. 그러므로 이 조
항은 기본적으로 선언적인 규정으로서 이와 같은 조항 자체에 의하
여서는 기본권침해의 가능성 내지 직접성을 인정할 수 없다."(헌재
결정문 13쪽) 따라서 "신문법 제6조 제3항은 정기간행물사업자가
종사자의 편집 및 제작활동을 보호하도록 규정하고 있는 바, 제6조
의 조문상 위치, 같은 조의 나머지 조항들의 내용에 비추어 보면 이
조항은 위 제3조 제3항과 마찬가지로 신문발행인과 편집종사자 간
의 편집권 소재에 관하여 규정한 것이 아니라 종사자의 편집 및 제작
활동에 대한 외부의 부당한 간섭과 규제로부터 종사자를 보호하라는
권고적 성격의 규정에 불과"(헌재 결정문 13~14쪽)하게 된다.

또한 신문법 제18조는 일간신문의 경우 편집위원회를 두고 편집규
약을 제정할 수 있으며, 편집규약을 제정할 경우 포함되어야 할 사항
에 대하여 규정하고 있다. 헌재는 이 조항에 대해서도 임의조항에 불
과하여 신문사업자의 법적 지위에 아무런 영향을 주지 않는다고 판
단하였다. 즉, "이와 같은 임의규정의 경우 신문사로서는 편집위원회
를 둘 것인지 여부 및 편집규약의 제정 여부에 관하여 스스로 결정할
수 있는 것이므로, 이 조항이 신문사업자인 청구인들의 법적 지위에
어떤 영향도 미친다고 할 수 없다. 따라서 이 조항에 의하여 동 청구
인들에게 자유의 제한, 의무의 부과, 권리 또는 법적 지위의 박탈이
생긴 경우라고 할 수 없으므로, 이 조항도 기본권침해의 가능성 내지
직접성을 인정할 수 없다."(헌재 결정문 14쪽)

헌재가 편집권 관련조항을 선언적 조항 내지 임의조항으로 판단한
만큼 편집권의 독립 여부, 편집위원회의 설치 여부, 편집규약의 제정

여부 등에 따라 신문사에 법적 이익 또는 불이익을 주는 것은 헌재 결정에 반하는 것이다. 그럼에도 불구하고 편집위원회의 설치 및 편집규약의 제정은 신문법 시행령 제27조 제2호를 통하여 신문발전기금의 우선지원기준으로 활용되고 있어 이의 시정이 요구된다.

편집권 관련조항은 선언적 조항에 불과한데도 실질적으로는 강행규정처럼 활용될 여지가 있으므로 신문법 개정 시 관련조항을 모두 삭제하는 것이 바람직하다. 만약 삭제할 수 없다면 의회입법의 원칙에 따라 시행령에 규정된 기금의 우선지원기준을 법률에 규정하고, 오해의 소지가 있는 제18조 제4항을 삭제하는 것은 최소한의 보완책이다. 신문법 제18조 제4항은 신문사가 자율적으로 편집규약을 제정할 경우 그 규약에 포함될 내용을 단순히 예시한 데 불과하다. 편집규약의 제정 자체가 신문사의 선택에 맡겨져 있는데, 편집규약의 내용을 강제할 수는 없기 때문이다. 헌법재판소 역시 이렇게 해석하고 있다. 하지만, 동조항의 문구가 "제정하는 경우 편집규약에는 다음 각 호의 사항이 포함되어야 한다"고 되어 있어 위와 달리 해석할 여지가 있다. 더구나 신문법 시행령 제27조 제2호가 "법 제18조의 규정에 의한 … 편집규약을 제정하여 정기적으로 운영하는 자"를 기금의 우선지원 대상으로 규정하고 있기 때문에 신발위가 실제로 기금을 지원하면서 법 제18조 제4항의 내용을 신문사에 강제할 가능성은 항상 열려 있다.

4) 신문발전기금의 용도

국가가 신문사를 선별적으로 지원하는 일이 우리 헌법상 허용되는지 여부는 불분명하다. 헌재가 판시한 내용으로 보면, 신문사에 대한 선별직 지원이 신문시장의 경생을 왜곡할 정도가 되면 신문의 자유 및 시장경제질서를 위반하게 된다. 선별적 지원이 경쟁을 왜곡하지 않으려면 선정기준이 합리적으로 설정되어야 할 것이고, 선정과정이 투명하여야 할 것이다.

신문발전기금에 관한 조항이 헌재에서 각하 결정을 받았지만, 이는 헌법소원에 필요한 형식적 요건을 갖추지 못하였기 때문이다. 해당 조항이 정당하다는 평가를 받은 것은 아니다. 위헌시비가 재연될 수 있다.

특히 문제가 되는 것은 개별 신문사의 경영여건 개선을 위하여 국가가 지원하는 보조금이다. 국가가 일부 신문사를 선정하여 경영자금을 지급하는 것은 그 선정기준이 합리적이고, 그 선정과정이 투명하더라도 신문시장의 경쟁을 왜곡할 가능성이 크다.

개별 신문사에 대한 경영자금의 지원은 신문의 다양성이라는 목적을 달성하기 위하여 합리적이고 적절한 수단이어야 한다. 따라서 정치·경제·사회·문화를 모두 다루는 종합일간지로서 일정 부수 이하의 모든 신문에게 보조금을 지급하는 등 국가 중립적인 방법이 필요하다.

지역신문법은 기금의 용도를 규정하고 있는 제15조에 '지역신문의 경영개선을 위한 지원'을 명시하고 있는데 반하여 신문법은 개별 신문의 경영개선을 위한 기금지원이 가능한지 여부가 분명하지 않다. 신문법은 제34조 제1항에서 기금의 용도로 '여론의 다양성 촉진과 신문산업 및 인터넷신문의 진흥을 위한 사업' '독자 권익 보장을 위한 사업' '신문 유통구조 개선을 위한 사업' '언론공익 사업' '그 밖에 대통령령으로 정하는 사업' 만을 규정하고 있으며, 시행령 제26조는 '그 밖에 대통령령으로 정하는 사업'을 '소외계층의 구독료 지원사업'과 '언론보도 피해자 상담 및 피해구제에 관한 사업'으로 규정하고 있어 개별 신문의 경영지원을 위한 사업은 신문법이 예정하고 있는 사업이라고 할 수 없다고 하겠다. 따라서 개별 신문사의 경영 여건 개선을 위하여 자금을 지원하기 위해서는 기금의 용도를 규정한 조항(제34조 제1항)에 이를 명시하고, 지원기준을 신설하여야 한다. 신문발전위원회가 임의로 기금의 용도 및 지원기준을 정하여 개별 신문사를 선발하고 이에 자금을 지원하는 것은 의회입법의 원칙에 반한다.

3. 시행과정에서 나타난 문제점의 시정

(1) 신문과 방송의 겸영 문제

신문과 방송의 겸영 및 교차소유에 관한 법조항이 신문법과 방송법에 각기 달리 규정되어 있어 혼란을 야기하고 있다. 법조문 정비가 필요하다. 신문법 제15조 제2항은 일간신문과 뉴스통신은 '상호 겸영' 할 수 없으며, 방송법에 의한 '종합편성 또는 보도에 관한 전문편성'을 하는 방송사업을 '겸영' 할 수 없다고 규정하고 있다. 반면 방송법 제8조 제3항은 일간신문이나 뉴스통신을 경영하는 법인은 '지상파 방송사업 및 종합편성 또는 보도에 관한 전문편성'을 행하는 방송채널사용사업을 겸영하거나 그 주식 또는 지분을 소유할 수 없다고 규정하고 있다.

따라서 '상호 겸영'과 '겸영'이 서로 다른 의미인지, 신문법의 '종합편성 또는 보도에 관한 전문편성'과 달리 방송법이 '지상파방송사업 및 종합편성 또는 보도에 관한 전문편성'이라고 규정함으로써 지상파방송사업을 포함한 의미는 무엇인지, '겸영'과 '주식 또는 지분을 소유하는 것'과의 차이는 무엇인지 등 법문상 차이의 의미를 두고 견해가 나뉠 수 있다.

헌법재판소는 이러한 법문상 차이의 의미를 아래와 같이 정리하였다.

즉, "신문법 제15조 제2항은 일간신문이 뉴스통신이나 일정한 방송사업을 겸영하는 것을 금지하고 있다. 위 조항에 의해 금지되는 겸영은 첫째, 일간신문과 뉴스통신의 겸영, 둘째, 일간신문과 방송사업의 겸영, 셋째, 뉴스통신과 방송사업의 겸영의 세 가지 형태이다. 여기서 '겸영'이 금지된다는 것은 동일한 법인 내의 목적사업으로 일간신문과 뉴스통신 또는 방송사업을 함께 경영하는 것이 금지된다는 의미이다."(헌재 결정문 28쪽)

하지만 "일간신문사업자가 복수의 일간신문을 발행하는 것은 여기서 규제되는 '겸영'에 해당하지 않고, 또 일간신문법인의 주식 또는 지분의 2분의 1 이상을 소유하는 자가 다른 일간신문법인의 주식이나 지분의 소유를 통해 다른 일간신문의 경영에 관여하는 것은 제15조 제3항에 의하여 규제를 받게 됨은 별론으로 하고 여기의 '겸영'에 해당하지 않는다."(결정문 29쪽) "방송법 제8조도 '겸영금지'와 '주식·지분의 취득의 제한·금지'를 구분하여 적시함으로써 주식이나 지분을 취득하는 방법으로 경영에 관여하는 것을 겸영의 범주에서 제외시키고 있[다]."(결정문 29쪽) "겸영이 금지되는 방송사업은 '방송법에 의한 종합편성 또는 보도에 관한 전문편성을 행하는 방송사업'으로, 이는 방송법상 일간신문법인에 의한 겸영이 금지되는 '지상파방송사업 및 종합편성 또는 보도에 관한 전문편성을 행하는 방송채널사용사업'(방송법 제8조 제3항)과 같은 개념이다."(결정문 29쪽)

　신문과 방송 등 이종 미디어의 겸영 또는 교차소유는 고도의 정책적 접근과 판단이 필요한 분야로써 입법자가 결정하여야 한다. 이때 판단의 기준은 국내 언론시장의 다양성 현황, 다른 선진국가의 입법 예, 정보통신기술의 발진추세 등이 될 것이다. 이종 미디어의 겸영 또는 교차소유를 허용하는 방안으로는 신문, 지상파방송, 라디오, 유선방송 중에서 2개까지 허용하는 방법, 신문과 지상파 방송의 융합을 제외한 나머지는 모두 허용하는 방법, 특정 시장의 점유율이 높을 경우에만 다른 시장으로의 진출을 제외하는 방법 등을 고려할 수 있다.

　외국의 사례에서 볼 수 있는 특이한 점은, 선진국 중에서 우리나라처럼 신문과 방송의 겸영 및 교차소유를 전면적으로 금지한 나라는 한 군데도 없다는 점이다. 흔히 미국이 방송과 신문의 교차소유를 금지하는 대표적인 국가로 알려졌다. 하지만 미국도 동일지역 내 교차소유를 금지하는 것이지, 다른 지역 간 교차소유는 금지하지 않는다. 즉 A지역에서 신문을 발행하는 기업이 B지역에서 방송사업을 하는 것은 금지대상이 아니다. 또한 21세기 들어 다매체 시대로 접어들면서 과거 일률적으로 규제하던 방식에서 벗어나 지역에 따라 매체가 다양한 지역에서는 규제를 완화하고, 매체의 독과점이 발생하는 지역에서는 규제를 유지하는 체제로 바뀌고 있는 중이다. FCC는 2002년 6월 신문과 방송의 교차소유 규제를 완화하였으나 여론의 반대 등으로 인하여 실패하였다. 그 후 2007년 12월 또 다시 규제완화를 발표하였다.

　그 밖의 주요 국가의 교차소유에 관한 입법 예는 아래와 같다. 여기서 알 수 있는 것은 시장 상황에 따라 신축적인 접근이 필요하다는 점이다. 우리는 언론의 다양성을 저해할 위험이 있다는 이유로 무조건 금지하고 있으나, 선진국들은 여론독과점의 위험에 따라 규제의 정도를 달리한나.

(a) 프랑스 : 한 개인 또는 법인은 아래의 네 가지 영역 중 두 영역에
    서만 활동할 수 있다. ①시청자 합계가 400만 명에 이르는 아날
    로그 또는 디지털 지상파 채널의 텔레비전 방송허가 ②청취자
    합계가 3,000만 명에 달하는 지상파 라디오 방송 서비스 ③이
    용자 합계가 600만 명에 이르는 케이블 방송허가 ④전국 시장
    점유율 합계가 20%를 넘는 신문 (two out of four 기준)

(b) 독일 : 연방 차원에서 교차소유를 금지하는 법률은 없다. 하지
    만 주 차원의 법률은 있다. Northrhine-Westphalian 주의 경
    우 신문 또는 잡지시장에서 지배적 지위를 차지하고 있는 신문
    사는 동일 지역에 소재한 방송사를 통제할 수 있는 수준의 지분
    (controlling stake)을 동시에 소유할 수 없다.(dominant
    position 기준)

(c) 영국 : 특정 지역의 ITV 방송허가의 소유자는 동일 지역의 시장
    점유율이 20%를 초과하는 신문을 소유할 수 없다. 전국의 시장
    점유율이 20%가 넘는 신문의 소유자는 ITV 프랜차이즈의 지분
    의 20%를 초과하여 소유할 수 없다. 과거에는 전국 지상파 방
    송허가인 Channel 3와 Channel 5도 가질 수 없었으나, 법 개
    정으로 Channel 5에 대한 방송허가를 허용하고 있다. 다만 정
    부는 여론의 다양성을 위하여 공익성 기준(public interest
    test)에 의하여 개입할 수 있다.(pluralist interest 기준)

(2) 자료의 신고 및 공개

신문법이 요구하는 경영관련 신고내용은 전체 발행부수 및 유가 판

매부수, 구독수입과 광고수입에 불과하지만, 신문발전위원회가 이를 검증하기 위하여 이 보다 더 많은 자료를 요구하면서 신문사의 불만이 크다.

헌재는 신문법 제16조가 신문의 자유를 지나치게 침해한다거나 일반 사기업에 비하여 평등원칙에 반하는 차별을 가하는 위헌규정이라 할 수 없다고 판시하였다. 하지만 실제 자료를 신고하는 과정에서 신문사들은 신문발전위원회가 경영 비밀에 해당하는 자료까지 신고할 것을 요구한다고 불만을 토로하고 있다.

경영 비밀을 보호하기 위하여 최소한의 자료를 제출하려는 신문사와 신고내용을 검증하기 위하여 가능하면 많은 자료를 요구하는 신문발전위원회간의 갈등은 신고의 범위와 공개의 범위를 분명히 규정함으로써 해소할 수 있다. 즉, 공개하는 자료의 범위는 신문법 제16조 제1항 제1호 및 제2호로 한정하고, 이를 검증하기 위하여 신문발전위원회가 요구하는 자료는 비공개대상이라는 점을 명확히 하는 것이다.

현행법은 신발위가 신고사항을 검증 · 공개하도록 하고, 그 구체적인 사항을 대통령령으로 정하도록 규정하고 있어 검증을 위하여 필요한 사항도 공개할 수 있는 것처럼 해석될 소지가 있다. 신발위 위원 및 직원은 비밀유지 의무가 있기 때문에 공개 대상이 아닌 신문사의 정보를 공개할 경우 형사처벌 받게 된다.

(3) 신문발전위원회와 지역신문발전위원회의 통합

지역신문법은 그 제정 목적이 여론의 다양성 및 민주주의의 실현에 있어 신문법의 목적과 유사하며, 그 목적을 달성하기 위한 수단 역시 정부의 출연금을 주 재원으로 하여 기금을 조성하고, 이 기금을 신문 산업의 발전을 위하여 사용하며, 신문진흥의 업무를 위하여 위원회를 구성한다는 점에서 신문법과 큰 차이가 없다. 두 법을 통합하고, 신발위와 지역신발위를 통합하는 것이 바람직하다.

두 법의 차이점은 지역신문법(2004. 3. 22.)이 신문법(2005. 1. 27.)보다 먼저 제정되었다는 것과 지역신문법은 6년 한시법이라는 것 정도에 불과하다. 한시적인 특별법이 제정된 후 일반법이 제정된 만큼 특별법인 지역신문법을 일반법인 신문법에 통합하는 것이 바람직하다.

Ⅲ. 언론피해구제법의 위헌성 및 개정 방향[36]

1. 언론피해구제의 필요성

언론에 대해서 좋지 못한 감정을 드러내는 사람들이 많다. 언론보도로 피해를 본 사람만이 아니다. 개인의 사생활이 과도하게 드러나는 보도, 상대방의 입장을 아랑곳하지 않는 듯한 보도에 접하고 눈살을 찌푸리는 사람도 꽤 많다. 언론보도를 재미있게 보는 사람들조차도 언론이 너무한다고 한다.

언론사에 종사하는 사람들의 설명은 다르다. 과거 언론이 함부로 보도하던 적도 있었다. 지금도 전혀 없다고 할 수는 없다. 하지만 요즘 언론사는 진실한 보도를 위하여 상당히 노력한다고 한다. 다만, 언론보도의 대상이 되는 사건은 상대방 입장에서 보면 감추고 싶은 내용이기 때문에 어느 정도의 명예훼손과 사생활 노출은 불가피하다고 설명하기도 한다.

---

36. 이 글은 「언론과 법」 제4권 제1호(2005)에 실린 논문을 수정·보완한 것이다.
37. 국회는 2005년 1월 1일 여야 합의 아래 정기간행물의등록등에관한법률(이하 정간법)을 신문등의자유와기능보장에관한법률(이하 신문법)과 언론중재및피해구제등에관한법률(이하 언론피해구제법)로 분화하여 개성하였다.

언론피해구제법은 언론사보다 잠재적 피해자인 국민을 위하여 제정된 법이다.[37] 그만큼 반대하기 쉽지 않은 법이다. 하지만 신중히 생각해보아야 할 것은 언론피해구제법이 없으면 국민의 명예가 보호되지 않는가 하는 점이다. 언론피해구제법이 없어도 민법으로 명예훼손의 문제를 해결할 수 있다. 우리나라도 그렇게 해왔고, 다른 나라도 대부분 그렇게 하고 있다. 우리나라는 명예훼손죄로 형사처벌도 한다.

아무리 국민 입장에서 좋은 법이라도 그 법으로 피해를 보는 계층이 있는 이상 왜 그런 법이 있어야 하는가 하는 비판적인 시각에서 검토할 필요가 있다.

2. 언론피해구제법의 개요 및 체계

언론피해구제법은 (1)정간법, 방송법, 민법 등 개별법에 분산되어 규정되어 있던 언론피해구제제도를 포괄하여 단일법에 규정함으로써 피해구제제도의 실효성을 높이고 국민의 인격권 보호에 만전을 기하고, (2)언론사로 하여금 언론의 자유와 독립에 상응한 언론의 사회적 책임을 분담하게 함으로써 공정한 여론형성과 언론의 공적 책임의 실현에 공헌하도록 하려는 목적으로 제안되었다.[38] 이 법은 당초 열린우리당 문병호 의원이 대표 발의한 개정안이 한나라당의 반대에 부딪히자 일부 수정된 것이다. 언론피해구제의 법적 체계에 있

---

38. 문병호 의원 외 150인의 '언론중재및피해구제등에관한법률안' 제안이유. (http://search.assembly.go.kr:8080/law/lawindex_gate.jsp?starget=present-law%2Flaw_search.jsp&plawradio=title&querytext=%B0%B3%C0%CE%C1%A4%BA%B8&searchAbcLaw) 참조.

어서는 당초 안과 크게 다르지 않다.

언론피해구제법의 주요한 내용은 다음과 같다. 첫째, 이 법의 적용을 받는 언론사를 방송사업자, 정기간행물사업자, 뉴스통신사업자 및 인터넷사업자로 정의(제2조 제10호)하여, 인터넷언론의 피해에 대해서도 전통적인 언론의 피해와 동일한 절차에 의하여 구제받을 수 있도록 하였다.

둘째, 방송사, 일반일간신문사는 사내에 고충처리인을 두어 언론피해의 자율적 예방 및 구제를 담당하도록 하고(제6조 제1항), 고충처리인을 두지 아니하거나 고충처리인에 관한 사항을 제정하지 아니할 경우 3,000만 원 이하의 과태료에 처하게 된다(제34조 제1항).

셋째, 언론중재위원회의 기능이 확대되어, 기존의 반론보도 및 정정보도와 관련한 조정 외에 언론에 의한 피해 배상에 대하여도 조정 결정을 내릴 수 있으며(제18조 제2항), 언론분쟁의 양 당사자가 언론중재위원회의 종국적 결정에 따르기로 합의할 경우에는 언론중재위원회가 확정판결과 같은 효력을 가지는 중재 결정을 내릴 수도 있다(제24조 및 제25조). 그동안 언론중재위원회가 운영하던 중재제도는 명칭과 달리 그 법적 성격이 조정이라는 것이 통상적인 해석이었다. 이번 법 개정으로 조정과 중재가 통상의 의미대로 사용되게 되었다. 그러나 반론보도청구의 경우 언론중재위원회를 거치지 아니하고도 법원에 제소할 수 있도록 개정하여, 언론중재위원회의 절차가 임의화되었다.

넷째, 언론중재위원회는 언론의 보도내용에 의한 국가적 법익이나 사회적 법익 등의 침해여부를 심의하여 필요한 경우 해당 언론사에 서면으로 시정을 권고할 수 있으며(제32조 제1항), 각 언론사별로 시정권고한 내용을 외부에 공표할 수 있고(동조 제5항), 피해자가 아닌

자도 시정권고를 신청할 수 있도록 허용함(동조 제2항)으로써 시정
권고가 언론의 사회적 책임을 담보하는 주요 수단으로 작동하도록
설계되었다.

(1) 인격권 보호 중심의 언론법제

언론의 자유는 개인이 언론활동을 통하여 자기의 인격을 형성하는
개인적 가치인 자기실현의 수단인 동시에 정치적 의사결정에 참여하
는 사회적 가치인 자기통치를 실현하는 수단이다.[39] 언론의 자유는
민주주의의 실현에 반드시 필요하다. 모든 국민이 자기 의견을 자유
롭게 표현하고, 이렇게 표출된 다양한 의견을 바탕으로 사회적 합의
가 형성되는 과정이 민주주의이기 때문이다. 하지만 언론이 무한의
자유를 향유할 수는 없다. 우리 헌법은 제21조 제4항에서 "언론·출
판은 타인의 명예나 권리 또는 공중도덕이나 사회윤리를 침해하여서
는 아니 된다. 언론·출판이 타인의 명예나 권리를 침해한 때에는 피
해자는 이에 대한 피해의 배상을 청구할 수 있다"고 규정하고 있다.
언론의 자유와 인격권의 보호라는 서로 다른 헌법적 가치를 어떻게
조화시킬 것인가는 민주주의 국가의 언론법제가 해결하여야 할 가장
큰 과제라고 하겠다. 인격권의 보호를 중시하여 잘못된 언론보도에
엄격한 책임을 물릴 경우 합법과 불법의 경계선 상에 있는 발언을 스
스로 자제하는 위축효과(chilling effect)가 발생하여 언론의 자유를
침해하게 되고, 반대로 언론의 자유를 중시하여 면책의 범위를 넓히
면 무책임한 보도로 인한 개인의 명예훼손이 다반사로 일어나게 된

---

39. 헌법재판소 1999. 6. 24. 선고 97헌마 265 결정.

다. 두 기본권이 충돌할 경우 이를 해결하기 위한 방안으로는 크게 이익형량과 규범조화적 해석이 있다. 이익형량은 상충하는 두 기본권의 가치를 서로 비교형량하여 가치가 보다 큰 기본권의 효력에 우선권을 주는 방법인데 반하여 규범조화적 해석은 두 기본권의 효력을 함께 존중할 수 있는 조화의 방법을 찾는 것이다.[40] 실무적으로는 이익형량이 보편적으로 사용된다.

한 사회가 처한 상황에 따라 언론의 자유와 인격권에 대한 평가는 다르기 때문에, 이익형량의 결과는 국가마다 시대마다 조금씩 다르게 나타난다. 다양한 민족으로 구성된 미국은 모든 국민이 자유롭게 이야기하는 것이 민주주의 발전에 절대적이라고 믿고 있기 때문에 인격권의 침해를 감내하고서라도 언론의 자유를 지켜야 한다고 생각한다. 그 결과 언론의 자유와 인격권이 충돌하는 한계적인 사건을 이익형량하면 법원의 추는 언론의 자유를 지지하는 쪽으로 기울어진다.[41] 반면 두 차례의 세계전쟁에서 인간의 존엄성을 훼손한 경험이 있는 독일은 인간의 존엄성 보호에 최고의 헌법적 가치를 부여한다. 따라서 언론으로 인하여 개인의 인격권이 손상되는 상황에서 이익형량은 인격권의 보호 쪽에 기울어지는 경향이 미국보다 뚜렷하다.

최근 법원의 이익형량은 과거 인격권 보호에서 언론의 자유 쪽으로 변화되는 추세를 보인다.[42] 언론사를 상대로 하는 명예훼손 소송이 본격화된 것은 1990년대 중반부터라고 하겠다. 당시 법원은 언론의

---

40. 허영, 『한국헌법론』, 박영사, 2003, p259.
41. 미국에서도 20세기 중반까지는 명예권을 중시하는 엄격책임주의가 주류를 이루었으나, 1964년 New York Times v. Sullivan 사건이후 미 연방대법원은 언론의 자유라는 헌법직 가치를 명예훼손소송에 적용하여 언론의 자유 쪽에 기우는 경향을 나타내고 있다.
42. 함석천, "손해배상청구권의 도입과 언론중재", 「언론중재」 2005년 봄호.

무책임한 보도로 명예를 훼손당한 국민의 피해구제 쪽에 서는 판례를 많이 내놓았다. 언론의 자유를 두텁게 보호하는 대표적인 판례인 미국의 뉴욕타임스 사건에서 나온 현실적 악의(actual malice) 이론과 그 후 발전한 공인이론(public figure doctrine)의 도입을 법원이 거부한 것이 그 예이다.[43] 하지만 2002년 이후 일련의 대법원 판례는 공인이론을 수용하여 명예훼손보다 정치적 표현의 자유를 중시하는 경향을 뚜렷하게 나타내고 있다.[44]

언론피해구제법은 이러한 최근 법원의 판례에 대한 반작용의 소산이다. 이 법은 전국언론노동조합연맹 등이 주축이 된 언론개혁시민연대가 입법청원한 언론피해구제법안의 내용을 대부분 차용하고 있다.[45] 입법청원한 법안의 제정 필요성을 설명한 당시 자료에 의하면, 최근 법원의 판례 태도에 대한 불만이 주요 원인임을 알 수 있다. 즉,

---

43. 현실적 악의, 즉 보도의 내용이 허위임을 알았거나 이를 무모하게 무시한 경우(with knowledge of its falsity or with reckless disregard of whether it is true or not)의 항변에 대하여 대법원은 "언론의 특성상 공직자의 윤리 및 비위 사실에 관한 보도에 있어서는 특별히 보도의 내용이 허위임을 알았거나 이를 무분별하게 무시한 경우에만 상당한 이유가 없다고 보아야 할 것이라거나 상당한 이유에 대한 입증책임을 피해자가 부담하여야 할 것이라는 등의 상고이유의 주장은 독자적인 견해에 불과하여 받아들일 수 없다"고 판시했다. 대법원 1997. 9. 30. 선고 97다24207 판결. 또 워싱턴 특파원을 지낸 언론인이 방송사를 상대로 낸 소송에서도 대법원은 "피해자가 공적 인물이라고 하여 방송 등 언론매체의 명예훼손 행위가 현실적 악의에 기한 것임을 그 피해자 측에서 입증하여야 하는 것은 아니다"라고 판시했다. 대법원 1998. 5. 8. 선고 97다34563 판결. 공인에 대한 명예훼손의 판례 태도에 대하여는 졸고, "공인에 대한 명예훼손", 「법조」 제551호, 2002. 8. 참조.

44. 결정적으로 태도 변화를 보인 판례는 대법원 2002. 1. 22. 선고 2000다37524, 2000다37531 판결이다. 언론중재위원회가 발간한 국내언론관계판례집 10집(2003)에 수록된 판례를 중심으로 보면, 이 대법원 판결이 선고되고 난 뒤인 2002년 2월부터 2003년 6월까지 선고된 명예훼손 손해배상사건 26건 중 언론사 승소율은 73%로 나타났다. 1990년부터 2000년까지 언론사 승소율은 27.6%에 불과했다.

45. 가장 큰 차이는 징벌적 손해배상제도의 도입 여부에 있다. 입법청원한 내용에는 이 내용이 포함되어 있으나, 열린우리당의 발의안이나 언론피해구제법에는 없다.

대법원이 언론의 사회적 책임보다 언론의 자유를 훨씬 강조하는 입장에 서 있기 때문에 법원에 의한 허위보도 견제는 갈수록 기대하기 어렵게 되었다는 것이 입법청원의 배경이다.

이에 따라 언론피해구제법은 언론의 자유보다 언론의 사회적 책임을 강조하고, 인격권 보장을 강화하고 있다. 첫째, 언론에 의한 보도는 공정하고 객관적이어야 한다(제4조 제1항). 둘째, 언론은 인격권을 침해하여서는 아니 되며(제5조 제1항), 인격권의 침해가 공적인 관심사에 대하여 중대한 공익상 필요에 의하여 부득이하게 이루어진 때에는 위법성을 조각하고 있다(제5조 제2항). 셋째, 사자(死者)에 대한 인격권도 30년 동안 인정하고, 유족이 이를 대행하도록 하였다(제5조 제3항). 넷째, 언론사가 언론피해를 자율적으로 예방하거나 구제하기 위한 기구로 고충처리인의 임용을 의무화하였다(제6조). 다섯째, 인격권 침해로 손해가 발생하였으나 손해액을 산정하기 곤란한 경우 법원은 상당한 손해액을 인정할 수 있도록 허용하고(제30조 제2항), 인격권을 침해할 우려가 있는 경우 피해자는 그 상대방에 대하여 침해의 예방을 청구할 수 있다(제30조 제3항).

이러한 입법은 언론의 무책임한 보도로 인격권을 침해당한 피해자의 입장에서 보면 바람직한 것처럼 보인다. 하지만 인격권을 보호하기 위하여, 민주사회에서 인격권 못지않게 중요한 헌법적 가치인 언론의 자유를 일률적으로 훼손하는 우를 범하고 있다. 앞서 살펴본 것처럼 민주사회에서 중요한 것은 두 헌법적 가치를 어떻게 조화시킬 것인가에 있다. 두 가치에 대한 비교형량은 구체적인 분쟁의 해결을 맡은 법원이 담당해왔지만, 언론피해구제법의 제정으로 언론의 자유에 대한 인격권의 일상적 우위가 보장되게 되었다. 이는 바람직하지 않은 입법 예일 뿐 아니라, 언론의 자유에 대한 중대한 침해로 위헌의 소지가 있다.

　법원은 그동안 수많은 명예훼손 사건을 해결하면서 나름대로 원칙을 형성하고 있는 중이다. 최근 판례의 태도는 민주주의 국가에서 국민을 대신하여 공직을 담당하고 있는 사람이 하는 공적인 활동에 대하여는 자유로운 언론보도가 필요하지만, 그렇지 않은 내용에 대하여는 인격권이 존중되어야 한다는 것이다. 즉 공인에 대하여는 악의적이거나 현저히 상당성을 잃은 공격이 아닌 한 명예훼손을 인정하여서는 아니 된다는 입장인데 반하여 사인에 대한 흥미위주의 보도에 대하여는 철저하게 명예훼손의 책임을 부여하고 있다. 하지만 언론피해구제법은 판례로 형성된 언론의 면책범위를 일률적으로 축소[46]하고, 언론피해의 구조만을 강조하고 있어 자유로운 언론의 위축을 우려하지 않을 수 없다.

(2) 언론중재위원회 중심의 피해구제

1) 피해구제의 단일법화

　언론피해구제법이 내세우는 입법 필요성 중 하나는 언론피해를 구제받기 위한 법적 절차가 민법과 민사소송법, 형법과 형사소송법, 정간법, 방송법 등에 산재되어 있어 일반 국민들이 이를 쉽게 이해하기 어렵게 되어 있다는 것이다. 일견 타당한 주장이다. 언론의 피해자 입장에서 보면, 피해구제 절차를 일목요연하게 알 수 있으면 자신의 권리를 주장하기 수월할 것이다. 특히 언론중재제도와 관련된 내용

---

46. 언론피해구제법 제5조 제2항 후단은 판례로 형성된 위법성 조각사유를 크게 제한하고 있다.

은 정기간행물이나 방송에 모두 적용되는 내용인데도, 정간법에 규정한 후 방송법에서 준용하는 형식[47]을 취하고 있어 혼란스러운 것이 사실이다. 또한 인터넷 언론이 급성장하고 있는데도 인터넷 언론의 피해구제에 관한 법률이 없어 피해자 구제에 만전을 기하지 못한다는 지적도 있었다.

하지만, 언론피해구제법을 제정한다고 하더라도 언론피해에 관련된 내용이 모두 단일화되는 것도 아니며, 또 단일화되는 것이 반드시 바람직한 것도 아니라고 본다. 단일화의 문제는 법에 무지한 일반 국민이 얼마나 이해하기 쉬운가의 관점에서만 바라볼 수 없다. 모든 분야에 공통적으로 적용되는 내용은 일반법으로 제정하고, 특정 분야에 특수한 내용은 특별법으로 제정하는 것이 체계적이며, 법체계를 이해하는 사람에게 더 쉬운 구조라고 하겠다.

더구나 언론피해구제법은 단일법도 아니다. 정간법과 방송법에 수용되어 있던 언론중재에 관한 내용만 한 법에 수록될 뿐이지, 민법과 민사소송법, 그리고 형법과 형사소송법 등 일반법의 적용을 배제하는 것이 아니기 때문이다. 언론피해구제법은 언론과 관련된 사적인 분쟁의 해결에 관한 특별법으로 이 법에 규정이 없는 내용은 여전히 일반법의 적용을 받을 수밖에 없다.[48] 언론보도로 인한 인격권의 침해가 형사적으로 문제되면 형법과 형사소송법의 적용을 받게 되는 것은 물론이다. 또한 언론피해구제법은 "언론사의 언론보도로 인하여 침해되

---

47. 방송법 제91조 제8항 : 방송에 관한 분쟁의 중재 및 심의는 정기간행물의등록등에관한법률 제17조의 규정에 의한 언론중재위원회가 이를 행하며, 그 절차에 관한 사항과 반론보도청구사건의 심판에 관한 사항 및 추후보도청구권에 관한 사항에 관하여는 동법 제18조·제19조·제19조의2·제20조의 규정을 준용한다.
48. 언론피해구제법 제19조 제9항은 "조정절차에 관하여 이 법에 규정한 것을 제외하고는 민사조정법을 준용한다."라고 규정하고 있다.

는 명예나 권리 그 밖의 법익에 관한 다툼이 있는 경우"(제1조) 이를 해결하기 위하여 제정되었기 때문에 언론사가 아닌 기자 또는 일반인에 의한 인격권 침해의 사안에 대하여는 적용되지 않는 한계를 갖는다.[49]

　언론피해구제법이 단일법으로 의미를 갖는 것은 현재 정간법상 규정되어 있는 언론중재위원회의 구성과 권한에 관한 내용뿐이다. 이 법이 제정되면 정기간행물, 방송, 뉴스통신, 인터넷 언론 등 모든 매체가 언론중재위원회가 실시하는 언론피해구제의 체제 아래 들어오게 되는 데 의의가 있다. 그런데, 왜 언론중재위원회가 언론피해구제 제도의 중심 역할을 하여야 하는지에 대한 설명이 충분하지 못하다.

2) 언론중재위원회 중심의 피해구제 체계

가. 언론중재위원회 기능의 확대

　언론중재위원회의 권한이 강화되어야 한다고 주장하는 견해는 그동안 중재위의 성과가 만족스러웠다는 데 주로 기초하고 있다.[50] 세계에서 그 유래를 찾아보기 힘든 언론중재위원회가 언론분쟁의 효율

---

49. 박용상, "언론피해구제법 비판", 법률신문, 2005년 3월 24일.
50. 양삼승 변호사는 언론중재위원회 창설 이후 20년간 사건처리 현황을 살펴보면, 예상보다 높은 비율의 사건들이 중재성립 등 당사자간 합의에 의하여 해결되고 있는 것이 통계상 명백하다며 중재의 대상을 넓히는 것이 바람직하다고 주장한다. 양삼승, "'언론피해구제법'(가칭) 제정을 위한 입법론적 방안", 「언론중재」 2000년 겨울호, p39. 또한 언론중재위원회가 조사한 만족도 역시 높은 것으로 알려졌다. 언론중재위원회 「2003년도 언론중재제도 이용만족도연구」, 2003. 그러나 이재진 교수는 언론중재위원회를 실제로 이용한 사람을 중심으로 만족도 조사를 한 결과, "중재제도의 필요성에 대해서는 신청인이나 피신청인 모두 공감하면서도 만족도는 아직 기대에 미치지 못하고 있음을 알 수 있다."고 주장했다. 이재진·유재웅, "언론중재제도의 조정전치 기능에 대한 재고찰: 소송에 갈음하는 분쟁해결방안(ADR)의 효율적 관점에서", 「한국언론학보」 제48권 제2호, 2004, p268.

적 기구로서 역할을 제대로 하고 있는지 오히려 의문이다. 설사 긍정적인 평가를 내린다고 하더라도, 그동안 담당하던 업무와 성격이 전혀 다른 업무까지 잘 할 것이라는 근거 없는 희망을 바탕으로 언론중재위원회의 기능을 확대하는 것은 잘못이다.[51] 기능의 확대가 오히려 언론중재위원회를 설립한 본래 취지에 부합하지 않아 그동안의 성과를 훼손할 가능성이 있으며, 기능 상호간에 충돌이 발생하게 되어 결코 바람직하지 않다.

언론중재위원회의 설립 취지는 반론보도청구권의 보장에 있었다. 언론중재위원회는 1980년 12월 31일 제정된 언론기본법의 산물이다. 전두환 대통령의 권위주의 시절 대표적인 악법으로 손꼽히는 언론기본법은 반론보도청구권(당시 명칭은 정정보도청구권)을 도입하였다. 반론보도청구권은 불법행위책임을 전제로 하지 않아서 그 행사요건이 매우 간단하고 피해구제가 신속한 것이 장점이다. 언론기본법은 반론보도를 법원에 청구하기 전에 반드시 언론중재위원회의 중재절차를 거치도록 하였다. 외국에서 선례를 찾기 힘든 이 언론중재제도는 도입 당시 언론인에게서 환영받지 못하였다. 1987년 민주

---

51. 언론피해구제제도의 개선방안으로 언론중재위원회의 권한강화를 들고 있는 대표적인 연구서로 주동황 등 4인의 『언론피해구제제도 연구』(한국언론재단, 2004년)가 있다. 이 연구서는 서울에 거주하고 있는 만 20~69세의 일반시민 200명을 대상으로 설문조사를 한 결과, 응답자의 85.5%가 언론중재위원회를 알고 있으며, 일반시민의 경우 언론중재의 결정권한이 아직 부족하며 더욱 강화되어야 한다는 의견이 제기됐다고 한다. 그러나 설문조사의 내용을 구체적으로 살펴보면, 일반시민 중 언론중재위원회를 잘 알고 있다고 대답한 비율은 14.5%에 불과하였으며, 74.0%는 이름만 들어보았다고 대답하였다. 그럼에도 불구하고, 연구서는 응답자의 85.5%가 언론중재위원회를 인지하고 있는 것으로 단정하고, 그들을 대상으로 언론중재제도의 개선방향을 물어본 후 일반시민은 언론중재위원회의 권한강화를 지지한다는 결론을 도출하는 오류를 범했다. 이름만 들어보았거나, 전혀 모른다는 답변이 오히려 85.5%를 차지하고 있는데 이들을 상대로 언론중재위원회의 필요성 및 기능개선 방향을 조사한 후 그 결과를 정책자료로 활용하는 것은 현실의 왜곡 가능성이 크기 때문에 위험하다.

화 운동으로 언론 환경이 급변하고, 그 해 말 언론기본법이 폐지되면서 언론중재위원회는 그 존속 자체가 위태로웠다. 하지만 새로 제정된 정간법은 언론중재위원회를 포용했다. 그 이유는 반론보도청구권에 있었다. 언론피해자의 억울한 감정을 신속하게 해소할 수 있는 제도로서 반론보도청구권의 존속가치가 인정되었기 때문이다. 언론사의 입장에서도 손해배상이나 정정보도가 아닌 반론보도로 국민의 불만을 수용할 수 있기 때문에 반론보도의 중심기관으로서 언론중재위원회의 존속 필요성을 수용했다.[52]

새로운 언론피해구제법에 따르면, 언론중재위원회는 앞으로 반론보도청구, 정정보도청구, 손해배상청구에 대한 조정을 담당한다. 언론중재위원회의 위상에 변화가 있을 것으로 예상된다. 필요적 전치규정이 삭제됨으로써 언론의 피해자가 언론중재위원회에 갈 수도 있고 법원에 갈 수도 있는, 소위 선택적 청구가 가능한 상황에서, 그럼에도 불구하고 언론분쟁의 궁극적인 해결기관은 법원으로 예정하고 있는 법체계 아래서, 언론중재위원회가 새로 부여받은 권한을 사장시키지 않으려면 어떻게 행동할 것인가. 언론중재위원회는 소비자에 의하여 선택 당하도록 행동할 수밖에 없다. 이는 언론중재위원회가 언론보도의 피해자에게 유리한 방향으로 조정하게 됨을 의미한다.[53] 즉, 언론중재위원회가 반론보도, 정정보도, 손해배상 등 세 가지 기능에 대한 조정권한을 모두 갖게 되면, 반론보도 또는 정정보도보다

---

52. 양경승, "'언론피해구제법' 제정을 위한 입법론적 검토", 「언론중재」, 2004년 가을호 참조.
53. 언론중재위원회의 소비자에는 언론보도에 의한 피해자뿐 아니라 언론사도 포함된다. 하지만, 언론피해사건은 그 성질상 피해자가 언론사를 상대로 청구하는 형태를 취하므로 언론중재위원회의 소비자는 피해자로 보아도 무방할 것 같다.

손해배상으로, 손해배상의 액수도 법원보다 많이 인정하는 방향으로
조정결정을 내릴 것으로 예상할 수 있다.[54] 그 결과 언론중재위원회
가 출범했던 당초의 취지인 '신속하고 간편한 반론보도제도에 의한
언론분쟁의 해결' 이라는 대안적 기능은 쇠락할 수 있다.

나. 이익충돌(conflict of interests)의 문제

언론중재위원회가 여러 가지 권한을 가지게 됨에 따라 이익충돌 현
상도 나타나게 된다. 언론중재위원회는 분쟁해결기구로서 출범하였
고, 언론피해구제법 아래서도 분쟁해결기구임에 틀림없다. 분쟁해결
기구는 중립적이고 독립적이어야 그 업무를 수행할 수 있다. 분쟁해
결기구가 당사자로부터 독립되지 못하고 중립성을 잃게 되면 그 결
정은 다른 당사자에게 수용될 수 없다. 특히 언론중재위원회와 같이
강제력이 없는 분쟁해결기구가 중립성과 독립성을 확보하지 못하면,
그 존립근거를 상실한다.[55]

---

54. 오히려 언론중재위원회가 법원보다 적은 금액의 손해배상의 조정에 나설 것이라는 전
    망도 있다. 즉, 손해배상액은 적지만, 신속하게 결정함으로써 언론의 피해자와 언론사
    가 모두 만족하는 조정이 가능하리라는 것이다. 하지만, 인격권의 침해에 따른 손해배
    상은 가시적인 손해를 계산할 수 없기 때문에 양 당사자가 만족하는 배상액을 정하기
    쉽지 않다. 특히 언론사 입장에선, 법원에 제소하면 시간을 벌 수 있어 피해자와 협상
    하거나 최소한 흥분을 가라앉힐 수 있는 기회를 갖기 때문에 언론중재위원회의 조정
    또는 중재를 받아들이리라고 기대하기 어렵다. 결국 언론중재위원회의 주된 이용자는
    언론의 피해자가 될 수밖에 없으며, 이를 언론중재위원회도 알기 때문에 피해자 중심
    의 운영이 이루어질 것으로 추론할 수 있다.
55. 언론중재위원회는 직권으로 조정에 갈음하는 결정을 내릴 수 있으나, 그 결정에 불복
    이 있는 자가 이의신청을 하면 그 결정은 효력을 상실한다(언론피해구제법 제22조 제3
    항). 중재결정은 법원의 확정판결과 동일한 효력이 있지만(법 제25조), 당사자 쌍방이
    중재부의 종국적 결정에 따르기로 합의하여 신청할 경우에만 언론중재위원회가 중재
    할 수 있으므로(법 제24조 제1항), 언론중재위원회는 강제력이 없는 분쟁해결기구라고
    하겠다.

언론중재위원회의 독립성과 중립성을 구성과 기능의 측면에서 살펴보면 몇 가지 문제점이 발견된다. 중재위원은 법률과 양심에 따라 독립하여 직무를 행하며, 직무상 어떠한 지시나 간섭도 받지 않도록 보장하고 있다(제8조 제1항). 하지만 중재위원은 전원 문화관광부 장관이 임명하며, 그 중 일부만 다른 기관의 장이 추천한 자를 위촉하도록 제한하고 있을 뿐이어서 정부로부터 독립되었다고 할 수 없다.[56] 노무현 정부 출범 이후 언론중재위원회의 주된 이용자가 정부인 상황에서[57] 정부로부터 독립성을 확보하지 못한 기관이 중립적인 역할을 어떻게 감당할 수 있을지 의문이다.[58]

언론중재위원회의 독립성을 훼손하는 더욱 큰 문제는 기능에 있다. 분쟁해결기능 뿐 아니라 내용심사기능, 피해구제기능 등도 함께 담당하고 있기 때문이다. 언론피해구제법은 "언론중재위원회가 국가적 법익이나 사회적 법익 또는 타인의 법익 침해사항을 심의하여 필요한 경우 해당 언론사에 서면으로 그 시정을 권고할 수 있"도록 허용하고 있다. 이러한 시정권고 기능은 현행 정간법도 인정하고 있

---

56. 언론피해구제법 제7조 제3항은 법원행정처장과 대한변호사협회장이 추천한 자를 각각 중재위원 정수의 5분의1 이상이 되도록 정하고 있다.

57. 언론중재위원회의 중재신청 현황을 신청인 별로 보면, 1981년부터 2002년까지 국가기관·공공단체 등의 신청한 것은 496건으로 총 신청건수 6,868건의 7.2%에 불과하였으나, 2003년에는 224건으로 총 724건의 30.9%, 2004년 1/4분기부터 3/4분기까지는 210건으로 총 608건의 34.5%로 급격히 늘어났다.

58. 문화관광부 장관의 위촉권 행사에 의한 정치적 영향력을 경감하기 위하여 제척·기피·회피 제도의 도입을 통한 보완이 필요하다는 견해가 있다. 주동황 등 4인, 『언론피해구제제도 연구』, 한국언론재단, 2004년. 언론피해구제법도 중재위원의 제척·기피·회피 등을 규정하고 있다(제10조). 하지만 문화관광부 장관이 친정부적 인사를 선임하는 소위 '코드인사'를 하였다는 사유는 제척이나 기피의 사유가 되지 않기 때문에 적절한 보완책이 될 수 없다.

는 내용이다.[59] 하지만 언론피해구제법이 예정하고 있는 시정권고는 국가에 의한 상설적인 언론감시기능으로 현재의 기능과 비교할 수 없을 정도로 강력하다. 언론중재위원회는 국가적 법익이나 사회적 법익에 대한 침해 여부를 항상 점검하게 되며, 위반 내용을 공개함으로써 언론사에 대한 사회적 신뢰를 저하시키는 강력한 수단도 보유하게 되었다.

더구나 언론중재위원회는 현재 법적 근거도 없이 언론피해상담센터를 운영하면서 언론보도의 피해자에게 종합적인 법률상담을 시행하고 있다.[60] 심판기관이 상담기관의 기능까지 함께 담당할 경우 이익의 충돌은 피할 수 없다. 언론피해의 상담기관은 업무의 성격상 피해자 입장에서 법적 조언을 해주게 되지만, 중재기관은 피해자로부터 독립되어야 하기 때문이다. 언론피해구제법 역시 현재 언론중재위원회가 실시 중인 피해구제센터의 법적 근거를 제시하고 있지 않다.

결론적으로 언론피해구제법에 따르면 언론중재위원회는 언론과 관련된 분쟁을 해결하는데 중심적인 역할을 담당하게 된다. 하지만 이러한 권한 강화는 언론중재위원회의 존립근거인 반론권 제도의 쇠락을 초래하기 쉬울 뿐만 아니라, 언론중재위원회가 독립적인 분쟁해결기관으로서 활동하는데 장애요소로 작용할 수 있다.

(3) 시민단체 중심의 언론 통제

언론피해구제법은 언론의 사회적 책임을 담보하기 위하여 언론사의 운영에 직접 간섭하는 것은 물론이고 외부에 의한 감시를 받도록 하는 체제를 유지하고 있다. 대표적인 수단이 공표이다. 앞서 살펴본 것처럼, 시정권고 사항을 외부에 공표함으로써 권고적 효력밖에 없는 시정권고에 실효성을 담보하고 있으며, 고충처리인의 활동사항도 매년 공표하도록 하고 있다(제6조 제5항). 또한 고충처리인의 자격·지위·신분·임기 및 보수 등에 관한 사항을 정하고 이 내용도 공표하여야 한다. 시정권고와 관련하여서는, 시민단체와 같이 "피해자가 아닌 자"도 특정 언론사의 보도내용이 "국가적 법익이나 사회적 법익"을 침해할 경우 그 시정을 요구하도록 언론중재위원회에 신청할 수 있도록 권리를 인정하였다(제32조 제1, 2항).

이러한 입법 태도는 과거 정간법에서 찾아볼 수 없는 것이다. 언론의 공적책임을 담보하기 위하여 정부가 직접 개입하기 보다는 시민단체 등 비정부기구(NGO)의 자발적인 감시를 독려하는 것이 언론의 자유를 덜 침해하는 방법임에는 틀림없다. 또 시민사회 내부의 자율 정화라는 측면에서 바람직하다는 평가를 받을 만하다.

그러나 언론피해구제법은 시민단체를 정부의 우호세력으로 포섭하고 있다는 점에서 비정부기구의 자율성을 훼손하고, 더 나아가 언론의 자유를 침해할 소지가 많다. 언론피해상담소에 대한 경비보조가 그 대표적인 예이다. 당초 열린우리당이 발의한 언론피해구제법안에는 공익법인이나 비영리법인이 상담소를 설치 운영할 경우 그 경비를 보조할 수 있도록 근서규정을 마련함과 동시에 상담소에 대한 감독을 강화하는 내용도 담고 있었다. 즉, 언론피해상담소는 문화관광부에 등록하여야 하며(법안 제27조 제1항), 문화관광부 장관은

---

59. 정간법 제18조 제8항: 중재위원회는 정기간행물에 의한 침해사항을 심의하며 필요한 경우 당해 발행인에게 시정을 권고할 수 있다.

60. 언론중재위원회 민간언론피해상담센터 홈페이지 참고http://www.pac.or.kr/press/customer/customer.asp.

그 운영상황을 감사할 수 있다(법안 제30조 제1항). 시민단체의 역동성은 정부로부터 독립되어 자율적으로 운영하는데서 나오며, 그러한 역할을 수행할 때 시민사회에 기여하는 바가 크다고 할 것이다. 그렇지 않고 정부에 의존하여 행동한다면 그 행동의 순수성은 의심을 받을 수밖에 없다. 더구나 상담소의 역할이 언론피해를 신고 받아 이에 관한 상담에 응하는 일 등 소극적인데 그치지 않고, 언론피해에 관하여 조사·연구하는 일 등 적극적인 일까지 포함한다면(법안 제28조), 정부가 지원하는 상담소가 특정 언론사에 대한 상시적인 통제기구로 작용할 우려가 크다. 앞의 정부 지원 및 감독과 함께 이 조항을 검토하면, 결국 정부로부터 언론피해구제라는 업무를 위탁받은 것과 다름없게 된다. 다행히 언론피해구제법이 수정 통과되면서 언론피해상담소에 관한 규정이 삭제되었다.

그러나 문화관광부가 2005년 5월 10일 발표한 신문법 시행령안은 언론피해상담소에 대한 정부 지원조항을 담고 있다. 국회에서 여야 합의에 의하여 삭제한 내용을 집행부가 시행령 제정을 통하여 부활시킴으로써 의회입법의 원칙을 훼손하였다.

(4) 매체 간 불평등한 피해구제 체계

1) 인터넷언론의 포섭

언론피해구제법이 언론을 "방송·정기간행물·뉴스통신·인터넷신문"으로(제2조 제1호) 정의내리고, 인터넷신문을 신문법 제2조 제5호의 규정에 따라 "컴퓨터 등 정보처리능력을 가진 장치와 통신망을 이용하여 정치·경제·사회·문화·시사 등에 관한 보도·논평 및 여론 및 정보 등을 전파하기 위하여 간행하는 전자간행물로써 독자적 기사 생산과 지속적인 발행 등 대통령령으로 정하는 기준을 충족하는 것"(동조 제5호)은 인터넷 언론에게 언론에 걸 맞는 사회적 책임을 부여하기 위한 것이라고 하겠다. 정보통신기술의 비약적인 발전으로 인터넷으로 대표되는 새로운 매체 역시 급성장하면서 이에 대한 법제화의 필요성은 꾸준히 지적되어왔다.[61] 정간법이 그 적용대상을 인쇄매체에 한정함으로써 온라인매체로 인한 피해구제에 미흡하다는 지적도 있다. 물론 이에 대한 반론도 있다. 인터넷 언론 역시 언론의 한 종류에 불과하므로 정간법상 명문의 규정이 없다고 하더라도 그 피해자는 피해의 구제를 법원 또는 언론중재위원회에 신청할 수 있다는 것이다.[62] 즉, 언론피해의 민사적인 구제방법 중 손해배상청구권과 정정보도청구권은 일반법인 민법의 규정에 의하여 인정되고 있는 것을 정간법이 주의적으로 규정한 것에 불과하며, 반론보도청구권 역시 정간법에 의하여 비로소 창설된 권리라기보다는 민법에 규정된 불법행위로 인한 피해배상의 한 종류에 불과하므로, 정간법에서 인터넷 언론을 특별히 규정하고 있지 않다고 하여 그 피해구제의 방법이 없는 것은 아니라는 설명이다.

언론피해구제법이 명문으로 인터넷 언론을 그 적용대상에 포함하고 있이 디 이상 법리 논쟁이 불필요하게 뇌었다는 점에서 이러한 개정을 바람직한 것으로 평가하는 견해가 있다.[63] 그러나 인터넷의 특수성을 고려하면, 과연 인터넷을 언론피해구제법의 적용대상으로 하

---

61. 김영석 외 5인, 『인터넷언론과 법』, 한국언론재단, 2004년 참조.
62. 양삼승, "정간법 개정안과 중재제도의 개선", 「언론중재」, 2003년 가을호, p31.
63. 양삼승 변호사는 열린우리당 안과 유사하게 인터넷언론을 적극적으로 포섭한 2002. 2. 8. 국회의원 27인(대표발의 심재권 의원)이 발의한 정간법 개정법률안에 대하여 이렇게 평가했다. 양삼승, 앞의 논문, pp31~32.

는 것이 올바른 것인지 의문이다.[64] 그동안 정간법이 가장 큰 역할은 한 것은 언론중재위원회를 통한 반론보도청구권의 보장이라고 할 터인데, 인터넷은 정보의 제공자와 수용자가 수시로 바뀔 수 있는 쌍방향성 때문에 보도의 상대방에게 반론보도청구권을 인정할 이유가 없다. 반론보도청구권은 언론보도의 피해자에게 방어주장의 기회를 제공하며, 언론사의 보도와 상대방의 반대주장까지 함께 제공하여야 비로소 독자가 올바른 판단을 내릴 수 있다는 취지에서 인정되고 있는데,[65] 인터넷 언론의 경우 댓글을 통하여 두 가지 기능이 이미 실현되고 있기 때문이다. 또한 실제로 인터넷 언론을 통하여 발생하는 많은 사건은 당사자의 반론권이 보장된다고 하여 해결될 수 있는 성질의 것이 아니다. 인터넷 언론에서 보도된 것이 일반 네티즌의 주목을 받기 시작하면, 익명성과 정보전달의 용이성 등을 특징으로 하는 인터넷 언론의 자체 동력에 의하여 기하급수적으로 확대 재생산되기 때문에 그 와중에 피해자에게 반론권을 부여한다는 것은 무의미해진다. 정정보도청구권 역시 큰 효과를 보기 어렵다.

인터넷 언론으로 인한 피해에 대하여는 다른 접근방법이 필요하다. 사후에 금전적 책임을 부과하는 손해배상제도는 훗날 예방적 기능을 할 수 있기 때문에 여전히 유효한 방법이다. 하지만 인터넷에서 잘못된 정보가 일단 확산되면 수습하기 어렵다는 점을 감안하면, 인터넷

---

64. 박선영 교수는 반론권이 인터넷언론에도 적용되어야 하나, "현재 정간법이나 방송법이 규정하고 있는 대로의 반론권을 적용하는 것은 시대착오적"이라고 한다. 박선영, 『언론정보법연구I』, 법문사, 2002, p465.
65. 헌법재판소 1996. 4. 25. 선고 95헌바25 결정.
66. 시사 주간지 '시사저널'이 2004년 10월 1일부터 9일까지 전문가 1,000여명을 대상으로 조사한 바에 따르면, 가장 영향력 있는 언론매체 10위 안에 오마이뉴스(6위), 미디어다음(9위), 프레시안(10위) 등 3개 인터넷 언론사가 포함되었다.

언론사가 스스로 예방체계를 갖추도록 하는 것이 언론의 피해를 줄이는데 더 효과적이라고 생각한다. 언론피해구제법이 신문사와 방송사에 강제하고 있는 고충처리인이 정작 필요한 곳은 인터넷 언론사다. 또한 인터넷 언론사가 독자적인 기사 생산을 하는지 여부는 중요하지 않다. 인터넷포털의 주된 역할이 정보를 전달하는 것이라고 하더라도, 독자적인 판단기준에 따라 기사를 취사선택하고 편집한다면 언론의 기능을 하는 것으로 보아야 할 것이다. 인터넷신문의 범위를 좁게 해석한 신문법 제2조 제5호의 정의규정을 그대로 수용한 언론피해구제법 제2조 제8호 및 제9호는 인터넷의 특성을 제대로 이해하지 못한 것이며 인터넷 언론의 피해구제에 미흡하다고 할 것이다.

평등의 원칙의 측면에서 보면, 언론피해구제법은 전통적인 언론매체인 신문사와 방송사에 대하여 역차별하고 있다. 법이 '언론'과 '언론사'의 정의를 내리면서 인터넷신문을 포함하여 인터넷 언론도 방송, 신문, 뉴스통신과 마찬가지로 언론의 자유와 독립이 보장되고(제3조 제1항), 정보원에 대하여 자유로이 접근할 권리와 그 취재한 정보를 자유로이 공표할 권리를 갖게 된다(동조 제3항). 인터넷 언론이 지속적으로 요구해오던 다른 언론매체와 동등한 대우가 실현되고 있는 셈이다. 그럼에도 불구하고, 인터넷 언론에 대해서는 다른 언론매체와 달리 자유와 권리에 부응하는 사회적 책임의 실현을 강요하고 있지 않다. 방송사업자와 일반일간신문 사업자는 언론피해의 자율적 예방 및 구제를 위한 고충처리인을 반드시 두어야 하며(제6조), 고충처리인의 활동사항을 매년 공표하여야 하지만, 인터넷신문사에게는 그러한 의무가 부과되지 않고 있다. 최근 인터넷 언론의 비약적인 발전으로 일간일반신문보다 사회적 영향력이 더 큰 온라인매체도 속속 등장하고 있는데,[66] 인터넷언론 사업자에게만 사회적 책임을 이행하도록 강요하지 않는 것은 합리적 이유 없는 우대조치라고 하겠다. 인터넷 언론이 갖는 특수성과 일반성을 고려한다면, 반론보도청구의 대상에서는 인터넷 언론을 제외시키고, 사회적 책임을 실현시키는 이행수단의 적용에 있어서는 다른 언론매체와 동등하게 대하는 것이 바람직하다.[67]

2) 신문과 방송의 무차별성

언론피해구제법은 매체로서 신문과 방송이 갖는 매체의 차별적 특징을 인식하고 있지 않다. 신문과 방송은 모두 언론 매체로서 민주사회에서 정보 제공과 여론 형성의 역할을 담당하고 있지만, 매체의 성격이 다르다. 방송은 신문과 달리 전달수단인 전파주파수가 한정되어 있기 때문이다. 한정된 전파주파수로 혼선을 피하고 방송하기 위해서는 사용가능한 주파수대를 배분할 수밖에 없다. 이때 희망하는 사람의 수가 많으면 방송은 허가제로 운영하는 것이 불가피해진다. 우리 헌법이 제21조 제2항에서 언론·출판에 대한 허가제는 인정되지 않는다고 규정하고 있음에도 불구하고, 전파사용의 허가제는 일반적으로 인정되고 있다.[68] 방송의 허가는 원래 일반 국민의 자산인 전파를 방송사업자에게 신탁하는 과정이므로 공적인 의무가 수반된다. 따라서 방송의 자유에서는 방송사를 운영하는 자의 권리가 아니

---

67. 이상의 논의는 평등의 원칙의 측면에서 살펴본 것이다. 이에 대한 언급이 언론의 사회적 책임을 법적으로 강제하는 수단이 항상 정당화된다는 의미는 아니다. 특히 신문과 대해서 그렇다.

68. 공중파 방송의 허가제를 직접 다룬 판결은 없다. 하지만 공중파 보다 자원의 희소성 제한을 덜 받는 유선방송에 대한 사건에서 헌법재판소는 사업허가제가 허용된다고 판시해 방송의 허가제는 당연히 허용되는 것으로 해석된다. 헌법재판소 2001. 5. 31. 선고 2000헌바43, 52 결정.

라 시청자, 청취자 등 방송 수용자의 권리가 더 중시되어야 한다.[69] 그러나 가용자원의 제한을 받지 않는 인쇄매체의 경우 설립 허가제는 우리 헌법상 허용될 수 없다.[70]

영향력 측면에서도 방송은 신문보다 월등하다. 방송은 음성과 영상을 통해 지역 전체에 즉시 그리고 동시에 정보를 전달하며, 수취인의 적극적인 수령의사가 없어도 안방까지 침투한다는 점에서 방송의 영향력은 신문과 비교할 수 없다. 이에 따라 방송의 자유에서는 신문의 자유에서와 달리 공정성의 원칙(Fairness Doctrine), 또는 공공성의 원칙이 중요한 제한원리로 작용하게 된다. 방송법이 제5조에서 방송의 공적 책임을, 제6조에서 방송의 공정성과 공익성을 규정하고 있는 이유도 여기에 있다. 정부로부터 허가를 받아 설립된 방송사는 민주적 여론형성의 과업을 수행하기 위해서 방송 내용을 편성할 때, 인간의 존엄성 존중이라는 헌법상의 기본적 합의를 토대로 한 자유민주주의 사회에서 구성원의 의견과 이익이 다양함을 전제로 각계각층의 관심사 중 논란이 되는 현안의 쟁점을 주제로 선택하고, 그에 관련되는 모든 이해관계의 입장이 실제상의 중요성에 상응하도록 합당한 비중으로 다루어야 할 의무가 있다고 한다.[71] 반면 신문은 사상의 자유

---

69. 박선영, 『언론정보법연구II: 방송의 자유와 법적 제한』, 법문사, 2002, p22. 미국 연방대법원의 판례도 이러한 입장에 서 있다. Red Lion Broadcasting Co. v. FCC, 395 U.S. 367 (1969) 참조.

70. 헌법재판소는 정기간행물을 발행하고자 하는 자에게 일정한 물적 시설을 갖추어 등록할 것을 요구하는 구 정간법 제7조 제1항에 대한 위헌법률심판사건에서 시설기준 자체는 위헌이 아니지만, 해당시설을 자기 소유이어야 하는 것으로 해석하는 한 위헌이라는 한정합헌 결정을 내렸다. 이에 대해 변정수 재판관은 등록제도 실질적으로 허가제와 마찬가지로 운영될 가능성이 있으므로 위헌이라는 반대의견을 냈다. 헌법재판소 1992. 6. 26. 선고 90헌가23 결정. 열린우리당의 신문법안은 등록제를 그대로 유지하고 있는데 반해 한나라당의 신문등의자유에관한법률안은 등록제를 신고제로 변경했다.

71. 서울고법 1994. 9. 27. 선고, 94나35846.

시장(marketplace of ideas)이 형성되는 곳으로 정부의 내용규제는 언론의 자유를 본질적으로 침해할 수 있다. 신문시장은 공정성의 원칙보다는 경향(Tendenz)보호의 원칙이 적용되어야 할 영역이다.

이처럼 본질적으로 사회적 책임의 정도가 다른 매체를 언론피해구제법은 동등하게 취급함으로써 결과적으로 신문에 대한 규제가 과도해졌다. 우리 헌법도 방송과 통신에 대해서는 시설기준에 필요한 사항을 법률로 정한다고 규정할 정도로 특수성을 확인하고 있지만, 신문에 대해서는 그렇지 않다.[72] 신문을 통한 언론의 자유의 핵심적인 내용은 설립의 자유에 있다. 언론의 자유는 하고 싶은 말을 표현할 수 있는 자유이며, 이러한 표현의 자유를 제한하는 국가의 공권력 행사에 대하여 저항할 수 있는 소극적 방어권이 그 핵심적인 내용이다. 만

---

72. 통신에 관하여는 2003년 4월 30일 뉴스통신진흥에관한법률이 제정되었다. 이에 따르면, 뉴스통신이라고 함은 "전파법에 의하여 무선국의 허가를 받아 외국의 뉴스통신사와 뉴스통신계약을 체결하고 국내외의 정치·경제·사회·문화·시사 등에 관한 보도·논평 및 여론 등을 전파함을 목적으로 행하는 송수신 또는 이를 목적으로 발행하는 간행물"(제2조 제1호)을 의미한다. 연합뉴스사는 이 법률에 의하여 국가기간뉴스통신사로 지정되었다.

73. 이와 관련, 헌법재판소는 신문을 발행하려면 공보처 장관(현 문화관광부 장관)에게 일정한 기준의 인쇄시설을 소유하고 있음을 증명하는 서류를 첨부하여 등록하도록 의무화하고 있는 구 정기간행물의등록등에관한법률 제7조 제1항에 대한 위헌법률심판 사건에서 "헌법상의 언론의 자유는 어디까지나 언론·출판자유의 내재적 본질적 표현의 방법과 내용을 보장하는 것을 말하는 것이지 그를 객관화하는 수단으로 필요한 객체적인 시설이나 언론기업인 기업인으로서의 활동까지 포함되는 것으로 볼 수는 없는 것"이라며 등록제가 언론자유의 본질적 내용의 간섭이 아니라고 보았다. 헌법재판소 1992 .6. 26. 선고 90헌가23 결정 참고. 그러나 이 판결은 재력을 가진 사람만 신문을 발행하게 되어, 그렇지 못한 사람보다 언론의 자유를 더 누리게 된다는 결론에 이르게 되어 언론의 자유 및 평등의 원칙 등을 침해함을 간과하였다. 헌법재판소는 이 판결에서 등록제의 정당화 근거로 언론의 자유와 언론기업인의 자유를 구별하였다. 하지만 이러한 구별을 인정한다고 하더라도, 등록제는 언론의 자유를 행사하기 위한 수단으로서의 신문을 발행하는데 대한 제한이므로 언론기업인의 자유가 아니라 언론의 자유의 일환으로 보았어야 했다.

약 표현이 다른 사람의 명예나 권리 등을 침해할 경우에는 사후에 이
에 대한 제재나 배상책임을 부과할 수 있지만, 사전에 그러한 내용을
제한하는 검열제는 법률로써도 허용되지 않는다. 표현은 혼자 할 수
도 있고, 생각을 같이 하는 여러 사람이 모여서 할 수도 있다. 신문은
세상을 바라보는 시각이 비슷한 사람들이 모여 자신들의 의견을 표
출할 수 있는 가장 좋은 매체이므로, 신문 설립의 자유는 언론의 자유
의 본질적인 내용이라고 하겠다. 따라서 신문의 설립을 어렵게 만드
는 법률은 언론의 자유를 제한하는 법률로써 위헌의 의심을 받는다
고 하겠다.[73] 헌법 제21조 제3항이 통신·방송의 경우 시설기준을
법률로 정할 수 있도록 허용하면서도 신문에 대하여 그러한 규정을
두고 있지 않은 이유도 신문발행의 자유를 확실하게 보호하기 위한
것이라고 해석하여야 할 것이다. 언론피해구제법이 신문에 대해서
고충처리인을 두도록 의무화하고 있는 것은 신문 설립의 자유를 제
한하게 되어 바람직하지 못하다.

3. 개별조항의 위헌성 검토

(1) 언론중재위원회의 시정권고

언론피해구제법에서 가장 위헌성이 두드러지는 부분은 언론중재
위원회가 가지고 있는 시정권고와 관련된 조항들이다. 언론피해구제
법은 언론중재위원회의 시정권고 권한을 확대하여 규정하고 있다.
현행 정간법은 "정기간행물에 의한 침해사항을 심의하며 필요한 경
우 당해 발행인에게 시정을 권고할 수 있다"고 규정(제18조 제8항)
하고 있다. 현행 조항도 위헌성이 없는 것은 아니나, 단순히 시정을

'권고' 하는데 그친다는 점에서 수용할 여지가 있다.

하지만, 언론피해구제법은 (1)심의사유로 "국가적 법익이나 사회적 법익 또는 타인의 법익"을 규정하고 있는 점(제32조 제1항), (2)피해가가 아닌 자도 시정권고를 신청할 수 있으며, 중재위원회는 그 처리결과를 통지하여야 할 의무가 있는 점(동조 제2항), (3)시정권고한 내용을 외부에 공표할 수 있도록 한 점(동조 제5항) 등을 상세히 규정하고 있어 현행 정간법과 달리 시정권고가 언론보도의 내용에 대한 실질적인 통제수단으로 활용될 수 있다는 우려를 낳고 있다. 언론의 자유는 실제로 그 자유를 제한하는 공권력의 행사 뿐 아니라 그러한 자유를 제한할 우려가 있는 공권력의 행사로부터 보호되어야 한다. 위축효과 때문이다. 사람들은 자기 발언이 적법과 불법의 한계선에 있을 경우 이를 자제하는 경향을 보이기 때문에 입법자는 언론의 자유를 제한하는 법률을 제정할 때 "그 규제로 인해 보호되는 다른 표현에 대하여 위축적 효과가 미치지 않도록 규제되는 표현의 개념을 세밀하고 명확하게 규정할 것이 헌법적으로 요구된다"[74]고 하겠다.

언론피해구제법의 시정권고는 권고적 효력밖에 없지만, 그 시정권고한 내용이 외부에 공표됨으로써 강제력을 발휘한다. 공개적으로 시정권고를 받게 되는 언론사는 신뢰도 저하를 우려하여 보도내용을 언론중재위원회가 제정하는 시정권고의 기준에 맞추려는 경향을 보일 것이다. 이는 정부에 의한 내용규제(content-based regulation)이기 때문에 그 규제는 엄격히 제한된다.[75]

그러나 언론피해구제법은 "국가적 법익이나 사회적 법익"이라는

---

74. 헌법재판소 1998. 4. 30. 선고 95헌가16 결정; 헌법재판소 2002. 6. 27. 선고 99헌마480 결정.

광범위하고 불명확한 내용을 기반으로 시정권고를 내릴 수 있도록 허용하고 있어, 헌법이 언론의 자유를 제한하는 입법에 대하여 요구하고 있는 명확성의 원칙을 위반하고 있다.[76] 더구나 피해자가 아닌 자도 시정권고를 신청할 수 있고, 언론중재위원회는 60일 이내에 그 처리 결과를 통지하여야 하기 때문에 특정 신문에 적대적인 시민단체가 운동의 일환으로 언론중재위원회를 이용할 경우 언론중재위원회는 타의에 의해 중립성 시비에 휘말리게 될 우려가 있다.

언론중재위원회가 각 언론사별로 시정권고한 내용을 외부에 공표할 수 있도록 허용한 것도 해당 언론사의 사회적 인격상을 과도하게 침해하고 있다. 언론피해구제법은 권고사항에 불과한 내용을 외부에 공표함으로써 해당 언론사의 명예권을 의도적으로 저하시키려는 목적으로 마련된 것으로 기본권제한입법이 갖추어야 할 비례의 원칙을 충족하기 어렵다.

더구나 사법기관으로서 독립적이고 중립적으로 분쟁을 해결하여야 할 언론중재위원회가 스스로 한 당사자가 되어 시정권고라는 행정행위까지 수행하는 것은 중립성을 요구하는 사법기관 구성의 원리에도 위반된다.

결론적으로 시정권고 제노는 위헌이라고 본다. 그러나 시정권고라는 구체적인 집행행위가 있어야 하고, 집행행위에 대한 다른 구제수

---

75. 미국의 경우 언론보도의 내용규제는 위헌성 판단에 있어서 엄격심사기준(strict scrutiny)의 적용을 받게 되어 정부가 그러한 입법으로 얻고자 하는 이익이 막중하고(compelling), 그러한 이익을 얻는데 꼭 필요한 수단(necessary means)이라는 점을 입증하지 못하면 위헌이 된다. 우리 헌법재판소는 이러한 기준을 명백히 적용하고 있지는 아니하나, 언론의 자유가 가치상대주의를 바탕으로 하는 민주사회의 존립에 필요불가결하다는 점을 감안하면, 내용을 규제하는 법률은 위헌성이 강하게 추정될 수밖에 없다.
76. 동지; 박용상, "언론피해구제법 비판", 법률신문, 2005. 3. 24.

단이 있으면 그 구제수단을 다 거친 후가 아니면 헌법소원을 낼 수 없는 헌법재판제도의 특성 때문에 이 문제를 헌법재판소에 가져가서 위헌결정을 받기 힘든 문제가 있다.[77] 헌법재판소는 2006년 6월 시정권고가 권고적 효력이 없다는 이유로 각하결정을 내렸다.

(2) 제4조(언론의 사회적 책임 등)

언론의 사회적 책임을 규정한 언론피해구제법 제4조 제1항의 "언론에 의한 보도는 공정하고 객관적이어야 하고"라는 규정은 신문에 적용하는 한 위헌이다. 방송은 전파자원의 유한성이라는 본질적 한계 때문에 독과점시장이 자연발생적으로 생성되며, 국가는 허가를 내어준 방송사에 대하여 보도내용의 공정성을 요구할 정당성을 가진다. 하지만 신문에 같은 것을 요구할 수 없다. 앞서 여러 차례 밝힌 바와 같이, 신문의 기능은 공정한 보도라기보다는 경향의 보도이기 때문이다.

언론피해구제법 제4조에서 말하는 "공정한 보도"는 신문에 적용하여, 신문법 제4조 제2항의 "사회 각계각층의 다양한 의견을 균형 있게 수렴"하는 것으로 이해하는 한 위헌이다.

(3) 정정보도청구권의 문제

언론피해구제법의 또 다른 특징은 정정보도의 성격을 그동안 판례

---

77. 헌법재판제도의 일종인 헌법소원심판제도는 공권력의 행사 또는 불행사로 인하여 헌법상 보장된 기본권을 침해받은 자가 청구하는 제도로서, 다른 법률에 구제절차가 있는 경우에는 그 절차를 모두 거친 후가 아니면 청구할 수 없다.

와 학설이 이해하던 것과 다르게 규정하고 있다는 점이다. 종래 다수적인 견해는 정정보도를 민법 제764조에 의하여 "명예훼손에 적당한 처분"의 한 종류로 이해했다. 따라서 정정보도청구권은 불법행위의 구성요건이 충족될 때 인정된다. 고의 또는 과실이 있어야 함은 물론이다. 그런데, 언론피해구제법은 제14조 제1항에서 "사실적 주장에 관한 언론보도가 진실하지 아니함으로 인하여 피해를 입은 자는 당해 언론보도가 있음을 안 날로부터 3월 이내에 그 보도 내용에 관한 정정보도를 언론사에 청구할 수 있다"고 규정한 후 동조 제2항에서 "제1항의 청구에는 언론사의 고의·과실이나 위법성을 요하지 아니한다"고 규정함으로써 종전의 견해와 달리하고 있다. 피해자는 또 법원에 정정보도청구 등의 소를 제기할 수 있으며(제26조 제1항), 법원에 내는 "정정보도의 청구에는 언론사의 고의 또는 과실로 인한 위법성을 요하지 아니한다"(제31조 제2문). 이처럼 언론피해구제법이 불법행위법상 본질적으로 요구되는 위법성요건을 전혀 배제하였다는 점에서 위헌적인 규정이라는 지적이 있다.[78]

이에 대해 언론피해구제법상 정정보도를 반론권의 하나로 이해하여, 민법 제764조에 의한 정정보도와는 완전히 다른 것으로 파악하는 견해가 있다.[79] 즉, 정정보도와 반론보도는 다 같이 언론사의 고의 과실이나 위법성을 요하지 아니하고, 피해자로 하여금 간편하고 신속하게 피해를 구제받을 수 있는 대등한 방어수단이라는 것이다. 둘 사이에는 반론보도가 보도내용의 진실 여부에 관계없이 그와 대립되는 반박적 주장의 보도를 구하는 것인데 반해, 정정보도는 진실하지

---

78. 박용상, "언론피해구제법 비판", 법률신문, 2005. 3. 28.
79. 김재협, "새 법률상 정정보도청구권의 법적 성격과 의의", 「언론중재」 2005년 봄호.

아니한 언론보도에 대하여 보도내용의 시정을 구하는데 차이가 있다고 한다. 이 견해에 의하면, 반론권의 하나로 이해되는 정정보도청구권은 피해자가 자기 이름으로 보도내용의 허위성을 지적하여 그 시정을 구하는 정정보도를 의미하는데 반하여, 민법 제764조에 의한 정정보도청구권는 손해배상에 갈음하여 또는 그와 함께 불법행위에 따른 손해배상 방법의 하나로 인정되기 때문에 정정보도를 언론사의 이름으로 내게 된다.

생각건대, 언론피해구제법이 정정보도의 청구에 언론사의 고의 또는 과실이나 위법성을 요하지 아니한다는 점을 명시하였고, 이에 더하여 정정보도청구의 소를 제기하는 것이 민법 제764조의 규정에 의한 권리의 행사에 영향을 미치지 아니한다고 규정(제26조 제4항)한 점에 비추어 보면, 언론피해구제법상 정정보도청구권은 종래 불법행위에 의한 손해전보의 한 방법으로 인정하던 정정보도청구권과는 그 성격이 다른 것으로 보아야 할 것이다.

이렇게 이해할 경우 언론피해구제법상 정정보도 규정은 언론의 독자적인 편집권을 침해하여 위헌의 소지가 더 커진다. 과거 헌법재판소는 반론보도청구권의 의미로 사용되던 정정보도청구권의 위헌성을 검토한 사례에서 "반론권으로서의 정정보도청구권은 그 자체가 인격권을 보호하고 공정한 여론의 형성을 위한 도구인 것일 뿐 진실을 발견하여 잘못을 바로 잡아줄 것을 청구하는 권리가 아니기 때문에 그 행사요건은 비교적 형식적인 사유에 기한 제한적 예외사유가 없는 경우에는 이를 인용하도록 완화되어 있다"는 이유로 합헌을 선

---

80. 헌법재판소 1991. 9. 16. 선고 89헌마165 결정; 헌법재판소 1996. 4. 25. 선고 95헌바25 결정.

언했다.[80] 이 논리를 쫓으면, 새로운 정정보도청구권은 진실을 발견하여 잘못을 시정하려는 내용이기 때문에 행사 요건을 완화하는 방식으로는 허용되기 어렵다고 보아야 할 것이다.

4. 개정 방향

헌법재판소는 2006년 6월 29일 언론피해구제법의 내용 중 제26조 제6항 본문 전단(가처분절차에 의한 재판) 중 '정정보도청구' 부분, 부칙 제2조(경과조치) 중 '정정보도청구' 부분만 위헌으로 결정하였다. 위헌논란을 빚은 언론피해구제법 조항 중 허위보도에 고의·과실이나 위법성이 없는 경우 정정보도청구를 허용하는 내용에 대해서는 합헌결정을 내렸다. 헌법재판소는 정정보도청구권이 행위의 불법성에 초점을 맞추지 않고 진실에 반하는 보도로 인한 객관적 피해상태의 교정에 중점을 두는 새로운 성격의 청구권이라는 이유로 합헌 결정을 내렸다. 다만 정정보도청구의 소를 보통의 소송 절차가 아닌 민사집행법상 가처분 절차에 의하여 재판하도록 규정한 중재법 제26조 제6항 본문전단은 언론의 자유를 침해한다는 이유로, 같은 내용을 소급시행하고 있는 중재법 부칙 제2조는 진정 소급입법이라는 이유로 위헌으로 결정되었다.

또 다른 논란거리였던 시정권고와 관련된 조항은 권고적 효력을 가지기 때문에 기본권침해의 가능성이 없다는 이유로 각하되었다. 이 밖에도 사회적 책임 관련조항(중재법 제4조·제5조 제1항), 재판규범(중재법 제5조 제2~5항·제15조 제4항·제30조), 고충처리인 관련조항(중재법 제6조 제2·3항·제7조 제3항), 중재위 조정 관련 조항(중재법 제18조 제2·6항·제25조), 시정권고 조항(제32조 제

4 · 5항), 벌칙 또는 과태료 조항(신문법 제39조 제1호 · 제40조 제3호 · 제42조 · 제43조 제1항 제4호 · 중재법 제34조 제1항 제1호), 소급입법 조항(중재법 부칙 제2조 중 일부)은 모두 기본권침해의 가능성이나 직접성이 없으므로 헌법소원의 적법요건을 충족하지 못한다는 이유로 각하되었다.

사실 언론피해구제법의 제정은 불가피한 측면이 있었다. 과거 정간법은 법명처럼 정기간행물의 등록 등을 규정하는 법률이면서 언론중재에 관한 내용도 함께 가지고 있어 체계상 문제가 있었다. 언론중재 절차는 정기간행물 뿐 아니라 방송, 뉴스통신 등 다른 매체에도 모두 적용되는데도 불구하고, 정기간행물과 함께 묶여 있어 중재절차를 개정할 일이 있어도 적시에 개정하기 힘들었다.

그러나 언론중재 관련부분을 떼어 새로 만들 법에 어떠한 내용을 담을지에 대해서 좀 더 신중하게 접근하여야 했다. 2004년 말 발의된 한나라당의 안은 상대적으로 중재절차를 중심으로 구성되어 있는데 반하여, 열린우리당의 안은 언론피해구제의 단일법을 자처하고 있다.[81] 두 법안이 지향하는 바가 다른데도 충분한 검토 없이 두 안을 적당히 혼합하여 언론피해구제법을 제정한 것은 잘못된 일이다. 지금이라도 다시 원점에서, 즉 언론피해구제법이 지향하는 목표부터 검토되어야 한다. 언론피해구제법은 신문법과 달리 정파적 색채가 덜한 법이기 때문에 충분히 가능한 일이다.

만약 여야가 숙의 끝에 피해구제의 단일법으로 방향을 잡는다면, 언론피해의 구제 못지않게 중요한 헌법적 가치인 언론의 자유에 대

---

81. 열린우리당의 안도 언론중재위원회의 기능개선에 관한 내용을 상당히 많이 담고 있었다. 이는 앞서 기술한 대로 언론개혁시민단체의 안과 언론중재위원회의 안이 혼재되어 있었기 때문이다.

한 보호도 고려하는 것이 옳다. 언론피해구제법이라고 언론의 피해를 근절하는 모든 방안을 동원하는 것이 반드시 바람직하다고 할 수 없다. 언론의 자유를 보호하면서도 언론의 피해를 최소화하는 조화로운 접점을 찾아야 할 것이다. 그 방향은 사후규제에 있다. 사전적인 규제, 즉 개별 언론사에 고충처리인을 의무화하는 방안은 언론사의 설립을 어렵게 하기 때문에 언론의 자유를 제한한다. 이런 내용은 언론사 자율에 맡길 사항이다.

사후규제는 결국 언론사에게 허위보도에 대하여 엄격한 책임을 부과하는 방식으로 만들어질 수밖에 없다. 하지만 이러한 방식도 자칫 잘못하면 공적 관심사에 대한 공적 토론을 저해할 수 있으므로 사적 관심사와 구분하여 책임을 경감하는 방안을 고려하여야 한다. 이것이 최근 대법원과 헌법재판소의 판례 태도다. 따라서 과거 한나라당 안이 제시한대로 "언론의 보도내용이 공공의 이익을 위한 것으로서 진실한 것이거나 진실이라고 믿은 데에 정당한 이유가 있을 때에는 법률에 특별한 규정이 없는 한 그 보도내용과 관련하여 민사상 또는 형사상 책임을 지지 아니한다"는 식의 적극적 입법도 필요하다. 또 언론피해구제법의 내용을 일부 수정하여 "인격권의 침해가 공적인 관심사에 대하여 공익상 필요에 의하여 이루어진 때에는 위법성이 조각된다"고 개정하는 것도 검토할 필요가 있다. 인격권과 명예권의 조화로운 해결의 방안으로 공적 논의를 전략적으로 봉쇄하는 소송의 제기를 막는 법제, 즉 Anti-SLAPP(Strategic Lawsuits Against Public Participants)의 도입도 검토하여야 할 것이다.

Ⅳ. 언론의 다양성 확보방안[82)]

1. 민주주의와 언론의 다양성

언론의 다양성(media diversity)은 민주주의 사회가 건강하게 발전하기 위하여 반드시 필요한 조건이다. 민주주의는 다양한 의견을 바탕으로 사회적 합의를 이루어가는 과정이며, 언론사는 다양한 시민의 의견을 사회에 전달하는 막중한 기능을 수행하고 있다. 언론시장이 일부 언론사에 의하여 지배되는 집중(media concentration)이 발생하면 사회의 다양한 목소리가 제대로 전달되지 못하는 왜곡 현상이 발생하기 쉬우며, 이는 민주주의 사회의 존립을 위태롭게 한다. 이 때문에 많은 국가들은 언론의 집중화를 해소하고 다원화하기 위하여 다양한 수단을 활용하고 있다.

일단 현재의 신문시장이 독과점인지 여부는 접어하고, 다양성 확보의 방법만 생각하자. 언론의 집중은 신문만을 대상으로 하여 논의할 문제가 아닐 뿐 아니라, 신문만을 대상으로 한다고 하더라도 그 기

---

82. 이 글은 『한국신문협회 연구총서 4』(2004년 8월)로 발간된 보고서의 내용을 수정·보완한 것이다.

준과 측정방법이 다양하기 때문에 현재의 시장에 대한 평가가 다양하게 나올 수 있다. 만약 현재의 신문시장이 집중화되어 시민의 다양한 의견이 전달되지 못하는 폐해가 크다면 이를 어떻게 해소할 것인가의 문제를 살펴보는 것도 의미가 있다.

정부가 신문시장의 왜곡을 시정하기 위하여 개입할 수밖에 없는 상황이라고 하더라도 정부는 그 시정수단을 선택하는데 있어서 자유재량을 갖는 것은 아니다. 개혁의 목적이 정당한가 하는 문제 못지않게 그 목적을 달성하기 위하여 적절한 수단을 선택하고 있는가의 문제도 중요하다. 즉 헌법이 보호하고 있는 개인의 기본권을 최소화하면서 공익을 달성할 수 있는 수단을 찾는 노력을 기울여야 한다. 이를 헌법에서는 과잉금지의 원칙 또는 비례의 원칙이라고 부르며, 이는 법치국가의 원리에서 당연히 파생되는 헌법상의 기본원리이다.

여기서는 서구의 민주국가들이 여론의 다양성을 확보하기 위하여 신문시장에 어떻게 개입했는지 유형별로 고찰함으로써, 국민의 기본권 제한을 최소화하면서 신문시장의 독과점을 해소하기 위한 정부의 정책수단을 제시하고자 한다.

2. 각 국의 신문시장 독과점 해소방안

(1) 미국

1) 신문시장의 독과점 현황

제2차 세계대전이 끝난 후부터 신문시장은 소수의 거대 신문그룹들에 의한 독과점 형태가 나타나기 시작했다. 한 도시에서 신문이 2

개 이상 발행되는 지역은 1920년대 500개 지역이 넘었으나, 1998년에는 경쟁지가 발행되는 지역이 30개로 급감했고, 오늘날에는 이런 지역이 6곳에 불과하다. 주중 발행부수(weekday circulation)를 기준으로 상위 10개 신문그룹이 전체에서 차지하는 비중도 매년 증가해 2000년 현재 51%에 이르고 있다. 미국 내에서 발행되고 있는 일간지는 1970년 1,748개에서 2001년 1,468개로 감소했다.[83] 그러나 전반적으로 미국의 신문시장은 다른 신문 선진국에 비하여 집중의 정도가 덜하다고 하겠다.

2) 정부 정책

가. 개설

미국은 수정헌법 제1조에 따라 언론의 자유가 최대한 보장된다.[84] 신문을 제외한 다른 매체에 대해서는 관련 법률이 있다. 즉, 정부가 시장에 개입할 법적 근거가 있다. 그 예로 라디오에 관해서는 Radio Act(1927년), 방송에 관해서는 Communication Act(1934년), 케이블TV에 관해서는 Cable Communication Policy Act(1992년), 인터넷과 디지털 테크놀로지에 관해서는 Telecommunication Act(1996년) 등이 있다. 그러나 신문에 관한 일반법은 없다. 이는 정부가 신문시장에 함부로 개입할 수 없음을 의미한다.

---

83. Newspaper Association of America, FACTS ABOUT NEWSPAPERS (2001) (*available at* http://www.naa.org/info).

84. 수정헌법 제1조는 언론의 자유와 함께 그 한계를 규정하고 있는 우리 헌법과 달리 "의회는 언론의 자유 및 언론사의 자유를 제한하는 법률을 제정할 수 없다"(Congress shall make no law ⋯ abridging the freedom of speech, or of the press ⋯)고 명시하고 있다.

나. 경쟁법의 적용

정부가 신문시장에 개입할 수 있는 법적 근거는 경쟁법에서 찾을
수 있다. 신문시장도 경쟁법, 즉 공정거래법의 적용대상이라는 원칙
은 1945년 AP v. U.S.사건[85]에서 일찍이 확립되었다. 통신사인 AP
가 뉴스 공급을 거부한 사건에서 미 연방대법원은 "출판의 자유는 헌
법에 의하여 보호된다. 하지만 다른 사람이 출판하지 못하도록 하는
담합의 자유는 헌법이 보호하지 않는다"고 선언했다. 이 사건 후 정
부는 경쟁법을 근거로 신문시장에 직접 개입할 수 있게 되었다.

다. 공동운영협정과 신문보호법

신문경영 환경이 악화되자 중소도시에서 경쟁지끼리 공동경영을
하는 일이 발생했다. 즉, 두 신문사가 편집부문에 대해서는 각기 독
립적으로 운영하되, 관리·판매·배달 등 다른 부문은 함께 경영하
는 '공동경영협정'(Joint Operation Agreement)을 체결하여 실행
하기 시작했다. 공동경영은 경쟁법에 위반될 소지가 크며, 앞서 AP
사건에서 보았듯이 신문도 경쟁법의 적용대상이기 때문에 공동경영
협정(JOA) 역시 경쟁법에 위반될 가능성이 높았다. 1969년 미 연방
대법원은 1969년 Citizen Publishing Co. v. U.S. 사건에서 JOA가
셔먼법(Sherman Act)과 클레이톤법(Clayton Act)에 위반됨을 확
인했다.[86] 이 판결이 나오자 이미 22개 지역에서 유사한 협정을 맺은
다른 JOA도 그 효력이 의문시되었다.

그러나 미 의회는 1970년 신문보호법(Newspaper Preservation

---

85. Associated Press v. United States, 326 U.S. 1, 1 Med. L. Rptr. 2269 (1945).
86. Citizen Publishing Co. v. United States, 394 U.S. 131, 1 Med. L. Rptr. 2704 (1969).

Act)을 제정하여 JOA를 소급하여 합법화했다. 즉, JOA를 경쟁법이 적용되지 않는 예외로 명문화한 것이다. 이 법에 따라 지금까지 협정이 28개 맺어졌으나, 현재 운영 중인 것은 12개에 불과하다.

미국 신문보호법은 언론의 다양성을 확보하기 위하여 정부가 신문시장에 개입한 예라고 하겠다. 하지만 미국 정부는 신문시장에 직접 개입하는 수단을 선택하기 보다는, 시장에서 자생적으로 발생한 약세 신문 간의 담합을 합법화함으로써 시장의 작동을 통하여 언론의 다양성을 유지하는 방법을 선택했다.

라. 교차소유 금지규정

1975년 연방통신위원회(Federal Communications Commission)는 여론의 다양성을 확보하기 위하여 신문과 방송의 교차소유를 금지하는 규정을 제정했다. 이에 따라 한 지역에서 신문사를 소유하고 있는 기업은 그 지역의 방송사를 소유할 수 없다. 하지만 한 지역의 신문사가 다른 지역의 방송사를 소유하는 것을 금지하지는 않았다. 뉴욕타임스나 워싱턴포스트와 같은 미국의 대표 신문사도 텔레비전 방송국을 소유하고 있다.

그러나 FCC는 2002년 6월 2일 교차소유 제한(Cross-Media Limits)을 크게 완화하는 새로운 기준을 발표하였다. 이 기준에 따르면, 텔레비전 방송국이 3개 이하인 지역에서는 신문사가 텔레비전 방송국이나 라디오 방송국을 소유할 수 없다. 하지만 텔레비전 방송국이 4개 이상 8개 이하인 지역에서는 신문사가 텔레비전 방송국 1개와 인가된 라디오 방송국 중 절반(8개가 방송되고 있으면 4개까지)을 소유할 수 있다. 또 텔레비전 방송국이 9개 이상인 지역에서는 신문사가 방송사를 소유하는데 아무런 제한이 없다. 하지만 연방 제

3항소법원은 새로운 기준이 효력을 발생하기 하루 전인 2003년 9월 3일 이 기준에 대하여 효력금지가처분결정을 내렸으며, 2004년 6월 24일 본안사건에서도 FCC에게 패소 판결을 내렸다.[87]

2007년 12월 18일 FCC는 또 다시 신문과 방송의 교차소유 금지조항을 완화하기로 결정하였다. 이번 결정 역시 2002년 결정과 마찬가지로 공화당 출신 FCC 위원들의 지지로 진행되었으며, 민주당 언론사 시민단체를 중심으로 반대 여론도 만만치 않다.

3) 특징

미국의 신문관련 법규는 자유시장경제의 원칙에 입각하여 있다는 점이 특징이다. 사상의 자유시장(marketplace of ideas) 이론에 바탕을 두고 있기 때문에 개별 신문의 논조 편집방향 등에 정부가 개입하는 것을 금기시한다. 여론시장의 다양성이 중요하지만, 그렇다고 개별 신문사의 소유지분을 제한하거나 편집권의 독립을 법으로 강제하지 않는다.

방송에 대하여는 시장점유율에 따른 소유제한의 기준이 있다. 한 회사가 소유한 텔레비전 방송국이 미국 전역의 TV 가구 수의 35% 이상을 소유할 수 없다. 이때 가구 수는 실제 시청자가 아니라, 해당 텔레비전 방송국에 가입한 가구 수를 의미한다. 미 의회는 2004년 1월 Telecommunications Acf of 1996을 개정하여, 시장점유율을 39%로 확대했다.[88]

---

87. Prometheus Radio Project v. FCC, 2004 U.S. App. LEXIS 12720 (3d Cir. June 24. 2004).
88. 118 Stat. at 100. FCC는 2003년 6월 교차소유의 기준을 완화하면서 텔레비전의 시장 점유율 상한도 35%에서 45%로 상향조정하는 내용을 발표하였다. 이 기준 역시 법원에서 다투어지고 있는 도중 미 의회가 점유율 상한을 39%로 높이는 법률개정안을 통과시켰다.

(2) 영국

1) 신문시장의 독과점 현황[89]

영국의 신문시장에서 전국지(national newspapers)가 차지하는 비중이 매우 크다. 2003년 10월 현재 전국지 총 발행부수는 1,252만부이며, 최대 발행부수의 신문은 SUN으로 346만부(시장점유율 27.6%), 그 다음으로 Daily Mail 236만부(18.8%), Daily Mirror 194만부(15.5%) 등의 순으로 발행부수가 많다. 상위 3개 신문그룹의 시장점유율은 2003년 10월 현재 70.6%이다. SUN과 The Times 등의 신문을 발간하는 News Corp.가 시장점유율 32.3%를 차지하고, 그 다음은 Daily Mirror와 Daily Record 등을 발간하는 Trinity Mirror가 19.5%, Daily Mail을 발간하는 Daily Mail & General Trust가 18.8%를 차지하고 있다. 그 다음 2개 그룹까지 포함하여 5개 신문 그룹이 전국지 시장에서 차지하는 점유율은 92.1%에 이른다. 이러한 현상은 일요판 신문시장에서도 그대로 나타난다. 2003년 10월 현재 최대 발행부수의 News of the World의 시장점유율은 28.94%, 그 다음으로 Mail on Sunday 16.65%, Sunday Mirror 11.68% 순이다. 이상에서 본 것과 같이 영국의 신문시장은 고도로 집중화되어 소수의 신문그룹이 장악하고 있음을 알 수 있다.

2) 해소 방안

영국은 그동안 신문사간 인수 · 합병(M&A)에 1973년 공정거래법

---

89. 영국의 신문시장 현황은 David Ward et al, A MAPPING STUDY OF MEDIA CONCENTRATION AND OWNERSHIP IN TEN EUROPEAN COUNTRIES (2004) pp197~199를 주로 참고하였다.

(the Fair Trading Act)을 적용하였다. 다른 업종의 기업 간 인수·합병과 달리 특별규정(special regime)의 적용을 받았다. 신문사의 경우 예정된 합병으로 발행부수가 50만부를 넘을 경우 정부의 사전심사를 받아야 했다. 정부는 공익기준(public interest test)에 따라 사전에 합병을 승인 또는 불허의 결정을 내렸다. 공익성의 판단에서는 매체를 통해서 전달되는 정보와 의견의 다양성 및 해당 지역에 존재하는 매체의 개수 등이 주요한 기준이 된다. 하지만, 전반적으로 영국 정부는 자유방임(laissez-faire)적인 태도를 취하여 신문사 간 합병에 크게 간섭하지 않았다. 1980년 이후 신문사 간 인수·합병사건으로 심사를 받은 것은 176건이었으나, 승인을 받지 못한 것은 5건에 불과했으며, 조건부 승인을 받은 것이 5건 있었다.[90] 정치적 고려 때문에 경쟁법이 엄격히 적용되지 못하고 있다는 지적이 있다.[91] 영국 신문협회는 신문사 간 합병에 대한 특별규정이 불필요한 비용의 증가와 불확실성의 제고만 초래한다고 지적했다.

영국의 법제는 방송사와 신문사 간 교차소유(cross-ownership)에 대해서 엄격한 편이었다. 신문시장의 점유율이 20%를 초과하는 신문사는 지상파 전국방송(채널3 또는 채널5)의 허가를 받을 수 없었다. 다만, 이러한 과점 신문사라도 지역 전송이나 위성 텔레비전 방송, 디지털 다중송신 서비스(digital multiplex service)의 허가를 받는 데는 아무런 제한이 없었다. 또한 시장점유율이 20% 이하인 신

---

90. Department of Trade & Industry, NEWSPAPER MERGERS REGULATORY IMPACT ASSESSMENT(*available at* http://www.communicationsbill.gov.uk/pdf/newspaper_merger_assessment.pdf).

91. Alison Harcourt & Stefaan Verhulst, STUDY OF EUROPEAN APPROACHS TO MEDIA OWNERSHIP (*available at* http://www.medialaw.ru/e_pages/laws/ero_union/e-conc.htm).

문사가 지역방송 또는 채널3이나 채널5의 허가권을 가지려면 공익 기준의 심사를 받아야 했다.

그러나 영국 정부는 21세기를 맞아 언론분야의 규제를 대폭 완화했다. 신문시 간 인수·힙병(M&A)은 2003년부터 시행된 2002년 기업법(the Enterprise Act)[92]의 적용을 받게 되었다. 새로운 체제 아래서는 신문사간 인수·합병도 일반 기업의 인수·합병과 마찬가지로 취급된다. 신문사간 인수·합병에 대한 사전심사는 폐지하였다. 하지만 뉴스의 정확한 전달, 의견표명의 자유, 복수의 의견 등 공익(public interest)을 훼손할 위험이 있는 경우 경쟁당국(Competition Commission)이 조사하여 적절한 수단을 강구할 수 있다. 또한 국무장관(Secretary of State)은 특정 매체 간 또는 이종 매체 간 합병과 관련하여 개입통지(intervention notice)를 발할 수 있는 권한을 부여받았다. 국무장관은 또한 합병으로 한 기업이 신문 또는 방송 분야의 영국 내 총 공급의 25% 이상 공급하는 결과를 초래할 경우 그 합병을 공정거래소(Office of Fair Trading)와 오프컴(Office of Communications)에 회부할 수 있는 권한을 갖는다.

또한 통신법(Communication Act)[93]이 2003년 7월 17일 개정되어 규제완화가 가속화되었다. 새로운 통신법에 따라 非유럽경제지역(non-European Economic Area)의 기업도 영국의 텔레비전과 라디오를 소유할 수 있게 되었고, ITV 회사 간 합병에 대한 규제가 제거되었으며, 한 회사가 점유할 수 있는 시청률 상한 15%도 삭제되었다.

---

92. 법안 내용은 http://www.legislation.hmso.gov.uk/acts/acts2002/20020040.htm 참조.
93. 법안 내용은 http://www.legislation.hmso.gov.uk/acts/acts2003/20030021.htm 참조.

또한 매체 간 합병(cross-media merger)의 허용범위도 확대되어 전국 TV 허가권과 전국 라디오 허가권을 동시 소유할 수 있게 되고, 동일 지역에서 지역 채널3의 허가권과 지역 라디오의 허가권을 동시 소유할 수 있으며, 전국지 시장점유율이 20%를 초과한 신문사도 채널5의 허가권을 동시 소유하도록 허용되었다.

그러나 교차소유와 관련하여 다음의 세 가지 규제는 존속하고 있다. 첫 번째 전국지와 채널3과의 교차소유가 금지된다. 따라서 전국지 시장의 20%를 초과하여 조정(control)할 수 있는 사람은 채널3의 허가권(license)을 가질 수 없으며, 또한 그 사람은 채널3 서비스 지분(stake)의 20%를 초과하여 소유할 수 없다. 또한 전국지 시장의 20%를 초과하여 소유한 사람이 어떤 회사 지분의 20% 초과하여 소유할 경우 그 회사는 채널3 서비스 지분(stake)의 20%를 초과하여 가질 수 없다. 두 번째는 지역 기준이다. 지역 채널3 허가권을 갖고 있는 사람은 동일한 지역에서 지역 및 지방신문 시장점유율의 20%를 초과할 수 없다. 셋째, 지역 마다 BBC 방송 이외에 최소한 3개의 지역 상업매체(TV, 라디오, 신문 불문)가 존재하여야 한다.

결론적으로 영국의 신문관련 규제는 원칙적으로 자율성을 기본으로 하되 매체의 독점방지(plurality)를 위하여 정부가 개입할 수 있는 여지를 남겨 놓고 있다고 하겠다. 그러나 개입은 인수·합병에 대한 심사와 교차소유 등에 한정된다. 그 밖의 개별 신문사의 경영이나 편집에 관여하는 수단은 채택하고 있지 않다. 신문사의 시장점유율 제한도 교차소유를 금지하기 위한 수단으로만 사용되고 있으며, 그나마 최근 들어서는 제한이 완화되는 추세라고 하겠다.

(3) 독일

1) 신문시장의 독과점 현황[94]

다른 나라에서와 마찬가지로 독일에서도 신문시장은 빠른 속도로 위축되고 있다. 1993년 발행되는 신문의 수는 423개였으나, 2003년 381개로 10년 사이 10% 감소했다. 발행부수로는 1993년 3,080만부에서 2003년 2,680만부로 13% 줄어들었다. 그러나 독일은 연방제 국가로 지방화(regionalism)가 성숙되어 전국지가 전체 신문시장에서 차지하는 비중은 크지 않다. 전국지로는 Bild, Frankfurter, Allgemeine Zeitung, S deutsche Zeitung, Die Welt 등이 있다. 이 중 Bild는 독일에서 가장 인기 있는 신문으로 2003년 2/4분기 전체신문시장에서 차지하는 점유율은 13.9%이다. Bild는 타블로이드판 신문이다. 이 밖에 시장점유율이 1%를 넘는 신문은 S deutsche Zeitung(1.6%), Frankfurter(1.4%)에 불과하다. 독일의 6대 권위지(prestigious newspaper)의 시장점유율을 모두 합산해도 5.3%에 그쳐 Bild의 3분의 1수준이다.

전국지와 지방지를 모두 포함하여 그룹별로 차지하는 비중을 보면, Bild를 발행하는 Axel Springer AG가 2003년 2/4분기에 최대 시장점유율인 17.9%를 차지하고 있을 뿐, 나머지는 극히 미미한 수준이다. Zeitungsgruppe WAZ 5.4%, Stuttgarter Zeitung Verlagsgesellschaft mbH & Co. 4.6%, Georg von Holtzbrinck GmbH & Co KG 3.6% 등의 순이다.

이처럼 독일에서 신문시장의 집중화는 두드러지지 않는다. 그러나

---

94. 독일의 신문시장 현황은 David Ward, 앞의 글 참조.

부분적으로는 집중화가 발행한다. 거리에서 판매되는 가판신문시장에서 Axel Springer AG가 차지하는 비중은 81.5%에 이른다.[95] 전국지 시장에서 Bild가 차지하는 비중은 72.4%로 상위 1개사 집중률이 높다. 1999년 인구 10만 이상의 83개 독일 대도시 가운데 1개의 정기구독 신문만 발행되는 도시는 30개, 동일한 언론사에 의하여 2개의 정기구독 신문이 발행되는 도시는 17개에 달해 집중화 현상이 두드러진다.[96]

2) 해소 방안

가. 개설

신문시장은 이미 대기업에 의하여 자본집중과 독점이 심화되어 틈새시장이 아니면 일간신문이나 주간신문을 발행하여 경제적으로 성공할 수 있는 기회가 희박하다는 평가를 받는다.[97] 그럼에도 불구하고 국가권력이 어떠한 형태로든 언론의 자유와 다양성을 보호한다는 명목으로 개별 언론사에 관여하는 것을 금지하고 있다. 즉, 독일 정부는 '언론의 자유와 언론기업의 자유 경쟁'을 보호하기 위하여 공영방송을 제외한 다른 언론분야에 대해서는 개입도 하지 않고, 국고지원도 하지 않고 있다.[98] 이는 언론의 자유를 규정한 독일기본법 제5조에 근거하고 있다. 연방헌법재판소는 신문의 경향(Tendenz)을 헌

---

95. 심영섭, "독일의 언론시장과 독점규제정책", 『세계의 언론법제』, 2003년 상권, p76.
96. 심영섭, "독일 언론산업의 자본집중과 규제정책", 『세계 언론법제 동향』, 2001년 하권, p14.
97. 심영섭, "독일의 언론시장과 독점규제정책", 앞의 논문, p63.
98. 심영섭, "독일의 신문 관련 법규와 언론 정책", 『세계 언론법제 동향』, 2001년 상권, p60.

법상 언론의 자유의 핵심으로서 보호되는 것이며, 그 보호의 주체가 발행인이라고 천명했다.[99] 따라서 국가는 물론 노동조합을 비롯한 기타의 세력도 신문의 경향을 침해하여서는 아니 되며, 발행인의 경향보호를 제한하는 기자들의 편집관여권은 헌법상 근거가 없게 된다.

독일 정부는 언론의 집중화를 완화하기 위하여 중소 신문사에 대하여 다양한 지원정책을 실시했다. 1968년부터 1990년대 초까지 언론의 다양성 보호를 위하여 유럽재건계획(European Recovery Programm)과 재건대출금고(Kreditanstalt fuer Wiederaufbau) 등을 통해 언론사를 직·간접으로 지원했다.[100] 그러나 연방헌법재판소는 1989년 국가가 일부 신문사에 대하여 재정적으로 지원하는 것은 시장경제에서의 자유경쟁의 원칙과 검열 금지 조항을 위반한다고 판결하여 그 뒤로는 직접 지원이 사라졌다.[101]

나. 경쟁법의 적용

독일에서는 신문시장만 별도로 떼어 집중(concentration)의 문제를 다루지 않는다. '시장에서의 무한경쟁을 통한 의견의 다양성 보호'라는 신자유주의적 경쟁 모델이 언론정책의 핵심이다.[102] 경쟁제한방지법은 1957년 제정되어 1976년 제3차 개정 때 언론관련 특별규정을 포함하였다. 1988년 개정된 이 법 제36조 제1항은 합병으로

---

99. 독일 연방헌법재판소 1979. 11. 6. 판결 - 1 BvR 81/76-BVerGE 52, 283 (박용상, 『표현의 자유』, 박영사, 2002, pp760~762에서 재인용)
100. 심영섭, "독일의 언론시장과 독점규제정책", 앞의 논문, p63.
101. 심영섭, 앞의 논문, p58.
102. 심영섭, 앞의 논문, p62.

양사의 총매출액이 전 세계적으로 5억 유로를 넘거나(제1호), 합병을 추진하는 기업 중 한 회사의 총매출액이 독일 국내에서 2,500만 유로가 넘으면(제2호) 연방독점관리청(Bundeskartelamt)의 합병승인을 받도록 규정하고 있다. 언론사는 이 중 제2호 적용대상이다. 이 기준에 따르면, 대략 14만부 발행하는 신문사가 여기에 해당한다.[103]

다. 경영자료의 공개

상법 제57조e와 제209조에 따르면, 주식회사(AG)와 유한회사(GmbH)는 연간 경영회계자료를 감사받고, 그 결과를 주주들에게 발표하여야 한다. 그러나 신문사는 가족 소유의 사기업인 경우가 많다. 사기업은 경영회계자료를 주주나 외부에 공개할 의무가 없다.

과거 독일 정부는 신문재벌들의 경제적 상황과 소유구조를 정확하게 파악하기 위하여 연방신문통계법을 제정하여 운영하였으나, 1996년 11월 신문통계업무가 연방통계청의 관할업무에서 빠지자 연방신문통계법은 사실상 효력을 상실했다가 그 다음해인 1997년 12월 폐지되었다. 1975년 4월 제정되었던 연방신문통계법은 제3조에서 언론사주 또는 경영진 대표로 하여금 통계를 의무적으로 신고하도록 규정하였다. 이러한 자료는 정기적으로 공개되며, 신문시장의 독과점과 소유집중을 통제하는 기초 자료로 사용된다.

라. 언론사에 대한 직 · 간접 지원

다양한 여론의 보호와 정치적 의견형성을 위해 유럽재건계획에 따

---

103. 심영섭, 앞의 논문, p69.

라 서독 지역에서 발행부수 16만부 이하의 중소 신문사는 저리의 자금을 대출받을 수 있었다. 또한 재건대출금고, 우편발송료 할인, 동독지역의 언론지원 등 다른 지원정책도 시행했다. 주목할 만한 것은 1989년 연방헌법재판소의 제80차 판결이다. 연방헌법재판소는 국가가 언론의 자유를 보호할 목적으로 언론사에 대한 재정지원을 하더라도 경영과 편집에 참여하거나 영향력을 행사하여서는 안 된다고 판시했다.

마. 편집권의 독립

독일에서 언론사는 일정한 세계관적 이념적 종교적 정신적인 차원에서 일정한 목표를 추구하는 이른바 '경향기업(Tendenzbetrieb)'으로서 특별한 법적 보호를 받는다. 다른 기업과 달리 언론사에서는 근로자인 기자들의 경영참여가 제한되고, 근로자의 공동결정권의 적용이 배제된다. 즉, 1972년 경영조직법(Betriebsverfassungsge-setz) 제118조는 공동결정권이 제한되는 기업으로 정치 · 종교 · 사회복지 · 교육 · 학술 및 예술단체와 여론형성을 담당하는 언론기업 등을 규정하고 있다. 연방헌법재판소는 1979년 판결에서 국가가 언론의 내적 자유, 즉 편집권의 독립을 보장한다는 이유로 신문의 경향을 결정 · 실행할 발행인의 자유에 간섭할 수 없다고 판결했다. 결국 발행인의 경향 보호를 제한하는 편집에 관한 기자들의 관여권은 헌법상 근거가 없다는 것이다. 독일 연방 16개 주의 신문법 중 언론 노동자의 편집권을 보호하는 즉, 언론의 내적 자유의 보호규정을 두고 있는 것은 1993년 5월 13일 제정된 브란덴부르크주 1개에 불과하다.[104]

헌재 독일의 신문들은 대부분 발행인에 의하여 편십 방침과 편집

원칙이 결정되고 있으며, 경영진과 노동자가 자율적으로 편집 규약을 제정하기도 한다. 하지만 자발적으로 편집규약을 마련한 신문사는 8개사, 잡지사는 6개사가 불과하다고 한다.[105]

바. 시장점유율 규제

신문에 대한 점유율 규제는 없다. 방송의 경우 민영방송 도입 초기에는 '투자지분 제한방식'을 통해 방송자본의 집중을 통제하였으나, 양적·질적으로 팽창하는 방송시장을 효과적으로 통제할 수 없어 '시청률 제한방식'으로 전환하였다. 이에 따라 민영방송에 투자하는 개인 또는 법인은 전국적으로 시청률의 30% 이상을 점유하지 못하도록 하는 제한을 받으며, 30%를 넘으면 주의 매체관리청이 초과한 만큼의 방송분야 주식을 제3자에게 매각하도록 명령한다. 이 명령에 거부하면 사업자 등록이 취소된다. 16개 주는 전국시청률 점유상한선을 30%가 아닌 25%로 낮추어 방송의 자본집중현상을 규제하고 있다.

사. 교차소유

신문과 방송의 교차소유를 금지하는 규정이 없다. 따라서 신문시장에서 시장점유율이 높다고 방송사에 투자하는 것을 금지하지 않는다. 다만, 일부 주에서는 지역신문과 지역방송의 교차소유를 금지하고 있다.

---

104. 심영섭, "독일 언론산업의 자본집중과 규제정책", 앞의 논문, p66.
105. 심영섭, 앞의 논문, p68.

아. 공동판매제도와 공동배달제도

독일의 공동판매제도는 국가의 지원이나 강제에 의한 것이 아니다. 독일신문협회가 자율적으로 규제와 감독을 통해 공동판매제도를 실시하고 있다. 신문유통회사는 판매 위촉을 희망하는 소규모 신문사나 잡지사의 위촉 대행 요구를 거부하지 못한다.[106] 신문유통회사와 신문 판매상은 판매하지 못한 신문과 잡지를 신문사에 반송할 권리, 즉 반송권(Remmissionsrecht)을 갖는다.

(4) 프랑스

1) 신문시장의 독과점 현황[107]

프랑스는 텔레비전과 라디오 산업의 경쟁력이 높고, 인쇄매체 중에서는 신문보다 잡지가 더 발달한 국가이다. 또 신문 중에서는 지역신문이 전국지보다 시장점유율이 높다. 2001년의 경우 매일 전국지를 읽는 국민은 870만 명으로 전인구의 18.5%에 그쳤으나, 매일 지역신문을 읽는 국민은 1,850만 명으로 전인구의 38.8%에 달했다. 발행부수 기준 상위 20위에 전국지는 5개에 불과할 정도로 전국지 비중이 적다. 전국지 시장에서는 Le Monde, Le Figaro, L?Equipe 등의 점유율이 19.45%, 18.58%, 17.29%로 상위 3대 신문의 시장점유율 합은 55.32%에 이른다. 이 중 L?Equipe는 스포츠지다. Amaury, Socpresse, Le Monde 등 상위 3대 신문사의 시장점유율은 각각 26%, 24%, 20%로 그 합은 70%에 달한다. 1990년대 초 Hersant

---

106. 심영섭, "독일의 신문 관련 법규와 언론 정책", 앞의 논문, p61.
107. 프랑스의 신문시장 현황은 David Ward, 앞의 글 참조.

그룹의 프랑스 전체 신문시장에서 차지하는 시장점유율은 30% 정도
였으나, 1996년 Robert Hersant가 사망한 후 심각한 경영위기를
맞고 Socpresse와 France Antilles 등 두 개의 그룹으로 갈라졌다.

2) 해소 방안

가. 개설

다른 유럽 국가에 비하여 국가가 언론 시장에 적극적으로 개입하는
경향을 보인다. 하지만 정권의 변동에 따라 개입 정도가 달라진다. 사
회당 정부가 집권하고 있던 1984년 일명 '언론기업의 다원주의와 재정
적 투명성 및 집중제한에 관한 법'을 제정하여 한 신문사가 소유한 신
문의 총 발행부수가 전체 신문 발행부수의 20%(전국 일간지) 또는
15%(지방 일간지)를 넘지 못하도록 했으며, 전국지와 지방지 간의 교
차소유를 금지했다. 하지만 이 법률이 우파가 장악하고 있던 헌법위원
회에서 위헌결정을 받았다.[108] 이후 우파 정부가 집권하면서 1986년
11월 프랑스는 1984년 법을 완전히 폐지하고, 해외자본의 유입을 20%
까지 허용하고, 시장점유율의 상한을 30%로 높이는 법을 만들었다.[109]

나. 경쟁법 적용 및 시장점유율 제한

인쇄매체 중 유일하게 신문사 간 합병에 대해서만 특별히 통제한
다. 전국 종합지 시장의 30%를 초과하여 점유하게 되는 합병은 허용
되지 않는다. 이 시장점유율 기준은 합병에만 적용되며, 기존 신문사

---

108. 성욱제, "프랑스 신문 시장질서와 지원제도", 『세계 언론법제 동향』, 2001년 하권,
  p176.
109. 성욱제, 앞의 논문, p177.

가 새로운 신문을 창간하거나 발행신문의 부수가 증가하는 경우에는 적용되지 않는다.[110]

다. 소유제한

소유제한은 1986년 법 제38조부터 제42-15조까지 규정되어 있다. 신문사에 대한 소유제한은 없으나, 방송의 경우에는 있다. 한 법인이 지상파 방송사(전국의 시청률이 2.5%를 초과하여야 함)의 의결권 있는 주식의 49%를 초과하여 직·간접적으로 소유할 수 없도록 규제하고 있다. 한 지상파 방송의 지배주주는 다른 지상파 방송의 지분(두 번째 소유)의 15%를 초과하여 소유할 수 없고, 또 다른 지상파 방송 지분(세 번째 소유)의 5%를 초과하여 소유할 수 없다. 자연인 또는 법인이 소유할 수 있는 방송 허가의 수에도 제한이 있다. 전국 단위에서 보면, 지상파 방송은 1개, 디지털 지상파 방송(DTTV)은 5개까지 허가를 받을 수 있다.

라. 교차소유

교차소유를 규제한다. '넷 중 둘'의 원칙이 적용된다. 즉, 자연인 또는 법인이 지상파 TV, 케이블 TV, 라디오, 신문 등 넷 중 둘까지는 교차소유가 허용되지만 이를 초과할 경우 허가를 내주지 않는 것이다. 전국적으로 보면 다음의 네 가지 유형 중 두 가지까지 허용된다. ①시청자가 400만 명 이상인 아나로그 또는 디지털 지상파 방송 ②청취자가 3,000만 명 이상인 지상파 라디오 방송 ③시청자가 600만 명 이상인 케이블 TV 또는 케이블 라디오 ④전국 발행부수가 동종업

---

110. Alison Harcourt & Stefaan Verhulst, 앞의 글 참조.

계의 20%를 초과하는 정치 또는 종합뉴스를 다루는 일간지

마. 정부의 자금지원

프랑스는 신문의 다원성을 보장하기 위하여 정부가 직·간접적인 방법으로 자금을 지원하는 제도를 운영하고 있다. 2001년 정부 지원금은 3,900만 유로에 이른다. 광고수입이 낮은 전국 단위의 일간지와 지역 일간지에 대해서 정부가 자금을 지원한다. 전국지의 경우 혜택을 받는 신문사의 기준은 정치를 포함하는 일반 종합지로서 발행부수와 유료 판매부수가 각각 25만, 15만 미만이어야 하고, 광고 수입이 전체 수입의 25%를 넘지 않아야 한다. 지방 일간지의 경우 발행부수 7만 미만, 유료 판매부수 6만 미만으로 소규모 광고수입이 전체 광고수입의 5%를 넘지 않아야 한다. 수혜 신문사는 2002년 전국지의 경우 3개사, 지방지의 경우 14개사였다.

바. 공동배달제도

1947년 비쉐법은 편집자가 자신의 원고를 작성한 시점부터 독자가 기사를 읽는 시점까지 언론의 자유는 계속되어야 한다는 전제 아래 모든 신문, 잡지의 공평한 배급을 담보하였다. 이러한 법의 정신에 따라 그 해 4월 최대 출판그룹인 아쉐뜨와 5개의 신문관련 협회는 공동배급회사인 NMPP를 설립했다. NMPP는 회원사의 신문을 공동으로 인수·포장·배달하고 또 재고를 회수하는 업무를 담당한다. 여러 배급회사를 감독하는 CSMP라는 관리 시스템도 마련되었다. 그러나 신문시장이 쇠퇴하면서 공동배급제도라는 틀에 대한 경제성에 회의적인 견해도 있다. 미판매분이 늘어나면서 배급비용이 증가하고, 이것이 다시 신문가격의 인상으로 이어지면서 경제성의 문제

를 야기한 것이다. 2001년 NMPP가 배급한 전체 신문·잡지 중에서 미판매로 회수된 비율이 38.7%에 이른다.[111]

(5) 오스트리아

1) 신문시장의 독과점 현황[112]

인쇄 매체시장은 메디아프린트(Mediaprint)와 나머지 언론사로 양분된다. 메디어프린트는 일간신문의 57.7%, 시사 주간지의 100%를 독점하고 있다. 총 17종의 일간 신문이 발간되고 있는데, 메디아프린트가 발간하는 '노이에 크로넨 차이퉁'의 시장점유률이 42.4%에 달한다. 메디아프린트는 정권 창출 메이커라고 불린다.

2) 해소 방안

가. 편집규약

오스트리아는 언론의 내적 자유를 입법화한 최초의 국가이다. 1981년 미디어법은 언론인의 자율적인 언론활동의 자유와 편집규약을 통한 언론의 내적 자유를 보호하는 조항을 두고 있다. 미디어법 제2조는 언론인은 자기의 양심에 반하는 사실과 논평을 강요받지 않으며, 이를 거부할 권리가 있고, 정당한 거부로 불이익을 받을 수 없다고 명

---

111. 성욱제, "프랑스의 신문 배급제도", 『세계의 언론법제』, 2003년 상권, p106.
112. 오스트리아의 신문시장 현황은 심영섭, "오스트리아의 언론 법규와 신문 지원 정책", 『세계언론 법제동향』, 2001년 상권, p77, pp88~93 참조.
113. 심영섭, 앞의 논문, p83.
114. 이탈리아의 신문시장 현황은 David Ward, 앞의 글 참조; 이탈리아 신문협회 홈페이지(http://www.fieg.it/index.asp?pagina=english/about.asp) 참조.

시하고 있다. 또한 제5조는 편집규약을 명문화하였다. 그러나 편집규약의 체결은 강제규정이 아닌 자율적인 권장규정이다. 매체의 경영주는 종사자와 단체협상을 추진하면서 편집규약을 체결할 수도 있고, 거부할 수도 있다. 반면 종사자들은 자신의 대표로 편집위원회를 선출할 수 있고, 비록 편집규약이 체결되지 못하더라도 편집위원회는 매체 종사자의 대표로서 활동할 수 있는 법적 근거를 갖게 되었다.[113] 2000년 현재 17종의 일간지 가운데 9개가 편집규약을 체결했다.

나. 정부의 자금지원

신문지원법은 1985년 제정되어 1999년 개정되었다. 지원대상은 정치 경제 사회 문화 등 보편적인 정보와 논평을 전달하는 신문이어야 하며, 전문지는 지원 대상에서 제외된다. 신문지원법은 정치적인 의견형성에 영향력을 가지고 있는 신문에 대해 특별 지원을 실시하도록 하고 있다. 특별 지원대상은 1개 주에서 정치적 사회적 여론을 선도하는 신문으로 발행부수가 주 인구의 1% 이상이어야 한다. 그러나 발행부수가 주 인구의 15% 이상 또는 오스트리아 전체 인구의 5% 이상이면 지원 대상에서 제외된다. 또 전년도 광고비율이 연간 신문 지면의 22%를 넘으면 지원액의 1/3이 삭감되며, 2년간 광고비율이 지면의 22%를 넘으면 2/3가 삭감된다.

(6) 이탈리아

1) 신문시장의 독과점 현황[114]

2002년 이탈리아에서 발행되는 신문은 200개가 넘는다. 일간지는 2003년 기준으로 92개이다. 하지만 이탈리아는 전통적으로 지역주의의 영향으로 전국지보다 지역신문이 강세를 띠고 있으며, 신문은 강한 정치적 성향을 나타낸다. 이탈리아인은 유럽에서 TV를 가장 많이 보고, 신문을 가장 적게 읽는 국민으로 알려졌다. 무료신문인 Metro를 제외하고, 전국지의 하루 판매는 2003년 기준으로 581만부에 불과하다. 광고시장에서 신문이 차지하는 비중은 2002년 20%에 그쳐 텔레비전 방송의 53%에 크게 못 미친다. 10개의 주요 신문이 차지하는 시장점유율은 2002년 기준 62%이다. 최대 신문그룹인 RCS Media-Group이 19.2%, 2대 신문그룹인 Gruppe Editoriale L' Espresso이 18.6%의 시장점유율을 차지하고 있으며, 그 다음으로 4개의 신문그룹이 각각 6.4%에서 7.1%의 시장점유율을 차지하고 있다.

결론적으로 이탈리아는 유럽에서 신문의 집중화의 정도가 가장 낮은 국가이면서 동시에 신문산업이 가장 발달하지 못한 국가이기도 하다. 반면 텔레비전은 국영방송인 RAI와 상업방송 Mediaset로 복점화가 고착되어 유럽의 다른 어떤 국가보다 집중도가 높다. 두 방송의 시장점유율은 88.7%에 달한다. 두 방송이 텔레비전 광고료 수입에서 차지하는 비중은 96.8%로 독일 88%, 영국 82%, 프랑스 77%, 스페인 58% 등 다른 유럽국가에서 상위 2개 방송사가 차지 비율보다 훨씬 높다.[115]

2) 정부 정책

이탈리아는 외형적으로 언론의 자유가 잘 보장된 언론강국인 것처

---

115. European Parliament, REPORT ON THE RISKS OF VIOLATION, IN THE EU AND ESPECIALLY IN ITALY, OF FREEDOM OF EXPRESSION AND INFORMATION, 2004 (availble at http://www2.europarl.eu.int/omk/sipade2?PUBREF=-//EP//NON-SGML+REPORT+A5-2004-0230+0+DOC+PDF+V0//EN&L=EN&LEVEL=3&NAV=S).

럼 보이지만, 사실은 권언유착의 대표적인 국가이다. 이탈리아 수상인 Silvio Berlusconi는 이탈리아 최대 언론재벌인 Mediaset를 소유하고 있다. Berlusconi는 방송과 신문의 교차소유를 허용하는 내용 등 규제완화를 특징으로 하는 Gasparri Law를 제정하여 자신의 미디어 제국을 더욱 확대하려고 한다는 비판을 받고 있다. Gasparri Law는 대통령의 거부권 행사에도 불구하고 2004년 4월 29일 상원을 통과하였다.

가. 종전 언론법 내용

① 교차소유

1990년 라디오·텔레비전법(법률 제223호, 1990년 8월 6일)이 제정되기 전까지는 교차소유에 관한 규제가 없었다. 그러나 라디오·텔레비전법은 교차소유를 규제하는 내용을 담고 있었다. 이 법 제15조에 따르면, (1) 전국 기준으로 시장점유율이 16%를 초과하는 신문사의 소유주는 전국 텔레비전 방송사를 소유할 수 없고, (2) 시장점유율 8~16%인 신문사의 소유주는 전국 텔레비전 방송사를 1개 허용하며, (3) 8%미만의 신문의 소유주에게는 2개 허용한다. 지방 신문사는 제한 없이 지방 TV방송을 소유할 수 있다. 그러나 시청자가 중복되는 지역에서 지방 방송국을 복수 허가하지 않는다. 따라서 서로 다른 3개 지역에서 지방 방송국을 운영할 경우 3개까지 가능하다.

② 소유제한

출판법(1981년 8월 5일 법률 제416호로 제정되어 1997년 7월 31일 법률 제249호로 개정된 것)은 금융회사가 신문사·출판사의 지

분의 과반수 또는 경영을 통제할 수 있는 정도의 지분을 소유할 수 없
도록 규제하고 있다.

③ 투명성 보장

출판법은 언론 소유의 투명성을 보장하고 언론시장의 집중을 사전에
방지하기 위한 제도 중 하나로 신문사와 잡지사로 하여금 국립출판등
록소(지금은 커뮤니케이션 등록소)에 등록하도록 의무화했다. 또 모든
신문사는 매년 자신의 예산(여러 신문사를 운영할 경우 그룹의 예산)을
정부에 제출하여야 하며, 증권과 지분 등의 이전도 보고해야 한다.

④ 경쟁법 적용

이탈리아 경쟁법(법률 제287호)은 유럽공동체의 경쟁법의 원칙을
수용하여 1990년 10월 10일 제정되었다. 신문사도 경쟁법의 지배를
받는다. 1981년 출판법도 신문사의 소유 집중 또는 시장지배적 지위
의 남용에 대한 규정을 가지고 있다. 법 제4조는 일간지의 시장점유
율을 전 발행부수의 20%, 또는 이탈리아를 네 개의 광역지역으로 나
누어 그 중 어느 한 지역에서 점유율이 50%를 초과할 경우 지배적 지
위라고 보아 제한하고 있다. 따라서 지분의 이동, 임대, 신탁계약 등
으로 지배적 지위에 도달하게 되면 그 행위는 무효가 된다. 지배적 지
위가 존속하는 동안 정부의 지원도 받지 못한다. 하지만 정상적인 영
업활동으로 점유율이 이 기준을 초과하는 것은 허용된다.[116]

⑤ 신문 지원제도

---

116. The Italian Federation of Newspaper and Periodical Publishers, THE PRESS IN
ITALY(*available at* http://www.fieg.it/english/facts.asp).

출판법은 신문이나 잡지에 대한 지원제도를 다양하고, 복잡하게 마련해놓고 있다. 신문용지에 대한 지원, 특별융자 지원, 정당, 조합 신문에 대한 특별 지원, 전화비 우송료 등 운영 비용 지원, 행정기관 의 광고지원 등이 있다. 신문에 대한 지원은 신문시장의 집중 방지에 만 목적이 있는 것이 아니다. 출판시장의 도산이 초래할 실업에 대한 우려도 지원을 가능하게 하였다. 그러나 지원제도는 경쟁력 없는 출 판사의 무분별한 양산을 가져왔다는 비판도 받고 있다.[117]

나. Gasparri Law의 내용

2004년 이탈리아는 Gasparri Law를 제정하여, 전국의 방송 채널 을 3개 이상 소유할 수 없도록 금지한 규정을 삭제하였다. 따라서 이 미 지상파 전국방송 채널을 3개 소유하고 있는 Berlusconi 수상은 자기의 소유가 합법화되었다. 또한 교차소유금지 규정도 삭제하여, 텔레비전 방송사를 소유하고 있는 사람이 신문사를 인수하는 것이 가능해졌으며, 신문사 소유주도 텔레비전 방송사를 소유할 수 있게 되었다. 2009년 1월부터는 텔레비전 방송 채널을 2개 소유하는 사 람이 인쇄매체를 인수할 수 있도록 허용된다.

Gasparri Law는 방송을 디지털로 전환하여 방송채널을 다양화하 고, 간접적으로는 방송시장의 집중화를 해소하려는 목적으로 제정되 었으나, 실제에 있어서는 당시 Berlusconi 수상이 소유한 Mediaset 에게 유리한 사업기회를 주는 등 Berlusconi를 위한 입법이라는 비

---

117. 이선필, "이탈리아의 신문산업과 지원제도", 『세계 언론법제 동향』, 2001년 하권, p127.

판을 받는다.

(7) 노르웨이

1) 신문시장의 독과점 현황

노르웨이는 인구 1,000명당 신문 발행부수가 719.9부로 세계 최고이다.[118) 신문구독률이 높은 원인은 발간되는 신문의 종류가 다양한 데서 찾을 수 있다. 인구 500만 명의 국가에서 220가지의 신문이 발간된다. 대부분의 신문은 발행부수 1만부 이하의 지역신문이다. 지형적인 영향으로 지방지가 발전하였다. 지역 또는 지방신문이 신문시장 전체에서 차지하는 비중이 72%에 이른다.[119)

1990년대 들어 언론 재벌들이 인쇄 매체와 전파 매체의 겸영에 적극적으로 나서면서 자본 집중과 시장 독점 현상이 심화되고 있다. 3대 신문그룹인 Schibsted, Orkla, A-pressen과 방송사인 NRK 등 4개 언론사가 노르웨이 언론시장을 지배하고 있다. 2003년 기준으로 최대 신문사인 Schibsted의 시장점유율은 30.7%, 그 다음으로 A-pressen 16.5%, Orkla 16.2% 등으로 나타나 3대 신문사의 시장점유율 합계는 63.5%이다.[120)

2) 해소 방안

가. 개설

인쇄 매체의 설립과 규제를 위한 신문법이나 정기간행물법은 없다. 국가의 언론분야에 대한 개입은 경제적인 개입일 뿐이며, 편집에 대한 간섭은 하지 않고 있다. 반면에 전파 매체에 대해서는 1991년 방송법을 제정하는 등 정부가 적극 규제하고 있다. 언론관련 법률분쟁이 많아 소규모 언론사의 경우 소송비용이 매출액의 10%를 차지한다.[121]

나. 소유지분 제한

노르웨이 정부는 언론의 집중화에 적극 대처하기 위하여 신문사·방송사의 인수·합병을 감독하는 법률인 미디어소유법(Media Ownership Act; 법률 제53호, 1997년 6월13일)을 제정하였다. 이 법은 1999년 1월 1일 발효되었다. 미디어소유법에 근거하여 독립 행정기관인 미디어소유청(Media Ownership Authority)이 설립되었다. 미디어소유청은 신문사 또는 방송사의 인수에 개입할 수 있는 권한을 부여받았다. 하지만 개입할 수 있는 경우는 언론사가 단독 또는 다른 언론사와 연대하여 전국 또는 지역 언론시장에서 '중대한 소유권의 지위(significant ownership position)'를 차지하게 되는 경우이다.(제9조) 따라서 정부가 신문시장에 개입하는 경우는 신문사간 인수에 따른 시장집중에 한정되며, 신문사의 부수가 자연 증가하거나 경쟁사가 퇴출하여 시장점유율이 높아질 경우 정부는 신문시장에 개입할 수 없다.[122]

미디어소유법에 따르면, '중대한 소유권의 지위'는 정부가 신분시

118. World Association of Newspapers, 『WORLD PRESS TRENDS 2001』 참조.

119. Norwegian Media Ownership Authority, ANNUAL REPORT FOR 2003 (*available at* http://www.eierskapstilsynet.no/rapporter/arkiv/rsmelding2004pdfeng.pdf).

120. *Id.*

121. 이원섭, "노르웨이의 언론 소유 규제와 언론 지원 정책", 『세계 언론법제 동향』, 2001년 상권, p104.

122. GUIDELINES FOR INTERVENTIONS PURSUANT TO THE ACT RELATING TO SUPERVISION OF THE ACQUISITION OF NEWSPAER AND BROADCASTING ENTERPRISES 1.3 (*available at* http://www.eierskapstilsynet.no/regelverk/guidelines.doc).

장에 개입할 수 있는 근거로 작용한다. 신문시장에서 중대한 소유권의 지위를 차지하는지 여부를 판단하는 기준점은 전국지 신문 발행부수의 20%와 1/3이다. 전국지 신문 발행부수의 20%를 초과하지 않는 한 어떠한 형태의 신문사 인수에도 정부는 개입할 수 없다.(법 제9조) 전국지 신문 발행부수의 1/3은 정부가 소유 집중에 대한 개입결정을 하는 기준이 된다. 즉, 인수로 인하여 어떤 신문사의 전국지 시장점유율이 20%를 초과하면 미디어소유청은 그 인수에 개입할지 여부를 고려할 수 있으며, 점유율이 33.3% 수준이 되면 반드시 개입하여야 한다.[123] 하지만 1/3은 소유 집중의 가이드라인이 될 뿐이고, 미디어소유청이 인수로 인하여 소유 집중이 초래했는지에 대한 판단을 내리는 기준은 3/1보다 낮을 수도 있고, 높을 수도 있다.

미디어소유청이 신문사 인수에 개입할 수 있는 경우는 또 있다. 일간지 시장점유율의 10%를 초과하는 영향력을 가진 사람이 역시 일간지 시장점유율의 10%를 초과하는 영향력을 가진 그룹에 소속된 기업을 일부 소유(part-owner)하게 될 경우 미디어소유청은 이러한 인수에 개입할 수 있다.[124]

다. 신문 지원제도

신문시장의 독점화를 방지하고 다양한 매체가 공존할 수 있도록 정부가 일간신문을 지원하는 제도가 시행되고 있다. 1969년 '일간신문 제작지원법'이 제정되어 처음으로 경영난을 겪는 신문사에 대한 지원이 시작되었다. 지금 이 업무는 독립 행정기구인 매스미디어위원

---

123. GUIDELINES 3.1.3.1.
124. GUIDELINES 3.1.3.1.

회(Statens medieforvaltning)가 담당한다. 매스미디어위원회는
방송국과 신문국 등 2개의 국으로 구성되었다. 신문국은 일간지에
대한 보조금을 지급하는 업무를 주로 담당한다. 전 신문 매출액의
2% 정도가 보조금으로 지급된다. 근거법률은 '일간지의 제작 보조
에 관한 규정'(Regulations Concerning Production Grants for
Daily Newspapers)이다.[125]

정부지원을 받을 수 있는 신문의 조건은 엄격하다. 지원조건 중 하
나로 편집권의 독립성 확보가 있다. 편집자 헌장(Redaktøplakaten)
에 규정된 형태의 편집인(editor-in-chief)을 두도록 함으로써 편집
인이 신문 편집과 관련하여 전권을 부여받은 경우에만 정부 지원을
받을 수 있도록 하였다.(규정 제3조) 보조금을 받는 신문은 발행부수
와 경영 상태를 매년 공개하여야 하며, 정부 보조금은 신문발행 비용
과 운영비에만 사용하여야 한다.

라. 편집권 독립

노르웨이에서 언론의 내적 자유는 언론사별로 개별협상을 통하여
하지 않고, 언론노동조합인 기자협회(NR)와 신문발행인협회(NAL)
의 협상을 통하여 편집자 헌장을 체결하고 각 단위 언론 사업장에서
이를 실천하는 방식으로 이루어지고 있다.[126] 정부는 신문사에 대하
여 재정 지원을 하거나 방송 채널을 임대할 때 편집의 독립을 우선 조
건으로 내세우고 있다.

신문발행인협회와 기자협회는 1953년 편집자 헌장에 합의했고,

---

125. 이 규정은 http://www.smf.no/sw263.asp에서 찾아 볼 수 있다.
126. 이원섭, 앞의 논문, p128.

1973년 부분 개정했다. 편집자 헌장에 따르면 편집자들은 자신의 양
심에 따라 정보와 여론을 전달하는 역할을 맡는다. 하지만 자신이 재
직하는 언론사의 편집 방침과 경영 목적에 반하는 기사를 게재할 수
없다.[127] 편집국 헌장은 기자협회가 편집자 헌장의 내용을 구체화시
킨 편집규약이다.

마. 신문 공동배급제 및 공동경영제

노르웨이 신문들은 공동 신문배급제를 하고 있으며, 일부 지방신
문들은 공동경영제도 실시하고 있다.[128] 공동경영제는 편집 원칙과
정치적 입장이 서로 다른 신문사들이 경영, 판매, 인쇄 시설 등을 공
유하는 것을 말한다.

(8) 네덜란드

1) 신문시장의 독과점 현황

종교, 사상 등이 유사한 사람들끼리 교회, 학교, 정당, 언론 등을 조직
하는 필라주의(pilarisation)의 영향으로 신문은 가톨릭, 프로테스탄트,
사회주의, 자유주의 등 4개의 필라(pilla)중 하나와 직·간접적인 관련
을 맺고 있다. 신문시장은 제2차 세계대전 이후 집중화되어 현재 4개의
그룹이 신문시장의 90%를 차지하고 있다. 일간지에서 전국지가 차지
하는 비중은 2000년 기준으로 45% 정도이다. 일간지 시장에서
PCM(시장점유율 30.8%), Telegraaf(30.7%), Wegener(28.8%) 등 3

---

127. 이원섭, 앞의 논문, p129.
128. 이원섭, 앞의 논문, p132.

개 신문그룹이 차지하는 비중은 90%를 넘는다.[129] 전국지 시장은 PCM
과 Telegraaf이 양분하여 각각의 시장점유율은 54.8%, 40.5%이다.[130]

2) 해소 방안

가. 경쟁법 적용

경쟁법은 1956년 제정되었으며, 현재 적용되는 법률은 1997년
에 개정된 것이다. 시장 독점을 감시하고 방지하는 임무는 경쟁위
원회가 맡고 있다. 경쟁법은 반경쟁 행위와 지배적 지위의 남용을
금지하고 있고, 기업의 인수로 매출액이 일정 기준이상이 되면 경
쟁위원회에 고지하도록 하고 있다. 기업의 합병으로 경쟁이 저해되
고 지배적 지위가 발생하는 경우 경쟁위원회는 이를 허가하지 않는
다. 신문사 간 인수 · 합병도 경쟁법의 적용을 받는다. 핵심 사업이
서비스 공급일 경우 인수 · 합병에 관련된 회사의 매출액 합계가
454만 유로를 초과하면 경쟁법의 적용을 받는다. 언론사의 인수 ·
합병이 여기에 해당한다. 따라서 특별히 신문사를 대상으로 그 소
유 집중을 제한하는 법률은 없다. 1993년 네덜란드 신문사들은 1개
사의 시장점유율 상한을 전국지 시장의 3분의 1로 정하기로 신사협
정을 맺었다.

2000년11월 네덜란드 정부는 미디어 집중에 대한 감시 권한을 미
디어위원회(Commissariaat voor de Media)가 담당하도록 했다.

---

129. The Netherlands Media Authority, 『A VIEW ON MEDIA CONCENTRATION: CON-
    CENTRATION AND DIVERSITY OF THE DUTCH MEDIA IN 2001』.
130. *Id.*

또 경쟁법의 예외사항으로 일간신문에 대한 개별적인 재판매 가격유지를 일정기간 인정하는 예외조항을 고시하여 1998년부터 2003년 1월 1일까지 신문의 고정가격제를 용인하였다.

나. 교차소유

1987년 제정된 미디어법은 라디오와 텔레비전에 관한 규정이 대부분이다. 신문과 관련해서는 교차소유에 관한 내용이 있다. 법 제71b조에 의하면, 신문시장의 25%를 초과하여 점유하는 신문에 지분을 갖고 있는 경우 상업 텔레비전방송의 의결권 있는 주식의 30%를 초과하여 소유할 수 없다. 또한 특정지역에 다른 텔레비전방송이 서비스되지 않을 경우 그 지역에서 일간지 또는 비일간지 시장의 50%를 넘는 시장점유율을 갖고 있는 법인은 상업 방송을 소유할 수 없다.

미디어위원회는 이 법에 따라 민영방송사 또는 민영방송사와 함께 그룹을 형성하는 법인 및 개인이, 개별적으로나 공동으로, 2년 이상 일간 신문시장의 25% 이상 점유할 경우 민영방송의 허가를 취소할 수 있는 권한이 있다.

다. 신문 지원제도

1967년 공영방송의 광고를 공식적으로 허용하면서 이로 인하여 인쇄매체들의 광고수입이 감소하면 올바른 여론형성이 어렵다고 보아 방송의 광고수입 중 일부로 신문사나 잡지사를 지원해야 한다는 견해가 대두되었다. 신문에 대한 재정적 지원은 1974년부터 본격적으로 시작되었다.

미디어법이 1988년 효력을 발휘하면서 네덜란드 정부는 이 법에 따라 설립한 프레스펀드(Press Fund)를 통하여 신문사에 대한 지원 정책을 펴고 있다. 프레스펀드는 신문의 다양성을 유지하고 제고하는 것을 그 목적으로 한다.(법 제123조)

신문사가 프레스펀드의 자금지원을 받으려면 (a)네덜란드에서 일반인을 대상으로 발행되어야 하며, (b)정치적 의견형성을 목적으로 상당한 양의 뉴스, 분석, 논평, 해설을 실어야 하며, (c)편집권의 독립을 표명한 편집규약에 기초하여 편집팀에 의하여 편집이 이루어져야 하며, (d)한 달에 최소 1회 발행되어야 하며, (e)일반적으로 구매 가능하여야 하며, (f)판매가격이 적정하여야 하며, (g)정부에 의하여 또는 정부를 위하여 발행되어서는 아니 되며, (h)특정 협회, 종교단체, 기타 조직의 지원, 협조 아래 발행되거나 유통되지 않아야 한다.(법 제129조) 프레스펀드는 신문산업을 위한 연구프로젝트도 지원한다. 재정 손실을 보고 있는 일간지에 대하여 특별히 자금을 추가 지원하는 정책도 1981년 도입되어 6년간 운영되었다.

(9) 호주

1) 신문시장의 독과점 현황

호주의 신문시장은 News Ltd.와 Fairfax Holdings Ltd.그룹이 지배하고 있다. 루퍼트 머독이 소유하고 있는 News Corp.의 호주 자회사인 News Ltd.는 수도 및 전국지 시장의 68%, 일요일판 신문시장의 77%를 점유하고 있으며, Fairfax Holdings Lts.는 수도 및 전국지 시장의 21%, 일요일판 신문시장의 22%를 점유하고 있다.

2) 해소 방안

가. 개설

호주의 언론소유법제는 두 부분으로 나눌 수 있다. 방송과 관련한 내용으로는 1992년 방송법(Broadcasting Service Act)[131]이 있으며, 언론사를 포함한 모든 기업과 교역에 관하여 적용되는 1974년 거래법(Trade Practice Act)과 1975년 외국자본의 인수합병법(Foreign Acquisitions and Takeovers Act)이 있다. 신문에만 적용되는 특별한 법은 제정되어 있지 않다. 따라서 호주에서는 방송의 허가조건으로 방송사에 소유지분의 제한을 가하는 것은 가능하지만, 신문에 대하여는 그렇게 할 수 없다. 신문사는 다른 일반 기업과 마찬가지로 경쟁법, 즉 거래법과 외국자본의 인수합병법의 적용만 받을 뿐이다.

나. 교차소유 제한

1992년 개정된 방송법 제60조는 1개 시장에 1개 사업자의 원칙을 채택하고 있다. 따라서 한 사람이 동일한 지역에서 상업 텔레비전 방송면허와 상업 라디오 방송면허 또는 신문을 동시에 통제할 수 없다.

방송의 경우 방송법 제53조는 특정인이 소유한 방송면허지역의 총합계가 호주 인구의 75%를 초과할 수 없으며, 동일한 지역에서 2개 이상의 방송면허를 가질 수 없다고 규정하고 있다. 라디오의 경우에도 특정인이 동일 면허지역에서 3개 이상의 면허를 통제할 수 있는

---

131. http://scaleplus.law.gov.au/html/histact/9/4815/rtf/BroadcastService92.rtf 참조.

지위에 있어서는 아니 된다는 명문의 제한이 있다. 신문에 대해서는
특별한 제한이 없다.

다. 외국자본의 신문사 투자 제한

외국자본이 호주의 언론사에 투자할 경우 방송법 이외에 여러 제한
을 받는다. 외국자본이 전국지 또는 수도권 신문에 투자할 수 있는 최
대한도는 그 회사 지분의 30%로 제한되며, 외국인 1인이 소유할 수
있는 최대한도는 25%이다. 지방(provincial)신문과 시외(subur-
ban)신문에 투자할 수 있는 최대한도는 50%이다.

라. 방송법 개정논란

2002년 3월 21일 호주 하원에 방송법(소유구조 부분) 개정안
(Broadcasting Service Amendment(Media Ownership) Bill)이
제출된 후 소유구조 개편을 놓고 논쟁이 뜨겁다. 개정안의 핵심은 외
국자본의 신문사 투자제한을 철폐하고, 교차소유 금지를 완화하는
내용이다. 교차소유의 경우 호주방송청(Australian Broadcasting
Authority)이 일정한 조건을 충족시키면 교차소유의 금지를 면제해
주는 증서(exemption certificates)를 교부할 수 있도록 허용하는
내용을 담고 있다. 교부조건은 다음과 같다. 첫째 신청인은 자기가
소유하는 미디어 그룹에 소속된 매체마다 편집권을 별도로 유지 운
영할 것이라는 점을 만족스럽게(satisfactorily) 증명하여야 한다. 둘
째, 호주방송청은 교차소유를 허용한 후 독립된 상업 미디어가 수도
권 지역의 경우 최소 5개, 지방의 경우 최소 4개 존속할 것이라는 점
을 확신하여야 한다. 셋째, 면제증서로 인하여 특정인이 단일 시장에
서 텔레비전, 라디오, 신문 등 3개 시장을 모두 통제(control)하여서

는 아니 된다.[132]

개정안이 규제완화를 통한 미디어산업의 경쟁력 강화에 목적이 있지만, 언론 재벌의 시장집중을 더욱 가속화할 것이라는 우려의 목소리도 크다. 현재 이 개정안은 상원에 계류 중이다.

(10) 일본

1) 신문시장의 독과점 현황[133]

2003년 일간지 수는 123개로 지난 10년 전인 1993년의 122개와 거의 같다. 일본은 세계적으로 높은 신문 구독률을 보이는 나라다. 2003년 기준 4,926만 세대에 신문 발행부수가 5,287만부에 달해 세대 당 1.07부를 기록하고 있다. 그러나 젊은 층을 중심으로 신문 구독률이 떨어져 세대 당 발행부수는 1993년 1.22에서 지속적인 하향세를 나타내고 있다. 신문판매는 거의 모두 가정배달로 이루어지고 있다. 2003년 현재 가정배달 비중은 93.87%로 매년 조금씩 증가하는 추세다. 전국지 시장(4,031만부)에서 요미우리(1,408만부) 아사히(1,223만부) 니혼게이자이(464만부) 등 3대 신문사가 차지하는 비율

---

132. 호주 문화통신기술부(Department of Communications, Information Technology and the Arts)의 2002년 방송법 개정안의 배경 설명자료 참조(*available at* http://www.dcita.gov.au/Article/0,0_1-2_10-4_114883,00.html).
133. 일본의 신문현황은 일본신문협회의 홈페이지 참고(*available at* http://www.press-net.or.jp/english/index.htm).
134. World Association of Newspapaers, 『WORLD PRESS TRENDS 2004』.
135. 한영학 · 타키타 야스나리, "일본의 언론시장에 대한 법제와 정책", 『세계의 언론법제』, 2003년 상권, p182.
136. 한영학 · 타키타 야스나리, 앞의 논문, p187.
137. 한영학 · 타키타 야스나리, 앞의 논문, p189.

은 76.8%에 달한다.[134]

2) 정부정책

가. 불공정거래 단속

일본의 신문시장은 이미 포화상태에 있어 판매시장에서 부수를 확장하기 위한 신문사 간 경쟁이 치열하다. 신문 판촉을 하면서 과다한 무가지 및 경품을 제공하는 것이 문제로 지적된다. '부당 경품류 및 부당 표시 방지법'에 입각한 자율규제인 '신문업에 있어서 경품류 제공에 관한 사항의 제한'(1998년 공정거래위원회 고시 제5호) 및 '신문업에 있어서 경품류의 제공에 관한 공정경쟁규약'(2000년 8월 15일 공정거래위원회 인정)에 따라 허용되는 경품류의 상한선을 정하고 있다.[135]

나. 신문사 주식의 양도제한

일간지를 발행하는 신문사의 주식은 외부 사람에게 양도하는 것이 특례법에 따라 제한된다. 1951년 제정되어 몇 차례 개정된 '일간신문지의 주식과 지분의 양도 제한 등에 관한 법률'은 신문사 주식의 양수인을 신문사의 사업과 관계있는 자로 한정할 수 있도록 허용했다. 이에 따라 거의 대부분의 신문사는 사내주(社內株) 제도로 주식을 보유하고 있다. 하지만 사내주의 주식 소유비율을 밝히는 신문사는 소수에 불과하다. 주식시장에 상장한 신문사도 없다. 신문사의 중요한 경영정보자료는 거의 공개되지 않고 있다.[136] 1993년 증권거래법상의 공개제도가 개정되어 비상장기업이라도 자본금이 5억 엔 이상이며 주주 수가 500인 이상인 경우 유가증권 보고서의 제출이 의무화된 적이 있으나 1995년 9월 대장성의 성령개정으로 그 제출의무가 폐지되었다.[137]

다. 편집권 독립[138]

일본에서는 제2차 세계대전 종료 직후 미군정 하에서 '편집권의 독립' 또는 '사내 민주주의'를 놓고 충돌이 있었다. 전후 일본에서는 공산주의의 영향으로 노동운동이 극렬하였으며, 신문 지면도 좌경화의 움직임이 있었다. 1946년 '제2차 요미우리(讀賣) 쟁의사건'은 좌경성향의 편집국장을 해고하면서 발생하였다. 이 사건은 언론계의 총파업으로까지 확대되었다. 이 사건에 즈음하여 1948년 일본신문협회는 편집권은 소유권·경영권에서 유래하고, 그 확보를 위한 인사권까지 포함한다는 내용의 '편집권에 관한 성명'을 발표했다. 이는 미군정 당국의 신문강령(Press Code)에 근거한 것이다. 이 사건 이후 일본에서는 편집권에 대한 큰 논의가 없었으며, 편집권은 소유권·경영권에서 유래한다는 사고가 자리 잡고 있다.

라. 정부 지원

신문에 대한 지원은 세제상의 우대조치 등 간접적인 지원이 주축이다. 신문사업에 대해서는 공익성을 이유로 법인세, 지방세, 사업세 등이 비과세 또는 경감되었다. 하지만 1989년 4월부터 실시된 소비세 제도는 신문사의 판매, 광고수입에도 과세하고 있다.

3. 정책 수단의 국제비교

세계 주요 국가의 신문시장에서 찾아 볼 수 있는 공통점은 언론의 집중(media concentration) 문제에 봉착해 있다는 점이다. 혹자는

---

138. 일본의 편집권 논의에 관해서는 박용상, 『표현의 자유』, pp733~736을 참고하였다.

우리나라에서 일부 일간지의 높은 시장점유율이 세계 유래가 없는 일이기 때문에 그 과점구조를 깨려는 수단 역시 비정상적일 수밖에 없다는 주장을 하기도 한다. 그러나 실제로 많은 국가들에서 찾아 볼 수 있는 것이 신문시장의 독과점화 현상이다. 소수의 신문그룹이 시장을 지배하는 현상은 최근 들어 두드러진다.[139]

세계에서 인구 1,000명당 신문발행부수가 가장 많은 노르웨이의 경우 3대 신문그룹의 시장점유율이 63.5%에 이르고, 역시 같은 기준으로 세계 3위인 일본의 경우 3대 신문사의 시장점유율이 76%를 넘는다. 오스트리아는 한 신문그룹의 시장점유율이 57%를 넘고, 호주는 2개 신문그룹의 시장점유율이 90%, 영국은 3개 신문그룹의 시장점유율이 70%에 이른다.

이 같은 언론의 집중화 속에서 각 국 정부는 신문을 포함한 언론의 다양화를 위해 다각도로 노력한다. 가장 중요한 수단은 경쟁정책(competition policy)이다. 경쟁정책이 각 국의 미디어 규제 구조에서 차지하는 비중은 날로 커지고 있다.[140] 언론의 집중 방지와 관련하여 경쟁 당국의 역할도 날로 커지고 있다. 언론의 다양화를 전담하는 기구를 설립하는 국가도 있다. 노르웨이는 1999년 미디어소유청(Media Ownership Authority)을, 네덜란드는 2000년 미디어위원회(Commissariaat voor de Media)를 설립하여 언론 집중의 해소 과제를 중점적으로 다루고 있다.

하지만 이와 동시에 세계 여러 나라에서 나타나는 특이한 현상은

---

139. David Ward, 앞의 글 참조.
140. David Ward, 앞의 글 참조.

언론의 규제완화이다. 미국, 영국, 호주, 이탈리아 등 일부 국가들은 방송과 신문 간의 교차소유의 금지 규정을 철폐하는 방향으로 정책을 전환하고 있다. 그 이유에 대해서는 미디어그룹의 로비에 의한 것이라는 음모설, 정보통신기술의 발달로 새로운 매체가 등장하고 매체가 통합되는 등 급격한 환경변화에 기인한다는 환경변화설, 언론시장의 개방에 따라 국내기업의 경쟁력을 제고하기 위하여 필요하다는 국제화설, 언론의 자유와 정부의 상시적인 개입은 양립할 수 없다는 언론자유설 등 다양한 해석이 가능하다.

결론적으로 최근 세계 각국의 언론법제에서 중심을 이루는 두 개의 축은 '언론의 다양성 제고'와 '언론에 대한 규제 완화'라고 하겠다. 각 국가마다 처한 환경에 따라 정책의 우선순위가 달라 중심축의 위치에 차이가 있을 뿐이다. 신문시장의 독과점을 해소하기 위하여 각국이 선택하는 정책수단을 최근 국내에서 거론되는 방안을 중심으로 (1)신문사 사주의 소유지분 제한 (2)과점 신문사의 시장점유율 제한 (3)편집권의 독립 (4)신문 공동배달제의 실시 (5)불공정행위 단속 등으로 나누어 살펴보도록 하겠다.

(1) 신문사 사주의 소유지분 제한

신문사의 소유를 제한하는 국가의 예는 많다. 대부분의 국가에서 공감대가 형성된 것은 경쟁법을 적용하는 것만으로는 언론의 다양성을 확보할 수 없다는 것이다. 이에 따라 언론사의 소유를 제한하는 입법이 이루어지고 있다. 그 유형을 보면, 첫째 외국인에 대하여 신문사 소유지분을 제한하는 경우다. 우리나라 역시 외국인은 일간신문의 경우 지분의 30% 이상 취득하지 못하도록 규제(신문등의자유와 기능보장에관한법률 제13조 제4항 제3호)하고 있다. 둘째, 이탈리아처럼 금융회사가 신문사의 통제권을 획득하지 못하도록 규제하는 경우도 있다. 우리나라가 대규모 기업집단의 경우 신문사 지분의 절반 이상을 취득하지 못하도록 규제(신문법 제15조 제4항)하는 것과 마찬가지다.

셋째, 신문과 방송의 교차소유를 규제하는 경우다. 신문사와 방송사를 함께 소유할 경우 다양한 목소리가 전달될 수 없다는 이유에서 교차소유를 금지하는 국가가 많다. 하지만 교차소유의 금지에는 다양한 유형이 있다. 신문의 시장점유율을 기준으로 과점의 우려가 있는 신문사에게만 지상파 방송사의 소유를 금지하는 국가의 예로는 영국, 이탈리아(Gasparri Law 이전), 네덜란드 등이 있다. 미국은 한 지역에서 방송사와 신문사를 함께 소유할 수 없도록 규제하였으나 최근 이를 완화 중이다. 독일처럼 교차소유 자체를 금지하지 않는 국가도 있다.

마지막으로 과거 일부 시민단체의 주장처럼 시장점유율이 일정수준 이상일 경우 해당 신문사 사주의 소유지분을 제한하는 경우다. 앞서 살펴본 국가에서 이러한 방식을 채택하는 경우는 없다. 다만 특정 신문사 또는 신문그룹이 다른 신문사를 인수함으로써 시장지배적 지위를 차지하게 될 경우 그 인수를 정부가 허가하지 않는 경우, 즉 소유 확대를 금지하는 경우는 있다. 프랑스는 전국 종합지 시장의 30% 이상을 점유하게 되는 합병은 허용하지 않는다. 이탈리아는 전체 일간지 발행부수의 20%를 넘는 지위에 도달하게 하는 지분의 이동, 임대, 신탁계약 등을 무효로 한다. 노르웨이의 경우 전국 신문 발행부수의 1/3을 기준으로 정부가 신문사간 인수·합병에 간섭한다. 하지만 위의 세 국가에서는 다른 신문사를 인수할 경우에만 정부가 개입

한다. 만약 어떤 신문사가 자체적인 성장이나 경쟁상대의 도태로 시
장점유율이 높아지는 이른바 내적 성장을 통한 점유율 증가가 나타
날 경우에는 정부가 개입하지 않는다.

이상에서 본 것과 같이 시장점유율이 높다는 이유로 해당 신문사
사주의 소유지분을 제한하는 경우는 외국에서 그 사례를 찾기 힘들
다. 만약 이러한 수단이 법제화될 경우 위헌시비에 봉착하지 않을 수
없다. 「한국언론 2000년 보고서」는 신문사 주식의 지분한도를 제한
하는 입법은 (1)입법 목적을 달성하기 위한 방법으로서 효과적이고
적절한 것인가에 대해서 의문의 여지가 있으며, (2)재산권을 제한하
지 않고서도 소기의 목적을 달성할 수 있는 방법이 있을 수 있으며,
(3)기본권의 제한에 따르는 이익과 손실을 비교형량하기 어렵다는
이유로 위헌의 소지가 있다고 지적했다.

(2) 과점 신문사의 시장점유율 제한

일정한 기준을 정해놓고 개별 신문사의 시장점유율이 이 기준을 넘
어가면 이를 해소하도록 하는 방식의 정부 규제를 하는 국가는 프랑
스와 이탈리아가 있다. 그러나 앞서 본 것처럼 이들 국가는 경쟁 신문
사를 인수함으로써 인위적으로 신문시장을 개편하는 경우 이를 금지
하는 방식을 채택하고 있다.

흥미로운 것은 비교적 시장점유율에 집착하는 국가인 프랑스와 이
탈리아는 유럽 내에서 가장 신문을 읽지 않는 국가라는 점이다. 반면
세계에서 가장 인구당 신문발행부수가 많은 국가인 노르웨이는 비슷
한 형태로 시장점유율을 규제하지만 접근방식이 크게 다르다. 노르
웨이 정부는 시장점유율 1/3선을 기준으로 신문사간 인수 · 합병에

개입하지만, 동시에 시장점유율이 20% 미만일 경우 정부가 개입할 수 없다는 점도 분명히 밝혀놓고 있다. 네덜란드는 신문 발행인들이 자율적으로 네덜란드 내에서 전체 신문의 발행부수의 1/3 이상의 시장점유율에 이르는 신문의 인수·합병을 금지하는데 합의했다.[141]

반면 미국, 영국, 독일, 일본, 호주 등은 신문의 시장점유율 제한에 대하여 특별한 규정이 없으며 정부 개입보다는 '시장에서의 자유경쟁을 통한 의견의 다양성 보호'에 치중하는 경향을 보인다. 신문사도 경쟁법의 적용대상이어서 다른 기업과 마찬가지로 일정 규모 이상의 인수와 합병은 정부의 허가를 받아야 한다.

(3) 편집권의 독립

의견의 다양성을 확보하는 방법으로 편집권의 독립을 법제화하고, 이에 위반될 경우 처벌하는 형태의 제도를 운영하는 국가는 없다. 메디아프린트라는 신문그룹이 신문시장을 독점하고 있는 오스트리아의 경우 언론의 내적 자유를 보호하는 조항을 법제화한 국가다. 하지만 오스트리아에서도 편집규약의 체결은 강제규정이 아닌 자율적인 권장규정일 뿐이다.

노르웨이의 경우 기자협회와 신문발행인협회와의 협상을 통하여 편집장 헌장을 체결하고 각 신문사는 이를 실천하고 있다. 정부는 편집의 독립 여부를 재정지원 시의 기준으로 삼고 있다. 하지만 노르웨이에서도 기자들은 자신의 양심에 어긋나는 사실을 전달하거나 경영

---

141. 이원섭, "네덜란드의 언론시장에 대한 법제와 정책", 『세계의 언론법제』, 2003년 상권, p125.

주의 입장을 대변하지 않는다는 것을 보장할 뿐, 편집방침과 경영목적에 반하는 기사를 게재할 권리를 보장하지는 않는다. 논설위원이 재직 언론사의 기본 입장과 경영 목적에 반하는 논설을 썼을 경우 이를 취하해야 한다.[142]

미국, 영국, 독일, 일본 등 많은 국가에서 개별 신문의 편집방향에 영향을 주는 정부 개입은 금기시된다. 노사공동결정권을 보장하고 있는 독일에서조차 신문사는 그 예외로 인정되어, 편집권의 독립을 보장한다는 이유로 국가가 발행인의 자유를 간섭할 수 없다는 입장을 분명히 하고 있다.

(4) 신문 공동배달제 및 신문지원제도의 실시

신문 공동배달제를 실시하는 국가도 있다. 프랑스, 독일, 노르웨이 등 유럽 국가에서 실시되고 있다. 공동판매 또는 공동배달제도는 정부가 개별 신문사의 편집방향이나 소유구조에 직접 영향을 미치지 않고도, 즉 언론의 자유와 재산권의 침해의 시비를 적게 일으키면서도 의견의 다양성이라는 목표를 달성할 수 있는 수단이다. 유통과정에서의 중립성이 신문 공동배달제의 성패를 좌우한다고 하겠다. 독일의 경우 신문유통 회사는 신문유통 과정에서 철저하게 중립을 지킬 의무가 있으며, 독일신문협회와 신문유통회사연합이 중립의무 준수 여부를 감독한다.[143] 신문 공동배달제는 많은 나라에서 자발적으

---

142. 이원섭, "노르웨이의 언론 소유 규제와 언론 지원 정책", 앞의 논문, p129.
143. 심영섭, "독일의 신문 관련 법규와 언론 정책", 앞의 논문, p63.
144. 황지싱, "국가정책과 조화를 이룬 지방지 시장", 「신문과 방송」, 2001년 8월호.

로 이루어지고 있지만, 만약 정부가 재정지원을 한다고 하더라도 신문유통 과정의 중립성만 확보할 수 있다면 언론의 자유를 저해한다고 볼 수는 없다.

신문에 대한 직접적인 재정지원은 신문 공동배달에 대한 재정지원보다 정부가 신문 편집에 개입할 소지가 더 크다. 프랑스, 노르웨이, 네덜란드 등에서 신문에 대한 재정지원을 실시하고 있다. 주목할 점은 독일의 태도이다. 독일 연방헌법재판소는 국가가 일부 신문사에 재정지원을 하는 것은 시장경제에서의 자유경쟁 원칙을 위반하는 것일 뿐만 아니라, 독일기본법 제5조 제1항에 보장된 국가 개입 및 검열의 금지 조항을 위반하는 것이라고 판결했다. 영국에서도 지방 신문사에 대한 재정지원을 검토한 적이 있으나, 정부의 보조가 자칫 검열로 이어질 경우 본래의 취지에 반하는 결과를 가져올 수도 있다는 이유로 성사되지 못하였다.[144] 우리나라에서는 논란 끝에 2004년 3월 지역신문발전지원특별법이 제정되었다.

(5) 불공정행위의 단속

신문시장이 실질적인 자유경쟁이 이루어지도록 하는 것은 정부의 책무라고 보아야 할 것이다. 어느 국가나 신문시장도 경쟁법의 적용 대상이라는 점을 분명히 하고 있다. 미국의 경우 1945년 AP사건에서 이 점이 확인되었다. 우리나라와 유사하게 가정배달이 중심을 이루는 일본의 경우 신문 판촉을 하면서 과다한 무가지 및 경품을 제공하는 것이 문제가 되어 자율규제로 경품류의 상한선을 마련해 놓고 있다.

4. 침해를 최소화하는 수단의 선택

민주사회에서 언론의 다양성 확보를 위해 정부가 나서야 하는 것은 당연한 책무라고 하겠다. 하지만 정부의 개입은 자칫하면 자기에게 호의적인 언론에 대한 혜택과 비판적인 언론에 대한 제재로 비추어질 수 있고, 또 실제로 그렇게 되기 쉽기 때문에 조심스럽게 접근해야 한다. 첫째, 신문시장이 독과점인지 여부를 객관적으로 판단하여야 하며, 두 번째로 지금과 같이 정보통신이 발달한 사회에서 신문시장의 독과점이 여론시장의 독과점에 얼마만큼 영향을 미치고 있는지도 살펴보아야 할 것이다. 셋째, 신문시장의 독과점으로 일부 신문이 여론시장에서 시장지배적 지위를 차지하고 있더라도, 그 해소를 위하여 정부가 어떠한 수단이라도 사용할 수 있는 것은 아니다. 정부는 가능한 수단을 모두 고찰한 후 목적을 달성할 수 있으면서도 언론의 자유와 개인의 재산권 침해가 가장 적은 방법을 선택하여야 할 것이다. 동원할 수 있는 모든 수단을 동시에 추진하는 것은 위헌의 소지가 크다.

언론의 자유의 측면에서 보면 정부는 가치중립적인 수단을 선택하여야 위헌시비에서 자유로울 수 있다. 즉 개별신문의 편집방향, 즉 논조에 영향을 주지 않는 방식으로 정부 정책은 추진되어야 한다. 이러한 시각에서 보면 편집권의 독립을 법제화하고 이에 위반했을 경우 처벌하는 식의 수단은 다른 나라에서 사례를 찾기도 어려울 뿐만 아니라 언론의 자유를 본질적으로 침해할 소지가 크다. 반면 불공정 행위의 단속이나 신문공동배달제의 추진 등은 시행에 있어 중립성만 확보된다면 위헌의 소지가 가장 적은 수단이라고 하겠다.

과점 신문사의 시장점유율 제한이나 그러한 신문사 사주의 소유지분 제한은 외견상 가치중립적이라고 하겠다. 다만 일부에서 주장하듯이 이러한 수단의 도입 이유가 우리 신문시장을 논조가 비슷한 일부 신문이 장악하고 있기 때문[145]이라면 결국 실질에 있어서는 가치중립적이라고 할 수 없는 문제가 발생한다. 하지만 더욱 큰 문제는 재산권의 침해에 있다. 다른 나라의 경우 시장점유율이 높은 신문사는 방송사를 소유할 수 없게 하거나, 신문사의 추가 인수를 제어하는 방식으로 정부가 개입할 뿐이다. 그러나 만약 현재 거론되는 것과 같이 시장점유율이 높은 신문사로 하여금 지분을 매각하게 하거나, 시장점유율을 인위적으로 낮추도록 하면(그 예로는 일부 지역의 판매망, 즉 자산을 매각하는 방법 등이 있다) 이는 재산권에 대한 침해가 되어 위헌소지가 크다.

결론적으로 신문시장의 과점을 해소하기 위한 수단을 종합적으로 보면, 상대적으로 가치중립적이면서도 재산권 침해의 소지가 적은 것으로는 불공정행위의 단속과 신문 공동판매제의 추진 등 신문시장의 진입장벽을 낮추는 정책수단을 생각할 수 있다. 지역신문에 대한 재정지원 또는 시장점유율이 낮은 신문사로 하여금 지역민방, 케이블TV, 다른 신문사 등을 겸영할 수 있도록 허용하는 방법 등은 경쟁자를 육성함으로써 간접적으로 신문시장의 과점을 해소하는 방법이다. 언론의 자유 및 재산권의 침해의 문제는 상대적으로 크지 않다. 그러나 인위적인 시장점유율 시정조치, 신문사 사주의 소유지분 제한, 편집권 독립의 의무화 등은 위헌의 소지가 큰 수단이다.

---

145. 김재홍, CBS 시사자키 '오늘과 내일' 토론 내용 중, 2004년 5월 5일 방송.

V. 신문과 방송의 겸영 및 교차소유와 언론 다양성

1. 논의의 시작

(1) 신문과 방송의 겸영 및 교차소유 논란

이명박 정부 들어 신문과 방송의 겸영 및 교차소유가 미디어 정책의 핵심으로 떠오르고 있다. 과거 노무현 정부 때 미디어 정책의 핵심이 대형 신문사, 소위 말하는 조·중·동의 영향력 축소였다면, 이명박 정부는 180% 정반대 정책을 추진하는 셈이다. 신문과 방송의 겸영을 허용하면 신문시장에서 영향력이 큰 조선일보, 중앙일보, 동아일보 등이 방송시장에 진출하는 기회를 제공하는 것이고, 그 결과 조·중·동의 영향력은 오히려 더 커지기 때문이다. 이러한 이유에서 신문과 방송의 겸영 허용은 시행도 되기 전에 찬반 논쟁이 뜨겁다.

먼저 이명박 정부의 정책 기조를 담은 대통령직인수위원회 백서의 내용을 보자.

인수위는 "신문·방송 겸영 허용 등 매체환경 변화에 대응해 전반적인 규제를 완화하고 지원기관의 통합과 신문기금지원 등 신문산업의 지원정책을 내실화하며 위헌 헌법불합치 조항의 정비와 함께 현행 법령의 미비점을 보완할 것"이라며 "신문·방송의 겸영 허용 등 규제완화를 통해 언론의 자율성과 공정성을 보장하고 글로벌 경쟁력을 갖춘 복합미디어 그룹이 출현할 수 있는 기반이 마련될 것"이라고 전망했다. 이러한 기조는 제18대 대통령선거를 앞두고 한나라당이 내세웠던 정책공약과 일치한다.

이러한 이명박 정부의 미디어 정책 기조에 대하여 반대여론도 거세다. 한나라와 보수언론이 결탁하여 우리나라 언론시장을 장악하여 영구집권을 꾀하고 있다는 것이 반대여론의 핵심이다. 2007년 4월 17일 전국언론노동조합 주최로 열린 '여론다양성 보장을 위한 미디어 정책방향 모색 토론회'에서 채수현 전국언론노동조합 정책국장은 "우리 사회의 언론 권력과 정치력을 확산하고 지배하려는 재벌 신문들과 이들과 결탁해 여론을 장악해 영구집권을 꾀하려는 한나라당의 짬짜미"라고 평가하였다. 열린우리당 정청래 국회의원(제17대)은 2008년 1월 18일 라디오 인터뷰에서 "지금도 조중동을 비롯한 일부 메이저 언론사가 신문시장의 70~80%를 독점하고 있는데 방송까지 경영하게 한다는 것은 신문과 방송의 일방적인 주장이 여과 없이 독점되는 것"이라고 평가하였다.

극단적으로 대립되는 두 견해 중 어느 말이 맞는지 국민들은 헷갈린다. 5년 전 노무현 정부 초기 시작된 신문개혁 논란 때처럼, 이번 신문과 방송의 겸영 논란에서도 조·중·동과 지상파 방송들은 반대 진영에 자리 잡고 있다. 서로 자기에게 유리한 외국 사례를 인용하고, 자기에게 유리한 견해를 펴는 학자만 미디어에 등장시킨다. 앞으로의 논의는 객관적인 자료와 합리적 해석을 토대로 전개되어야 할 것이다.

(2) 현행 법제 점검

신문과 방송의 겸영 및 교차소유에 관한 우리나라 법제를 먼저 살펴 볼 필요가 있다. 여기서 겸영이란 동일한 법인 내의 목적사업으로 일간신문과 뉴스통신 또는 방송사업을 함께 경영하는 것을 의미하며,[146) 교차소유란 방송사가 신문사 주식을 가지거나, 신문사가 방송사 주식을 가지는 것을 뜻한다.

1) 소유제한 규정

신문법은 제15조 제2항에서 일간신문은 방송법에 의한 종합편성 또는 보도에 관한 전문편성을 행하는 방송사업을 겸영할 수 없다고 규정하고 있다. 쉽게 말하면, A사가 신문을 발행하면서 방송국을 운영할 수 없다는 뜻이다.

또 신문법 동조 제3항은 일간신문이나 방송사업을 경영하는 법인이 발행한 주식 또는 지분의 2분의 1 이상을 소유하는 자는 다른 일간신문을 경영하는 법인이 발행한 주식 또는 지분의 2분의 1 이상을 취득 또는 소유할 수 없다고 규정하고 있다. 간략하게 말하면, A라는 사람 또는 법인이 a신문사(또는 z방송사)의 주식의 과반수를 가지고 있으면, b신문사 주식의 과반수를 가질 수 없다.

그러나 이 규정은 언론사 주식의 절반 이상을 소유하고 있는 지배주주에 대한 규제이므로 언론사 자체가 다른 신문사의 주식을 취득하는 것은 금지되지 않는다. 즉 A라는 사람 또는 법인이 a신문사 주식의 과반수를 가지고 있을 때, a신문사가 b신문사 주식을 과반수 취

---

146. 헌법재판소 2006.6.29. 선고 2005헌마165등 결정.

득하더라도 금지대상이 아니다.

또 A가 a신문사 주식의 절반 이상을 가지고 있으면서 b신문사 주식의 일부를 가지는 것도 허용된다. 또 그가 z방송사 주식의 절반 이상 가지고 있으면서, a신문사 주식의 일부를 가지는 것도 괜찮다. 그가 a신문사 주식의 일부, b신문사 주식의 일부, z방송사 주식의 일부를 가지는 것도 신문법상 문제가 없다.

하지만 방송법은 같은 신문과 방송의 겸영 또는 교차소유에 관하여 조금 달리 규정하고 있다. 방송법 제8조 제3항은 일간신문을 경영하는 법인(특수관계자를 포함한다)은 지상파방송사업 및 종합편성 또는 보도에 관한 전문편성을 행하는 방송채널사용사업을 겸영하거나 그 주식 또는 지분을 소유할 수 없다고 규정하고 있다. 즉 신문사 및 그 특수관계자[147]는 방송사업을 할 수 없음은 물론이고, 방송사 주식을 가질 수 없다는 것이다. 앞서 신문법은 방송사는 신문사 주식의 절

---

147. 특수관계자가 누구인지는 방송법 시행령 제3조에 규정되어 있다. 일반적으로, 본인이 개인인 경우에는 다음 중 어느 하나에 해당하는 자가 특수관계자다. ①배우자(사실상의 혼인관계에 있는 자를 포함한다), 8촌 이내의 혈족 또는 4촌 이내의 인척, ② 본인이 단독으로 또는 가목의 자와 합하여 100분의 30 이상을 출자 또는 출연하거나 주요 경영사항에 대하여 사실상 영향력을 행사하고 있는 법인(법인격이 없는 사단 또는 재단을 포함한다. 이하 이 조에서 같다) 및 그 임원, ③본인이 단독으로 또는 그와 가목 또는 나목의 관계에 있는 자와 합하여 100분의 30 이상을 출자 또는 출연하거나 주요 경영사항에 대하여 사실상 영향력을 행사하고 있는 법인 및 그 임원. 만약 본인이 법인인 경우에는 다음 중 어느 하나에 해당하는 자를 특수관계자라고 말한다. ① 임원, ②계열회사(「독점규제 및 공정거래에 관한 법률」 제2조 제3호의 규정에 의한 계열회사를 말한다) 및 그 임원, ③ 단독으로 또는 제1호 각 목의 어느 하나에 해당하는 관계에 있는 자와 합하여 본인에게 100분의 30 이상을 출자 또는 출연하거나 본인의 주요 경영사항에 대하여 사실상 영향력을 행사하고 있는 개인 및 그와 제1호 각목의 어느 하나에 해당하는 관계에 있는 개인, 법인 및 그 임원, ④본인이 단독으로 또는 그와 가목 내지 다목의 어느 하나에 해당하는 관계에 있는 자와 합하여 100분의 30 이상을 출자 또는 출연하거나 주요 경영사항에 대하여 사실상 영향력을 행사하고 있는 법인 및 그 임원.

반 이상을 소유할 수 없다고 규정하고 있지만, 방송법은 신문사는 방송사의 주식을 일부라도 소유할 수 없도록 규정하고 있다.

2) 규제의 연혁 및 정당성

가. 연혁

우리나라에서 겸영 및 교차소유가 금지된 것은 1980년 방송법과 정기간행물의등록등에관한법률을 제정할 때부터다. 그 전에는 허용된 적도 있었다. 1980년 전두환 정부 때 강제로 언론통폐합을 하기전까지 우리나라에서는 겸영이 금지되지 않았다. 경향신문과 문화방송(MBC)이 겸영의 대표적인 사례다.

● 1980년 이전 신문 · 방송겸영 현황

신문사	겸영 현황	비고
경향신문	경향신문+문화방송(MBC)	
중앙일보	중앙일보+동양방송(TBC)	동양라디오, 동양텔레비전, 동양FM방송
동아일보	동아일보+동아방송(DBS)	라디오방송
전남일보(광주일보 전신)	전남일보+전일방송	라디오방송

1979년 박정희 당시 대통령이 시해된 후 발생한 혼란을 무력으로 진압하고 정권을 잡은 전두환 정부는 언론을 장악하기 위하여 1980년 11월 언론통폐합을 강행하였다. 그해 11월 14일 신문협회 방송협회 통신협회가 강압에 의하여 발표한 결의문에 신문과 방송 겸영금지가 처음 등장한다. 당시 결의문은 "언론의 막중한 사회적 영향력과 책임에 비추어 언론기관의 과점화는 공익에 배치되므로, 어느 개인

방송사	동양방송	KBS에 흡수 · 통합 (동양방송 라디오는 KBS 제3라디오, 동양방송 TV는 KBS 제2TV, 동양 FM은 KBS 제2FM으로 흡수)
	동아방송	KBS에 흡수 · 통합 (KBS 제4라디오로 흡수)
	전일방송	KBS에 흡수 · 통합 (KBS 광주제2방송국으로 흡수)
	서해방송	KBS에 흡수 · 통합 (KBS 군산방송국으로 흡수)
	대구한국FM	KBS에 흡수 · 통합 (KBS 대구FM으로 흡수)
	기독교방송	복음방송만 전담
	MBC지방사	지방 21개사의 주식 51%를 소유주로부터 MBC(서울)가 인수하여 계열화

이나 영리를 추구하는 특정법인이 신문과 방송을 함께 소유함으로써 민족적 여론조성을 저해하는 언론구조는 개선되어야 한다"고 언급하고 있다.[148] 이로써 공영방송과 상업방송의 이원적 방송구조는 공영방송 체제로 전환되었다. 그해 12월 제정된 언론기본법은 누구든지 신문 · 방송 · 통신 중 2종 이상겸영할 수 없다고 명시 하였다.

그 후 1987년 6월 시민혁명의 결과 민주화가 급속히 진행되었다. 전두환 정부 내내 언론을 옥죄이던 근거법인 언론기본법도 폐지되고, 신문과 관련해서는 정기간행물의등록등에관한법률이, 방송과 관련해서는 방송법이 제정되었다. 이때 신문과 방송의 겸영금지 조항이 법제화된다. 정간법은 제3조 제1항에서 일간신문과 통신은 상호겸영할 수 없으며, 전파관리법에 의하여 무선국의 허가를 받은 방송국을 겸영할 수 없다고 규정하였으며, 동조 제2항에서 일간신문 · 통

---

148. 한국신문방송편집인협회, 『한국신문방송편집인협회 50년사 1957-2007』, p173.

신 또는 방송을 경영하는 법인이 발행한 주식 또는 지분의 2분의 1이상을 소유하는 자는 다른 일간신문 또는 통신을 경영하는 법인이 발행한 주식 또는 지분의 2분의 1이상을 취득할 수 없다고 규정하였다. 이 내용은 현재 신문법의 내용과 동일하다.

방송법 역시 같은 내용을 담고 있었다. 당시 방송법 제7조 제1항은 방송법인은 일간신문 또는 통신을 겸영할 수 없다고 규정하였다. 이러한 내용은 현재 방송법과 다르다. 2000년 소위 통합 방송법이 만들어지면서 종전과 달리 교차소유를 금지하기 시작했다. 2000년 당시 방송법 제8조 제3항을 보면, "일간신문은 … 종합편성 또는 보도에 관한 전문편성을 행하는 방송사업을 겸영하거나 그 주식 또는 지분을 소유할 수 없다"고 규정하여 현행 규정과 동일한 내용으로 변경되었다.

나. 소유제한의 정당성

신문과 방송의 겸영 및 교차소유를 금지하는 이유는 여론의 독과점 방지 때문이다. 신문과 방송은 전통적인 미디어로 사회에 여론을 형성하는 힘을 가지고 있으므로 두 미디어를 동시에 가지는 것은 의견의 다양성을 바탕으로 하는 민주주의 원리에 반한다는 것이다.

또 방송은 신문과 달리 허가제로 운영되어 왔기 때문에, 방송사에 대한 소유규제는 당연한 것으로 받아들이는 인식도 겸영 및 교차소유 금지의 한 배경이 된다. 즉 전파는 국민공유의 재산으로서 그 주파대수에는 한도가 있고, 방송에 이용할 수 있는 채널이 유한적이라는 점, 그리고 다른 미디어와는 달리 강력하고 직접적인 영향력을 갖고 있다는 점 등으로 인하여 세계 어느 나라에서나 방송체제는 허가제로 운영되고 있어, 신문사에 방송 허가를 내주지 않는 것이 이상한 일은 아니었다.

(3) 소유규제 완화의 논거

그러나 최근 언론환경이 바뀌면서 겸영 및 교차소유를 금지하여야 할 정당성이 있는지 의문을 제기하는 견해가 늘어나고 있다. 특히 전통적으로 여론을 좌지우지하던 신문의 영향력이 급속히 감소하고 있다. 젊은 세대일수록 문자보다 영상을 선호하면서 TV의 영향력이 신문을 추월하였다. 시사주간지 시사저널의 조사에 따르면, 2001년 이후 언론매체의 영향력 조사에 방송이 신문을 앞지르기 시작하였다. 정보통신기술의 급속한 발전으로 인터넷, 케이블TV, 위성방송, DMB 등 새로운 매체가 속속 등장하면서 신문의 위상 축소는 더욱 두드러진다. 새로운 매체는 영상을 중심으로 진화하고 있다. 책, 신문, 잡지 등 문자의 전달을 중심으로 한 매체가 20세기까지 미디어의 발전을 이끌었다면, 21세기 미디어 발전은 그 중심에 영상의 전달이 있다.

소유규제 완화의 두 번째 논거는 외국의 사례다. 신문과 지상파방송의 교차소유를 전면금지한 나라는 OECD 가입국가 중에서 우리나라가 유일하다. 교차소유를 금지한 나라로 흔히 미국이 거론되지만, 미국의 사정은 우리와 다르다. 미국의 경우 동일지역에서 방송과 신문의 교차소유를 금지하고 있으나, 다른 지역 간 교차소유는 허용되고 있기 때문에 주요 신문사는 여러 지역에 걸쳐 방송국을 다수 소유하고 있다. 더구나 선진국들은 교차소유를 완화하는 중이다. 디지털 기술의 발달로 다매체 환경이 조성됨에 따라 소유규제의 정당성을 상실하였다고 보고 있는 것이다. 우리나라가 2000년 방송법을 개정하면서 일체의 교차소유를 금지한 것과 대조적이다.

셋째 논거는 미디어 산업의 효율성을 제고하여야 할 필요성이다. 세계 미디어 산업은 'one source, multi use' 경향을 뚜렷하게 보이고 있으므로, 신문방송산업도 겸영을 통하여 시너지 효과를 유도하여야 할 필요가 있다. 미국 워싱턴 포스트의 경우 지역 텔레비전 방송국, 인터넷, 잡지(뉴스위크 등) 등을 겸영하고 있고, 일본 최대 신문사인 요미우리신문의 경우 민방 텔레비전 24개, 민방 라디오 18개의 주식을 보유하고 있다.[149] 요미우리 미디어그룹은 계열관계에 있는 신문, TV등 이종 미디어간 정례적인 협의를 통한 콘텐츠를 교류하고 있다. 요미우리신문의 계열사이자, 일본 최대 상업방송사인 NTV의 구보 신타로 사장은 2008년 5월 8일 서울디지털포럼에 참석하여, 새로운 미디어 환경에 적응하기 위해서는 한 콘텐츠를 여러 플랫폼 (platform)을 통하여 배급하는 다접촉점전략(multi contact point strategy)이 중요하다고 역설하였다.[150]

마지막으로 우리나라 특유의 문제가 하나 더 있다. 신문사는 방송시장에 진출할 방법이 전혀 없는데 반하여, 방송사는 신문시장에 진출할 수 있는 불균형 규제라는 점이다. 우리나라의 경우 민영 지상파 방송사도 많지 않지만, 신문사가 방송사 주식을 한 주도 취득할 수 없기 때문에 신문사가 방송사와 전략적 제휴하는 데 한계가 있다. 이에 반하여 방송사업자는 신문을 발간하는 데 큰 문제가 없다. 물론 겸영을 할 수 없기 때문에 방송사가 직접 신문을 발행할 수는 없다. 하지만, 방송사업자인 CBS가 2006년 11월 29일 자회사를 통하여 종합 무료 일간지 「데일리노컷뉴스」(Daily Nocutnews)를 발간한 것처럼

---

149. 박주연, "뉴미디어 시대 가장 소중한 자산은 브랜드 가치", 「신문과 방송」, 2007년 4월호.
150. 서울디지털포럼의 강연내용은 홈페이지(www.seouldigitalforum.org)에서 확인 가능
  (http://www.seouldigitalforum.org/kr/forumdata/vod.sdf?eventYear=2008).

방송사업자가 신문에 뛰어들 수 있는 문호는 열려 있다.

(4) 헌법재판소 결정 : 입법정책의 문제

신문과 방송의 겸영 및 교차소유가 헌법에 위배되는지 여부에 대해서도 다양한 의견이 나오고 있다. 헌법재판소는 2006년 6월 29일 신문법 여러 조항에 대한 위헌 여부를 판단하면서 이 문제도 검토하였다. 당시 헌법재판소는 이러한 금지가 위헌은 아니라고 판단하였다. 이는 입법정책의 문제이기 때문에 헌재가 함부로 위헌을 선언할 수 없다는 취지다. 즉, 일간신문이 뉴스통신이나 방송사업과 같은 이종 미디어를 겸영하는 것을 어떻게 규율할 것인가 하는 것은 고도의 정책적 접근과 판단이 필요한 분야이기 때문에 일간신문과 지상파방송 간의 겸영금지가 다양성 보장과 아무런 실질적 연관성이 없다는 것이 명백할 정도로 미디어매체나 정보매체 환경에 획기적인 변화가 생기기 않는 한, 겸영금지의 규제정책을 지속할 것인지 여부, 지속한다면 어느 정도로 규제할 것인지의 문제는 입법자의 미디어 정책 판단에 맡겨져 있다고 보아야 한다는 것이다.

2. 규제완화 논거의 검토

과연 누구의 말이 옳은지 판단하기 위해서는 소유규제 완화의 논거를 심층적으로 검토할 필요가 있다. 여러 논거 중 핵심은 미디어 환경이 바뀌어 신문과 방송의 겸영이 언론의 다양성을 훼손할 위험성이 크게 약화되었다는 점이다. 여기서 선진국의 예는 중요하다. 미디어 환경의 변화는 보편적인 현상이지, 우리나라에서만 발생하는 특유한 현상이 아니기 때문이다. 먼저 선진국들은 미디어 환경변화를 어떻게 인식하고 어떻게 대처하고 있는지 살펴보자.

(1) 외국의 사례

1) 영국

영국의 미디어 관련 법제의 두 가지 전제는 일정수준 이상의 관점의 복수성을 보장하면서 동시에 관련 기업들이 사업을 확장하고 자유로이 투자할 수 있도록 하는 것이다.[151] 이러한 기조 아래 영국은 2003년 방송법을 개정하면서 교차소유의 규제를 완화하였다. 그 전까지는 전국지 신문시장의 점유율이 20%를 초과하는 신문사는 전국 지상파 방송(채널 3 또는 채널 5)의 허가권(license)을 받을 수 없었다. 또 시장점유율 20% 이하인 신문사가 채널 3 또는 채널 5의 허가권을 가지려면 공익 기준의 심사 받아야 했다.

그러나 2003년 방송법을 개정하면서 채널 5를 대상으로 한 교차소유금지는 폐지되었고, 채널 3에 대한 교차소유 규제도 완화되었다. 즉 전국지 신문시장의 점유율이 20% 초과하는 신문사는 전국 지상파 방송인 채널 3(ITV 또는 GMTV)의 허가권을 가질 수 없으며, 채널 3의 지분의 20%를 초과하여 소유할 수 없도록 규제내용이 바뀌었다. 또 지역 채널 3의 허가권을 가지고 있는 사람은 동일한 지역에서 지역 신문시장 점유율의 20%를 초과할 수 없도록 규제하고 있다. 2003년 신문과 방송의 교차소유 규제가 완화된 것은 매체환경의 변화를 반영하여 불필요한 규제를 제거한 것으로 판단된다.

---

151. 정준희, "영국의 언론사 소유 규제", 『세계의 언론법제』, 2007년 상권, p50.

언론 다양성을 추구하기 위하여 영국이 견지하고 있는 중요한 원칙은 지역마다 BBC 방송 이외에 최소한 3개의 독립된 상업적 미디어가 존재하여야 한다는 것이다. 상업적 미디어는 TV, 라디오, 신문을 불문한다.

여기서 영국의 다양성 정책은 BBC라는 공영방송사를 중심으로 이루어지고 있음을 알 수 있다. 요즘과 같은 다매체 환경에서 TV, 라디오, 신문을 불문하고 상업적 미디어가 3개 독립하여 존재하여야 한다는 요건을 충족시키는 것은, 도서 산간벽지와 같은 특수한 지역이 아닌 한 어렵지 않다. 공영방송사가 튼튼하게 자리 잡고 있으면, 여론 독과점은 크게 문제되지 않는다는 인식을 읽을 수 있다. 언론 다양성 정책의 핵심이 어디에 있는지 보여주는 예다.

2) 독일

독일의 언론 다양성 정책은 방송을 중심으로 시행되고 있다. 신문의 경우 소유 규제나 시장점유율 규제가 없으며, 경쟁제한법상 합병 규제를 받을 뿐이다. 방송의 경우 시청자점유율을 기준으로 여론지배력을 방지하기 위한 규제가 시행되고 있다. 이종 미디어 간 교차소유는 금지되고 있지 않다.

독일의 미디어 소유규제는 두 가지 목표를 가지고 있다. 하나는 방송서비스시장을 개방적·경쟁적으로 유지하는 것이고, 다른 하나는 여론지배력을 방지하는 것이다.[152] 독일의 경우 1986년 민영방송이 도입되면서 자본집중에 따른 여론집중을 우려하는 목소리가 커졌고, 마침내 1991년 방송사의 지분소유에 상한선을 두는 소유규제를 실시

---

152. 이봉의, "독일의 미디어 소유 규제", 『세계의 언론법제』, 2007년 상권, pp96~97.

하기에 이르렀다. 즉 종합방송 및 뉴스전문방송의 경우 특정인이 방송사 지분의 50% 이상 소유할 수 없도록 하는 방송국가협약을 마련하였다. 하지만, 소유규제가 효율성도 없을 뿐 아니라 여론의 다양성은 시청자의 관점에서 시청률을 기준으로 하는 것이 타당하다는 인식이 확산되면서 1997년 소유규제 방식을 시청자점유율 기준으로 전환하였다.

현행 방송국가협약 제26조 제3항은 미디어 사업자의 시청자 점유율 상한선을 30%로 제한하고 있다. 특정 방송국이 여론에 지배적인 영향을 행사하지 못하도록 하기 위한 조치다. 미디어 기업에 속한 방송사들의 연평균 시청자 점유율 총합계가 30%를 초과하면 여론형성에 지배적인 힘을 가진 것으로 추정되고, 추가적인 방송사 합병이나 지분참여, 채널 소유가 금지된다.

그러나 소유채널 수에 대한 제한은 없다. 따라서 시청자점유율이 30%를 넘지 않은 한 미디어 그룹은 수평적, 수직적, 혼합적 결합을 통하여 수익을 추구할 수 있다. 다만, 그 미디어 그룹이 인접 미디어 영역에서 지배적인 지위를 차지할 경우 방송의 시청자점유율 상한선은 25%로 축소된다.

3) 프랑스

지난 20년간 신문의 소유규제는 변경이 없지만,[153] 방송의 소유규제는 새로운 매체의 출현으로 인한 환경 변화에 대응하여 여러 차례

---

153. 신문의 소유규제의 핵심은 종합일간지 또는 정치적 성격의 일간지의 경우 특정사업자가 인수합병 또는 소유권 취득을 통하여 전체 판매부수의 30%를 넘을 수 없다는 것이다. 이 제한은 1986년에 제정되있다.

바뀌었다.[154] 가장 큰 변화는 디지털 지상파 방송의 출범에 맞추어 2004년 7월 9일 전자통신법이 제정된 것이다. 아날로그 지상파 전국방송 채널의 경우 특정인이 소유할 수 있는 채널의 수는 1개로 제한되었지만, 디지털 지상파 전국방송 채널의 경우 7개까지 지분을 소유할 수 있다. 다만, 특정인이 전국방송 채널의 지분을 소유할 수 있는 한도는 49%로, 1986년 방송법 제39-1조 규정 그대로다.

신문과 방송의 교차소유에 관해서는 1986년 방송법 제41조가 그대로 적용된다. 즉 동일인이 신문과 방송을 교차소유 할 수 있지만, 제한을 받는다. 그 제한의 기준이 '넷 중 둘'(two out of four rule)이다. 즉 TV, 신문, 케이블TV, 라디오 등 4개의 미디어 중 2개의 미디어까지 소유하도록 교차소유가 허용된다. 교차소유의 기준으로 사용되는 문턱(threshold)은 ①시청자가 400만 명 이상인 아날로그 또는 디지털 지상파 방송, ②청취자가 3,000만 명 이상인 지상파 라디오 방송, ③시청자가 600만 명 이상인 케이블TV ④전국지로서 시장점유율 20%를 초과하는 정치 또는 종합일간지 등이다. 따라서 각 미디어의 문턱을 넘지 않을 경우 모두 다 소유할 수 있고, 각 미디어의 문턱을 2개까지 넘을 수 있다.

4)일본

일본은 교차소유가 허용된다. 현재 지상파 방송국들은 공영방송인 NHK를 제외하고, 모두 신문사가 운영하고 있다. 일본에서 가장 오래된 NTV는 일본 최대 신문사인 요미우리신문, TBS는 마이니치신문, 후지TV는 산케이신문, TV아사히는 아사히신문, TV도쿄는 니

---

154. 박진우, "프랑스의 미디어 소유 규제", 『세계의 언론법제』, 2007년 상권, p137.

혼게이자이신문과 인력 및 뉴스제공 협력관계를 유지하고 있으며, 특히 NTV, TV아사히, TV도쿄 등은 협력관계를 맺고 있는 신문사가 대주주다.[155]

일본은 2007년 12월 11일 방송법을 개정하여 복수의 지상파 방송 및 위성방송국을 자회사로 두는 방송지주회사를 설립할 수 있도록 허용하였다. 방송의 디지털화 및 방송과 통신의 융합 등으로 방송사업에 거액의 자본이 필요하고, 경영효율화가 중요해지자 이를 적극적으로 수용한 것이 방송지주회사의 설립 허용이다.

여론 독과점을 방지하기 위한 제도적 장치로서는 1개 사업자가 신문, TV, AM라디오의 3개 사업을 동시에 경영하지 못하도록 금지하는 정도에 그치고 있다.

일본의 경우 영국의 BBC에 상응하는 NHK라는 공영방송사가 성공적으로 운영되고 있어 상업방송 영역이 신문사에 의하여 운영되더라도 여론 다양성에 큰 문제가 없다고 판단한 것으로 해석된다.

5) 미국

미국은 신문과 방송의 교차소유가 금지된 국가다. 그 역사는 오래되었다. 1975년 FCC가 동일한 지역에서 신문사과 방송사를 함께 소유하는 것을 금지하였다. 이 금지는 1968년과 1972년 두 차례 대통령에 당선된 닉슨 대통령이 월남전에 비판적인 워싱턴 포스트 등 신문과 불편한 관계에 있었기 때문이라는 분석도 있다.

미국은 공영방송이 사실상 없는 나라다. 유럽 국가들은 공영방송

---

155. 방송위원회, 『방송산업 구조 변화와 소유규제 정책』, 방송위원회 자유 2006-20, p113.

과 상업방송을 함께 운영하고 있는데 반하여 미국은 상업방송만으로 구성된 방송체제를 가지고 있다. 그러다보니, 정부로서는 방송과 신문의 교차소유에 민감할 수밖에 없다. 그럼에도 불구하고 다른 지역에 소재한 신문사와 방송사의 교차소유는 규제대상이 아니다.

또한 정보통신기술의 발달로 여론 다양성 확보가 수월한 환경에 놓이게 되자 동일지역 내 교차소유도 허용하는 방향으로 입법이 진행되고 있다. 2002년 FCC는 TV, 라디오, 신문, 인터넷 등 4개 미디어의 이용도 등을 감안하여 다양성 지수(diversity index)를 개발하였다. 이 다양성 지수에 의거하여, FCC는 동일한 지역에 방송국이 4~8개 있으면 교차소유 규제를 완화하고, 방송국이 9개 이상 있는 경우 교차소유를 전면 허용하는 내용의 기준을 발표하였다.

그러나 이 기준은 여론의 독과점을 우려하는 시민단체와 학자들로부터 호된 비판을 받았다. 2003년 가처분 신청에 이어 2004년 본안소송[156]에서도 FCC는 패소하여, 새로운 기준은 무효가 되었다. 법원의 주된 논거는 FCC가 인터넷의 영향력 과대평가하여 다양성 지표에 반영한 것이 잘못이라는 것이다.

FCC는 그 후 법원의 지적을 반영하여 새로운 기준을 제정하였다. 2007년 12월 18일 결정된 새로운 기준에 의하면, 상위 20위에 지정된 미디어 시장(Designated Market Areas)에서 8개 이상 독립적인 미디어가 존재하면 한 회사가 신문사와 방송사를 동시에 소유할 수 있도록 허용한다. 신문의 영향력 감소로 겸영이 언론의 다양성에 위협을 주지 않는다고 판단한 것이다. 다만, ABC, CBS, NBC, FOX 등

---

156. Prometheus Radio Project v. FCC, No. 03-3388, 2003 WL 22052896(3d Cir. Sept. 3, 2003).

4대 네트워크의 방송사는 영향력이 크기 때문에 신문사와 결합할 경우 여론 독과점이 우려되므로 교차소유를 여전히 금지하기로 하였다. 새로운 기준 역시 반대에 부딪혀 최종 결과를 예측하기 쉽지 않은 상황이다. 2008년 4월 24일 미 상원 통상과학운송위원회는 FCC 규정을 무효화하기로 결정하였다.

미국의 경험에서 유념하여야 할 것은, FCC 기준의 개정은 4년에 한 번씩 규제가 공공의 이익에 부합하는지 재검토하라는 법령에 따라 진행되는 것이었다는 점, 매체 환경의 변화로 신문과 방송의 교차소유가 여론 독과점에 미치는 영향이 과거보다 축소되었다는 점, 방송을 중심으로 여론 다양성의 확보방안을 검토하고 있다는 점, 공영방송이 유명무실하다보니 신문과 방송의 교차소유에 대하여 유럽 국가들보다 더 신경 쓰지 않을 수 없다는 점 등이다.

6) 소결

외국의 사례를 검토하면, 신문과 방송의 교차소유 및 겸영을 전면 금지하고 있는 우리나라가 이상한 나라다. 다른 나라들은 디지털화가 가속하면서 1990년대 중반 이후 소유규제를 완화하는 경향을 보이고 있으나, 우리나라에서는 소유규제가 오히려 더 강화되었다. 일부 시민단체와 학자들은 우리나라 신문시장이 다른 나라에서 그 유례를 찾아볼 수 없을 정도로 독과점화되었기 때문이라고 강변하고 있으나, 이는 사실이 아니다.

신문시장의 독과점화 현상은 우리나라 특유의 현상은 하니다. 다른 선진국에서도 찾아볼 수 있다. 2005년 프랑스의 알랭 랑슬로(Alain Lancelot) 교수가 작성한 보고서에 따르면, 전국일간지의 경우 상위 3대 사업자의 시장점유율(2002년 기준)이 프랑스 70.0%,

● 미국 신문산업의 침체상 〈미국신문협회 자료〉

시기	신문광고 성장율	GDP 성장율
1950-1960	5.9%	6.0%
1960-1970	4.5%	7.0%
1970-1980	10.0%	10.4%
1980-1990	8.1%	7.6%
1990-2000	4.2%	5.4%
2000-2006	-0.7%	5.1%

영국 70.6%, 독일 87.4%, 네덜란드 98.2%로 나타났다.

(2) 미디어 환경의 변화

1) 신문의 고사(枯死), 탐사보도의 위기

환경이 바뀌면서 가장 고전하고 있는 미디어가 신문이다. 20세기 매스 미디어의 왕처럼 군림하였던 신문은 21세기 들어 고사 일보직전이다. 미국의 경우 신문 판매부수는 1975년 6억 700만에서 2005년 5억 3,300만으로 줄어들었다. 한 신문사 사장의 말을 빌리자면," 신문산업은 끔찍한 수준 이상"이고, "미래는 없는 셈"이다.[157]

위 표는 미국 신문광고의 성장률과 GDP 성장률을 비교한 것이다. 2000년 이후 신문산업의 불안감을 느낄 수 있다.

이러한 현상은 미국에만 국한된 것이 아니다. 독일의 경우 지난 10여 년간 판매부수는 500만부 정도 감소하였다. 특히 젊은 층 독자 감

---

157. New York Times, 2008년 3월 24일자, 한국언론재단 월드뉴스에서 재인용

소 추세가 뚜렷하게 나타나고 있다. 14~19세 청소년들 가운데 종이 신문을 읽는 비율은 절반에도 못 미치고 있다. 이 비율은 지난 1997 년 60%에 정도였다. 독일 젊은이들도 우리나라와 마찬가지로 인터넷 매체에서 무료로 정보를 획득하면서 신문의 판매부수는 급속히 줄어들고 있다.[158]

프랑스 역시 마찬가지여서, 신문시장의 위기에 대한 우려로 의회 차원의 대응책이 모색되고 있다. 2007년 1월 23일 프랑스 상원의 문화위원회는 산하에 신문산업, 특히 전국 종합일간지 시장의 위기 대처를 위한 특별 소위원회를 설립하였다. 신문왕국으로 불리는 일본에서도 신문의 발행부수가 1997년 5,377만부에서 2005년 5,257만부로 감소하였다. 가장 큰 원인은 자라나는 세대가 인터넷과 휴대전화에 몰입하여 활자를 기피하는데 있다.[159]

우리나라 신문업계의 위기 상황은 외국보다 더 심각하다. 그 이유는 첫째 교차소유가 금지되어 탄력적 대응이 어려우며, 둘째 인터넷에서 뉴스의 소비가 외국의 경우 신문사가 운영하는 인터넷신문에서 발생하지만, 우리나라는 인터넷포털에서 주로 발생하고 있기 때문이다. 미국 독일 등 외국의 신문기업들은 방송을 비롯한 다양한 분야에 이미 진출해왔기 때문에 이런 상황에서 한 영역의 광고수입이 다른 곳으로 다소 이동한다고 해서 미디어 그룹 전체로서는 크게 걱정되지 않을 수 있다는 분석도 있다.[160]

2) 신문의 위기가 야기하는 사회적 폐해

---

158. Financial Times Deutschland, 2008. 4. 30, 한국언론재단 월드뉴스에서 재인용
159. 김영호, " '신문 기피' 문화위기 부른다" 한겨레 미디어전망대, 2007. 3. 14.
160. 박주연, "뉴미디어 시대 가장 소중한 자산은 브랜드 가치", 「신문과 방송」, 2007년 4월호

신문 부수의 급속한 감소는 미디어 산업 전체에 부정적인 영향을 줄 수밖에 없다. 신문사의 수입 감소는 기자의 감원으로 나타나며, 기자의 감원은 뉴스 수집 기능의 위축으로 이어지기 때문이다. 특히 완성된 기사가 나오기까지 오랜 시간을 요하는 탐사보도가 신문에서 크게 위축되고, 기자들은 당장 보도할 수 있는 정부나 기업의 발표기사, 사건사고기사 등에 매달리게 된다. 황우석 전 서울대 교수의 연구결과 조작을 밝혀낸 것이 신문이 아니라 방송이었으며, 기자가 아닌 PD이었음은 우연이 아니다. 최근 신문의 탐사보도가 방송의 PD 저널리즘에 밀리는 경향을 보이는 것도 신문사의 경영악화가 한 원인이라고 생각한다.

그동안 대안언론이라고 각광을 받았던 인터넷 미디어는 기대와 달리 신문의 대체재 역할을 하지 못하고 있다. 인터넷 미디어는 전통 미디어가 생산한 기사를 유통하고 이용자의 댓글을 다는 수준에 그치고 있다. 신문의 위기는 저널리즘의 위기로 이어질 수 있다.

3) 신문의 부활 효과에 대한 반론 및 재반론

일부에서는 신문사에게 방송 영역 진출을 허용하면 신문의 종말로 이어질 것이라는 지적도 있다. 오히려 경영 부실을 족진하는 덫이 될 수 있다고 한다.[161] 그러나, 일부 신문사가 방송사업에서 실패할 것을 염려하여 교차소유를 금지하는 것은 후견주의적 발상이며, "개인과 기업의 경제상의 자유와 창의를 존중함을 기본으로"하는 우리 헌법 제119조 제1항에 반한다. 신문사가 방송에 진출하여 시너지 효과를 최대로 거두는 것도, 그렇지 못하고 도산하는 것도 신문사의 자율

---

161. "신문의 방송진출? '경영위기' 부메랑 된다", 프레시안, 2008. 4. 18.

적 판단이며, 이러한 판단을 존중하는 것이 우리나라 경제 질서의 핵심이라고 할 수 있다.

3. 소유규제 논란의 해결 방안

(1) 미디어 정책의 전환

1) 의견의 다양성

그동안 논란을 살펴보면, 신문과 방송의 겸영 및 교차소유를 허용하자는 쪽이나 금지하자는 쪽이나 모두 의견의 다양성 확보 자체에는 동의한다. 의견의 다양성은 민주주의가 성공하기 위한 전제조건이다. 민주주의는 다양한 의견이 사회적 합의를 이루어 가는 절차다. 의견의 다양성을 확보하기 위해서 다수의 미디어가 존재하고 서로 경쟁하는 것이 필요하다. 하지만 의견의 다양성이라는 목적을 달성하기 위하여 수단을 정치하게 마련하는 일도 중요하다. 헌법재판소가 2006년 6월 신문법 제17조(시장지배적 사업자)에 대하여 위헌을 결정한 이유도, 입법자가 목적 달성을 위하여 합리적이고 적정한 수단을 찾지 못하였기 때문이다. 교차소유의 허용 여부도 결국 '의견의 다양성을 훼손하지 않는다면' 이라는 전제조건이 실현되는지 여부에 달려 있다. 허용하자고 주장하는 측은 매체환경의 변화로 다양성이 훼손되지 않는다는 것이고, 계속 금지하자는 측은 신문과 방송이 합쳐지면 다양성을 훼손할 수밖에 없다는 것이다.

그런데 이 논의에서 소홀하게 취급된 것이 '의견 다양성의 수준' 과 '국가의 개입 시점' 이다. 의견의 다양성이 민주주의의 성공적 발전에 반드시 필요한 것이지만, 다양성이 충족된 이후에도 계속 규제하는 것은 과잉규제고, 비례의 원칙에 반한다. 선진국에서는 국가가 개입하는 문턱(threshold)을 설정하고, 언론시장이 그 수준에 도달하지 못할 때 비로소 국가가 개입하는 방식을 취하는 경우가 많다.

우리나라에서도 국가가 인내할 수 있는 의견 다양성의 수준은 어느 정도이며, 그 수준에 미달할 경우 달성하도록 하기 위한 정책수단에 대한 검토가 심도 있게 이루어져야 한다. 과거 정부에서는 그 수준과 효율적인 정책수단을 이야기하지 않은 채 '의견의 다양성'만 외치고 있었다. 또 의견의 다양성은 적대적인 언론에 대한 공격용으로 사용되는 정치적 구호인 경우도 있었다.

2) 방송 중심의 다양성 정책

가. 방송의 중요성

의견의 다양성을 확보하기 위해서는 방송을 다양성 정책의 중심에 놓아야 한다. 민주주의가 건전하게 발전하기 위해서는 시민이 사전에 선택하지 않은 정보에 노출되는 것이 중요하다.[162] 자기가 보고 싶은 것만 보고, 자기가 듣고 싶은 것만 듣고, 자기가 읽고 싶은 것만 읽게 되면 사고가 더욱 극단으로 흐르기 쉽다. 시민은 자기가 이미 가지고 있던 생각과 다른 의견에 접하고 그 의견을 비판적으로 검토하는 과정에서 합리적인 사고를 하게 된다. 이러한 이유 때문에 민주주의에서 의견의 다양성이 중요하다고 말하는 것이다.

---

162. Cass Sunstein, REPUBLIC.COM (2001).

우연히 접하는 정보의 제공에 가장 적합한 미디어가 지상파 방송이다. 인터넷은 이미 사상적으로 경도된 사람들끼리 모여 의견을 교환하기 때문에 사고가 더욱 극단적으로 빠져들기 쉽고, 그 결과 민주주의의 독이 될 수 있다. 신문 역시 진통적으로 경향성을 띄고 있기 때문에 신문을 구독하는 사람은 자기와 다른 견해에 좀처럼 접근하기 않는 문제를 낳는다. 물론 신문을 우연히 볼 기회는 인터넷보다 많다. 하지만 방송만큼은 아니다. 방송은 신문이나 인터넷과 달리 정보 수령자가 정보를 찾기 위하여 노력하지 않아도 집 안까지 들어와 텔레비전을 켜는 순간, 채널을 돌리는 순간 정보를 쏟아내기 때문에 의견의 다양성 확보를 위하여 가장 적합한 미디어라고 하겠다.

더구나 방송은 영상과 음향을 통하여 정보를 전달하기 때문에 동일한 정보를 전달하는 힘이 신문보다 월등히 크다. 방송은 신문과 달리 뉴스 프로그램 외에 교양 프로그램, 드라마 프로그램, 오락 프로그램 등을 통하여 직·간접적으로 의견을 제공할 기회가 많기 때문에 방송뉴스와 신문을 단순 비교하여 그 영향력을 검토하는 것은 무의미하다. 방송과 통신이 융합되면서 전개되는 새로운 미디어 지형에서 스폿 라이트를 받는 주인공은 영상이지, 신문이 제공하는 문자 뉴스는 아니다.

그럼에도 불구하고, 우리나라에서는 언론의 다양성, 의견의 다양성을 이야기하면 신문만 생각한다. 특히 노무현 정부는 신문법 제정 등을 통하여 신문 옥죄기에 혈안이었다. 진정한 의견 다양성을 추구하려는 생각보다는 자신과 생각이 다른 몇 개 신문사를 옥죄기 위한 수단으로 의견 다양성을 활용하였다는 의심을 하지 않을 수 없다. 물론 과거 신문의 영향력이 방송보다 컸던 적도 있었다. 몇몇 신문의 신문시장 점유율이 상당히 높은 것도 사실이다. 그렇더라도 방송을 중심으로 의견의 다양성을 검토하였어야 한다. 방송에서 의견의 다양성이 확보되고 있다면 그 나라에 필요한 의견 다양성은 확보되고 있는 것이다. 만약 신문시장을 장악하고 있는 몇몇 신문사가 방송시장에 진입하는 것이 방송의 의견 다양성 확보를 위협한다고 판단한다면, 진입 조건을 제시하면 된다. 지금처럼 모든 신문사가 어떠한 경우에도 방송사업에 손을 댈 수 없도록 전면금지하고 있는 것은 지나친 것이다.

나. 방송 중심의 정책

선진국의 사례를 보면, 의견 다양성 정책의 핵심은 방송에 놓여야 한다는 것을 알 수 있다. 유럽연합(EU) 국가들의 경우 일반적으로 텔레비전 시장에서 3분의 1 이상을 지배하는 것을 한계로 보고 있다. 즉 유럽 국가들은 언론의 집중화가 이루어지더라도, 시청자의 1/3, 수입의 1/3, 네트워크 능력의 1/3 정도를 문턱(threshold)로 설정하고 그 정도까지는 감내하고, 그 수준을 초과하면 언론의 자유를 침해한다고 보아 국가가 간섭하고 있다.[163] 이를 다른 말로 설명하면, 다양성(diversity)과 다원성(plurality)의 최소 수준은 전국 방송국이 3개 있어야 한다는 것을 뜻한다. 여기서 3개라고 함은 공영방송사 1개, 민영방송사 2개를 의미한다.

미국도 2002년 FCC 교차소유 허용기준과 2007년 교차소유 허용기준에서 보듯이 방송사를 중심으로 정책을 수립한다. 2002년 기준에서는 동일지역에 방송사가 4개 이상 있으면 교차소유를 허용하였

---

163. Council of Europe, MEDIA DIVERSITY IN EUROPE, Dec. 2002, p 11.

으며, 2007년 FCC 기준에서는 교차소유를 제한적으로 허용하면서도 거대 방송사 4개사에 대해서는 예외적으로 교차소유를 금지하고 있다.

다. 공영방송의 중요성

방송 중심의 다양성 정책에서 중요한 것이 공영방송이다. 유럽의 경우 디지털화로 사영언론사의 집중화가 발생하더라도, 공영방송이 강하고 독립적이라면 과점기업의 존재를 감내할 수 있다고 보고 있다.[164] 영국의 경우 지역마다 공영방송인 BBC가 있기 때문에 최소한 3개의 분리된 상업적 미디어가 존재하면 교차소유를 허용하고 있다. 이 기준은 언론사의 집중을 허용하면서도 의견의 다양성을 충족하여, 공익과 사익을 조정하고 있다는 평가를 받고 있다.

이에 반하여 미국은 공영방송의 존재가 미미하므로, 상업방송사의 집중화를 우려하지 않을 수 없고 그 결과 교차소유를 금지하고 있는 것으로 해석된다. FCC가 2007년 기준을 통하여 규제완화를 하면서도 4대 방송사에 대해서는 교차소유를 금지한 것도, 의견 다양성을 확보하기 위해서는 민영방송사에 의존할 수밖에 없는 미디어 환경을 감안한 부득이한 결정이었다고 생각한다.

(2) 방송시장 집중화와 의견 다양성 확보

1) 2007년 방송사 현황

우리나라 방송시장에서는 어느 정도 의견의 다양성이 확보되는지

---

164. *Id.* at 17.

검토할 필요가 있다. 정부는 방송의 의견 다양성을 검토한 후 다양성이 확보되고 있다는 결론에 이르면 더 이상 언론에 간섭할 정당성이 없다고 보고, 반대로 다양성이 확보되고 있지 않다는 결론에 이르면 이를 확보하기 위하여 새로운 방송정책을 펴는 것이 순리다. 그러나 과거 노무현 정부는 이 부분을 무시하였다. 언론의 다양성을 내세우면서 방송에 대해서는 아무런 정책을 펴지 않았다. 이는 현재 방송은 잘하고 있다는 뜻이며, 방송이 의견의 다양성을 충분히 제공하고 있다는 의미다. 하지만, 과연 그런지 의문이다. 2004년 3월 12일 제16대 국회가 노무현 대통령을 탄핵소추한 직후 방영된 지상파 방송3사의 9일치 탄핵관련 프로그램을 분석한 한국언론학회(회장 박명진)의 보고서가 "아무리 느슨한 기준을 적용해도 공정했다고 말하기는 어렵다"는 결론[165]에 이른 것은 방송에 있어서 의견의 다양성이 확보되지 못하고 있음을 보여주는 대표적인 예다.

2) 국가소유의 방송체계와 언론의 자유의 확보

우리나라 방송의 문제점은 소유구조에 있다. 언론의 자유의 핵심은 국가로부터의 자유이고, 언론의 자유의 주체는 사인임에도 불구하고, 우리나라 방송체계는 국가가 절대적인 지배력을 갖는 기형적인 구조다. 국가가 소유하는 방송이 지상파에서 차지하는 비중(매출기준)이 77%로 국가에 의한 독점이 나타나고 있다. 시청률을 기준으로 할 경우에도 KBS와 MBC의 합계가 75% 내외로 나온다. 교육방송인 EBS를 제외하면, 지상파 방송국이 3개, 방송채널이 4개이므로

---

165. 한국언론학회, 『대통령 탄핵 관련 TV방송 내용 분석』(2004. 5. 29), p166.

● 방송사 매출액 비교(2007년)

		매출액 (백만원)	지상파 내 비중	소유주
지상파 방송	KBS	1,335,542	48.6%	정부출자 100%
	MBC	777,702	28.3%	방송문화진흥회(70%) 정수장학회(30%), 서울MBC가 각 지방MBC 주식 51% 이상 소유
	SBS	635,351	23.1%	(주)태영 30% 등

어떠한 지표를 채택하던 간에 국가가 지배하는 방송사의 점유율은 75% 내외로 나타난다.

공영방송의 경우 사영 언론사가 제공하지 못하는 부분을 보충적으로 제공함으로써 국가 전체로 보아 의견의 다양성이 확보될 수 있도록 하는 기능을 담당하는 것이 중요하다. 미국처럼 공영방송이 없는 나라는 말할 것도 없고, 영국 일본 등 공영방송이 성공한 나라에서도 공영방송의 존재는 보충적이다. 우리나라 방송의 소유구조를 보면, 국가가 국민을 위하여 정보제공을 독점하는 구조다. 국가소유 방송사들은 국민이 필요로 하는 모든 종류의 프로그램, 즉 국민이 건전한 시민으로 국정에 참여하는 데 필요한 프로그램부터 국민이 웃고 즐기는데 필요한 프로그램까지 전 범위를 제공하여야 하는 의무를 지게 된다. 이 과정에서 국가소유 방송사들은 이념편향성 또는 정치지향성 시비와 상업화 시비라는 극단적이고 서로 상충되는 비판에 시달리고 있다.

언론의 자유는 국가권력으로부터 자유로울 때 실현할 수 있는 것이다. 국가가 소유하는 방송사가 국가권력으로부터 독립하기란 쉽지 않다. 정권교체기마다 KBS와 MBC의 사장 선임을 놓고 갈등이 벌어지는 것은 태생적 한계에서 비롯된 것이라고 보아야 한다.

방송법제는 국가소유 방송을 국가로부터 독립시키기 위하여 여러 가지 장치를 마련하고 있지만, 국가가 소유한다는 본질, 즉 국가가 경영진을 선임하고 그 경영실적에 대하여 책임을 물리는 구조를 가지는 한 완전한 독립은 불가능하다고 보아야 할 것이다.

현행 방송법에 의하면, 정부가 전액 출자하여 설립한 KBS의 경우 최고의결기관은 이사회인데(제46조 제1항), 이사회를 구성하는 이사는 각 분야의 대표성을 고려하여 방송통신위원회가 추천하고 대통령이 임명하고 있다(동조 제3항). 집행기관의 수장인 사장 역시 이사회의 제청을 거쳐 대통령이 임명한다(제50조 제2항).

MBC의 경우 최대주주가 방송문화진흥회이며, 방송문화진흥회의 설립·운영에 관한 근거법이 방송문화진흥회법이다. 이 법에 따르면, 진흥회는 최다출자자인 방송사업자, 즉 MBC의 경영에 대한 관리 및 감독 업무를 수행한다(제5조 제2호). 진흥회의 중요사항을 심의·의결하기 위한 기구가 이사회인데, 이사회를 구성하는 이사는 방송에 관한 전문성 및 사회 각 분야의 대표성을 고려하여 방송통신위원회가 임명한다(제6조 제4항).

KBS나 MBC에 대하여 방송통신위원회가 가지는 권한은 막대하다. 그런데, 방송통신위원회는 대통령 소속이며(방송통신위원회의 설치 및 운영에 관한 법률 제3조 제1항), 위원장 및 위원은 대통령이 임명한다(동법 제5조 제1항). 물론 위원장 포함 5인으로 구성되는 위원 중 과반수인 3인은 국회의 추천을 받아 임명하므로, 방송통신위원회에 대한 대통령의 영향력은 제한적이기는 하다. 하지만 국회 추천 중 여당 몫이 있기 때문에 대통령과 여당의 뜻대로 방송통신위원회를 구성하는 데는 아무런 문제가 없다.

결론적으로 현행 방송법제에서 보면, KBS는 대통령이 직접 영향력을 행사할 수 있는 구조이며, MBC는 방송통신위원회, 방송문화진흥회 등 여러 단계를 거쳐 영향을 미치는 구조다.

그런데 만약, 거꾸로 국가가 소유하고 있는데 해당 방송의 경영진 선임에 대하여 아무런 권한을 행사하지 못하고, 경영실적의 부진에 대하여 책임을 물릴 수 없다면 그것도 문제다. 그 방송은 누구에게도 책임지지 않는 자기만의 왕국에서 안주할 수 있는 특권을 누리는 셈이다. 현재 우리나라 국유방송사들 권력으로부터 독립하여야 한다는 명분으로 이런 특권을 누리고 있다, 공영방송이라는 이름을 내걸고, 아무런 제한도 받지 않으려고 한다.

공영방송이라고 하여 국가권력의 통제에서 완전히 벗어날 수는 없으며, 그렇게 되는 것이 반드시 바람직한 것도 아니다. 공영방송은 국민의 재산인 전파를 수탁 받아 운영하고 있으며, 법률에 의하여 독과점적 지위를 향유하고 있기 때문에 공영방송의 효율적인 운영 역시 중요한 과제다. 국민을 대표하는 기관, 예컨대 국회와 대통령은 국가소유 방송사가 국민을 위하여 방송하는지 감독하는 한편 얼마나 효율적으로 운영되고 있는지도 감독하여야 할 의무가 있다.

사실 우리나라의 국가소유 방송사들을 모두 공영방송이라고 부를 수 있는지도 의문이다. 공영방송은 수신료에 의하여 운영되는 것이 중요하다. 수신료는 시청자가 납부하기 때문에 그 저항 정도에 따라 공영방송이 제공하는 프로그램이 국민에게 주는 만족도를 부분적으로 인지할 수 있고, 공영방송이 광고주나 국가권력으로부터 독립하여 운영할 수 있는 제도적 기반을 마련하기 때문이다. 하지만 KBS2과 MBC는 광고를 주 수입원으로 하고 있다. 이 두 방송은 공영방송이 아닌 국가가 소유하고 있는 상업방송이라고 보는 것이 올바른 평가라고 생각한다.

어떤 사람들은 KBS2와 MBC의 문제를 해결하기 위해서 공영성을 더욱 강화하여야 한다고 주장한다. 이러한 주장은 공영방송이라는 주술로 국민을 기만하는 것이다. 신문에 대해서 광고주의 영향력 아래 있다고 비판하는 사람들이 방송에 대해서는 똑같은 비판을 제기하지 않는다. 광고로 운영하면서 공영방송이라고 주장하는 것은 기만이다. 민간이 소유하고, 운영하는 상업방송도 공공성이 강한 프로그램을 방송할 수 있다. 또 법률로 공공방송 비율을 의무화할 수도 있다. 공공성의 강화는 국가가 소유하는 정당성의 근거가 될 수 없다.

국가가 독과점의 구조를 만들어 놓은 후 공영이라는 명분 아래 상업적 이익을 그 종사자에게 보장하는 것은 우리 헌법이 금지하고 있는 평등원칙에 반하는 것이다. 국가는 광고로 운영되는 방송사를 왜 국가가 소유하고 거기서 발생하는 독점적 이익을 종업원들이 향유하여야 하는지 국민에게 설명하고 그 정당성을 입증하여야 한다.

언론법제에서 소유규제가 중요한 이유는, 소유규제를 통하여 언론시장에서 활동하는 주체가 다원화될 때 의견의 다양성이 확보될 수 있다고 보기 때문이다. 물론 소유주체의 복수성(ownership plurality)이 관점의 다원화(viewpoint diversity)를 보장하지는 않는다. 하지만 소유가 집중되었을 때 관점의 다원화, 의견의 다원화를 기대하기란 더욱 힘들다. 이러한 이론은 국가에 대해서도 마찬가지로 적용되어야 한다. 민주주의 국가에서 국가가 독점적 지위를 차지하고 언론의 다양성과 의견의 다양성은 보장되지 않은 것이며, 이를 해소하는 것이 오히려 언론의 자유를 확보하는 길이다. 방송시장에 서로 독립된 방송사가 최소 3~4개 활동할 때 비로소 의견의 다양성이 확

보된다고 보아야 하며, 미디어 정책은 이러한 방향으로 추진되어야
할 것이다.

4. 겸영 및 교차소유와 의견 다양성

(1) 방송의 주체와 의견 다양성의 제고

현행 국유방송체제를 개편하여 일부를 민영화하거나, 2012년 지
상파가 디지털로 전환되면서 채널이 늘어나면(MMS), 사인이 지상
파 방송을 운영하게 된다. 이때 누가 방송을 할 것인가의 문제가 언론
의 자유와 관련하여 중요한 의미를 갖는다. 새로운 방송사의 경영주
체는 크게 자본가이거나 언론사가 될 것이다. 의견 다양성의 제고라
는 측면에서 보면, 자본가보다 언론사가 주체가 되는 것이 바람직하
다. 현재 우리나라 방송의 가장 큰 문제로 과도한 상업화가 지적되고
있기 때문에, 상업화를 가속화시킬 수 있는 자본가보다 정보의 수
집·편집·전달에 전문성을 축적한 언론사를 방송시장에 참여시키
는 것이 더 나은 결과를 기대할 수 있다고 본다. 다만, 자본의 한계로
인하여 언론사 단독으로 방송시장에 참여하는 것은 사실상 불가능하
므로 언론사와 자본가가 결합하는 컨소시엄 형태로 추진될 수밖에
없을 것이다.

신문과 방송의 교차소유가 뉴스의 비중을 늘려 의견의 다양성을 제
고한다는 실증적인 분석 자료도 있다. 미국 FCC가 2006년 발표한
바에 따르면, 신문을 발행하는 방송사는 신문을 발행하지 않는 방송
사보다 지역 뉴스를 더 많이 보도하며, 선거를 앞두고 후보자정치보
도를 더 많이 하는 것으로 나타났다. 즉 2002년부터 2005년까지 미

국 전역에 소재한 6,700개 방송국을 대상으로 조사한 결과, 교차소
유 방송국은 그렇지 않은 방송국보다 일일평균 11% 뉴스를 더 방송
하고 있는 것으로 조사되었으며, 2006년 11월 총선을 1주일 앞둔 상
황에서는 교차소유 방송국은 그렇지 않은 방송국보다 지역뉴스를
6~8% 더 방송하였으며, 후보자 관련 뉴스를 30% 이상 더 방송한 것
으로 조사되었다.[166]

신문사가 방송을 하려는 주된 이유가 이미 수집한 정보를 여러 채
널을 통하여 제공하려는 데 있으므로, 교차소유가 허용되면 방송에
서 뉴스의 비율이 늘어날 것이라고 보는 것은 타당성이 있다. 특히 우
리나라는 지역에서도 서울 중심의 뉴스가 주를 이루고, 지역뉴스가
소홀히 취급되고 있으므로 신문사와 방송사의 결합이 지역뉴스의 수
집능력을 제고하여 지역뉴스의 비중을 늘리는 긍정적인 효과를 기대
할 수 있다.

(2) 겸영 및 교차소유의 방법

신문이 방송에 진출할 수 있는 방법은 ①전국 지상파방송으로
KBS2나 MBC가 민영화될 경우 지분참여, ②지역 민방에 대한 지분
참여, ③MMS가 허용될 경우 새로운 채널 인수, ④유료방송의 보도
전문채널이나 종합편성채널로 진출, ⑤IPTV의 보도전문채널이나
종합편성채널, ⑥기존의 보도전문채널의 인수 등이 거론된다.[167] 언
론보도에 의하면, 방송법 개정으로 신문과 방송간 교차소유가 허용

---

166. David Pritchard, One Owner, *One Voice? Testing a Central Premise of Newspaper-Broadcast Cross-Ownership Policy*, 13 Comm. L. & Pol'y 1, 14 (2008).
167. 김영주, "신문의 방송 진출: 가능성과 사업성", 「미디어 인사이트」, 2008년 4월호.

될 것으로 예상하고 방송진출을 준비하고 있는 신문사들이 있다. 이들 신문사들은 교차소유가 가능하게 될 경우 지상파 방송까지 규제가 풀릴 것으로 예상하지는 않고, 보도전문 채널사용사업자(PP)나 종합편성 PP 정도가 현실성 있는 겸영 허용범위일 것으로 보고 있다고 한다.[168]

그러나 언론의 다양성을 제고한다는 측면에서 보면, 신문과 방송의 겸영 및 교차소유의 허용은 지상파 방송을 허용하는 수준의 전면 개방으로 진행되어야 한다. 우연히 접하는 정보는 지상파 방송에서 가능한 것이며, 케이블TV는 가입자를 대상으로 한 서비스이기 때문에 우연히 접하는 정도가 약하다. 또 보도전문 PP의 경우 10년 이상 투자한 YTN과 MNB의 매출수준(2007년)이 지상파 중 가장 작은 규모의 SBS의 각각 15%, 6%에 그치고, KBS를 기준으로 할 경우 7%, 3% 수준에 불과해 신문과 방송의 겸영을 허용한다고 하더라도 긍정적 효과, 즉 국유방송 중심의 방송구도를 깨고 의견의 다양성을 제고할 수 있는 가능성은 크지 않다고 생각한다.

다만, 여론 독과점의 가능성은 항상 존재하는 것이기 때문에 그 가능성을 최소화하기 위하여 ①방송사가 신문시장에 진출하여 여론 독과점을 강화하지 못하도록 하는 장치를 마련하여야 하며, ②대형 신문사와 지상파 전국방송사의 결합은 일정한 제한을 둘 필요가 있다. 즉 ①과 관련, 지상파 전국방송사는 이미 독과점 지위에 있기 때문에 일간종합신문을 겸영하거나 그 지분 또는 주식을 소유하는 것을 금지하는 것이 필요하다. 또 ②와 관련, 지상파 방송시장에 독립

---

168. 미디어오늘, 2008. 4. 24.

적인 사업체가 다수 존재할 수 있는 MMS 도입 전까지는 신문시장에서 지배적 지위를 차지하는 신문사는 지상파 방송사 1개사에 한하여 제한적으로 지분을 인수할 수 있도록 제한할 필요가 있다. 예컨대 전국 종합일간지 시장의 점유율이 20%를 초과하는 신문사가 전국 지상파방송사의 주식을 소유할 경우 해당 방송사의 20%까지 소유할 수 있도록 하고, 지역 민방의 주식 소유에는 제한을 두지 않는 방식이다.

이를 종합하면, ①신문과 방송이 겸영 및 교차소유 할 수 있는 방송영역은 모두 풀고, 다만 여론독과점의 우려를 해소하기 위하여, ②지상파 전국방송사의 신문 겸영을 불허하고, ③MMS 도입 전까지는 지상파 전국방송사의 주식소유에 일정한 제한을 두고, ④MMS 도입시부터 그러한 제한을 폐지하는 방식으로 진행하면 의견의 다양성을 실질적으로 확보하면서 시장의 효율성을 동시에 확보할 수 있다고 본다.

(3) 방송법의 조기 개정

신문과 방송의 겸영 및 교차소유를 허용하기 위해서는 방송법을 조속히 개정하여야 한다. 방송법을 개정하여 겸영 및 교차소유를 허용한다고 하더라도 지상파 방송인 KBS2와 MBC가 민영화되거나 MMS가 도입되기 전까지는 신문이 지상파 전국방송에 참여할 수 있는 방법은 SBS 주식 매입밖에 없다. 즉 법이 개정되어도 일부에서 우려하는 신문의 방송 진출에 따른 여론독과점은 발생할 가능성은 전무하다. 오히려 신문 중 일부가 지역 민방에 참여하여 방송의 뉴스제작능력을 제고할 수 있다.

방송법 개정은 KBS2나 MBC에 대한 민영화 계획과 연계하여 진행하여서는 곤란하다. 현재 방송법의 규제방식은 전면금지여서, 신문과 방송의 결합은 어떠한 형태이든 상관없이 허용되지 않고 있기 때문에 국민의 자유를 조속히 회복시킬 필요가 있다.

(4) 후속 조치

의견의 다양성은 민주주의의 생명이므로 신문과 방송간 융합 뿐 아니라 방송통신의 융합 등 매체 간 융합으로 나타나는 언론의 집중화를 지속적으로 감시하는 역할도 중요하다. 막연히 공익이라는 명분 하에 규제하거나, 소수에게 특혜를 부여하는 현상을 방지하기 위해서 여론의 집중화를 객관적으로 파악할 수 있는 여론 다양성 지표(Didversity Index)를 개발할 필요가 있다. 이는 미국 FCC가 2002년 교차소유를 해제하면서 추진하였던 방식이다. 시민을 중심으로 그가 실제로 어디에서 정보를 접하고, 어떠한 미디어에 의하여 영향을 받아 정치적 의사를 결정하는지 검토할 필요가 있다는 점에서 타당한 접근이라고 생각한다.

이와 동시에 정부 규제도 필요한 정도를 넘는지 주기적으로 점검하는 시스템을 마련하여야 한다. 미국 FCC의 경우 4년에 한번 규제가 경쟁의 결과로서의 공익에 필요한지 검토하고 있다.

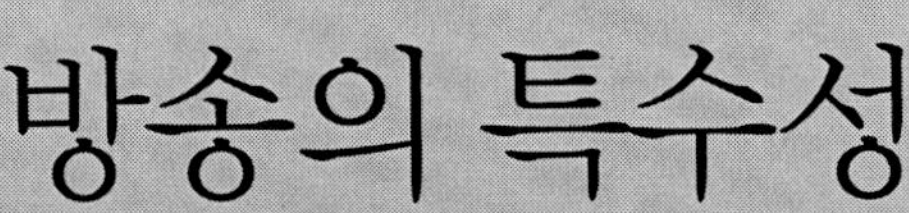

방송의 특수성

제 10 장

Ⅰ. 언론의 자유와 방송의 특수성

1. 매체별 특성과 방송

언론의 자유도 제한받을 수 있으며, 제한의 허용범위는 매체에 따라 다르다. 신문에 대한 제한은 언론의 자유를 침해한다는 강한 의심을 받지만, 방송에 대한 제한은 그렇지 않은 경우가 대부분이다. 그 이유는 방송이 갖는 특수성에서 찾을 수 있다. 방송은 신문과 달리 주파수의 제한으로 설립이 자유롭지 못하다. 누구나 방송을 하도록 허용하면 같은 주파수대에 여러 방송이 동시에 전달되기 때문에 아무도 듣지 못하는 현상이 발생한다. 국가가 나서서 방송사마다 주파수를 나누어 줄 수밖에 없다. 태생적 독과점이 발생한다. 방송허가를 받은 사람은 특혜를 받는 셈이다. 그는 다른 사람이 누릴 수 없는 권리를 누리고 있기 때문에 그러한 권리를 함부로 사용하지 못하고 국민을 위하여 사용하도록 의무를 부과할 필요가 있다. 방송에서는 공익성(public interest) 추구가 중요한 목표가 되며, 이를 달성하도록 방송사업자에게 의무를 부여하는 것이 정당하다.

최근 논란이 되고 있는 것은 방송이 아날로그에서 디지털로 바뀌고, 통신과 융합되면서 주파수의 제한성이라는 태생적 한계를 극복하기 시작한 것이다. 방송 채널이 많아지면서 과거 아날로그 때 사고로 태생적 독과점 구조를 전제하고 규제를 논의하는 것이 적절치 못하다는 주장이 날로 설득력을 얻고 있다.

방송은 또 다른 특징은 침투성에 있다. 신문은 내가 구독신청을 하여야 내 집 앞에 배달되지만, 방송은 나의 의사를 묻지도 않고 내 집 안방까지 들어온다. 텔레비전을 틀기만 하면 바로 화면이 보인다. 어떤 내용이 나올지 전혀 알 수도 없는 상태에서 내 집 안방까지 방송프로그램이 들어오기 때문에 그 프로그램의 내용에 대한 규제가 정당한 경우가 발생한다. 특히 청소년 보호를 위하여 프로그램의 내용을 심의하여야 할 필요가 있다.

텔레비전 방송의 경우 강한 시각적 효과 때문에 영향력이 크기 때문에 방송프로그램의 내용을 심의할 필요가 있다고 주장하는 사람도 있다. 그러나 영향력은 규제의 정당성 근거로 사용할 수 없다고 본다. 영향력을 기준으로 삼을 경우 영화도 텔레비전방송 못지않게 영향력이 크기 때문에 마찬가지로 규제 대상이 되어야 한다. 또 흥행에 성공한 영화일수록 더 규제를 받아야 한다. 이러한 결론은 언론의 자유를 심각하게 침해할 수 있다.

방송이라고 하여 모두 다 똑같은 규제를 받는 것은 아니다. 그래서도 안 된다. 지금까지 방송이라고 표현한 것은 지상파 방송을 말하는 것이었다. 특히 지상파 방송과 유선방송은 그 성격이 많이 다르다. 영상을 통하여 표현하는 매체라는 점에서 둘은 영향력 면에서 비슷하지만, 태생적 독과점 구조 및 침투성 면에서 서로 다르다. 유선방송은 주파수의 제한을 받지 않기 때문에 태생적 독과점이 발생하지 않는다. 또 유선방송은 시청하겠다는 의사가 있는 집에만 설치되기 때문에 침투성의 문제도 발생하지 않는다. 따라서 유선방송에 대한 규제는 지상파 방송에 대한 규제와 다른 시각에서 접근하여야 한다. 위성방송도 신청을 전제로 하므로 지상파방송보다 유선방송에 더 가깝다고 보아야 할 것이다.

현행 방송법상 방송은 방송프로그램을 기획·편성 또는 제작하여 이를 공중에게 전기통신설비에 의하여 송신하는 것을 뜻하며, 텔레비전방송 뿐 아니라 라디오방송, 데이터방송, 이동멀티미디어방송을 포함한다(제2조 제1호). 방송사업의 종류로 지상파방송사업, 종합유선방송사업, 위성방송사업, 방송채널사용사업이 있다(동조 제2호).

2. 방송운영체제

세계의 방송 운영체제는 유럽형과 미국형으로 대별할 수 있다. 유럽형은 공영방송이 중심이며, 미국형은 민영방송을 중심으로 한 방송 운영체제다. 유럽형 공영방송이 국가 주도형 모델이라면, 미국형 민영방송은 시장주도형 모델이라고 하겠다. 미국의 방송사는 사경제의 주체로서 돈을 벌기 위하여 방송을 하며, 돈은 광고로부터 창출된다. 이러한 이유에서 미국의 방송 운영체제는 상업방송 중심이라고 하겠다. 미국의 민영방송사는 시청률이 높을수록 광고수입이 늘어나므로 시청률을 높이기 위하여 최선을 다한다. 시청률이 높다는 것은 공중(the public)이 원하는 내용의 방송을 한다는 것을 의미하기 때문에 방송사가 자신의 수익을 극대화하는 것이 공중을 위한 것이라는 논리를 전개한다.[1] 미국의 상업방송 모델에서 국가는 청소년 보호의 목적 등 극히 예외적인 경우를 제외하고 원칙적으로 방송 내용을 규제하지 않는다. 그러나 방송은 본질적으로 신문 등 인쇄매체와 달리 주파수의 제한 등으로 설립이 자유롭지 않기 때문에 미국에서도 방송은 신문 등 다른 매체보다 규제를 많이 받으며, 법원도 그러한 규제의 정당성을 인정한다. 규제의 핵심은 공익성(public interest) 확보에 있다.

이에 반하여 유럽형 모델은 국가마다 조금씩 차이를 보이지만, 대체로 국가는 방송사업자가 운영할 수 있는 법적 기초를 마련한다는 점에서 공통점을 찾을 수 있다. 또 국가가 공영방송사를 설립하고, 운영자금을 지원하고 있다. 유럽형 공영방송 운영체제 아래서도 국가는 방송 내용을 직접 지시하지는 않는다. 하지만, 공영방송사는 법령에 규정된 공정성 등의 원칙을 준수하여야 한다. 우리나라는 국가가 한국방송공사를 설립하고 그 재원조달을 보장해주고 있어 유럽형 공영방송 중심의 방송 운영체제라고 하겠다.

1980년 이후 지상파 방송을 둘러싼 환경이 급격히 변화하면서 공영방송 중심의 운영체제는 위기를 맞고 있다. 주파수의 한계를 뛰어넘는 정보통신기술의 발전으로 다채널 시대가 열렸으며, 세계를 지배하는 신자유주의의 사조는 공공서비스 영역에서도 자율과 경쟁을 요구하고 있다. 공영방송 운영체제의 근간을 이루는 방송 수신료가 경쟁법에 위반된다는 주장이 제기되면서 공영방송은 재원을 안정적으로 확보하는 데 비상이 걸렸다.[2] 이러한 환경 변화는 단순히 공영

---

1. 미국에서도 공중이 원하는 것을 방영하는 것이 공익을 위한 것이냐에 관한 논쟁은 있다. 공익성(public interest)과 공중이 원하는 것을 하는 것(to do what the public want)은 다른 개념이라고 주장하는 대표적인 학자로는 Cass R. Sunstein, C. Edwin Baker 등이 있다.

2. Willard D. Rowland, Jr. & Michael Tracey, *Worldwide Challenge to Public Service Broadcasting*, Journal of Communication, 40(2), 4~5 (1990). 유럽사법재판소(ECJ)는 2003년 7월 24일 공영방송을 포함한 공영서비스기관에 정부 보조금을 지원할 경우 경쟁법에 위반되지 않기 위해서 준수하여야 할 네 가지 기준을 다음과 같이 제시하였다. 첫째, 정부 보조금을 수령한 기관은 실제로 공공서비스의무를 수행하여야 하며, 그러한 의무는

방송의 운영상 어려움에 그치는 것이 아니고, 공영방송 정체성(identity)의 위기라는 점에서 문제가 심각하다. 공영방송이 유일한 방송사로 운영되던 독점 체제에서, 공영방송과 민영방송이 같이 활동하는 이원 체제로 전환된데 이어, 지금 전개되고 있는 다채널 시대는 그 본질상 다수의 민영방송이 중심이 되는 운영체제이어서 그 속에서 공영방송의 기능을 정립하는 일이 필요하다.

분명하게 규정되어야 한다. 둘째, 보상을 산출하는 기준은 사전에 객관적이고 투명한 방식으로 설정되어 있어야 한다. 셋째, 보상은 공공서비스의무를 수행하는데서 발생한 비용의 전부 또는 일부를 초과할 수 없다. 이러한 비용은 적절한 영수증과 공공서비스의무를 수행하기 위한 합리적인 수익을 고려한다. 넷째, 공공서비스의무의 수행을 위하여 인수(undertatking)를 해야 할 경우 그러한 인수가 공공구매과정에서 이루어지지 않았으면 필요한 보상의 수준은 비용의 분석을 통하여 정해진다. 비용은 전형적인 인수, 즉 공공서비스의 필요요건을 충족시키기 위하여 잘 운영되고 운송수단이 적절히 제공된 인수에서 발생하였을 것이라는 전제 아래서 적절한 영수증과 공공서비스의무를 수행하기 위한 합리적인 수익을 고려하여 분석되어야 한다. 이 판결은 방송사에 대한 것은 아니었으나, 방송사에 대해서도 같은 논리가 적용될 수 있다. 실제로 유럽사법재판소에는 수신료의 경쟁법 위반 사례가 민영방송사에 의하여 제소되어 계류 중이다.

Ⅱ. 방송제도 – 영국의 공영방송 모델[3]

1. 공영방송의 세계적 모델, BBC

세계에서 가장 먼저 공영방송을 시작한 국가가 영국이다. 영국은 지금도 공영방송을 성공적으로 운영하여 오고 있는 나라 중 하나다. 영국에서 텔레비전은 항상 정책 결정의 중심에 있다.[4] 공영방송을 중심으로 방송 운영체제가 정립되었으며, 시민들은 공영방송의 독립성을 신뢰한다. 영국 공영방송의 철학은 시민에게 정보, 교육, 즐거움을 준다(to inform, to educate and to entertain)는 BBC 초대 사장 존 리이스(John Reith)의 방송철학을 계승하고 있다. 1982년까지 BBC와 ITV 등 2개의 공영방송사가 독점체제를 구축하였으나, 그 후 민영 텔레비전의 출현으로 방송운영체제가 빠른 속도로 바뀌고 있는 중이다.

---

3. 이 글은 방송위원회 연구용역 보고서(자유 2006-09) 『멀티미디어 시대에 대비한 헌법개정에 있어 헌법상 방송의 자유에 대한 새로운 해석』의 일부로서, 필자가 집필한 부분을 수정·보완한 것이다.

4. Open Society Institute, TELEVISION ACROSS EUROPE: REGULATION, POLICY, AND INDEPENDENCE, Vol. 1, 33 (2005).

영국 BBC 방송은 1945년 제2차 세계대전 종료 후 서독의 방송 운영체제의 모델이 되었다. 영국 방송법제의 특징은 BBC 이외의 모든 지상파 방송사에 대해서도 면허를 내줄 때 계약조건으로 공공 서비스 의무를 부과하는 데 있다.[5] 공영방송을 공공 서비스의 제공을 기준으로 분류한다면, 영국의 모든 방송은 공영방송이라고 하겠다. 여기서는 세계 공영방송의 모델이 되고 있는 영국 공영방송의 특징을 그 발전과정, 법제, 정책과제 등을 중심으로 살펴보겠다.

2. 영국 공영방송의 발전과정

(1) BBC 독점 시대

영국의 방송 모델은 여러 위원회의 연구 성과를 토대로 정립되었다. BBC는 당초 상업방송으로 시작되었다. 영국은 미국에서 라디오 방송사가 난립하여 극도로 혼란한 것을 목격하고, 단일한 방송 운영체제를 선택하였다. 영국 우정국(Post Office)은 1922년 방송사업에 참여하고자 하는 라디오 수신기 제조업자들을 하나로 묶어 독점적인 주식회사 형태인 BBC(British Broadcasting Company)의 설립을 인가했다. BBC는 라디오 수신기 제조회사로부터 걷는 로열티(royalty)와 방송 수신자로부터 걷는 수신료(licence fee)를 재원으로 운영되었다. 그러나 외국에서 부품을 수입하여 집에서 라디오를 제조하는 사람과 수신료의 납부를 거부하는 사람이 많아지면서 BBC는 재정적 위기에 처하게 되었다. 더욱 큰 문제는 사기업의 컨소시움

---

5. *Id.* at Vol. 3, 1618.

(consortium)인 BBC에 독점적 지위를 부여한데 있었다. 영국 언론은 BBC가 공익에 반한다고 비판하였다.

1923년 프레딕 사이크스(Fredeick Sykes)를 위원장으로 하는 사이크스 위원회(Skyes Committee)가 구성되었다. 사이크스 위원회는 13인으로 구성되는 방송위원회(Broadcasting Board)를 설립하여 우정국장(Postmaster-General)을 도와 방송행정을 감독하도록 권장하였다.[6] 위원회는 또 방송을 수신료로 운영하고, BBC의 방송 허가를 2년간 연장할 것을 권장하였다.[7] 사이크스 위원회는 보고서 첫 부분에 영국방송의 향후 발전을 위하여 방송을 민영에서 공영으로 전환할 것을 주장하였다. 사이크스 위원회는 "방송은 우리 세대가 성취한 어떠한 업적에 상응하는 사회적 정치적 가능성을 가지고 있다. 이러한 이유에서 우리는 여론과 국정에 미치는 잠재력을 통재하는 것은 국가가 담당하여야 하며, 이처럼 중요한 전국적 서비스가 통제되지 않고 상업화되는 것을 허용할 수 없다"고 언급하여 장기적인 방안으로 BBC의 공영방송 전환을 제기하였다.[8]

이어 1925년에 설립된 크로포드 위원회(Crawford Committee)는 1926년 말로 예정된 BBC의 방송 면허기간 만료에 따라 적정한 방송 운영체제를 정립하기 위하여 구성되었다. 위원회의 주된 관심은 방송 구조에 있었다. 크로포드 위원회는 미국식 상업방송 제도는 방송의 공공 서비스 기능을 수행하지 못하기 때문에 적정하지 않다고 판단하였다. 또한 방송을 국가의 통제 아래 놓은 것 역시 방송 내

---

6. Broadcasting Committee Report(Chaired by Sir Frederick Sykes) 193, Cmd 1951, paras 22~24.
7. *Id.* at paras 43~46
8. *Id.* at paras 4~6.

용을 판단하는 자유를 제한하기 때문에 받아들이지 않았다. 그 대신 크로포드 위원회는 공사(public corporation)가 국익의 수탁자(trustee for the national interest)로서 독점적 서비스를 제공하도록 권장하였다.

크로포드 위원회는 현존하는 사기업 형태의 BBC(British Broadcasting Company)를 공사 형태의 BBC(British Broadcasting Commission)로 전환하고,[9] 공사는 10년 기한의 면허를 받아 독점적으로 운영되어야 한다[10]고 권유하였다. 공사의 운영이사(commissioner)는 5인에서 7인으로 운영하되, 판단의 독립성(independence of judgment)과 사업 재능(business acumen) 기준에 입각하여 5년 임기로 국왕이 임명하는 방안이 소개되었다.[11] 라디오 수신료 제도는 그대로 존속하고,[12] 공사의 회계는 매년 의회가 심의하도록 권장되었다.[13] 크로포드 위원회가 제시한 내용 중 방송 독점, 수신료에 의한 재원조달, 독립된 공사에 의한 방송운영 등 세 가지 원칙은 향후 영국의 방송 운영체제에 큰 영향을 미쳤다.[14]

영국이 공사형 모델을 택하는 데 결정적으로 기여한 사람은 BBC 초대사장을 지낸 존 라이스(John Reith)다. 그는 방송의 목적이 이윤추구에 있다는 생각을 혐오하였으며, 상업 텔레비전 방송의 출현을 경고하였다. 그는 또한 방송이 정부로부터 독립되어야 한다는 신

---

9. Report of the Broadcasting Committee 1925, The Earl of Crawford and Balcarres(Chair) 1926, Cmd 2599, paras 20 a, c.

10. *Id.* at para 20b.

11. *Id.* at para 20c.

12. *Id.* at para 20 f, i.

13. *Id.* at para 20j.

14. Burton Paulu, BRITISH BROADCASTING: RADIO AND TELEVISION IN THE UNITED KINGDOM, University of Minnesota Press 12 (1956),

념을 가지고 있었다. 라이스 사장이 강조한 공영방송의 이념은 정보, 교육, 오락(to inform, educate and entertain) 등 세 가지다. 이 셋은 지금도 영국 공영방송의 이념으로 받아들여지고 있다.

주식회사 BBC는 1927년 1월부로 공사(British Broadcasting Corporation)로 전환되었다. 근거법은 영국 왕이 부여하는 면허장(royal charter)으로, 10년 단위로 발부된다. 의회가 제정한 법률이 아닌, 국왕의 면허장으로 공영방송을 운영하는 것은 구조적으로 정부로부터 독립을 이룰 수 있다고 판단하였기 때문이다.[15]

BBC가 추구하는 공영방송은 상업적 이윤추구의 동기 뿐 아니라 광고주 이익집단 등 부분적 이익을 추구하는 세력으로부터 독립되어 최고 수준의 프로그램 제작에 매진하는 것이다. 프로그램은 전국적으로 방송되어야 한다고 본다. 이상적인 방송을 위해서는 안정적인 수입원이 필요하므로 공영방송 운영체제 아래서 수신료(licence fee)는 필수불가결한 것으로 이해되고 있다.

수신료는 방송수신기 소지자가 방송 서비스의 대가를 직접 지급하는 것으로, 영국에서는 방송사업자와 일반 대중(the public at large)이 직접적인 경제관계를 맺는다는 사실이 중요하다고 본다. 일반 대중이 BBC 프로그램에 만족하면 할수록 수신료에 대한 저항이 낮아질 것이기 때문이다. 수신료가 갖는 민감성은 공영방송의 질적 수준을 높이는데 기여한다고 이해한다. 이에 반하여 광고(advertising)와 협찬(sponsorship)은 방송사업자가 방송을 통하여 상업적 이

---

15. Machiel van Dijk, Richard Nahuis and Daniel Waagmeester, A BRIEF HISTORY OF PUBLIC SERVICE BROADCASTING IN EUROPE, DECEMBER, December 2005 〈available at http://www.cpb.nl/nl/org/homepages/mfvd/PSB_Economist_history.pdf〉.

윤을 추구할 우려가 있기 때문에 배제되어야 한다고 보았다.[16] 정부
가 세금으로 걷은 일반재정에서 보조금 형태로 지급하는 것 역시 그
반대급부로 정치적 압력이 행사될 가능성 때문에 공영방송의 재원에
서 배제되었다.

(2) 복수의 공영방송 체제

제2차 세계대전은 영국 BBC 독점체제를 흔들어 놓았다. 영국 국
민들은 해외방송을 청취하면서 BBC 이외의 방송에 대해서 알게 되
었다. 경쟁의 도입을 주장하는 목소리가 산업계에서 커졌다. 1949년
방송 문제를 연구하기 위하여 설립된 비버리지 위원회(Beveridge
Committee)는 방송사업의 독점체제 유지 및 상업방송 도입의 가능
성에 대해서 논쟁을 벌였다. 당시 영국은 노동당이 집권하고 있었다.
영국의 복지국가 계획의 주도자였던 비버리지 위원장은 독점적인 공
영방송 체제를 유지할 것을 주장하였다. 보고서는 BBC의 독점이 유
지되어야 하며,[17] BBC는 광고, 협찬, 일반세금 등을 재원으로 활용
하여서는 아니 된다[18]고 지적하였다. 그러나 셀륀(Selwyn Llyod)
위원은 독점의 폭력(brute force of monopoly)을 지적하고, 방송의
독점화에 반대하는 소수의견을 내놓았다.[19] 소수의견은 광고와 협찬
을 재원으로 방송 프로그램을 제작하는 상업 방송사를 라디오와 텔

---

16. BBC도 BBC World와 같이 전적으로 광고에 의하여 운영되는 상업 방송서비스를 운영
    하고 있다. 여기서 나오는 이익은 BBC로 넘겨져 공공 방송서비스 개선에 사용된다.
17. The Broadcasting Committee Report, Lord Beveridge (Chair) 1951, Cmd 8116,
    Cmd 8117, paras 326~35.
18. *Id.* at para 377, 197.
19. *Id.* at 201 para2-203 para 7.

레비전 분야에서 각각 1~2개 설립하여 전국적으로 방송할 것을 주장하였다.

비버리지 위원회가 보고서를 발표한지 몇 달되지 않아서 정권은 노동당에서 보수당으로 넘어갔다. 보수당 정부는 비버리지 위원회 보고서 중 셀린 위원의 소수의견을 수용하고 방송에서의 경쟁을 지지하였다. 정부는 이어 1954년 텔레비전법(Television Act)을 제정하고, 그 다음해 9월 상업방송을 도입하였다. 그러나 영국은 미국식 상업방송을 선호하지 않았다. 독립텔레비전공사(Independent Television Authority)를 설립하고 여기서 상업방송사의 면허를 발부하고, 방송활동을 감독하며, 재면허를 발부하는 방식을 선택하였다.

상업방송의 출현은 방송 프로그램의 변화를 가져왔다. 새로운 채널은 시청자와 광고주를 끌어들이기 위하여 프로그램의 수준을 낮추었다. 폭력과 섹스 장면이 자주 등장하게 되었다. 상업방송사는 막대한 수익을 올려 이에 대한 여론도 좋지 않았다. 1960년대 BBC는 상업방송사 ITV와 경쟁하면서 시청률이 하락하는 위기를 맞게 되었다. BBC가 주류 시청자에게 드라마, 스포츠, 뉴스, 시사, 가벼운 오락 등의 프로그램을 제공하지 못한다면, BBC는 소수자의 방송이 될 것이고, 이렇게 되면 시청자는 소수인데 반하여 수신료 납부자는 다수가 되는 구조, 즉 수신료를 내는 사람과 방송을 보는 사람이 괴리되는 근본적인 문제가 발생한다.

하지만 BBC는 모든 사람을 항상 만족시켜줄 필요는 없다는 입장을 채택한다. 모든 사람을 만족하려다가 시청률 경쟁의 함정에 빠져 공영방송의 취지에 부합하지 못하게 되면 이것이 더 큰 문제라고 본 것이다. 오히려 시청률이 너무 높다는 것은 소수자를 위한 방송을 하지 않고 있다는 의미로 해석될 수 있기 때문에 공영방송의 취지에 부합하지 않게 된다. BBC는 특정 시점에 대다수의 국민을 만족시키는 방송보다, 일정 기간 동안 대다수의 국민이 접근하는 방송을 하는 것을 목표로 삼게 되었다.

상업방송의 지속한 프로그램과 막대한 수익 창출의 문제는 보수당 정부로 하여금 1960년 필킹턴 위원회(Pilkington Committee)를 구성하게 만들었다. 필킹턴 위원회는 상업방송사인 ITV와 공영방송사인 BBC의 프로그램을 비교하고, 상업텔레비전의 시청자 지향성을 비판하였다. 필킹턴 위원회의 권고사항의 주요 내용을 보면, (1)BBC가 영국 방송운영체제의 주요 수단(main instrument)이며,[20] (2)BBC는 앞으로도 수신료 수입만으로 운영되어야 하며,[21] (3)가능하면 빨리 BBC가 추가적인 방송 프로그램을 제공할 수 있도록 새로운 채널이 허용되어야 한다.[22] 위원회는 또 ITV의 구조 변화를 촉구하고, ITV가 현재와 같은 방송을 할 경우 추가적인 채널을 허용할 수 없다고 강조하였다. ITV와 관련된 구조변화로는 (1)공사(ITA)가 프로그램을 계획하고, (2)계획된 프로그램에 따라 제작사가 프로그램 아이템을 제작하여 공사(ITA)에 판매하며, (3)공사(ITA)가 광고시간을 판매하고, (4)공사(ITA)는 이익이 발생하면 그 중 일부 적립하고 나머지를 재무부에 귀속시킨다.[23] 마지막 부분은 추가 소득세(levy)의 도입을 의미하는 것으로 광고수입 중 150만 파운드까지는 면세하고, 150만 파운드부터 600만 파운드까지는 25%, 600만 파운드 초

---

20. Report of the Broadcasting Committee, Lord Pilkington (Chair), 1961~62, Cmnd 1753, para 437.
21. *Id.* at paras 492~506.
22. *Id.* at paras 900~902.
23. *Id.* at paras 568~579.

과분에 대해서는 40%의 세율로 추가 소득세를 부과하겠다는 것이
다.

영국 정부는 이 보고서를 토대로 1964년 텔레비전법을 개정하여,
공사(ITA)로 하여금 ITV의 편성과 제작을 더욱 철저히 감독하도록
하였다. 1964년 BBC2 채널이 신설되어 BBC1을 보완하는 방송을
시작하였다. 이로써 영국은 순수한 공영방송과 광고수입으로 운영되
지만 공사의 직접적인 감독 하에 놓인 공공 서비스 방송으로 이루어
진 이원 체제를 구축한 셈이다. BBC가 순수한 공영방송이라면, ITV
는 상업적 공영방송(commercial public service broadcasters)이
라고 하겠다.

(3) 다채널 시대

1977년 아난 위원회(Annan Committee)는 BBC와 ITV로 복점화
된 방송 운영체제가 다원화된 사회의 다양한 목소리를 적절히 반영
하지 못하고 있다는 내용의 보고서를 발표하였다. 보고서는 제안 내
용이 174개에 달하는 방대한 것이었다. 당시 노동당 정부는 보고서
의 내용을 실행에 옮기지 못하였으며, 1979년 출범한 대처(Thatch-
er) 수상이 이끄는 보수당 정부가 보고서의 내용을 수용하여 네 번째
방송사를 설립하게 되었다.

아난 위원회는 세 가지 목표를 제시하였다. 첫째는 공공 서비스인
영국 방송이 의회를 통하여 영국 국민에 대한 책임성을 제고하는 것
이고, 둘째는 방송이 향후 15년간 발전할 수 있는 구조를 설계하는
작업인데, 현재 BBC와 ITV 복점체제로는 방송의 활력인 다양성을
확보할 수 없는 문제가 있으며, 셋째는 방송기구가 정치적 압력단체

및 이익단체의 통제로부터 독립성을 유지하도록 하는 것이다.[24]

아난 위원회의 중심적 가치는 다원주의에 있었다. 공영방송의 이념 역시 다원주의로 해석하여, 정보 교육 오락을 제공하는 것뿐 아니라 사회의 모든 집단의 이익을 반영하여야 한다고 보았다. 기존의 방송사들이 다수 시청자를 대상으로 프로그램을 제작하고 있으므로, 네 번째 텔레비전의 채널은 다양한 소수자의 이익을 반영하여 방송의 다양성을 실험하여야 한다고 주장하였다.[25] 또 그 채널의 운영은 기존 방송사가 아니라 독립적인 공개방송위원회(Open Broadcasting Authority)가 담당하여야 한다고 주장하였다.[26]

공개방송위원회가 방송하는 분야는 크게 셋으로 분류되었다. 첫째는 개방대학(Open University)을 포함하는 교육 프로그램이고, 둘째는 ITV의 개별 회사가 제작하는 프로그램이고, 셋째는 독립 제작사가 제작하는 다양한 프로그램이다. 공개방송위원회는 BBC나 IBA27)와 달리, 프로그램을 제작하지 않고 외부의 독립 제작사가 제작한 프로그램을 받아서 출판사(publisher)처럼 단지 발행하는 역할을 담당하도록 하는 방안을 강력히 제안하였다.[28] 이 방안이 다양성을 제고하는 길이라고 판단하였기 때문이다.

1982년 설립된 Channe 4는 아난 위원회의 보고서에 기초하여 만들어졌다. Channel 4는 실험적인 프로그램을 방송하고, 그 운영은 광고에서 충당하도록 하였다. 그러나 광고의 판매는 Channel 4가

---

24. The Future of Broadcasting, Lord Annan (Chair) 1976-77, Cmnd 6753, p471 para 30.1
25. *Id.* at paras 15.16~21.
26. *Id.* at paras 7.11.
27. ITA(Independent Television Authority)는 1972년 IBA(Independent Broadcast Authority)로 이름이 바뀌었다.
28. *Id.* at paras 7.11 and 15.20.

아닌 ITV가 담당하고, 결손이 나면 ITV가 보전하도록 함으로써 시청률 경쟁에서 초월할 수 있도록 하는 운영체제를 마련하였다. Channel 4 역시 광고를 재원으로 한다는 점에서 ITV와 같은 상업적 공영방송이라고 하겠다.

공영방송의 재원 문제에 대해서 본격적으로 검토한 것은 1982년 피코크 위원회(Peacock Committee)였다. 보수당의 대처 수상은 자유주의 경제학자 피코크로 하여금 BBC의 재원 문제를 검토하도록 하였다. 피코크 위원회는 사회 · 문화적 관점이 아닌 경제적 관점에서 방송을 고찰하였으며, 그 결과 소비자 주권(consumer sovereignty)을 방송정책의 중심 가치에 놓고 분석하였다. 소비자의 선택을 높여줄 수 있도록 채널을 늘리고 경쟁을 강화하는 방안이 선호되었다. 피코크 위원회는 ITV의 방송 면허를 경쟁 입찰에 붙일 것, BBC와 ITV 방송 프로그램의 40%를 외부 제작에 의존할 것 등을 주장하였다. 그러나 대처 수상의 의도와 달리 피코크 위원회는 BBC에 광고를 도입하자는 생각에 반대하였다. 광고는 방송사업자가 프로그램을 시청자에게 판매하는 것이 아니라 시청자를 광고주에게 파는 것이라고 보고, 광고의 도입이 시청자의 소비자 주권을 침해할 수 있다고 본 것이다.

(4) 소결

1990년 이전까지 영국의 방송운영체제는 공공 서비스의 원칙(public service principles)에 입각하여 발전한 것이 큰 특징이다. BBC, ITV, Channel 4 등 새로운 채널이 등장할 때마다 그 채널에 공공 서비스의 임무가 부여되었다. 재원조달의 방식은 서로 달랐다.

그 결과 BBC처럼 수신료로 운영되는 강한 공영방송도 있고, ITV처럼 광고로 운영되는 상업방송이지만 공공 서비스의 의무가 부과되고 공사의 감독을 받는 상업적 공영방송도 있고, Channel 4처럼 광고를 운영재원으로 하지만 공기업 형태의 상업적 공영방송도 존재하게 되었다.

3. 영국의 방송 개혁

1990년대 영국 방송은 새로운 매체가 대거 등장함으로써 다원주의 방송의 시대에 접어들었다. 다채널 시대는 영국 방송의 운영체제에 대한 전면적인 개편으로 이어졌다. 1990년 방송법(Broadcasting Act of 1990)과 2003년 통신법(Communication Act of 2003)이 개혁의 산물이다.

그러나 영국은 다채널이 공영방송의 필요성을 감소시키지 않는다고 보고 있다. 공영방송은 수신료를 독점적으로 받고, 상업적으로 운영되는 방송은 광고로 운영하는 재원조달의 이원체제는 아난 보고서에서 처음 제시된 후[29] 여전히 설득력을 갖고 있다. BBC는 공영방송의 중심이며, 그 핵심에 수신료가 있다는 인식이 강하다. 공영방송의 경우 방송 프로그램의 소비자가 방송 비용을 부담하여야 하며, 광고의 소비자가 방송의 비용을 부담하여서는 안 된다고 보고 있다.

(1) 방송 일반에 관한 규제 제도

2003년 통신법의 제정으로 방송통신 일반에 관한 규제기관으로 Ofcom이 설립되었다. Ofcom은 의회에 대하여 책임을 진다. 하지만 그 활동은 국가로부터 독립성이 보장된다. 방송의 규제기관과 정부가 멀지도 가깝지도 않은 관계(arm's length)를 유지하는 것은 영국 방송규제의 특징이다.[30]

1) Ofcom

Ofcom은 Independent Television Commission(ITC), Broadcasting Standards Commission(BSC), Radio Authority 등 방송과 통신에 관련된 기존의 규제기관을 통합하여 2003년 말 설립되었다. BBC에 대한 규제에 있어서는, 종전과 마찬가지로 역할이 제한적이다. Ofcom은 BSC가 담당하던 미적관념(taste) 및 품위(decency) 기준의 준수 여부, 공정거래청(Office of Fair Trading)이 담당하던 독립제작 비율의 준수 여부에 대한 심사를 승계하여, BBC에 대한 감독 역할은 여기에 그친다.

Ofcom 이사회(Ofcom Board)는 주식회사와 유사한 지배구조를 가지고 있다. 최고경영자(Chief Executive of Ofcom), 2명의 집행이사(executive members), 의장(Chair) 등 6인의 비집행이사(non-executive members)로 구성된다. 의장 등 비집행이사는 놀란 원칙(Nolan principles)[31]에 의거하여 장관이 선임한다. Ofcom

---

29. *Id.* at para 7. 6.
30. 예를 들어 BBC의 경우 공공 서비스 의무를 이행하는지 여부에 대한 감독은 경영위원회(Board of Governors)가 담당하는데, 경영위원회는 국가로부터 독립되어 있다. BBC는 정부와 의회에 대하여 책임을 지지만, 정부와 의회는 경영위원회의 결정을 번복할 수는 없다. Open Society Institute, *supra* note 4, at 1611.
31. 놀란 원칙이란 공직 생활은 다음과 같은 7가지 원칙, 즉 무사심(selflessness), 성실성(integrity), 객관성(objectivity), 책임성(accountability), 개방성(openness), 정직성(honesty), 지도력(leadership)에 의하여 지배되어야 한다는 것이다.

에는 또 콘텐트 위원회(Content Board)[32]와 소비자 패널(Con-
sumer Panel)[33]과 같은 소위원회도 있다.

Ofcom의 업무(remit)는 주파수 관리, 미디어 소유, 콘텐트 문제
등에 이르기까지 광범위하다. 2003년 통신법은 Ofcom의 주된 의무
가 통신의 영역에서 시민의 이익을 제고하고, 관련 시장에서 경쟁을
촉진하여 소비자의 이익을 제고하는데 있다고 명시하고 있다.[34]
Ofcom은 경쟁 제고, 영국 텔레비전에 대한 투자 장려, 미디어 문맹
자 퇴치, 건전한 공영방송 시스템 확보 등 텔레비전 규제와 관련된 거
의 모든 분야에서 권한을 행사하고 있다.

Ofcom은 5년마다 모든 방송사들이 전반적으로 (1)다양한 지역사
회의 이익과 욕구를 충족하는 광범위한 프로그램, (2)균형 잡히고 편
파적이지 않은 프로그램 서비스, (3)높은 수준과 품질의 프로그램을
제공하는지 검토한다. 이는 2003년 통신법 제264조가 모든 일반 지
상파 채널에 공영방송 서비스(public service broadcasting) 의무를
부과하고 있기 때문이다. 개별 방송사에 적용되는 공공 서비스의 정
도는 서로 다르다. BBC, Channel 4, ITV와 Five의 순으로 공공 서
비스의 의무가 많이 부과된다.

2) 방송의 독립(broadcasting independence)

영국에서 국가와 방송매체의 관계는 특이하다. 행정부와 의회는
공공정책의 목표를 수립하고 공적기관이 자신의 활동에 대하여 책임
지도록 하는 역할을 담당하지만, 방송의 경영 및 편집 활동에 대해서

---

32. 콘텐트 위원회에 대하여는 Communications Act 2003 section 12~13 참조.

33. 소비자보호 기능에 대하여는 Communications Act 2003 section 14~19 참조.

34. Communications Act 2003

는 관여하지 않는다. 방송의 독립성은 법과 제도보다 정치문화의 산물이라고 하겠다. 모든 방송사와 규제기관이 정당과 국가조직으로부터 독립되어야 할 필요성에 대해서 정치적 합의가 형성되어 있다. 국가안보가 위협받을 경우 국가는 방송에 대한 내용 검열을 할 수 있는 권한이 있지만, 실제로 정부가 검열한 경우는 방송 역사상 여섯 번에 불과하였다고 한다.[35]

(2) 공공 서비스 방송의 규제와 관리

1) 공공 서비스 방송

BBC는 정부의 조언을 얻어 국왕이 발부하는 왕립면허(Royal Charter)로 설립되었다. 면허는 10년 단위로 정부와 BBC간 협정(Agreement)에 따라 재발급 된다. 왕립면허장과 협정서에는 공영방송으로서 BBC의 구조, 활동, 의무 등이 규정된다. 왕립면허장에 규정된 BBC의 공공 서비스 방송내용은 정보, 교육 및 오락이다.[36] 영국 방송제도는 BBC 이외의 다른 모든 지상파 방송사에 대해서도 면허발급 조건으로 공공 서비스 의무를 부과한다는 데 그 특징이 있다.[37]

2) BBC의 재원 조달

BBC는 수신료와 상업 활동을 재원으로 하여 운영된다. 2002~2003년 BBC의 수신료 수입은 39억 5,900만 유로로, 상업 활동 등 기타 수입 2억 5,274만 유로보다 월등하게 많다. 수신료는 컬러텔레

---

35. *Id.*
36. BBC Charter, section 3(a).
37. Open Society Institute, *supra* note 4, at 1618.

비전의 경우 2008년 4월 1일부터 연간 139.50파운드(280달러)다. 영국은 디지털 전환 등으로 비용이 많이 소요됨에 따라 2007년 4월 BBC의 '재정확보 6년 안'을 확정하였다. 이 계획에 따르면, 수신료를 처음 2년간 3%씩 인상하고, 그 후 3년간은 2%씩 인상한 후 마지막 6년째는 최고 2%까지 인상하게 된다. 인상안은 2008년 4월 1일 처음 시행되었다.

3) BBC의 지배구조

외부 규제감독기관으로 Ofcom이 있지만, BBC는 전통적으로 내부의 자율규제구조를 가지고 있다. 경영위원회(Board of Governors)는 BBC가 방송면허(Royal Charter)와 합의서(Agreement)를 준수하여 방송활동을 하고 있는지 확인하는 업무를 담당한다. 경영위원회는 매년 전년도에 설정한 목표 대비 실적을 점검하며, 연차보고서를 의회에 제출한다. 경영위원회 회장(Chairman)은 의회에 참석하여 질문을 받고 응답한다. 연차보고서는 문화 매체 체육위원회에도 제출된다. 하지만 의회나 위원회는 경영위원회의 판단을 수정할 수 없다.

(3) 상업적 운영되는 방송사에 대한 규제 및 관리

상업적으로 운영되는 방송사(commercial broadcasters)들도 공공 서비스의 의무를 부담하고 있다. 2003년 제정된 통신법은 상업적으로 운영되는 방송사들이 공공 서비스 의무를 이행하는지 감독하는 권한을 Ofcom에 부여하였다. 규제기준은 다양한 시청자의 욕구와 취향(needs and tastes)을 반영하여 고품격의 프로그램 혼합(mix)

을 제공하는지 여부에 있다. 2003년 통신법은 Channel 3(ITV)와 Channel 4의 경우 고품질과 다양한 프로그램을 제공할 것을 요구하고 있다.[38]

Channel 4는 다른 방송사가 제공하지 않는 내용의 프로그램을 제공하기 위한 목적으로 설립된 만큼, 제공하여야 할 내용이 법률에 상세히 규정되어 있다. Channel 4가 제공하는 프로그램은 (1)프로그램의 형식과 내용에 있어서 혁신성, 실험성, 창의성을 보이고, (2)문화적으로 다양한 사회의 취향과 이익(tastes and interests)에 호소하고, (3)교육적 성격 또는 교육적 가치가 있는 프로그램을 제공하는 기존 공공 서비스 채널의 필요를 충족하는데 상당히 기여하고, (4)독특한 특징을 보이는 것이어야 한다.[39]

모든 방송사들은 1990년 방송법에 따라 뉴스, 정치적 또는 산업적 관심 사안, 공공 정책과 관련된 사안에서 적정한 균형성(due impartiality)을 유지하여야 한다. 여기서 균형성 또는 불편향성은 수학적 균형을 유지하여야 한다는 의미가 아니다. 개별 프로그램보다 일련의 프로그램에서 균형을 유지하여야 한다는 것으로 이해된다. 프로그램에서 요구되는 불편향성에 대해서는 2003년 통신법 제320조에 규정되어 있다.

상업적으로 운영되는 방송사는 매체의 다양성 보호를 위하여 그 소유가 규제된다. 언론사 간 인수·합병은 Ofcom과 공정거래청(Office of Fair Trading)이 심사한다. 1996년 방송법 개정으로 소유제한의 기준은 채널지분제한(outlet share limit)에서 시청률 제

---

38. Communications Act 2003, section 265 (2).
39. *Id.* at section 265 (3).

한(audience share)로 전환되었다.[40] 2003년 통신법은 1996년 방송법에 도입되었던 15%의 시청률 제한을 철폐하고, ITV와 Channel Five의 공동소유 제한도 제거하여 자유화 경향을 보인다. 다만, 다양성 확보를 위하여 언론사간 인수·합병은 공익 기준(public interest test)에 따라 심사하고 있다.

4. 영국 공영방송의 미래

2006년 영국의 문화·미디어·체육부가 BBC의 방송면허의 연장을 앞두고 의회에 제출한 백서(White Paper) '모두를 위한 공영방송: 디지털 시대의 BBC(A public service for all: the BBC in the digital age)'는 방송과 통신의 융합과 글로벌화로 경쟁이 심화되고 있는 미디어 환경 속에서 공영 방송체제를 어떻게 운영하여야 할 것인지에 대한 고민과 혜안을 담고 있다.[41] BBC의 방송면허가 10년간 유효하기 때문에 이 백서에서 제시된 내용은 향후 10년간 BBC의 운영계획이라고 할 수 있다.[42] 백서는 2005년 3월 발표된 녹서(Green Paper)의 내용을 대부분 수용하였다. 백서는 BBC의 미래상을 정립하기 위하여 두 가지 목적을 수립하였다. 첫째는 기술 발전을 ?아가야 하며, 그 기술의 잠재력을 충분히 활용하여 수신료 납부자에게 더 좋은 방송을 하여야 한다는 것이고, 둘째는 BBC와 BBC가 봉사하는 수신료 납부자를 재연결한다는 것이다.[43]

---

40. Broadcasting Act 1996 (c. 55).

41. Department for Culture, Media, and Sport, A PUBLIC SERVICE FOR ALL: THE BBC IN THE DIGITAL AGE, March 2006.

42. 당시 BBC의 방송면허는 2006년 12월 31일 효력을 상실할 예정이었다.

43. *Id.* at 2.

(1) BBC의 목적

　BBC가 담당하여야 할 공적 목적은 (1)시민의식과 시민사회를 유지하고(citizenship), (2)교육과 학습을 향상시키고(education), (3)창의성과 문화적 수월성을 촉진시키고(creativity and culture), (4)영국, 지역, 공동체를 반영하고(representation of nations, regions, and communities), (4)세계를 영국에, 영국을 세계로 소개하고(bringing the UK to the world and the world to the UK), (6)디지털 영국을 형성한다(building Digital Britain)는 데 있다.[44] BBC는 이러한 임무를 수행하는데 오락(entertainment)이 중요하다고 강조한다.[45] 백서는 BBC의 공적 목적과 오락이 양립할 수 없는 관계가 아니라고 보고 있는 것이다. 공영방송이 가치(worthy)를 추구한다고 해서 그러한 가치에 한정될 필요는 없고, 오히려 시청자를 즐겁게 함으로써 최대의 성과를 거둘 수 있다는 것이 대부분이라고 보고 있다. 물론 BBC의 오락은 상업방송이 추구하는 오락과는 달라야 한다. 백서는 BBC 프로그램에는 높은 질(high quality), 도전의식(challenging), 독창성(original), 혁신성(innovative), 매력(engaging) 등 다섯 가지 특징이 있으며, BBC의 모든 프로그램은 이 중 최소 하나의 특징을 보여야 한다고 주장한다.[46] BBC가 재미있고 차별화된(distinctive and entertaining) 내용의 방송을 하는 것을 담보하는 역할은 BBC신탁(Trust)이 담당하게 된다.[47]

---

44. *Id.* at 3.
45. *Id.* at 10.
46. *Id.*
47. *Id.* at 11.

(2) 지배구조의 변화

BBC는 1927년 이후 정부가 임명하는 위원으로 구성된 경영위원회(Board of Governors)가 경영에 대한 지원자, 독립에 대한 후원자, 불만사항에 대한 항소법원 역할을 담당하는 지배구조를 유지해왔다. 백서는 투명성과 권력분립의 제고를 위하여 이사회(Executive Board)와 BBC 신탁(Trust)의 이원적 지배구조가 필요하다고 보았다.[48] 새로운 지배구조에서 BBC 신탁(Trust)은 BBC의 주인이 영국 국민, 즉 수신료 납부자라는 인식 아래 수신료 납부자의 이익을 반영하는 기구로 활동한다. 그동안 수신료 납부자는 주인인데도 불구하고 BBC에 대하여 아무런 영향력을 행사할 수 없는 구조라는 판단 아래, 수신료 납부자의 이익을 대변하는 기구와 경영을 책임지는 기구를 구분하는 것이 새로운 지배구조의 모형이다.

BBC 신탁(Trust)은 의장, 부의장, 10인의 위원으로 구성된다. 위원은 정부의 조언 아래 국왕이 임명하는 현재의 경영위원회 위원임명방식을 그대로 사용한다. BBC 신탁은 이사회와 서비스 라이센스(service license) 계약을 맺고, 그 계약 내용에 BBC가 제공하는 모든 개별 서비스를 점검하고 확인할 수 있는 분명한 지표(clear indicators)를 포함시켜 궁극적으로 BBC가 공적 목적을 제대로 수행하도록 만드는 구조를 만들었다.[49] 기술, 문화, 시청자의 태도 등의 변화를 수용하기 위하여 BBC가 서비스 내용을 바꾸려고 하면 BBC 신탁이 시행하는 공적 가치 테스트(public value test)를 통과하여야

---

48. *Id.* at 3.
49. *Id.* at 28, 29.

한다.[50] 공적 가치 테스트란 새로운 서비스가 시장에 주는 충격 (market impact)과 공적 가치(public value)를 비교하는 방식으로 진행된다. 여기서 공적 가치란 새로 제안된 서비스가 시청료 납부자 의 이익에 부합하는 정도를 의미한다.

(3) 재원 조달

BBC의 재원조달 방법으로 수신료는 흔히 '최선의 최악(the least worst)' 이라고 불린다. 수신료는 단일 가격이기 때문에 소득 역진성 을 가지는 근본적인 문제를 가지고 있다. 하지만 백서는 향후 10년 동안 BBC의 재원조달방법으로 수신료가 최선의 선택이라고 보았 다.[51] 다만 수신료가 최대한 효율적으로 사용되고 있는지 BBC 신탁 이 확인할 필요가 있다고 지적했다.[52] 또 BBC 경영의 효율성이 개선 되고 있음을 보여주고 이를 확신시켜 주는 일을 BBC 신탁이 담당하 여야 한다고 보았다.

백서는 수신료의 부담을 경감하기 위하여 BBC가 영리 활동(com-merical services)을 하여야 할 것으로 지적한 2005년 녹서(Green Paper)도 수용하였다.[53] 하지만 BBC의 영리활동은 다음의 네 가지 기준에 입각하여야 한다고 보고 있다. 즉 BBC 공적 목적과의 부합 성, 상업적 효율성, BBC 브랜드의 보호, 시장왜곡의 방지 등의 기준 에 부합하여야 한다.[54]

---

50. *Id.* at 30.
51. *Id.* at 61.
52. *Id.*
53. *Id.* at 38.
54. *Id.*

(4) 공영방송의 미래

영국에서 BBC는 공영방송의 중심이다. 그러나 디지털 텔레비전 방송이 확산되면서 현재의 공영 방송체제를 회의적으로 보는 견해도 늘고 있다. 경쟁이 격화되면서 광고로 운영되는 공영방송의 경우 광고수입 전쟁이 치열하다. Channel 4의 경우 정부 개입이 없으면 재정적 압박으로 공영방송을 하기가 힘든 실정이다. 영국의 방송통신규제위원회인 Ofcom은 2004년 ITV, Channel Five처럼 사실상 상업방송에게 공공 서비스의무를 부과하는 일이 더 이상 현실적이지 않다는 의견을 내놓기도 했다. 또 Channel 4의 경우 재정적으로 안정되기위해서 광고수입을 더 늘여야 하며, 공공 서비스 방송(public service broadcasting)의 기능을 축소하여야 한다는 의견이 제시됐다. 이러한 구도 아래서는 BBS만 영국 유일의 공영방송으로 남게 된다.

---

55. 이 글은 방송위원회 연구용역 보고서(자유 2006-09) 「멀티미디어 시대에 대비한 헌법 개정에 있어 헌법상 방송의 자유에 대한 새로운 해석」의 일부로서, 필자가 집필한 부분을 수정·보완한 것이다.

56. Erwin G. Krasnow, *The "Public Interest" Standard: The Elusive Search for the Holy Grail*, Briefing Paper Prepared for the Advisory Committee on Public Interest Obligations of Digital Television Broadcasters, Oct. 22, 1997.

57. 그 전에도 50인 이상의 승객을 태운 선박은 미국에서 출항할 때 라디오 통신을 효율적으로 할 수 있는 장비와 기술자를 구비하여야 한다는 내용의 무선선박법(Wireless Ship Act)이 1910년 제정된 적이 있다. 그러나 이 법은 선박에 대해서만 적용되기 때문에 방송사에 일반적으로 적용되는 빙송법은 아니었다.

Ⅲ. 방송제도 – 미국의 상업방송 모델[55]

1. 민영방송사와 공익성 규제

미국은 민영방송사를 중심으로 방송체제를 운영하고 있다. 이 체제의 핵심은 방송사의 설립 및 운영을 사경제 주체에 맡겨 놓으면서도 방송의 공익성(public interest)을 어떻게 확보하느냐에 있다. 미국에서 공익성 기준은 법률에 의하여 도입되어, 독립규제기관인 연방통신위원회(FCC)의 규제활동과 대법원의 해석을 통하여 발전되어 왔다. 그러나 무엇이 공익인가에 대한 해석은 시대에 따라 달라 공익 개념의 모호성을 지적하는 견해도 유력하다.[56]

(1) 라디오법(Radio Act) 제정과 공익성 기준의 도입

1) 1912년 라디오법의 제정

미국 의회가 방송에 관한 법률을 처음 제정한 것은 1912년 라디오법(Radio Act of 1912)이다.[57] 라디오법은 노동상무부 장관(Secretary of Commerce)으로부터 허가(license)를 받지 않으면 라디오 송출을 할 수 없도록 규정하였다. 이 법은 민간의 라디오방송이 해군

방송과 혼선을 일으킬 것을 우려하여 만들어진 것이다. 방송사를 규제하기 위한 목적으로 제정된 것은 아니었다. 당시는 라디오 주파수가 충분하여 누구나 방송국 설립을 요청하면 허가를 받을 수 있었다.

그러나 제1차 세계대진 후 라디오 방송국이 급속히 늘어나면서 상황이 달라졌다. 미국의 라디오 방송국 수는 1921년 12월 1일 현재 23개에서 1년 뒤인 1922년 12월 1일에는 570개로 늘어났다.[58] 그 1년 뒤에는 방송국 수가 1,100개를 넘었다.[59] 당시 후버(Hoover) 노동상무부 장관은 1912년 라디오법에 근거하여 혼선의 우려가 있는 경우 방송국의 개설을 불허하고, 혼선을 일으키는 방송국에 대해서는 허가를 취소하였다. 그러나 라디오법이 그러한 권한을 노동상무부 장관에게 부여하지 않았다는 법원 판결이 이어졌다.[60] 결국 후버 장관은 방송국을 규제하려던 시도를 포기하고, 방송국의 자율규제를 촉구하는 성명을 발표하기에 이른다.

무허가 방송국의 설립은 급증하였고, 허가 받은 방송국은 신규 진입을 방해하기 위하여 송출력을 높이는 수단을 사용하였다. 방송시간도 자기 멋대로 편성하였다. 전국적으로 사용할 수 있는 주파수가 고갈되면서 혼선이 늘어났다. 그 당시 상황을 1943년 미국 대법원은 "모두가 방송 중인데, 아무 것도 들을 수 없다"고 묘사하였다.[61] 방송에 대한 교통정리가 필요하다는 공감대가 점차 형성되었다. 1926년

---

58. Marvin Bensman, THE BEGINING OF BROADCASTING REGULATION IN THE TWENTIETH CENTURY 30 (2000).

59. Franklin et. al., MEDIA LAW 106 (2000).

60. Hoover v. Intercity Radio Co., 286 F. at 1003 (D.C. Cir. 1923), writ of error dismissedas moot, 266 U.S. 636 (1924); United States v. Zenith Radio Corp., 12 F.2d 614 (N.D.Ill. 1926).

61. National Broadcasting Co. v. United States, 319 U.S. 190, 212 (1943).

12월 7일 쿨리지(Coolidge) 대통령은 의회에 정부가 라디오방송을 규제할 수 있는 권한을 부여하는 법률을 제정해달라고 요구하였다.

2) 1927년 라디오법과 공익성 기준

1927년 미국 상원과 하원은 연방라디오위원회(Federal Radio Commission)를 설립하기로 합의하고, 라디오법(Radio Act of 1927)을 개정하였다. 연방라디오위원회(FRC)는 1년의 한시적인 기구로 방송의 허가, 재허가 및 특정한 기술적 허가와 관련된 결정권한을 부여받았다. 1927년 라디오법은 방송허가를 받은 자만 지정된 주파수에서 지정된 시간에 방송하도록 규제하였다. 방송허가는 한시적으로 하였다. 허가와 재허가는 허가기관의 재량에 따라 결정하지 않고, 공익성(public interest), 편의성(convenience), 필요성(necessity)의 기준에 따르도록 하였다.[62] 이때 처음 공익성(public interest) 기준이 등장한다. 다만 무엇이 공익인지 규정하지 않아 논란의 여지를 남겼다.

미국 의회가 포괄적 개념인 공익성을 법률에 포함시킨 이유는, 법원이 1912년 라디오법을 해석하면서 노동상무부 장관은 법률에 규정된 기준 이외의 다른 기준으로 라디오방송에 대한 허가 및 재허가 심사를 할 수 없다고 지적한 데서 찾을 수 있다. 라디오법의 공익성 기준은 그 자체가 명확한 허가 및 재허가의 심사기준이라기 보다, 규제기관이 상세한 허가 및 재허가 규칙을 제정하거나 허가 및 재허가의 조건으로 활용할 수 있는 근거로 활용하도록 마련된 것이다.[63]

---

62. Radio Act of 1927, ch. 169 § 4,44 Stat. 1163, (1927).
63. Krasnow, *supra* note 56.

1927년 라디오법은 또 선거에서 한 후보자의 정치광고를 방송하였을 경우 상대방 후보에게도 같은 시간을 무상 혹은 유상으로 할애하도록 방송사에 요구하였다. 방송 프로그램의 내용에 대해서는 검열하지 못하도록 금지하였다. 다만 방송사는 음란하거나 저속하거나 신성모독적인 언어를 사용하지 못하도록 금지하였다.

3) FRC의 공익성 규제

FRC는 1928년 처음으로 공익성 기준에 관한 종합적인 해석을 내놓았다. FRC는 방송사업자는 자신의 사적 이익을 위하여 방송국을 사용하여서는 아니 되며, 방송사업자의 이익보다는 방송을 청취하는 공중의 이익, 편의성, 필요성이 강조되어야 한다고 강조하였다.[64] FRC는 공공수탁자의 원칙에서 공익성을 이해하였다. 사기업이 FRC로부터 허가를 받고 방송사업을 영위하지만, 전파 자체는 그들의 소유가 아니라, 국민 전체의 소유라는 것이다. 따라서 방송사업자는 공중의 수탁자(public trustee)로서 방송사업을 허가받아 영위하므로 공중에 대한 의무를 부담하게 된다. 공익성 기준(public interest standard)은 결국 공중의 수탁자 원칙(public trustee doctrine)이라고 하겠다.

또한 FRC는 공중을 위하여 사상의 자유시장을 형성할 의무가 방송사업자에게 있다고 강조하였다.[65] 따라서 공익성 요건은 찬반의견이 자유롭고, 공정하게 경쟁할 수 있는 충분한 장이 펼쳐질 것을 요구

---

64. 2 F.R.C. 16, 170 (1928).
65. 3 F.R.C. 32 (1929).

한다는 것이다. FRC는 방송사업자가 신규 허가 및 재허가를 신청할 때 주간 프로그램을 오락, 종교, 광고, 교육, 농업, 형제애 등 6가지 영역으로 구분하여 방송시간을 기재하도록 요구하였다.

FRC는 1928년 62개의 방송국에 대하여 공익성 기준을 충족하지 못하였다는 이유로 재허가를 거부하여 주목받았다. FRC가 내린 가장 중요 결정으로 Great Lakes Broadcasting 사건이 있다. 이 사건에서 FRC는 방송 프로그램의 공익성을 방송 재허가의 주요한 기준으로 삼았다. 이는 미 연방법원에서 수용되었다.[66]

그러나 FRC는 규제기관으로서 7년 존속하는데 불과하였으며, 운영자금을 충분히 확보하지 못하였으며, 관련법률 조항도 애매모호하여 실제로 제 기능을 하지 못하였다는 평가를 듣는다. 1933년 프랭클린 D. 루즈벨트 대통령은 새로운 방송규제체제의 정립을 상무부 장관인 다이엘 로퍼(Daniel Roper)에게 일임하였다. 로퍼는 1934년 방송과 쌍방향 통신을 통제할 수 있는 새로운 단일 규제기구의 창설을 주요 내용으로 하는 보고서를 제출하였다.

로퍼 위원회(Roper Commission)가 당면한 과제 중 하나는 방송 운영체제를 영국처럼 비영리의 공영방송으로 전환할 것인가, 민간의 상업방송을 유지할 것인가에 있었다. 이때 새로 조직된 미국전국방송인협회(National Association of Broadcasters)는 미국신문발행인협회(American Newspaper Publishers Association)와 밀약을 맺고, 신문발행인이 민영방송체제를 지지하면, 방송은 뉴스의 영역

---

66. Great Lakes Broadcasting Co., 3 FRC Ann. Rep. 32 (1929), aff'd in part and rev'd in part, 37 F.2d 993 (D.C. Cir.), cert. dismissed, 281 U.S. 706 (1930).

에서 신문과 직접 경쟁하지 않겠다고 약속하였다.[67] 결국 로퍼 위원
회는 영국의 공영방송체제를 선택하지 않았다.

(2) 1934년 통신법과 공익성

1) 1934년 통신법 제정

방송규제에 대한 여론이 커지자, 의회는 1934년 통신법(Commu-
nication Act of 1934)을 제정하고, 모든 통신 분야에 광범위한 규제
권한을 가지는 연방통신위원회(Federal Communications Com-
mission)를 상설조직으로 설립하였다. 1934년 통신법은 1927년 라
디오법의 주요 내용을 그대로 수용하여, FCC로 하여금 공익성, 편의
성, 필요성의 기준에 따라 방송의 신규 허가 및 재허가를 결정하도록
하였다. 이 법은 1996년 통신경쟁 및 규제완화법(Telecommunica-
tions Competition and Deregulation Act of 1996)으로 전면 개정
될 때까지 방송에 관한 기본법 역할을 수행하였다. 1934년 통신법은
모든 라디오 주파수를 공공의 자산(public resources)으로 규정하였
다. 따라서 연방정부와 그로부터 업무를 위탁받은 방송인은 공공의
수탁자(public trustees)로 간주된다. 그러나 공익이 무엇인지, 공공
수탁자의 의무가 무엇인지는 규정하지 않았다.

　FCC 역시 공익성 기준을 상세히 규범화하지 못하였다. FCC는 오
히려 방송 재허가 심사 시 프로그램의 공익성 준수 여부를 심사하는

---

67. Anthony E. Varona, *Changing Channels and Bridging Divides: The Failures and
Redemption of American Broadcast Television Regulation*, 6 Minn. J. L. Sci. &
Tech. 1, 15-16 (2004).

관행을 중단하고, 내용 중립적인 접근을 선택하였다.[68] FCC는 위원회 내부의 기술·법률·회계 담당부서의 추천이 있으면 프로그램의 내용과 상관없이 재허가하는 방향을 택하였다. FCC는 방송사업자가 공공 수탁자로서 어떠한 의무를 부담하는지에 대하여 종합적으로 접근하지 못하였다는 평가를 받는다.

2) 방송사업자의 공공서비스 책무

FCC는 1946년 공익성 기준을 처음으로 설명한 보고서를 출간하였다. '방송허가를 받은 사업자의 공공서비스 책무'(Public Service Responsibilities of Broadcast Licensees)라는 제목의 이 보고서를 겉표지가 파란색이어서 흔히 블루북(blue book)이라고 불린다. 블루북은 방송사업자로 하여금 지역적·전국적·국제적 관심 사안에 대하여 적정한(adequate) 분양의 방송시간을 할애할 것을 요구하였다.[69] 또 전체 프로그램에서 광고가 차지하는 비중을 합리적인 수준으로 유지하도록 경고하였다.[70] 방송사업의 허가 및 재허가를 신청할 때는 프로그램을 교육, 오락, 뉴스, 종교, 토론, 대담(talk) 등 6개로 구분하여 신청서를 작성하도록 요구하였다.

블루북은 공익성이 다음의 네 가지 요소를 가지고 있는 것으로 설명하였다. 첫째, 광고 없는 프로그램의 유지. 둘째, 지역 생방송 프로그램. 셋째, 지역의 공적 사안에 대한 토론 프로그램. 넷째, 과다한 광고의 축소. 블루북은 방송사업의 재허가 심사 시 공익성으로 고려하

---

68. Bill F. Chamberlin, *Lessons in Regulating Information Flow: The FCC's Weak Track Record in Interpreting the Public Interest Standards*, 60 N.C. L. Rev. 1057 (1982).

69. FCC, PUBLIC SERVICE RESPONSIBILITIES OF BROADCAST LICENSES 12~39 (1946).

70. *Id.*

여야 할 기준을 설정함으로써 FCC의 위상을 정립하려고 하였다. 하지만 방송사업자의 집요한 로비에 의하여 블루북은 FCC의 공식 의견으로 채택되지 못하였다. 또 그 내용도 방송사업의 재허가 심사에 별 영향을 주지 못하였다. FCC는 재허가 심사 시 블루북의 내용을 사실상 무시하였다.[71]

3) 1960년 프로그램 선언(1960 Programming Statement)

1950년대 말 텔레비전의 인기 프로그램이었던 퀴즈 쇼에 승부조작이 있었다는 사실이 드러나고, 라디오 DJ가 돈을 받고 음반을 틀어주는 사건이 발생하면서 방송의 공익성에 대한 요구는 더욱 커졌다. FCC는 1960년 공익 프로그램의 요건을 정립하려고 또 한 번 시도하였다.

FCC는 1960년 프로그램 선언[72]에서 수정헌법 제1조에 따라 방송사업자가 자신의 프로그램의 내용과 성격을 스스로 결정할 수 있는 헌법상 권리와 1934년 통신법에 따라 공익 프로그램을 방송하여야 할 법률상 권리를 조화롭게 해석하려고 노력하였다. 수정헌법 제1조를 중시하면, FCC는 프로그램 내용에 대하여 방송사에게 지시할 수 없다. 하지만 방송사업자는 공공의 재산인 주파수를 이용하고 있기 때문에 그 반대급부로 공익적 내용을 방송하여야 하는 법률상 의무에 기속된다는 것이 1960년 프로그램 선언의 내용이다.[73] 다만, 방송사업자는 헌법상 권리인 언론의 자유를 가지고 있기 때문에 법률상 의

---

71. Chamberlin, *supra* note 68, at 1064.

72. Report and Statement of Policy re: Commission En Banc Programming Inquiry, 25 Fed. Reg. 7291 (1960).

73. Commission Programming Inquiry, 44 F.C.C. 303 (1960).

무인 공익성 요건을 이행하는데 있어서 광범위한 재량권을 가진다.[74]

1960년 프로그램 선언은 공익성의 기준의 충족여부를 판단하는 요건으로 14가지를 기술하고 있다.[75] 하지만 각 요건을 어느 정도 충족하여야 할 것인지, 또 어떻게 조합하여 충족하여야 하는지에 대하여는 침묵하였다. 1960년 프로그램 선언은 또한 방송사업자로 하여금 지역사회의 요구, 취향, 희망 등을 고려하여 공익성의 요건을 충족할 수 있는 프로그램을 방영하도록 요구하였다.[76]

그러나 FCC는 방송사업의 재허가 심사 때 1960년 프로그램 선언을 거의 인용하지 않았다. 선언 이후 20년 동안 FCC는 방송 재허가 시 공익 프로그램의 심사를 제대로 하지 않았다.[77] 공익 방송을 전혀 하지 않았거나 최소한에 그친 경우에도 FCC는 과징금 부과 없이 거의 모두 재허가하였다.

4) 1980년 규제완화와 시장접근방식

공익성을 상세하게 규정하는 방식의 FCC의 규제 태도는 1970년대 말부터 바뀌기 시작한다. 1980년대 FCC는 방송 규제에 시장접근

---

74. *Id.* at 2306-08, 2311-14, 2316.
75. 14개 요소는 다음과 같다. ①지역 표현의 기회(opportunity for local self-expression), ②지역 인재의 개발 및 이용(the development and use of local talent), ③아동 프로그램(programs for children), ④종교 프로그램(religious programs), ⑤교육 프로그램(educational program), ⑥공적 문제 프로그램(public affairs programs) ⑦방송사업허가자의 사설(editorialization by licensees), ⑧정치 방송(political broadcasts), ⑨농업 프로그램(agricultural programs), ⑩뉴스 프로그램(news programs), ⑪날씨 및 시장 정보(weather and market reports), ⑫스포츠 프로그램(sports programs), ⑬소수자에 대한 서비스(service to minority groups) ⑭오락 프로그램(entertainment programming).
76. 이러한 내용은 Great Lakes Broadcasting 사건에서 FRC가 제시한 내용을 그대로 수용한 것이다.
77. Varona, *supra* note 67, at 24-25.

방식(private marketplace approach)을 시도한다. FCC의 역할은 시장 실패 때만 규제하는 것으로 크게 축소된다. 공익성도 시장의 시각에서 재해석하였다. 당시 정부는 공화당으로, 규제완화를 주장하였다. 레이건 대통령이 임명한 마크 파울러(Mark Fowler) FCC 위원장은 1982년 Texas Law Review에 실은 '방송 규제에 있어서 시장접근 방식'(A Marketplace Approach to Broadcast Regulation)이란 논문에서, 방송에 대한 규제를 시장 중심으로 전환할 것을 분명히 밝혔다.[78] 파울러 위원장은 새로운 미디어 시장에서 방송은 여러 정보전달 시스템 중 하나에 불과하다고 주장하였다. 그에게 있어 텔레비전은 '가전제품 중 하나(just another appliance)' 또는 '그림 나오는 빵 기계(toaster with picture)'에 불과하였다.[79] 따라서 의회와 FCC는 방송을 공중의 대리인(fiduciaries of the public)이 아니라, 시장에 참여하는 경쟁자로 인식하여야 한다는 것이다.

파울러는 FCC가 공익 프로그램 기준을 강제하는 것은 언론의 자유를 규정한 수정헌법 제1조와 검열을 금지한 통신법 제326조를 위반한다고 주장하였다. 그는 수탁자 모델(trusteeship model)에 의거한 방송 규제를 중단할 때가 되었으며, 시장접근방식에 따라 FCC는 가능한 한 방송사업자의 판단을 존중하여야 한다고 강조하였다. 방송사업자는 경쟁을 통하여 시청자에게 최선의 서비스를 하기 위하여 노력할 것이고, 이것이 공익에 기여한다는 설명이다.[80]

---

78. Mark Fowler & Daniel Brenner, *A Marketplace Approach to Broadcast Regulation*, 60 Tex. L. Rev. 207 (1982).
79. Mark Fowler가 라디오 방송에서 한 내용으로 Bernard D. Nossiter, *Licenses to Coin Money: The F.C.C's Big Giveaway Show*, 241 Nation 402 (1985) 참조.
80. Mark Fowler, *The Public Interest*, 61 Fed. B.J. 213 (1982).

FCC는 파울러의 시장접근방식을 수용하여, 지역 수요를 확인하여야 하는 요건, 공적 관심 사안에 대하여 최소한 방송하여야 하는 요건, 광고시간을 제한하는 요건 등 상당수의 방송규제를 철폐하였다. FCC는 또 공익성 기준에 따라서 방송을 재허가하는 제도를 폐지하고, 그 대신 엽서 크기의 재허가 신청서를 우송하면 방송사업자의 행적에 대한 검토 없이 사실상 재허가하는 '우편 재허가제도(postcard renewal mechanism)'를 도입하였다.[81] 또한 텔레비전 방송의 허가기간도 3년에서 5년으로 연장하였다.[82]

(3) 1996년 텔레커뮤니케이션법 (Telecommunications Act of 1996)

FCC의 규제완화는 1990년대 이후에도 계속되었다. 1993년 FCC는 광고와 상품판매 프로그램이 전부인 홈쇼핑 방송조차도 공익성, 편의성 및 필요성의 요건을 충족하였다고 결정하였다.[83] 방송사업의 재허가는, 공공 자산의 수탁자로 공익을 위하여 어떠한 방송을 하였는지에 관계없이 해당 방송국에 심각한 기술상, 소유지분상, 형사상 문제가 없으면 저절로 발급되는 고무도장으로 전락하였다는 평가를 받게 되었다.[84]

---

81. Revision of Applications for Renewals of License of Commercial and Non-Commercial AM, FM and Television Licensees, 49 Rad. Reg. 2d (P&F) 74, 741 (1981).

82. Amendment to Section 73.1020 of the Commission's rules: Station License Period, 88 F.C.C. 2d 355 (1981).

83. Implementation of Section 4(g) of the Cable Television Consumer Protection and Competition Act of 1992, 8 F.C.C.R. 5321, 5328 para. 36 (1993).

84. Varona, *supra* note 67, at 28.

1996년 의회는 텔레커뮤니케이션법((Telecommunications Competition and Deregulation Act of 1996)을 제정함으로써 1934년 통신법 제정 이후 최대 규모의 통신개혁을 단행하였다. 주요 내용은 매체별 장벽 제거와 교차소유 제한의 완화에 있었다. 텔레커뮤니케이션법은 라디오의 경우 한 회사 또는 개인이 소유할 수 있는 제한을 철폐하였으며, 텔레비전의 경우에도 한 개인이 소유할 수 있는 한도를 25%에서 35%로 상향조정하였다.

오늘날 미국의 텔레비전 및 라디오 방송사업자는 공공의 수탁자라는 명분으로 특권을 누리는면서 그 반대급부로 의무를 이행할 것은 거의 없다는 평가를 듣는다. 상업방송사들은 공익의 실현자라는 명분으로 디지털 텔레비전(DTV) 채널을 무료로 배분받는데 성공하였다.[85] 그러나 채널 인수 후 지상파 방송사들은 태도를 돌변하여 공익성 기준을 다시 공격하였다. 지상파 방송사에 대한 공익성 규제는 그 근거가 공공 수탁자 이론에 있으며, 공공 수탁자 이론의 정당성은 주파수의 희소성에서 찾을 수 있는데, 주파수의 희소성이 해소된 이상 지상파 방송사에 대한 규제는 근거가 없다는 것이 이들의 주된 논거이다.[86] 미 의회와 FCC는 디지털로 전환되더라도 방송사업자는 여전히 공중의 수탁자로서 공익성 기준을 충족하여야 한다고 보고 있다.[87]

---

85. Varona, *supra* note 67, at 7.

86. Comments of CBS Corp., *Public Interest Obligations of TV Broadcast Licenses*, MM Docket No. 99-360. at v.

87. Advanced Television Systems and Their Impact Upon the Existing Broadcast Service, 12 F.C.C.R. 12.809, 12. 829~30 paras. 49, 50 (1997)("As we authorize digital service ··· broadcaster licensees and the public are on notice that existing public interest requirements continue to apply to all broadcast licensees. Broadcasters and the public are also on notice that the Commission may adopt new public interest rules for digital television.")

현재 공공의 수탁자로서 방송사업자에게 요구되는 것은 고용 기회
의 평등, 신분에 의한 차별 금지, 난청자를 위한 자막방송, 맹인을 위
한 화면설명서비스, 음란한 방송의 금지 및 저속한 방송의 시간대별
규제 등에 불과하다.[88] FCC는 지역사회에 중요한 내용의 보도를 할
것을 요구하고 있지만,[89] 상업방송사들은 거의 이행하지 않는다.[90]

이에 반하여, 공정성의 원칙에서 파생된 동등기회의 규칙(equal
opportunity rule), 즉 방송사가 한 공직 후보자에게 방송시간을 허
용하거나 방송광고를 팔았을 경우 경쟁자에게도 같은 기회, 같은 시
간을 제공하여야 한다는 규칙은 잘 지켜지고 있다. 동등기회의 규칙
은 정치광고를 팔 수 있는 기회를 제공하여 방송사업자에게 이익이
기 때문이다. 이를 두고 공정성의 원칙이 잘 지켜진다고 보기는 힘들
다.[91] 교육 프로그램도 비슷한 이유에서 잘 준수되고 있다. 1990년
아동 텔레비젼법(Children's Television Act of 1990)과 FCC 규정

---

88. Nondiscrimination in the Employment Policies and Practices of Broadcast Licenses,
Report and Order, 60 F.C.C.2d 226 (1976); FCC Broadcast Radio Services, 47
C.F.R. pt. 79 (2003); Television Decoder Circuitry Act of 1990, Pub. L. No. 101-431,
104 Stat. 960 (1990)(codified at 47 U.S.C. § 303(u); Closed Captioning and Video
Description of Video Programming, Implementation of Section 305 of the Telecom-
munications Act of 1997, Video Programming Accessibility, 11 F.C.C.R 19,
214(1996)(Report); FCC Broadcast Radio Services, 47 C.F.R. § 73.3999 (2004); 47 U.S.C.
§ 303 (2000).

89. Revision of Programming and Commercialization Policies, Ascertaining Requirements,
and Program Log Requirements for Commercial Television Stations, 98 F.C.C.2d 1076
(1984).

90. Phillip M. Napoli 교수가 2000년 1월 2주간에 걸쳐 142개 상업방송국을 조사한 결과,
지역의 공적 문제에 대해서 방송한 시간의 비율은 전체 방송시간의 0.3%에 불과하였
다. 이러한 수치는 1973년 때의 조사 4.6%보다 크게 낮아진 것이다. Phillip M. Napoli,
*Market Conditions and Public Affairs Programming: Implications for Digital Television
Policy*, Report Prepared for the Benton Foundation (2000).

91. 2000년 대통령 선거에 방송사들이 정치 광고로 얻은 수입은 6억 달러라고 한다.
Varona, *supra* note 67, at 37.

에 의하여 방송사업자는 아이들의 교육적 정보적 욕구를 충족시켜야 할 의무가 있다.[92] FCC는 일주일에 세 시간을 아동교육방송을 하도록 장려하고 있다. 방송사업자들은 교육관련 방송에서 아이들을 상대로 광고를 할 수 있기 때문에 이 규정을 잘 지키고 있다.

2. 민영 방송사와 공정성 규제

(1) 공정성의 원칙

공정성의 원칙이란 방송사업을 허가받은 자는 공적으로 중요한 논쟁거리(controversial issues of public importance)를 방송하여야 하며, 그러한 방송은 이해관계인에게 평등한 기회를 제공하는 균형 잡힌 방식으로 하여야 한다는 것을 의미한다. 공정성의 원칙은 신문에는 적용되지 않고, 방송에만 적용되는 내용이다. 이는 공정성의 원칙이 공공의 수탁자 이론(trusteeship model)에 근거를 두고 있기 때문이다. 따라서 공정성과 공익성은 같은 이론적 근거를 갖는다. 다만 공정성은 공익성을 판정하는 하나의 기준이라는 점에서 개념상 차이가 있다.

FCC와 그 전신인 FRC는 초기부터 공정성을 확보하기 위하여 방송사업자를 규제하였다. 공정성의 원칙과 관련한 FCC의 초기 입장은 방송사업자가 주관적 견해를 표명하지 못하도록 금지하는 것이었다. 방송허가를 받은 사업자는 다른 사람의 견해를 객관적으로 보도하여야 하며, 자신의 신념을 표명하여서는 아니 된다고 보았다.[93] 그

---

92. Children's Television Act of 1990, 47 U.S.C. § 103(a)(2) (1994); FCC Broadcast Radio Services, 47 C.F.R. § 73.671 (2004).

러나 FCC는 1949년 사설금지의 견해를 수정한다. 방송사업자가 공공의 이익에 관련된 사안에서 대립적인 견해와 함께 자신의 견해를 밝히는 것이 공익을 효율적으로 제고한다고 판단한 것이다.[94]

공정성의 원칙은 FCC의 결정과 명령을 통하여 발전한 개념이다. 따라서 그 의미가 산발적으로 제시되었고, 종합적이지 못하였다. FCC는 공정성의 원칙이 상호 관련되는 두 가지 의무로 구성된다고 해석하였다.[95] 즉 방송사업자는 지역사회에서 매우 중요한 관심 사안을 다루어야 하며, 이를 다루는데 있어서 대립적인 견해가 표출되도록 합리적인 기회를 제공하여야 한다는 것이다.

FCC는 공정성의 원칙에서 파생하는 규칙들도 제시하였다. 그 하나는 평등기회의 규칙(equal opportunity rule)이고, 다른 하나는 인신공격규칙(personal attack rule)이다.[96] 평등기회의 규칙이란, 공직선거에서 한 후보자에게 방송시간을 유상 혹은 무상으로 제공한 경우 다른 후보자에게도 동등한 기회를 제공하여야 한다는 것이고, 인신공격규칙은 방송에서 본인도 모르는 채 공격을 받은 자가 이에 대항할 수 있도록 기회를 제공하여야 한다는 것이다.

1959년 미 의회는 1934년 통신법을 개정하면서 공정성 원칙을 법제화하였다. 이 법에 따라 방송사업자는 공익을 위하여 운영할 의무

---

93. Mayflower Broadcast Corp., 8 F.C.C. 333 (1940). 이 사안은 방송 채널을 신청한 사업자에 대한 청문회에서 그 사업자가 경쟁사의 경우 공적 사안에서 한 쪽의 견해만 보도하고, 공직선거에서 특정 후보를 지지하는 사설을 방송하였다고 주장한 내용이다. 이에 대하여 FCC는 방송사업자는 논쟁이 있는 사안에서 대립적인 견해를 모두 방송하여야 하며, 자신의 의견을 주창하는 것을 삼가야 한다고 밝혔다. 이를 Mayflower Doctrine이라고 부르기도 한다.

94. Editorializing by Broadcast Licensees, 13 F.C.C. 1246(1949).

95. 양건, 『헌법연구』, 법문사, 1995. p259.

96. 양건, 위의 책

와 공적으로 중요한 문제에 대하여 상반되는 견해가 토론되는 합리
적인 기회를 제공하여야 할 의무가 있다.[97] 통신법 제315조는 공직
선거에 출마한 한 후보가 방송사를 이용하였을 경우 모든 다른 후보
에게도 동등한 기회를 제공하여야 한다는 내용으로 앞의 FCC의 평
등기회의 규칙을 법제화한 것이다. 다만, 뉴스 프로그램, 인터뷰 내
용, 다큐멘터리 등은 그 적용대상에서 제외되었다.

(2) Red Lion 사건

미국 대법원은 1969년 Red Lion Broadcasting v. FCC 사건에서
FCC가 정립한 공정성의 원칙이 헌법에 위배되지 않는다고 선언하였
다.[98] 이 사건은 펜실베이니아 라디오 방송국인 WGCB를 운영하는
Red Lion 방송사와 FCC 사이에 발생하였다. WGCB의 종교 방송프
로그램에 출연한 목사가 책을 비판하자, 그 책의 저자가 WGCB에 반
박할 기회를 달라고 요청한 사건이다. Red Lion 방송사는 반박할 방
송기회를 제공하도록 강요하는 것은 언론의 자유를 침해한다고 보아
저자의 요구를 거절하였다.

미 대법원은 만장일치로 공정성 원칙의 합헌성을 인정하였고, 인
신공격의 내용이 방송되었을 경우 그에 반박할 수 있는 동등한 기회
를 공격당한 사람에게 제공하도록 요구하는 FCC 규칙이 유효하다고
선언하였다. Red Lion사는 인쇄매체와 마찬가지로 방송에 대한 정
부 규제는 수정헌법 제1조에 위반된다고 주장했으나, 미 대법원은 방

---

97. Act of Sept. 14, 1959, Pub. L. No. 86-274, 73 Stat. 557 (1959) (equal time provision).
98. 396 U.S. 367 (1969).

송의 경우 자원의 희소성(scarcity of broadcast) 때문에 언론의 자유를 그대로 적용하기 어렵다고 설명하였다.[99]

대법원은 이어, 수정헌법 제1조는 정부가 방송사업자로 하여금 전파의 수탁자(trustees of the waives)로서 충실의 의무(fiduciary duty)를 이행하고 지역사회를 대표하는 다양한 의견(diverse views representative of the community)을 제공하도록 요구하는 것을 금지하지 않는다고 설명하였다.[100]

대법원에 따르면, FCC로부터 방송사업의 허가를 받은 자는 허가가 거부된 자보다 언론의 자유를 더 많이 누리는 것이 아니다.[101] 방송의 효율성을 위하여 단지 일부의 사람에게만 방송사업을 허가했을 뿐이다. 방송사업의 허가에도 불구하고, 공중은 여전히 방송절차가 헌법의 목적에 부합하는지 확인할 권리를 집단적으로 보유한다.[102] 미 대법원은 방송이 본질상 주파수의 제한을 받는 시장이지만, 그렇다고 사상의 자유시장이 작동하지 않는 영역은 아니라고 판단하였다. 따라서 사상의 자유시장이 형성되도록 공중이 다양한 공적 관심사안에 접근할 수 있도록 하는 일이 중요하다고 하였다.[103]

Red Lion 판결은 방송 자원의 희소성과 방송 매체의 사회적 중요성을 확인하고, 방송의 자유에 대한 제한이 불가피하다고 인정한 판결이다. 하지만 방송의 규제 논리는 신문에 그대로 적용할 수는 없다. 신문은 방송과 달리 유한성의 제한이 없기 때문이다. 이를 확인

---

99. *Id.* at 388.
100. *Id.* at 389.
101. *Id.* at 388~389.
102. *Id.* at 390~391.
103. *Id.* at 390.

한 판결이 1974년 Miami Herald Publishing Co. v. Tornillo 판결이다.[104] 미 대법원은 인신공격을 당한 공직선거의 입후보자에게 이를 반박할 수 있도록 같은 분량의 지면을 허용하도록 규정한 플로리다 법률이 위헌이라고 선언하였다. 대법원은 방송과 같은 내용의 공익성 기준을 일률적으로 신문에 적용하는 것은 언론의 자유를 침해한다고 보았다.[105]

(3) FCC의 공정성 원칙 폐기

1980년대 미국의 규제완화 바람은 공정성의 원칙에도 영향을 주었다. 이론적으로는 방송도 매체인 이상 언론의 자유를 제한하는 법률로부터 보호받아야 한다는 주장이 나오고, 현실적으로는 방송사업자들이 공정성 원칙의 부담 때문에 오히려 사회적으로 민감한 사안을 다루기 꺼리고, 소수자의 언로가 더 막히는 결과를 초래하였다는 주장도 나왔다.

FCC는 공정성의 원칙을 재검토하였다. 1985년 FCC 보고서[106]는 공정성의 원칙을 강행할 경우 위축효과를 초래하여 방송사업자는 사회적으로 중요한 공적 문제를 다루지 않을 것이라고 결론지었다.[107] 보고서는 또 공정성의 원칙으로 인하여 방송은 대립하는 주요 의견만 다루고, 대중의 지지를 받지 못하는 소수견해를 소개하지 못하는

---

104. 418 U.S. 241 (1974).
105. *Id.* at 258.
106. General Fairness Doctrine Obligations of Broadcast Licenses, 50 Fed. Reg. 35 (1985).
107. *Id.* at 424.
108. *Id.* at 433.

모순의 상황이 발생하고 있다고 지적하였다.[108]

더욱 큰 문제로 지적된 것은 공정성의 원칙이 강행규범의 성격을 가짐으로써 정부가 이 원칙을 남용할 가능성이었다. 정부 관리가 공정성의 원칙을 남용하여 자신의 정치적 주장을 방송하게 하고, 반대 의견을 옥죄도록 영향력을 행사할 수 있다는 것이다.[109] 공정성의 원칙은 또 정부로 하여금 방송 프로그램의 내용을 심사하도록 허용하여 수정헌법 제1조를 위반하게 된다.[110] 공정성의 원칙을 준수하기 위하여 방송사업자와 FCC가 부담하는 경제적 비용도 적지 않은 것으로 나타났다. 방송사업자는 공정성의 원칙을 준수하였는지 여부를 확인하는데 드는 행정비용과 이 원칙이 제대로 준수되지 않았을 때 발생하는 소송비용 등을 부담한다. FCC 역시 이를 확인하기 위한 행정비용과 법적 분쟁에 따른 법률비용 등을 적지 않게 부담하고 있는 것으로 나타났다.[111]

FCC의 1985년 보고서는 공정성의 원칙이 더 이상 공익성을 제고하는데 도움이 되지 않는다고 결론지었다.[112] 2년 뒤인 1987년 8월 FCC는 공정성의 원칙이 관련된 사안을 재심하면서 1985년 보고서에 입각하여 공정성의 원칙을 공식 폐기하였다. 항소법원은 이 결정을 지지하였으며, 대법원은 상고를 기각하여 사건을 종결하였다.[113]

---

109. *Id.* at 434~35.

110. *Id.* at 434.

111. FCC가 공정성의 원칙과 관련하여 받은 질문 및 항변은 1984년 6,787건이었다고 한다. *Id.* at 435.

112. *Id.* at 419.

113. Complaint of Syracuse Peace Council Against Television Station WTVH, Syracuse, New York, 2 F.C.C.R. 5043, 5049~50 91987), recon. denied, 3 F.C.C.R. 2035 (1988), aff'd sub nom. Syracuse Peace Council v. FCC, 867 F.2d 654 (D.C. Cir. 1989), cert. denied, 493 U.S. 1019 (1990).

그 후 의회는 FCC 결정에 반대하여 공정성의 원칙을 입법화하였으나, 당시 레이건 대통령이 이 법에 대하여 거부권을 행사하였다.

(4) 현존하는 공정성 원칙

공정성의 원칙은 폐기되었지만, 방송사들은 대통령 연설 뒤에 야당에게 즉시 반론을 제기할 수 있는 기회를 제공하는 관행을 유지하고 있다.[114] 또 공정성의 원칙에서 파생된 규칙으로 인신공격의 규칙(personal attack rule)과 정치논평의 규칙(political editorial rule)은 여전히 유효하다. 1983년 이후 FCC는 두 규칙 역시 폐기하고자 시도하였다. 그러나 연방법원은 공정성의 원칙이 폐지되었다고 해서 두 규칙도 폐지되었다고 볼 수 없다고 판결하였다.[115]

인신공격의 규칙이란 공적으로 중요한 논쟁거리에 대하여 견해를 피력하는 방송 프로그램에서 특정인이나 특정단체의 정직성(honesty), 성격(character), 성실성(integrity) 등과 같은 개인적 특징에 대한 공격이 있었으면, 방송사는 합리적인 시간(최대 1주일)내에 공격을 당한 사람 또는 단체에 공격당한 내용의 요지 또는 테이프를 보내주고, 그에게 방송사의 시설을 이용하여 합리적으로 대응할 수 있는 기회를 제공하여야 한다는 것이다.

정치논평의 규칙은 방송사업자가 공직선거에서 특정 후보자를 지지하거나 비판하는 논평을 하였을 경우 방송사업자는 24시간 내에

---

114. Franklin, *supra* note 59, at 229.

115. Radio-Television News Directors Association v. F.C.C., 184 F.3d 872, 337 U.S. App. D.C. 292 (1999).

경쟁자에게 논평을 한 일시를 알리고, 대본 또는 녹화 테이프를 보내고, 그가 대응할 수 있는 합리적인 기회를 무료로 제공하여야 한다는 것이다. 만약 그러한 논평을 선거 전 3일 내에 하려면, 방송사는 경쟁자가 합리적으로 대응할 수 있도록 사전에 충분한 기회를 부여하여야 한다.

3. 민영방송 체제 속에서 공영방송

미국에도 공영방송사는 있다. 1960년대 인권운동의 시기가 도래했으나 상업방송이 이를 소홀히 다루자, 이에 대한 반성으로 1967년 공영방송법(Public Broadcasting Act of 1967)이 제정되었다. 이 법에 따라 미 연방정부가 출자한 비영리 사기업 CPB(Corporation for Public Broadcasting)가 1967년 설립되었다. CPB는 전국교육 텔레비전 네트워크와 공영방송 사업을 시작하다가 1969년부터는 직접 네트워크 사업을 시작하였다. 그것이 지역 방송국의 전국 네트워크이자 비영리로 운영되는 PBS(Public Broadcasting Service)다. CPS는 PBS와 공영 라디오 전국네트워크인 NPR(National Public Radio)에 자금을 지원하기도 하지만, 두 네트워크의 회원사인 공영 텔레비전이나 공영 라디오 방송국에 직접 자금을 지원하는 경우가 대부분이다. 방송국이 CPS의 자금을 지원받기 위해서는 회의자료 공개, 재무자료 공개, 지역사회 고문단 구성, 평등한 고용기회 제공, 기부자 명단 및 정치 활동 내역 등의 조건을 충족하여야 한다.[116]

PBS은 상업방송국과 전혀 다른 체제로 운영된다. PBS는 프로그

---

116. Communications Act of 1934, section 396(k)(4),(5),(8),(11),(12).

램이나 뉴스를 직접 제작하는 중앙 기구를 가지고 있지 않다. PBS는 개별 회원 방송국과 계약을 맺고, 개별 방송국에서 제작한 프로그램을 전국에 중계하는 형태를 취한다. 아동방송의 비중이 크다. PBS 방송국은 보통 대학이나 비영리 단체에 의하여 운영된다.

미국 공영방송은 전체 방송에서 차지하는 위상이나 역할이 미미하다. 그런데도 공영방송의 경제적 비효율성과 이념성을 지적하며 공영방송의 폐지를 주장하는 목소리가 1980년대 이후 공화당 등 보수주의자들을 중심으로 끊이지 않아 공영방송은 더욱 어려운 상황에 놓여 있다.

Ⅳ. 방송광고[117]

1. 방송광고와 관련된 헌법적 쟁점

공영방송의 특징 중 하나는 그 재원을 국가가 지원한다는 데 있다. 하지만 전 세계적으로 자유주의 사조가 득세하면서 공공 서비스를 위한 국가의 지원 자체에 대한 비판이 거세지고 있다. 공영방송도 과거와 달리 국가의 지원에만 의존하지 않고 상업 활동을 통하여 수입을 늘리는 것이 세계적인 추세다. 공영방송의 재원은 크게 국가로부터 보조금, 방송광고, 기타 상업 활동(commercial activities)으로 얻은 수입으로 나눌 수 있다. 수신료는 그 법적 성격에 대한 학설상 논쟁에도 불구하고, 본질에 있어서는 국가가 법률에 근거하여 강제 징수하여 특정 방송사가 사용할 수 있도록 허용하고 있다는 점에서 국가의 보조금(state aid)의 일종이다. 협찬고지는 방송사업자가 방송제작에 관여하지 않는 자로부터 방송프로그램의 제작에 직·간접

---

117. 이 글은 방송위원회 연구용역 보고서(자유 2006-09) 『멀티미디어 시대에 대비한 헌법 개정에 있어 헌법상 방송의 자유에 대한 새로운 해석』의 일부로서, 필자가 집필한 부분을 수정·보완한 것이다.

적으로 필요한 경비 · 물품 · 용역 · 인력 또는 장소 등을 제공받고 그 협찬주의 명칭 또는 상호 등을 방송으로 고지하는 행위(방송법 제2조 제22호)로써, 그 본질은 협찬주가 협찬이라는 명목으로 협찬주의 명칭 또는 상호, 이미지 또는 상품을 홍보하기 위해 프로그램 등에 재원을 보조한다는 점에서 상업광고의 한 형태라고 할 수 있어 방송광고의 하나라고 보아도 무방하다.[118]

방송광고와 관련된 주된 헌법적 쟁점으로는(1), 방송광고의 내용을 사전심의하는 것이 헌법이 금지하는 사전검열에 해당하는지(2), 총량광고제, 중간광고제 등 광고에 대한 방법상의 제한이 헌법에 위반되는지(3), 공법상 영조물, 즉 특정한 공적 목적에 지속적으로 봉사하기 위하여 설립된 인적 · 물적 수단인 공영방송이 광고 이외의 영업활동을 할 수 있는지 여부라고 하겠다.

2. 방송광고 방식의 규율

(1) 현행법상 방송광고 총량제 미도입 및 중간광고 금지의 위헌성

현행 방송법 제73조 제2항은 "방송광고의 시간 · 횟수 또는 방법 등에 관하여 필요한 사항은 대통령령으로 정한다"고 규정하고 있으며, 이에 따라 제정된 방송법 시행령 제59조 제1항은 방송광고의 허용범위 · 시간 · 횟수 또는 방법 등에 관하여 규정하고 있다. 주요한

---

118. 헌재 2003. 12. 18. 자 2002헌바49결정. 현행 방송법은 협찬고지에 대해서 방송광고(제73조)와 구분하여 제74조에 따로 규정하고 있을 뿐 아니라, 그 표현 방식과 내용이 방송프로그램에 삽입하는 음성, 자막, 화상 등의 형태로 협찬주의 명칭 또는 상호만을 고지하는 것이라는 점에서 방송광고와 구별되어 규율하고 있다.

내용으로는 방송프로그램 광고시간은 광고를 포함한 방송프로그램 시간의 100의 10을 초과할 수 없으며, 중간광고는 운동경기 문화·예술행사 등 그 중간에 휴식 또는 준비시간이 있는 방송프로그램을 송신하는 경우를 제외하면 금지되고, 토막광고의 횟수는 텔레비전방송의 경우 매시간 2회 이내 매회 4건 이내로 하고, 매회의 광고시간은 1분 30초로 제한된다. 자막광고는 방송사업자의 명칭고지 시 또는 방송프로그램 안내고지 시에 한하되, 그 횟수는 매시간 4회 이내, 매회 10초 이내로 하여, 자막의 크기는 화면의 4분의 1을 초과할 수 없다. 시보광고의 횟수는 지상파방송사업자의 텔레비전방송채널의 경우 매시간 2회 이내, 매회 10초 이내, 매일 10회 이내로 제한된다.

문제는 이처럼 상세하게 규정한 광고규제가 헌법상 허용되는지 여부에 있다. 방송계와 광고업계에서는 방송광고의 집행 방식을 상세하게 규정하고 있는 현행 제도가 과잉규제라고 보고, 전체 광고량만 정하여 규율하고 구체적인 운영방법은 방송사의 자율에 맡기는 방송광고 총량규제 제도와 방송프로그램 중간에 광고시간을 할애하는 중간광고를 허용하여야 한다는 주장도 제기된다. 이러한 시각에서는 방송광고의 시간·횟수 또는 방법을 상세하게 규율함으로써 총량규제 제도 및 중간광고 제도를 시행하고 있지 않은 현행 방송법 및 그 시행령의 위헌 여부가 논란이 된다.

(2) 위헌 여부의 판단

방송법은 방송광고의 시간·횟수 또는 방법 등에 관하여 필요한 사항을 대통령령에 위임하고 있으므로 먼저 헌법상 포괄위임입법금지의 원칙에 위배되는지 여부를 검토하고, 나아가 법령에 위반하여 방송광고를 한 자에 대한 과태료 부과가 헌법상 죄형법정주의의 원칙에 위배되거나 방송사업자의 기본권을 침해하는지 여부를 검토하기로 한다.

1) 포괄위임입법금지 원칙의 위배 여부

헌법 제75조는 "대통령은 법률에서 구체적으로 범위를 정하여 위임받은 사항과 법률을 집행하기 위하여 필요한 사항에 관하여 대통령령을 발할 수 있다"고 규정하여 위임입법의 근거를 마련하는 한편, 대통령령으로 입법할 수 있는 사항을 '법률에서 구체적으로 범위를 정하여 위임받은 사항'으로 한정함으로써 위임입법의 범위와 한계를 제시하고 있다. 위임입법의 구체성, 명확성의 요구 정도는 각종 법률이 규제하고자 하는 대상의 종류와 성질에 따라 달라진다. 처벌법규나 조세법규와 같이 국민의 기본권을 직접적으로 제한하거나 침해할 소지가 있는 법규에서는 구체성, 명확성의 요구가 강화되고, 규율대상이 지극히 다양하거나 수시로 변화하는 성질의 것일 때에는 위임의 구체성, 명확성의 요건이 완화된다.[119]

방송의 경우 기술성·전문성·다양성·급변성 등에 비추어 방송광고의 허용범위를 미리 법률로 상세하게 정하기 어렵고, 오히려 시대상황 등에 능동적·탄력적인 대응을 하기 위하여 시행령과 같은 행정입법에 위임하는 것이 합리적이라는 의견도 나온다. 이에 대하여 헌법재판소는 방송의 자유가 형성의 자유이기 때문에 시행령으로 위임하는 구체성, 명확성은 엄격하게 요구되지 않는다는 입장이

---

119. 헌재 1995. 11. 30.자 91헌바1 등 결정; 헌재 1999. 1. 28.자 97헌가8 결정

다.[120] 즉 헌법상 보장된 방송의 자유는 방송사업자의 자유와 권리뿐만 아니라 수신자의 이익과 권리도 고려되어야 하며, 입법자는 자유민주주의를 기본원리로 하는 헌법의 요청에 따라 국민의 다양한 의견을 반영하고 국가권력이나 사회세력으로부터 독립된 방송을 실현할 수 있도록 광범위한 입법형성재량을 갖고 방송체제의 선택을 비롯하여, 방송의 설립 및 운영에 관한 조직적, 절차적 규율과 방송운영주체의 지위에 관하여 실체적인 규율을 할 수 있으며, 이러한 형성법률에 있어서 그 내용을 위임할 경우 요구되는 위임의 구체성·명확성의 정도가 국민의 기본권을 직접적으로 침해하거나 제한할 소지가 있는 법규보다는 완화된다는 것이다.[121]

그러나 방송의 자유가 입법자에 의한 형성을 필요로 한다는 문제와 입법자에 의한 위임이 명확해야 한다는 문제는 원칙적으로 별개의 문제라는 의견도 있다.[122] 방송의 자유가 실현되기 위하여 입법자에 의한 구체적인 형성이 필요하다고 하더라도, 그 형성의 결과 나타난 법률은 기본권을 제한하는 법률과 일반 국민이 그 내용을 알 수 있어야 하며, 법률로 정할 내용을 하위입법에 위임할 경우 그 위임은 구체적이며 명확하여야 한다는 것이다. 형성법률에 있어서 위임을 광범위하게 인정할 경우 국민의 자유와 관련된 내용의 형성을 입법자가 아닌 행정자에게 맡기는 결과가 되어, 입법자에게 형성의 자유를 인정한 본래 취지에 반하게 되므로 소수의견이 타당하다고 본다.

일반적으로 입법권을 위임하는 법률이 충분히 명확한지의 여부는 일반적으로 당해 법률조항만이 아니라 그 규범이 위치하는 법률 전

---

120. 헌재 2003. 12. 18.자 2002헌바49 결정
121. 위의 결정
122. 협찬고지 사건(2002헌바49)에서 재판관 김영일, 재판관 권성, 재판관 주선회의 견해.

체를 포함한 관련법조항의 체계적인 해석을 통하여 판단하여야 한다. 특히 당해 법률조항의 입법목적이 중요한 의미를 가진다.

방송법 제73조 제2항은 방송광고의 시간·회수 또는 방법 등 방송광고의 방식과 관련된 모든 내용을 대통령령으로 정하도록 위임하고 있다. 여기에는 입법권을 행정부에 위임하면서 행정부가 위임된 입법권을 행사함에 있어서 준수해야 할 기본방침도 제시되어 있지 않다는 점에서 문제가 심각하다.

방송의 공적 성격을 강조하는 법체계 등에 비추어 보면, 방송법 제73조 제2항의 입법목적은 방송광고를 방송의 운영에 필수적인 재원조달수단의 하나로 보장하는 한편, 방송사업자의 사적 이익으로 방송프로그램이 상업화되고 방송편성의 자유 및 독립을 저해할 우려를 방지하고자 함에 있다고 보인다. 하지만 방송광고의 허용범위에 대하여 전혀 예측 할 수 없다. 예컨대 중간광고의 경우 지상파 방송은 할 수 없고, 유선방송은 할 수 있도록 허용하고 있는 방송법 시행령 제59조 제1항의 내용은 방송법 제73조 제2항에서 합리적 예측이 불가능하다. 중간광고는 단순히 방송사업자의 수익성 다변화의 측면 볼 수 없다. 시청자 주권의 확보, 방송뿐 아니라 신문, 잡지, 라디오, 인터넷 등 모든 미디어의 균형있는 발전 등 검토하여야 할 쟁점이 많다. 즉 입법자의 정책적 판단이 필요한 영역이다. 더구나 방송사업자가 이 사건 법률조항에 위반하여 방송광고를 한 경우, 이 사건 법률조항은 과태료부과조항인 방송법 제108조 제1항 제11호와 결합하여 방송사업자에게 과태료를 부과하는 구성요건적 조항이 되므로 기본권을 제한하는 요소가 강하다. 이러한 내용을 입법자가 판단하지 아니하고, 하위법령에서 금지 혹은 금지의 해제를 결정할 수는 없다. 방송법 제73조 제2항은 포괄적위임입법에 해당하여 위헌이며, 방송법 개정이 필요하다고 본다.

2) 죄형법정주의 원칙 위배 여부

앞서 본 바와 같이 방송광고의 방식과 관련한 법률조항은 방송법 제108조 제1항과 결합하여 과태료 부과의 근거가 되는 권리제한적 성격이 강하다. 따라서 헌법상 죄형법정주의에 위배된다는 주장이 있을 수 있다.

그러나 죄형법정주의는 무엇이 범죄이며 그에 대한 형벌이 어떠한 것인가는 국민의 대표로 구성된 입법부가 제정한 법률로써 정하여야 한다는 원칙이다. 과태료 부과는 이 원칙의 적용대상이 아니다. 과태료는 행정상 질서 유지를 위한 행정질서벌에 해당할 뿐, 형벌이라고 할 수 없어 죄형법정주의의 규율대상에 해당하지 아니하기 때문이다.[123]

3) 기본권 침해 여부

중간광고의 금지 등 방송광고 방식의 제한이 헌법 제37조 제2항의 한계를 넘어 과도하게 방송의 자유, 광고의 자유, 표현의 자유, 직업 수행의 자유 및 재산권을 침해하고, 불합리한 차별로서 평등권을 침해한다는 주장이 제기될 수 있다. 그러나 방송사업자의 주관적 권리로서 방송운영의 자유는 이를 허용하는 형성법률에 의하여 비로소 그 형성된 기준에 따라 성립되는 것이므로 이러한 형성법률에 대한 위헌성 판단은 기본권 제한의 한계 규정인 헌법 제37조 제2항에 따

---

123. 헌재 1998. 5. 28.자 96헌바83 결정

른 과잉금지 내지 비례의 원칙의 적용을 받는 것이 아니다. 그러한 형성법률이 그 재량의 한계인 자유민주주의 등 헌법상의 기본원리를 지키면서 방송의 자유의 실질적 보장에 기여하는지 여부에 따라 판단되어야 한다.[124]

방송법 제73조 제2항이 방송광고의 종류를 정하고, 그 허용범위·시간·횟수 또는 방법 등에 관하여 정하는 것 자체는, 방송사업자뿐 아니라 시청자, 다른 매체 및 방송관련종사자 등 각 이해관계를 고려하여 헌법상 방송의 자유를 실질적으로 보장하기 위하여 필요한 규제이며, 헌법상 기본원리를 준수하면서 그 입법형성의 재량의 범위 내에서 행해졌다고 볼 수 있다. 만약 방송광고 규정이 방송의 자유의 객관적 보장영역으로서 필수적 요소인 방송사업자의 수익성을 부인할 정도로 영업활동에 대한 제한을 가하거나, 민영방송사업자의 사적 자치에 의한 형성이나 결정의 기본적 요소를 박탈하는 정도라면 재량의 범위 밖이라고 볼 여지가 크다.

가. 직업수행의 자유의 침해 여부

방송법 제75조 제2항은 방송광고의 방식을 규율함으로써 방송사업자의 직업수행의 자유를 침해한다는 주장이 있을 수 있다. 그러나 이 법률조항은 기본권 제한 법률조항이 아니고 방송사업의 운영을 규율하는 형성 법률의 한 내용이기 때문에 기본권 제한이나 침해를 내포하지 않고, 또 다른 헌법적 정당화를 필요로 하지 아니한다.

---

124. 헌재 2003. 12. 18.자 2002헌바49 결정

나. 방송의 자유, 광고의 자유 및 표현의 자유의 침해 여부

방송법 제75조 제2항은 방송광고의 내용에 관한 규제가 아니므로 표현의 자유 및 그에 포함하여 논의할 수 있는 방송의 자유, 광고의 자유의 침해 문제는 발생하지 아니한다.

다. 재산권 침해 여부

방송법 동 조항은 방송사업자가 자유로운 방식으로 방송광고를 함으로써 얻을 수 있는 재산권을 침해하는 것이라는 주장도 제기될 수 있다. 하지만 헌법조항들에 의하여 보호되는 재산권은 사적 유용성 및 그에 대한 원칙적 처분권을 내포하는 재산가치있는 구체적 권리이므로 구체적인 권리가 아닌 단순한 이익이나 재화의 획득에 관한 기회 등은 재산권 보장의 대상이 아니다.[125] 따라서 방송사업자가 방송광고의 판매를 통하여 얻을 수 있는 재산권의 실체는 결국 단순한 이익이나 재화의 획득에 관한 기회에 불과하여 우리 헌법상 재산권 보장의 대상이 아니므로 이에 관한 헌법적합성 판단은 불필요하다.

라. 평등권 침해 여부

방송법의 동 조항이 타 업종 사업자에 비하여 방송사업자를 불합리하게 차별하여 평등권을 침해한다는 주장도 나올 수 있다. 하지만 헌법상 평등의 원칙은 입법자에게 본질적으로 같은 것을 자의적으로 다르게, 본질적으로 다른 것을 자의적으로 같게 취급하는 것을 금하는 것을 의미하고, 두 개의 비교집단이 본질적으로 동일한지의 여부에 대한 판단은 일반적으로 당해 법률조항의 의미와 목적에 달

---

125. 헌재 1996. 8. 29.자 95헌바36 결정; 헌재 1997. 11. 27.자 97헌바10 결정

려 있다.[126)]

　방송사업자는 방송법에 의하여 "방송의 공적 책임을 높임으로써 시청자의 권익보호와 민주적 여론형성 및 국민문화의 향상을 도모하고 방송의 발전과 공공복리의 증진에 이바지"하는 책무를 가지므로 다른 사업자집단과 본질적으로 동일하다고 볼 수 없어 평등권 침해 여부는 문제되지 아니 한다.

마. 소결

　방송광고와 관련한 법적 쟁점으로는 방송광고 총량규제제도와 중간광고제도를 살펴보았다. 현행 방송법 제73조 제2항은 "방송광고의 시간·횟수 또는 방법 등에 관하여 필요한 사항"을 대통령령으로 규정하도록 규정하고 있기 때문에, 전체 광고량만 정하여 규율하고 구체적인 운영방법은 방송사에 자율에 맡기는 방송광고 총량규제 제도는 현행법상 허용될 수 없다. 방송광고 총량규제 제도를 허용하고 있지 않은 현행법이 과잉규제라는 지적도 있다. 하지만 입법자는 방송의 운영에 관하여 광범위한 입법형성재량을 가지기 때문에 총량규제 제도를 채택하지 아니 하고, 시간·횟수·방법 등을 규율하고 형식을 취하는 현행법이 위헌이라고 할 수 없다.

　이에 반하여 중간광고금지제는 위헌이라고 보아야 할 것이다. 방송법 제73조 제2항 자체가 포괄위임입법금지의 원칙에 위반될 뿐 아니라, 이에 근거하여 중간광고를 금지하고 있는 방송법 시행령 제59조 1항 1호 나목은 의회입법의 원칙에 반하기 때문이다. 방송운영에 관하여 입법자가 광범위한 입법형성재량을 가진다는 것은 입법자

---

126. 헌재 1996. 12. 26.자 96헌가18 결정

가 방송운영을 결정할 수 있다는 의미이며, 입법자가 자신의 결정권을 행정부에게 위임할 수 있다는 것은 아니다. 중간광고를 금지하는 것이 방송의 자유를 실질적으로 실현하는데 도움이 된다고 판단하면 입법자가 스스로 결정하여야 할 것이다. 입법자의 이러한 결정은 방송사업자나 광고주의 기본권을 침해한다고 보기 어렵다.

3. 공영방송에 있어서 방송광고의 특수성

(1) 공영방송의 특수성

공영방송은 공법상 영조물이라는 점에서 민영방송과 다르다. 공법상 영조물이란 공행정의 주체가 특정한 공적 목적에 지속적으로 봉사하기 위하여 설립한 인적·물적 수단의 결합체를 의미하며, 법적 형성에 의하여 부여받은 범위 내에서 기본권행위능력이 인정되고 법적 근거가 미흡할 때는 공법상 영조물의 설립목적에서 그 기본권행위능력을 찾아야 한다. 공영방송 역시 공영방송의 설립목적 및 공영방송의 임무에서 그 기본권행위능력의 범위를 찾아야 할 것이다.[127]

공영방송 영조물은 모든 국민이 자기지배(self-governance)를 실현하는데 필요한 방송물을 제작하고 전송하기 위한 공적 목적으로 설립된다. 따라서 공영방송 영조물이 상업적·경제적 목적으로 방송물을 제작하고 이를 전송하는 것은 공영방송 영조물의 설립목적에 반하게 된다. 여기에 방송광고의 문제가 있다. 공영방송이 광고를 하는 것은 설립목적에 반하는 것인지, 만약 그렇다면 공영방송의 운영

---

127. 곽상진, "공영방송의 급부활동과 헌법적 한계", 「헌법학연구」 제7권 제3호.

재원은 전적으로 국가에 의존하여야 하는데 이 역시 공영방송의 독립성을 훼손하는 것은 아닌지, 거꾸로 공영방송이 방송광고를 할 수 있다면 다른 상업 활동도 할 수 있는 것은 아닌지 등 여러 가지 법적 쟁점이 있다.

(2) 공영방송 방송광고의 불가피성

공영방송이 그 설립 목적을 충실히 이행하기 위해서는 그 운영재원을 안정적으로 확보하여야 한다. 독일연방헌법재판소는 제6차 방송판결에서 "헌법에 의한 방송자유의 보장은 재원조달의 여건에도 해당되는 것으로, 공영방송이 헌법상 부과된 자신의 과업을 수행할 수 있느냐의 여부는 여기에도 달려있다. 기본법 제5조 1항 2문은 입법자에게 헌법상 보호의 대상이 되는 프로그램의 공급을 위해 충분한 재원을 조달하도록 하는 의무를 부과하고 있다"고 밝혀 공영방송이 안정적으로 재원을 확보하여야 함을 강조하면서도 "입법자가 어떤 종류의 재원조달 형태를 채택하는가 하는 것은 원칙적으로 입법자가 정치적으로 결정할 사항"이라고 한다.[128] 따라서 입법자는 "공영방송이 기본적 방송공급이라는 과업의 수행에 장애를 일으키거나, 민영방송 자체를 어렵게 하거나 더 나아가 아예 불가능하게 하는 조건을 제시하는 경우가 아니라면" "방송의 재원조달과 관련하여 형성의 자유를 갖는다."[129] 즉 광고방송의 경우 공영방송의 일차적인 방송임무에 속하는 것이 아니므로 특별한 법적 권한을 필요로 한다.[130] 방송법 제56조는 "공사의 경비는 제64조의 규정에 의한 텔레비전방송수신료로 충당하되, 목적업무의 적정한 수행을 위하여 필요한 경우에는 방송광고수입 등 대통령령으로 정하는 수입으로 충당할 수 있다"

고 규정하고 있으므로 공영방송인 한국방송공사가 방송광고수입을 재원으로 하는 법적 근거가 명확하다.

따라서 쟁점은 공영방송이 어느 정도 광고수입에 의존하느냐에 관한 문제로 귀결된다. 만약 공영방송이 주로 광고를 재원으로 한다면 시청률에 의존할 수밖에 없어 "공영방송의 기본적 방송공급이라는 과제에서 도출되고, 수신료로 재원을 조달하는 체제의 기반을 이루는 프로그램 형성과 관련된 요구가 위협"받게 되지만, "공영방송의 광고수입에 대한 제한적 참여"는 그러한 위험이 없을 뿐 아니라 민영방송의 송출을 상당히 어렵게 하거나 심지어 불가능하게 하는 것이 아니기 때문이다.[131] 독일 연방헌법재판소는 공영방송의 경우 수신료만으로 채산성 있는 재원조달을 기대하기 어려운 현실에서 광고에 의한 재원조달 이외에 다른 실질적인 대안은 없다고 보고, 광고로 인하여 현존하는 의사의 다양성이 축약됨이 없이 공영방송 프로그램에 표현될 수 있다면 부분적인 상업화가 헌법에 위반하지 않는다고 보고 있다.[132]

(3) 공영방송의 기타 상업 활동

공영방송은 방송광고 이외 다른 상업 활동을 통하여 재원을 마련할 수 있는가의 문제 역시 방송광고를 통한 재원 확보와 마찬가지 법적

---

128. BVerfGE 83, 238 [310] (전정환 변무웅 역, 『독일방송헌법판례』, 한울아카데미, 2002, p363에서 재인용).
129. BVeffGE 83, 238 [311] (전정환 변무웅 역, 앞의 책, pp363~64에서 재인용).
130. 전정환, "방송자유의 주체", 「공법연구」, 제30집 제3호, p232.
131. BVeffGE 83, 238 [311, 312] (전정환 변무웅 역, 앞의 책, pp364~65에서 재인용).
132. BVerfGE 73, 118ff.

문제를 발생한다. 예를 들어 공영방송이 전통적인 방송의 영역에 머물지 않고 방송프로그램을 온라인 및 오프라인에서 판매하는 적극적인 상업 활동을 하는 것이 허용되는지가 문제된다. 현행 방송법 시행령 제36조는 법 제56조에서 "대통령령이 정하는 수입"으로 방송광고수입 외에 방송프로그램 판매수익, 협찬 수입, 위성방송 등 새로운 매체를 통한 수입, 송신업무의 수탁에 따른 수입, 기타 방송사업에 부수되는 수입 등을 열거하고 있다.

공영방송의 상업 활동에 대하여, 공영방송법인은 공익을 추구하여야하므로 언론활동 가운데 영리목적을 위한 기본권행사는 인정될 수 없다거나, 공영방송법인의 기본권 행위능력은 공영방송법인의 방송의 제작·전송이라는 목적과 기본공급의무에 충실한 수행이라는 임무의 범위 내에서 정당화되며, 구체적으로 주 활동범위인 방송프로그램의 제작과 그와 관련된 범위에서 비례의 원칙 그리고 상당성이 인정되는 부분에 한해서(소위 보조적 활동범위) 공영방송법인의 기본권행위능력이 이루어져야 한다는 견해가 있다.[133] 공영방송의 입법 목적에 충실한 해석이다.

하지만 공영방송의 보조적 활동의 범위를 설정하는 것이 명확하지 않다. 오히려 독일 헌법재판소가 방송광고와 관련하여 "공영방송이 기본적 방송공급이라는 과업의 수행에 장애를 일으키거나, 민영방송 자체를 어렵게 하거나 더 나아가 아예 불가능하게 하는 조건을 제시하는 경우가 아니라면"이라는 전제 아래 방송광고를 허용하듯이, 상업 활동에 대해서도 같은 조건에서 허용하는 것이 공영방송의 취지에도 부합하면서 좀 더 명확한 기준이 될 것이다.

---

133. 최우정, "인터넷과 공영방송법인", 「세계헌법연구」, 제11권 제1호, p346.

더구나 공영방송의 재원으로 상업 활동은, 방송광고보다 공영방송의 도입 취지를 훼손시킬 우려가 적기 때문에 원칙적으로 허용하는 것이 타당하다. 광고는 언론사를 재정적으로 지원하여 일반 국민이 대중매체를 적은 비용으로 접근할 수 있게 하는 긍정적인 효과가 있는 반면, 시청자를 민주사회의 시민이 아닌 상품의 소비자로 전락시켜 공영방송이 궁극적으로 지향하는 민주적 질서의 확립을 오히려 저해하는 부정적인 효과도 있다. 광고수입은 시청률과 연동되어 방송프로그램의 상업화를 가속화시킬 우려가 있다. 광고주에 의한 방송프로그램의 검열 가능성도 제기된다. 정부에 의한 검열은 잠재적으로 위험하고 그 위험은 간혹 현실화되지만, 광의로 말하면 사조직(private entities) 협의로 말하면 광고주(advertiser)가 행하는 언론매체의 콘텐트에 대한 검열은 상시적이고 가장 유해하다고 지적하는 학자도 있다.[134]

영국의 공영방송 BBC의 경우 1923년 설립 이후 적은 범위에서 상업 활동(commercial services)을 해왔다. 상업 활동에서 얻은 수입이 BBC에서 차지하는 비율은 차츰 높아지고 있는 중이다. 1996년 BBC에 대한 방송면허(Charter)가 재연장되면서 BBC의 상업 활동에 대한 인식이 크게 변화한다. 당시 John Major 수상이 이끄는 보수당 정부는 수신료를 인상하는 것보다는 상업 활동을 통한 수익금으로 BBC의 재원을 보완하는 방법을 선호하게 되었다. 1999년 Tony Blair 수상이 이끄는 신 노동당 정부(New Labour Government) 아래서 활동한 Davies Committee는 BBC의 미래 재원조달

---

134. C. Edwin Baker, *Advertising and a Democratic Press*, 140 U. PA. L. REV. 2097, 2099 (1992).

(The Future Funding of the BBC)이라는 보고서에서 디지털 서비스를 위하여 수신료 인상이 불가피하지만, BBC의 추가적인 서비스를 위한 재원은 대부분 경비 절약과 상업 활동의 강화에서 마련되어야 한다고 주장하였다.[135)]

BBC의 상업 활동은 공정 거래의 가이드라인에 입각하여 마련된 다음과 같은 세 가지 기준을 준수하고 있다.[136)] 첫째, 상업 활동은 공적 활동에서 요구되는 것과 동등한 가치 및 편집 품질(value and editorial quality)을 반영하여야 한다. 둘째, 모든 상업 활동에선 투명성이 보장되고, 공적 활동과 가깝지도 멀지도 않은 관계에 있어야 하고, 가격이 적정하여야 한다. 셋째, 상업 활동이 수신료 수입에 위협을 주어서는 아니 된다.

결론적으로 광고보다 다른 상업 활동을 통하여 공영방송의 재원을 확보하는 것이 방송의 독립성을 훼손하지 않으면서 민주주의 원칙에 오히려 부합한다고 보아야 할 것이다. UNESCO는 경쟁이 심화되고

---

135. Department for Culture, Media and Sport(DCMS), THE FUTURE FUNDING OF THE BBC, Report of the Independent Review Panel("Davies Report"), DCMS, London, 1999, p. 6.

136. R. Whish, *Review of the BBC's Fair Trading Commitment and Commercial Policy Guideline*, Independent Review on behalf of the Department for Culture, Media and Sport, DCMS, London, 2001, p5.

137. UNESCO, PUBLIC SERVICE BROADCASTING: A BEST PRACTICES SOURCE BOOK, 2005 p. 125. UNESCO는 다음의 세 가지 원칙을 제시하였다. 첫째, 공적 자금 지원은 어느 정도 유지되어야 한다. 둘째, 광고에 대한 의존은 최소화하고 다른 상업 활동과 비즈니스 기회를 최대화한다. 셋째, 시청자의 통제권과 외부 지배구조를 더욱 강화하고, 시청자가 프로그램 제작을 위한 자원의 배분에 대해서도 발언권을 가질 수 있는 새로운 지배구조를 채택한다.

138. European Commission, Directive 80/723/EEC on the Transparency of Financial Relations between Member States and Public Undertakings ("Transparency Directive"), COM (80)723 final, Brussels, 1980.

있는 방송 환경 아래서 공영방송이 독립성을 유지하기 위해서는 광고에 대한 의존을 최소화하고 다른 상업 활동과 비즈니스 기회를 최대화하라고 강조한다.[137] 공영방송이 상업 활동을 하기 위해서는 공공 활동과 상업 활동의 회계를 구분하고 투명성을 확보하는 일이 필요하다.[138]

V. 선거방송[139]

1. 선거제도와 언론의 자유

대의제 민주주의에 바탕을 두고 있는 우리 헌법에서 선거는 국민주권주의를 실현하는 핵심적인 수단이다. 오늘날 선거는 사실상 미디어 통하여 이루어진다. 사회가 복잡다기해지면서 후보자와 유권자가 직접 접촉하여 정치적 의사를 소통하기는 날로 어려워지는 반면 정보통신기술의 발달로 미디어, 특히 방송을 이용한 정치적 여론형성이 일상화되고 있다.

선거방송과 관련된 일련의 법과 제도는 선거제도와 언론의 자유라는 헌법의 틀 안에서 검토되고, 마련되어야 한다. 즉 후보자가 가지는 표현의 자유, 유권자가 가지는 알 권리, 그리고 방송사가 가지는 방송의 자유 등 언론의 자유가 충분히 실현되면서도, 국민의 대표기관을 선출하는 과정이 공정하게 진행되어야 한다는 선거의 헌법적 의미가 동시에 충족되는 법과 제도가 필요하다. 또한 이러한 논의는 방송이라는 매체가 가지는 특수성 위에서 전개되어야 하며, 이러한

---

139. 이 글은 「방송문화연구」 제18권 제2호(2006)에 실린 논문을 수정 · 보완한 것이다.

특수성은 정보통신기술의 발달로 급성장하고 있는 새로운 환경 속에서 그대로 적용될 수 있는지 검토되어야 할 것이다.

선거방송과 관련된 현행법과 제도의 특징은 공정성 확보를 위한 규제 장치의 다양화로 요약된다. 선거라는 특수한 상황을 고려하면, 선거방송을 어느 정도 규제할 필요성은 인정된다. 선거일이라는 시한적 제한이 있는 상황에서 사상의 자유시장이 제대로 작동하기 어려우며, 잘못된 정보를 바탕으로 국민의 대표를 선출하였을 때 나타나는 해악을 시정하기란 사실상 불가능하다. 더구나 우리의 헌정사는 선거의 공정성을 확보할 수 있는 엄격한 법제를 요구하고 있다. 오랫동안 권위주의 정부가 지속되면서 관이 주도하는 선거와 권력에 영합하여 여론조작을 일삼는 언론의 행태는 계속되고, 이에 대한 반성이 현재 공직선거법에 담겨져 있는 것이다.

하지만 민주주의가 정착하고 정보과학기술이 급격히 발전하면서 조성되는 새로운 환경은 선거방송과 관련한 법과 제도를 새로운 시각에서 검토하도록 요구하고 있다. 첫째, 공정성의 환상에 지나치게 집착하는 것은 아닌지 진지한 성찰이 필요하다. 공정성은 국민의 올바른 선택을 지원하기 위한 하나의 수단일 뿐인데, 공정성 그 자체가 어떠한 희생을 치루더라도 달성하여야 할 목표가 될 수는 없다. 선거에서 가장 중요한 것은 국민의 의사가 얼마나 정확하게 반영되느냐에 있으며, 그렇게 될 때 비로소 국가권력 행사의 정당성이 인정된다. 따라서 공정성을 위한 법제가 국민의 의사표현을 지나치게 제한하여 오히려 올바른 여론의 형성을 저해하는 것은 아닌지, 그 결과 국민의 대표기관의 구성을 왜곡시키는 것은 아닌지 검토하여야 할 시점이라고 본다. 둘째, 정보통신기술의 비약적인 발전에도 불구하고 방송이라는 매체의 특수성을 지나치게 집착하여 규제함으로써 선거방송의 공정성은 달성하더라도, 선거의 공정성은 달성하지 못하는 것은 아닌지 검토하여야 한다. 첫 번째 관점은 목표로서 선거의 공정성 자체에 대한 비판적 검토이며, 두 번째 관점은 공정성 달성의 방법으로서 선거방송에 요구되는 공정성에 대한 비판적 검토이다. 전자는 언론의 자유와의 관계에서 논의되어야 하고, 후자는 방송의 특수성에 대한 비판적 성찰을 필요로 한다.

2. 선거방송의 헌법적 의미

(1)선거의 공정성

선거방송을 규율하는 근거법인 공직선거법이 선거방송에 요구하는 가치는 공정성이다. 공직선거법 제8조는 방송사를 비롯한 언론기관이 선거와 관련하여 "정당의 정강·정책이나 후보자(후보자가 되는 자를 포함한다)의 정견 기타사항에 관하여 보도·논평을 하는 경우와 정당의 대표자나 후보자 또는 그의 대리인을 참여하게 하여 대담을 하거나 토론을 행하고 이를 방송·보도하는 경우에는 공정하게 하여야 한다"고 규정하고 있다. 공직선거법의 제정 목적 자체가 공정한 선거관리에 있는 이상 선거방송에 공정성이 요구되는 것은 당연한 일이다.

선거방송의 공정성에 대한 헌법적 평가를 내리려면, 선거의 공정성에 대한 평가가 선행되어야 하고, 선거의 공정성에 대한 평가는 민주제 국가에서 선거가 가지는 의의를 고려할 때 비로소 가능하다. 선거는 주권자인 국민의 의사가 구체화되고 현실화되어 국가기관을 구성하고, 이렇게 구성된 국가기관이 국가권력을 행사할 수 있는 정당성을 부여받는 과정이다(허영, 2005). 우리 헌법은 국회의원의 선출(제41조 제1항) 및 대통령의 선출(제67조 제1항)의 방법으로 "국민의 보통·평등·직접·비밀선거"를 규정하여 민주적 선거원칙을 표방하고 있다. 선거의 공정성은 이 가운데 평등선거를 실현하는 한 방법이다. 선거에 있어서 평등의 요청은 모든 선거인의 투표가치가 평등하게 평가될 것을 요구하는데 그치는 것이 아니라, 선거의 전체 과정에서 모든 참여자에게 균등한 기회가 보장되는 것도 의미한다(장영수, 2002). 헌법은 특히 "선거와 국민투표의 공정한 관리"를 위하여 선거관리위원회를 설립하도록 요구하고 있으며(제114조 제1항), 선거운동에 있어서 "균등한 기회"를 보장하고 있어(제116조 제1항) 선거의 공정성 확보에 대한 헌법제정권자의 의지를 보여주고 있다.

하지만 선거의 공정성이 아무리 소중한 헌법적 가치를 가진다고 하더라도 선거운동 및 선거보도의 과정에서 국민이 가지는 기본권을 전면적으로 희생할 정도로 우월하다고 할 수는 없다(정만희, 2006). 선거운동의 자유 역시 공정성 못지않게 중요한 헌법적 가치를 가진다. 선거의 본질이 주권자인 국민이 그 대표자를 선출하는 행위에 있는 만큼, 후보자는 자신의 사상과 의견을 주권자인 국민에게 충분히 전달할 수 있어야 하며, 국민은 선택에 필요한 충분한 정보에 접하여야 한다. 후보자와 유권자 사이의 의사소통은 자유로워야 한다. 따라서 선거운동의 자유 역시 선거과정에서 충분히 보장되어야 할 선거법의 기본이념임에도 불구하고 선거의 공정성에만 근거하여 선거운동을 엄격히 제한하는 우리의 선거법제가 위헌적이라는 정만희의 지적은 타당하다. 선거운동의 자유는 선거과정에서 자유로이 의사를 표현할 자유의 일환이므로 표현의 자유의 한 태양이고, 선거운동의 자유는 언론·출판·집회·결사의 자유를 보호한 헌법 제21조에 의하여 보호된다(헌재결 92헌바29). 따라서 선거운동에 있어서 언론보도의 공정성이 담보되어야 하지만, 그렇다고 이를 담보하는 과정에서 언론의 자유가 침해되는 일이 있어서는 아니 된다고 강조한 것(성낙인, 2002)도 적절한 지적이다. 헌법재판소는, 선거운동은 정치적 표현의 자유의 한 형태로서 민주사회를 구성하고 움직이게 하는 요소이므로, 선거운동의 허용범위는 아무런 제약 없이 입법자의 재량에 맡겨진 것이 아니고 그 제한입법의 위헌 여부에 대하여는 엄격한 심사기준이 적용된다(93헌가4)고 설명한다.

선거의 공정성만을 강조하는 것은 선거가 가지는 헌법적 의미에서 '참여'보다는 '관리'를 중시하였기 때문이다. 또 과거 권위주의 정부 아래 실시된 불공정한 선거의 역사적 경험에 과도하게 집착하여 선거의 민주적 기능을 경시하였기 때문이다. 선거방송에 대하여 공정성을 강조하는 것도 이러한 맥락에서 이해할 수 있다. 하지만 민주주의가 정착한 오늘날 선거방송과 관련한 헌법적 쟁점은 선거를 공정하게 관리하여야 하는 국가의 이익만 고려하여 해결할 수 없다. 자신의 정견을 유권자에게 전달하고자 하는 후보자의 선거운동의 자유 혹은 언론의 자유, 자신을 대신하여 국정을 운영할 공직자를 선출하는데 참여하는 주권자인 국민의 알 권리, 방송사 또는 그 종사자가 언론인으로서 주장하는 방송의 자유 등을 종합적으로 검토할 때 헌법상 의미를 찾을 수 있다. 선거방송과 관련된 법과 제도는 헌법의 테두리를 벗어날 수 없기 때문이다.

(2) 언론의 자유

전통적으로 언론의 자유는 자신이 가지고 있는 사상 또는 의견을 언어나 문자 등을 통하여 밖으로 표현하는 자유이다. 국민주권주의에 입각한 근대 국가가 성립하는 과정에서 가장 중요한 역할을 한 것이 언론의 자유이며, 언론의 자유는 현대 국가에서도 국민의 의사에 의하여 국가의사를 결정하는 민주주의의 중핵이다. 언론의 자유가 민주주의 국가에 필수불가결한 기본권으로서 보호되어야 하는 정당성의 근거(rationale)는 사상의 자유시장(marketplace of ideas), 국민의 자기지배(self-governance), 개인의 자치(autonomy) 등에서 찾을 수 있다. 선거에 있어서 언론의 자유의 헌법적 가치는 국민의 자기지배 이론으로 잘 설명된다. 자기지배 이론은 민주주의 국가의 시민은 공동체의 중대사에 대하여 스스로 결정할 수 있어야 한다는 것으로, 언론의 자유는 그러한 의사결정에 필수불가결한 것으로 이해한다. 치자가 갖는 힘의 정당성은 피치자의 동의에서 나오며, 피치자가 자기의 동의권을 행사하기 위해서는 판단에 필요한 정보를 주고받는, 즉 표현의 자유가 충분히 보장되어야 한다고 본다.

자기지배 이론에서 가장 중시하는 표현은 정치적 표현(political speech)이다. 그 밖의 표현은 다른 기본권과 충돌할 때 특별히 보호하여야 할 가치가 없다. 자기지배 이론을 주장한 대표적인 학자인 마이클존(Alexander Meiklejohn, 1960)이 강조한 바와 같이, 모든 사람이 이야기하는 것이 중요한 것이 아니고, 말할 가치 있는 것이 발표되는 것이 중요하다. 특히 주권자인 국민은 선거 전에 자기의 선택에 도움이 되는 모든 사실과 이해관계를 알아야 할 필요가 있다. 선스타인(Cass R. Sunstein, 1995)은 정치적 표현처럼 국민의 자기지배와 밀접하게 관련 있는 고가치의 표현(high value speech)은 헌법의 보호를 두텁게 받아야 하지만, 음란물처럼 자기지배와 관련이 없는 저가치의 표현(low value speech)은 보호할 가치가 없다고 역설한다.

선거에 입후보한 사람이 자신의 정견을 자유로이 밝히고, 이에 대한 다양한 견해가 자유롭게 표출되는 것은 민주국가를 형성하고 발전하는데 도움이 되기 때문에 두텁게 보호되는 것이 타당하다. 후보자와 국민간의 정치적 표현을 매개하고, 때에 따라서는 자신의 견해를 표명하는 언론사의 독자적인 활동 역시 언론의 자유로 보호되어야 한다. 선거방송 역시, 방송이라는 특수성을 고려하지 않는다면, 언론의 자유의 보호를 두텁게 받아야 한다.

자기지배 이론은 평상시 정치적 표현의 자유를 보호하는 이론으로 탁월하지만, 선거라는 시한적 제약성이 있는 특수성을 반영하지 못하는 약점이 있다. 선거는 특정 시점에 완료되어 당선자가 확정되어 그가 직무를 시작하면, 선거기간 중 전파된 정보가 훗날 허위로 판명되더라도 선거 결과를 무효로 만드는 것은 사실상 불가능하기 때문에 선거 중 정치적 표현에 대하여 선거후 규제하는 것은 무의미하다.[140)141)] 즉 선거에는 사상의 자유시장이 제대로 작동할 수 없는 특수성이 존재한다. 따라서 국가가 선거에서 정치적 표현을 제한하는

---

140. 2002년 제16대 대통령선거 직전 김대업 씨가 이회창 당시 한나라당 대통령후보의 장남 정연 씨의 병역비리 은폐 의혹을 제기하였으나, 2005년 4월 대법원은 명예훼손 등의 혐의로 김 씨와 오마이뉴스에 각각 5,000만 원과 3,000만 원을 배상하도록 하는 확정 판결을 내렸다. 이 밖에도 2002년 대선 당시에는 기양건설이 이회창 후보의 부인 한인옥 씨에게 비자금을 전달했다는 로비 의혹 사건, 설훈 당시 국회의원이 주장한 이회창 후보 측 20만 달러 수수설 등이 있었으나, 그 후 모두 근거 없는 것으로 밝혀지고 의혹을 제기한 사람들은 명예훼손죄로 처벌받았다. 그럼에도 불구하고 대통령선거의 효력은 여전히 유효하여, 당선자는 대통령직을 수행하는데 아무런 장애가 없다.

141. 공직선거법은 선거절차상의 하자를 이유로 그 선거의 전부 또는 일부의 효력을 다투는 소송인 선거소송(제222조)과 당선자 확정과정의 하자를 문제 삼는 당선소송(제223조)을 규정하고 있다. 그러나 선거소송은 선거일로부터 30일 이내에, 당선소송은 당선인 결정일로부터 30일 이내에 소를 제기하여야 한다. 또한 선거쟁송은 선거법 위반사실이 인정되더라도 그것이 선거의 결과에 영향을 미쳤다고 인정되는 때에 한하여 선거의 전부나 일부의 무효 또는 당선의 무효를 결정하게 된다(제224조).

것이 언제나 위헌이라고 볼 수 없다.

결론적으로 선거에 있어서 후보자가 자신의 정견을 유권자에게 알리기 위하여 하는 선거운동은 정치적 표현으로 두텁게 보호받아야 한다는 원칙에 입각하여 가능한 한 보호되어야 한다. 하지만, 정치적 표현의 자유도 구체적인 해악, 예컨대 선거의 불공정성을 발생할 경우 제한될 수 있다. 선거일에 가까울수록 사상의 자유시장에서 해악을 시정하기 어렵기 때문에 해악을 해소하기 위하여, 즉 선거의 공정성을 유지하기 위하여 국가권력이 개입할 여지는 커진다.

(3) 방송의 자유

선거방송에는 정치적 표현의 자유라는 측면 외에도 방송이라는 특수한 사정이 고려되어야 한다. 방송도 신문 등 인쇄매체와 마찬가지로 국민의 의견을 전달하는 역할을 수행하고 있음에 틀림없다. 하지만 신문은 본질적으로 그 발행이 자유롭기 때문에 태생적으로 자유를 향유하지만, 방송은 주파수의 희소성으로 인하여 소수가 방송하는 독과점시장이 자연적으로 형성된다. 방송의 영역에서 사상의 자유시장이린 처음부터 불가능한 태생적 한계가 있다. 이러한 이유에서 국민의 재산인 주파수를 독과점적으로 사용할 수 있도록 허가받은 방송사는 자신의 이익이 아니라 국민의 이익을 위하여 방송을 하여야 할 의무가 있다. 또한 국가권력은 방송에 대하여 국민의 이익을 위하여 주파수를 사용할 것을 요구할 수 있다. 즉 방송이 향유하는 권리는 국가권력이 그렇게 설정하여 주었기 때문에 가능한 것이며, 방송이 누리는 자유 역시 국가권력이 그렇게 허용할 때 비로소 가능한 것이다. 이러한 이유에서 방송의 자유는 그 자체가 주관적 권리의 향유에 목적이 있는 것이 아니라, 국민의 의사형성의 자유에 '봉사하는 자유'로 이해된다(곽상진, 2000).

우리 헌법은 제21조 제2항에서 방송의 시설기준을 법률로 정하도록 규정하고 있다. 헌법재판소의 해석에 의하면, 입법자는 광범위한 입법형성재량을 갖고 방송의 설립 및 운영에 관한 조직적, 절차적 규율과 방송운영주체의 지위에 관하여 실체적인 규율을 행할 수 있다(2002헌바49). 따라서 방송사업자는 입법자가 형성한 법률에 의하여 주어진 범위 내에서 주관적 권리를 가지고 헌법적 보호를 받게 된다. 즉 일반인은 법률의 제정 여부와 상관없이 언론의 자유와 권리를 가지지만, 방송사업자가 누리는 자유와 권리는 법률이 보장하는 바에 따라 결정되는 것이다.

권리를 형성하는 법률의 위헌성 심사는 권리를 제한하는 법률의 위헌성 심사와 다른 기준에 의하여 이루어진다. 일반적으로 국민의 모든 자유와 권리는 헌법 제37조 제2항에 따라 법률로서 제한하되, 과잉금지의 원칙이 적용된다. 즉 정당한 목적을 추구하여야 하고, 그 목적을 달성하기에 수단이 적합하여야 하며, 피해를 최소화하여야 하며, 제한되는 기본권과 실현되는 공익 사이에는 상당한 비례관계가 있어야 할 것이 요구되는데, 어느 한 요건이라도 충족하지 못하면 그 입법은 위헌이 된다. 하지만 입법으로 국민의 기본권이 효력을 발생하게 되는 형성법률에 대한 위헌성 판단에는 이 기준이 적용되지 않는다. 법률의 제정 자체가 입법부의 재량이므로, 그 재량의 한계인 자유민주주의 등 헌법상 기본원리를 지키면서, 그 내용이 명백히 불합리하고 불공정하지 아니하는 한 헌법에 합치된다(헌재결 2002헌바49).

헌법재판소는 방송의 협찬고지 사건(2002헌바49)에서, 방송사업자의 자유는 법률조항의 형성을 통해서 비로소, 그리고 오로지 형성된 기준에 따라 성립되는 것이므로 기본권 제한이나 침해를 내포하지 않고, 따라서 또 다른 헌법적 정당화를 필요로 하지 아니 한다고 판시했다. 선거방송에 대하여도 같은 논리가 적용된다. 즉 방송사업자가 주장하는 선거방송의 자유는 입법자가 선거방송을 "허용함으로 인하여 부수된 결과"이며 "방송사업자는 형성법률에 의해 주어진 범위 내에서 주관적 권리"를 가지게 된다. 따라서 방송사업자에게 적용되는 선거방송 관련 법조항이 명백히 불합리하고 불공정하지 아니하는 한 위헌이 아니다.

(4) 알 권리

선거방송과 관련하여 방송사업자 및 그 종사자가 자주 토로하는 불만은 선거방송에 대한 간섭으로 국민의 알 권리가 침해된다는 것이다. 또 선거방송의 자유를 주장하며 그 논거로 드는 것이 국민의 알 권리를 실현하기 위해서라고 한다. 선거에서 주권자인 국민이 자신의 정치적 의사를 형성하고 이를 투표를 통하여 표현하기 위하여 후보자의 자질과 그의 정견을 검증할 수 있는 정보가 필요한 것은 사실이다. 이를 알 권리라고 표현하는 것은 타당하다. 알 권리란 국민이 일반적으로 정보에 접근하고 수집 · 처리함에 있어서 국가권력의 방해를 받지 않음을 보장하고 의사형성이나 여론형성에 필요한 정보를 적극적으로 수집하고 수집에 대한 방해의 제거를 청구할 수 있는 권리를 의미한다(헌재결 2002헌마579).

알 권리의 대상은 일반적 정보에 한정된다. 여기서 일반적이라고 함은 불특정 다수인에게 개방될 수 있는 것을 의미한다(권영성,

2006). 즉 누구나 접근할 수 있는 정보에 접근하여 이를 수집할 수 있는 권리가 알 권리인 것이다. 민주주의 국가에서 주권자인 국민은 그를 대신하여 국가의사를 결정하고 있는 국가기관에게 그 운영현황에 대한 정보를 요구할 수 있다. 만약 국가 또는 지방자치단체의 기관이 보관하고 있는 문서 등에 대하여 국민이 공개를 요구하였을 때 정당한 이유 없이 이를 응하지 아니하거나 거부할 경우 국민의 알 권리를 침해하는 것이 된다(헌재결 93헌마174).

알 권리가 마치 언론사가 필요한 정보를 누구에게나 얻을 수 있는 것으로 해석하는 경우도 있으나, 이는 잘못이다. 민주주의 원리에 비추어 보면, 국민의 알 권리는 공적 기록 및 절차에 대한 접근권(legal access to public records and proceedings)으로 해석(Cross, 1953)하는 것이 타당하다. 알 권리를 요구할 수 있는 대상도 원칙적으로 국민을 대신하여 국정을 운영하는 국가기관 및 이에 준하는 공공기관에 한정하여야 한다. 좀 더 범위를 넓히자면, 신문, 방송, 잡지, 서적 등 누구나 접근가능한 정보원에 접근하는데 방해받지 않을 자유도 포함될 수 있다. 광고도 알 권리의 정보원이라는 것이 헌법재판소의 판례다(2000헌마764). 하지만, 알 권리는 일반적으로 접근가능하지 않은 정보, 예컨대 사인이 보유하고 있는 특별한 정보에 접근하여 이를 공개하도록 요구할 수 있는 특별한 권리를 의미하는 것은 아니다. 상대방이 공개를 원하지 않을 경우 그의 사생활의 비밀과 자유, 행복추구권 등을 침해하기 때문이다. 개인이나 특정 집단을 수신인으로 하는 사적인 각종 정보는 알 권리의 대상이 될 수 없다(정종섭, 2006).

알 권리는 국가를 향한 국민의 주관적 공권으로, 다른 사람이 권리 보유자를 대신하여 그의 권리를 실현하여 줄 수 있는 성질의 권리가 아니다. 언론사가 국민의 알 권리를 실현하기 위하여 노력하는 것은 맞지만, 일반적으로 국민에게 허용되지 않는 정보에 접근하여 이를 수집·처리할 수 있는 특별한 헌법상 권리를 부여받은 것은 아니다.[142] 선거와 관련하여 언론사가 알 권리를 주장할 경우에도 마찬가지다. 언론사는 일반적으로 국민이 접근할 수 있는 정보에 대한 알 권리를 주장할 수는 있어도, 그 이상의 것을 요구할 수는 없다.

방송의 경우 특수한 사정이 존재한다. 방송의 자유를 국민을 위하여 봉사하는 자유로 이해한다면, 방송사업자는 국민의 알 권리 실현을 위하여 노력하여야 할 법적 의무를 지게 된다. 즉 설립이 자유로운 신문 등 인쇄 매체의 경우 국민의 알 권리 실현을 위하여 노력할 수는 있어도 그렇게 하여야 할 법적 의무가 있는 것은 아니지만, 설립이 자유롭지 못한 방송은 그렇지 않다. 만약 입법자가 방송을 선거운동의 매개수단으로 선택한다면, 그 범위 내에서 방송사가 전달하는 선거관련 정보는 일반적으로 접근 가능한 정보이므로 방송사는 국민의 알 권리를 위하여 봉사하여야 한다. 예컨대 방송사업자는 후보자의 방송연설이나 방송광고를 반드시 송출하여야 할 의무를 부담할 수 있다.

(5) 소결

선거방송과 관련하여 다양한 헌법적 가치가 존재하며, 이러한 가치들은 종종 충돌한다. 가치의 충돌은 원칙적으로 입법자에 의하여

---

142. 입법자가 자유로운 언론의 발전을 위하여 언론사에 정보접근의 특혜를 부여할 필요가 있다고 판단하여, 그러한 법률을 제정할 경우에는 언론사가 일반인보다 우월한 법적 지위에 있다고 하겠다. 하지만 이는 법률상 권리일 뿐, 언론사가 그러한 법률의 제정 여부와 관계없이 헌법에 기초하여 우월적 지위를 주장할 수는 없다. 헌법은 일반 공중 (the public)이 공유하지 못하는 정보를 언론사에게만 접근할 것을 요구하지 않는다는 내용의 선례 판례로는 Saxbe v. Washington Post Co., 417 U.S. 843 (1974)가 있다.

해결되어야 한다. 입법자는 대립하는 복수의 헌법적 가치를 비교형량하여 그 결과를 법률로 제정한다. 하지만 입법자의 판단이 절대적인 것은 아니다. 제정된 법률이 헌법에 위반되는지 여부에 대한 판단은 헌법재판소가 한다. 헌법재판소 역시 대립되는 헌법적 가치를 비교형량하여 위헌성을 판단한다. 이때 제정된 법률이 국민의 기본권을 제한하는 법률이면 과잉금지의 원칙이라는 엄격한 심사기준을 적용하여야 하며, 국민의 기본권을 형성하는 법률이면 입법자의 재량권을 인정하여 현저하게 불합리하거나 불공정하지 않은 이상 합헌으로 인정된다. 후보자의 언론의 자유(선거운동의 자유 포함), 일반 국민의 알 권리(언론의 자유 포함), 언론사의 언론의 자유는 전자에 해당하고, 방송사의 방송의 자유는 후자에 해당한다.

하지만 아무리 언론의 자유가 소중한 헌법적 가치라고 하더라도 선거라는 특수한 사정에서 제한될 수 있다. 사상의 자유시장이 제대로 작동하여 진실을 발견하기에는 시간이 부족하기 때문이다. 선거일에 가까울수록 허위 정보로 야기되는 폐해를 막고 선거를 공정하게 관리하여야 할 국가의 이익이 그로 인하여 제한되는 후보자 및 일반국민의 언론의 자유보다 커지게 된다. 선거의 공정성과 언론의 자유 사이의 비교형량은 선거일과의 시간적 인접성에 따라 그 결과가 달라진다고 보아야 할 것이다.

3. 현행 공직선거법의 비판적 검토

(1) 선거보도의 공정성

공직선거법은 방송 · 신문 · 통신 · 잡지 · 인터넷언론 등 언론사가

"정당의 정강·정책이나 후보자의 정견 기타 사항에 관하여 보도·논평을 하는 경우" 공정하게 할 것을 요구(제8조)하고, 이를 실현하는 방법으로 방송에 대해서는 선거방송심의위원회를(제8조의2), 신문 잡지 등 정기간행물에 대해서는 선거기사심의위원회를(제8조의3), 인터넷 언론에 대해서는 인터넷선거보도심의위원회를(제8조의5) 설치하여 선거보도의 공정 여부를 조사하여 공정하지 않은 선거보도에 대하여 제재할 수 있는 체계를 마련해 놓았다. 또한 신문과 방송의 선거보도에 대하여 반론보도를(제8조의4), 인터넷 언론의 선거보도에 대하여 정정보도 등을(제8조의6) 요구할 경우 이의 처리방안에 대해서도 상세하고 규정하고 있다.

1) 선거방송심의위원회의 구성

선거보도와 관련하여 공직선거법이 가지고 있는 가장 큰 문제는 신문과 방송의 매체 간 차이를 잘못 적용한 심의제도의 구조에 있다. 공직선거법은 신문과 방송의 선거보도에 대하여 공정성이라는 법적 평가기준을 동일하게 제시하고 있다. 선거방송심의위원회의 업무(제8조의2 제5항)도, 선거기사심의위원회의 업무(제8조의3 제3항)도 "선거기사의 공정여부를 조사"하는 것이다. 그러나 신문과 방송의 차이점을 고려하지 않고, 신문에 대하여 공정성을 법적으로 강제하는 것은 언론의 자유를 침해할 소지가 크다(박용상, 2002). 신문의 자유는 세계관·사상에 의거하여 발행하는 경향보호(Tendenzschutz)를 핵심으로 하는 반면, 방송의 자유는 국민을 위하여 방송하는 봉사하는 자유이다. 따라서 방송에 대하여는 공정성을 법적으로 요구할 수 있지만, 신문에 대하여 공정성을 요구하는 것은 선언적·윤리적인데 그쳐야 한다.

현행법에서도 방송의 경우 공정성 요구가 법적 강제력을 동반하지만, 신문의 경우 그렇지 않다. 방송법은 "방송에 의한 보도는 공정하고 객관적이어야 한다"는 총론적 규정(제6조 제1항)을 두고, 방송위원회로 하여금 방송의 공정성 유지 여부를 심의하도록 권한을 부여하고(제32조 제1항), 방송의 공정성을 심의하기 위한 규정을 제정하도록 한 후(제33조 제1항), 방송사업자가 위 심의규정을 위반한 경우 제재조치를 명할 수 있도록 하였다(제100조 제1항). 따라서 공정성에 반하는 방송을 할 경우 제재조치라는 법적 불이익이 부가된다. 하지만, 신문법은 신문에 대하여 방송과 마찬가지로 "공정하고 객관적이어야 한다"고 선언하였을 뿐(제5조 제1항), 이를 심의하기 위한 기구나 위반 시 제재조치에 대하여 아무런 규정이 없다.[143] 하지만 공직선거법은 신문과 방송에 모두 공정성을 요구하고, 이를 이행하지 않을 경우 처벌하는 동일한 체제를 가지고 있다.

신문과 방송이 갖는 헌법적 의미의 차이를 구현하지 못한 결과다. 공직선거법의 더욱 큰 문제는 신문과 방송의 차이를 잘못 이해하고 있는데 있다. 만약 신문의 경향성을 인정하지 않고 신문과 방송에 모두 공정성을 요구한다면, 그 공정성의 판단기준은 서로 동일하여야 한다. 판단의 궁극적인 기준은 언론보도가 불공정하게 선거에 영향을 미쳐 국민의 올바른 선택을 저해하는지 여부에 있다. 매체의 특성은 참작요소가 될 수는 있어도, 판단기준에 영향을 미칠 수는 없다.

---

143. 헌법재판소는 위 조항에 대하여 '추상적·선언적 규정'이라는 이유로, 즉 "헌법적 가치를 존중하고 이를 실현하기 위하여 노력하여야 한다는 것을 천명하고 있을 뿐" 이므로 "이 조항으로 말미암아 신문사업자인 청구인들에게 자유의 제한이나 의무의 부과, 권리 또는 법적 지위의 박탈이 생기는 것이 아니다."라는 이유로 각하결정 (2005헌마165)을 내렸다.

또한 공정성을 판단할 심의위원의 자격기준은 권력과 정당으로부터 독립하여, 무엇이 공정한 것인지 판단할 수 있는 건전한 가치관과 균형감각을 갖추었는지 여부가 될 것이다. 매체의 특성에 대한 전문적 지식은 필수요건이 될 수 없다.

그럼에도 불구하고 선거방송심의위원회(이하 '심의위원회'라 한다)는 "방송사·방송학계·대한변호사협회·언론인단체 및 시민단체 등이 추천하는 자와 국회에 교섭단체를 구성한 정당이 추천하는 각 1인을 포함하여 9인 이내의 위원으로 구성"하고(제8조의2 제2항), 선거기사심의위원회는 "언론학계·대한변호사협회·언론인단체 및 시민단체 등이 추천하는 자와 국회에 교섭단체를 구성한 정당이 추천하는 각 1인을 포함하여 9인 이내의 위원으로 구성"한다(제8조의3 제2항). 위원회 구성에 있어서 방송과 신문 모두 언론인단체가 추천하는 자를 위원으로 포함하고, 특히 방송은 방송전문가가 반드시 필요하다는 전제 아래 방송사·방송학계의 참여를 의무화하고 있다.

이처럼 공직선거법에서 방송의 특수성은 방송전문가가 심의위원으로 참여하도록 정당화하는 도구로 사용되고 있다. 신문과 방송의 차이의 본질을 오해한 결과다. 심의위원회 구성에 방송학계를 명시한 것의 정당성과 언론인단체의 대표성에 의문을 제기하는 지적(성낙인, 2002; 김서중, 2002)은 적절한 것이다.

또한 심의위원회 구성과 관련, 국회 교섭단체를 구성한 정당이 추천하는 자가 위원으로 참여하는 것은 위원회의 판단에 공정성 시비를 야기할 수 있기 때문에 시정되어야 한다. 선거에 참여하는 정당은 선거기사의 공정성 여부를 판단하는 심판자에 설 수 없고, 공정성 여부의 판단을 의뢰하는 신청인에 그쳐야 할 것이다. 교섭단체를 구성하는 정당의 대표가 모두 위원 구성에 참여할 경우 여야의 대립으로 공정성을 확보할 수 있다고 생각할 수 있으나, 기존의 거대정당 대 소수정당 또는 정치신인이 대립하는 구도에서는 이러한 위원 구성은 공정성을 확보할 수 없다.

2) 선거방송의 공정성

선거방송심의제도의 의의는 선거방송의 공정성 확보인데, 문제는 공정성을 어떻게 판단할 것인가에 있다. 공정성의 판단 기준은 무엇이고, 누가 그 판단을 할 것인지가 공정성 쟁점의 핵심이다. 현행 공직선거법은 공정성의 기준에 대하여 상세하게 규정하고 있지 않아 논쟁을 복잡하게 하고 있다. 심의위원회는 "선거방송의 공정여부를 조사"할 수 있으며(제8조의2 제5항), "선거방송의 공정을 보장하기 위하여 필요한 사항을 정하여 이를 공표"할 수 있음(제8조의2 제4항)을 규정하고 있을 뿐이다. 방송법 규정 역시 마찬가지다. 방송법에 의하면, 방송위원회는 방송의 공정성을 유지하고 있는지 심의할 수 있으며(제32조 제1항), 공정성을 심의하기 위하여 규정을 제정·공표하기(제33조 제1항) 때문에 선거방송의 공정성 심의를 위한 규정 역시 방송위원회가 제정할 수 있다. 방송위원회는 일반규정으로 '방송심의에 관한 규정', 특별규정으로 '선거방송심의에 관한 특별규정'을 마련하였다. 하지만 특별규정은 공정성의 심의기준(제5조)으로 "공정하게 다루어야 한다"거나 "유리하거나 불리하지 않도록 하여야 한다"는 등 동어반복적인 내용을 담고 있어 심의기준으로 그 의미를 상실했다. 오히려 일반규정이 "사회적 쟁점이나 이해관계가 첨예하게 대립된 사안을 다룰 때" "관련 당사자의 의견을 균형있게 반영하여야 한다"고 규정하여(제9조), 공적 관심사와 균형성이라는 나름대로 의미 있는 두 가지 기준을 제시하고 있다.

공정성을 법적 개념으로 사용하는 것을 반대하는 견해도 있다. 2004년 3월 12일 국회가 노무현 대통령을 탄핵소추 결의한 직후 방송의 보도 태도를 연구한 한국언론학회의 '대통령 탄핵방송 내용분석 보고서' 는 아무리 느슨한 기준을 적용하더라도 공정했다고 말하기 어렵다는 결론을 내렸지만,[144] 이를 수용하지 않는 학자들이 공정성이라는 기준에 의문을 제시하면서 공정성 논쟁은 가열되었다.[145] 그동안 공정성에 대한 연구는, 공정성을 객관적으로 검증 가능한 것으로 보아 이를 평가하기 위한 모델을 개발하려는 시도(강명구, 1994)와 공정성 개념에 필연적으로 내포되는 가치에 주목하는 견해(문종대, 2004)로 대별된다. 국내 공정성 연구의 기초가 된 웨스터슈탈(Westerstahl, 1983)이 전자의 대표적인 모델이며, 불편부당성 기준을 적용하여 방송의 공정성을 평가한 한국언론학회의 탄핵보고서도 전자에 속한다. 후자는 공정성을 언론보도의 옳고 그름에 대한 사회적 판단과 합의에 의하여 구성되는 것이라고 말한다(최영재 · 홍성구, 2004). 이처럼 가치판단을 전제로 하여 공정성의 개념에 접근하면, 징계가 수반되는 공정성의 기준은 모호해질 수밖에 없다. 따라서 공정성은 법적 책임이기보다 도덕적 원리라고 본다(최영재 · 홍성구,

---

144. 보고서의 원본은 공영방송 발전을 위한 시민연대 홈페이지(www.ccpb.or.kr) 자료실에 있다.
145. 탄핵보고서에 대한 비판은 평가기준으로서 공정성에 대한 회의적인 태도뿐만 아니라 국회의 대통령 탄핵소추가 일탈의 영역(sphere of deviance)이기 때문에 공정성 기준의 기계적 적용이 부당하다는 사안의 특수성에도 근거하고 있다. 하지만 탄핵보고서는 탄핵소추를 합법적 논쟁 영역(sphere of legitimate controversy)이라고 판단하고 있으며, 이 같은 생각은 헌법재판소가 2005년 5월 14일 결정에서 탄핵소추안의 가결에 절차적 적법성의 하자는 없었다고 결정함으로써 확인되었다고 한다(이민웅 등, 2006).

2004). 또 다원화된 사회에서 공정성 논란은 정상적인 현상이라고 평가하고, 언론사가 자율적으로 판단할 수 있는 구조를 마련하는데 주력한다(문종대, 2004).

그러나 공정성은 법적 개념이다. 우리 헌법은 "선거와 국민투표의 공정한 관리"를 위하여 선거관리위원회를 두고(제114조 제1항), 선거운동은 "균등한 기회가 보장"되어야 한다(제116조 제1항)고 요구한다. 선거방송의 공정성은 헌법이 요구하는 선거의 공정성을 보장하기 위한 수단적 성격을 갖는다. 따라서 공정성의 판단 기준 역시 헌법이 요구하는 균등한 기회 보장에서 찾아야 할 것이다. 또한 공정성은 개별 사안에 따라 달리 평가하는 것이 타당하므로 공정성 위반에 따라 제재조치를 하여야 할 경우 그 최종 판단주체는 법원이 되어야 할 것이다. 그렇지 않으면 법관에 의한 재판받을 권리를 보장한 헌법 제27조 제1항에 위반되게 된다.

이와 달리 공직선거법처럼 공정성의 판단과 그에 따른 제재조치의 선택을 심의위원회가 독점하는 것은 시정되어야 한다. 방송법은 방송위원회로 하여금 심의위원회로부터 제재조치를 통보받으면 지체 없이 명하도록(제8조의2 제5항) 규정하고 있다. 제재조치를 통보받고도 이를 지체 없이 이행하지 않으면 처벌 받는 방식으로 벌칙규정을 마련해 놓았기 때문에(제256조 제2항 제3호), 법원은 제재조치의 이행 여부를 심판할 뿐 그러한 제재조치의 타당성, 즉 선거방송의 불공정에 대하여는 심판하지 못한다. 이러한 심의위원회의 권한은 과도한 것이며, 방송사의 재판받을 권리를 침해한다. 방송사를 형사처벌하려면 그 행위의 반사회성이 전제되어야 한다. 여기서는 선거보도가 불공정하여 선거라는 민주주의 국가에서 가장 중요한 공적 행사를 방해할 때 반사회성을 인정할 수 있을 것이다. 단순히 제재조치를 이행하지 않은 것은 행정질서벌인 과태료 부과대상에 불과하다. 따라서 불공정한 보도에 대하여 형사처벌하려면, 방송위원회가 심의위원회의 결정에 따라 해당 방송사를 고발하고, 그 이후는 통상의 사법절차에 따라 진행되도록 공직선거법을 개정하여야 할 것이다.[146)

더불어 심의위원회가 모든 방송을 심의하는 것은 비효율성, 태생적 불공정성 및 언론의 자유의 제한이라는 구조적 문제를 야기하므로 시정되는 것이 바림직하다. 선거에 즈음하여 구성되는 임시조직이 모든 방송프로그램을 과연 심의할 수 있는지 그 능력이 의심된다. 이해관계가 대립되는 사안의 경우 심의위원회는 특정 방송프로그램을 심의해도, 심의하지 않아도 불공정하다는 평가를 받을 수 있다. 심의위원회가 모든 방송을 점검하는 권한과 의무를 가지고 있는 한 불공정성 시비는 불가피하다.

또한 전면적 심의는 방송사가 가지는 편성의 자유를 침해할 소지가 크다. 방송의 자유가 입법자에 의하여 형성되는 것이기는 하나, 방송에 언론의 자유를 부여한 이상 그 범위 내에서 행해지는 편성의 자유를 침해하여서는 아니 된다. 편성의 자유는 방송사가 누리는 언론의 자유의 핵심이나. 과거 선거방송 심의 특별규정(방송위원회 규칙 제7호)은 선거와 직접 관련이 없는 경우에도 "선거기간 중 특정한 후보자나 정당에 유리 또는 불리한 영향을 미칠 우려가 있는 특집기획프로그램을 편성하여서는 아니 된다"고 규정하여 우려라는 가능성만

---

146. 독점규제및공정거래에관한법률이 이러한 방식으로 형사처벌하고 있다. 즉 이 법 제71조 제1항은 "제66조(벌칙) 및 제67조(벌칙)의 죄는 공정거래위원회의 고발이 있어야 공소를 제기할 수 있다"고 규정함으로써 공정거래위원회의 설립취지 및 역할을 존중하면서도 피의자가 통상의 사법절차에 따라 수사 및 재판받도록 배려하고 있다.

으로 방송사의 편성권을 전면적으로 박탈하였다는 점에서 언론의 자유를 침해하였다. 현재 이 조항은 "유리하거나 불리하지 않도록 하여야 한다"고 개정되어 공정성을 촉구하는 주의규정으로 바뀌었다(규칙 제87호). 그럼에도 불구하고 심의위원회가 자신의 책무를 성실히 수행하기 위해서는 모든 프로그램을 예의주시할 수밖에 없으며, 그러한 사실 자체가 방송사의 편성권에 위축효과(chilling effect)를 미치는 것이 분명하여 언론의 자유를 제한한다.

방송이 선거에 부당하게 영향을 미쳐 선거 결과가 국민의 의사를 제대로 반영하지 못하는 것은 막아야 한다. 하지만 그 수단이 반드시 전면적 심의일 필요는 없다. 또 전면적 심의가 공정성을 확보한다는 보장도 없다. 선거에는 복수의 후보자가 참여하기 때문에 선거방송의 공정성에 가장 민감하게 반응하는 주체는 선거에 참여하는 주체일 것이다. 따라서 공정성도 후보자에게 방송된 내용에 대하여 자신의 견해를 피력할 기회를 주는 것으로 충분히 확보할 수 있다. 이렇게 접근할 때 공정성은 보도의 내용에 이해관계가 있는 자에게 항변의 기회를 주는 것으로 이해할 수 있다. 이것이 헌법에서 요구하는 균등한 기회의 제공이라고 하겠다.

미국의 경우 방송에 요구되던 일반적 규범으로서 공정성의 원칙(fairness doctrine)은 폐기되었지만, 공직선거에 출마하는 후보자에게 동등한 기회를 제공하여야 한다는 동등기회제공의 요건(equal opportunities requirement)은 법적 기준으로 살아 있다. 연방 통신법 제315조에 따르면, 방송사업자는 법적으로 공직에 출마한 후보자에게 방송국 사용을 허가하였을 경우 다른 후보자에게도 방송국 사용에 있어서 같은 기회를 제공하여야 한다. 동등기회의 원칙은 돈을 주고 방송시간을 구입하는 정치광고 뿐 아니라, 돈을 지급하지 않고 출연하는 경우에도 적용된다. 하지만, 1959년 법률개정으로 선의 (bona fide)의 뉴스, 뉴스 인터뷰, 뉴스 다큐멘터리 및 현장보도에는 적용되지 않는다.

미국의 기준에 비추어 보면, 우리나라 방송 관련법규는 국가기관에 의한 전면심사라는 특징이 두드러진다. 이는 언론의 자유를 지나치게 제한한다. 선거라는 특수성을 감안하더라도, 공정성의 달성은 공권력에 의한 전면적인 심사에 의하기보다 방송사에 편성의 자유를 부여하고, 불공정한 보도로 피해를 본 후보자 측에 이의를 제기할 수 있도록 하는 방안으로 추진하는 것이 바람직하다.

3) 반론보도청구

반론보도청구제도는 균등한 기회의 제공을 통하여 선거방송의 공정성을 확보할 수 있는 수단이다. 언론의 보도의 피해자가 보도내용에 반론이 있을 경우 해당 언론사에 이를 보도할 것을 요구할 수 있는 권리가 반론보도청구권이다. 언론사 입장에서는 반론보도의 내용이 마음에 들지 않더라도 보도하여야 할 의무가 발생하기 때문에 언론의 자유를 제한한다. 신문처럼 전통적으로 언론의 자유를 광범위하게 향유하는 매체에 대하여 반론보도청구권을 법으로 강제할 경우 언론의 자유를 침해한다는 것이 미국 대법원의 입장이지만(Miami Herald Publishing Co. v. Tornillo, 1974), 우리나라 헌법재판소는 위헌이 아니라고 판단하였다(95헌바25). 미국에서도 방송에 대하여 반론보도를 요구하는 것은 위헌이 아니라고 보고 있다(Red Lion Broadcasting v. FCC, 1969).

사실적 주장에 관한 언론보도에 대한 반론보도청구는 언론중재및 피해구제등에관한법률 제16조에서 일반적으로 규정하고 있음에도

불구하고, 공직선거법은 선거보도에 대한 반론보도청구에 관하여 또
다시 규정하고 있다. 공직선거법에 따른 반론보도는 '선거일전 90일
부터 선거일까지' 공표된 보도라는 대상의 특수성, 보도가 있음을 안
날로부터 10일 이내, 보도가 있은 날로부터 30일 이내에 청구하여야
한다는 시간적 제약성, 해당 언론사와 협의가 되지 않을 경우 심의위
원회가 반론보도청구의 심사를 담당하는 심판기관의 특수성, 심의위
원회가 반론보도의 인용결정을 하는 경우 그 이행을 강제할 수 있는
심판결과의 강행성 등의 측면에서 언론중재법상 반론보도와 다르다.

　선거라는 특수성을 감안하면 선거기간 중 보도된 내용에 대한 반론
보도청구의 심판절차는 보통의 경우보다 신속하게 처리되어야 할 것
이다. 하지만 언론사건의 조정에 대한 전문기관인 언론중재위원회가
있는데, 이를 활용하지 않고 선거에 즈음하여 급조된 조직인 심의위
원회가 이러한 조정권한을 가져야 할 정당성을 찾기 어렵다(성낙인,
2002, 29쪽). 구태여 정당성의 근거를 찾는다면, 심의위원회의 설립
이유가 선거방송의 공정성 유지에 있고, 반론보도청구권은 공정성을
실현하는 하나의 수단이라는 데서 찾을 수 있다. 하지만 심의위원회
의 인적 구성을 보면, 심판결과의 공정성 확보를 기대하기 어렵다.
대한변호사협회 추천 인사를 제외하면, 조정이라는 사법적 분쟁해결
에 전문성을 가졌다고 인정할 수 있는 위원이 없다.

　더구나 심의위원회가 반론보도의 인용결정을 할 경우 그 강제력은
언론중재위원회의 결정과 비교가 되지 않을 정도로 강력하다. 언론
중재위 결정은 당사자가 이의신청을 하면 효력을 상실하고, 최종 결
정은 법원이 내린다. 하지만 심의위원회 결정은 그 자체로 강제력을
가지고 있어 이를 이행하지 않으면 2년 이하의 징역 또는 400만 원
이하의 벌금에 처해진다(제256조 제2항 제3호). 이는 법관에 의한

재판받을 권리 및 언론의 자유를 침해할 소지가 큰 조항이다. 선거라는 특수성을 고려하여 조정결정을 이행하지 않을 경우 과태료를 부과하는 등 강제력을 부여할 필요가 있다고 하더라도, 선거 후 반론보도의 사유에 해당되는지 또는 거부사유를 충족하는지 등의 쟁점을 법원에서 다툴 수 있어야 할 것이다.

이밖에 반드시 언론사를 거쳐 반론보도를 청구할 수 있게 한 현행 제도가 당사자에게 불필요한 시간낭비라는 지적(성낙인, 2002, 30쪽)도 있다. 하지만 반론보도의 수용을 강제할 경우 언론의 자유를 침해할 소지가 있고, 언론사의 자율적 판단에 따라 반론보도를 하는 것이 바람직하다는 면에서 현행 제도가 더 우수하다고 본다.

4) 제재수단

심의위원회는 선거방송이 불공정하다고 인정하면 방송법 제100조 제1항 각호의 규정에 의한 제재조치를 결정하여 이를 방송위원회에 통보하여 해당 방송사를 제재할 수 있다. 방송위원회의 제재조치를 이행하지 않을 경우 형사처벌되므로 심의위원회가 어떠한 제재조치를 선택하느냐가 중요하다. 방송법에 규정된 제재조치로는 시청자에 대한 사과, 해당 방송프로그램의 정정·중지, 방송편성책임자 또는 해당 방송프로그램의 관계자에 대한 징계 등 3종류가 있다. 여기서 문제가 되는 것은 시청자에 대한 사과다. 방송사가 불공정한 방송에 대하여 뒤늦게 반성하고 자발적으로 국민에게 사과하는 경우에는 아무런 문제가 없지만, 그렇지 않을 경우 방송사의 양심의 자유를 침해할 수 있다.

사과방송의 경우 방송사와 같은 법인도 양심의 자유의 주체가 될 수 있는지와 사과방송을 규정한 법률이 과잉금지에 해당하는지 여부가 쟁점이 된다. 일반적으로 양심의 자유는 일신전속적인 것이기는 하나, 헌법재판소는 명예훼손이 있었을 때 명예회복에 적당한 처분으로 사죄광고를 내도록 하는 것이 헌법에 위반된다고 선언하면서 동아일보사의 청구를 인용한 적이 있다(89헌마160). 법인의 경우 그 대표자에게 양심표명의 강제를 요구하는 결과이기 때문에, 사죄광고 과정에서 자연인이든 법인이든 인격의 자유로운 발현을 위해 보호받아야 할 인격권이 무시되고 국가에 의한 인격의 외형적 변형이 초래되어 인격형성에 분열이 필연적으로 수반되게 된다고 설명한다. 과잉금지 여부에 대해서도 당시 헌법재판소는 사죄광고가 명예회복이라는 목적을 달성하는데 적합한 수단도 아니며, 그 정도 또한 과잉하다고 판단했다. 이러한 논리는 사과방송에도 그래도 적용된다.

방송의 자유가 법률로 형성되는 것이라는 이유로 사과방송도 형성법률의 위헌심사기준을 적용하여야 한다는 견해도 있을 수 있으나, 내심의 의사감정과 다른 의사를 표명하도록 강제한다는 점에서는 동일하므로 신문, 방송 등 매체에 따라 위헌심사기준을 달리 할 이유가 없다고 볼 것이다. 따라서 국가권력의 자의적인 결정으로 방송사로 하여금 시청자에게 사과를 강제하고 있는 방송법 제100조 제1항 제1호는 양심의 자유를 지나치게 제한하여 과잉금지의 원칙에 반하므로 삭제되어야 한다. 또한 신문의 경우 선거기사심의위원회로 하여금 공정 여부를 조사하여, 그 결과에 따라 사과문 게재를 강제하는 공직선거법 제8조의3 제3항도 삭제되어야 한다.

사과방송 또는 사과문이 삭제되어도 선거의 공정을 저해하는 선거보도에 대한 제재수단이 미흡한 것은 아니다. 반론보도문 또는 정정보도문의 게재를 명하고 그 이행을 담보하기 위하여 이행강제금을 부과하면 독자 입장에서는 다양한 견해를 접할 수 있고, 선거 후라도 해당 언론사가 문제된 보도의 공정성 여부를 법원에서 다툴 수 있도록 제도를 마련하면 된다. 이러한 방법이 언론사의 양심의 자유 및 언론의 자유에 대한 제한을 최소화하면서도, 재판받을 권리를 보장해 주고, 선거라는 특수한 사정에서 더욱 절실하게 요구되는 공정성도 확보할 수 있을 것으로 생각한다.

5) 여론조사의 결과공표금지

여론조사의 결과공표는 조사시점의 여론의 향방을 알려주는데 그치지 않고, 그 결과에 의하여 여론에 다시 영향을 미친다는 점에서 조심스럽게 다루어져왔다. 선거조사결과 공표금지 조항이 우리나라 법제에 처음 나타난 것은 1958년 참의원선거법과 민의원선거법이었으며, 현재와 같이 여론조사의 결과공표금지라는 표제로 규정된 것은 1991년 국회의원선거법에서부터다(조소영, 2005). 그 후 1994년 제정된 공직선거및선거부정방지법에도 같은 표제의 규정이 존재하였으며, 이는 공직선거법에 승계되어 존속하고 있다. 하지만 공표금지의 기간은 언론의 자유를 침해한다는 비판에 직면하여 점차 축소되는 중이다. 1997년 개정된 선거법에는 선거기간 중 전면금지하고 있었으나, 현행 공직신거법 제108조 제1항은 "누구든지 선거일전 6일부터 선거일의 투표마감시간까지 선거에 관하여 정당에 대한 지지도나 당선인을 예상하게 하는 여론조사의 경위와 그 결과를 공표하거나 인용하여 보도할 수 없다"고 규정하고 있다.

일주일이라는 기간이 다른 선진국과 비교하면 여전히 짧은 기간이라는 비판이 제기되기도 한다(권혁남, 2000). 하지만 헌법재판소가 지적하듯이 여론조사 결과를 공표하면, 우세한 후보자에게 몰리는 밴드웨건 효과(Bandwagon effect)와 열세자를 지원하는 열세자 효과(Underdog effect) 중 어느 쪽의 영향력이 더 클지 예측하기 힘들다(92헌마177). 분명한 것은 결과의 공표로 유권자 중 일부라도 본인의 생각과 다른 투표행태를 보일 수 있다는 점이다. 유권자가 선거에 앞서 여론에 흔들리기 보다는 후보자의 공직 적합성과 정책 추진능력 등을 스스로 숙의할 수 있도록 하는 것이 민주주의 원리에 더 부합한다고 본다. 선거일 직전 일정기간 동안 여론조사 결과의 공표를 금지하는 것은 비례의 원칙 중 규제 목적의 정당성 및 수단의 적정성의 요건을 충족한다. 공표금지 기간이 지나치게 길지만 않으면 최소 침해성의 원칙도 충족하여 위헌적인 제한이라고 할 수 없다. 국민의 알 권리를 침해한다는 주장도 있으나, 알 권리도 필요한 경우 법률로서 제한할 수 있으므로 공표금지기간이 지나치게 길지 않은 한 합헌적 제한이라고 할 것이다.

비교법적으로 볼 때 현재의 공표금지기간 일주일은 다소 길기 때문에 그 기간을 축소하는 것이 입법론적으로 바람직하다. 독일은 여론조사 관련법령이 없으므로 선거 전일 여론조사 결과를 발표해도 위법행위가 되지 않으며, 일본도 선거기간 중의 언론기관에 의한 여론조사 결과의 발표를 금지하는 직접적인 규정이 없다. 다만, 프랑스의 경우 여론조사의 공표를 금지하는 법률이 있으나, 그 기간이 선거일 전날과 당일에 한하여 우리나라의 법제가 다른 나라에 비하여 엄격한 편이다.

(2) 방송광고

정치광고에 대하여 공직선거법은 제69조에서 신문광고에 대하여, 제70조에서 방송광고에 대하여 규정하고 있다. 두 조항 모두 선거운동기간 중 정치광고의 횟수 및 방식에 대하여 규정하는 규제적 내용이다. 정치광고를 규제하여야 할 국가의 이익은 선거의 공정성 확보에 있다. 정치광고는 정치뉴스보다 풍부한 선거정보를 담고 있으며, 후보자는 정치광고를 이용하여 유권자에게 자신의 이름을 알릴 수 있는 기회라는 것이 미국에서 많은 학자들이 연구할 결과다(김춘식, 2005). 그러나 정치광고는 후보자의 일방적인 주장이 담겨져 있기 때문에 정보의 왜곡으로 선거의 공정성을 훼손할 우려가 있고, 재력에 의하여 유권자에게 접근하는 정도가 달라지게 돼 평등선거의 원칙에 반할 수 있다. 공직선거법이 방송사업자로 하여금 모든 후보자에게 공평하게 방송광고를 하도록 강제하고(제70조 제5항), 방송광고의 횟수를 대통령선거의 경우 텔레비전 및 라디오 방송별로 각 30회 이내, 비례대표국회의원선거의 경우 텔레비전 및 라이도 방송별로 각 15회 이내로 제한하고(동조 제1항), 광고비용은 같은 방송시간대에 광고하는 상업·문화 기타 각종 광고의 요금 중 최저요금을 초과하여 후보자에게 받을 수 없도록 한 것(동조 제8항)은 선거의 공정성 및 평등선거의 원칙을 구현하기 위한 목적이다.

정치광고는 광고라는 명칭에도 불구하고, 그 전달하려는 내용이 징치적 의견이기 때문에 보통의 광고와 달리 취급되어야 할 것이다. 일반적으로 광고는 그 전달하는 내용이 상품의 품질, 특징, 가격 등 정보이기 때문에 민주주의 국가에서 다양한 사상 및 의견을 보호하기 위하여 마련된 언론의 자유의 본질에 부합하지 않는 면이 있다. 그러나 정치광고는 그 전달하는 내용이 일반적인 정치적 표현과 동일하기 때문에 상업적 표현이 아닌 정치적 표현으로 분류되어야 할 것이다. 공직선거법 제70조 규정의 방송광고는 선거운동의 하나로 자기의 생각을 일방적으로 전달한다는 점에서 동법 제71조에 규정된 후보자 등의 방송연설과 차이가 없다. 국민의 자기지배에 도움이 되는 표현행위다. 따라서 정치광고는 다른 어떤 종류의 표현보다 두텁게 보호받아야 하는 것이 언론의 자유의 가치를 존중하는 헌법 질서에 부합한다. 선거의 공정성을 확보하여야 할 공익도 중요하지만, 정치광고를 허용하여야 할 공익 역시 크기 때문에 선거의 공정성을 내세워 정치광고를 규제하는 것이 언제나 정당화될 수 없다. 오히려 국민의 알 권리를 고려하면, 국민이 후보자에 관한 일반적 정보에 접근할 수 있도록 정치광고를 자유롭게 허용하는 것이 공익을 더 제고하는 방법이다. 정치광고가 효과적인 선거운동 도구로 사용되는 미국의 경우 정치광고에 대한 규제가 거의 없는 것은 언론의 자유의 가치가 중시되었기 때문이다. 우리나라에서 정치광고가 지지후보 결정에 거의 영향을 미치지 못하고 있는 원인도 정치광고에 대한 규제가 과도한 데서 그 원인을 찾아야 할 것이다.[147]

현행 공직선거법은 대통령선거와 비례대표국회의원선거에 한하여 방송광고를 허용하고 있지만, 지역구 국회의원선거와 광역시·도지사 선거에도 방송광고를 허용하도록 하여 이러한 선거에서도 유권자가 판단할 수 있는 정보량을 제고시킬 필요가 있다. 횟수의 제한도 풀 필요가 있다. 이 경우 문제가 되는 것은 정치광고의 비용이다. 광고비용을 부담할 수 있는 재력가만 유권자에게 접근할 수 있어 평등의 원칙 및 선거의 공정성에 반할 수 있기 때문이다.

그러나 공직선거법은 선거에서 일정비율 이상을 득표한 후보자에

---

147. 2004년 실시된 제17회 국회의원 선거 기간 동안 선거관련 정보원 및 그 영향력에 대한 인식을 조사한 결과, 신문광고 텔레비전 정치광고가 가장 중요한 선거 정보원이라는 응답비율은 1.7%, 지지후보 결정에 가장 큰 영향력을 미쳤다는 응답비율은 1.1%에 불과했다(권혁남 등, 2005).

대하여 선거비용을 보전하기 때문에(제122조의2) 재력에 의한 불평등을 완화하고 있다. 입법론적으로는 독일처럼 공영방송으로 하여금 선거광고방송을 무료로 송출할 의무를 부과하는 것(심영섭, 2002)이 바람직하다. 공직선거법은 후보자등의 방송연설도 방송광고와 마찬가지로 최저요금을 부과할 수 있도록 규정하고 있으나(제71조 제3항), 방송연설의 경우에도 공영방송이 무료로 송출하도록 하는 것이 선거공영제를 선언한 헌법 제116조 제2항의 취지에 부합한다. 선거방송토론위원회가 주관하는 대담·토론회의 경우 공영방송사가 그의 부담으로 중계방송하고(제82조의2 제10항), 중계방송을 할 수 없는 경우 다른 지상파방송사업자나 종합유선방송사업자의 방송시설을 이용하여 중계방송하고 그 비용을 국가 또는 지방자치단체가 부담하도록 한(동조 제11항) 공직선거법 규정이 방송광고와 방송연설에도 적용되어야 할 것이다. 다만 방송광고와 방송연설을 무료로 무제한 송출하는 것은 공영방송사의 편성권을 제한하고 재정적 부담을 가중시키므로 일정 기준까지 무료로 하고, 그 이상에 대해서는 최저요금을 적용받도록 하는 방안도 고려할 수 있다.

정치광고는 후보자가 주장하는 일방적인 내용을 담아 유권자에게 전달되기 때문에 그 내용 검증을 위한 제도적 장치가 함께 거론될 때 방송광고 등 정치광고의 확대 주장이 정당성을 갖는다는 견해도 있다(김영주·김춘식, 2005). 여기서 제도적 장치란 선거관리위원회 같은 국가기관이 정치광고의 내용을 검증하는 시스템을 의미한다. 심의위원회 등이 선거보도를 전면적으로 심사하고 있는 현행 공직선거법과 같은 발상이다. 그러나 이러한 접근은 언론의 자유를 심각하게 제한한다. 언론의 자유의 핵심은 국가기관이 표현의 내용을 심사하고 규제하는 것을 신중히 하자는 데 있다. 국가기관에 의한 내용심사는 되도록 자제되어야 한다. 선거보도에서 제시한 바와 같이 한 쪽 후보자의 일방적인 방송광고는 다른 후보자로부터 그 내용을 검증받기 때문에 국가가 내용을 검증하기 위하여 직접 나설 이유가 없다. 국가는 중립적인 입장에 서는 것으로 충분하다.

방송광고와 관련하여 방송사업자가 편성의 자유를 내세워 방송광고를 거절할 수 있는지 검토할 필요가 있다. 공직선거법 제70조는 후보자에게 방송시설을 이용할 수 있는 권리를 부여하였기 때문에 그 범위 내에서 방송사업자는 방송의 자유를 주장할 수 없다. 방송의 자유는 법률에 의하여 형성되는 것이기 때문에, 공직선거법에 의하여 방송광고의 권리는 방송사업자가 아닌 공직선거 후보자에게 형성되었다고 보아야 할 것이다.

(3) 후보자초청 대담 · 토론회

텔레비전 토론회는 유권자가 공직 후보자의 인물과 그의 공약을 비교해서 평가할 수 있는 기회를 제공한다는 점에서 저비용 · 고효율의 선거운동 방법으로 평가된다. 오늘날 정치를 미디어 정치라고 부르는 것도 텔레비전 토론회가 활성화된 것과 밀접한 관련을 가진다. 2004년 3월 12일 개정된 공직선거법은 합동연설회를 폐지함으로써 대면접촉을 통한 선거운동을 지양하고, 미디어 정치를 지향하고 있다. 입법자는 선거후보자 토론회를 선거운동의 중심축으로 설정하고, 이를 위한 제도적 기틀을 법제화하였다. 크게 두 가지의 방송토론회가 있다. 첫째, 방송사는 후보자를 1인 또는 수인을 초청하여 소속 정당의 정강 · 정책이나 후보자의 정견 기타 사항을 알아보기 위하여 대담 · 토론회를 개최하고 이를 보도할 수 있다(제82조 제1항

제1문). 이러한 대담·토론회는 방송사가 자율적으로 개최한다(동조 제2항). 하지만 대담·토론의 진행은 공정하여야 하며(동조 제3항), 그 내용을 편집하지 않은 상태에서 방송하여야 한다(동조 제1항 제3문). 방송사의 자발적 대담·토론회의 경우 일부 후보자만 초청하여 실시할 경우 평등원칙을 침해하는지 여부를 놓고 견해가 갈린다. 헌법재판소는 후보자의 당선가능성, 선거권자의 관심도, 주요 정당의 추천을 받았는지 여부 등을 참작하여 자율적인 판단에 따라 일부만 초청한 것은 선거권자에게 선거에 관한 유용한 정보를 제공하기 위한 합리적이고 상대적인 차별이라고 보고 있다(98헌마172). 방송사가 가지는 편성의 자유를 존중하면서도 선거의 공정성을 달성하는 조화적 해결방안으로 주요 정당의 추천 여부를 중심으로 하여 선거권자의 관심사 등을 감안하여 초청 후보자를 선정하는 것은 타당하다.

또 다른 방송토론회는 선거방송토론위원회(이하 '토론위원회'라 한다)가 주최하는 대담·토론회 및 정책토론회다. 국가가 주도하는 토론회는 세계적으로 유례를 찾아볼 수 없는 독특한 제도로서, 깨끗하고 돈 안 드는 선거를 구현하기 위하여 2005년 8월 4일 공직선거법과 정당법 개정으로 도입되었다(박태순, 2006). 공직선거법은 각급 선서관리위원회로 하여금 토론위원회를 설치·운영하도록 하고(제8조의7 제1항), 그 구성은 국회에 교섭단체를 구성한 정당 및 공영방송사인 KBS와 MBC가 추천하는 각 1인과 방송위원회·학계·법조계·시민단체가 추천하는 자 등 9인으로 한다(동조 제2항). 중앙선거관리위원회에 설치하는 토론위원회는 같은 방식으로 구성하되 위원을 11인으로 한다. 위원의 임기는 3년이고, 위원회 사무를 처리하기 위하여 선거관리위원회 소속 공무원으로 구성하는 사무국을 둔다.

토론위원회 구성에는 다음과 같은 문제가 있다. 첫째, 위원 구성의 비전문성이다. 이는 토론위원회의 기능과 밀접한 관련을 맺는다. 토론위원회는 선거관련 "토론회를 공정하게 주관·진행하기 위하여" 설치·운영되는 조직이다. 따라서 초청대상 후보자의 선정, 사회자 및 패널의 선정, 토론진행방식의 결정, 의제 수집 및 선정, 질문사항 작성 및 선정 등이 주요한 업무가 된다(박태순, 2006). 이러한 업무는 우리 사회가 당면한 주요 의제 및 이를 해결하기 위한 공론장에 대한 이해를 바탕으로 추진되어야 한다. 전문가라면 이에 대한 전문가, 즉 정치커뮤니케이션 전문가이어야 하지만 이들이 참여하기 어려운 것이 현실이다(송종길, 2006). 토론이 방송을 통하여 전달된다고 하여 방송전문가가 적합하다고 말할 수 없다. 토론위원회 위원으로 2개 공영방송사가 각 1인과 방송위원회가 추천하는 자 1인 등 3인이 포함되어야 할 논리적 근거를 찾기 힘들다. 이는 심의위원회의 구성에서 지적한대로 방송의 특수성에 대한 오해에서 비롯된 것으로 생각한다.

둘째, 교섭단체를 구성하는 정당이 추천하는 자를 당연직 위원으로 위촉하게 된 것도 소수정당 및 신생정당에게 지나치게 불리한 내용이다. 현행 공직선거법은 대면접촉에 의한 선거운동을 제한하고 미디어 정치로 하여금 그 자리를 대신하도록 하였다. 그런데, 초청 후보자의 선정부터 패널 선정, 토론진행 방식의 결정, 의제 선정 등 선거 결과에 영향을 크게 미칠 수 있는 방송토론회의 주요 내용이 기존 정당에 월등하게 유리하게 결정될 수 있다. 더구나 소수 정당이나 신생 정당이 추천한 후보자 또는 무소속으로 출마하는 정치신인 등은 토론위원회가 주최하는 대담·토론회에 참석할 수 없거나, 참석하더라도 열등자끼리 따라 개최되는 대담·토론회에만 참석할 수 있기 때문에 소수정당, 신생정당, 정치신인 등은 이중의 불이익을 받게 된다.

토론위원회의 당연직 위원으로 정당추천 인사는 삭제하는 것이 평등 선거의 원칙에 부합한다. 정당은 대담·토론회의 진행방식 등에 의견을 제출할 수 있는 방식으로 의사소통하면 충분하다고 본다.

토론위원회가 개최하는 대담·토론회는 일정한 기준으로 선정한 초청자를 대상으로 실시되며, 초청받은 후보자는 정당한 사유가 없는 한 참석하여야 할 의무가 있다(제82조의2 제4항). 이러한 점에서 종전부터 시행되던 언론기관이나 단체가 개최하는 대담·토론회와는 그 본질이 다르다. 후보자간 대담·토론회는 과거 합동유세 등 선거권자가 후보자들을 비교·선택할 수 있는 제도가 부정부패의 온상이 되는 등 문제가 많다고 보아 폐지하고 그 대안으로 마련된 것이다. 이는 선거에 있어서 국민의 알 권리를 실현시키는 제도이기도 하다. 초청자가 의무적으로 참석하여야 한다든지, 공영방송사가 그의 부담으로 대담·토론회를 텔레비전을 통하여 중계방송하여야 한다든지, 공영방송사가 할 수 없을 때에는 다른 지상파방송사업자나 종합유선방송사업자의 방송시설을 이용하고 그 비용을 국가나 지방자치단체가 부담한다든지 하는 것은 그 정당성이 인정된다.

하지만 초청대상자를 제한하고, 초청받지 못한 후보자는 그들만의 리그를 만들어 대담·토론회를 개최할 수 있도록 한 것은 국민의 알 권리를 침해하고 후보자의 평등권을 침해하여 위헌적 제도다. 국민은 선거에 나온 모든 후보자를 비교·선택하는데 필요한 정보를 국가에 요구할 수 있는데, 공직선거법은 그러한 기회를 제공하고 있지 않다. 후보자가 많을 경우 대담·토론회가 원활하게 진행하기 어렵다는 기술적 이유만으로 알 권리의 제한을 정당화하기 힘들다. 후보자간 제비뽑기 등을 통하여 순번을 정하여 기술적으로 가능한 후보자 수만큼 순차적으로 대담·토론회를 개최하여야 할 것이다. 현행 방식대로 초청자 그룹과 비초청자 그룹을 국가가 선별하여 대담·토론회를 개최하는 것은 선거에 앞서 비초청자 그룹에 속한 후보자를 열세자로 낙인찍는 것으로 국가공권력에 의한 평등권 침해라고 아니할 수 없다. 과거 헌법재판소가 이러한 방식의 토론회가 합헌이라고 한 것은 그 주최자가 국가기관이 아닌 언론사라는 점에서 현행 공직선거법상 제도와 본질을 달리한다. 즉 언론사 주최 토론회에서는 언론사의 편성의 자유가 고려되어야 하지만, 국민이 편성된 방송에 일반적으로 접근할 수 있는 한 알 권리가 침해되었다고 보기 어렵다.

4. 소결

지금까지 논의를 정리하면 다음과 같다. 선거방송과 관련된 법과 제도는 선거의 공정성뿐 아니라 언론의 자유라는 헌법적 틀 안에서 논의되어야 한다. 현행 제도는 선거의 공정성 및 선거방송의 공정성 확보에 과도하게 경도되어 있다. 후보자의 선거운동의 자유, 유권자의 알 권리, 방송사의 방송의 자유 등 민주주의 국가에서 언론의 자유가 가지는 헌법적 가치와 선거의 공정성 확보로 얻을 수 있는 헌법적 가치를 비교형량하여 조화로운 해결방안을 마련하여야 한다. 선거일에 가까울수록 공정성의 확보가 언론의 자유보다 소중하다는 평가를 받는 것은 당연하다. 하지만 선거와 관련되었다는 이유만으로 언론의 자유를 함부로 훼손하여도 되는 것은 아니다.

현행 공직선거법은 선거보도, 방송광고, 후보자 초청 대담·토론회 등으로 나누어 각각의 경우에 언론의 자유와 선거의 공정성이 어떻게 조화를 이루고 있는지 살펴볼 필요가 있다. 선거보도의 경우 선거방송심의위원회가 모든 선거방송을 심의한 후 공정성을 상실한 보도를 제재하는 방식을 취하고 있다. 국가기관에 의한 전면 심사는 비효율성, 태생적 불공정성, 언론의 자유의 제한 등 구조적 문제를 야기한다. 공정성은 보도의 내용에 이해관계 있는 자에게 항변의 기회를 제공하는 방식으로 추구하는 것이 바람직하다. 이러한 의미에서 반론보도청구제도는 중요한 의미를 갖는다. 선거방송의 불공정성을 심판하는 최종 기관은 법원이어야 한다. 공정성의 판단과 그에 따른 제재조치의 선택을 선거방송심의위원회가 독점하는 공직선거법은 개정되어야 한다. 여론조사의 결과공표를 금지하는 것은 그 기간이 지나치게 길지 않는 한 위헌이라고 보기 어렵다. 현재의 공표금지기간 일주일은 다소 길기 때문에 그 기간을 축소하는 것이 바람직하지만 그대로 두더라도 위헌이라고 단정하기 어렵다.

방송광고는 정치적 표현의 하나로 정부 규제로부터 자유로워야 하는 영역이다. 다만 방송광고에 비용이 많이 들기 때문에 선거의 공정성 및 평등선거의 원칙을 구현하기 위하여 후보자의 부담을 줄여줄 필요가 있다. 유권자에게 후보자에 관한 개인정보와 정견 등을 알리고, 유권자의 알 권리를 실현하며, 선거공영제를 달성하기 위하여 공영방송사가 일정 횟수의 방송광고와 방송연설을 무료로 송출하도록 선거제도를 개정할 필요가 있다. 그 이상의 방송광고와 방송연설에 대하여는 후보자가 그 비용을 부담할 경우 자유로이 허용하는 것이 언론의 자유의 측면에서 이상적이지만, 이 문제는 선거비용 전반을 자유화할 때 검토하는 것이 바람직하다. 국가기관에 의한 방송광고의 내용 심사는 언론의 자유에 대한 제한적 요소가 크므로 자제되어야 한다.

후보자 초청 대담·토론회는 저비용·고효율의 선거운동 방법이다. 하지만 방송사가 자율적으로 결정하는 대담·토론회에서 초청자를 선별하는 것은 방송사의 편성의 자유를 존중한다는 측면에서 수용할 수 있지만, 선거방송토론위원회라는 국가기관이 주도하는 대담·토론회에서 후보자를 일부를 선별하여 초청하는 것은 국민의 알 권리를 침해하고 후보자의 평등권을 침해하여 위헌이라고 할 것이다.

현행 공직선거법 및 방송법과 그에 기초하여 제정된 방송위원회 규칙 등 선거방송관련 법과 제도는 전통적인 방송의 개념을 중심으로 만들어졌다. 즉 방송은 주파수의 희소성이라는 태생적 한계 때문에 방송의 자유는 국민에 봉사하는 자유이며, 따라서 다른 매체보다 제한이 많은 것은 당연하다는 전제 위에 있는 것이다. 방송에 대한 공정성 요구나, 선거보도심의위원회 및 선거방송토론위원회의 위원 구성에 있어서 특수성 등이 그 예이다.

하지만 정보통신기술이 급격히 발전하면서 지상파방송을 대체할 수 있는 위성방송, 유선방송, 인터넷방송 등 새로운 방송이 등장하게 되었다. 이제 주파수의 희소성을 근거로 방송에 대하여 특별히 규제하는 것이 정당한지 의문을 제기하는 견해도 많아졌다. 1985년 미국 FCC가 발표한 공정성 보고서(50 Fed. Reg. 35)가 공정성 원칙을 폐지할 것을 주장하였고, 그 2년 뒤 FCC가 실제로 공정성 원칙을 폐지한 이유 중 하나도 방송의 특수성이라는 규제의 정당성이 상실하였기 때문이다. 이는 선거라는 특수한 상황에서도 마찬가지다. 방송에 대하여 공정성을 강력히 요구하고 또 실제로 그렇게 실현된다고 하더라도 선거의 공정성이 확보된다는 보장이 없다. 사용자제작콘텐츠(UCC) 시대를 맞아 누구나 선거와 관련한 비디오클립을 제작하여 인터넷을 통하여 유권자에게 확산시킬 수 있는 상황에서 지상파 방송에만 주목하여 그 공정성 확보를 법으로 강제하는 것은 한계에 봉착한다. 더구나 새로운 방송 개념을 법제화하는 데는 항상 시차(time lag)가 발생한다.

　이에 대한 해결은 독일 연방헌법재판소가 제시하듯이 공영방송과 상업방송을 이원화하는 접근방식에서 찾아야 할 것이다(곽상진, 2000). 즉 공영방송은 국민의 알 권리를 실현하기 위하여 기본적 방송공급에 주력하고, 상업방송에 대해서는 편성의 자유를 존중하여 시장에서 자율적 경쟁을 통하여 공정성이 확보되도록 유도하는 것이다. 주파수의 제한이 있던 시대에는 상업방송사의 수가 제한적이기 때문에 방송시장에 자연적 과점이 형성될 수밖에 없었다. 국가가 방송에 여러 가지 규제를 하는 것이 당연시되었다. 하지만, 정보통신기술의 발전으로 새로운 방송이 속속 등장하므로 상업방송의 영역은 여러 가지 형태의 복수의 방송사가 서로 경쟁하는 시장구조가 형성될 수 있게 되었다. 결국 상업방송사에 대해서는 편성의 자유를 지금보다 확대하여 허용할 필요가 있다. 선거방송을 모두 심의하는 방식은 지양하여야 하며, 방송사에 대하여 이해관계인이 반론권을 제기하는 방식으로 공정성을 확보하는 방안이 타당한 접근이다. 그 대신 공영방송사에 대하여는 모든 후보자의 방송광고와 방송연설을 일정한 범위에서 무료로 송출하도록 하는 등 국민의 알 권리를 실현하도록 제도화할 필요가 있다.

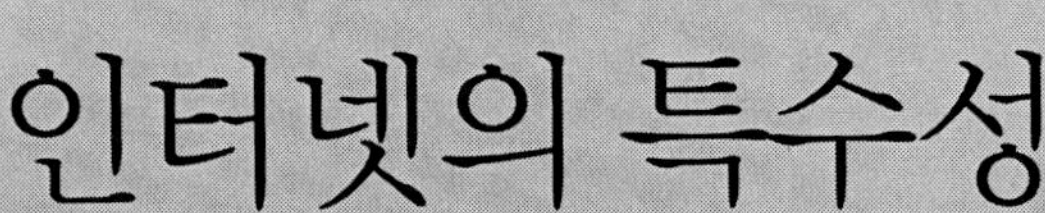

인터넷의 특수성

제 11 장

I. 인터넷의 특수성

1. 인터넷의 성격

인터넷은 서로 연결된 컴퓨터의 국제적인 네트워크(an international network of interconnected computer)로 1969년 군사적인 목적으로 처음 고안되었다. 그 후 일반인의 사용이 늘어나기 시작해 1990년 정보기술의 발달과 함께 폭발적으로 이용이 증가하였다. 1990년대 초 만해도 매체로서 인터넷의 성격을 어떻게 규정할지 논란이 많았다. 인터넷이 음란의 바다라는 오명을 들을 정도로 음란물이 범람하자, 세계 각 국은 이를 규제하기 위하여 다양한 입법을 시도하였다.

특히 주목할 국가는 미국이다. 미국은 인터넷 음란물로부터 청소년을 보호하기 위하여 몇 차례 법률을 제정하였으나, 번번이 미 대법원에 의하여 제지되었다.[1] 이 과정에서 인터넷의 성격에 대한 법적 평가는 확고하게 내려지게 되었다. 미 대법원은 인터넷의 등장으로 전례 없이 자유로운 공론의 장이 열렸다고 보고 있다. 인터넷에서는 누구나 공공의 문제에 대해서 자기 의견을 피력할 수 있는 새롭고도 강력한 광장이 형성한 것이다. 인터넷 이용자는 정보 수용자이면서 동시에 정보 공급자로 활동하게 된다. 그 결과 인터넷에서 제공되는 정보는 인간의 생각만큼이나 다양하다.[2] 미 대법원은 인터넷을 사상의 자유시장 이론(marketplace of ideas)이 제대로 작동할 수 있는 공간이라고 보고 있으며, 그 결과 수정헌법 제1조(언론의 자유)의 보호를 가장 두텁게 받아야 한다고 선언하기에 이르렀다.[3]

미국에서의 논의는 우리나라에서도 타당하다. 인터넷은 누구나 자기 의견을 피력할 수 있다는 점에서 매체로서의 성격이 방송보다 인쇄에 가깝다. 따라서 방송처럼 태생적 한계로 인하여 국가의 간섭이 필요한 영역은 아니라고 하겠다. 그러나 인터넷은 인쇄와 다른 특성도 가지고 있다. 인쇄는 아날로그적 특성으로 인하여 콘텐츠의 복제가 어렵고 콘텐츠의 유통이 가시적이지만, 인터넷 정보는 디지털이기 때문에 복제가 쉽고 눈에 보이지 않는 상태에서 유통된다. 오프라인과 온라인의 차이에서 인터넷의 고유한 특성을 찾고, 그 특성에 맞는 규제 수단을 찾으려는 노력도 시도되고 있다.[4] 그러나 인터넷의 이용범위가 넓어지고, 인터넷의 이용행태도 변하면서 인터넷 규제이론은 아직 정립되지 못한 상태다.

---

1. 대표적인 사례로는 1996년 인터네 상의 유해물질(harmful material)로부터 청소년(minors)을 보호하기 위하여 제정된 Communication Decency Act of 1996이 1997년 6월 26일 수정헌법 제1조에 위반된다는 결정을 받았다. Reno v. ACLU, 521 U.S. 844 (1997) 참고. 미 의회는 이어 CDA의 위헌적 요소를 일부 제거하고 Child Online Protection Act(COPA)를 제정하였으나, 미 제3연방항소법원(3rd Circuit Court of Appeals) 은 2003년 3월 6일 이 법에 대하여 위헌을 선언하였다.
2. 929 F. Supp. 824, 842.
3. 521 U.S. at 870.
4. 온라인과 오프라인의 성격 차이를 분석하고 온라인에 적합한 정부 규제수단을 정립하는 대표적인 인물로 스탠포드 대학의 Lawrence Lessig 교수가 있다. 그는 인간의 행동을 규제하는 수단으로 법(law), 규범(norms), 시장(market), 구조(architecture) 등 네 가지를 들고, 이 가운데 인터넷에서는 구조, 즉 코드(code)가 중요하다고 역설하였다. Lawrence Lessig, CODE AND THER LAWS OF CYBERSPACE (1999).

2. 인터넷과 민주적 문화론[5]

예일대학 로스쿨의 Jack M. Balkin 교수는 정보사회에 적합한 표현의 자유의 이론을 정립하기 위하여 활발하게 활동하는 대표적인 학자다. Balkin 교수는 인터넷의 발달로 인하여 표현의 자유를 다른 각도에서 살펴보아야 한다고 역설한다. 그 이유는 인터넷이 표현의 자유의 본질(what freedom of speech is)을 근본적으로 바꾸었기 때문이 아니라, 사람들이 발언하는 사회적 환경(social conditions)을 바꾸었기 때문이며, 이러한 사회적 환경의 변화는 그 전까지 배경에 불과하였던 표현의 자유의 특성(features of freedom of speech)을 전면에 부각시켰다고 설명한다.[6]

Balkin 교수는 표현의 자유가 상호교환(interactive)이며, 공유물의 사적 이용(appropriate)이라고 보고 있다.[7] 표현은 상호간에 벌어지고, 이 과정에서 말하는 사람과 듣는 사람이 서로 뒤바뀌게 되기 때문에 표현은 상호교환이다. 또한 표현은 기존의 문화적 자원을 자신의 것으로 사용화한 후 그 기반 위에서 행해지기 때문에 표현은 공유물의 사적이용이다. 사람들은 민주적 문화(democratic culture) 속에서 자유로이 공유물을 사적으로 이용하고, 비판하고, 그 기반위에 새로운 것을 창조하여 문화를 만든다.

Balkin 교수는 표현의 자유가 지극히 개인적(individual)이면서 동시에 지극히 문화적이기 때문에 지극히 집단적(collective)인 성격

---

5. Jack M. Balkin, *Digital Speech and Democratic Culture: A Theory of Freedom of Expression for the Information Society*, 79 N.Y. L. Rev. 1 (2004).

6. *Id.* at 2.

7. *Id.* at 4.

을 가지고 있다고 파악한다.[8] 그의 설명에 의하면, 표현의 자유가 가치 있는 이유는 사람들로 하여금 문화의 창조 시스템에 참여하도록 하는 능력을 가지고 있기 때문이다. 문화 참여가 중요한 이유는 우리가 문화의 산물이기 때문이고, 문화에 참여할 수 있는 권리가 가치 있는 것은 우리가 살고 있는 세상을 만들고 현재 우리의 모습(who we are)을 만드는 힘에 대하여 발언하도록 허용하기 때문이다.[9]

인터넷으로 대표되는 정보화는 개인이 문화의 생성에 참여할 수 있는 기회와 참된 민주적 문화의 실현 가능성을 확대하고 있다. Balkin 교수는 디지털 혁명으로 첫째 정보의 복사와 유통 비용이 대폭 줄었으며, 둘째 유통의 문화적 지리적 경계가 사라졌으며, 셋째 기존 정보를 바탕으로 새로운 것을 만들거나 이에 대하여 논평하는 비용이 줄었으며, 넷째 위 세 가지로 인하여 표현(speech)이 민주화되었다고 역설한다.[10]

20세기를 지배한 매스 미디어(mass media)가 정보의 비대칭적(asymmetrical)이며 단일지향성(unidirectional)이라면, 인터넷은 그렇지 않다. 인터넷의 쌍방향적 특징은 매스 미디어의 결점을 보완해준다. 하지만 Balkin 교수는 인터넷이 매스 미디어의 완전한 대체재(complete substitute)가 될 수는 없다고 주장한다. 인터넷은 매스 미디어와 관련을 가질 때 비로소 의미 있는 매체가 된다. Balkin 교수는 인터넷의 특성을 매스 미디어를 우회(routing around)하고, 사적 활용(glomming on)하는데서 찾는다.[11] 인터넷이 매스 미디어

---

8. *Id.*

9. *Id.*

10. *Id.* at 6~9.

11. *Id.* at 9.

를 우회한다는 것은 매스 미디어의 문지기(gatekeepers) 또는 병목현상(bottlenecks)을 피할 수 있다는 의미이다. 예를 들어 어떤 사람이 블로그(blogs)에 매스 미디어의 내용을 퍼 오면 다른 사람들은 해당 매스 미디어를 방문하지 않아도 그 내용을 알 수 있게 된다. 인터넷이 매스 미디어를 사적 활용한다는 것은 매스 미디어의 정보를 비독점적으로 사유화하면서 동시에 이를 기반으로 논평하거나 새로운 표현(speech)을 만들어 내는 것을 의미한다. 이처럼 인터넷은 매스 미디어가 중심이 된 기반 위에 세워지는 매체이다.

하지만 인터넷은 표현의 자유를 종전과 다르게 바꾸어 놓고 있다. Balkin 교수가 관찰한 인터넷의 특성은 다음과 같다. 첫째, 주제가 정치에서부터 대중문화(pop culture)에 이르기까지 다양하다. 둘째, 보통의 사람들이 창의적인 표현을 할 수 있도록 한다. 셋째, 그러한 창의성은 인터넷에 있는 기존의 것에 바탕을 두고 있다. 넷째, 보통 사람들이 하는 인터넷 표현은 참여적이고 쌍방향적이다. 다섯째, 보통 사람들은 이렇게 주고받으면서 새로운 공동체·문화·하위문화를 만들어 간다.[12]

새로운 환경을 인정하면, 표현의 자유가 가지는 가치 혹은 표현의 자유를 헌법적 가치로 보호하여야 하는 이유에 대한 설명도 달라져야 한다. 특히 표현의 자유와 민주주의와의 관계에 대한 설명이 바뀌어야 한다. Balkin 교수는 표현의 자유가 민주주의 사회에서 공적인 관심 사안을 함께 숙의하기 위하여 필요하다는 사고에서 벗어나야 한다고 강조한다. 그는 "자유로운 언론이 민주주의에 관한 것이라면, 가능한 한 넓은 의미의 민주주의에 관한 것이다. 단지 지배(gover-

---

12. *Id.* at 31, 32.

nance)에 관한 것이나 숙고(deliberation)에 관한 것에 그쳐서는 아
니 되며, 문화의 차원으로 확대되어야 한다"고 역설한다.[13]

　Balkin 교수에 따르면, 표현의 자유의 보호근거는 민주주의의 발
전(promotion of democracy)에 있기보다 민주적 문화의 활성화
(promotion of a democratic culture)에 있다.[14] 즉, 문화는 자아
(the self)를 형성하는 데 필수적인 요소이고, 표현의 자유는 이러한
문화에 참여하는 것을 의미한다. Meiklejohn을 비롯한 자기지배이
론의 옹호자들은 대중문화(pop culture)를 주변적인 것으로 치부했
지만, 요즘 상황은 그렇지 않다. 대중문화가 오히려 표현의 자유의
중심이다. 20세기는 매스 미디어가 일방지향적(unidirectional)이
어서 대중문화가 대량문화(mass culture)였지만, 인터넷은 우회
(routing around)와 사적 유용(glomming on)을 통하여 보통 사람
들에 의한 문화 참여(participation)를 실현시킨다. 이제 표현의 자
유는 소수 엘리트의 전유물이 아니고, 보통 사람들로 하여금 정치적
문제이던, 공적 관심사이던, 또는 대중문화이던 관계없이 말하고 싶
은 것을 말하도록 함으로써 문화에 참여하도록 하는 기능을 한다. 이
것이 Balkin 교수의 민주적 문화론이다. 21세기 표현의 자유의 헌법
적 가치는 여기에서 찾아야 한다고 본다. 저작권 침해, 인터넷 실명
제, 인터넷포털 책임론 등 인터넷에서 발생하는 새로운 법률문제의
해결책도 여기에 바탕을 두고 찾아야 할 것이다.

---

13. *Id.* at 32.
14. *Id.* at 35~42.

Ⅱ. 인터넷 실명제[15]

1. 실명, 가명 그리고 익명의 표현

군중 속에서 한 사람이 중얼거린다.

"저 자가 사기꾼인데."

연단에 서 있는 자는 그 소리를 듣고 거만하게 외친다.

"남의 등 뒤에 숨어 소근 대지 말고, 할 말이 있으면 당당하게 나와서 이야기하라."

인터넷 실명제의 문제는 오프라인에서 벌어질 수 있는 현상의 재연일 뿐이다. 할 말이 있으면 당당하게 나와서 이야기하라는 주장과 자신의 신분을 드러내지 못하는 사람도 할 말이 있다는 주장의 대립이다.

이러한 관점에서 보면, 익명의 자유는 온라인과 오프라인이 다를 것 같지 않다. 차이가 있다면, 인터넷은 다른 사람과 얼굴을 마주 하지 않기 때문에 익명성이 완전히 보장될 것 같은 착각을 일으킨다는 정도다. 인터넷에도 주소가 있는 것을 잘 모르고 인터넷에 함부로 글을 올렸다가 망신당한 사람들도 있다.

---

15. 이 글은 「인권과 정의」 제352호(2005년 12월)에 게재된 글을 수정·보완한 것이다.

자기 이름을 숨기고, 가짜 이름을 사용하는 일은 문학과 예술의 영역에서 흔히 벌어지는 일이다. 자기가 쓴 글을 남의 이름으로 발표하는 경우도 있고, 가명으로 출판하는 일도 있고, 저자를 밝히지 않은 채 세상에 던지기도 한다. 필자가 자기의 이름을 밝히지 않거나, 혹은 자기의 실체를 정확하게 나타내지 않아도 그가 발표한 표현물이 좋으면 사람들은 즐거워하고, 그렇지 않으면 사람들은 이를 외면한다.

이러한 현상은 동서고금을 막론하고 발견된다. 일제강점기 때의 대표적인 문인인 이육사, 김영랑, 심훈, 이들은 모두 본명을 사용하지 않았다. 외국에도 사례는 무수히 많다. 1847년 여성에 대한 사회적 편견이 심하던 시절, 영국의 작가 Charlotte Bronte는 Currer Bell이라는 남자 이름으로 『제인 에어』(Jane Eyre)라는 소설을 발표하였다. 빅 브러더(Big Brother)가 감시하는 투명한 사회를 예측했던 Eric Blair는 그의 이름을 숨기고 George Orwell이라는 가명을 사용하여 『1984년』『동물농장』 같은 작품을 발표하였다.

정치적 의견의 표현은 특히 가명 혹은 익명으로 이루어지는 일이 많다. 정치적 격동기에 자기의 신분을 밝힌 채 정치적 견해를 밝히는 것, 특히 집권세력을 반대하는 내용을 발표하는 일은 생존의 문제가 되는 경우가 많다. 미국 헌법 제정 당시 연방주의자(Federalist)와 반연방주의자(Anti-Federalist)의 반목과 대립은 상대방의 목숨을 위협하는 단계에 달하여 이 당시 발표된 신문기고나 서적은 가명으로 이루어지기 일쑤였다. 미국 헌법의 기초자로 알려진 James Madison, Alexander Jefferson, John Jay가 Publius라는 이름을 공동으로 사용하여 뉴욕시의 신문에 기고하였다. 그 글의 모음이 페더랄리스트 페이퍼(Federalist Papers)다.

우리나라에서도 일제 강점기, 군부독재 시절 발표된 글 중에 가명이 사용된 사례는 힘들지 않게 찾을 수 있다. 80년대 대표적 운동권 이론가로서 1987년 『사회구성체론과 사회과학방법론』이란 운동권 의 필독서를 썼던 이진경은 '이것이 진짜 경제학이다'를 줄인 가명이 었으며, 본명은 박태호다. 역시 80년대 노동문학의 새로운 장을 연 시인 박노해의 본명은 박기평으로 그 역시 '노동해방'을 약칭한 가명 을 사용하였다. 일제강점기 때 독립운동을 하던 애국지사들도 가명 을 자주 사용하였다. 그것도 여러 개의 가명을 사용하였다. 최근 국 가보훈처가 서훈을 추서 또는 수여한 독립운동가 중에 미국의 여류 작가 님 웨일스의 소설 『아리랑』(Song of Ariran)의 주인공 김산의 본명은 장지락이며, 박헌영과 함께 대표적인 사회주의 계열 독립운 동가로 활동한 김태연은 김단야라는 가명으로 더 유명하다. 가명을 너무 자주 사용하여, 오늘날 그의 업적을 찾기 힘들어 정당한 평가를 받지 못하는 애국지사도 적지 않을 것이다.

　오프라인에서 아무런 문제없이 사용되던, 오히려 조국의 독립과 민주화에 기여한 공로를 인정받아야 하는, 익명 표현이 온라인에서 는 갑자기 괴물로 돌변한다. 인터넷의 대표적인 역기능으로 폭력성 이 지적되며, 폭력성의 원인으로 익명이라는 보호막이 거론된다. 흥 미로운 사안이 발생할 때마다 익명이라는 보호막 뒤에 숨어서 돌을 던지는 네티즌이 있기 때문에 피해가 크고, 인터넷이 위험해지고 있 다는 인식이다. 2005년에도 연예인의 확인되지 않은 신상정보가 담 긴 파일이 공개된 '연예인 X파일 사건', 지하철에서 애완견의 배설 물을 치우지 않은 이른바 '개똥녀 사건', 사랑했던 남자로부터 배신 당해 자살하였다는 서부희 씨의 사연이 미니홈피에 공개된 '서부희 씨 사건' 등이 이어지면서 인터넷을 책임 있는 공론의 장으로 만들자 는 여론이 형성되고 있다.[16] 인터넷 실명제는 이러한 여론을 등에 업고 추진된다.

하지만 인터넷 실명제의 법제화는 헌법상 모든 국민에게 보장된 표현의 자유를 침해할 뿐 아니라, 실명을 등록하는 모든 사람의 사생활의 자유와 비밀을 침해할 소지가 높기 때문에 신중한 접근이 필요하다.

이 논문은 실명제를 법으로 강제할 때 발생하는 문제를 (1)헌법상 표현의 자유와 사생활의 비밀과 보호의 측면에서 검토하고, (2)미국과 유럽의 실명제 관련법을 소개하며, (3)인터넷의 특성을 중심으로 오프라인의 익명 표현의 자유가 온라인상에서 어떻게 구현될 수 있는지 고찰한 후, (4)인터넷 실명제의 문제점을 지적하고 있다. 마지막으로 인터넷에서 폭력성을 줄이고 바람직한 공론의 장을 마련하기 위해서는 인터넷포털의 역할이 크다고 보아, 인터넷 실명제의 대안으로 인터넷포털의 책임론을 제기하고자 한다.

2. 표현의 자유와 익명성 보장

(1) 국민의 자유와 권리로서 익명 표현의 자유

민주주의 사회에서 표현의 자유의 중요성은 아무리 강조해도 지나침이 없다. 민주주의는 모든 국민이 자기 의견을 자유롭게 표현하고,

---

16. 국내 최대 포털인 네이버(www.naver.com)가 2005년 6월 15일부터 7월 3일 오전까지 실시한 온라인 투표에서 실명제를 찬성한 의견은 65%, 반대가 32%로 나타났다. 또 야후코리아(www.yahoo.co.kr)가 같은 기간 실시한 조사에서도 찬성은 80%, 반대는 18%에 머물렀다. 드림위즈(www.dreamwiz.com) 조사에서는 찬성 57%, 반대 37%로 나타났다. 정철환, "인터넷 실명제 '찬성' 네티즌 과반 넘었다", 한국일보 2005. 7. 3. 온라인 입력. 하지만, 표본집단의 적절성 등이 확보되지 않는 등 조사의 과학성이 부족하기 때문에 온라인 여론조사의 결과를 그대로 인용하여 정책을 수립하는 것은 올바른 방법이 아니라고 하겠다.

이렇게 표출된 다양한 의견을 바탕으로 사회적 합의가 형성되는 과정이기 때문이다. 따라서 오늘날 민주 정치는 표현의 자유를 전제로 하고 있고, 표현의 자유가 보장되지 않는 국가는 민주 국가라고 할 수 없다.[17] 헌법재판소도 표현의 자유를 "현대 자유민주주의의 존립과 발전에 필수불가결한 기본권이며 이를 최대한도로 보장하는 것은 헌법의 기본원리의 하나"라고 보고 있다.[18] 표현의 자유는 또한 개인적 가치로도 중요한 의미를 가진다. 표현의 자유는 국민 각자가 언론활동을 통하여 자기의 인격을 형성하는 개인적 가치인 자기실현의 수단인 동시에 정치적 의사결정에 참여하는 사회적 가치인 자기통치를 실현하는 수단이기도 하다.[19]

그렇다면 익명 표현의 자유, 혹은 익명 표현의 권리를 헌법상 국민의 자유와 권리로 인정할 수 있을까. 즉 익명 표현의 자유가 침해될 경우 이를 곧 표현의 자유의 침해라고 보아 그에 따른 구제가 가능할까. 이 문제를 해결하기 위해서는 표현의 자유가 민주주의 사회에서 가지는 존재 의의, 또는 표현의 자유의 보호 근거를 먼저 검토하여야 할 것이다. 존재 의의에 대한 이해에 따라 헌법상 보호되는 표현의 범위 및 보호 정도가 달라지기 때문이다.

(2) 표현의 자유의 보호 근거와 익명 표현의 자유

표현의 자유가 보호되어야 하는 정당성의 근거는 전통적으로 사상의 자유시장 이론, 자기지배(self-governance) 이론, 개인의 자치(autonomy) 또는 자기만족(self-fulfillment) 이론 에 있다. 익명 표현은 어떠한 이론에 입각하더라도 익명이라는 이유로 보호범위에서 배제하여야 할 이유를 찾을 수 없다. 물론 익명 표현의 내용이 무엇이냐에 따라 표현의 자유의 보호범위 밖에 있을 수 있으나, 그 원인은 익명성이 아닌 표현의 내용에 있다. 사상의 자유시장 이론은 진리는 사상의 자유로운 교환에서 찾아지는 것이라고 보기 때문에 발언자의 익명성은 문제되지 않는다. 오히려 사상의 자유시장이 제대로 작동하기 위해서는 주류 의견에 대한 반론이 존재하여야 하는데, 익명 표현은 반대의견이 제기되기 쉽게 한다는 점에서 보호되어야 할 표현의 범주에 들어간다.

자기지배이론에 의하더라도 익명 표현 중 정치적인 내용, 특히 국정운영과 관련된 내부자의 고발 등은 국민이 정치적 의사결정을 하기에 앞서 반드시 알아야 할 내용이기 때문에 보통의 표현보다 오히려 더 두텁게 보호되어야 한다. 보호되어야 할 표현의 범위를 가장 넓게 인정하는 개인의 자치이론에 입각할 경우, 익명의 표현을 피력함으로써 스스로 만족을 느낀다면 이를 보호하지 않아야 할 이유가 없다. 앞에서 살펴본 Balkin의 민주적 문화론에 근거하여도 익명 표현은 보통사람의 문화 참여에 도움을 주기 때문에 보호할 가치가 있다. 결론적으로 표현의 자유의 보호근거로 어떠한 이론에 입각하더라도, 익명이라는 이유만으로 어떠한 표현을 보호하지 않거나 다른 표현보다 경시하여야 할 근거는 찾기 어렵다. 익명 표현의 자유는 표현의 자유의 한 내용으로 보아야 하며, 익명 표현의 자유는 헌법에 의하여 보호받은 국민의 자유와 권리 중 하나다.

---

17. 김철수, 『헌법학개론』, 박영사, 2003, p653.
18. 헌법재판소 1992. 6. 26. 선고 90헌가23 결정.
19. 헌법재판소 1999. 6. 24. 선고 97헌마 265 결정.

(3) 익명 표현의 금지와 표현의 자유의 본질적 침해

표현의 자유는 절대적인 권리가 아니다. 익명 표현도 다른 표현과
마찬가지로 헌법 제37조 제2항에 따라 법률로 그 자유가 제한될 수
있다. 하지만 필요한 경우에 한하여 법률로써 제한할 수 있을 뿐이므
로 국가는 익명 표현의 자유를 제한하는 내용의 입법을 함에 있어서
준수하여야 할 기본원칙이 있다. 헌법재판소는 "기본권을 제한하는
입법을 함에 있어서는 입법목적의 정당성과 그 목적달성을 위한 방
법의 적정성, 피해의 최소성, 그리고 그 입법에 의해 보호하려는 공
공의 필요와 침해되는 기본권 사이의 균형성을 모두 갖추어야 하며
이를 준수하지 않은 법률 내지 법률조항은 기본권 제한의 입법적 한
계를 벗어난 것으로 헌법에 위반된다"고 한다.[20]

또 헌법 제37조 제2항 후단은 "(국민의 자유와 권리를 법률로써)
제한하는 경우에도 자유와 권리의 본질적인 내용을 침해할 수 없다"
고 규정함으로써 기본권제한입법의 한계를 또다시 설정하고 있다.
여기서 자유와 권리의 본질적 내용이란 "만약 이를 제한하는 경우에
는 기본권 그 자체가 무의미하여지는 경우에 그 본질적 요소를 말하
는 것"으로서, 이는 개별 기본권마다 다를 수 있다.[21]

표현의 자유의 본질적인 내용은 다음과 같은 것을 포함한다. 표현
의 자유는 자기 의사의 표현을 본질로 하고, 국가에 의하여 표현할 수
있는 내용이 결정되는 것을 거부한다. 따라서 사전 허가제나 검열제
는 원칙적으로 본질적 내용의 침해다. 헌법 제21조 제2항이 허가제

---

20. 헌법재판소 1990. 9. 3. 선고 89헌가95 결정; 헌법재판소 1993. 12. 23. 선고 93헌가2 결
　　정 등.
21. 헌법제판소 1995. 4. 20. 선고 92헌바29 결정; 헌법재판소 1996. 1. 25. 선고 93헌바5 등.

와 검열제를 금지한 것은 어떠한 목적을 위해서도 사전적 제한으로써 허가나 검열은 허용되지 않는다는 것을 의미한다.[22] 또한 헌법 제21조 제2항에서 부수적으로 파생된 원칙으로 표현내용에 대한 규제는 본질적 내용 침해의 강한 의심을 받는다고 하겠다. 허가제와 검열제를 금지한 것은 국가기관이 표현 내용을 심사하여 발표 여부를 결정하는 것이 부당하다는 헌법적 결단이기 때문에 비록 사후라고 하더라도 국가기관에 의한 표현 내용의 심사는 원칙적으로 허용되어서는 안 된다. 헌법재판소도 "국가가 개인의 표현행위를 규제하는 경우, 표현내용에 대한 규제는 원칙적으로 중대한 공익의 실현을 위하여 불가피한 경우에 한하여 엄격한 요건 하에서 허용되는 반면, 표현내용과 무관하게 표현의 방법을 규제하는 것은 합리적인 공익상의 이유로 폭넓은 제한이 가능하다"고 한다.[23]

둘째, 다른 자유와 권리에 대한 제한에서와 마찬가지로 규제가 지나쳐서 자유와 권리가 전혀 무의미해지거나 형해화되는 경우 본질적 내용에 대한 침해라고 하겠다.[24] 이와 관련, 표현의 자유를 직접 제한하지 않는다고 하더라도 이를 위축시키는 규제도 표현의 자유를 무의미하거나 형해화할 경우 본질적 내용의 침해라고 보아야 한다. 위축효과(chilling effect)는 표현의 자유를 본질적으로 침해할 수 있는 위험요소이다. 표현의 자유가 자유민주주의의 존립과 발전에 필수불

---

22. 그러나 여기서의 허가나 검열은 행정권이 주체가 되어 사상이나 의견 등이 발표되기 이전에 예방적 조치로서 그 내용을 심사·선별하여 발표를 사전에 억제하는, 즉 허가받지 아니한 것의 발표를 금지하는 제도를 뜻한다. 따라서 행정권이 아닌 사법권이 주체가 된 사전심사는 허용된다고 한다. 헌법재판소 2001. 8. 30. 선고 2000헌바36 결정.

23. 헌법재판소 2002. 12. 18 선고 2000헌마764 결정.

24. 헌법재판소 1995. 4. 20. 선고 92헌바29 결정 참고. 이 결정은 선거운동의 방법을 제한한 구 지방의회의원선거법 제57조 및 제67조가 특정의 수단 방법에 의한 의사표현을 제한하는데 불과하므로 본질적 내용의 침해가 아니라고 보았다.

가결한 것이라면, 국가는 누구나 말을 하도록 권장하여야지 이를 위축시켜서는 곤란하다.[25] 명확성의 원칙이 표현의 자유를 규제하는 입법에서 특별히 중요한 의미를 지니는 이유도 위축효과의 방지에 있다. 헌법재판소는 "무엇이 금지되는 표현인지가 불명확한 경우에는, 자신이 행하고자 하는 표현이 규제의 대상이 아니라는 확신이 없는 기본권 주체는 … 대체로 규제를 받을 것을 우려해서 표현행위를 스스로 억제하게 될 가능성이 높은 것이다. 그렇기 때문에 표현의 자유를 규제하는 법률은 그 규제로 인해 보호되는 다른 표현에 대하여 위축적 효과가 미치지 않도록 규제되는 표현의 개념을 세밀하고 명확하게 규정할 것이 헌법적으로 요구된다"고 한다.[26]

이러한 기준에서 볼 때 익명 표현을 전면 금지하는 것은 표현의 자유에 대한 본질적인 내용의 침해에 해당한다고 보아야 할 것이다.[27] 모든 익명 표현의 금지는 표현의 자유를 형해화하기 쉬우며, 말을 하고 싶어도 하지 않게 되는 위축효과가 발생하기 때문이다. 이와 관련, 표현의 자유에 대한 제한이 내용과 관계없이 중립적(content-neutral)일 경우 합리적인 공익상 이유가 있으면 광범위하게 허용된다는 헌법재판소의 판례와의 상충이 문제될 수 있다. 즉 모든 익명 표

---

25. 명예훼손소송에서 표현의 자유라는 헌법적 가치를 처음 고려한 판례인 미국의 뉴욕타임스 사건에서 미 대법원이 현실적 악의(actual malice)라는 새로운 개념을 도입한 것은 브레넌 대법관(Jusitce Brennan)의 표현대로 사람들이 '불법 지역에서 멀리 떨어져 항해(steer far wider of the unlawful zone)' 하는 현상을 막고 적극적으로 토론에 나서도록 권장하려는데 목적이 있었다. New York Times, v. Sullivan, 376 U.S. 254, 275 (1964).

26. 헌법재판소 1998. 4. 30. 선고 95헌가16 결정; 2002. 6. 27. 선고 99헌마480 결정.

27. 허영 교수는 언론·출판의 자유의 본질적 내용은 언론·출판의 자유가 가지는 민주주의 창설적 기능과의 상호관계 하에서 이해하여야 한다고 한다. 따라서 언론·출판의 자유로 하여금 민주주의 창설적 기능을 전혀 나타낼 수 없도록 하는 여러 조치는 본질적 내용의 침해금지의 관점에서 문제가 있다고 한다. 허영, 앞의 책, p559.

현의 금지는 표현의 방법의 제한일 뿐, 표현 내용에 대한 규제가 아니기 때문에 합리적인 공익상 이유만 있으면 허용될 수 있다는 주장이 제기될 수 있다. 그러나 익명 표현의 금지를 단순히 표현 방법의 제한으로 보기 어렵다. 익명 표현의 금지가 방법상의 제한인 것은 맞으나, 방법상의 제한이 내용상의 제한을 수반하는 경우가 있기 때문이다. 즉 방법상의 제한이라도 표현의 자유를 위축시키는 효과를 야기할 경우 이는 내용상의 제한이라고 보아야 할 것이다. 특히 공적인 토론의 장(public forum)에서 익명을 요구하는 것은 지배적인 견해에 대한 반론의 제기를 허용하지 않는 것과 마찬가지이기 때문에 내용의 규제라고 보아야 할 것이다. 일제 강점기 때 애국지사들이 가명으로 활동한 것이나,[28] 권위주의 정부 시절 대학가의 유인물이 가명 또는 익명으로 제작된 것이나, 미국의 독립과 헌법 제정과정에서 수많은 웅변가들이 가명을 사용한 것은 익명 표현의 금지가 반론의 금지가 될 수 있음을 보여주는 예다.

표현의 자유에서 익명성의 보장은 투표에서 비밀투표의 보장과 마찬가지라고 보아야 한다. 우리 헌법이 국회의원 선거[29]와 대통령 선거[30]에서 비밀선거를 보장하고, 헌법재판소가 비밀선거를 헌법이 보장하는 선거제도의 근본원칙이라고 보아 "선거법을 제정하고 개정하는 입법자의 입법형성권 행사에도 당연히 준수되어야 한다"고 판

---

28. 단재 신채호 선생의 경우에도 북경일보나 중화보 등에 기고한 글이 상당히 많은데 필명이나 가명으로 투고한 것이 많아 찾기 쉽지 않다고 한다. 경향신문 '다시 쓰는 독립운동열전' 중 단재 신채호 손녀 지원 씨와의 인터뷰 내용. 경향신문 2005년 6월 14일자 참고.

29. 헌법 제41조 제1항: 국회는 국민의 보통·평등·직접·비밀선거에 의하여 선출된 국회의원으로 구성된다.

30. 헌법 제67조 제1항: 대통령은 국민의 보통·평등·직접·비밀선거에 의하여 선출한다.

시[31]한 것은 "모든 사람에게 자유로운 선거와 참여의 기회를 균등하게 헌법이 보장하는 데에 기초를 두고 있다"고 하겠다. 즉 민주주의 국가는 선거에 의하여 운영되며, 선거에 참여하는 유권자는 자기가 내린 결정에 자기가 책임져야 한다고 보면, 신거제도는 꼭 비밀선거로 유지할 이유가 없는 것처럼 보인다. 하지만 비밀선거가 오늘날 민주주의 국가의 선거제도의 근본원칙으로 인정되는 이유는 비밀선거가 유지되지 못하면 남의 눈이 두려워 자기 의사를 거짓으로 표출하는 유권자가 나올 수 있고, 이렇게 되면 국민의 의사가 선거에 제대로 반영될 수 없다는 우려 때문이다. 따라서 선거를 공개적으로 실시하는 것은 단순히 선거방법의 문제가 아니라, 선거내용에 영향을 줄 수 있는 문제가 된다. 투표가 국민의 정치적 의사를 표현하는 수단 중 하나라고 본다면, 문자·언어·영상 등 일반적인 표현의 수단을 통하여 자신의 의사를 표현할 때에도 비밀성은 보장되어야 한다.

결론적으로 익명 표현의 자유는 표현의 자유의 내용이며, 익명 표현을 금지하는 것은 원칙적으로 표현의 자유를 본질적으로 침해하는 것이라고 하겠다.

(4) 비교법적 고찰 - 미국에서의 익명 표현의 자유

미국에서 익명 표현은 정치·사회·문화·예술의 발전에 크게 기

---

31. "현대 선거제도를 지배하는 보통·평등·직법·비밀·자유선거의 다섯 가지 원칙은 국민 각자의 인격의 존엄성을 인정하고 그 개인을 정치적 단위로 모든 사람에게 자유로운 선거와 참여의 기회를 균등하게 헌법이 보장하는 데에 기초를 두고 있다. 이러한 선거제도의 기본원칙은 선거인, 입후보자와 정당은 물론 선거절차와 선거관리에도 적용되며, 선거법을 제정하고 개정하는 입법자의 입법형성권 행사에도 당연히 준수하여야 한다." 헌법재판소 1989. 9. 8. 선고 88헌가6 결정.

여한 것으로 인정된다. 미 연방대법원은 일찍부터 익명 표현을 금지하는 법률의 위헌성을 지적하였다. 일련의 판례로 보아 미 대법원은 익명 표현의 권리(right to speak anonymously)가 표현의 자유를 규정한 수정헌법 제1조의 보호 범위 아래 있는 것을 인정하고 있는 것은 분명하다. 하지만, 절대적인 권리(absolute)라고 보고 있지는 않다. 즉 규제로 보호하려는 국가의 이익이 표현의 자유의 침해보다 더 큰 경우에는 익명 표현의 자유도 제한할 수 있다고 파악한다. 따라서 국가의 이익과 개인의 피해를 비교형량(balancing)하는 일이 필요하다. 여기서 주로 논의되는 국가의 이익은 범죄 예방이다. 국가는 범죄 예방을 위하여 실명을 요구하는 법률을 제정하지만, 많은 경우 비교형량에서 지게 된다. 미 대법원은 실명 표현을 강제하는 법규를 시간·장소·방법(time, place and manner)의 규제, 즉 내용 중립적(content-based) 규제로 보지 않고 있다.[32] 오히려 내용규제(content-based regulation)로 보아 엄격심사기준(strict scrutiny)을 적용하기 때문에 범죄 예방으로 얻으려는 국가 이익의 절박성(compelling interest)과 범죄 예방을 달성하기 위하여 사용된 수단의 필요성(necessity)을 요구하는데 이를 충족시키기 쉽지 않다.[33] 특히

---

32. Rehnquist 대법원장은 Watchtower v. Village of Statton, 153 L Ed 2d 205 (2002), 사건에서 호별 방문하여 유인물을 나눠줄 경우 사전에 등록하여야 할 것을 요구하는 시 조례의 위헌성을 논하면서 다수의견과 달리 합헌을 주장하며 시간, 장소, 방법의 규제 심사기준을 적용할 것을 주장하였다.

33. 미국 대법원은 위헌성 심사 기준으로 세 가지를 운영하고 있다. 첫째는 엄격성 기준(strict scrutiny)이다. 이 기준에 의하면, 규제로 달성하고자 하는 국가의 이익(state interest)이 절박(compelling)하여야 하며, 그 이익을 달성하고자 하는 수단이 반드시 필요(necessary)하여야 함을 국가가 입증하여야 한다. 이 기준이 적용되면 거의 모든 규제는 위헌으로 판정된다. 인종차별과 표현의 자유의 침해 중 내용기준(content-based) 규제가 이 기준에 의하여 심사된다. 둘째 합리성(mere rationality) 기준이 있다. 규제로 달성하고자 하는 국가이익이 합리적(rational)이고, 그러한 이익을 달성하기 위해 합법

표현의 자유 중 정치적 의사(political speech)를 제한할 우려가 있을 경우 미 대법원은 표현의 자유 보호에 더욱 치중하는 경향이 있다.

1) 판례의 발전 : McIntyre 사건 전

미국 대법원은 1938년 Lovell v. Griffen 사건[34]에서 등록(license)하지 않고 인쇄물을 배포하는 금지하는 Griffen 시의 조례를 위헌이라고 판시하였다. 미 대법원이 중시한 것은, 조례가 시간 · 장소 · 방법의 제한 없이 무등록 유인물을 어떠한 경우에도 배포할 수 없고, 배포할 경우 벌금에 처하는 제한이 가져오는 위험성에 있었다.[35] 그 후 1958년 NAACP v. Alabama 사건[36]과 Bates v. City of Little Rock 사건[37]에서 미 대법원은 전미흑인단체인 NAACP(National Association for the Advancement of Colored People)의 회원과 주소를 공개하라는 요구가 수정헌법 제1조의 결사의 자유(freedom of association)를 침해한다고 결정하였다. 당시 미국 남부의 사회 분위기에서 NAACP 회원임이 밝혀지면 KKK 등 백인 우월주의자로부터 사적 제재(lynch)를 당하는 등 커다란 위협

적인(legitimate) 수단을 사용하기만 하면 그러한 규제는 합헌이다. 규제의 대상자는 그렇지 않다는 것을 입증하여야 한다. 합리성 기준에 의하면, 거의 모든 규제는 합헌 판정을 받게 된다. 기초적인 권리(fundamental rights)가 아닌 실체적 적법절차(substantive due process) 위반사건 등에 적용된다. 즉 경제 사회정책과 관련된 규제가 여기에 해당된다. 셋째 중간심사(middle-level review) 기준이 있다. 추구하는 국가 이익은 중요한(important) 것이어야 하며, 사용된 수단은 이를 달성하기 위하여 상당히 관련(substantially related)되어야 한다. 이 기준에서는 입증책임이 누구에게 있는지 불확실하며, 위헌의 결과도 예측하기 어렵다. 표현의 자유 중 내용 중립적(non-content based) 시간, 장소, 방법(time, place and manner) 규제가 이 기준에 의하여 심사된다.

34. 303 U.S. 444 (1938).
35. *Id.* at 451.
36. 357 U.S. 449 (1958).
37. 361 U.S. 516 (1960).

에 노출하는 셈이었다. 미 대법원은 주 정부가 회원의 이름을 얻고자 하는 이익이 무엇이건 간에 그러한 명령에 불복할 수 있는 NAACP의 헌법적 반대(constitutional objection)를 충분히 극복할만하다는 점을 입증하지 못하였다고 밝혔다.[38]

두 판결은 이후 1960년 Talley v. California 사건[39]에 영향을 미친다. 미 대법원은 이 사건에서 작성자 · 배포자 · 후원자 등의 이름을 기재하지 않고서는 유인물(handbills)을 배포할 수 없도록 규정한 LA 시의 조례가 표현의 자유를 침해하기 때문에 위헌이라고 선언하였다. LA 시는 사기 · 허위광고 · 명예훼손 등의 위험성 때문에 실명을 기재하도록 하는 조례를 제정하였다고 주장하였다. 하지만 미 대법원은 상대방을 익명으로 비판할 수밖에 없는 그러한 시간과 상황이 있다는 점을 중시하여, 전면적인 실명 의무화가 위헌이라고 판단하였다. 미 대법원은 익명 표현의 자유를 분석하는 논리적인 틀을 제공하지는 않았다. 그 대신 익명 표현을 중시한 미국의 역사를 강조하였다. 여기서 신원이 확인되고 보복의 두려움이 생기면 공적인 중요 사안에 대하여 완전하리만큼 평화롭게 토론할 수 없게 된다는 결론을 도출하였다.

하지만 일련의 판례에도 불구하고, 익명 표현권이 확실하게 정착되었다고 보기 어려운 상황이었다. 미 대법원은 익명 표현의 역사적 중요성을 강조하고, 그 중요성으로부터 개별적인 법령의 위헌성을 검토하기 일쑤였다. 이어 1976년 Buckley v. Valeo 사건[40]에서는 정치자금의 기부자 이름을 공개하도록 한 1971년 연방선거법(Fed-

---

38. 357 U.S. at 463~466.
39. 362 U.S. 60 (1960).
40. 424 U.S. 1 (1976).

eral Election Campaign Act of 1971)[41]을 합헌으로 선언하였다. 미국에서는 정치자금의 기부도 정치적 표현의 자유의 일환으로 보기 때문에 익명의 기부를 금지하는 것이 표현의 자유를 침해한다는 우려가 있다.[42] 그러나 미 대법원은 국가 제도가 자유로이 작동함(free functioning of our national institutions)으로써 얻는 이익, 즉 부정부패를 방지하고 공정한 선거제도를 확보하는 것이 표현의 자유에 대한 침해보다 더 크다고 판시하였다.[43] 기부금은 정치적 의사표현이기 때문에 엄격심사기준(strict test)이 적용되는 사안인데,[44] 미 대법원이 엄격심사기준을 적용하고도 합헌판결을 내린 것은 이례적인 일이다. Buckely 사건에서 미 대법원은 익명의 권리에 대하여 명시적으로 언급한 것은 없지만, 익명 표현의 자유와 관련된 미 대법원의 판례 태도는 애매모호할 수밖에 없었다. 미 대법원의 입장이 명확하게 정리된 것은 그로부터 20년 뒤다.

2) 판례의 최근 동향 : McIntyre 판결 이후

익명 표현의 자유가 가장 직접적으로 쟁점이 된 사건은 McIntyre v. Ohio Elections Commission 사건[45]이다. 오하이오 주는 선거에

---

41. 1971년 제정되어 1974년 개정된 연방선거법(FECA)은 후보자에 대한 정치자금의 기부의 상한과 후보자의 정치자금 지출 한도를 규정하는 한편 정치조직으로 하여금 $100 이상 기부자의 이름을 공개하고, 10달러 이상 기부한 자의 이름과 주소 등 정치자금의 수입과 지출 내역을 공개하고 보관하도록 하는 내용이었다.

42. Sullivan & Gunther, CONSTITUTIONAL LAW(2001), 1369-1392, Kathleen M. Sullivan, *Political Money and Freedom of Speech*, 30 U.C. Davis L. Rev. 663 (1997) 참고.

43. 424 U.S. at 66.

44. 이 판례에서 대법원은 "공개를 강요하는 것이 수정헌법 제1조의 행사를 상당히 침해할 개연성이 있기 때문에 NAACP v. Alabama 사건에서 정립된 엄격심사기준이 필요하다"고 밝혔다. *Id.*

45. 514 U.S. 334 (1995).

사용되는 문서에는 그 책임자의 이름을 기재하도록 의무화하는 법률을 가지고 있었다. Margaret McIntyre 씨는 새로운 교육세 부과에 반대하는 유인물을 작성하여 여러 모임에서 배포하였다. 유인물은 '학부모 및 납세자(parents and tax payers)'라는 이름으로 배포되었고, McIntyre 씨의 이름은 유인물에 없었다. McIntyre 씨에게 법위반을 이유로 벌금 100달러가 부과되었다. 이에 미 대법원은 익명으로 캠페인 자료를 배포하는 것을 금지한 오하이오 주법이 표현의 자유를 침해하여 수정헌법 제1조에 위반된다고 판시하였다.

다수의견을 집필한 Stevens 대법관이 제시한 논거는 다음과 같다. (1)익명으로 발표할 자유는 수정헌법 제1조에 의하여 보호되며, 그 영역은 문학에서부터 정치적 의견표명으로 확대된다. (2)오하이오 주의 법은 단순히 선거절차에 관한 것이 아니고 정치적 의사표현의 핵심에 대한 규제에 해당한다. 이러한 표현을 규제하려면 엄격심사기준[46]이 적용되며, 그러한 제한은 국가이익을 달성하는 한도로 엄밀하게 재단(narrowly tailored)될 때에만 합헌성이 인정된다. (3)실명 공개화로 사기성이 있거나 명예훼손적 발언을 예방하고 유권자에게 정확한 정보를 제공하려는 오하이오 주의 이익은 표현의 자유를 제한할 만큼 충분하지 못하다. 발언자의 신분(speaker's identity)은 발언자가 자유로이 넣거나 뺄 수 있는 문서의 내용과 다르지 않다. 또한 발언자의 이름과 주소는 그를 모르는 일반 독자가 그가 쓴 내용을 평가하는데 아무런 도움을 주지 않는다.

---

46. 판례에서는 정확한 심사(exacting scrutiny)라고 표현하였으나, 엄격심사기준(strict scrutiny)을 의미한다. 다수의견과 다른 이유에서 위헌을 선언하였던 Thomas 대법관도 다수의견이 엄격심사기준을 적용하고 있다고 이해하고 있다.

Stevens 대법관은 어떠한 경우 익명성은 표현의 전제 조건과 같이 작용하기 때문에 중요하다고 설명하였다. 익명 표현의 동기는 사회적 추방(social ostracism)을 막고, 복수(retaliation)를 방지하며, 사생활(privacy)을 보호하는데 있으며, 다수의 횡포(tyranny of the majority)로부터 개인을 보호하는 것이 바로 익명 표현이라는 것이다.

그러나 Stevens 대법관은 익명 표현의 권리를 명시적으로 도출하지 않고, 그 전의 판례들과 마찬가지로 미국의 역사에서 익명 표현의 중요성을 역설하는데 많은 노력을 기울였다. 익명 표현의 자유가 헌법상의 권리라는 점을 분명하게 강조한 사람은 동조의견(concurring opinion)을 낸 Black 대법관이다. 그는 미국 헌법사를 엄밀하게 검토하면, 헌법의 기초자(Framers)들이 수정헌법 제1조가 정치적 쟁점이나 후보자에 대한 자신의 생각을 익명으로 표현하는 권리를 보호하는 것으로 이해하였다고 설명하였다.

이에 대하여 Scalia 대법관은 반대의견을 제시하였다. 그는 종전 대법원 판례에서 익명의 권리는 부수적인 쟁점(collateral issue)에 불과하였으며,[47] 오히려 대법원은 Lewis Publishing Co. v. Mogan 사건[48]에서 일반적인 익명 표현의 권리를 거부하였다는 다른 해석을 내놓았다.

McIntyre 사건으로 미 대법원이 사실상의 익명권(de facto right to anonymity)을 창설하였는지 여부는 확실하지 않지만, 익명성을 수정헌법 제1조가 보호하는 표현의 중요한 요소(critical component)라고 보는 것만은 분명해졌다.[49] 그 후에도 미 대법원은

---

47. 514 U.S. at 374.
48. 229 U.S. 288 (1913).

Watchtower v. Village of Stratten 사건, Buckley v. American Constitutional Law Found 사건[50] 등에서 지속적으로 익명의 중요성을 강조하고 있어 익명 표현권은 헌법상 권리로 인정되고 있다고 하겠다.[51]

3. 온라인에서의 익명 표현의 자유

(1) 인터넷의 특성과 익명 표현

익명 표현의 자유 또는 익명 표현의 권리가 인정된다고 하더라도, 이러한 자유와 권리는 절대적인 것이 아니다. 국가는 국가안전보장·질서유지·공공복리를 위하여 상황에 맞는 적합한 수단을 선택하여 익명 표현의 자유와 권리에 제한을 가할 수 있다. 전통적으로 인쇄매체를 중심으로 전개되어온 표현의 자유의 논리도 새로운 매체가 출현하면 새롭게 발전하여야 한다. 인쇄매체에 해당하는 규제의 논리가 방송매체에 대하여 다르게 전개되는 것[52]은 그 대표적인 예이다.

---

49. Jonathan Turley, *Regitering Publius: The Supreme Court and the Right to Anonymity, Cato Supreme Court Review* at 67.
50. 525 U.S. 182 (1999) (신분확인용 배지를 착용하도록 의무화한 법이 수정헌법 제1조 위반임을 선언한 사건).
51. Turley, *supra* note 49, at 68.
52. 헌법재판소는 "방송은 신문과 마찬가지로 여론형성에 참여하는 언론매체로서 그 기능이 같지만, 아직까지 그 기술적, 경제적 한계가 있어서 소수의 기업이 매체를 독점하고 정보의 유통을 제어하는 정보유통 통로의 유한성이 완전히 극복되었다고 할 수 없다. 또한, 누구나 쉽게 접근할 수 있는 방송매체는 음성과 영상을 통하여 동시에 직접적으로 전파되기 때문에 강한 호소력이 있고, 경우에 따라서는 대중조작이 가능하며, 방송매체에 대한 사회적 의존성이 증가하여 방송이 사회적으로 강한 영향력을 발휘하는 추세이므로 이러한 방송매체의 특수성을 고려하면 방송의 기능을 보장하기 위한 규율의 필요성은 신문 등 인쇄매체보다 높다"고 설명하고 협찬고지에 관한 방송법 규정을

그러나 매체로서 인터넷은 방송보다 인쇄에 가깝기 때문에 인쇄를 중심으로 발전해온 익명 표현의 자유 또는 권리가 인터넷에 그대로 적용되는데 문제될 바는 없다고 본다. 예일대 Balkin 교수가 지적한 바와 같이, 인터넷은 민주적 문화를 확산하는데 기여하고 있으며, 익명 표현은 보통 사람들로 하여금 문화의 형성에 더욱 적극적으로 참여하는 기능을 하기 때문에 인터넷에서 더욱 보호되어야 한다. 인터넷 출현 전에는 정치적 표현이 가장 높은 정도의 보호를 받아야 할 이유가 있었지만, 인터넷은 대중문화에 관한 표현도 정치적 표현과 같은 정도의 보호를 받아야 하는 근거를 제시하고 있다.

(2) 비교법적 고찰

1) 미국

인터넷의 발달로 미국에서 익명 표현의 자유는 새로운 장으로 접어들었다. 인터넷 실명제를 법으로 강제화하는 방안은 기존 연방대법원 판결에 비추어 허용될 수 없다는 것은 명백하다.[53] 최근에는 명예훼손, 저작권 위반 등의 불법행위가 있었을 때 피해자가 포털 등 인터

기본권 제한법률이 아닌 기본권형성법률로 파악하였다. 따라서 이 규정은 일반적인 "기본권 제한의 한계규정인 헌법 제37조 제2항에 따른 과잉금지 내지 비례의 원칙의 적용을 받는 것이 아니라, 그러한 형성법률이 그 재량의 한계인 자유민주주의 등 헌법 상 기본원리를 지키면서 방송의 자유의 실질적 보장에 기여하는지 여부에 따라 판단된다"고 보고 있다. 헌법재판소 2003. 12. 18 선고 2002헌바49 결정.

53. 이와 관한 판결로는 Columbia Ins. Co. v. Seescandy.com, 185 F.R.D. 573 (N.D. Cal. 1999) (다른 사람이 자신의 신분을 알 것이라는 부담 없이 발언하는 것이 자유로운 의사소통과 건강한 토론을 가능하게 한다고 강조), ACLU v. Johnson, 4 F. Supp. 2d 1029 (D.N.M. 1998), aff'd 194 F.3d 1149 (10th Cir. 1999) (익명으로 의사소통하고 청소년 유해정보에 접근하는 것을 금지하는 법을 위헌선언), ACLU v. Miller, 977 F. Supp. 1228 (N.D. Ga. 1997)(익명의 인터넷 표현을 금지한 법을 위헌선언) 등이 있다.

넷게시판 운영자에게 문제의 글을 게재한 사람의 신원을 제공하도록 요구할 수 있는지를 놓고 논란이 벌어지기도 한다.

가. Doe v. 2TheMart.com 사건[54]

인터넷서비스공급자(ISP)인 InfoSpace가 운영하는 게시판에 2TheMart.com(TMRT)라는 회사를 비난하는 익명(Doe라고 호칭함)[55]의 글이 게재되어, TMRT의 주주들이 TMRT를 상대로 집단소송을 제기하자, TMRT는 InfoSpace를 상대로 게시판에 글을 게재한 23명의 신원을 밝히라는 소환장(subpoena)을 발부하면서 발생한 사건이다.

쟁점은 두 가지다. 하나는 익명 표현이 수정헌법 제1조의 보호를 받는지 여부이고, 또 하나는 민사상 증거제시(discovery) 절차인 소환장으로 발언자의 신원을 밝히기 위해서 어떠한 기준이 필요한지의 문제였다. 재판부는 기존 판례에 비추어 익명 표현의 자유가 헌법상 보호를 받는다는 것이 명확하다고 판단하였다. 두 번째 쟁점에 대해서 재판부는 신원정보를 얻으려는 쪽은 (1)소환장이 부적절한 목적이 아닌, 선의(in good faith)로 발부되었을 것, (2)소환장으로 얻으려는 정보가 주장 내용 중 핵심적일 것, (3)신원정보가 주장하는 바와 직접적이고 상당히 많이(directly and materially) 관련되었을 것, (4)다른 방법으로는 얻을 수 없는 정보일 깃 등 네 가지를 입증하여야 한다고 설명하였다. TMRT는 인터넷 사용자의 신원확인이 증권관련

---

54. 140 F. Supp. 2d 1088 (W.D. Wash. 2001).
55. 미국에서 익명은 흔히 John Doe라고 표시한다. InfoSpace의 게시판은 가명을 사용할 수 있도록 운영되고 있어, 여기서 익명이라 함은 가명을 포함하는 개념이다.

집단소송에서 필요한 핵심내용이라는 점을 입증하지 못하여 패소하였다. 재판부가 소환장과 관련하여 신중한 검토(careful scrutiny)가 필요하다고 본 것은 소환장의 발부로 익명의 인터넷 이용자의 신분이 드러날 경우 초래할 표현의 자유에 대한 위축효과(chilling effect)를 우려했기 때문이다.[56)]

나. 법원 판결의 동향

미국 법원의 판례 태도와 특징을 정리하면, 첫째 인터넷에서도 익명 표현의 자유는 인정된다. 둘째 인터넷 사용에 있어서 실명을 의무화하는 것은 위헌이다. 셋째 인터넷 게시자의 신원을 밝히는 소환장과 관련된 사건에서는 법원은 이익형량(balancing)을 한다. 그 결과 표현의 내용이 중요하다. 표현의 내용이 정치적 의사표현이거나 사회적 비리에 대한 고발일 경우에는 공익성 때문에 보호받기 쉬우나, 저작권 침해 등과 경우에는 사익의 침해가 크다고 보아 보호받기 어렵다.[57)] 넷째 공인이나 회사의 비리를 고발하는 익명의 게시물이 올라올 경우 온라인서비스제공자(OSP)로 하여금 게시자의 신원을 밝히도록 요구하는 소송이 늘어나고 있는데, 이를 사이버상의 전략적봉쇄소송(CyberSLAPP)이라고 부른다. 전략적봉쇄소송은 표현의

---

56. 140 F. Supp. 2d at 1093.
57. 저작권 침해와 관련한 사례는 미국음반산업협회(RIAA)가 Verizon Internet Service를 상대로 음악파일을 불법 복사한 인터넷 사용자의 신원을 제공하라고 요구한 RIAA v. Verizon 사건이 있다. 2003년 초 연방지방법원의 John D. Bates판사는 디지털저작권법(Digital Millennium Copyright Act)에 따라 Verizon은 신원을 제공하여야 한다는 취지로 2개의 문서제출명령을 내린 바 있다. 그러나 연방항소법원(콜럼비아 지구)은 2003년 12월 19일 신원제공의 문서제출명령은 디지털저작권법에서 허용하고 있지 않다는 취지로 1심 결정을 파기하였다. 이에 RIAA 측은 대법원에 상고하였으나, 2004년 10월 12일 대법원은 상고허가신청(certiorari)을 기각하여 사건이 종결되었다.

자유에 위축효과를 가져오기 때문에 언론자유를 주장하는 시민단체로부터 거센 반발을 사고 있다.

2) 유럽회의의 인터넷상의 표현의 자유 선언

유럽회의(Council of Europe)는 2003년 5월 28일 인터넷상의 표현의 자유 선언(Declaration on freedom of communication on the Internet)을 발표하였다. 선언문은 인터넷상의 의사소통에 있어서 회원국들이 지켜야 할 일곱 가지 원칙을 천명하고 있다. 그 중 하나가 익명성(anonymity)이다. 그 내용은 "온라인 감시(surveillance)로부터 확실히 보호하고, 정보와 사고의 자유로운 표현을 촉진시키기 위하여 회원국들은 자신의 신원을 밝히고 싶지 않은 인터넷 사용자의 의지를 존중하여야 한다. 그렇지만 이것이, 국내법 '인권 및 기본적 자유의 보호에 관한 협약' 기타 사법 정의와 관련된 국제조약에 따라, 범죄행위의 책임자를 추적하기 위하여 회원국들이 조치를 취하거나 상호 협력하는 것을 금지하는 것은 아니다"는 것이다.

(3) 익명 표현과 사생활의 비밀과 자유

표현의 자유와 사생활의 비밀과 자유는 많은 경우 충돌한다. 표현의 자유를 폭 넓게 인정하면, 그 표현의 대상이 된 상대방의 사생활은 노출되기 마련이다. 우리나라에서 인터넷 실명제를 도입하여야 한다고 주장하는 사람들은 대부분 언론의 보도 또는 인터넷 게시판의 글과 댓글 등을 통하여 개인의 사적인 정보가 무제한으로 노출되는 것을 우려하기 때문이다. 더구나 과거 매스 미디어만 보도할 수 있었을 때에는 언론사가 보도한 내용만 사생활의 비밀과 자유를 침해할 우려가 있었지만, 최근에는 인터넷의 발달로 누구나 보도자(publisher)가 될 수 있고, 누구나 그 희생양이 될 수 있어 사생활의 비밀과 자유의 침해 문제는 더욱 심각하다. 인터넷 실명제는 보도자로 하여금 자기 발언에 대하여 책임지도록 부담지음으로써 국민의 사생활의 비밀과 자유를 보호하자는 방안이다. 물론 그 반대급부는 표현의 자유의 침해이다.

하지만 인터넷 실명제가 사생활의 비밀과 자유를 보장하는 수단으로만 인식하는 것은 큰 잘못이다. 인터넷 실명제는 인터넷 이용자의 신상정보를 누군가가 관리하고 있음을 의미한다. 법으로 강제할 경우 국가가 그 주체가 될 수 있고, 계약으로 이루어질 경우 인터넷포털 등 온라인서비스제공자(OSP)와 같은 인터넷의 강자가 그 주체가 된다. 익명에 의한 인터넷 보도로 인하여 발생하는 사생활의 비밀과 침해는 바로 그 현상이 나타나기 때문에 표면적이고 즉흥적이고 단발성이라면, 실명화에서 발생하는 사생활의 비밀과 자유의 침해는 은밀하고 장기적이며 종합적이다. 온라인으로 이루어지는 개인의 모든 활동을 실명화할 경우 그에 관한 정보는 한 곳에 집중될 수 있으며, 그 결과 그의 온라인상 행동은 누군가 – 이를 Big Brother라고 할 수 있다 – 에 의하여 감시된다. 시간이 흐를수록 정보화는 보통 사람의 일상생활에서 보편화되고, 그 만큼 그의 사생활은 누군가에 의하여 감시되게 된다. 미국, 유럽 등에서 인터넷 실명제와 사생활의 비밀과 보장을 함께 논하면 후자, 즉 Big Brother에 의한 사생활의 비밀과 자유의 침해를 걱정하는데 반하여, 국내에서는 인터넷 실명제가 사생활의 비밀과 보장을 보호할 것이라고 믿는 것은 흥미로운 현상이다.

4. 인터넷 실명제의 비판적 고찰

(1) 인터넷 실명제의 개념

인터넷 실명제란 흔히 인터넷 이용을 실명으로 하도록 의무화하는 것을 의미한다. 하지만 그 내용을 구분하여 보면, 인터넷 실명제는 정보검색과 게시판 사용 등 모든 인터넷 활동에서 실명을 사용하도록 의무화하는 순수한 의미의 실명제, 게시판 사용 시에만 실명 사용을 의무화하는 게시판 실명표시제, 정보의 사용 또는 게시판의 이용 전에 실명으로 등록하도록 한 후 실제 사용은 아이디나 필명 등 가명을 사용하도록 하는 실명확인제 등이 있다.

선거에 있어서 인터넷 언론사가 운영하는 게시판 등에 선거에 관한 의견을 올릴 때 게시자의 성명과 주민등록번호를 확인하도록 의무화한 공직선거및선거부정방지법(법률 7189호) 제82조의6[58]은 실명확인제라고 하겠다. 실명확인의 기술적 조치를 취하지 아니한 인터넷 언론사는 법 제261조에 따라 1,000만 원 이하의 과태료를 부과 받는다. 정보통신망이용촉진및정보보호등에관한법률(법률 제8289호, 이히 정보통신망법)도 2007년 1월 법 개정을 통하여 국가기관, 지방자치단체, 공기업뿐 아니라 민간이 운영하는 대형 인터넷포털에 본인확인조치를 취하도록 의무화하여 실명확인제를 도입하였다.[59]

---

58. 인터넷 언론사는 당해 인터넷 사이트의 게시판·대화방 등에 선거에 관한 의견을 게시할 수 있도록 하는 경우에는 의견게시를 하고자 하는 자가 기입하는 성명과 주민등록번호의 일치여부를 확인한 후 일치하는 경우에 한하여 의견제시를 할 수 있도록 하는 기술적 조치를 하여야 한다.
59. 제44조의5 (게시판이용자의 본인확인) ①다음 각 호의 어느 하나에 해당하는 자가 게시판을 설치·운영하려는 경우에는 그 게시판이용자의 본인 확인을 위한 방법 및 절차

(2) 인터넷 본인확인제의 법적 쟁점

대형 인터넷포털에서 실시 중인 인터넷 본인확인제는 (1)인터넷 이용 시 실명확인의 의무를 국가가 강제한다는 점에서 온라인서비스제공자(OSP)가 자율적으로 실명을 확인하는 경우와 다르며, (2)실명을 확인한 OSP가 보유한 인터넷 이용자의 신상정보를 어떻게 관리할 것인가의 새로운 문제를 야기하며, (3)상시적인 제도라는 점에서 선거기간이라는 한정된 기간 동안 인터넷 언론이라는 한정된 사업자를 대상으로 실시되는 공직선거및선거부정방지법의 경우와 기본권 침해의 정도가 다르다.

1) 본인확인의 법적 강제

국가가 대형 OSP에 게시판이용자의 본인확인을 강제하고 이를 이행하지 않을 경우 과태료를 부과하는 것은 위헌의 소지가 있다. 정보통신망법은 대형 OSP가 본인확인조치를 하지 않을 경우 그렇게 하도록 명령할 수 있는 근거조항(제44조의5 제2항)과 이러한 명령을 이행하지 않을 경우 3,000만 원 이하의 과태료에 처할 수 있도록 하는 근거조항(제76조 제1항 제1호)을 두고 있다. 이러한 법적 강제는 인터넷 언론사 또는 포털이 자발적으로 회원등록 시 이용자의 신원을 확인하는 것과 전혀 다른 문제다. 자발적 신원확인은 인터넷언론

의 마련 등 대통령령이 정하는 필요한 조치(이하 "본인확인조치"라 한다)를 하여야 한다. 1. 국가기관, 지방자치단체, 「정부투자기관 관리기본법」제2조의 규정에 따른 정부투자기관, 「정부산하기관 관리기본법」의 적용을 받는 정부산하기관, 「지방공기업법」에 따른 지방공사 및 지방공단(이하 "공공기관 등"이라 한다). 2. 정보통신서비스제공자로서 제공하는 정보통신서비스의 유형별 일일평균 이용자수 10만 명 이상으로써 대통령령이 정하는 기준에 해당되는 자.

사와 이용자라는 사인과 사인 간의 계약 내용이다. 헌법상 표현의 자유가 개입할 여지가 없다. 그러나 정보통신망법은 국가가 개입하도록 강요함으로써 실명제를 헌법 문제로 만들었다. 이제 게시판이용자는 국가의 공권력으로 자신의 기본권(언론의 자유)이 침해되었음을 주장할 수 있고, 이 문제를 헌법재판소에 가져갈 수 있게 되었다. 헌법재판소에서는 본인확인제를 도입함으로써 얻게 되는 공익과 익명으로 표현할 수 없게 됨으로써 침해되는 언론의 자유의 가치를 비교형량하여 위헌여부를 판단하게 될 것이다.

중요한 것은 본인확인제가 단순한 방법상 제한이 아니라 내용상 제한에 해당되기 때문에 위헌성 심사에서 엄격한 비례의 원칙이 적용되어야 한다는 것이다. 실명제가 그 시대의 지배적인 견해에 반대하는 소수자의 발언을 저해하는 효과를 초래함은 동서고금의 역사가 분명히 알려주고 있다. 본인확인제 역시 신분을 밝혀야 발언할 수 있다는 점에서 순수한 의미의 실명제와 마찬가지 위축효과를 가져온다. 따라서 본인확인을 요구하는 정보통신망법은 (1)목적의 정당성, (2)방법의 적절성, (3)침해의 최소성, (4)법익의 균형성 등 비례의 원칙이 엄격히 적용될 것이 요구된다. 특히 침해의 최소성과 관련하여서는, 입법자가 선택한 방법이 입법목직을 딜싱하기 위하여 설사 적절하다 할지라도 보다 완화된 형태나 방법을 모색함으로써 기본권의 제한을 필요한 최소한도에 그치도록 하여야 하는 의미[60]로서가 아니

---

60. 헌법재판소 1990. 9. 3. 선고 89헌가95 결정. 헌법재판소의 판례 중에는 침해의 최소성을 이렇게 이해하고 있는 판례가 많다. 예컨대 헌법재판소 2004. 5. 27. 선고 2003헌가1, 2004헌가4(병합) 결정 사건에서 헌법재판소는 "이 사건 법률조항은 입법목적을 달성하기 위하여 필요한 최소한의 정도를 넘어 직업의 자유를 침해하고 있으며, 법익균형성의 원칙도 위배하였다"고 판단하였다. 헌법재판소는 이어 "극장운영자의 직업의 자유를 침해하는지 여부와 극장운영자의 표현의 자유 및 예술의 자유를 침해하는지

라, 선택한 방법이 입법목적을 달성하기 위한 여러 가지 수단 중 가장
침해를 최소화하는 수단(Least Restrictive Alternative)인가 여부
를 기준[61]으로 판단하여야 한다. 또한 인터넷 실명확인제를 법률화
하여 얻고자 하는 공익적 효과에 대한 입증은 입법자가 부담하여야
할 것이다.[62] 이 밖에 표현의 자유를 규제하는 법률에 특히 요구되는
명확성(void for vagueness)의 원칙과 광범성(overbreadth)의 원
칙이 인터넷 실명확인제에도 적용된다.

다만, 정보통신망법의 경우 본인확인제를 모든 인터넷포털에 도입
하지 않고, 대형 OSP가 운영하는 게시판에 글을 쓸 때만 본인확인을
요구하고 있기 때문에 비교형량에서 언론의 자유에 대한 침해가 크
지 않다는 평가를 받을 수 있다.

<hr>

여부의 문제는 동전의 양면과도 같이 연관되어 있는 문제"라고 전제하고 "이 사건 법
률조항은 위 직업의 자유의 침해여부에서 이미 살펴본 바와 마찬가지로 극장운영자의
표현의 자유 및 예술의 자유를 필요한 이상으로 과도하게 침해하고 있다"고 판단하였
다.

61. 침해의 최소성의 원칙을 이렇게 이해하고 있는 판례로는 헌법재판소 1998. 5. 28. 선고
96헌가5 사건 참고. 이 사건에서 헌법재판소는 "입법자는 공익실현을 위하여 기본권
을 제한하는 경우에도 입법목적을 실현하기에 적합한 여러 수단 중에서 되도록 국민
의 기본권을 가장 존중하고 기본권을 최소로 침해하는 수단을 선택해야 한다"고 판시
하였다.

62. 헌법재판소 2002. 10. 31. 선고 99헌바76 결정 ("법률이 개인의 핵심적 자유영역을 침
해하는 경우 이러한 자유에 대한 보호는 더욱 강화되어야 하므로, 입법자는 입법의 동
기가 된 구체적 위험이나 공익의 존재 및 법률에 의하여 입법목적이 달성될 수 있다는
구체적 인과관계를 헌법재판소가 납득하게끔 소명·입증해야 할 책임을 진다고 할 것
이다. 반면에, 개인이 기본권의 행사를 통하여 일반적으로 타인과 사회적 연관관계에
놓인 경제적 활동을 규제하는 사회·경제정책적 법률을 제정함에 있어서는 입법자에
게 보다 광범위한 형성권이 인정되므로, 이 경우 입법자의 예측판단이나 평가가 명백
히 반박될 수 있는가 또는 현저하게 잘못되었는가 하는 것만을 심사하는 것이 타당하
다고 본다.")

2) OSP가 보유한 신원의 공개

본인확인제를 실시함에 따라 인터넷포털이 보유한 회원의 신상정보의 관리가 더욱 중요해졌다. 사생활의 비밀과 보호의 관점에서 보면, 인터넷 본인확인제의 법적 쟁점은 (1)인터넷 언론사 등이 보유하고 있는 회원의 신상정보를 본래의 목적 이외에 사용하거나, 다른 사람에게 제공할 경우, (2)수사기관 등 국가기관이 인터넷사업자 등에게 회원의 신상정보를 요구할 경우로 나누어 생각할 수 있다.

첫 번째 쟁점은 개인정보 보호의 법제가 완비되어 가면서 상당부분 정리되었다. 전기통신망법은 제4장에서 개인정보의 보호에 관하여 상세하게 규정하고 있다. 두 번째 쟁점이 문제다. 전기통신사업법(법률 제8635호) 제54조 제3항은 수사기관 등이 서면으로 자료제출을 요구할 경우 전기통신사업자가 이용자의 신원 정보를 제공할 수 있도록 규정하고 있다. 신상정보를 요구할 수 있는 기관 및 사유가 지나치게 광범위하며, 신원정보의 제공 여부의 판단권을 전기통신사업자의 재량에 맡긴 것은 이용자의 개인정보의 자기통제권을 침해하는 것이다.

현행법은 "법원, 검사 또는 수사관의 장(군 수사기관의 장을 포함한다), 정보수사기관의 장이 재판, 수사(…), 형의 집행 또는 국가안정보장에 대한 위해를 방지하기 위한 정보수집"을 위한 때 이용자의 신원 정보가 공개될 수 있는 길을 열어 놓고 있다. 인터넷 실명확인제가 표현의 자유를 위축시키는 점을 감안하면, 법원이 개별 사안에서 공익과 사익을 비교형량한 후 이용자의 신원을 수사기관 등에 알리는 방식으로 개정되어야 할 것이다. 또한 전기통신사업자는 특정 목적으로 이용자에 관한 정보를 보관하고 있는데 불과한데, 그가 이용자의 신원 정보의 공개 여부를 결정하도록 규정한 것은 잘못이다. 구체적인 사안의 이익형량의 주체는 법원이 되어야 한다. 따라서 법원을 제외한 수사기관이 신원정보를 요구할 수 없도록 삭제하고, 인터넷사업자는 재량 없이 법원의 결정에 따르도록 개정하여야 한다.[63]

3) 특수 상황 대 상시 감시

인터넷 본인확인제는 상시적으로 운영된다는 점에서 공직선거및선거부정방지법(이하 공선법) 제82조의6 등이 규정하는 선거보도에 있어서 인터넷 실명제[64]보다 기본권 침해가 더욱 심각하다. 공선법은 "선거가 국민의 자유로운 의사와 민주적 절차에 의하여 공정히 행하여지도록 하고, 선거와 관련된 부정을 방지함으로써 민주정치의 발전에 기여함을 목적"으로 하므로(법 제1조), 선거라는 특수한 사안에 적용되는 법이다. 선거야말로 가장 두텁게 보호되어야 할 정치적 표현이 만개하는 장이니만큼 표현의 자유는 더욱 두텁게 보호되어야 한다는 견해[65]도 있을 수 있지만, 선거운동기간이라는 짧은 기간 동안에는 사상의 자유시장(marketplace of ideas)이 해악을 자연치유할 수 없기 때문에 그 해악을 국가가 조정할 수밖에 없다는 입장에서 오히려 표현의 자유에 대한 규제가 가능하다는 반론도 제기된다.

---

63. 법관의 영장을 발부받지 않고 하는 수사기관의 통신사실 확인자료 제공요청 및 그 근거가 되는 통신비밀보호법과 전기통신사업법의 위헌 여부에 대해서는 오기두, "수사상 전자통신자료의 취득에 관한 헌법적 문제", 헌법논총. 오기두 판사는 수사기관의 통신사실 확인자료 제공 요청이 영장주의를 선언한 헌법 제12조 제3항에 위반되어 위헌이라는 주장하고, 위헌논란을 잠재우기 위하여 수사기관으로 하여금 법관의 영장에 의해 통신사실 확인자료를 제출받도록 하고, 나아가 그 사실을 전기통신 서비스 이용자 등에게 즉시 사후에 통지해주는 제도를 도입해야 한다고 한다.

64. 이 조항에 대하여는 헌법소원심판이 청구되었다. 헌법재판소 사건번호 2004헌마221.

65. 공직선거및선거부정방지법 제82조의6 등에 대한 헌법소원심판사건에서 청구인들이 주장한 내용 중 일부임.

그러나 인터넷 본인확인제는 예외가 아닌 원칙의 문제이다. 구체적인 법률안이 마련되어야 판단할 수 있지만, 일정 기준을 충족하는 인터넷 언론사 또는 포털 등 OSP가 운영하는 게시판·대화방에 자기 의견을 피력하기 위해서는 신원을 밝히라고 강요하고, 국가기관이 그 신원에 대하여 어렵지 않게 접근할 수 있도록 허용하는 것은 인터넷에 상시적인 감시체제를 구축하는 것을 의미한다. 사람들의 발언 내용은 항시 기록되어 있으며, 국가는 필요에 따라 언제라도 발언 내용을 찾아내어 발언자에게 책임을 물을 수 있다. 이렇게 되면 사람들은 자기가 법적으로 책임질 수 있는 말만 하여야 하며, 사회적으로 아무리 중요한 문제라고 하더라도 의혹을 제기할 수 없다. 말하고 싶어도 꺼리는 위축효과(chilling effect)는 보편화될 것이다. 바로 이러한 점에서 인터넷 본인확인제는 표현의 자유를 본질적으로 침해하게 된다.

결론적으로 본인확인제는 비록 대형 OSP를 대상으로 실시되고 있지만, OSP가 보유한 개인정보를 국가기관이 용이하게 취득할 수 있다는 점과 상설적으로 운영된다는 점 때문에 공익과 사익을 비교형량하면 기본권 침해가 크다고 보아야 할 것이다.

(3) 인터넷 본인확인제의 실효성

인터넷 본인확인제는 당초 의도했던 효과를 거두지 못할 것이라는 지적도 있다. 이는 사실상의 문제일 뿐 아니라, 법적인 문제이기도 하다. 기본권 침해법률이 준수하여야 할 원칙인 비례의 원칙 중 하나인 방법의 적절성이 의문시된다. 즉 추구하고자 하는 목적을 실현할 수 있는 적절한 수단인지 의심스럽다. 본인확인제 도입이 논의되던 당시 문제가 된 몇 가지 사례를 통하여 인터넷 본인확인제의 실효성을 확인해보자.

먼저 연예인 X파일 사건이다. 이 사건의 본질은 한 광고회사가 내부용으로 작성한 인기 연예인에 대한 평가가 외부에 유출된 것이다. 광고회사가 정확한 광고단가를 계산하기 위하여 연예인을 평가한 것은 문제가 될 수 없다. 문제는 그 내부용 자료가 외부로 유출된 것이다. 이것은 범죄행위이다. 회사의 기밀을 누설하였고, 해당 연예인에 대한 명예훼손을 저지른 것이다. 인터넷은 자료의 유통속도를 가속화시켰다. 가명으로 정보를 교환하면서 그 유통속도는 더욱 빨라졌다. 그렇지만 인터넷 본인확인제를 한다고 해서 연예인 X파일이 시중에 유통되지 않았으리라고 자신할 수도 없다. 문제의 핵심은 광고회사에 종사하는 개인의 일탈행위에 있었는데 이는 인터넷 실명제와 아무런 상관관계가 없다. 더구나 앞에서 본 것처럼 인터넷 실명확인제가 실시되면 연예인 X파일과 같은 일이 발생하지 않으리라는 점은 입법자가 입증하여야 한다. 유통속도가 빨라졌다는 이유로 익명의 인터넷 이용을 금지시키는 것은, 유통속도가 빨라졌다고 인터넷의 사용을 금지시키겠다고 하는 것과 어리석음에서 차이가 없다.

두 번째로 소위 개똥녀 사건이 있다. 전철에서 애완견의 배설물을 치우지 않았다고 해서 사이버테러를 당한 사건이다. 당사자의 얼굴도 인터넷에 게재되면서 당사자의 신상과 관련된 정보가 인터넷에 떠돌고, 마침내 이 사건은 해외에서도 주목을 받았다.[66] 이 사건의 핵

---

66. 세계적인 인터넷 백과사전인 Wikipedia에도 'dog poop girl'이라는 제목으로 이 사건을 설명하고 있다 (http://en.wikipedia.org/wiki/Dog_poop_girl 참조). 미국의 워싱턴포스트도 2005년 7월 7일자에, 뉴욕타임스도 2005년 7월 30일자에 이 사건을 소개하였다.

심은 인터넷이 여론재판을 한다는 것이다. 당사자가 한 행동은 잘못일 수 있지만, 당사자의 해명은 전혀 듣지 못한 채 그 사람의 행동을 비난하고 급기야 그 사람과 관련된 모든 정보가 인터넷상에 떠돌면서 그 사람은 당초 자기가 한 잘못 이상의 비난을 받게 되었다.

이것은 인터넷의 특징이다. 인터넷 실명제를 의무화하더라도 진실한 정보의 파급을 막을 수는 없다. 연예인 X파일은 당초 밖으로 나갈 수 없는 정보가 유통된 것이지만, 개똥녀 사건은 누구나 접할 수 있는 진실한 정보가 확산된 것에 불과하다. 전철이라는 사생활의 보호 정도가 낮은 공개된 공간에서 한 일탈된 행동이 문제의 발단이었다. 이를 눈으로 확인하고 사진으로 찍어서 인터넷에 유통시키는 것은 실명확인제가 막을 수 있는 종류의 사건이 아니다. 또 인터넷상에 올라온 사진을 보고, 그 사진의 주인공은 어디에 사는 누구라는 정보를 인터넷에 유통시키는 역시 인터넷 본인확인제로 막을 수 없다. 개똥녀 사건은 인터넷 본인확인제를 실시하더라도 그렇지 않았을 때와 마찬가지 속도로 확산되었을 것이다.

이러한 종류의 유통을 막을 수 있는 것은 사생활의 비밀과 자유를 존중하려는 국민의식 뿐이다. 불행히도 사생활의 비밀과 자유의 개념 자체도 우리 국민에게 생소하지만,[67] 정보화가 급속도로 진행되면서 사생활의 비밀과 자유의 보호범위가 계속 변하기 때문에 인터넷 이용자가 공감하는 사생활의 비밀과 자유의 개념은 설정하기조차 힘든 상황이다. 개똥녀 사건을 인터넷 실명제의 부재 탓으로 돌리는 것은 문제를 너무 단순화하는 것이다.

---

67. 개인생활보다 공동체생활을 존중하여 온 문화에서 사생활의 비밀과 자유는 생소할 개념일 수밖에 없다. 사생활의 비밀과 자유가 헌법에 규정되는 것은 1980년 헌법 때부터이다.

세 번째, 소위 서부희 씨 자살사건이다. 이 사건 역시 사건의 본질은 개똥녀와 다름이 없다. 사랑했던 남자에게 배신당한 뒤 스스로 목숨을 끊었다는 서부희 씨의 사연이 미니홈피에 공개되면서 상대방 남자는 개똥녀와 같은 상황에 놓이게 되었다. 사건의 본질, 즉 상대방 남자의 인적 상황과 그에 대한 부정적 평가가 낙인찍히는 현상은 인터넷 본인확인제로 막을 수 없다. 막을 수 있는 것은 그에 대한 욕설과 협박의 글이다. 하지만 생각해보면, 그에 대한 욕설과 협박의 글은 그가 인터넷의 해당 사이트에 찾아들어가지 않는 한 실감할 수 있는 것이 아니다. 그가 진정 피해를 본 것은 자기에 대한 사회적 평가가 한 사건으로 고정되었다는 사실이다. 이것은 인터넷 시대에 사생활의 비밀과 자유를 어떻게 이해하여야 하느냐의 어려운 문제를 던져 주고 있다. 하지만, 이 문제는 인터넷 본인확인제와 직접적인 상관이 없는 문제다.

5. 인터넷 정화를 위한 제언

현재 우리의 인터넷 문화가 무책임하다는 것은 부정하기 힘들다. 인터넷 게시판에 올라온 글 중에는 상대방에 대한 예의보다는 무례함이, 정당한 평가보다는 욕설과 비방이 더 많은 글이 분명히 많다. 그렇기 때문에 인터넷의 글쓰기를 정화해야 할 필요도 있고, 인터넷 문화가 성숙되어야 할 필요도 있다. 그 방법을 찾기 위해 고민해야 할 필요도 있다. 하지만 인터넷 게시판이 무책임하다는 이유로, 인터넷이 강력한 전파력을 가졌다는 이유[68]로 인터넷 게시판을 실명화하고, 인터넷 사용을 제한하는 식의 대증요법으로는 이를 해결할 수 없다.

인터넷 이용자가 자기 책임을 분명히 느끼게 하기 위해서는 법이론의 발전과 제도적 보완이 함께 이루어져야 한다. 법이론의 발전이란 인터넷 시대에 적합한 표현의 자유, 사생활의 비밀과 자유, 저작권의 개념의 정립이다. 오프라인 시대에 만들어진 이론이 인터넷 시대에도 그대로 유용한지에 대한 검토가 필요하며, 이러한 검토를 바탕으로 표현의 자유, 사생활의 비밀과 자유, 저작권의 개념과 그 보호범위가 논의되어야 한다. 보호범위가 설정되면 그 한계를 넘는 행위에 대하여 엄중한 책임을 물어야 한다. 무엇이 허용되는 행위인지 아닌지도 헷갈리는 상황에서 성급하게 새로운 제도를 도입하고, 이를 법으로 강행하는 것은 올바른 접근방법이 아니다.

하지만 인터넷의 급속한 발전으로 법이론의 발전이 현실을 쫓아 가는데 한계가 있을 수밖에 없다. 심오한 법이론이 완성되기 전이라도, 강행법을 만들기 전이라도, 운영시스템의 개선으로 보완할 것이 있으면 보완하여야 할 것이다. Lessig 교수가 역설하듯 인터넷 시대에는 법이나 규범보다 코드(code)의 변화로 인간 행동을 충분히 그러면서도 더 효율적으로 규제할 수 있다.[69] 인터넷의 이용을 종합적으로 살펴보면, 인터넷포털이 중요한 역할을 담당하고 있다. 수백만 명의 회원을 획보힌 인디넷포털들도 많다. 인터넷포틸에서 징보는 생산되고, 부가되고, 확산된다. 그럼에도 불구하고 인터넷 실명제는 인터넷 폭력성의 원인과 책임을 인터넷 사용자에게만 돌리고 있는데 문제가 있다. 인터넷 사용자가 무책임하게 행동하기 때문에 그들의 행동을

---

68. 대법원이 인터넷 게시판을 보는 시각도 여기서 벗어나지 않는다. 대법원 2004. 6. 25. 선고 2003도4934 판결.("인터넷 게시판의 속성 자체가 익명성의 보장으로 인한 무책임성과 강력한 전파력을 갖고 있다.")

69. Lawrence Lessig, *supra* note 4.

규율하는 방안을 고안하게 되었고, 그 결과 나온 것이 인터넷 실명제인 것이다.

인터넷의 사용을 구조적으로 접근하면, 인터넷포털에게 권한과 책임을 부여하는 방안이 국민의 기본권 침해를 적게 하면서도 인터넷 폭력성에 효율적으로 대처하는 방안임을 알 수 있다. 우리나라의 인터넷포털과 미국의 인터넷포털의 운영현황을 비교하면 흥미로운 사실이 발견된다. 똑같은 Yahoo!라도 한국판에 가입할 때는 본인확인의 절차를 복잡하게 거치지만, 미국판에 가입할 때는 실명확인 절차가 없다. 첫 페이지에 흥미로운 뉴스 기사를 발견하고 그것을 보려고 클릭하면, 한국판에서는 뉴스 종합면을 거친 후 다시 한 번 해당 기사를 찾아 클릭해야 볼 수 있는데 미국판에서는 뉴스를 클릭하면 그 뉴스를 바로 볼 수 있다. 더욱 큰 차이는 한국판은 뉴스 밑에 바로 댓글 기능을 붙여 놓았는데, 미국판은 뉴스만 나오고 그에 대하여 댓글을 쓰려면 토론(discussion)을 다시 한 번 클릭해야 한다. 댓글쓰기의 경우 한국판에서는 실명이 확인되어야 가능한데 반해 미국판에서는 가명으로도 충분히 가능하다.

인터넷 실명제를 실시하고 있는 우리나라에서는 개인의 명예훼손과 사생활의 침해의 시비가 끊이지 않는데, 가명 사용이 일반화되어 있는 미국에서는 오히려 그러한 문제가 적게 일어난다. 그 이유는, 미국 포털의 경우 뉴스를 뉴스로 전달하는데 반해 우리나라의 포털은 뉴스를 상업적으로 이용하는데 혈안이 되어 있는데서 찾을 수 있다. 미국의 포털에서 게시판은 여론의 장인데 반해, 우리나라 포털에서 댓글은 네티즌의 해방구다. 우리나라 포털에서 댓글은 아무런 이야기건 쏟아버려도 되는 하수구와 같은 역할을 하고 있다. 뉴스는 하수구에 네티즌이 모여들게 만드는 재료로 사용된다. 포털은 하수구를 청소하지 않는다. 오히려 네티즌이 모여 떠들 수 있는 소재를 제공하기에 바쁘다. 포털은 네티즌이 좋아할 만한 기사, 대부분 연예인 관련기사를 비중 있게 다루고, 그 기사 밑에는 댓글이 따르고, 그 댓글의 대부분은 해당 연예인의 호·불호에 따라 감정을 조잡하게 피력하는 수준이다. 이렇게 형성된 저급한 댓글 문화는 일상화되어 정치 경제 사회 문화의 각 영역에서도 저급성을 보이고 있다.

누구도 좋아할 것 같지 않은 이 상황을 인터넷포털은 즐기고 있다. 인터넷포털은 자신이 제공하는 정보의 질에 신경 쓰지 않는다. 정보의 질적 수준이 다른 여러 매체의 기사를 동일한 비중으로 제공하는 포털의 뉴스 제공방식은 이를 반증한다. 언론사가 제공한 기사, 혹은 시평 바로 밑에 네티즌의 댓글을 끝도 없이 연계시켜 놓는 것이 이를 역설적으로 보여준다. 때로는 '검색어 순위' 또는 '가장 많은 읽은 글' 이라는 명목 아래 포털은 불법통신을 조장하기도 한다.

댓글 달기의 시스템만 바뀌어도 인터넷의 폭력성은 개선될 수 있다. 제1차 정보와 그에 대한 댓글은 별도로 운영되어야 한다. 댓글을 통하여 감정을 피력할 사람은 그 사람들을 위한 공간에서 놀도록 하고, 그 내용을 찾아보고 싶은 사람만 볼 수 있도록 하고, 적어도 제1차 정보와 혼용되이 모든 사람에게 동등한 가치로 전달되는 것은 막아야 한다. 그때그때 사회적으로 중요한 화두에 대해서는 논의의 장을 별도로 운영하는 것도 인터넷을 건전한 사회적 공론의 장으로 만드는 데 일조할 것이다. 일부 인터넷포털이 댓글 감추기 기능을 설정한 것은 바람직한 일이나, 그것으로 충분하지 않다.

이러한 시스템의 변화는 인터넷포털로 하여금 자기 포털에서 논의되는 정보의 질에 대하여 책임을 지우는 방식으로 얻을 수 있다. 현재 우리나라의 인터넷포털은 정보의 중개자 역할을 하면서 그에 걸 맞는 책임을 부담하지 않고 있다.[70] 불법통신을 조장하는 인터넷포털은 그 책임을 져야 한다. 그렇게 하기 위해서는 불법통신을 적극적으로 조장[71]하는 인터넷포털에는 책임을 엄중히 물리고, 포털을 정화하기 위하여 노력하는 인터넷포털이 선의로 행동한 불법통신에 대한 편집·삭제권에 대해서는 책임을 물리지 말아야 할 것이다.[72] 그렇지만 인터넷포털 등 OSP에게 광범위한 편집권을 부여할 경우 정보화 사회의 또 다른 문제점인 '사인(私人)에 의한 검열'을 허용하는 결과로 이어지기 때문에 조심스러운 접근이 필요하다. 구체적으로, (1)OSP가 자신의 홈페이지에서 직접 제공하는 콘텐트에 대해서는, 비록 OSP가 그 콘텐트의 생산에 관여하지 않았더라도 해당 콘텐트의 내용으로 인하여 발생하는 법적인 책임을 콘텐트 생산자와 함께 부담하도록 하고, (2)OSP가 운영하는 게시판에 네티즌이 올린 댓글 등에 대해서는 OSP에게 편집권을 부여하되, 편집권 행사에 대한 책

---

70. 포털 사이트에 자신의 개인정보가 방치돼 피해를 입었다는 사람들의 모임인 '포털 피해자를 위한 모임(대표 변희재)'는 2005년 7월 7일 한국프레스센터에서 기자회견을 열고 피해사실을 고발하였다.

71. 인기검색어라는 명목 아래 불법복제물, 타인의 명예를 훼손하거나 사생활의 비밀을 침해할 우려가 짙은 내용을 게재하는 경우 또는 뉴스라는 항목 아래 신뢰성이 입증되지 않은 연예인의 신변잡기식 기사를 게재하고 그에 대한 인터넷이용자의 즉흥적인 반응을 유도하는 경우 등이 이에 해당한다고 하겠다.

72. 이와 같은 이유에서, 대법원이 "단지 홈페이지 운영자가 제공하는 게시판에 다른 사람에 의하여 제3자의 명예를 훼손하는 글이 게시되고 그 운영자가 이를 알았거나 알 수 있었다는 사정만으로 항상 운영자가 그 글을 즉시 삭제할 의무를 지게 된다고 할 수는 없다"고 판시하여 OSP에 대하여 명예훼손에 기한 손해배상책임을 묻지 않은 것은 올바른 접근방법이라고 하겠다. 만약 알거나 알 수 있었다는 사정만으로 손해배상책임을 부과한다면 OSP는 명예훼손의 냄새만 나도 해당 글을 삭제하게 되어 사적 검열(private censor)이 만연될 수 있다. 대법원 2003. 6. 27. 선고 2002다72194 판결.

73. 인터넷 게시판에 게재된 내용에 대해서는 미국의 1996년 통신품위법(Communication Decency Act)처럼 OSP의 민사상 책임을 면제하는 조항의 신설이 필요하다고 본다.

임은 완화하되,[73] (3)' 인기 검색어' 또는 '많이 읽은 글' 등의 형식으로 네티즌이 올린 게시판의 글을 적극적으로 홍보한 경우에는 OSP에게 법적 책임을 부여하는 것이 타당하다.

Ⅲ. 뉴스콘텐츠 제작자와 유통자의 이해 조정

1. 디지털시대의 뉴스콘텐츠 보호

(1) 콘텐츠 불법복제의 시대

콘텐츠의 불법복제 문제는 어제 오늘의 일이 아니다. 90년대 중반 이후 정보의 전달기술이 아날로그에서 디지털로 바뀌면서 복제는 일상화되었다. 아날로그 때와 달리 디지털 복제는 그 비용이 무시할 정도로 적은데 반하여 품질이 원본과 다를 바 없기 때문에 누구나 복제의 유혹에 빠지게 한다.

특히 인터넷의 보급은 보통사람의 불법복제를 조장하였고, 이제 불법복제는 과거 소수 범죄자의 일탈적인 행동이 아니라 일반인의 보편적인 행동양식으로 바뀌고 있다. 음악은 공짜로 다운받는 것이라는 인식이 확산되면서 CD가 팔리지 않고 음반제작사가 문을 닫는 일이 속출한다. 영화, TV 드라마, 만화, 소설 등도 인터넷에서 공짜로 다운받아 이용하는 것을 당연하게 받아들이는 네티즌이 많다.

불법복제의 일상화 현상을 맞아 콘텐츠 제작자들은 때로는 소송을 통하여, 때로는 입법활동을 통하여 자신의 권리를 적극적으로 주장하여 왔다. 여기에 복제를 조장, 혹은 방조, 혹은 묵인하는 콘텐츠 유통자가 나타나면서 콘텐츠의 복제를 둘러싼 법적 분쟁은 콘텐츠 제작자와 불법복제자 사이보다는 콘텐츠 제작자와 유통자 사이의 분쟁으로 진행되고 있다. 미국의 Napster 사건이나 Grokster 사건, 우리나라의 소리바다 사건이 소송을 통한 불법복제 대응책이라면, 미국의 DMCA(Digital Millenium Copyright Act) 제정이나 2006년 12월 우리나라 저작권법 전면개정은 입법을 통한 해결방안이었다.

(2) 콘텐츠 불법복제에 대한 처벌 강화

정보기술의 발달로 콘텐츠 불법복제도 쉬워졌지만, 동시에 콘텐츠 불법복제에 대한 단속 역시 쉬워졌다. 불법복제 콘텐츠를 찾아내는 검색로봇이 개발되었고, 오프라인 시대와 달리 온라인 시대에는 불법복제의 흔적이 남기 때문에 오래 전에 불법복제한 사실 때문에 뒤늦게 곤혹을 치루기도 한다.

불법복제기 범람하면서 지적권자의 이익을 보호하기 위한 법제도 마련되면서 불법복제에 대한 책임 추궁 역시 강화되고 있다. 2006년 저작권법이 저작권자를 보호하는 방향으로 전면 개정된데 이어, 2007년 9월에는 한미 자유무역협정(FTA) 체결에 따른 후속입법으로 저작권법 개정안이 입법예고되어 저작권자의 이익은 더욱 두텁게 보호되는 추세다.

저작권 위반에 대한 단속도 강화되고 있다. 저작권법 위반에 대한 고소·고발이 크게 늘어나면서 경찰서 창구마다 한 달 평균

300~500건의 고소장이 접수된다는 보도도 있다.[74] 한 신문은 이를 두고 '저작권 쓰나미'라고 표현한다.[75] 2007년 11월 전남 담양에서는 인터넷에서 소설을 다운받았다가 저작권법 위반으로 경찰로부터 출석요구서를 받았던 한 학생이 자살하는 사건까지 발생하면서 저작권법 위반을 놓고 의견이 분분하다. 불법복제가 잘못이라는 견해부터, 어린 학생을 표적 삼아 무더기 고소하는 변호사의 이기심을 비난하는 견해까지 다양한 의견이 제기된다.

(3) 전통적인 뉴스콘텐츠 판매 방식

최근 저작권법이 저작자의 이익을 강화하는 방향으로 개정되고 있는데도 불구하고, 뉴스콘텐츠 제작자들은 그러한 이점을 충분히 살리지 못하고 있다. 그 이유는 뉴스콘텐츠 제작자들이 그동안 자기가 제작한 콘텐츠를 보호하는 데 상대적으로 소극적이었다는 데서 찾을 수 있다.

과거 뉴스콘텐츠 제작자들이 저작권 문제에 소홀하였던 이유는 여러 곳에서 찾을 수 있다. 첫째, 신문사 자체가 자신이 제작한 뉴스콘텐츠의 가치를 높이는데 주력하지 않았다. 우리나라 신문사는 뉴스콘텐츠의 판매보다 이를 매개로 광고수입을 올리는 경영전략을 채택하였다.[76] 신문사로서는 뉴스콘텐츠가 많이 읽힐수록 수익이 증가할 것으로 기대하였다. 신문 값은 지나치게 낮게 책정되고, 무가지까지

---

74. 지영환, "언제까지 '학생 전과자' 양산할 텐가?", 조선일보 독자칼럼, 2007년 12월 6일자.
75. "인터넷에 '저작권 쓰나미' … 3~4년 지나 합의금 내라", 경향신문, 2007년 12월 19일자.
76. 심상민 등, 『디지털 뉴스 유통과 저작권』, 한국언론재단 보고서 2006-02, p33 참조.

등장하게 된 것도 여기에 원인이 있다고 본다. 인터넷에서도 신문사들은 마찬가지 전략을 사용하였다. 이용자가 많으면 광고수입이 늘어날 것이라는 생각에서 신문사가 설립한 온라인신문사들은 뉴스콘텐츠를 무료로 제공하였다. 그 결과 신문의 뉴스콘텐츠는 공짜라는 인식이 널리 확산되었다.

둘째, 뉴스콘텐츠는 다른 내용의 콘텐츠보다 언론의 자유와 밀접한 관련을 맺는다. 뉴스콘텐츠의 자유로운 유통은 언론의 자유의 핵심적인 내용이며, 이것이 이루어지지 않을 때 언론의 자유를 제한하여 궁극적으로 민주주의의 후퇴를 가져오게 된다. 따라서 언론의 자유의 측면에서만 보면, 뉴스콘텐츠는 비록 그것이 불법으로 복제되어 유통되더라도 바람직하다고 하겠다. 언론의 자유를 최고의 가치로 주창하는 신문사로서는 뉴스콘텐츠의 자유로운 유통을 무조건 반대할 수 없는 난처한 입장에 놓여 있다.

셋째, 뉴스콘텐츠의 법적 보호가 불확실한 것도 한 원인이다. 뉴스콘텐츠가 저작권의 보호를 받기 위해서는 창작성(originality)이 있어야 하는데, 시사보도의 경우 창작성을 인정하기 어려운 경우가 있다. 신문사 입장에서는 기사를 작성하기 위하여 시간과 비용을 들였기 때문에 그 대가를 바라지만, 저작권법은 노력한 것에 비례하여 보호하지 않는다.

(4) 뉴스콘텐츠 제작자 보호의 정당성

최근 뉴스콘텐츠 제작자들은 태도를 바꾸어 저작권 보호에 적극 나서고 있다. 뉴스콘텐츠 제작에 들인 노력을 보상받아야 한다고 주장한다. 뉴스콘텐츠 유통자와 이용허락계약을 다시 맺으면서 높은 가격을 요구하기도 하고, 뉴스콘텐츠 유통자에게 불법복제의 방조책임을 부과하려고 한다. 네티즌을 상대로 불법복제의 책임을 묻는 신문사도 나타난다. 조직화 현상도 두드러진 특징이다. 2006년 4월에는 한국뉴스저작권자협회가 발족하기도 하였으며, 한국언론재단이 주축이 되어 저작권집중관리사업인 디지털뉴스저작권사업(아쿠아)에 참여하는 언론사도 있고, 조선일보가 중심이 되어 뉴스콘텐츠를 광고와 함께 판매하는 뉴스뱅크사업에 참여한 언론사도 있다.[77]

이러한 태도 변화는, 뉴스콘텐츠의 이용자가 온라인으로 이동하면서 신문 소비가 급속히 줄어 뉴스콘텐츠의 판매가 아닌 광고 판매의 전략을 더 이상 구사할 수 없게 된 데서 비롯된 것으로 보인다. 즉 뉴스콘텐츠의 소비 또는 그 다른 측면이라고 할 수 있는 뉴스콘텐츠의 복제가 신문사가 감내할 수 있는 수준(종이신문의 복사)을 넘고, 신문사가 통제할 수 있는 영역(신문사 웹사이트)이 아닌 다른 사업자(주로 인터넷포털)의 영역에서 발생하면서 과거처럼 복제를 묵인하기 어렵게 된 것이다.

동기가 무엇이든, 신문사가 뉴스콘텐츠의 가치를 존중하기 시작하였다는 점은 다행스러운 일이다. 문제는 뉴스콘텐츠의 가치에 대한 신문사의 인식과 사회적 인식간의 간격에 있다. 뉴스콘텐츠는 공짜라는 인식이 너무 보편화되었고, 이를 시정하기 위하여 뉴스콘텐츠 제작자가 노력하여도 해결하기 어려운 정보의 유통구조가 문제다. 다양한 뉴스콘텐츠를 수집하여 최종소비자에게 제공하는 인터넷포털이 개별 뉴스콘텐츠의 제작자인 신문사보다 우월한 지위에 서면

---

77. 조선일보 뉴스뱅크 사업에 관해서는 2007년 3월 16일자 사고 참조 http://news.chosun.com/site/data/html_dir/2007/03/16/2007031600078.html.

서, 제작자는 뉴스콘텐츠 제작을 위하여 투입한 노력도 보상받지 못
하는 사례가 나타난다.

신문사가 뉴스콘텐츠 제작으로 최소한의 경제적 이익을 얻을 수 있
도록 보호하는 것이 콘텐츠의 확대 재생산을 촉진하여 사회의 발전
에 기여하는 길이다. 민주주의는 언론의 자유를 토대로 발전하는 것
이며, 언론의 자유는 올바른 정보가 존재할 때 가능한 것이다. 정보,
즉 뉴스콘텐츠의 가치가 경시되고 뉴스콘텐츠 제작에 기울인 노력이
존중되지 않는다면, 뉴스콘텐츠 제작에 대한 인적·물적 투자가 감
소하고, 뉴스콘텐츠의 질적 저하는 언론의 자유를 훼손하고 정보의
왜곡 또는 불균형을 초래하여 궁극적으로 민주주의의 후퇴로 이어지
는 악순환 구조에 빠지게 된다. 우리 사회가 건전하게 발전하기 위해
서는 공론의 장이 유지되어야 하고, 이를 위해서는 전문가 집단이 공
론에 필요한 콘텐츠를 지속적으로 제작·공급하여야 하며, 그렇게
하기 위해서는 정보시장의 구조가 제작자 중심으로 바뀌어야 한
다.[78]

(5) 해결의 실마리

신문사가 뉴스콘텐츠 제작에 나서도록 동기를 부여하는 일이 무엇
보다도 중요한 시점이다. 뉴스콘텐츠의 가치가 존중되어야 하고, 뉴
스콘텐츠 제작자의 노력이 존중되어야 한다. 이는 (1)뉴스콘텐츠의
법적 보호를 확대하고, (2)뉴스콘텐츠의 불법복제를 금지하며, (3)뉴

---

78. 심상민, 『디지털 뉴스 유통과 저작권』, 한국언론재단 보고서 2006-02, p157.

스콘텐츠 제작자의 이익과 유통자의 이익을 충돌할 때 제작자의 이익을 우대하는 조치를 취할 때 가능하다.

그러나 이러한 조치가 뉴스콘텐츠 소비자의 이익을 감소하는 방향으로 진행되는 것은 곤란하다. 불법복제를 금지한다고 일반인이 일상생활에서 일상적으로 이용하는 정도의 복제를 모두 찾아내어 형사처벌하거나 형사처벌을 빌미로 합의금을 받아내는 방식으로 일이 진행되는 것은 곤란하다. 일반인의 사적 복제는 오히려 바람직한 면도 있다. 뉴스콘텐츠의 소비는 언론의 자유를 의미하기 때문에 소비자의 이익 감소는 언론의 자유의 후퇴, 민주주의의 퇴보로 이어질 수 있기 때문이다. 뉴스콘텐츠의 소비에 영향을 주지 않는 방향에서 해결방안을 찾아야 한다. 결국 뉴스콘텐츠 제작자와 유통자 사이의 관계 정립이 해결의 핵심이다.

2. 뉴스콘텐츠의 침해 유형에 따른 법적 검토

뉴스콘텐츠 제작자를 보호하기 위해서는 뉴스콘텐츠 침해유형을 먼저 살펴보는 것이 필요하다. 한국언론재단의 조사에 따르면, 조사대상 2,984개 인터넷사이트 중 25.5%인 760개 사이트가 언론사의 뉴스를 사전 동의나 계약 없이 무단으로 게재하고 있으며, 뉴스를 게재하는 사이트를 기준으로 하면 91.5%가 뉴스 저작권을 침해하면서 서비스를 제공하고 있다.[79] 침해유형은 펌글이라고 불리는 무단전재가 79.8%로 가장 많았고, 직접 링크(deep link)방식이 12.6%로 조사

---

79. 오수정, "디지털 뉴스 저작권 침해 실태와 경제적 영향", 『디지털 뉴스 유통과 저작권』, 한국언론재단 보고서 2006-02, p138.

되었다.

　여기서는 침해 유형을 뉴스콘텐츠 제작자와 이용자가 이용허락계약을 체결한 경우와 그렇지 않은 경우로 나누어 살펴보도록 하겠다. 전자는 우리나라 대부분의 인터넷포털이 뉴스콘텐츠를 제공하는 경우이고, 후자는 구글로 대표되는 인터넷검색엔진이 뉴스콘텐츠를 검색하여 제공하는 경우이다. 펌글은 전자의 유형에서 자주 발생하며, 직접 링크는 후자에서 제기되는 쟁점이다.

(1) 이용허락계약 없이 뉴스콘텐츠를 이용하는 경우

　이용허락계약을 체결하지 않고 뉴스콘텐츠를 무단으로 이용하는 경우 그것이 법적으로 문제가 되려면, 뉴스콘텐츠가 저작권법의 보호를 받는 것이어야 하며, 이용행태가 사회적으로 허용되지 않는 방식으로 이루어져야 한다. 전자는 뉴스콘텐츠의 저작물성에 관한 문제이고, 후자는 이용행태의 저작권 침해성에 관한 문제이다. 여기서는 주로 후자를 논의한다. 미국과 우리나라에서 발생한 사안을 중심으로 검토한다.

1) 공표된 저작물의 인용

　펌, 즉 저작권자의 동의 없이 그의 저작물을 복제하여 자기 사이트에 옮겨 놓는 것은 허용될 수 없다. 하지만, 보도·비평·교육·연구 등을 위하여 정당한 범위 안에서 공정한 관행에 합치되게 인용하는 것은 저작권법 제28조가 허용하고 있다. 타인의 저작물에 대한 자유로운 이용은 ‘정당한 범위’ 안에서 ‘공정한 관행’에 합치되는 경우에 한하여 허용되므로, 구체적인 사안이 이러한 요건에 합치되는지 여부는 법원의 판단에 맡겨져 있다. 미국에서는 공정이용의 법리(fair use doctrine)가 여기에 해당한다. 이와 관련되는 미국의 판례를 먼저 살펴본다.

가. L.A. Times v. Free Republic 사건[80]

① 사안

원고는 Los Angels Times와 Washington Post로 일간지를 발행하면서 동시에 온라인으로 기사를 제공하는 신문사들이다. 이들은 온라인 뉴스의 경우 당일 신문에 게재된 내용은 무료로 제공하며, 지나간 기사는 유료로 제공하고 있었다. 피고는 Jim Robinson으로 정치평론 웹사이트인 Free Republic을 운영하고 있었다. Free Republic은 회원제로 운영되며, 회원들로 하여금 뉴스 기사를 올려놓고 이에 대하여 비평(comment)할 수 있도록 하고 있다. 원고들은 Free Republic에서 자신들이 저작권을 가지고 있는 뉴스 기사가 무단복제되어 이용되자 소송을 냈다.

② 쟁점

쟁점은 피고의 이용이 공정이용(fair use)에 해당하는지 여부다. 미국에서는 저작권자의 이용허락을 받지 않고 저작물을 이용하더라도 공정이용(fair use)에 해당하면 저작권의 침해가 되지 않는다. 이 법리는 미국에서 오래 전부터 판례로 형성된 원칙인데, 1976년 저작권법 제정 때 성문화되었다. 미국 저작권법 제107조는 비판,

---

80. 2000 U.S. Dist. LEXIS 5669 (2000).

비평, 기사보도, 교육, 학문, 연구 등의 목적으로 복사, 음반, 기타
수단을 이용한 저작물의 공정이용은 저작권침해가 되지 않는다고
규정하고, 공정이용의 요건으로 저작물 사용의 목적 및 성격, 저작
물의 성질, 사용된 부분이 저작물 전체에서 차지하는 양과 중요성,
사용이 잠재적 시장에 미치는 영향 등 네 가지를 기술하고 있다. 법
원은 네 가지 요소를 비교형량하여 공정이용에 해당하는지 여부를
판단한다.

③ 법원 판결

미 캘리포니아 주 중부지구 지방법원은 2000년 3월 Free
Republic의 무단복제가 공정이용에 해당하지 않는다고 판단하였다.
공정이용의 판단 요소에 따라 검토하면, 첫 번째 저작물 사용의 목적
및 성격에서는 Free Republic에 게재된 기사가 원문 그대로 복제
(verbatim reproduction)라는 점 때문에 피고에게 불리하게 작용하
였다. 복제의 의도가 무엇이든 글자 그대로 복제는 반드시 원고에게
유리하게 작용하는 경향이 있다.[81] 이 사건의 경우 비평의 목적으로
복제가 이루어졌기 때문에 사용 목적에서는 피고에게 유리하게 작용
할 수 있었지만, 비록 그런 목적이라도 글자 그대로 복제할 필요가 있
었는지에 대해서 피고는 충분히 입증하지 못하였다.

두 번째 요소인 저작물의 성질에서는, 뉴스 기사가 표현적 요소보
다는 사실적 요소가 대부분이었기 때문에 피고에게 유리하게 작용하
였다. 일반적으로 저작물이 창작적일수록 저작권을 더 두텁게 보호

---

81. Nimmer, § 13.05[D][1].

받는다.[82] 세 번째 요소인 사용된 부분이 저작물 전체에서 차지하는 양과 중요성에서는, 법원은 기사의 전체 복사(full-text copy)가 왜 필요한지에 대한 피고의 입증이 부족하다고 보았다. 마지막으로 사용이 잠재적 시장에 미치는 영향(effect on the potential market)에 대하여, 법원은 Free Republic 회원의 경우 해당 신문사의 웹사이트를 방문하지 않고도 기사를 읽을 수 있다는 점에서 복사물이 원본을 대체하고 있다고 보았다. 법원은 공정이용의 네 가지 요소 중 세 가지가 원고에게 유리하고, 나머지 하나인 저작물의 성질의 영향이 크기 않음을 감안하여 공정이용에 해당하지 않는다고 결정하였다.

④ 국내 적용

우리나라에서 비평의 목적으로 위와 같은 사례가 발생한다면 저작권법 제28조의 해당 여부가 문제가 될 것이다. 그러나 뉴스콘텐츠를 복사하여 지속적으로 사용하는 것을 정당한 범위 안에서 공정한 관행에 합치하는 인용이라고 보기는 힘들 것이다. 현행 저작권법은 저작재산권에 관하여 제23조부터 제37조까지 상세한 제한규정을 두고 있으므로 미국에서 발달한 공정이용의 법리로 항변하기도 어렵다. 성문법 국가인 우리나라에서는 저작권을 일반적으로 제한하는 조항을 두고 있지 않은 이상 해석론으로 공정이용의 법리를 인정하기 어렵기 때문이다.[83] 결국 공정이용의 항변조차 성립하기 힘든 우리나라에서는 뉴스콘텐츠를 무단으로 복제하여 자기 홈페이지에 게재하는 경우 펌글은 일반적으로 저작권 침해라고 보아야 할 것이다.

---

82. Nimmer, § 13.05[A][2][a].
83. 오승종, 『저작권법』, pp710~716.

또 설사 공정이용의 법리가 명문화된다고 하더라도, 뉴스콘텐츠를 무단복제하여 상업적으로 이용하는 경우 저작권 침해에서 벗어나기 힘들다.

나. 구글(Google) 소송

최근 뉴스콘텐츠의 유통자로서 인터넷포털 또는 인터넷 검색자의 역할이 커지면서 이들의 행태가 저작권 침해인지 여부가 중요해졌다. 쟁점은 인터넷 검색자 또는 인터넷포털이 검색로봇으로 크롤링(crawling)하여 자동으로 각 웹페이지의 스냅샷을 떠서 캐쉬(cache)로 보관한 후 이용자가 검색하면 검색결과를 요약하여 보여주고 있는데, 이것이 저작권 침해에 해당하는지 여부이다.

인터넷포털 또는 인터넷 검색자는 검색결과를 링크(link)로 나타내는데, 이용자는 마우스로 링크를 클릭하면 해당 검색결과로 접속된다. 이때 링크는 여러 가지 형태가 있다. 다른 웹사이트의 홈페이지로 연결하는 단순 링크(surface link)가 있고, 다른 웹사이트의 홈페이지를 건너뛰고 그 심층에 존재하는 내부 페이지에 바로 연결하는 직접 링크(deep link)가 있고, 검색을 하는 사용자의 홈 페이지 틀 속에서 검색된 콘텐츠가 곧바로 나타나는 프레임 링크(frame link)가 있다. 이 중 단순 링크는 먼 거리 컴퓨터 간 연결이라는 인터넷의 본질에 해당하는 것으로 상대방의 홈페이지에 접속되는 한 상대방에게 피해를 주지 않으므로 저작권 침해의 문제가 없다는 것이 통설이다. 프레임 링크는 상대방 콘텐츠를 자기 것인 양 자기의 홈페이지 틀 속에서 보여주는 것이기 때문에 저작권 침해의 소지가 크다.

주로 문제가 되는 것은 직접 링크다. 이를 놓고 견해가 크게 갈린다. 전 세계에서 이 문제를 놓고 논란이 벌어지고 있다. 논란의 중심에는 검색엔진의 대명사인 구글이 있다.

① Perfect 10 v. Google, Inc.[84]

원고 Perfect 10은 고화질 누드 사진이 담긴 잡지를 발간하는 회사로, 온라인으로 회원제 웹사이트도 운영하고 있었다. 구글은 문자 검색(textual searches)을 하면서 검색하는 웹사이트에 이미지가 있을 경우 그 이미지를 엄지손톱(thumbnails) 크기로 축소하여 자신의 캐쉬(cache)에 저장하고 해당 웹페이지와 링크(link)해 두었다. 이용자가 엄지손톱 이미지를 클릭(click)할 경우 구글은 상하로 나뉜 두 화면을 제공하였다. 위 화면은 엄지손톱 이미지와 더 큰 이미지에 관한 정보를 담고 있으며, 구글이 제공한다. 반면 아래 화면은 원래 이미지가 있는 원 웹페이지를 보여준다. 이러한 서비스에 대하여, Perfect 10은 허락을 받지 않고 엄지손톱 이미지와 그 정보가 있는 소스 웹사이트(source website)를 제공하는 것이 저작권 침해라고 주장하였다.

1심인 지방법원은 구글의 소스 웹사이트 제공이 저작권 침해가 아니라고 보았다. 해당 이미지가 구글 서버에서 나온 것이 아니고, 소스 웹사이트 자체에서 나온 것이기 때문이다. 직접 책임(direct liability)[85]은 물론이고, 기여 책임(contributory liability)[86]이나 대위

---

84. 2007 WL 1428632 (9th Cir. 2007), reversed in part and affirmed in part, 416 F. Supp. 2d 828 (C.D. Cal. 2006).

85. 미국 저작권법에서 직접책임은 고의, 과실을 요구하지 않는다는 점에서 고의, 과실을 요건으로 하는 우리나라 법제와 다르다. 직접책임은 원고가 저작물의 권리자이고, 피고가 저작권의 침해행위를 한 경우 인정된다.

86. 기여책임은 피고가 그 침해행위를 알았거나(knew) 알 수 있어야 할(had reason to know) 합리적인 이유가 있으며, 피고가 당해 침해행위를 초래(induce), 야기(cause), 또는 실질적으로 기여(materially contribute)하였을 때 성립한다.

책임(vicarious liability)[87]과 같은 간접책임도 인정하지 않았다.

하지만 엄지손톱 이미지는 구글이 저장하고 있었기 때문에 침해가 있었다고 인정되기 쉬웠다. 이에 구글은 공정이용의 항변(defense of fair use)을 하였다. 구글은 제9항소법원의 2003년 Kelly v. Arriba Soft Corp. 사건[88]을 인용하여, 검색엔진이 엄지손톱(thumnail) 이미지를 표시(display)하는 것은 공정이용에 해당한다고 주장하였다. 원본을 그대로 사용하지 않고 변형(transformative)하였으며, 원본과 다른 목적에서 제공되었기 때문에 원고의 잠재적인 시장에 피해를 주지 않는다는 것이 당시 판례의 주요 논거였다.

지방법원은 구글의 이번 사건은 Arriba Soft 사건과 다르다는 점을 들어 공정이용의 항변을 받아들이지 않았다. 그 이유는 구글의 사례가 더 상업적이고, 덜 변형적이라고 보았다. 법원은 누드 이미지를 작은 크기로 축소할 경우 핸드폰 등 이동기기 시장에서 활용되기 더 쉽기 때문에 원고의 잠재적인 시장에 미치는 피해가 더 크다고 보았다. 그러나 항소심인 제9항소법원은 구글 사건과 Arriba Soft 사건 간에 차이가 없다고 보고 공정이용에 해당된다고 판단하여 원심을 파기하였다.

② Agence France Presse v. Google, Inc.

프랑스의 세계적인 통신사인 AFP가 2005년 5월 구글을 상대로 저작권침해를 이유로 하는 침해금지 가처분 및 본안소송을 미국 워

---

87. 대위책임은 피고가 그 침해행위를 감독할 권리와 능력(right and ability to control)이 있으며, 피고가 그 침해행위로부터 직접적인 경제적 이익(direct financial benefit)을 얻고 있을 때 성립한다.
88. 336 F. 3d 811 (9th Cir. 2003).

싱턴 D.C. 지방법원에 제기하였다. 분쟁은 구글이 주요 뉴스 기사를 모아 제목, 축약문(short blurbs), 사진을 제공하는 구글 뉴스 (Google News)를 제공하면서 시작되었다. 구글 이용자가 해당 기사를 클릭하면 원 뉴스를 제공하는 웹사이트에 직접 링크(deep link)되기 때문에 앞서 본 Perfect 10 사건과 분쟁 내용이 달랐다.

하지만, 이 사건은 2007년 5월 양측의 합의로 종결되었다. 본안에 관한 법원의 판단은 내려지지 않았다. 소송이 계속 진행되었다면, 쟁점은 여전히 구글의 검색이 공정이용에 해당되는지 여부였을 것이다.

③ 벨기에 법원 판결

구글이 AFP와 합의에 이른 것은 벨기에 신문사들과의 소송에서 구글이 패소한 것이 큰 영향을 끼친 것으로 보인다. 2007년 2월 13일 브루셀 법원은 신문사들의 저작권위탁관리업체인 Copiepresse가 구글을 상대로 낸 소송에서 구글이 이용허락계약을 맺지 않고 링크한 것이 저작권법 위반이라고 결정하였다.[89] 재판부는 구글이 신문사의 뉴스콘텐츠의 복사본을 캐시(cache)에 저장하였다가 하이퍼링크(hyperlinks)를 통하여 이러한 복사본에 접근하도록 제공하는 것이 저작권법 위반이라고 판단하였다.

재판부는 robots.txt 파일을 통하여 검색대상에서 제외될 수 있는 기술적 방법이 있다는 구글 측 주장을 받아들이지 않았다. 재판부는 저작권법의 허락은 옵트인(opt-in) 방식이기 때문에 robots.txt와 같은 옵트아웃(opt-out) 방식으로 면책의 항변을 할 수 없다고 판단

---

89. Thomans Crampton, *Googel Said to Violate Copyright Laws*, New York Times, 2007. 2. 14.

하였다. 하지만, 소위 하이퍼링크(hyperlink) 그 자체가 콘텐츠의 복
제에 해당하는지 또는 직접 링크(deep link)가 허용되는지 등 여러
가지 법적 쟁점은 언급되지 않았다. 따라서 이 판결에도 불구하고,
단순히 검색로봇이 크롤링하여 콘텐츠의 일부를 저장하는 검색엔진
의 내부 작용 자체에는 영향을 미치지 않을 것이라는 해석도 나오고
있다.[90]

다. 국내 소송

① 엄지손톱 크기의 이미지 제공

우리나라에서도 미국의 Kelly v. Arriba 사건이나 Perfect 10 v.
Google과 유사한 사건이 있다. 서울중앙지법은 검색로봇을 이용하
여 인터넷에 연결된 이미지를 무작위로 검색, 수집하여 100x74픽셀
(가로 3cm, 세로 2.5cm)의 엄지손톱(thumnail) 크기의 이미지를 제
공하는 서비스에 대하여 저작권법 제25조(현재 제28조)에서 규정하
고 있는 정당한 범위 안에서 공정한 관행에 합치되게 이용한 것이어
서 저작권침해가 아니라고 판시하였다.[91]

재판부는 사진작품들은 공소외인의 개인 홈페이지에서 이미 공표
된 것인 점, 피고인 회사가 썸네일 이미지를 제공한 주요한 목적은 보
다 나은 검색서비스의 제공을 위해 검색어와 관련된 이미지를 축소
된 형태로 목록화하여 검색서비스를 이용하는 사람들에게 그 이미지

---

90. Patrick Van Eecke, Maarten Truyens, *Recent Events in EU Internet Law*, Journal of
    Internet Law, May, 2007.
91. 서울중앙지법 2005. 9. 23. 선고 2004노1342 판결. 이 판결은 대법원 2006. 2. 9. 선고
    2005도7793 판결로 확정되었다.

의 위치정보를 제공하는 데 있는 것이지 피고인들이 공소외인의 사
진을 예술작품으로서 전시하거나 판매하기 위하여 이를 수집하여 자
신의 사이트에 게시한 것이 아닌 만큼 그 상업적인 성격은 간접적이
고 부차적인 것에 불과한 점, 공소외인의 사진작품은 심미적이고 예
술적인 목적을 가지고 있다고 할 수 있는 반면 피고인 회사의 사이트
에 이미지화된 공소외인의 사진작품의 크기는 원본에 비해 훨씬 작
은 가로 3㎝, 세로 2.5㎝ 정도이고, 이를 클릭하는 경우 독립된 창으
로 뜬다고 하더라도 가로 4㎝, 세로 3㎝ 정도로 확대될 뿐 원본 사진
과 같은 크기로 보여지지 아니할 뿐만 아니라 포토샵 프로그램을 이
용하여 원본 사진과 같은 크기로 확대한 후 보정작업을 거친다 하더
라도 열화현상으로 작품으로서의 사진을 감상하기는 어려운 만큼 피
고인 회사 등이 저작물인 공소외인의 사진을 그 본질적인 면에서 사
용한 것으로는 보기 어려운 점, 피고인 회사의 검색사이트의 이 사건
썸네일 이미지에 기재된 주소를 통하여 박범용의 홈페이지를 거쳐
공소외인의 홈페이지로 순차 링크됨으로써 이용자들을 결국 공소외
인의 홈페이지로 끌어들이게 되는 만큼 피고인 회사가 공소외인의
사진을 이미지검색에 제공하기 위하여 압축된 크기의 이미지로 게시
한 것이 공소외인의 작품사진에 대한 수요를 대체한다거나 공소외인
의 사진 저작물에 대한 저작권 침해의 가능성을 높이는 것으로 보기
는 어려운 점, 이미지 검색을 이용하는 사용자들도 썸네일 이미지를
작품사진으로 감상하기보다는 이미지와 관련된 사이트를 찾아가는
통로로 인식할 가능성이 높은 점 및 썸네일 이미지의 사용은 검색사
이트를 이용하는 사용자들에게 보다 완결된 정보를 제공하기 위한
공익적 측면이 강한 점 등 판시와 같은 사정 등을 종합하여 보면, 피
고인 회사가 공소외인의 허락을 받지 아니하고 공소외인의 사진작품

을 이미지검색의 이미지로 사용하였다고 하더라도 이러한 사용은 정당한 범위 안에서 공정한 관행에 합치되게 사용한 것으로 봄이 상당하다고 판단하였다.

② 직접 링크(deep link)

직접 링크(deep link)에 관한 하급심 판결도 있다. 서울중앙지법은 2006년 7월 온라인서비스제공자가 자신의 회원들이 많이 찾는 뉴스기사에 관한 목록 및 정보를 안내하는 서비스를 제공하면서 인터넷 미디어사업자들이 저작권을 가지는 뉴스기사 사진을 허락 없이 작은 크기로 축소하여 게시한 사건에서, 피고가 자신의 웹사이트에 원고들이 작성한 기사 및 사진을 게시한 해당 웹페이지를 직접 연결(deep link)한 것만으로는 피고가 원고들의 저작물을 복제, 전송, 전시하였다거나 이와 동일하게 볼 수 있는 경우에 해당한다고 보기 어려우므로 저작권 침해가 아니라고 보았다.[92]

즉, 피고의 행위는 온라인서비스제공자가 자신의 웹사이트에 해당 뉴스기사 및 사진을 게시한 웹페이지를 직접 연결(deep link)하면서 이용자들에게 그 웹페이지의 내용에 관한 정보를 제공하기 위한 것으로, 이용자가 축소 사진을 선택(click)하면 해딩 웹페이지로 직접 연결되어 독립된 창을 통해 해당 웹페이지에 게시된 원래의 사진을 보게 되는 점, 위 서비스는 인터넷을 통하여 제공되는 방대한 양의 정보 중 이용자가 많은 관심을 갖는 정보에 대한 쉽고 빠른 접근을 제공하므로 그 공공성을 인정할 수 있는 점, 위 서비스가 제공되는 웹페이지에는 광고가 게재되지 않아 온라인서비스제공자가 위 서비스를 명

---

92. 서울중앙지법 2006. 7. 21. 선고 2004가합76058 판결.

백히 상업적으로 이용하였다고 보기 어려운 점 등에 비추어, 위와 같이 축소 사진을 게시한 행위가 저작권법 제25조[93]에서 규정하고 있는 공표된 저작물을 정당한 범위 안에서 공정한 관행에 합치되게 인용한 경우에 해당한다고 하여 손해배상책임을 부정하였다.

그러나 직접 링크가 해당 언론사의 영업적 이익을 해친 경우 불법행위가 될 수 있다는 견해도 많다.[94]

③ 한미 FTA 협상에 따른 저작권법 개정

한미 FTA 협정이 타결됨에 따라 정부는 2007년 9월 저작권법 개정안을 입법예고하였는데, 그 중에 '일시적 복제권'에 관한 내용이 포함되었다. 즉 일시적 저장이 저작물의 주된 이용형태가 되고 있다고 보아 이를 복제로 인정하되, 컴퓨터 등을 통하여 정당하게 저작물을 이용하는 기술적 과정의 일부로서 복제물이 만들어지는 것이 필수적으로 요청되는 경우는 예외로 규정하였다. 또한 온라인서비스제공자의 책임제한 규정을 마련하여 자동적인 처리를 통하여 수행되는 캐싱에 대한 책임면제를 규정하였다.

2) 이용허락계약을 맺고 뉴스콘텐츠를 이용하는 경우

이용허락계약을 맺고 뉴스콘텐츠를 이용하는 경우 뉴스콘텐츠가 저작권법의 보호를 받는지 여부는 문제되지 않는다. 뉴스콘텐츠가 저작권법의 보호를 받는 저작물이 아니더라도 이를 이용하기로 하는

---

93. 현행 저작권법(법률 제8101호, 2006. 12. 28. 개정) 제28조.
94. 문화관광부 저작권법 개정에 관한 Q&A.
95. 박준석, "인터넷서비스제공자의 책임에 관한 국내 판례의 동향: 소리바다 항소심 판결들을 중심으로", 「Law & Technology」 제2호(2005. 9.), 서울대학교 기술과법센터.

계약을 체결한 이상 뉴스콘텐츠 제공자와 이용자는 계약내용에 따라 권리와 의무를 갖게 된다.

가. 인터넷포털에서 발생하는 무단복제

최근 문제가 되는 것은, 인터넷포털에서 발생하는 포털이용자의 펌글이다. 인터넷포털은 적법하게 이용허락계약을 맺고 뉴스콘텐츠를 제공하고 있지만, 인터넷포털의 이용자가 이를 복제하여 다른 곳으로 퍼나르기를 하고 있는데 대하여 인터넷포털에게 법적 책임을 물을 수 있는지 여부가 쟁점이다. 인터넷포털은 방문객 증가에 관심이 있을 뿐, 방문객의 불법복제에 대해서는 직접적인 관심이 없다. 불법복제가 방문객 증가에 도움이 된다면 오히려 묵인할 가능성도 크다.

그러나 뉴스콘텐츠 제작자는 인터넷포털에서 무단복제가 발생한다면 그만큼 자신에게 손해가 발생한다고 보아 인터넷포털에게 이를 방지하는 책임을 부과하고자 한다. 뉴스콘텐츠 제작자와 인터넷포털 간의 이용허락계약서에 이에 관한 권리·의무가 명확하게 규정되어 있다면 분쟁의 소지는 없다. 이에 반하여 계약서에 아무런 언급이 없다면, 복잡한 법적 문제가 발생할 수 있다. 쟁점은 인터넷포털이 자기 사이트에서 발생한 불법복제에 대하여 책임을 지는지 여부다.

나. 간접침해의 해결방안

저작권을 직접 침해하지 않은 자를 상대로 한 저작권 침해책임이나 손해배상책임을 묻는 데 있어서 미국에서 발전한 기여책임과 대위책임 이론이 크게 유용하다. 우리나라와 미국의 법제가 다르기 때문에 미국 이론을 성급하게 들여오는 것이 위험하다는 견해도 있다.[95] 하지만, 우리나라 하급심 판결 중에는 미국의 기여책임과 대위책임에 관한 법리를 원용하여 논리를 전개하는 경우도 있다.

인터넷포털에서 발생하는 이용자의 무단복제에 대하여 인터넷포털에게 법적 책임을 묻기 위한 이론구성으로는 크게 '직접침해로 이론구성하는 방법', '방조에 의한 공동불법행위 책임으로 이론구성하는 방법', 미국 판례에서 나타난 '기여책임 및 대위책임을 기반으로 이론구성하는 방법' 등 세 가지가 있다.[96] 이 중 직접침해로 이론구성하는 방법은 우리나라와 비슷한 성문의 저작법체계국가인 일본에서 다수의 판례가 취하는 방법이다. 직접 침해행위를 하지 않은 자에 대하여 저작물의 사용주체성을 인정하여 직접침해자로 보는 방법이다.

두 번째 방조에 의한 공동불법행위 책임이론은 우리나라 '소리바다' 사건에서 대법원이 취한 태도다. 대법원은 저작권법상 복제권의 침해에 있어서 과실에 의한 방조가 가능하다고 보아 '소리바다' 이용자들에 의한 음반제작자들의 저작인접권 침해행위에 대하여 그 서비스 제공자가 방조책임을 부담한다고 판단하였다.[97] 대법원은 저작권법이 보호하는 복제권의 침해를 방조하는 행위란 타인의 복제권 침해를 용이하게 해주는 직·간접의 모든 행위를 가리키는 것으로서 복제권 침해행위를 미필적으로만 인식하는 방조도 가능함은 물론 과실에 의한 방조도 가능하다고 할 것인 바, 과실에 의한 방조의 경우에 있어 과실의 내용은 복제권 침해행위에 도움을 주지 않아야 할 주의의무가 있음을 전제로 하여 그 의무를 위반하는 것을 말하고, 위와 같

---

96. 오승종, 『저작권법』, p1228.
97. 대법원 2007. 1. 25. 선고 2005다11626 판결.

은 침해의 방조행위에 있어 방조자는 실제 복제권 침해행위가 실행되는 일시나 장소, 복제의 객체 등을 구체적으로 인식할 필요가 없으며 실제 복제행위를 실행하는 자가 누구인지 확정적으로 인식할 필요도 없다고 판시하였다.

다. 디지털시대의 정보 집합자(aggregator)의 역할

오늘날 저작물의 유통구조가 집합자(aggregator) 우위로 개편되면서, 집합자가 직접 불법행위를 하지 아니하였더라도 그가 그러한 정보수집으로 경제적 이익을 얻고 있는 한, 그의 관리지배 하에 발생하는 불법행위에 대하여 그에게 책임을 부과시키는 것이 손해의 공평부담이라는 불법행위법의 근본이념에 부합한다고 본다.

이를 확실하게 해결하기 위해서는 뉴스콘텐츠 제작자와 인터넷포털이 체결하는 이용허락계약서에 제공된 뉴스콘텐츠가 제3자에 의하여 무단으로 이용되는 것을 막는 의무나, 이를 막기 위한 기술적 보호조치를 하여야 할 의무를 명기하는 것이 바람직하다. 다만 콘텐츠 제작자보다 인터넷포털의 영향력이 더 큰 현실을 감안하면, 이러한 약정이 가능할지는 의문이다. 뉴스콘텐츠의 제작을 독려하는 것이 공익에 부합하기 때문에 인터넷포털로 하여금 불법 복세를 방지하는 기술적인 조치를 하도록 의무화하는 것도 바람직하다.

2006년 12월 개정된 저작권법 제104조 제1항은 "다른 사람들 상호 간에 컴퓨터 등을 이용하여 저작물 등을 전송하는 것을 주된 목적으로 하는 온라인서비스제공자는 권리자의 요청이 있는 경우 당해 저작물 등의 불법적인 전송을 차단하는 기술적인 조치 등 필요한 조치를 하여야 한다. 이 경우 권리자의 요청 및 필요한 조치에 관한 사항은 대통령령으로 정한다"고 규정하고 있다. 이 조항은 P2P 업체 등 온라인상 불법복제 유통이 많이 이루어지고 있는 특수한 유형의 온라인서비스업체를 염두에 두고 제정된 것이다.

문화관광부는 2007년 7월 6일 특수한 유형의 온라인서비스제공자의 범위를 저작권자의 이용허락 없이 공중이 저작물 등을 공유할 수 있도록 온라인서비스를 하는 자로서, 업로드한 사람에게 상업적 이익 또는 이용편의를 제공하거나, 다운로드하는 기능을 제공하고 다운로드한 사람에게 비용을 부담케 하는 경우거나, P2P 기술을 기반으로 업로드 또는 다운로드 기능을 제공하여 이익을 보는 경우거나, 저작물 등을 검색하여 전송할 수 있는 프로그램 제공을 주된 목적으로 하는 경우로 정하여 고시하였다.

이 조항의 도입 취지나 문화관광부 고시에 비추어 보면, 뉴스콘텐츠의 펌글이 이루어지고 있는 인터넷포털은 특수한 유형의 온라인서비스업체로 보기 어렵다. 하지만, 뉴스콘텐츠의 불법복제를 방지하고 뉴스콘텐츠의 제작 의욕을 고취하기 위하여 여기에 포함시키는 방안도 신중하게 검토할 필요가 있다고 본다.

3. 뉴스콘텐츠의 보호법제 검토

(1) 뉴스콘텐츠와 저작권

뉴스콘텐츠가 법적으로 보호를 받기 위해서는 먼저 뉴스콘텐츠가 저작권의 대상인지 살펴보아야 할 것이다. 뉴스콘텐츠가 저작권법의 보호를 받는 것이 명확하면 명확할수록, 그 범위가 넓으면 넓을수록 뉴스콘텐츠 제작자의 위치가 공고해진다. 저작권과 관련하여, 뉴스콘텐츠는 세 가지 유형이 검토되어야 한다. 개별 뉴스기사가 저작권의 대상이 되는가, 사진이 저작권의 대상이 되는가, 신문 전체가 저작권의 대상이 되는가의 문제다. 개별 뉴스기사는 어문저작물(literary works)로, 사진은 사진저작물로, 신문 전체는 편집저작물로 보호된다. 여기서는 주로 어문저작물성에 대하여 검토한다.

1) 저작물의 요건

현행 저작권법은 저작권의 대상이 되는 저작물에 대하여 제2조 제1호에서 "인간의 사상 또는 감정을 표현한 창작물"이라고 정의하고 있다. 2006년 12월 개정 전 저작권법이 저작물을 "문학·예술 또는 예술의 범위에 속하는 창작물"로 정의하던 것과 비교하면 훨씬 개방적인 태도다. 하지만 종전에도 대법원은 "표현의 방법, 형식의 여하를 막론하고 학문과 예술에 관한 일체의 물건으로서 사람의 정신적 노력에 의하여 얻어진 사상 또는 감정에 관한 창작적 표현물"이라고 정의[98]하였기 때문에 저작권법의 개정으로 저작물의 범위가 크게 달라지는 것은 없다.

저작물의 성립요건은 '창작성'과 '사상 또는 감정의 표현'이다. 먼저 '창작성'(originality)은 "완전한 의미의 독창성을 말하는 것이 아니며 단지 어떠한 작품이 남의 것을 단순히 모방한 것이 아니고 작자 자신의 독자적인 사상 또는 감정의 표현을 담고 있음을 의미할 뿐이어서 이러한 요소를 충족하기 위해서는 단지 저작물에 그 저작자 나름대로의 정신적 노력의 소산으로서의 특성이 부여되어 있고 다른 저작자의 기존의 작품과 구별할 수 있을 정도면 충분하다"[99]는 것이

---

98. 대법원 1979. 12. 28. 선고 79도1482 판결.
99. 대법원 1995. 11. 14. 선고 94도2238 판결.

판례의 태도이자 통설이다.

뉴스콘텐츠와 관련하여 주의하여야 할 점은, 뉴스콘텐츠를 제작하기 위하여 아무리 노력하였더라도 그 자체만으로 저작물이 되는 것은 아니라는 점이다. 창작성은 투여된 노동(sweat of the brow)에 의하여 부여되는 것이 아니라, 최소한의 독창성이 요구된다는 것이 미국의 판례[100]이자, 우리나라의 판례 입장이다.

2) 사상과 표현의 이분법

저작물의 또 다른 요건인 '사상 또는 감정의 표현'은 사상이나 감정을 보호하는 것이 아니고 표현(expression)을 보호한다는 데 의미가 있다. 이는 미국[101]이나 일본[102]도 마찬가지다. 미국의 경우 사상과 표현의 이분법(idea/expression dichotomy)을 통하여 저작물의 보호와 언론의 자유의 조화를 꾀하고 있다. 즉, 아이디어는 공중의 영역(public domain)에 속하기 때문에 독점적인 권리로 인정할 수 없으며 누구나 활용할 수 있도록 하자는 것이다. 사상과 표현의 이분법은 판례에서 발전하여 1976년 저작권법 제102조(b)[103]에 명문화

---

100. Feist Publication, Inc. v. Rural Telephone Service Co., 499 U.S. 340(1991).
101. The Copyright Act of 1976, § 102 : (a) Copyright protection subsists, in accordance with this title, in originality works of authorship fixed in any tangible medium of expression, now known or later developed, from which they can be perceived, reproduced, or otherwise communicated, either directly or with the aid of a machine or device. …
102. 일본 저작권법 제2조 제1호: 저작물은 사상 또는 감정을 창작적으로 표현한 것으로서, 문예 학술 미술 또는 음악의 범위에 속하는 것을 말한다.
103. In no case does copyright protection for an original work of authorship extend to any idea, procedure, process, system, method of operation, concept, principle, or discovery, regardless of the form in which it is described, explained, illustrated, or embodied in such work.

되었다. 우리나라의 경우 사상과 표현의 이분법이 명확하게 성문화
되지는 않았지만, 학설과 판례는 이를 받아들이고 있다.

뉴스콘텐츠의 경우 사상과 표현의 이분법은 중요한 의미를 지닌
다. 뉴스콘텐츠가 저작물이 되더라도 저작권법이 보호하는 것은 표
현일 뿐 그 사상(idea) 또는 사실(fact)은 아니라는 것이다. 뉴스콘텐
츠의 대부분이 역사적 사실에 대한 기록이라고 할 때 어떠한 일이 있
었다는 역사적 사실 그 자체는 누구나 전달할 수 있으며, 다만 역사
적 사실을 기술한 구체적인 형태만 저작권법이 보호하고 있다는 점
이다.

3) 통합의 원칙

미국에서 발달한 통합의 원칙(merger doctrine)까지 고려하면 뉴
스콘텐츠가 법적으로 보호받는 범위는 더욱 축소된다. 통합의 원칙
이란 표현이 사실 또는 사상에 통합(merge)되는 경우다. 만약 어떤
사실 또는 사상을 표현하는 방식이 하나밖에 존재하지 않을 경우, 즉
사실과 표현을 구분하기 어려운 경우 미국 법원은 일반적으로 표현
의 저작물성을 인정하지 않는 경향이 있다.[104] 사실 또는 사상은 독점
할 수 없다는 생각에서 만들어진 원칙이다. 만약 이러한 원칙을 인정
하지 않는다면 뒷사람은 사실 또는 사상을 표현하는 방법이 없게 돼
첫 사람에게 사실상 독점권을 주는 결과가 된다.

따라서 뉴스콘텐츠가 저작권법에 따라 원칙적으로 저작물이 될 수
있더라도 사실을 전달하는 방식이 극히 제한된 경우 그 뉴스콘텐츠
는 통합의 원칙에 따라 저작권법의 보호를 받지 못할 수 있다. 포드

---

104. Nimmer, §13.03(B)(3).

대통령의 회고록과 관련된 사건에서, 포드 대통령이 닉슨 대통령의
도청 테이프를 '결정적 증거(smoking gun)'라고 표현한 것을 두고
법원은 표현과 사실이 일체화되어 분리할 수 없다고 보았다.

우리나라 판례 중에는 통합의 원칙이 명확하게 드러난 것은 없으
나, 향후 수용될 가능성은 있다. 서울고등법원은 옥편 사건에서 "한
자옥편과 같이 저작물의 성질상 거의 비슷한 저서들을 모태로 할 수
밖에 없는 경우에는 결과적으로 그 표현방식에 있어서도 제한을 받
게 되므로 이와 같은 경우에는 설사 원고와 피고의 옥편이 일정 부분
동일하다고 하더라도 그것을 원고의 저작권에 대한 침해라고 인정할
수 없다"고 하였다.[105]

4) 보호받는 뉴스콘텐츠와 보호받지 못하는 뉴스콘텐츠

뉴스콘텐츠는 저작권법 제4조에 예시된 저작물 중 제1호 어문저작
물에 해당한다. 저작권법은 그러나 제7조 제5호에서 '사실의 전달에
불과한 시사보도'는 보호받지 못하는 저작물로 명시하고 있다. 여기
서 '사실의 전달에 불과한 시사보도'가 무엇을 의미하는지 문제가 된
다. 이는 인사발령, 부고기사, 간단한 사건사고 기사 등과 같이 단순한
사실의 전달에 불과한 보도를 의미하는 것이라고 설명하기도 하고,[106]
화재, 교통사고, 인사동정 등에 관한 일상적인 뉴스라고 설명하기도
한다.[107] 뉴스콘텐츠 중 기자의 사상이나 감정이 표현된 것은 여기에
해당하지 않게 된다. 따라서 칼럼이나 해설기사는 거의 모두 저작권의
보호를 받는다. 주로 문제가 되는 것은 소위 스트레이트 기사다.

---

105. 서울고등법원 1962. 5. 18. 선고 61나1243 판결
106. 오승종, 『저작권법』, 박영사, 2007, p276.
107. 사법연수원, 『저작권법』 2007, p132.

스트레이트 기사는 육하원칙에 입각하여 뉴스를 간결하고 객관적으로 보도하는 것을 원칙으로 하기 때문에 동일한 사실을 전달하는 기사는 누가 작성하더라도 비슷할 수 있다. 이 경우 저작권법 제7조 제5호에 해당한다고 보면 저작권법의 보호를 받지 못하는 저작물이 된다. 법원 판례에 의하면, 기사의 내용이 기사 작성을 할 때 쓰는 전형적인 표현이 사용되고, 기사의 길이가 비교적 짧고, 기사의 내용을 구성하는 사실의 선택, 배열 등에 있어 특별한 순서나 의미를 가진다고 보이지 않고, 그 표현 자체가 지극히 전형적으로 이루어지고, 깊이 있는 취재에 의한 것이 아니라 단순한 관계기관의 발표, 자료 등에 의존해 간단하게 구성되어 그 작성자가 다양한 표현방법 중 특별한 방법을 선택하였다고 보이지 않는 기사는 저작권법에 의해 보호되는 저작물이라 할 수 없다.[108]

이러한 이유에서 "신문기사는 저작물로 성립할 수 있지만, 그 보호 범위는 상당히 제한되게 된다"고 설명하는 견해도 유력하게 제시된다.[109] 이러한 견해에 따르면, 뉴스콘텐츠의 상당부분이 저작권이 보호를 받지 못하게 된다. 대법원 판례도 같은 입장이다.

대법원은 지방신문 편집국장으로 재직하면서 연합뉴스사의 기사와 사진 등을 무단 복제하여 사용하였다가 저작권법 위반으로 기소된 사건에서 "상당수의 기사 및 사진은 정치계나 경제계의 동향, 연예·스포츠 소식을 비롯하여 각종 사건이나 사고, 수사나 재판 상황, 판결 내용, 기상 정보 등 여러 가지 사실이나 정보들을 언론매체의 정형적이고 간결한 문체와 표현 형식을 통하여 있는 그대로 전달하는

---

108. 서울고등법원 2006. 11. 29. 선고 2006나2355 판결.
109. 오승종, 앞의 책, p276; 오승종·이해완, 『저작권법』, 2005, p191.

정도에 그치는 것임을 알 수 있어, 설사 피고인이 이러한 기사 및 사진을 그대로 복제하여 OO신문에 게재하였다고 하더라도 이를 저작재산권자의 복제권을 침해하는 행위로서 저작권법 위반죄를 구성한다고 볼 수는 없다"고 판시한 바 있다.[110] 저작권법상 저작물로 보호받을 수 있는 기준은 형사사건과 민사사건에서 동일하다고 할 것이므로[111] 위 판례에 따르면 상당수의 시사적인 뉴스콘텐츠의 복제에 대하여 민·형사상 책임을 물릴 수 없게 된다.

(2) 디지털 시대의 접근법

뉴스콘텐츠의 소비가 오프라인에서 온라인으로 옮겨간 디지털 시대에 스트레이트성 시사보도의 상당부분이 저작권의 보호를 받지 못한다면 심각한 문제를 야기한다. 종이신문을 통하여 뉴스콘텐츠가 소비되던 시절에는 불법복제가 심각하지 않았을 뿐 아니라, 뉴스콘텐츠의 전달이 하루에 한번 이루어지기 때문에 경쟁사 신문에 난 뉴스콘텐츠를 복제하여 제작하는 일은 의미가 없었다. 하지만, 뉴스콘텐츠의 전달이 온라인상에서 수시로 이루어지고 있는 오늘날에는 특종성 스트레이트 기사를 단지 '사실의 전달에 불과한 시사보도'라는 이유로 법적 보호를 받지 못한다면 뉴스콘텐츠 제작에 중대한 제약요인이 된다.

예컨대 다음과 같은 상황을 가정해 보자. 아프카니스탄에 선교하러 갔다 한국인 23명이 피랍되었다. A신문사는 현지에 기자를 파견

---

110. 대법원 2006. 9. 14. 선고 2004도5350 판결.
111. 박범석, "신문사와 포털의 이용허락계약", 『세계의 언론법제』 2007년 하권.
112. 사법연수원, 앞의 책, p132.

하였다. 그 후 피랍된 한국인 중 일부가 사살되었다는 소식을 A신문사가 자사 인터넷신문을 통하여 국내 언론사 중 가장 먼저 보도하였다. B신문사와 C인터넷포털은 현지에 기자를 보내지 않은 대신 수시로 인터넷을 검색하여 아프카니스탄 소식을 종합보도하고 있었다. A인터넷신문에 한국인 사살소식이 게재되자마자 B신문사와 C인터넷포털은 마치 자기가 취재한 양 보도하였다. 하루에 한두 번 인터넷으로 시사뉴스를 접하고 있는 D씨는 아프카니스탄 인질사건을 종합적으로 보기 위해 C인터넷포털을 방문하였다가 한국인 피살소식을 알게 되었다.

앞의 논리대로라면, A신문사가 "아프카니스탄에서 피랍된 한국인 23명 중 1명이 사살되었다"는 속보는 '사실의 전달에 불과한 시사보도'이기 때문에 저작권의 보호를 받지 못하며, 따라서 B신문사와 C인터넷포털이 이를 그대로 사용하더라도 법적으로 전혀 문제될 것이 없다. 과연 이러한 결과가 바람직한 것인가? 우리사회의 법 감정 또는 정의 관념에 부합하는가? 피랍사건을 취재하기 위하여 들인 노력(sweat of the brow)과 비용은 법적으로 아무런 의미가 없다는 결론은 선뜻 수긍하기 어렵다.

（3） 해결 방안

1) 언론의 자유와 저작권자의 보호

이 문제를 해결하기 위해서는 저작권법 제7조 제5호가 명문화된 이유를 먼저 살펴보아야 할 것이다. 이에 대하여 당연한 사리를 주의적으로 규정한 것에 불과하다는 견해가 유력하다.[112] 미국에서 판례로 발전한 사상과 표현의 이분법에 의하면, 저작권법이 보호하려는 것은 표현이지 사상이나 사실이 아니라는 것이다. 이 법리는 1976년 미국 저작권법에 성문화되었다가, 우리 저작권법에 그대로 도입되었 다고 한다. 일본 저작권법 역시 유사한 규정을 두고 있다.[113]

대법원은 이 조항의 취지를 "원래 저작권법의 보호대상이 되는 것 은 외부로 표현된 창작적인 표현 형식일 뿐 그 표현의 내용이 된 사상 이나 사실 자체가 아니고, 시사보도는 여러 가지 정보를 정확하고 신 속하게 전달하기 위하여 간결하고 정형적인 표현을 사용하는 것이 보통이어서 창작적인 요소가 개입될 여지가 적다는 점 등을 고려하 여, 독창적이고 개성 있는 표현 수준에 이르지 않고 단순히 '사실의 전달에 불과한 시사보도'의 정도에 그친 것은 저작권법에 의한 보호 대상에서 제외한 것"이라고 설명한다.[114]

미국에서 사실(fact)이나 사상(idea)을 저작권의 대상에 포함시키 지 않는 이유는 언론의 자유 때문이다. 언론의 자유를 민주국가의 최 고 가치로 여기고 있는 미국에서는 사실이나 사상을 특정인의 독점 적 지배하에 두게 되면 자유로운 의견교환이 이루어지지 않게 되고, 궁극적으로 민주주의의 기반이 훼손된다고 보고 있다.

뉴스콘텐츠에 대해서도 마찬가지 논리가 적용된다. 특히 뉴스콘텐 츠는 시사적인 내용을 기반으로 제작되기 때문에 자유로운 유통이 언론의 자유와 민주국가의 존립에 도움이 된다. 거꾸로 뉴스콘텐츠 의 이용에 제한을 가하는 것은 언론의 자유를 제한하는 것이고, 민주 주의를 제약하는 것이다.

---

113. 일본 저작권법 제10조 제2항은 사실 전달에 지나지 않는 뉴스 및 시사보도는 전항에 제시된 저작물에 해당되지 않는다고 규정하고 있다.
114. 대법원 2006. 9. 14. 선고 2004도5350 판결.

2) 뉴스콘텐츠의 제작의욕 고취

뉴스콘텐츠의 제작 역시 시간과 비용이 드는 작업이기 때문에 완성된 뉴스콘텐츠를 누구나 마음대로 사용하도록 할 경우 제작이 줄어들어 유통되는 정보의 양이 감소하는 부작용이 나타난다. 이러한 결과 역시 언론의 자유, 궁극적으로 민주주의에 부정적인 영향을 미치기 때문에 바람직한 것이 아니다. 결국 뉴스콘텐츠 제작자의 제작의욕을 위축시키기 않으면서 자유로운 의견 또는 정보의 교환이 이루어지도록 하는 조화로운 방안을 모색할 필요가 있다. 미국에서 사실과 표현을 구분한 것(fact/expression dichotomy)이나, 저작권자의 허락을 받지 않고 저작물을 사용하더라도 저작권 침해가 되지 않는 예외적인 상황을 인정하는 공정이용의 법리(fair use doctrine)를 개발한 것은 조화적 해결방안이라고 하겠다.

사실과 표현의 이분법에 따르면, 사실은 공중의 영역(public domain)에 속하기 때문에 누구나 알아야 하고 이용할 수 있는 것이고, 그러한 사실에 기초하여 작성된 표현은 저작물로 법적 보호를 받는다. 이러한 법리는 뉴스콘텐츠 제작자와 이용자 간의 관계에서는 조화로운 해결책으로 타당하다. 그러나 뉴스콘텐츠 제작자와 그 경쟁관계에 있는 다른 뉴스콘텐츠 제작자 또는 뉴스콘텐츠 유통자와의 관계에서 보면, 아프카니스탄 피랍 사건의 예에서 보듯이, 전혀 타당하지 않은 결론에 이른다.

요즘처럼 뉴스콘텐츠의 제작자보다 유통자가 더 강한 시장지배력을 가지고 있는 정보소비구조에서는 정의의 관념에 반한다. 우리나라 저작권법 제7조 제5호가 "사실의 전달에 불과한 시사보도"를 당연한 듯이 저작물로서 보호받지 못한다고 명시하고 있는 것은 디지털시대의 뉴스콘텐츠 유통구조를 전혀 반영하지 않은 시대착오적인 것이다. 이 규정은 현 정보유통구조에서 강자의 영향력을 고착화하고 뉴스콘텐츠의 제작 여건을 악화시킨다.

이 규정이 없더라도 사실의 전달에 불과한 시사보도를 일반인이 사용하는 데는 아무런 제한이 없다. 이러한 시사보도는 "인간의 사상 또는 감정을 표현한 창작물"이 아니기 때문에 저작물이 아니라고 항변할 수도 있고, 또 설사 저작물이라고 하더라도 저작권법 제30조에 따라 "공표된 저작물을 영리를 목적으로 하지 아니하고 개인적으로 이용하거나 가정 및 이에 준하는 한정된 범위 안에서 이용하는 경우에는" 복제할 수 있기 때문이다. 저작물의 정의 규정으로 충분한 것을 또다시 '보호받지 못하는 저작물'이라고 명시하여, 디지털 시대에 어려워진 뉴스콘텐츠 제작자의 입지를 더욱 좁힐 이유는 없다고 본다.

3) 뉴스콘텐츠의 보호

가. 따끈한 뉴스의 원칙의 도입

저작권법 제7조 제5호의 삭제는 디지털 시대에 뉴스콘텐츠 제작자를 보호하기 위하여 필요한 최소조건이지만, 이것으로 충분하지 않다. 앞서 본 바와 같이, 저작물의 개념 자체가 '사상 또는 감정을 표현한 창작물'인 이상 아무리 제7조 제5호를 삭제한다고 하더라도 시사적인 뉴스콘텐츠 중에는 저작권의 대상이 되는 저작물이 되기 어려운 근본적인 한계가 있다. 경쟁자의 노력에 무임승차하여 상업화하는 행위에 대하여 아무런 법적 조치를 취하지 아니하고, 뉴스콘텐츠 제작자가 일방적으로 피해를 입게 되는 유통구조를 개선하지 아니하는 것은 정의의 관념에 반할 뿐 아니라 뉴스콘텐츠 제작의 축소를 가져와 언론의 자유와 민주주의 발전을 저해한다. 이러한 이유에

서 미국에서는 저작권이 아닌 공정경쟁의 관점에서 이 문제를 다룬
다. 따끈한 뉴스의 원칙(hot news doctrine)이 그것이다.

미 대법원이 INS 사건[115]에서 인정한 따끈한 뉴스의 원칙의 구성요
건은 다음과 같다. 첫째, 일반인이 아닌 직접 경쟁자가 불공정하게 사
용한 경우에 한한다. 둘째, 부정이용한 내용이 시간에 민감하여야 한
다. 셋째, 피고는 뉴스 수집에 들어간 비용이 거의 없는 반면 원고는 적
정한 작품을 생산하기 위하여 상당히 많은 노력과 시간을 투입하였어
야 한다. 넷째, 피고의 활동이 원고에게 상업적 피해를 주었어야 한다.

국내에서도 따끈한 뉴스의 원칙의 취지에 공감하는 견해가 많다.
저작권법에 의하여 보호받지 못하는 사실보도기사의 경우에도 정확
성 및 신속성 있는 기사를 만들기 위하여 소재를 취재, 작성하는데 있
어 막대한 비용과 노력이 투입되고 있는 실정을 고려할 때, 뉴스기사
의 정확성 및 최신성을 담보하기 위해서는 일정한 보호의 필요성이
있다는 것이다.[116]

문제는 어떻게 법리를 구성할 것인지에 있다. 미국처럼 부정이용
(misappropriation)에 해당한다고 법리를 구성하기 어려운 점이 있
다. 우리나라 부정경쟁방지및영업비밀보호에관한법률은 널리 알려
진 티인의 상표·상호 등을 부징하게 사용하는 등의 부정경생행위와
타인의 영업비밀을 침해하는 행위를 방지하기 위하여 제정된 법률이
기 때문이다.[117] 따라서 이 법에서 말하는 부정경쟁행위는 상품주체
나 영업주체의 혼동을 초래하거나 상표 등의 희석을 초래하는 경우

---

115. 248 U.S. 215 (1918).

116. 박범석, 앞의 논문; 장현진, "온라인 뉴스에 대한 링크설정행위의 법적 문제점",
「Law & Technology」 제3권 제1호(2007년 1월).

117. 부정경쟁방지및영업비밀보호에관한법률 제1조(목적) 참조.

를 말하며, 저작권법의 보호를 받지 못하는 뉴스콘텐츠를 무단으로 이용하는 경우를 포함한다고 보기 어렵다.[118]

나. 불법행위책임

국내에서는 뜨거운 뉴스(hot news)의 무단이용을 불법행위책임으로 해결하는 것이 바람직하다는 견해가 있다.[119] 즉 저작권법이나 부정경쟁방지및영업비밀보호에관한법률로 해결할 수 없다고 하여 뉴스콘텐츠 제작자가 시간과 비용을 투자하여 제작한 기사를 법적 보호밖에 있다고 보는 것은 조리에 맞지 아니 하며, 이러한 기사는 법적 보호가치가 있는 무체물로 보아서 이를 무단으로 이용한다면 민법상 불법행위책임을 부과하는 것이 타당하다는 것이다.

우리나라에서는 아직 판례가 없지만, 일본 판례 중에도 뉴스콘텐츠의 무단이용이 불법행위를 구성한다고 본 것이 있다. 이 사건은 원고 요미우리(讀賣)신문사와 피고 디지털 얼라이언스 사이에 발생하였다. 디지털 얼라이언스는 Yahoo! Japan 내의 뉴스기사 웹페이지에 링크하여 자신의 웹사이트 이용자에게 제공하였다. 쟁점은 원고가 제작한 뉴스기사의 표제를 피고가 한 줄 뉴스 형식으로 무단 이용한 것이 저작권 위반인지 여부였다. 일본의 항소심법원은 뉴스기사의 표제 자체는 저작물이 아니므로 저작권 침해를 구성하지 아니하고, 부정경쟁방지법 위반에도 해당하지 않지만, 불법행위에 해당한다고 판단하여 손해배상 책임을 인정하였다.[120] 뉴스기사의 표제는 원고가 막대한 인력과 비용을 들여 작성한 것으로 그 자체가 법적 보

---

118. 박범석, 앞의 논문, 장현진, 앞의 논문.

119. 박범석, 앞의 논문.

120. 知財高裁判決 2005(平成17年). 10. 6. 宣告 平成17(ネ) 第10049號.

호가치 있으며, 피고가 영리의 목적으로, 계속적으로, 뉴스 기사가 작성된 지 얼마 지나지 않은 시점에서, 기사의 출처를 밝히지 않은 채 실질적으로 뉴스 기사 표제를 송신한 행위는 사회적으로 허용된 한도를 초월하여 원고의 법적 보호할 가치 있는 이익을 위법하게 침해한 것으로 불법행위를 구성한다고 본 것이다.

재판부는 표제가 요미우리신문사가 막대한 노력 · 비용을 들여 한 일련의 활동의 결실인 점, 저작권법의 보호를 받지 않지만 그에 상응하는 고생, 궁리에 의하여 작성되는 점, 간결한 표현에 의하여 그 자체로부터 보도되는 사건 등의 뉴스의 개요에 대하여 쉽게 이해할 수 있도록 되어 있는 점, 표제 자체가 유료로 거래되는 대상이 되는 등 독립한 가치를 갖는 점 등에 비추어 보면 법적으로 보호할 가치가 있는 이익이라고 보았다.

이에 대하여, 저작권이 자연법적인 권리가 아니라 법률에 의하여 비로소 인정된 권리이므로, 실질적으로 저작권을 침해하는 것과 같은 효과가 있는 행위라고 하더라도 이를 금지하는 입법이 있기 전까지는 일반 공중이 자유롭게 이용할 수 있어 불법행위에 해당하지 않는다는 견해도 있다.[121]

그러나 이 문제의 쟁점은 저작권법 위반 여부에 있는 것이 아니고, 타인이 시간과 비용을 들여 제작한 뉴스콘텐츠를 경쟁관계에 있는 자가 상업적으로 계속 사용하도록 허용하는 것이 사회적 정의에 부합하느냐에 있다. 즉 실정법이 없다는 이유만으로 이를 허용하는 것은 우리 사회의 보편적 관념이나 사회적 정의에 부합하지 않으므로

---

121. 최정열, "인터넷상의 디지털 정보에 관한 권리보호", 재판자료 제99집 『CYBER LAW 의 제 문제(상)』, 법원도서관(2003).

조리 위반으로 위법성을 인정하여 손해배상책임을 부담시키는 것이 타당하다고 본다.

다. 따끈한 뉴스의 원칙과 언론의 자유

이렇게 해석하더라도 일반인의 언론의 자유가 침해되는 것은 아니다. 일반인은 타인이 제작한 시사적인 뉴스콘텐츠를 이용하는 데 아무런 제한을 받지 않는다. 다만, 뉴스콘텐츠 제작자와 경쟁적 관계에 있는 자만 상업적 활용이 제한될 뿐이다. 또한 시간적 제약으로 받기 때문에 속보의 가치가 있는 뉴스콘텐츠만 보호된다고 보아야 할 것이다. 결국 미 법원에서 인정하고 있듯이, 첫째 원고가 정보를 생산하거나 수집하는데 비용이 들어가야 하며, 둘째 정보의 가치는 시간에 크게 민감(highly time-sensitive)하여야 하며, 셋째 피고의 정보사용이 원고가 들인 노력에 무임승차(free-riding)하는 것이 되며, 넷째 피고의 정보사용이 원고가 만든 생산물 또는 서비스에 직접적인 경쟁관계에 있고, 다섯째 원고 노력에 대한 다른 사람의 무임승차가 생산물 또는 서비스를 생산하려는 동기를 약화시켜 생산물 등의 수나 양이 심각하게 위협받게 된다(substantially threatened)는 요건을 충족되는 경우에 한하여 불법행위책임을 인정할 수 있을 것이다.

2007년 6월 서울중앙지방법원이 홈페이지를 통하여 인터넷에 공개된 사진저작물에 대하여 저작물성을 인정하지 않고도, 경쟁자가 이를 무단으로 도용해 자신의 홈페이지에 게시하는 것은 불법행위를 구성한다고 판시한 것[122]은 뉴스콘텐츠의 무단 도용 사건의 해결에도 시사하는 바가 크다. 재판부는 성형외과 병원 홈페이지에 게시한 모

---

122. 서울중앙지방법원 2007. 6. 21. 선고 2007가합16095 판결.

발이식 전후의 환자 사진과 온라인 상담내용에 대하여 창조성이 없다는 이유로 저작물성을 인정하지 않았다. 하지만 재판부는 다른 성형외과 원장이 이를 무단으로 도용해 자신의 홈페이지에 게시한 것은 법적으로 보호할 가치있는 영업활동상의 신용 등의 무형의 이익을 위법하게 침해하는 것이 되어 불법행위를 구성한다고 판단하였다.

즉 "일반적으로 홈페이지를 통하여 인터넷에 공개된 정보는 저작권법에 따라 배타적인 권리로 인정되지 않는 한 제3자가 이를 이용하는 것은 원칙적으로 자유이다. 그러나 불법행위가 성립하기 위해서는 반드시 저작권 등 법률에 정해진 엄밀한 의미에서의 권리가 침해되었을 경우에 한하지 않고, 법적으로 보호할 가치가 있는 이익이 위법하게 침해된 것으로 충분하다. 따라서 부정하게 스스로의 이익을 꾀할 목적으로 이를 이용하거나 또는 원고에게 손해를 줄 목적에 따라 이용하는 등의 특별한 사정이 있는 경우에는 홈페이지를 통하여 인터넷에 공개한 정보를 무단으로 이용하는 행위가 법적으로 보호할 가치가 있는 상대방의 이익을 침해하는 위법한 행위에 해당하여 불법행위가 성립할 수도 있다."고 보았다.

4. 뉴스콘텐츠 보호를 위한 향후 대책

(1) 뉴스콘텐츠의 불법복제 방지 및 통제권 확보

1) 불법복제의 색출 및 뉴스콘텐츠 통제권 강화

뉴스콘텐츠를 보호하기 위해서는 불법복제가 언제 어디에서 어떻게 이루어지고 있는지 뉴스콘텐츠 제작자가 알 필요가 있다. 과거에는 불법복제물을 색출하기가 쉽지 않았지만, 최근에는 사정이 크게 달라졌다. 디지털 기술은 온라인 불법복제뿐 아니라 불법복제물의 색출도 가능하게 만들고 있다. 검색로봇(robot)을 이용하면 불법복제물을 수시로 검색할 수 있다. 이러한 기술을 제공하는 업체도 상당수 있다.[123]

가. AP의 뉴스콘텐츠 통제권 강화 전략

세계적인 통신사인 AP는 2007년 3월 미국 실리콘밸리 벤처회사인 Attributor Corp.와 디지털 콘텐츠 검색계약을 맺었다고 발표하였다.[124] 보도에 따르면, Attributor Corp.은 AP가 제작한 뉴스콘텐츠에 표식을 하여 AP뉴스콘텐츠가 인터넷 어디에서 언제 어떻게 사용되고 있는지 추적할 수 있다고 한다. 따라서 불법복제물 역시 찾아낼 수 있다. Attributor는 지금까지 130억 웹페이지를 인덱싱(indexing)하여, AP가 제작한 뉴스콘텐츠가 어떻게 소비되는지, 어디에서 불법복제되는지 알 수 있도록 지원한다. Attributor는 매일 AP의 모든 기사를 검색하기보다는 독자에게 흥미를 끌만한 기사를 수백 건 선정하여 이를 집중 추적할 계획이다.

AP는 불법복제의 범람으로 최근 뉴스콘텐츠 판매수입이 급감하자 뉴스콘텐츠의 불법복제를 방지하는 방안을 모색하여왔다. 이번에 Attributor와 계약을 맺음으로써, AP는 불법복제를 색출하면서 동시에 뉴스콘텐츠의 독자선호도를 파악할 수 있을 것으로 기대하고 있다.

AP의 경우 불법복제물을 발견할 경우 소송을 통하여 배상받기 보

---

123. 인터넷에서 불법복제를 찾아내고 이를 방지하는 기술을 제공하는 회사로는 Copyright Cop(www.copyrightcop.com), Copyscape(www.copyscape.com) 등이 있다.
124. "AP Steps Up Online Copyright Protection", Washington Post 온라인판, 2007. 5. 31. available at http://www.washingtonpost.com/wp-dyn/content/article/2007/05/31/AR2007053100039.html.

다는 협상을 통하여 뉴스콘텐츠이용허락계약을 맺는 방식으로 대처할 계획이라고 보도되었다.

나. 검색엔진의 콘텐츠 수집(crawling)의 금지

검색엔진의 성능이 향상되면서 정보유출이 늘어나자 이를 방어하는 기술도 발전하였다. 현재 인터넷 검색엔진으로부터 자유로울 수 있는 방법으로 가장 보편적으로 사용되는 것은 '인터넷 검색엔진 배제표준(Robots Exclusion Protocol)'을 적용하는 것이다. 즉, robots.txt를 웹 서버의 홈페이지 최상위 디렉토리에 저장하면 검색엔진이 이를 찾지 못하게 된다.[125]

Google과 벨기에 신문 간 소송에서 Google 측 주장은 robots.txt를 사용하면 Google의 검색로봇이 찾을 수 없는데 왜 그렇게 하지 않았느냐는 것이다. 당시 벨기에 법원은 저작권법의 허락은 옵트인(opt-in) 방식이기 때문에 robots.txt와 같은 옵트아웃(opt-out) 방식으로 면책 항변을 할 수 없다고 판단하였다.

다. 뉴스콘텐츠 접근 표준화

세계신문협회(World Association of Newspapers), 유럽발행인협의회(European Publishers Council), 국제발행인협회(International Publishers Association) 등 3개 단체가 주축이 되어 자동콘텐츠접근표준(Automated Content Access Protocol)이 만들어졌다. ACAP는 온라인 콘텐츠 제작자가 콘텐츠의 접근과 사용에 관한 정책(policy) 정보를 검색엔진(robots, spiders)이 정보를 수집

---

125. 웹 로봇 및 그 배제표준에 대해서는 www.robotstxt.org 참조.

(crawling)할 때 제공할 수 있도록 하는 자동시스템이다.[126] 즉 검색
엔진(crawlers, spiders, robots)이 인식하고 해석할 수 있는 형태로
콘텐츠 정책을 제공하여 검색엔진 운영자로 하여금 어떠한 조건에서
콘텐츠를 사용할 수 있는지를 알려주는 산업표준이 ACAP다. 2006
년 말부터 1년간 시험운영하였으며, 2007년 11월 29일 본격적으로
시작되었다.[127]

　문서 콘텐츠뿐 아니라 오디오 콘텐츠, 비디오 콘텐츠에 대해서도
사용가능하다고 한다. 이론적으로는 모든 검색엔진에 대하여 적용
가능하지만, 아직 불안하여 robots.txt를 함께 사용하는 방식으로
이용된다. ACAP는 robots.txt와 충돌하지 않고 운영되므로 ACAP
가 인식하지 못하는 검색로봇의 경우 robots.txt가 보충적으로 검색
하지 못하도록 막게 된다.

　세계신문협회 측은 ACAP가 온라인콘텐츠 제작자와 유통자 사이
의 권리충돌을 완전히 제거하여 제작자와 유통자가 모두 상호이익을
얻을 수 있는 방안이라고 설명한다. ACAP는 사상 처음 신문사, 잡지
사, 출판사, 검색엔진사 등이 모두 참여하여 공동표준을 만들었다는
데 의미가 있다고 강조한다.[128] 시험운영에 참여한 회사는 AFP, De
Persgroep, Impresa, Independent News & Media Plc, John
Wiley & Sons, Macmillian/Holtzbrinck, Media 24, Reed Else-
vier, Sanoma Corporation, British Library, Exalead 등이다. 검
색엔진 중에는 세계 4번째 규모의 Exalead가 참여하고 있다. 그러
나 구글, MSN, 야후 등 세계 3대 검색회사들은 아직까지 참여하지
않고 있다. The Times Online은 2007년 11월 28일 ACAP를 구현
하는 첫 뉴스콘텐츠 제작자가 되었다.

라. 소결

뉴스콘텐츠의 불법복제의 문제는 디지털이라는 정보기술의 발달에서 시작되었다. 그 해결 방안 역시 기술적으로 가능하다. 기술발전은 오히려 과거 오프라인 시절 묵인하였던 소량의 불법복제까지 적발할 수 있게 되었다. 불법복제를 방지하는 기술 역시 아직 완전하지는 못하지만, 계속 진화하고 있다. 불법복제를 적발하는 기술은 곧 뉴스콘텐츠가 소비되는 경로를 밝혀주는 기술이기도 하다. 뉴스콘텐츠 제작자로서는 고객 수요를 수시로 반영하여 경영전략을 수립할 수 있는 여건이 마련된 셈이다. 위기를 기회로 활용하는 적극적 태도가 요구된다.

세계신문협회가 중심이 되어 진행 중인 ACAP 개발에도 주의를 기울일 필요가 있다. ACAP에 직접 참여하거나, 국내 콘텐츠에 적용 가능한 기술적 방법을 개발할 필요가 있다. 뉴스콘텐츠접근표준이 만들어진다면, 현행 저작권법 제104조 제1항이 규정하듯이, 온라인서비스제공자에게 불법복제를 차단하는 기술적인 조치를 하도록 의무화하는 방안의 도입도 검토할 수 있다.

(2) 법률 개정

뉴스콘텐츠 제작자의 위상을 강화하는 입법 운동도 필요하다. 뉴스콘텐츠의 법적 보호 범위가 확대될 때 인터넷포털과 같은 정보 집

---

126. 세계신문협회 웹사이트 참조(http://www.wan-org/article11942.html)
127. ACAP 웹사이트 참조(http://www.the-acap.org/conference.php).
128. ACAP 웹사이트 참조(http://www.the-acap.org/faqs.php)

합자(aggregator)와의 교섭력이 확대될 수 있다.

1) 뉴스콘텐츠의 재산권 입법화

저작물은 창작성을 요구하기 때문에 시사보도가 저작물로 인정받기 어려운 경우가 있다. 특히 우리나라 저작권법은 사실의 전달에 불과한 시사보도를 보호받지 못하는 것으로 명기하고 있어 뉴스콘텐츠 제작자의 입지를 더욱 어렵게 한다. 전술한 바와 같이 사실의 전달에 불과한 시사보도라도 법적 보호를 받아야 할 사정이 있다. 저작권법 제7조 제5호를 삭제하는 방향으로 입법 운동을 벌이는 것이 필요하다.

동시에 저작권법상의 보호대상은 아닐지라도 경제적 이익이 대립되는 사업자가 무단으로 사용하는 것은 막아야 할 필요가 있다. 소위 미국에서 발전한 따끈한 뉴스의 원칙(hot news doctrine)을 입법화할 필요가 있다. 요건을 엄격하게 규정하여, 일반인이 뉴스콘텐츠를 접하고, 이를 전달하고, 또 자기 의견을 형성하는데 불편함이 없도록 하여 언론의 자유를 확보하여야 한다. 그러기 위해서는 1)뉴스콘텐츠의 제작에 시간과 비용이 많이 들고, 2)뉴스콘텐츠가 시간에 민감하여 그 가치는 얼마나 빨리 접하는지에 달려 있고, 3)뉴스콘텐츠 제작자와 경제적으로 직접 경쟁관계에 있는 자가 무임승차하려 하며, 4) 이러한 무임승차가 뉴스콘텐츠 제작의욕을 약화시켜 뉴스콘텐츠 제작이 심각하게 위협받게 되는(substantially threatened) 상황에서만 재산권이 인정되어야 할 것이다.

2) 불법복제에 대한 처벌 강화의 문제

우리나라 저작권법은 침해에 대한 민·형사적 구제수단은 충분히 마련되어 있다고 보아야 할 것이다. 저작권법이 최근 저작권자의 이익을 보호하는 방향으로 계속 개정되면서 오히려 비판의 목소리가 커진다. 2006년 12월 개정으로 온라인서비스제공자의 책임이 강화되고, 저작권침해행위에 대한 처벌이 강화되면서 고소가 있어야 공소를 제기할 수 있는 친고죄 규정(제140조)에 예외를 마련하였다. 한미 FTA협상에 따라 2007년 9월 입법예고된 저작권법 개정안 역시 저작권자의 이익보호에 경도되었다는 비판을 받고 있다. 일시적 저장을 복제로 인정하고, 저작권 및 저작인접권의 보호기간을 저작자의 사후 또는 공표 후 50년에서 70년으로 연장하고, 배타적 이용권을 신설하고, 기술적 보호조치 의무를 강화하고, 법정손해배상제도를 도입하고, 정보 제공 및 비밀유지명령제도를 도입하고, 비친고죄 대상을 더욱 확대한 것 등이 그것이다.[129)]

이 중 법정손해배상제도는 불법복제에 대한 억제 효과가 상당히 클 수 있다. 손해배상은 저작권 침해로 발생한 실제 손해를 배상하는 것이 원칙이지만, 실제 손해를 입증하기 쉽지 않다. 저작권법은 침해자가 그 침해행위로 인하여 이익을 받을 때에는 그 이익을 저작권자가 받은 손해액으로 추정하는 한편 침해자의 이익조차 산정하기 어려운 경우를 대비하여 저작권자가 저작권행사로 통상 받을 수 있는 금액을 손해배상액으로 청구할 수 있도록 하고 있다. 하지만, 뉴스콘텐츠이용허락계약을 맺고 뉴스콘텐츠제작사가 받는 금액이 얼마 되지 않는 현실에서 저작권 침해행위가 발견되었다고 하더라도 인정될 수 있는 손해배상액은 얼마 되지 않는다. 2007년 입법예고된 법정손해배상제도에서는, 실손해를 입증하기 어려운 경우 또는 소송에서 손

---

129. 문화관광부 홈페이지, 자료마당, 입법예고, 저작권법 일부 개정(안) 참고
(http://www.mct.go.kr/web/dataCourt/ordinance/legislation/legislationView.jsp).

해가 실손해에 미치지 못한다고 생각하는 경우 각 저작물마다 1,000 만 원 이하의 범위 내에서 상당한 금액의 배상을 청구할 수 있도록 하고, 영리를 목적으로 고의로 권리를 침해하였다고 인정된 경우에는 그 상한을 5,000만 원까지 증액할 수 있도록 하고 있다.

우리나라는 미국과 달리 저작권 침해의 해결에 형사고소를 활용하는 실무 경향이 강하게 나타나기 때문에 저작권 침해에 대한 법적 구제수단은 충분하다고 보아야 할 것이다. 최근에는 저작권자를 대리하는 법무법인이 인터넷 이용자를 무차별적으로 고소하면서 새로운 사회적 문제가 되고 있다. 고소 대상의 60~70%가 청소년이나 대학생들이며, 법무법인은 보통 고소 취하를 조건으로 합의금을 요구하는데 중·고생은 60만 원, 대학생 80만 원, 일반인 100만 원까지 합의금을 요구한다고 한다.[130] 일부 법무법인은 아르바이트생까지 고용해서 공유사이트, 포털, 카페, 개인블로그까지 검색해 기업형으로 단속하는 경우도 있다고 한다. 뉴스콘텐츠의 불법복제의 문제는 앞에서 지적하였듯이, 제작자가 최종 소비자의 불법행위를 찾아내어 해결하기보다는 제작자와 유통자 사이의 협상으로 해결하는 것이 더 낫다고 본다.

(3) 뉴스콘텐츠 활용방안 확대

인터넷포털과 교섭력을 강화하기 위해서는 차별화된 뉴스콘텐츠를 제작하는 것이 가장 중요한 일이다. 인터넷포털이 과점화되고, 뉴

---

130. 경향신문, 2007년 12월 19일자.

스콘텐츠 제작자가 다수인 현 시장구조에서 뉴스콘텐츠 제작자의 교섭력은 약할 수밖에 없다. 이를 해결할 수 있는 방법은 차별화된, 질이 높은 뉴스콘텐츠에서 찾아야 한다.

그러나 우리나라 신문의 환경은 우수한 뉴스콘텐츠를 제작하기 힘들다. 우수한 뉴스콘텐츠를 제작하기 위해서는 시간과 비용이 많이 든다. 문제는 비싸게 제작한 뉴스콘텐츠를 소화할 방법이 많지 않다는 것이다. 과거처럼 신문이 정보의 주된 소비매체인 시절에는 제작한 뉴스콘텐츠를 자기 신문에 싣는 것으로 충분하였지만, 지금처럼 신문 독자가 급격히 감소하는 환경에서는 그렇지 않다.

우리나라 신문사들은 외국과 달리 자기 콘텐츠를 자사 인터넷신문사 또는 인터넷포털에 헐값에 모두 넘기는 잘못을 범하였다. 일본의 경우 주요 신문사들은 자기가 운영하는 인터넷에조차 모든 기사를 전부 게재하지 않는다. 맛보기만 보여주고 자세한 내용은 신문을 사서 읽으라는 전략이다. 그 결과 뉴스콘텐츠 유통에 있어서 인터넷포털이 차지하는 비중이 적다. 최근 일본의 주요 신문사들이 인터넷을 적극 활용하는 태도를 보이고 있지만, 그 핵심은 역시 신문사가 주도하는 콘텐츠 유통이다.

가. 일본 마이니치신문의 경우

일본 마이니치신문(每日新聞)은 2005년 11월부터 독자를 위한 프리미엄 서비스로 '마이마이클럽'을 운영하고 있다.[131] 일본에서 마

---

131. 마이마이클럽에 관한 소개는 김상미, "일본 포털 사이트의 이용행동과 인터넷의 발신문화에 관한 탐색적 연구", 한국언론법학회 2007년 국제학술세미나 "韓中日 인터넷포털의 문화와 법제 비교", 2007. 9. 28. 발제문 참조.

마이마이클럽이 주목받는 이유는 다음과 같다.

첫째, 일본에서 처음으로 기자가 쓴 기사에 독자들이 댓글을 달 수 있도록 하였다. 일부 콘텐츠에 대해서는 회원만 댓글달기가 가능하며, 일부 콘텐츠에 대해서는 모든 이용자에게 댓글달기를 공개하였다.

둘째, 투고된 댓글은 모두 게재되는 것이 아니고, 편집부의 승인을 받은 후에만 게재된다. 편집부는 개인을 비방하는 글, 주제와 관계없는 글, 너무 긴 글을 게재거부한다고 한다. 이러한 승인 형식의 게시판 운영은 마이니치뿐 아니라 NHK, 아사히신문, 요미우리신문 등도 실시하고 있다.

셋째, 마이마이클럽은 회원을 중심으로 다양한 영역에서 커뮤니티 사이트를 운영하고 있다. 마이마이 사진부, 마이마이 와인(wine)부, 마이마이 수예부 등이 그 예이다.

이처럼 마이니치신문사는 인터넷 환경 아래서도 자기 콘텐츠를 자기가 통제할 수 있기 때문에 콘텐츠 활용도를 넓힐 수 있다.

나. 일본의 아사히, 닛케이, 요미우리 3개 신문사 공동포털 운영

아사이(朝日), 닛케이(日經), 요미우리(讀賣) 등 일본 3개 신문사는 2007년 10월 1일 세 신문사의 머리글자를 따서 만든 뉴스포털사이트 ANY를 2008년 개설하겠다고 발표하였다. 디지털 시대에 뉴스콘텐츠의 소비가 오프라인에서 온라인으로 이동하고 있지만, 뉴스콘텐츠 제작자로서 온라인에서도 영향력을 유지하기 위하여 3개 신문사가 제휴하여 공동으로 노력하겠다는 것이다.

하지만 ANY 역시 뉴스콘텐츠의 상세한 내용은 오프라인으로 제공되는 신문의 조간과 석간을 참조하라는 방식으로 운영될 것이라는 전망이 나온다. 3개 신문사가 공동 뉴스사이트를 통하여 각사의 신문구독을 촉진하겠다는 것을 업무제휴의 내용에 넣은 것으로 미루어, 오프라인을 통하여 뉴스콘텐츠를 판매한다는 기본 입장에 변화가 있을 것 같지 않다.

다. 영국 신문사의 경우

영국에서도 인터넷포털이 기성 미디어를 압도하는 현상은 발견되지 않는다. 그 이유는 여러 가지로 분석할 수 있겠지만, 기존 언론사들이 자기 사이트에 접속하여야 콘텐츠를 볼 수 있도록 저작권 보호에 만전을 기하고 있는데서 주요 원인을 찾을 수 있다.[132] 영국의 가장 유명한 뉴스포털 NewsNow(www.newsnow.co.uk)의 경우 이용자가 뉴스를 보기 위하여 제목을 클릭하면 자동으로 해당 뉴스를 제공하는 언론사 홈페이지로 이동하는 식으로 운영한다. 영국의 News Corporation는 그룹 산하의 미디어콘텐츠와 프로그램을 인터넷포털에 제공하지 않겠다는 방침을 확고하게 갖고 있다.

라. 뉴스콘텐츠 판로 확대

다른 나라와 달리 우리나라 신문사들은 인터넷포털에 싼 값에 뉴스콘텐츠를 모두 넘기는 잘못을 범하였고, 이제 그것을 시정하려고 노력하지만 대세를 뒤집기가 힘든 상황이다. 그렇다면 신문사에게 다른 판로를 마련하여 주어야 한다.

매체가 다원화되는 새로운 환경에 신문이 적응할 수 있도록 과거

---

132. 이용우, p106.

규제를 풀어 주어야 한다. 대표적인 것이 신문과 방송의 교차소유 금지이며, 신문의 복수소유 금지다. 미국의 경우 신문과 방송의 교차소유를 금지하는 대표적인 국가이지만, 한 지역의 신문사가 다른 지역의 방송사를 소유하는 것은 허용되기 때문에 뉴욕타임스나 워싱턴포스트 같은 신문사도 텔레비전 방송국을 소유하고 있다.

한번 제작한 뉴스콘텐츠를 여러 번 사용할 수 있는 원 소스 멀티 유즈(one source, multi use)가 가능하기 때문에 뉴스콘텐츠 제작에 많은 시간과 비용을 투자할 수 있고, 이것이 뉴스콘텐츠의 질적 향상으로 이어지는 것이다. 미국의 다우존스의 경우 다각화는 연못에 조약돌을 던져 물결을 만들듯 자연스럽게 이루고 지고 있다고 한다.[133] 뉴스이벤트가 발생하면 다우존스 뉴스와이어가 받고 이를 다시 WSJ 온라인, CNBC 방송, 다우존스 라디오, WSJ 신문, 바론스 잡지, 팩티바 온라인 통신 등에 연이어 실리는 방식이다.

영국 역시 신문 하나만 발행하는 미디어 기업은 없다고 한다.[134] 영국 미디어 산업의 가장 큰 특징은 출판, 신문, 방송 등이 수직·수평 계열화를 이뤄 미디어 제국을 형성함으로써 뉴스콘텐츠를 다양하게 활용하는 데 있다.

한국의 신문사들이 다매체 환경에서 적응 못하고 어려움을 겪고 있는 것은 스스로의 판단 잘못에 주로 기인하지만, 과거 환경 아래 만들어진 법제로 인하여 운신의 폭이 크게 좁다는데도 큰 원인이 있다. 뉴스콘텐츠 제작에 투자할 수 있도록 뉴스콘텐츠의 활용방안을 넓혀주어야 할 것이다. 그 방안은 인터넷포털과 같은 외부 매체에 판매하는

---

133. 심상민 등, 『디지털 뉴스 유통과 저작권』, 한국언론재단 보고서 2006-02, p61.
134. 이용우, "영국 CDPA 상에서의 뉴스저작권", 『세계의 언론법제』, 2007년 하권.

것이 될 수도 있고, 내부에서 여러 번 활용하는 것이 될 수도 있다. 내부 활용이 불가능한 상황에서 외부 판매전략은 교섭력이 약할 수밖에 없다.